열혈강의
C 언어 본색
명강의가 일으키는 C 언어의 기적

열.혈.강.의

C 언어 본색
명강의가 일으키는 C 언어의 기적

발행일 2011년 01월 05일 초판
　　　　　2011년 03월 18일 재판

지은이 박정민
발행인 최홍석

책임편집 최홍석
표지 디자인 이대범
내지 디자인 김혜정
제작 고대광

발행처 주식회사 프리렉
출판등록 2000년 3월 7일   제 13-634호
주소 경기도 부천시 원미구 상동 532-12 나루빌딩 401호
전화 032-326-7282(代)
팩스 032-326-5866
홈페이지 www.freelec.co.kr
ISBN 978-89-6540-006-6

이 책은 저작권법에 따라 보호받는 저작물이므로 무단 전재와 무단 복제를 금지하며, 이 책 내용의 전부 또는 일부를 이용하려면 반드시 저작권자와 (주)프리렉의 서면 동의를 받아야 합니다.

책값은 뒤표지에 있습니다.

잘못된 책은 구입하신 곳에서 바꾸어 드립니다.

열혈강의

C 언어 본색

명강의가 일으키는 C 언어의 기적

박정민 지음

프리렉

인터넷 강의 및 쿠폰 사용 안내

이 책을 교재로 하는 인터넷 강의를 프리렉 홈페이지(freelec.co.kr)에서 보실 수 있습니다. 홈페이지에서 무료로 전자쿠폰을 발행받아 수강권을 등록하실 수 있으며, 강의 서비스는 스트리밍(Streaming) 방식으로 이루어집니다. 일단 인터넷 강의를 수강 신청한 다음에는 정해진 기간만 수강할 수 있습니다. 더 자세한 내용과 기타 서비스 규약에 대해서는 프리렉 홈페이지를 참고하시기 바랍니다.

QR 코드를 이용하시면 YouTube 프리렉 채널을 통해 모바일로도 강의를 보실 수 있습니다.

이 책은 전자쿠폰을 발행하므로 인터넷 강의를 수강하시려면 다음의 절차를 따르시면 됩니다.

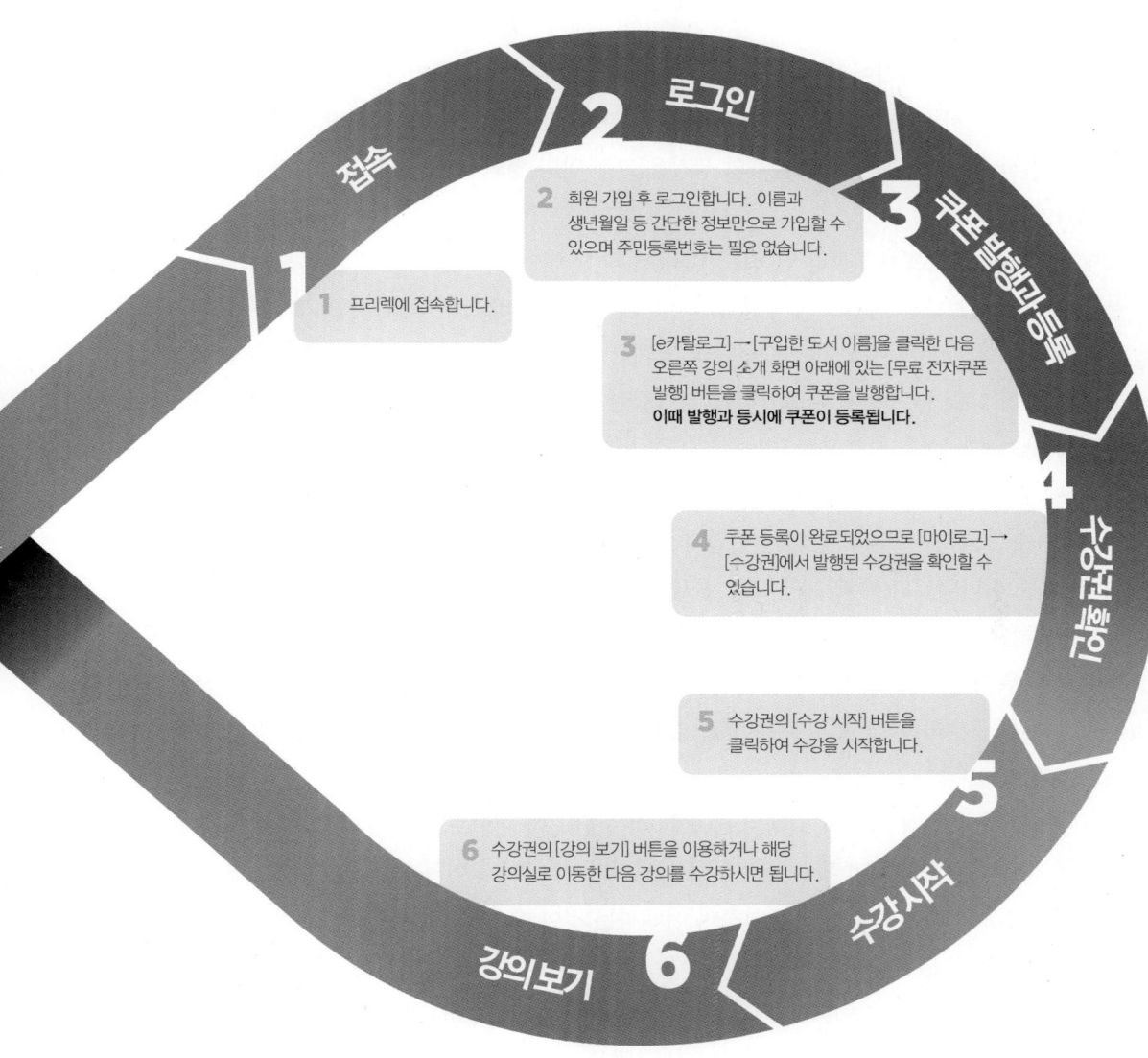

1. 접속
2. 로그인
3. 쿠폰 발행과 등록
4. 수강권 확인
5. 수강시작
6. 강의보기

1 프리렉에 접속합니다.

2 회원 가입 후 로그인합니다. 이름과 생년월일 등 간단한 정보만으로 가입할 수 있으며 주민등록번호는 필요 없습니다.

3 [e카탈로그] → [구입한 도서 이름]을 클릭한 다음 오른쪽 강의 소개 화면 아래에 있는 [무료 전자쿠폰 발행] 버튼을 클릭하여 쿠폰을 발행합니다. **이때 발행과 등시에 쿠폰이 등록됩니다.**

4 쿠폰 등록이 완료되었으므로 [마이로그] → [수강권]에서 발행된 수강권을 확인할 수 있습니다.

5 수강권의 [수강 시작] 버튼을 클릭하여 수강을 시작합니다.

6 수강권의 [강의 보기] 버튼을 이용하거나 해당 강의실로 이동한 다음 강의를 수강하시면 됩니다.

Foreword

프로그래밍의 재미와 감동을 교재와 강의로...

오래전 이야기이지만 필자에게는 컴퓨터의 본체와 모니터를 구분하지 못했던 시절이 있었습니다. 문서 편집기로 문서를 저장할 때도 '저장'과 '다른 이름으로 저장'의 차이를 몰랐으니 당시에 전산학을 전공하겠다는 필자의 생각은 고전 만화 영화 '신밧드의 대모험'과 같았을지도 모릅니다.

학창시절 프로그래밍 언어로 PASCAL과 C 언어를 배울 때를 회고해 보면 필자가 원하는 데이터를 키보드와 파일로 입력받아 모니터와 파일에 출력했던 그 짜릿한 재미와 감동과 프로그래밍 언어를 가르쳐 주셨던 스승님들의 명쾌한 강의를 잊지 못합니다. 강의 내용을 잊지 않고 싶은 마음에 학습 노트에 꼭꼭 요약하고 정리했던 습관들은 학업을 흥미롭게 이어가게 해주는 원동력이었습니다. 비록 일부분이지만 학창시절의 학습 노트가 이 책에 반영되니 너무나 가슴 벅차며 '나에게도 이런 날이 올 줄이야.'라는 생각을 잠시 해봅니다.

이 책의 주제인 C 언어는 인간과 기계(컴퓨터) 사이에 의사 전달에 사용하는 프로그래밍 언어 중 하나입니다. 운영체제 또는 운영체제 기반의 응용 프로그램을 개발할 때 사용하는 효율성이 좋은 언어이며, 임베디드 시스템 소프트웨어 분야, 자율 컴퓨팅 분야 등의 선도적인 분야에서도 매우 대중적인 언어입니다. 또한, C 언어를 잘 배워 놓으면 C++, JAVA, C#과 같은 객체 지향 언어를 공부하는 데 많은 도움이 됩니다. 그래서 여러분은 C 언어를 배우는 데 많은 노력을 기울여야 합니다.

C 언어를 배우는 데 있어서 중요한 것은 단순히 손으로 자판을 치며 예제를 그대로 실행하고 그 결과를 눈으로만 확인하는 것이 아닙니다. 데이터가 어떻게 연산되고 처리되며 어디에 어떤 원리로 저장되는지를 알고 분석하며 이해하는 것이 매우 중요합니다. 이것이 선행되어야 창의력을 발산할 수 있습니다.

여러 해 동안 C 언어에 대한 특강과 대학정규과정 등을 통해 쌓아온 노하우를 인터넷 강의와 도서를 통해 여러분들께 공개합니다. 무엇을 하든지 관심과 재미가 없으면 오래가기 어렵습니다. 프로그래밍을 잘할 수 있도록 즐기며 좋아하게 하는 것이 이 책의 목표입니다. 이 책의

Foreword

내용과 더불어 강의 내용을 참고하면 아마도 여러분은 C 언어를 배우는 재미와 더불어 프로그래밍에 소질이 있는 뜻밖의 자신을 발견할 수 있을 것입니다.

아울러 이 책은 단순히 C 언어의 문법적인 사항에만 국한하지 않고 적절한 그림과 예제 그리고 상세한 설명을 포함하고 있습니다. 특히 Part 2는 독특한 분석 방법을 택하고 있으니 C 언어의 기본이 되어 있다면 Part 2를 바로 참고하셔도 됩니다. C 언어를 공부하는 데 있어서 프로그래밍 방법과 프로그램의 흐름을 이해하는 잘 정리된 학습 방법을 여러분과 함께 공유하고 싶습니다.

끝으로 지면을 통해 감사를 드리고 싶은 분이 많이 있습니다. 먼저 더욱 높은 수준의 도서가 되도록 글자 하나하나를 일일이 교정하고 조언해 주신 프리렉의 최홍석 사장님과 프리렉에 도서를 출간할 수 있도록 인연을 만들어 주신 인자한 형님 같은 이민호 팀장님께 감사드립니다. 그리고 도서에 삽입되는 그림을 더욱더 예쁘고 멋있게 디자인해 주신 디자인팀 팀원들께 감사드립니다. 프리렉에 좋은 도서가 많은 이유를 알게 된 알차고 소중한 경험이었습니다.

부족한 제자에게 공부를 가르쳐 주셨던 스승님들께 너무나 감사드립니다. 또한 도서에 대한 아이디어가 잘 나올 수 있도록 관심과 배려, 그리고 물심양면 후원해 주신 길성균 선생님, 강신욱, 김성훈, 김재주, 오제환, 윤태복, 유길종, 윤현상, 이승화, 이종현, 장세라, 홍일선에게도 감사드립니다. 그리고 저를 위해 항상 기도해 주시는 고모부들, 고모님들께 감사드리며. 마지막으로 나에게는 정말 어려웠던 생애 첫 집필 작업이 무사히 완료될 수 있도록 '긍정의 지혜'를 함께 해주신 하나님께 감사를 드립니다.

박정민

| 경력 |
2014년-현재 　 한국산업기술대학교 컴퓨터공학부 조교수
2012년-2014년 　 한국전자통신연구원(ETRI) 선임연구원
2011년-2012년 　 성균관대학교 연구교수
2008년-2011년 　 동양미래대학교 전임강사
2005년-2011년 　 삼성첨단기술연수소 튜터
2003년-2007년 　 성균관대학교 소프트웨어공학연구실 BK21연구원
2000년-2002년 　 ㈜소정폴리텍 R&D연구원

| 수상 |
2015년 한국산업기술대학교 명교수 명강의상
2009년 성균관대학교 최우수논문상
2007년 BK21 성균관대학교 정보기술사업 최우수상
2006년 한국산업기술대학교 명교수 명강의상

How To Use This Book

이 책의 구성 및 특징

이 책은 세 개의 파트로 구성되어 있습니다.

Part 1 C 언어의 기초(1장 ~ 9장)
C 언어의 기본 내용에 대하여 알아보는 파트로 C 언어의 기본적인 문법 사항들을 다루고 있습니다. 처음 C 언어를 접하는 분들은 익숙해지는 데 시간이 좀더 걸릴 수도 있지만 개념적으로 이해하는 데 문제가 전혀 없도록 도서의 내용과 강의를 구성했으니 반복 학습을 통해 완벽히 이해한 후 Part 2로 넘어가는 것이 좋겠습니다. 완벽히 이해하도록 필자가 돕겠습니다.

Part 2 C 언어의 응용(1장 ~ 5장)
많은 분들이 어렵다고 생각하는 배열과 포인터에 대한 내용들을 다루고 있는 매우 중요한 파트입니다. 배열과 포인터 그리고 함수와의 관계를 명확하게 이해할 수 있도록 그림과 함께 상세한 설명을 하고 있으니 여러분들은 반드시 Part 2의 내용들을 깊이 있게 학습해야 합니다. 어려운 내용이지만 논리적으로 쉽게 이해할 수 있도록 많은 노하우가 준비되어 있으니 학습 노트를 준비해서 그림을 그려가며 정리하면 많은 도움이 될 것입니다.

Part 3 C 언어의 확장(1장 ~ 5장)
구조체, 공용체, 매크로, 파일 입출력, 동적 메모리 할당, 조건부 컴파일에 대한 내용과 필요성을 다루고 있습니다. Part 1과 마찬가지로 문법적인 사항들을 다루고 있지만 반드시 알아야 하는 내용으로 보다 완숙하고 세련된 프로그램을 만들 수 있도록 합니다.

이 책의 각 장은 '문법 설명' + '개념 설명' + '소스 설명' + '연습 문제'로 구성되어 있습니다. 특히, 소스를 설명할 때는 그림으로 쉽게 설명하는 기법을 택해서 개념적으로 쉽게 이해하도록 노력하였습니다. 그러므로 독자 여러분은 이 책과 함께 제공되는 강의를 반드시 학습하였으면 합니다. 이해하기 쉽게 도서의 내용을 더욱 부드러운 문체로 집필하고 싶었지만 그렇지 못했습니다. 필자의 강의를 통해 이를 보완하고자 합니다. 자! 모두 파이팅입니다.

차례

Part 1

제1장　C 언어의 소개와 프로그램 작성 방법　3
　1.1　C 언어란 무엇인가　5
　1.2　컴파일러란 무엇인가　6
　1.3　프로그램 작성 방법 4단계 – 이론과 실습　8
　1.4　C 언어의 특징　21
　1.5　C 언어의 학습 방식　22

제2장　C 언어의 기본 구조와 표준 입출력　25
　2.1　C 언어의 기본 구조　27
　2.2　Hello C world　34
　2.3　모니터에 데이터 출력하기 – printf( ) 함수　35
　2.4　키보드로부터 데이터 입력받기 – scanf( ) 함수　47

제3장　변수란 무엇인가　57
　3.1　변수 선언하기　59
　3.2　변수 선언 시 주의할 점　66
　3.3　변수의 시작 주소와 & 연산자　69

제4장　상수란 무엇인가　75
　4.1　상수란　77
　4.2　리터럴 상수와 심볼릭 상수　78

제5장　연산자란 무엇인가　89
　5.1　변수와 변수의 시작 주소　91
　5.2　연산자의 종류　93
　5.3　비트 연산자　114
　5.4　연산자 우선순위　127

제6장　자료형이란 무엇인가　133

6.1　자료형이란　**135**

6.2　정수형　**139**

6.3　실수형　**147**

6.4　문자형　**153**

6.5　자료형 변환　**157**

6.6　typedef를 이용한 자료형의 재정의　**163**

제7장　반복문이란 무엇인가　169

7.1　반복문이란　**171**

7.2　반복문을 만드는 방법 1 – while 문　**172**

7.3　반복문을 만드는 방법 2 – for 문　**180**

7.4　반복문을 만드는 방법 3 – do~while 문　**192**

제8장　조건문이란 무엇인가　199

8.1　조건문이란　**202**

8.2　조건문을 만드는 방법 1 – if 문　**203**

8.3　조건문을 만드는 방법 2 – switch~case 문　**213**

8.4　break와 continue　**219**

제9장　함수란 무엇인가　225

9.1　함수란　**227**

9.2　다양한 형태의 함수들　**229**

9.3　함수 적용 방법　**235**

9.4　변수의 종류와 범위　**242**

9.5　재귀 함수　**259**

Part 2

제1장 1차원 배열이란 무엇인가 275
- 1.1 1차원 배열이란 277
- 1.2 1차원 배열의 주소와 값의 참조 287

제2장 다차원 배열이란 무엇인가 297
- 2.1 다차원 배열이란 299
- 2.2 2차원 배열의 주소와 값의 참조 310

제3장 포인터란 무엇인가 327
- 3.1 포인터란 329
- 3.2 포인터 변수의 선언과 사용 331
- 3.3 다차원 포인터 변수의 선언과 사용 340
- 3.4 주소의 가감산 351
- 3.5 함수 포인터 358

제4장 포인터와 배열 369
- 4.1 포인터와 1차원 배열 371
- 4.2 포인터와 2차원 배열 388
- 4.3 포인터 배열 404
- 4.4 포인터와 문자 그리고 포인터와 문자열 410

제5장 포인터와 함수 그리고 void형 포인터 435
- 5.1 값에 의한 호출과 주소에 의한 호출 437
- 5.2 주소를 반환하는 함수 448
- 5.3 main( ) 함수에 인자가 있을 때 454
- 5.4 void형 포인터란 460

Part 3

제1장 구조체와 공용체란 무엇인가 **471**

    1.1 구조체란 **473**

    1.2 중첩 구조체 **485**

    1.3 구조체와 배열 **492**

    1.4 구조체와 포인터 **499**

    1.5 구조체와 함수 **517**

    1.6 공용체와 열거형 **526**

제2장 문자열 표준 함수와 기타 표준 함수 **539**

    2.1 문자열 처리 함수 1 **541**

    2.2 문자열 처리 함수 2 **554**

    2.3 기타 표준 함수 **561**

제3장 콘솔 입출력과 파일 입출력 **575**

    3.1 스트림이란 **577**

    3.2 콘솔 입출력 **580**

    3.3 파일 입출력 **584**

    3.4 표준 파일 입출력 함수 **592**

제4장 동적 메모리 할당과 가변 인자 **621**

    4.1 동적 메모리 할당 **623**

    4.2 동적 메모리 할당 함수, 해제 함수 그리고 가변 인자 **628**

제5장 전처리기와 파일 분할 컴파일 **653**

    5.1 전처리기 **655**

    5.2 매크로 **657**

    5.3 조건부 컴파일 **671**

    5.4 파일 분할 컴파일 **681**

2
열혈강의 *C 언어 본색*
Part 1

제 1 장

C 언어의 소개와 프로그램 작성 방법

▎여러분, 안녕하세요? 바로 여기가 C 언어의 첫 장입니다. 여러 해 동안 C 언어를 강의하면서 수강생들에게 항상 하는 이야기가 있습니다. 그것이 무엇이냐? C 언어는 정말 재미있다는 것입니다. 이 책의 내용과 필자의 강의를 병행하여 학습한다면 반드시 재미 이상의 실험 정신과 창의력을 발산하는 계기가 될 것이라 확신합니다.

필자의 고등학교 시절에 수학 선생님께서 "국어, 수학, 영어는 하루 안 하면 이틀 퇴보다."라고 자주 말씀하셨습니다. 반복 학습이 중요하다는 것을 강조한 말입니다. 이처럼 C 프로그래밍도 복습과 예습을 충실히 하지 않으면 오히려 퇴보합니다. 따라서 반드시 반복 학습을 충실하게 하길 바랍니다. 지금부터 C 언어의 매력에 푹 빠져 봅시다.

Part 1

제1장

1.1 C 언어란 무엇인가 **1.2** 컴파일러란 무엇인가 **1.3** 프로그램 작성 방법 4단계 – 이론과 실습
1.4 C 언어의 특징 **1.5** C 언어의 학습 방식

Chapter 01
C 언어의 소개와 **프로그램 작성방법**

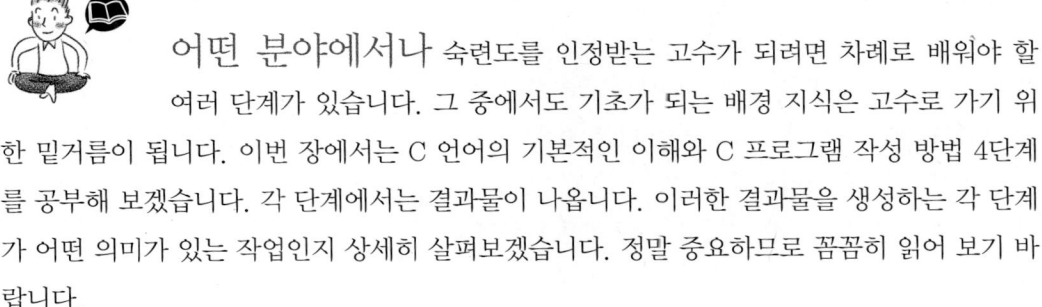

어떤 분야에서나 숙련도를 인정받는 고수가 되려면 차례로 배워야 할 여러 단계가 있습니다. 그 중에서도 기초가 되는 배경 지식은 고수로 가기 위한 밑거름이 됩니다. 이번 장에서는 C 언어의 기본적인 이해와 C 프로그램 작성 방법 4단계를 공부해 보겠습니다. 각 단계에서는 결과물이 나옵니다. 이러한 결과물을 생성하는 각 단계가 어떤 의미가 있는 작업인지 상세히 살펴보겠습니다. 정말 중요하므로 꼼꼼히 읽어 보기 바랍니다.

1.1 C 언어란 무엇인가

인간과 인간 사이에 의사 전달을 위해 필요한 것이 언어입니다. 이러한 언어들은 다양하게 있는데 예를 들어, 한국어, 영어, 중국어, 일본어 등이 있습니다. 그렇다면 인간과 컴퓨터 사이에 의사 전달을 위해선 무엇이 필요할까요? 바로 프로그래밍 언어입니다.

▌ C 언어는 인간과 컴퓨터 사이의 의사소통을 위한 프로그래밍 언어이다.

프로그래밍 언어란 인간이 컴퓨터에 명령을 지시하려고 만든 수단이라고 정의할 수 있습니다. 프로그래밍 언어에도 이미 개발된 많은 언어가 있습니다. 예를 들어, C 언어, C++ 언어, Java 언어, C# 언어 등이 있습니다. 이처럼 C 언어는 인간과 컴퓨터 사이의 의사소통을 위한 프로그래밍 언어 중 하나입니다.

 C 언어에 객체지향 특성을 반영한 언어가 C++ 언어이고, C++ 언어에 웹 프로그램에 적합하도록 개발된 언어가 자바(Java)입니다. 마이크로소프트사의 닷넷 플랫폼 기반의 언어인 C#은 자바 언어에 기반을 두고 발전시킨 언어입니다.

C 언어의 탄생

C 언어는 1972년 미국의 AT&T사의 벨(Bell) 연구소의 연구원들인 데니스 리치(Dennis Ritchie)와 켄 톰슨(Ken Thompson)에 의해서 만들어진 프로그래밍 언어입니다. C 언어가 개발된 된 이유는 UNIX 운영체제를 만들기 위해서였습니다.

초기 UNIX 운영체제는 특정 시스템에 종속적인 어셈블리 언어로 작성되었습니다. 그래서 같은 기능을 하는 시스템 프로그램을 다른 컴퓨터 기종에서는 사용할 수 없는 문제가 있었습니다. 이런 문제를 해결하고자 켄 톰슨이 1970년에 B 언어를 개발하여 일부분 기존의 어셈블리어와 함께 사용했었고, B 언어의 성능 개선을 위해 데니스 리치가 1972년에 C 언어를 개발했습니다. C 언어를 개발한 후에 어셈블리어로 작성되었던 초기 UNIX 운영체제는 상당 부분 C 언어로 다시 작성되었습니다.

현재까지도 C 언어는 운영체제 또는 운영체제 기반의 응용 프로그램을 개발할 때 사용하는 효율성이 높은 프로그래밍 언어이며, 임베디드 시스템 소프트웨어 분야, 모바일 분야, 자율 컴퓨팅 분야 등의 선도적인 분야에서도 매우 폭넓게 사용되고 있는 대중적인 프로그래밍 언어입니다.

1.2 컴파일러란 무엇인가

앞에서 C 언어란 무엇이고, C 언어의 탄생에 대해서 간단히 이야기해 보았습니다. 지금은 컴파일러가 무엇인지를 설명하고자 잠시 다른 이야기로 옮겨가 보겠습니다.

- **컴파일러**란 프로그래밍 언어로 작성된 인간의 의도(프로그램)를 기계(컴퓨터)가 이해하게 기계어로 변환하는 변환기입니다.
- **기계어**란 기계가 이해하는 2진 숫자(0과 1)로 작성된 언어입니다. 프로그래머가 C 언어로 작성한 C 프로그램은 C 컴파일러가 기계어로 변환합니다. 변환된 기계어가 있어야 컴퓨터(기계)가 C 프로그램의 내용을 이해할 수 있습니다.

극장에서 SF 영화를 보면 인간과 기계 간의 전투 영상을 종종 보곤 합니다. 물론 기계도 인간이 만들었지만 기계가 인간을 통제하는 시대가 도래한 것입니다. 기계는 인간에게 지나친 간섭을 하게 되었고, 간섭을 싫어하는 인간은 기계들과 전쟁을 시작합니다. 인간은 인간만의 언어로 의사 전달을 하고, 기계는 기계만의 언어로 의사 전달을 합니다. 인간 그리고 기계, 서로 다른 개체 간의 의사 전달이 잘 이루어질 수 있을까요? 잠시 상상해 봅시다. 당연히 의사소통이 이루어지지 않음을 알 수 있습니다. 인간은 자신의 의도를 기계에 전달하고 싶어합니다. 평화를 위해 지나친 간섭을 배제해 달라고 말입니다.

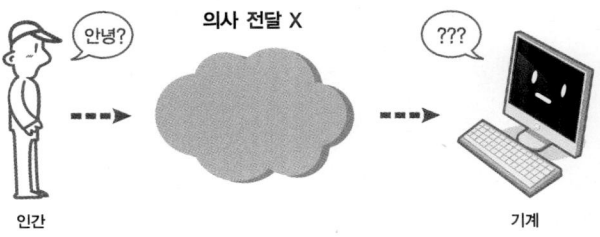

그런데 다종다양한 기계에 의사를 한꺼번에 전달하기란 너무 힘이 듭니다. 기계마다 이해할 수 있는 언어에 한계가 있기 때문입니다. 그래서 인간은 고민합니다. 모든 기계에 인간의 의사를 강하게 전달(이식)할 수 있는 방법은 없을까?

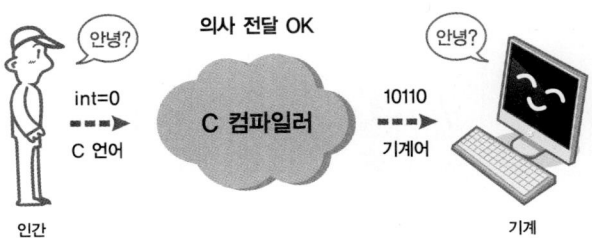

그래서 두 가지 연구를 시작했습니다.

- 첫 번째는 인간의 의사를 모든 기계에 한꺼번에 전달해서 수행하게 강력한 이식성을 갖는 프로그래밍 언어를 개발하기로 했습니다.
- 두 번째는 프로그래밍 언어를 실제로 기계가 이해할 수 있게 기계어로 변환하는 변환기를 개발하기로 했습니다. 이 변환기의 이름을 컴파일러라고 불렀습니다.

몇 년 후에 두 가지 연구에 대한 결실을 얻었습니다. 첫 번째로 프로그래밍 언어인 C 언어를 개발하였고, 두 번째로 프로그램 변환기인 C 컴파일러를 개발하였습니다. 이후로 인간은 기계에 의사를 전달하며 서로 평화롭게 지냈습니다.

서로 다른 언어를 사용하는 사람 사이에서 통역해 주는 사람을 통역사라고 부르는 것처럼, C 언어를 기계어로 변환하는 변환기를 C 컴파일러라고 합니다. C 컴파일러는 C 언어와 C++ 언어도 동시에 지원합니다. 또한, UNIX 계열의 C 컴파일러에는 GCC가 있고, 윈도우즈 계열의 C 컴파일러에는 Visual C++이 있습니다. 이 책에서는 주로 Visual C++을 사용합니다.

1.3 프로그램 작성 방법 4단계 - 이론과 실습

이번 절에서는 C 언어를 사용한 프로그램 작성 방법 4단계를 이론과 실습을 통해 알아보겠습니다. 별로 어렵지 않으므로 개별 단계들을 짚어 가며 읽어 보면 이해가 될 것입니다. 먼저 프로그램 작성 방법 4단계의 이론부터 공부해 보겠습니다.

1.3.1 프로그램 작성 방법 4단계 - 이론

프로그램 작성부터 실행까지의 단계들

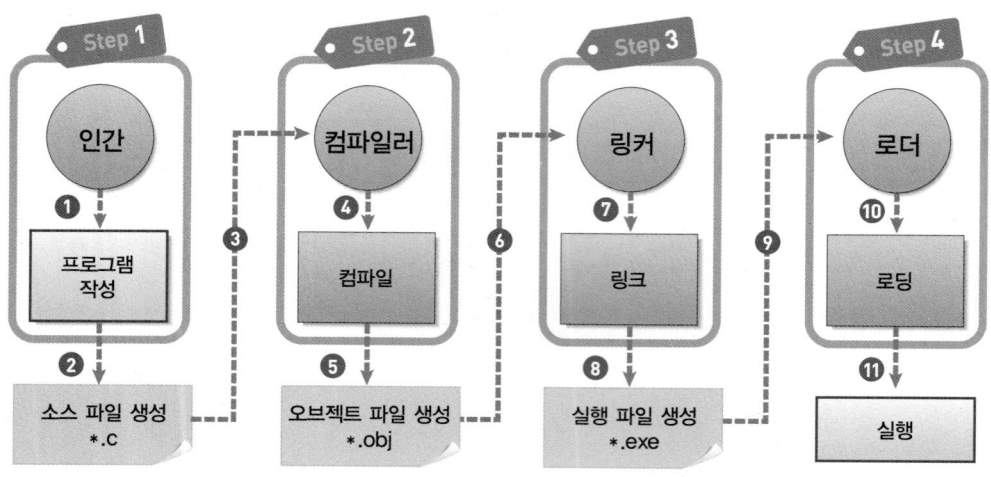

Chapter 01
C 언어의 소개와 **프로그램 작성방법**

Step 1 프로그램 작성 - ① ② ③

이 단계에서는 ①인간이 C 언어의 문법에 맞게 소스 코드를 작성해서 결과물로 ②소스(Source) 파일이 만들어집니다. 소스 파일의 확장자는 C입니다. 이렇게 만들어진 ③소스 파일은 다음 단계의 컴파일러에 넘겨집니다.

C 언어로 작성한 코드 중에 컴파일하지 않은 코드를 소스 코드라고 하고, 소스 코드를 저장해 놓은 파일을 소스 파일이라고 합니다.

Step 2 컴파일 - ④ ⑤ ⑥

④컴파일러는 소스 파일을 기계가 이해할 수 있게 기계어로 변환하는 컴파일 작업을 수행하여 결과물로 ⑤오브젝트(Object) 파일을 만듭니다. 오브젝트 파일의 확장자는 OBJ입니다. 다음 그림은 컴파일러가 소스 파일을 받아 오브젝트 파일을 만드는 과정을 표현하고 있습니다. 이렇게 만들어진 ⑥오브젝트 파일은 다음 단계의 링커에 넘겨집니다.

컴파일러의 역할

소스 파일 *.c ---> 컴파일러 ---> 오브젝트 파일 *.obj

사람이 이해할 수 있는 언어   기계가 이해할 수 있는 언어

Step 3 링크 - ⑦ ⑧ ⑨

⑦링커(Linker)는 오브젝트 파일과 표준 라이브러리 함수를 연결하여 하나의 파일로 통합하는 링크 단계를 수행하여 결과물로 ⑧실행 파일을 만듭니다. 실행 파일의 확장자는 EXE입니다. 다음 그림은 링커가 오브젝트 파일을 받아 실행 파일을 만드는 과정을 표현하고 있습니다. 이렇게 만들어진 ⑨실행 파일은 다음 단계의 로더에 넘겨집니다.

링커의 역할

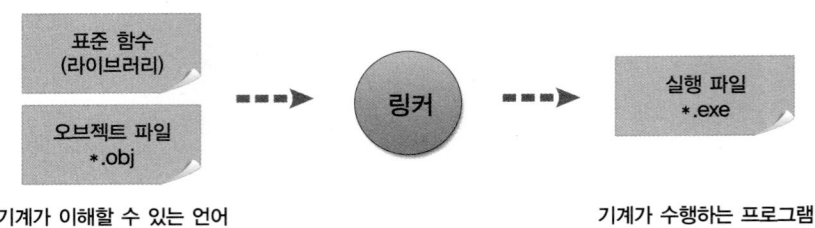

 표준 라이브러리 함수란? C 언어에서 기본적으로 제공하는 함수들의 모음입니다. 라이브러리의 본래 의미인 도서관에는 책들이 보관되어 있습니다. 컴퓨팅 세계에서 라이브러리에는 무엇이 보관되어 있겠습니까? 바로 함수들이 보관되어 있다고 생각하면 되겠습니다.

 **로딩과 실행 – ⑩ ⑪**

로더는 실행 파일(*.exe)을 ⑩ 주기억 장치(RAM)에 로딩(적재)함으로써 CPU가 실행 파일을 ⑪ 실행하도록 도와줍니다.

로더의 역할

1.3.2 프로그램 작성 방법 4단계 – 실습

앞서 이론적으로 배웠던 프로그램 작성 방법 4단계를 통합 개발 환경인 Visual C++ 2008 Express Edition을 이용하여 실습해 보겠습니다. 실습 순서는 앞에서 다루었던 이론적인 단계 [Step 1 프로그램 작성] ⇒ [Step 2 컴파일] ⇒ [Step 3 링크] ⇒ [Step 4 로딩과 실행]을 따릅니다.

Chapter 01
C 언어의 소개와 프로그램 작성방법

 통합 개발 환경이란? 프로그램을 개발하려면 기본적으로 소스 코드 편집기, 컴파일러, 링커, 로더, 디버거 등이 필요하며, 이를 통합적으로 제공하는 개발 환경을 통합 개발 환경(IDE, Integrated Development Environment)이라 합니다.

Visual C++ 2008 Express Edition 실행하기

이 책에서는 Microsoft사의 홈페이지에서 무료로 내려 받아 사용할 수 있는 Visual C++ 2008 Express Edition을 기본 개발 환경으로 해서 실습을 진행합니다. 이 프로그램의 내려 받기 및 설치는 여러분에게 맡기며, 네이버, 다음, 구글과 같은 검색 사이트에서도 이 프로그램을 쉽게 구할 수 있습니다.

만약 Visual C++ 2008 Express Edition의 내려 받기와 설치를 혼자서 하기 어려운 사람은 설치 파일과 관련 매뉴얼이 이 책의 부록과 프리렉(www.freelec.co.kr) 홈페이지의 이 책 강의실에 있으니 참고하기 바랍니다. Visual C++ 2008 Express Edition을 지금부터는 줄여서 Visual C++ 이라고 하겠습니다.

Visual C++을 시작하기 위해서 다음처럼 [시작 ⇒ 프로그램 ⇒ Microsoft Visual C++ 2008 Express Edition ⇒ Microsoft Visual C++ 2008 Express Edition]을 차례로 선택합니다.

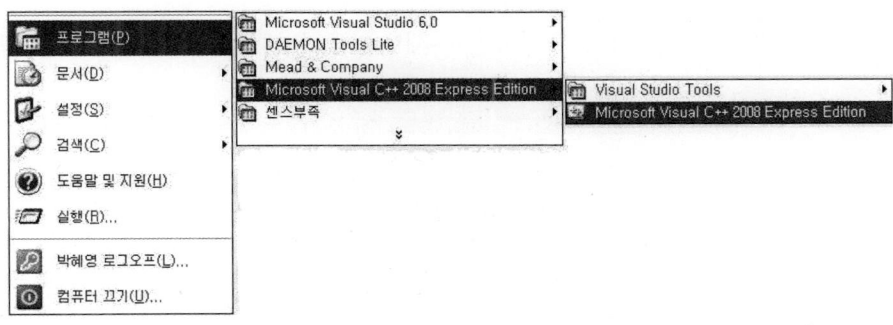

다음은 Visual C++을 설치하고서 실행한 첫 화면입니다.

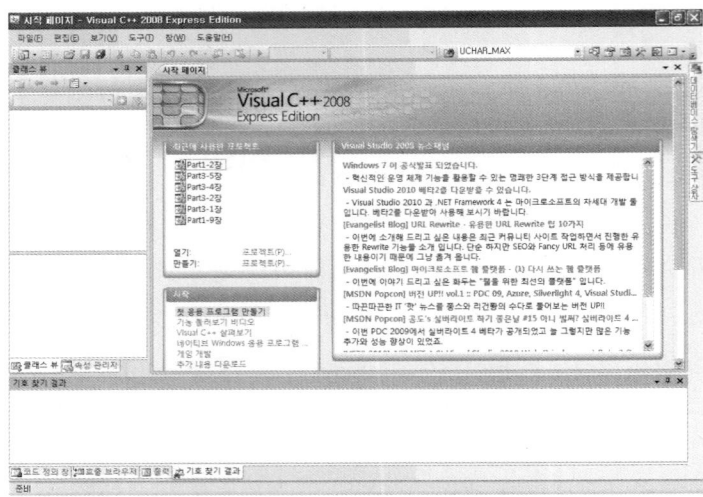

프로그램 작성 – 소스 파일 생성

Step 1

소스 파일 생성에 앞서 솔루션과 프로젝트를 먼저 생성해야 합니다. 솔루션은 하나 이상의 프로젝트를 담는 저장 공간이고, 프로젝트는 하나 이상의 소스 코드를 담는 저장 공간입니다. 솔루션과 프로젝트는 개발 중인 소프트웨어의 관리를 위해 만듭니다.

다음처럼 메뉴에서 [파일 ⇒ 새로 만들기 ⇒ 프로젝트]를 차례로 선택합니다.

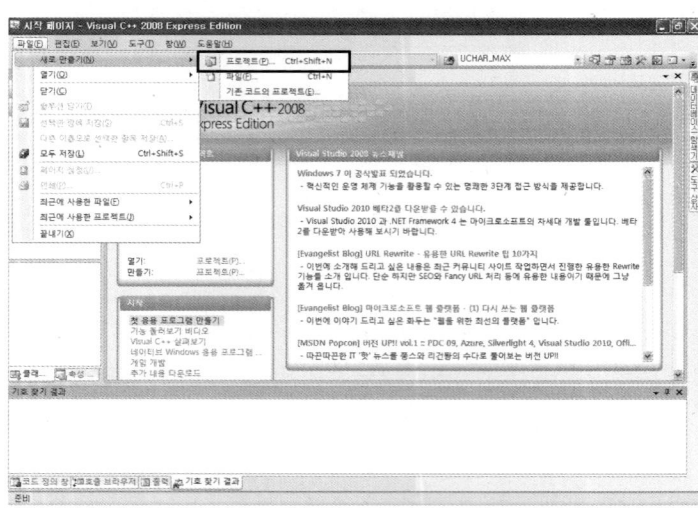

그러면 다음 화면이 나타납니다. 이 화면에서 [프로젝트 형식]은 [Win32]로 선택하고, [템플릿]은 [Win32 콘솔 응용 프로그램]으로 선택합니다. 그리고 [이름]에 'HelloWorld'를 입력하고, [위치]에 'C:\'를 입력하고, [솔루션 이름]에 'HelloWorld'를 입력합니다.

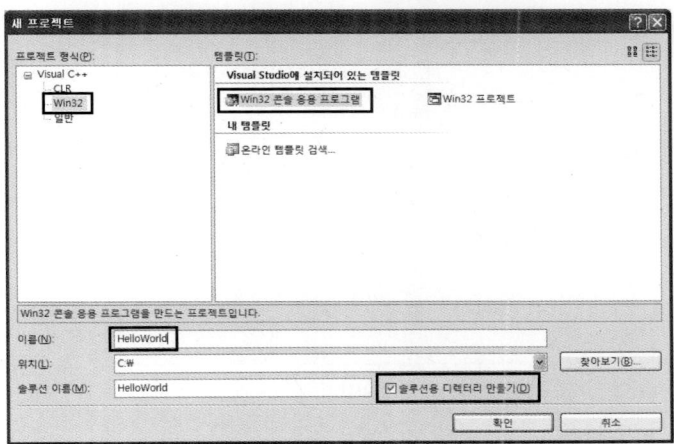

[확인] 단추를 누르면 다음 화면을 볼 수 있습니다. 나온 화면에서 다시 [다음] 단추를 누릅니다.

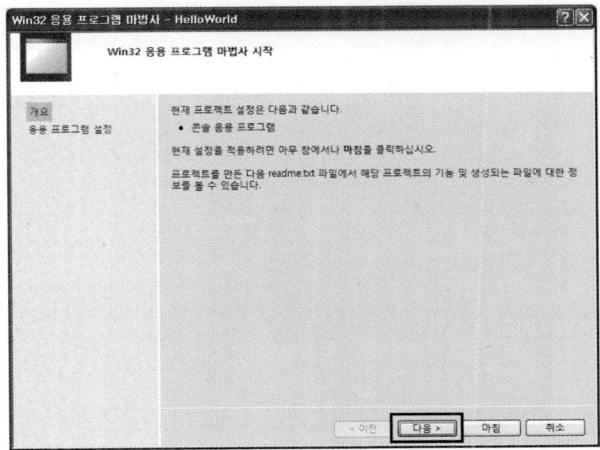

그러면 다음 화면이 나타나게 되고 [추가 옵션]에서 [빈 프로젝트] 확인란을 반드시 선택합니다. 선택이 완료되면 [마침] 단추를 누릅니다.

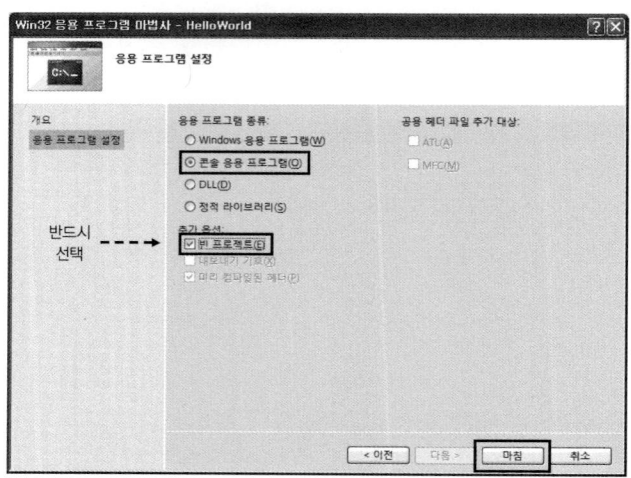

그러면 다음 화면처럼 솔루션과 프로젝트 생성이 완료된 화면이 나타납니다.

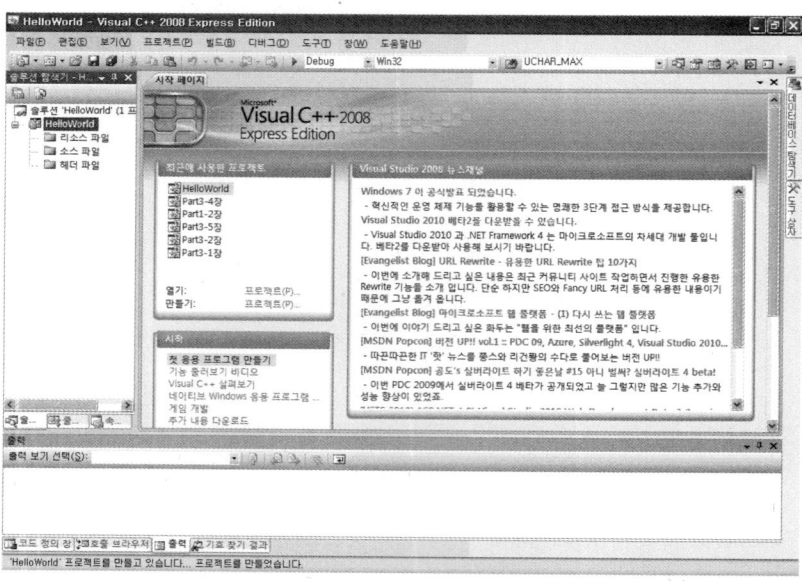

지금까지 소스 파일 저장 공간인 프로젝트를 준비했으니 이제 소스 파일을 추가해 보겠습니다. 다음 그림처럼 솔루션 탐색기에서 [소스 파일]을 선택하고 마우스 오른쪽 버튼을 눌러서 나오는 바로 가기 메뉴에서 [추가 ⇒ 새 항목]을 선택합니다.

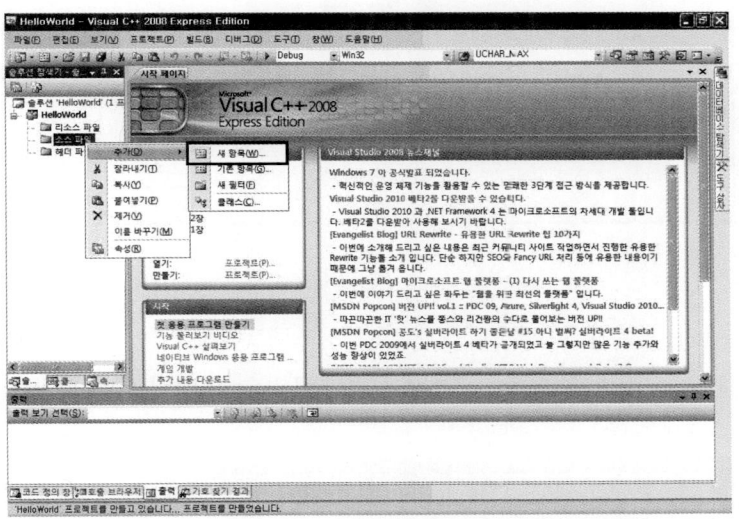

선택이 완료되면 다음 화면을 볼 수 있습니다. 화면의 [범주]에서 [코드]를 선택하고, [템플릿]에서 [C++ 파일]을 선택합니다. 특히 파일의 확장자를 반드시 C로 입력해야 합니다. 왜냐하면 C 언어 표준으로 컴파일하기 위해서입니다. 만약 그렇게 하지 않으면 CPP 파일로 자동 변환되어 C++ 표준으로 컴파일됩니다. 그러면 C 언어 실습에 어려움이 있을 수 있습니다.

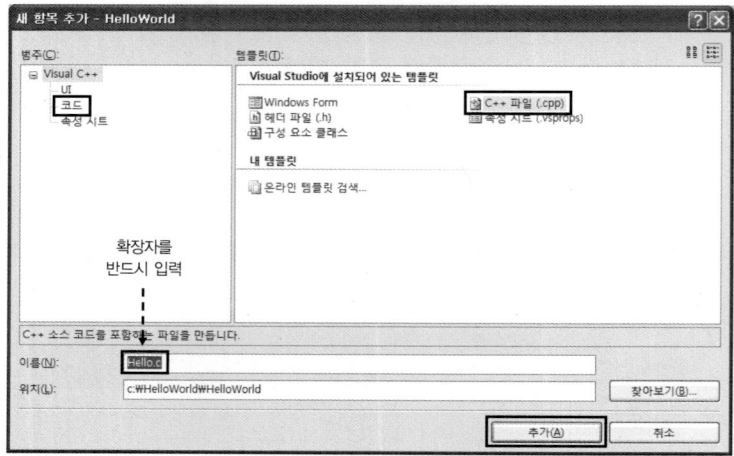

[추가] 단추를 누르면 다음과 같이 C 프로그램을 만들 준비가 완료됩니다. 그리고 소스 파일 영역에는 앞에서 입력한 Hello.c 파일이 보입니다.

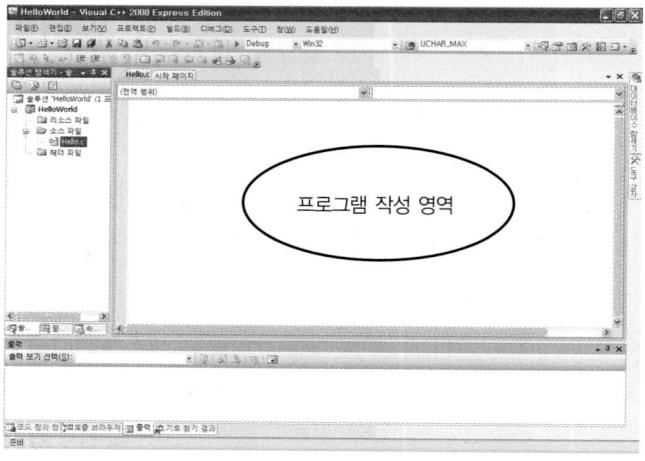

Visual C++로 프로젝트도 생성했고 소스 파일도 생성했으므로 본격적으로 코드를 작성해 봅시다. 우선 다음과 같이 코드를 입력합니다.

Chapter 01
C 언어의 소개와 **프로그램 작성방법**

| 예제 | Hello.c |

```
01 :    #include <stdio.h>
02 :    int main( )
03 :    {
04 :        printf("Hello C world \n");
05 :
06 :        return 0;
07 :    }
```

예제에서 왼쪽 끝에 있는 번호는 입력하지 않습니다. 입력한 후에는 입력 내용에 잘못이 없는지 눈으로 꼼꼼히 확인해 보시기 바랍니다. 문제가 없다면 여러분은 프로그램 작성 단계를 완료한 것입니다.

step 2 컴파일 - 오브젝트 파일 생성

다음은 컴파일 단계입니다. 소스 파일인 Hello.c를 컴파일해 보겠습니다. 컴파일은 매우 간단합니다. 다음과 같이 메뉴의 [빌드 ⇒ 컴파일]을 선택하거나 Ctrl + F7 키를 누르면 됩니다.

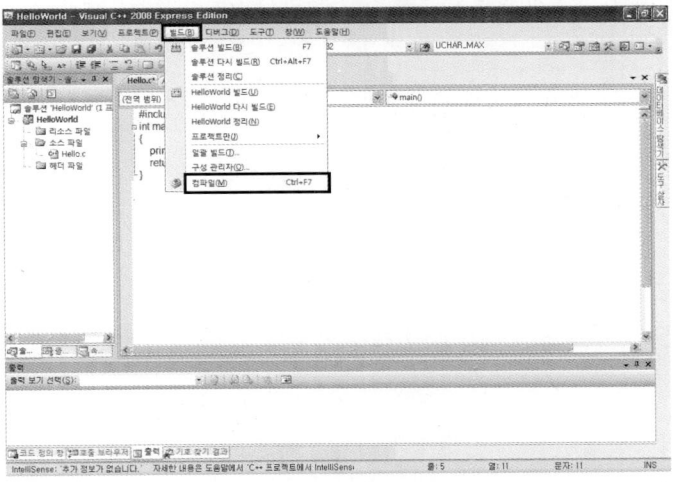

에러와 경고 없이 소스 파일이 컴파일되면 기계어로 변환된 오브젝트 파일인 Hello.obj 파일이 생성됩니다. 만약 에러가 발생했다면 소스 코드 어디에 문제가 있는지 F4 키를 눌러서 확인하면 됩니다. 지금까지 잘 따라 했다면 다음 위치에 파일 Hello.obj가 생성되어 있을 것입니다.

- C:\HelloWorld\HelloWorld\Debug\Hello.obj

컴파일 단계의 목적이 무엇인지 이전에 배운 것을 잠시 떠올려 봅시다. 소스 파일(Source File)을 기계가 이해할 수 있는 오브젝트 파일(Object File)로 변환하는 것이었습니다. Hello.obj와 같은 오브젝트 파일을 컴파일된 코드라고 부릅니다.

링크 - 실행 파일 생성

링크 단계에서는 컴파일된 코드인 오브젝트 파일(*.obj)을 실행 파일(*.exe)로 변환합니다. 링크도 아주 간단합니다. 다음과 같이 메뉴의 [빌드 ⇒ 솔루션 빌드]를 선택하거나 F7 키를 누르면 됩니다.

실행 파일을 생성하기 위해 [빌드 ⇒ 솔루션 빌드]를 선택하면 컴파일과 링크 과정을 한꺼번에 처리하는 효과가 있으니 별도로 컴파일하지 않아도 됩니다.

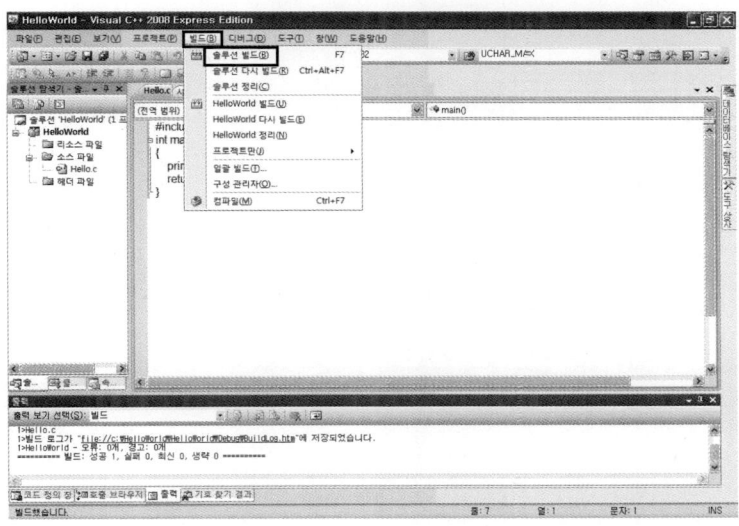

링크가 문제없이 끝나면 링크가 잘되어 파일 HelloWorld.exe가 생성됩니다. 실행 파일의 이름 HelloWorld는 프로젝트를 생성할 때 사용했던 이름임에 유의합시다. 여기까지 문제가 없다면 링크 단계에서 생성된 파일 HelloWorld.exe는 다음 위치에 생성되어 있을 것입니다.

- C:₩HelloWorld₩Debug₩HelloWorld.exe

로딩과 실행

로딩과 실행 단계에서는 링크 단계에서 생성된 파일 HelloWorld.exe를 실행하게 됩니다. 실행 파일을 우리가 임의대로 더블 클릭해서 실행하지 않아도 됩니다. 왜냐하면 Visual C++에서도 실행이 가능하기 때문입니다.

로더는 실행 파일을 주기억 장치에 적재해서 CPU가 실행할 수 있게 해줍니다. 이러한 과정을 로딩이라 하는데, 로딩 과정은 Visual C++에서 확인하기가 어려워서 실행 과정과 함께 로딩이 된다고 이해합시다.

그럼 실행해 볼까요? 다음과 같이 메뉴에서 [디버그 ⇒ 디버깅하지 않고 시작]을 선택하거나 `Ctrl` + `F5` 키를 누르면 실행 파일이 실행됩니다.

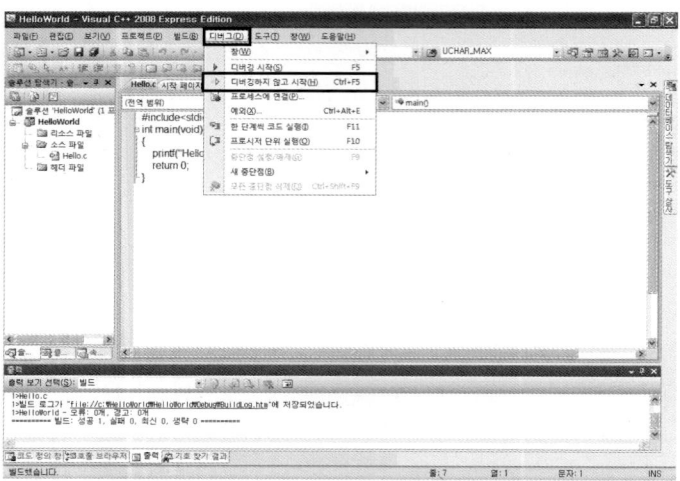

다음은 여러분이 작성한 프로그램 코드가 실행된 화면입니다. 실행 결과는 문자열 Hello C world를 모니터에 출력하는 것으로 여러분이 작성한 프로그램의 결과입니다. 또한 "계속하려면 아무 키나 누르십시오"의 문장은 Visual C++에서 자동으로 출력하는 문자열이므로 신경 쓰지 않아도 됩니다. 지시대로 아무 키나 눌러 보면 Visual C++ 창으로 돌아갑니다.

여기까지 실습하면서 소스 파일(*.c), 오브젝트 파일(*.obj), 실행 파일(*.exe)이 여러 단계를 거쳐서 생성되는 것을 확인했습니다. 이것으로 여러분은 C 언어를 공부하면서 필요한 위한 기본 환경을 배웠으며 본격적으로 C 언어를 공부할 준비를 마친 것입니다.

참고로 만약 여러분이 Visual C++을 통해 C 언어를 공부하다가 에러가 발생해서 재부팅을 해야 하거나, 필요에 의해서 다시 프로젝트를 열어야 한다면 SLN 확장자를 가진 솔루션 파일을 실행하면 됩니다. 현재의 Visual C++ 창을 닫아 보세요. 갑자기 막막하십니까? 이럴 땐 당황하지 말고 다음 경로(이 책의 실습 경로)와 같이 프로젝트를 지정해 놓은 폴더로 가서 솔루션 이름으로 생성된 파일 HelloWorld.sln을 실행하면 다시 원래 환경으로 돌아옵니다.

- C:\HelloWorld\HelloWorld.sln

 확장자 SLN이 안 보인다면 윈도우 탐색기를 열어 [도구 ⇒ 폴더 옵션]을 선택하고, [보기] 탭에서 [알려진 파일 형식의 파일 확장명 숨기기] 확인란을 선택 해제하고 [확인] 단추를 누릅니다. 그러면 확장명이 보이게 됩니다.

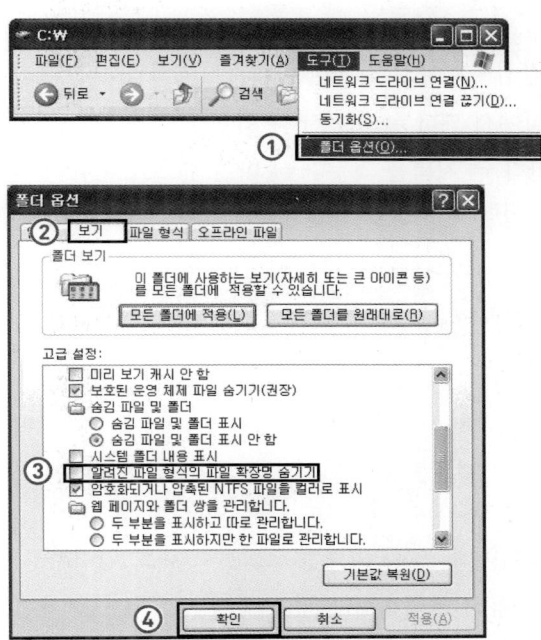

1.4 C 언어의 특징

C 언어는 운영체제의 개발뿐만 아니라 운영체제 기반의 응용 프로그램을 개발할 때도 사용합니다. C 언어가 다른 프로그래밍 언어와 비교해서 갖는 특징 몇 가지를 정리하면 다음과 같습니다.

- C 언어로 프로그래밍을 작성하면 다른 운영체제에서 거의 그대로 사용할 수 있습니다. 이식성이 좋다는 의미입니다.

- C 언어를 선수 과목으로 배우면 다른 프로그래밍 언어를 배우기가 한결 쉽습니다. 모든 언어의 기본이기 때문입니다.
- C 언어로 시스템의 하드웨어 부분도 제어할 수 있습니다. 예를 들어 지능형 서비스 로봇의 제어가 가능합니다.
- C 언어는 순서를 지키는 절차지향 언어입니다.

C 언어의 프로그래밍 방식은 시간의 흐름대로 작성하는 절차지향적입니다. 예를 들어, 하루 일과를 시간대로 정리해 봅시다. "잠에서 깬다 ⇒ 씻는다 ⇒ 아침을 먹는다 ⇒ C 언어를 공부한다 ⇒ 점심을 먹는다 ⇒ 휴식을 취한다 ⇒ 저녁을 먹는다 ⇒ 마감 뉴스를 본다 ⇒ 잠에 든다" 하루 일과가 무척 단조롭지만, 해야 할 일을 시간 순서대로 정리하고 있습니다. 여기서 시간의 흐름 속에 이루어지는 절차적인 일이 있다고 느껴지십니까?

1.5 C 언어의 학습 방식

개인적으로 필자는 C 언어를 공부할 때 세 가지 학습 유형이 있다고 생각합니다. 첫 번째는 교재에 있는 코드를 눈으로만 보고 이해하고, 두 번째는 코드를 그대로 입력하고 결과만을 확인하고, 세 번째는 교재의 코드를 꼼꼼히 분석해서 분석 내용만으로 코드를 작성하면서 교재의 코드와 작성한 코드를 서로 비교합니다. 어떤 유형이 C 언어를 공부할 때 바람직할까요? 처음에는 두 번째 유형을 따르는 사람이 당연히 많을 것입니다. 프로그래밍 언어 공부가 모두 그렇듯이 세 번째 유형을 따르는 사람이 최고의 학습 효과를 얻습니다. 독자 자신이 현재 두 번째 유형에 익숙해져 있다면 세 번째 유형으로 노력해 보길 권하고 싶습니다. 필자는 C 언어를 처음 공부할 때 소스 코드를 눈으로만 공부했던 첫 번째 유형의 사람이었습니다. 시간을 많이 투자해서 공부한 것 같았지만, 실력이 많이 늘지 않았었습니다.

그리고 인간의 학습 태도 중에 가장 문제가 되는 것은 조급함과 게으름이라고 합니다. C 언어를 공부하다 보면 빨리 배우고 싶은 조급함과 어떤 코드는 분석하기 싫고 나중에 공부하고 싶은 게으름을 느끼곤 합니다. 아마 이런 것들이 고수가 되는 길을 막는 저해 요소일지도 모릅니다. 여러분 모두 고수가 되도록 꾸준히 노력합시다.

열혈강의ⓒ언어본색

제 2 장

C 언어의 기본 구조와 표준 입출력

▌우리가 사람과 만나 대화할 때는 눈으로 그 사람의 얼굴과 표정을 보고 말을 합니다. 컴퓨터로 작업을 할 때도 눈으로 모니터를 보면서 프로그램이 어떤 상태인지 나에게 어떤 정보를 제공하는지 판단합니다. 모니터로 정보를 확인하고 키보드로부터 데이터를 입력하는 것은 컴퓨터 프로그램의 가장 기본적인 요소입니다.

이번 장에서는 printf( ) 함수를 사용하여 모니터에 데이터를 출력하는 방법과 scanf( ) 함수를 사용하여 키보드로부터 데이터를 입력받는 방법에 관해서 공부하겠습니다. printf( ) 함수와 scanf( ) 함수는 앞으로 가장 많이 다룰 함수입니다. 아마도 이 책의 거의 모든 예제에서 볼 수 있을 것입니다.

Part 1

제2장

2.1 C 언어의 기본 구조　**2.2** Hello C world　**2.3** 모니터에 데이터 출력하기 – printf( ) 함수
2.4 키보드로부터 데이터 입력받기 – scanf( ) 함수

2.1 C 언어의 기본 구조

모니터에 데이터를 출력하는 방법을 다루기 전에 먼저 C 언어의 기본 구조에 관해서 알아보겠습니다. 앞 장에서 Visual C++의 사용 방법을 통해 다음과 같은 프로그램을 작성해 보았습니다. 이제부터 상세히 내용을 살펴보겠습니다.

```
Step 1
    /*
        파일명 : Hello.C
        만든이 : 홍길동
        프로그램 내용 : Hello C world 테스트
    */

Step 2  →  #include <stdio.h>

Step 3
    int main(void)
    {
        printf("Hello C world \n");
        return 0;
    }
```

2.1.1 Step 1 - 주석

```
/*
    파일명 : Hello.c
    만든이 : 홍길동
    프로그램 내용 : Hello C world 테스트
*/
```

주석(Comment)이란 프로그램의 내용을 설명하려고 프로그래머가 하는 메모를 의미합니다. Step 1은 주석을 사용하는 예로 /*와 */ 안에 설명하려는 내용을 기술하면 됩니다. 이런 주석은 프로그램의 실행에 영향을 미치지 않습니다. C 컴파일러가 주석의 내용을 무시하고 소스 코드만을 컴파일하기 때문입니다.

주석의 필요성은 어디에서 찾을 수 있을까? 가령, 여러분이 회사에서 프로그램의 기능을 분석하는 업무를 맡았다고 가정하겠습니다. 프로그램의 내용이 매우 많은 경우 코드만으로는 프로그램의 기능을 분석하고 이해하기란 쉽지 않을 것입니다. 이런 문제를 해결하려면 주석 기능을 이용해서 프로그래머가 프로그램 코드에 대한 설명을 붙여 둔다면 프로그래머가 프로그램을 이해하기가 쉬울 것입니다. 결론적으로 주석은 프로그램 분석에 필요한 메모의 기능을 제공합니다.

여러 줄 주석 처리

다음과 같이 /*와 */를 이용하여 여러 줄에 걸쳐 주석으로 처리할 수 있습니다.

```c
/*
파일명 : Hello.C
만든이 : 홍길동
프로그램 내용 : Hello C world 테스트
*/

#include <stdio.h>

int main(void)
{
    printf("Hello C world \n");
    return 0;
}
```

한 줄 주석 처리

다음과 같이 //를 이용하여 한 줄씩 주석으로 처리할 수 있습니다.

Chapter 02
C 언어의 기본 구조와 **표준 입출력**

```
// 파일명 : Hello.C
// 만든이 : 홍길동
// 프로그램 내용 : Hello C world 테스트

#include <stdio.h>

int main(void)
{
    printf("Hello C world \n");
    return 0;
}
```

주석 처리 시 주의 사항

/*와 */는 중복해서 사용하면 안 됩니다. 중복해서 사용하려면 //를 이용합니다. 다음을 참조하면 이해할 수 있을 것입니다.

```
/*
    파일명 : Hello.c
/* 만든이 : 홍길동 */
    프로그램 내용 : Hello C world 테스트
*/

#include <stdio.h>

int main(void)
{
    printf("Hello C world \n");
    return 0;
}
```

```
/*
    파일명 : Hello.c
// 만든이 : 홍길동
    프로그램 내용 : Hello C world 테스트
*/

#include <stdio.h>

int main(void)
{
    printf("Hello C world \n");
    return 0;
}
```

⬆
/* /* */ */
주석 중복
오류 발생

⬆
/* // */
주석 중복
오류 해결

2.1.2 Step 2 – 전처리기와 헤더 파일

```
#include <stdio.h>
```

전처리기(Preprocessor) –

'#include 〈stdio.h〉'를 보면 특수 문자 '#'이 삽입되어 있습니다. 이것은 전처리기를 의미합니다. 즉, 컴파일러가 컴파일을 수행하기 전에 먼저 처리하라는 의미입니다.

헤더 파일

헤더 파일(Header File)은 확장자 H를 갖는 파일입니다. '#include 〈stdio.h〉'에서 stdio.h는 헤더 파일을 의미합니다. Standard Input Output(표준 입출력)을 줄여서 stdio로 쓴 것입니다. 헤더 파일은 표준 라이브러리 함수(printf( ), scanf( ) 등)들의 동작을 따로 정의해 놓은 파일을 의미하며, 이들 파일을 잘 이용하면 표준 라이브러리 함수들을 쉽게 호출해서 쓸 수 있습니다.

결론적으로 '#include 〈stdio.h〉'는 무슨 의미이겠습니까? Visual C++이면 'C:\Program Files\Microsoft Visual Studio 9.0\VC\include' 경로의 Include 폴더에 stdio.h 파일이 있습니다. 바로 이 파일을 인클루드(Include, 포함하다)하는 작업을 먼저 수행하라는 의미입니다.

Include 폴더 내부

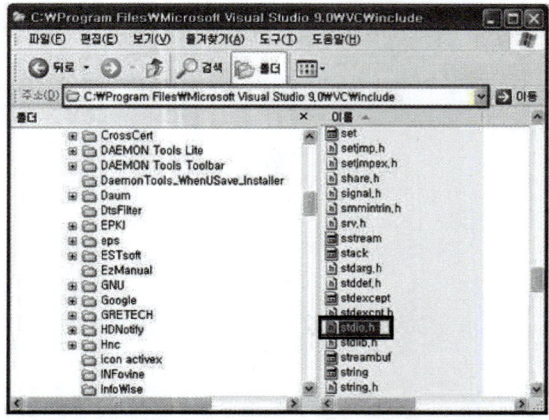

앞의 그림에서 stdio.h 파일을 열어 보면 표준 입출력 함수들이 있습니다. `Ctrl` + `F` 키를 눌러서 표준 출력 함수 printf( ) 함수와 표준 입력 함수 scanf( ) 함수를 찾아보기 바랍니다. 두 함수는 이제부터 배울 가장 많이 사용하는 입출력 함수입니다. 앞의 예제에서 '#include 〈stdio.h〉'는 결국 printf( ) 함수를 사용하기 위해서 포함된 코드입니다.

2.1.3 Step 3 – main( ) 함수

```
① int main(void)
   {
   ② printf("Hello C world \n");
   ③ return 0;
   }
```

| main( ) 함수는 프로그램 실행 시 운영체제에 의해서 맨 처음 호출되고 맨 나중에 종료된다.

main( ) 함수는 프로그램이 실행될 때 가장 먼저 호출되는 함수입니다. 이 함수는 운영체제가 호출합니다. C 프로그램의 경우 소스 파일을 컴파일하고 링크해서 만든 실행 파일(.exe)을 실행하면 운영체제가 실행 파일 내의 main( ) 함수를 가장 먼저 호출하기로 사전에 약속되어 있습니다. C 언어로 작성된 프로그램은 main( ) 함수를 하나 반드시 가지고 있습니다.

다음은 main( ) 함수의 선언 형태를 나타낸 것으로 출력 형태는 int, 함수 이름은 main, 입력 형태는 void라고 하겠습니다.

출력 형태   함수 이름   입력 형태
   ↓   ↓   ↓
  `int    main  (void)`

여기서 int는 integer의 줄임 말로 정수를 의미합니다. 그리고 void는 비어 있다는 의미입니다. 그럼 다시 'int main(void)'를 전체적으로 해석해 보면 입력(void형) 없이 main( ) 함수를 호출해서 출력은 정수(int형)로 하라는 의미입니다.

계속해서 다음 그림은 함수의 기능을 기술한 main( ) 함수의 기본 구조를 나타낸 것입니다. 함수의 기능에 대한 기술은 함수의 시작을 알리는 중괄호({)와 함수의 종료를 알리는 중괄호(})사이에 작성합니다. 이 영역이 실제로 함수가 해야 하는 기능을 정의하는 영역입니다.

```
          출력 형태  함수 이름  입력 형태
              ↓       ↓        ↓
            int    main    (void)
함수의 시작 →  {
                  함수의 기능
함수의 종료 →  }
```

표준 라이브러리 함수와 헤더 파일은 프로그래밍을 편하게 해준다.

printf( ) 함수는 문자열이나, 문자, 상수, 변수 등을 모니터에 출력하는 기능을 갖는 함수입니다. 문자를 모니터에 출력하고 싶은데, printf( ) 함수가 없다면 참으로 막막할 것입니다. 그러나 printf( ) 함수를 누구나 호출해서 쓸 수 있게 제공하고 있으므로 걱정할 필요는 없습니다. printf( )와 같은 함수를 표준 라이브러리 함수라 합니다.

그럼 컴파일러는 어떻게 표준 라이브러리 함수인 printf( )의 동작을 알겠습니까? 바로 표준 라이브러리 함수의 동작을 따로 정의해 놓은 헤더 파일을 통해서입니다. 표준 라이브러리 함수의 사용하기 위해 헤더 파일의 인클루드를 알리는 선언은 프로그램 작성 시 먼저 해야 하는 작업입니다.

```
#include <stdio.h>

int main(void)
{
    printf("Hello C world \n");
    return 0;
}
```

Chapter 02
C 언어의 기본 구조와 **표준 입출력**

#include를 이용하여 헤더 파일을 인클루드할 때 〈stdio.h〉처럼 꺾쇠 기호(〈〉)를 이용하는 경우를 시스템 헤더 파일이라고 부르고, "myheader.h"처럼 큰따옴표를 이용하는 경우를 사용자 헤더 파일이라 부릅니다. 시스템 헤더 파일과 사용자 헤더 파일의 차이점은 사전에 시스템에서 제공하느냐 사용자가 필요에 의해서 개발하느냐에 있습니다.

「printf("Hello C world ₩n");」를 보면 printf( ) 함수의 괄호 안에 큰따옴표로 묶인 문자열이 있습니다. C 언어에서는 큰따옴표를 사용해서 문자열을 모니터에 출력합니다. 특이한 점은 문자열 끝에 '₩n'이라는 문자가 있는데 개행의 의미로 줄을 바꾸는 [Enter] 키와 같은 효과를 갖습니다. 특수 문자 중 하나로 앞으로 배워 나갈 것입니다.

▍세미콜론은 문장의 끝을 의미하는 마침표와도 같은 존재이다.

함수의 기능 영역에 세미콜론(;)이 있습니다. 편지나 보고서와 같은 글을 쓸 때 여러분은 문장이 끝났다는 의미로 마침표를 찍습니다. 이처럼 C 언어에서 세미콜론은 연산을 수행하는 문장의 끝을 나타내는 마침표를 의미합니다. C 언어로 작성된 일련의 프로그램 수행 문장들을 세미콜론을 통해서 문장의 끝으로 인식하게 하는 것입니다.

▍return은 반환과 종료의 의미를 갖는다.

함수의 기능 영역에 있는 return의 의미는 두 가지입니다. 첫째로 함수를 호출한 영역으로 값을 반환한다는 의미이고, 둘째로 main( ) 함수를 종료한다는 의미입니다. 다음 그림에서 return 0과 return을 비교해 보겠습니다. 전자는 0을 반환하고 main( ) 함수를 종료하라는 의미로 해석할 수 있고, 후자는 반환할 것이 없으니 그냥 종료하라는 의미로 해석할 수 있습니다.

```
#include <stdio.h>

int main(void)
{
    printf("Hello C world ₩n");
    return 0;
}
```
→ 운영체제에게 0을 반환하고, main( ) 함수를 종료해라!

```
#include <stdio.h>

int main(void)
{
    printf("Hello C world ₩n");
    return;
}
```
→ 반환할 것이 없으니 main( ) 함수를 그냥 종료해라!

그럼 main( ) 함수에서 0을 반환하는 이유는 무엇일까? 프로그램이 실행되면 운영체제가 맨 처음 호출하는 함수가 main( ) 함수입니다. 그래서 이 함수는 프로그램 종료 시 호출자인 운영체제에게 0을 반환합니다. 운영체제는 반환값 0을 통해 프로그램이 정상적으로 종료되었는지 아닌지를 판단하게 됩니다.

여기까지가 C 언어의 기본 구조입니다. 이해가 안 되더라도 전체 구조가 머릿속에 체계화되었을 것으로 믿겠습니다.

2.2 Hello C world

C 언어는 데이터를 화면에 출력하는 printf( ) 함수를 제공합니다. 이 함수를 이용하여 예제에서 "Hello world"를 화면에 출력해 보겠습니다. 일반적으로 함수 f(x)=y란 x 값을 입력하면 y 값을 내주는 관계를 의미합니다. printf( ) 함수는 이러한 관계에 따라서 출력하려는 값이 함수에게 주어지면 그 값을 모니터로 출력해 줍니다. 다음 예제는 우리가 처음으로 작성하는 프로그램입니다.

예제 | 2-1

```
01 : #include <stdio.h>
02 : int main(void)
03 : {
04 :     printf("Hello C world");
05 :
06 :     return 0;
07 : }
```

::: 실행 결과 ▶

Hello C world 계속하려면 아무 키나 누르십시오 . . .

1행에서 표준 입출력 함수들이 정의된 헤더 파일을 인클루드(Include)하고 있습니다. 헤더 파일 stdio.h 안에는 printf( ) 함수가 정의되어 있습니다. 따라서 컴파일러는 이 파일 안에 정의된 내용에 따라 printf( ) 함수의 동작을 수행합니다. 즉, printf( ) 함수를 사용하려면 반드시 헤더 파일 stdio.h가 있어야 하는 것입니다.

4행에서 printf( ) 함수는 출력 함수입니다. 이 함수는 큰따옴표로 묶인 내용을 모니터에 출력하는 역할을 합니다. 그래서 "Hello C world"를 모니터에 출력하게 됩니다. 다른 내용을 출력하고 싶다면 큰따옴표로 묶인 내용을 원하는 내용으로 바꾸면 됩니다.

6행에서는 함수를 호출한 운영체제에게 0을 반환하고 main( ) 함수를 종료합니다. 실행 결과에서 "계속하려면 아무 키나 누르십시오 . . ."는 컴파일러에 의해서 자동으로 출력되는 대기 메시지입니다. 프로그램 코드와는 전혀 상관없습니다.

이제, 여러분은 C 프로그래밍 언어를 배우기 위한 첫 걸음으로 모니터에 간단히 메시지를 출력하는 것을 배웠습니다. 그러나 printf( ) 함수는 지금 배운 것보다 훨씬 다양한 기능을 제공합니다. 그럼 지금부터 이 함수에 관하여 좀 더 자세히 알아보겠습니다.

2.3 모니터에 데이터 출력하기 - printf( ) 함수

여러분은 예제 2-1을 실행하면서 모니터에 출력된 "계속하려면 아무 키나 누르십시오 . . . "가 계속 거슬렸을 수도 있습니다. 그렇다면, "Hello C world"를 모니터에 좀 더 깔끔하게 출력해 보겠습니다.

예제 | 2-2

```
01 : #include <stdio.h>
02 : int main(void)
03 : {
04 :     printf("Hello C world \n");
05 :
06 :     return 0;
07 : }
```

::: 실행 결과 ▶

Hello C world
계속하려면 아무 키나 누르십시오 . . .

4행은 새롭게 ₩n을 추가한 코드입니다. 그랬더니 출력 결과가 깔끔하게 나왔습니다. ₩n은 현재 커서를 한 줄 아래로 옮기는 역할을 합니다. 즉, 키보드의 Enter 키와 같은 역할을 합니다. 큰따옴표로 묶인 문자들을 차례대로 화면에 출력하다가 ₩n을 만나자마자 바로 다음 줄로 바꿔 출력합니다. ₩n과 같이 특수한 역할을 하는 문자들을 가리켜 특수 문자(Escape Sequence)라고 합니다.

2.3.1 특수 문자

C 언어에서 앞의 ₩n과 같은 특수 문자가 다음 표에서처럼 여럿 있습니다.

특수 문자

특수 문자	설명
₩a	경고음 소리 발생
₩b	백스페이스(Backspace)
₩f	폼 피드(Form Feed)
₩n	개행(New Line)
₩r	캐리지 리턴(Carriage Return)
₩t	수평 탭
₩v	수직 탭
₩₩	역슬래시(₩)
₩'	작은따옴표
₩"	큰따옴표

이 표를 외울 필요는 없습니다. 필요할 때 참고하면 됩니다. 관련 예제를 살펴보겠습니다.

예제 2-3

```
01 : #include <stdio.h>
02 : int main(void)
03 : {
04 :     printf("\t Hello C! \n Hello world! \n");
05 :     printf("큰따옴표 : \" \" \n");
06 :     printf("작은따옴표 : \' \' \n");
07 :     printf("역슬래시 : \\ \n");
08 :
09 :     return 0;
10 : }
```

실행 결과

```
    Hello C!
Hello world!
큰따옴표 : " "
작은따옴표 : ' '
역슬래시 : \
계속하려면 아무 키나 누르십시오 . . .
```

4행에서 \t는 키보드의 Tab 키를 누르는 것과 같은 효과를 갖습니다. 실행 결과를 보면 Hello C! 문장이 오른쪽으로 한 탭만큼 옮겨서 출력된 것을 볼 수 있습니다. 그리고 중간의 \n에 의해서 다음 줄로 커서가 옮겨져서 Hello world! 문장이 출력되었습니다.

```
              Tab 효과        개행 문자              개행 문자
                ↓              ↓                    ↓
printf("      \t Hello C!   \n Hello world!       \n");
```

5행과 **6행**에서 큰따옴표와 작은따옴표를 출력하고 있습니다.

```
                         큰따옴표 큰따옴표 개행 문자
                           ↓      ↓      ↓
printf("큰따옴표 :  \"     \"     \n");
```

```
                         작은따옴표 작은따옴표 개행 문자
                           ↓      ↓      ↓
printf("작은따옴표 :  \'     \'     \n");
```

7행에서는 역슬래시(\ )를 출력하는 것을 보여줍니다. 다소 복잡해 보이지만 역슬래시를 표현하기 위한 \\와 개행 문자를 표현하기 위한 \n이 같이 있는 것입니다.

```
                         역슬래시 개행 문자
                           ↓      ↓
printf("역슬래시 :  \\     \n");
```

2.3.2 서식 문자

이제 printf( ) 함수의 다른 기능에 대해서 알아보겠습니다. 이 함수는 Print Formatted에서 print에 f를 추가하여 이름을 지은 만큼 '서식화된 문자(서식 문자)'에 따라 다양한 출력 형식을 갖습니다. 그리고 표준 라이브러리 함수입니다.

서식 문자란 출력 형태를 지정해 주는 문자입니다. 예를 들어 printf( ) 함수를 이용한 출력 형태가 다음과 같다면,

```
printf("%d", 3+5);
```

모니터에 %d를 출력하라는 의미가 아닙니다. 뒤에 있는 3+5의 연산 결과인 8을 10진수로 출력하라는 의미입니다. 10진수는 영어로 Decimal, 16진수는 HeXadecimal, 8진수는 Octal이며 각각 알파벳 d, x, o를 이용하여 서식 문자 %d, %x, %o를 만든 것입니다. 따라서 서식 문자 %d는 10진수, %o는 8진수, %x는 16진수를 나타냅니다.

printf( ) 함수는 단순한 메시지만을 출력시키는 것이 아닙니다. 숫자들의 계산 결과도 출력시킬 수 있고 10진수 정수, 8진수 정수, 16진수 정수, 실수, 문자, 문자열 등을 출력시킬 수 있습니다. 서식 문자에 관한 자세한 내용은 다음 표에 기록되어 있으니 참고하기 바랍니다.

출력 서식 문자

서식 문자	출력 형태
%d, %i	10진수 정수(양수와 음수 모두 표현 가능)
%x, %o	16진수 정수, 8진수 정수(양수만 표현 가능)
%f, %lf	10진수 실수(양수와 음수 모두 표현 가능)
%c	한 개의 문자
%s	문자열
%u	10진수 정수(양수만 표현 가능)
%e	e 표기법에 의한 실수
%E	E 표기법에 의한 실수
%g	소수점 이하 자리 수에 따라 %f, %e 둘 중 하나를 선택
%G	소수점 이하 자리 수에 따라 %f, %E 둘 중 하나를 선택
%%	% 기호 출력

1 숫자 출력하기 - %d, %i, %x, %o, %f, %lf

이해를 돕고자 간단한 예제를 살펴보겠습니다. 예제는 10진수를 서식 문자 %d와 %i로 표현한 코드입니다.

예제 | 2-4

```
01 : #include <stdio.h>
02 : int main( )
03 : {
04 :     printf("%d 더하기 %d는 %d입니다. \n", 3, 5, 3+5);
05 :     printf("%i 더하기 %i는 %i입니다. \n", 3, 5, 3+5);
06 :     printf("%d - %d = %d입니다. \n", 3, 5, 3-5);
07 :     printf("%i - %i = %i입니다. \n", 3, 5, 3-5);
08 :
09 :     return 0;
10 : }
```

::: 실행 결과 ▶

3 더하기 5는 8입니다.
3 더하기 5는 8입니다.
3 - 5 = -2입니다.
3 - 5 = -2입니다.
계속하려면 아무 키나 누르십시오 . . .

4행부터 **7행**까지에서 서식 문자 %d와 %i를 이용하여 10진수 정수 형태로 출력하고 있습니다. 서식 문자 %d와 %i는 양수와 음수를 모두 출력할 수 있습니다. 참고로 10진수를 표현할 때 서식 문자 %d를 주로 사용합니다.

```
printf("%d 더하기 %d는 %d입니다 \n", 3, 5, 3+5);
```

다음 예제는 정수 50과 -50을 각각 서식 문자 %d(10진수), %x(16진수), %o(8진수)를 이용하여 출력하는 코드입니다.

예제 | 2-5

```
01 : #include <stdio.h>
02 : int main( )
03 : {
04 :     printf("10진수 : %d는 16진수 : %x, 8진수 : %o입니다. \n", 50, 50, 50);
05 :     printf("10진수 : %d는 16진수 : %x, 8진수 : %o입니다. \n", -50, -50, -50);
06 :     // 16진수와 8진수는 음수 표현 불가
07 :
08 :     return 0;
09 : }
```

::: 실행 결과 ▶

10진수 : 50는 16진수 : 32, 8진수 : 62입니다.
10진수 : -50는 16진수 : ffffffce, 8진수 : 37777777716입니다.
계속하려면 아무 키나 누르십시오 . . .

4행에서 정수 50을 서식 문자 %d(10진수), %x(16진수), %o(8진수)로 출력하고 있습니다. 정수 50이 서식 문자 %d, %x, %o에 따라 다른 형태로 출력되고 있다는 점을 주목하기 바랍니다.

```
printf("10진수 : %d 는 16진수 : %x, 8진수 : %o이다. \n", 50, 50, 50);
```

5행에서 정수 -50을 서식 문자 %d(10진수), %x(16진수), %o(8진수)로 출력하고 있습니다. 그런데 실행 결과는 서식 문자 %d를 제외하고 %x와 %o는 이상한 값이 나옵니다. 즉, 부호가 있는 음수는 16진수(%x)와 8진수(%o)로 표현할 수 없습니다.

```
printf("10진수 : %d 는 16진수 : %x, 8진수 : %o이다. \n", -50, -50, -50);
```

다음 예제는 실수 0.5를 서식 문자 %d(10진수), %f(10진수 실수), %lf(10진수 실수)를 이용하여 출력하는 코드입니다. 서식 문자 %f는 실수 자료형 중에 float형에서 사용하고 서식 문자 %lf는 실수 자료형 중에 double형에서 사용합니다.

예제 | 2-6

```
01 :  #include <stdio.h>
02 :  int main(void)
03 :  {
04 :      printf("10진수 정수 : %d \n", 0.5);
05 :      printf("10진수 실수 : %f \n", 0.5);
06 :      printf("10진수 실수 : %lf \n", 0.5);
07 :
08 :      printf("소수점 이하 6자리 이상 : %f \n", 0.5655678);    — 맨 마지막 자릿값 반올림
09 :      printf("소수점 이하 6자리 이상 : %lf \n", 0.5667784);   — 맨 마지막 자릿값 버려짐
10 :
11 :      return 0;
12 :  }
```

::: 실행 결과 ▶

10진수 정수 : 0
10진수 실수 : 0.500000
10진수 실수 : 0.500000
소수점 이하 6자리 이상 : 0.565568
소수점 이하 6자리 이상 : 0.566778
계속하려면 아무 키나 누르십시오 . . .

4행에서 실수 0.5를 서식 문자 %d(10진수)로 출력하고 있습니다. 이처럼 실수 0.5를 정수형 서식 문자 %d로 출력하라고 요청하므로 0이 출력됩니다. 이것은 실수 0.5에서 정수부 0만 출력된 것입니다. **5행**과 **6행**에서 실수 0.5를 서식 문자 %f(10진수 실수)와 %lf(10진수 실수)로 출력하고 있습니다. 실수 0.5를 실수형 서식 문자 %f, %lf로 출력하라고 요청하므로 0.5가 출력된 것입니다. 출력 결과를 살펴보면 소수점 이하 6자리까지 표현을 하고 있습니다. 8행과 9행에서 소수점 이하 6자리를 초과한 값을 지닌다면 반올림이나 반내림이 되어서 오차가 생깁니다.

2 | 문자와 문자열 출력하기 – %c, %s

서식 문자를 사용하면 앞 예제들에서 본 숫자 외에도 문자(Character)와 문자열(String)을 출력할 수 있습니다. 서식 문자 %c와 %s는 각각 문자와 문자열을 출력할 때 사용합니다. 다음 예제

는 이들을 사용하여 알파벳과 문자열을 출력하고 간단한 덧셈 연산을 수행하는 프로그램입니다.

예제 | 2-7

```
01 : #include <stdio.h>
02 : int main(void)
03 : {
04 :     printf("a를 대문자로 표현하면 %c입니다. \n", 'A');
05 :     printf("%s %c입니다. \n", "a를 대문자로 표현하면", 'A');
06 :     printf("%s %d %s\n", "2 곱하기 3은", 2*3, "입니다.");
07 :
08 :     return 0;
09 : }
```

::: 실행 결과 ▶

a를 대문자로 표현하면 A입니다.
a를 대문자로 표현하면 A입니다.
2 곱하기 3은 6입니다.
계속하려면 아무 키나 누르십시오 . . .

4행에서 큰따옴표로 둘러싸인 문자열 내에 서식 문자 %c를 이용하여 문자 하나를 출력합니다. **5행**에서 서식 문자 %s를 사용하여 "a를 대문자로 표현하면"이라는 문자열을 출력하고, 서식 문자 %c를 이용하여 대문자 A를 출력합니다. C 언어에서는 큰따옴표를 사용하여 문자열을 인식하고 작은따옴표를 사용하여 문자를 인식합니다. 4행과 5행은 실행 결과가 같지만 다르게 표현된 출력 방법입니다. **6행**에서 서식 문자 %s, %d, %s를 printf( ) 함수 하나에서 다양하게 표현하고 있습니다.

3 10진수 정수(양수) - %u

서식 문자 %u를 사용하면 %d로 출력할 수 있는 양수의 범위보다 두 배 더 넓게 출력할 수 있습니다. 이유는 Part 1의 5장에서 자료형을 다루면서 설명하겠습니다. 다음 예제는 서식 문자 %d와 %u의 차이를 잘 설명하고 있는 코드입니다.

예제 2-8

```
01 : #include <stdio.h>
02 : int main(void)
03 : {
04 :     printf("%d \n", 2147483647);      ── 2147483647
05 :     printf("%d \n", 2147483650);      ── -2147483646
06 :     printf("%u \n", 4294967295);      ── 2147483647의 약 2배
07 :
08 :     return 0;
09 : }
```

::: 실행 결과 ▶

2147483647
-2147483646
4294967295
계속하려면 아무 키나 누르십시오 . . .

4행에서 서식 문자 %d로 표현할 수 있는 최댓값 2147483647을 출력하고 있습니다. 최댓값은 Part 1의 5장 자료형에서 알게 됩니다. **5행**에서 최댓값보다 큰 값을 출력하려고 하니까 이상한 음수 값이 출력됩니다. 왜 그런지도 Part 1의 5장 자료형에서 상세히 설명하겠습니다. 하지만, 궁금하면 Part 1의 5장 자료형을 지금 참고해도 됩니다. 일단, 음수 값이 출력된 이유는 서식 문자 %d로 표현할 수 있는 최댓값을 초과해서 출력하고자 했기 때문으로만 알아 둡시다.

6행에서 서식 문자 %d로 표현할 수 있는 최댓값 2147483647보다 큰 값을 출력하기 위해서 서식 문자 %u를 사용하고 있습니다. 서식 문자 %u로 표현할 수 있는 최댓값은 4294967295입니다. 이 값은 서식 문자 %d로 표현할 수 있는 최댓값의 약 두 배가 됩니다. 그런데 만약 서식 문자 %u로 표현할 수 있는 최댓값보다 큰 값을 출력하면 서식 문자 %d와 마찬가지로 이상한 값이 출력됩니다. 최댓값에 대한 궁금증이 많이 생길지도 모릅니다. 일단 이 정도로만 알아 두고 Part1의 5장 자료형에서 자세히 공부합시다.

Chapter 02
C 언어의 기본 구조와 **표준 입출력**

4 기타 실수 표기법 – %e, %E, %g, %G, %%

다음 예제는 서식 문자 %e, %E, %g, %G, %%를 잘 설명하고 있는 코드입니다.

예제 | 2-9

```
01 : #include <stdio.h>
02 : int main(void)
03 : {
04 :     printf("%f \n", 0.000123);         ── 소수점 이하 6자리
05 :     printf("%f \n", 0.0001236);        ── 소수점 이하 6자리 초과
06 :
07 :     printf("%e \n", 0.000123);         ── 소수점 이하 6자리
08 :     printf("%E \n", 0.0001236);        ── 소수점 이하 6자리 초과
09 :
10 :     printf("%g \n", 0.000123);         ── 소수점 이하 6자리
11 :     printf("%G \n", 0.0000123456);     ── 소수점 이하 6자리 초과
12 :
13 :     printf("올해 우리나라 경제 성장률은 5%%입니다. \n");
14 :
15 :     return 0;
16 : }
```

::: 실행 결과 ▶

```
0.000123
0.000124
1.230000e-004        ── 참고 : 1.23 * 10의 -4승을 의미
1.236000E-004        ── 참고 : 1.236 * 10의 -4승을 의미
0.000123
1.23456E-005         ── 참고 : 1.23456 * 10의 -5승을 의미
올해 우리나라 경제 성장률은 5%입니다.
계속하려면 아무 키나 누르십시오 . . .
```

4행에서 서식 문자 %f로 소수점 6자리까지 출력합니다. 5행에서 서식 문자 %f로 소수점 6자리를 넘는 값을 출력하니까 반올림을 합니다. 7행에서 서식 문자 %e로 소수점 6자리까지 값을 출력합니다. 출력 결과는 1.230000e-004입니다. 이것의 의미는 1.23 * 10의 -4승을 의미합니다. 8행에서 서식 문자 %E로 소수점 6자리를 넘는 값을 출력합니다. 서식 문자 %e와 %E의 차이는 알파벳 e가 소문자인지 대문자인지의 차이밖에 없습니다. 10행에서 소수점 6자리까지 값은 %f 형식으로 출력합니다. 11행에서 소수점 6자리를 넘는 값은 %E 형식으로 출력합니다. 서식 문자 %g와 %G는 서식 문자 %f와 %e(%E) 둘 중의 하나의 서식으로 출력해 줍니다. 소수점 6자리까지는 %f 형식으로 출력해 주고, 소수점 6자리를 넘는 값은 %e(%E) 형식으로 출력해 줍니다. %g와 %G의 차이는 알파벳 e가 소문자인지 대문자인지의 차이밖에 없습니다. 나머지 기능은 모두 같습니다. 13행에서 서식 문자 %%는 % 자체를 출력합니다.

2.3.3 필드 폭 지정

서식 문자에 적절한 옵션을 추가하면 출력되는 데이터 필드의 폭을 조절할 수 있습니다. 다시 말해서 일정한 간격으로 데이터를 출력할 수 있게 해줍니다. 다음은 서식 문자에 옵션을 추가하는 예들입니다.

- **%03d** 필드 폭을 3칸 확보하고 오른쪽 정렬해서 출력, 남은 자리는 0으로 채움
- **%-3d** 필드 폭을 3칸 확보하고 왼쪽 정렬해서 출력
- **%+3d** 필드 폭을 3칸 확보하여 오른쪽 정렬해서 출력, 양수는 + 부호를 붙이고 음수는 - 부호를 붙여서 출력

다음 예제를 가지고 필드 폭을 조절하는 방법에 대해서 알아보겠습니다.

예제 | 2-10

```
01 : #include <stdio.h>
02 : int main(void)
03 : {
04 :     printf("%03d, %03d, %03d \n", 1, 20, 300);
05 :     printf("%-3d, %-3d, %-3d \n", 1, 20, 300);
06 :     printf("%+3d, %+3d, %+3d \n", 1, 20, 300);
```

```
07 :     printf("%+3d, %+3d, %+3d \n", 1, 20, -300);
08 :
09 :     return 0;
10 : }
```

::: 실행 결과 ▶

```
001, 020, 300
 1 , 20 , 300
+1, +20, +300
+1, +20, -300
계속하려면 아무 키나 누르십시오 . . .
```

6행과 **7행**은 각각 데이터에 부호를 붙여서 출력하게 합니다.

2.4 키보드로부터 데이터 입력받기 - scanf( ) 함수

printf( ) 함수는 필요한 데이터를 서식 문자에 맞게 모니터에 출력하는 표준 출력 기능을 제공했습니다. 모니터에 데이터를 출력하는 것은 알았으니, 키보드로부터 직접 데이터를 입력받을 수 있는 scanf( ) 함수에 관해서 공부하겠습니다.

- 키보드로부터 데이터를 입력받는 것을 표준 입력, 모니터에 데이터를 출력하는 것을 표준 출력이라 한다.

데이터를 입력받을 때 사용하는 함수는 scanf( ) 함수입니다. 이 함수 역시 printf( ) 함수와 같이 stdio.h 헤더 파일에 정의된 표준 라이브러리 함수입니다. 따라서 이 함수를 사용하려면 printf( ) 함수와 마찬가지로 코드에 stdio.h 헤더 파일을 인클루드(Include)해야 합니다.

2.4.1 scanf( ) 함수의 기본 구조

키보드로부터 데이터를 입력받은 후에 입력받은 데이터를 사용하고자 한다면 데이터를 저장해야 합니다. 이것은 scanf( ) 함수의 기본 기능 중 하나입니다. 예를 들어, 10진수 데이터를 하나 입력받아 저장하고자 한다면 이 함수를 다음과 같이 사용합니다.

```
scanf("%d",&a)
```
- "%d" ─ 입력을 위한 서식 문자
- &a ─ 입력을 저장하는 변수

예에서처럼 scanf( ) 함수도 printf( ) 함수처럼 서식 문자를 사용합니다. scanf( ) 함수에서 사용하는 서식 문자는 입력받을 데이터의 타입을 결정하기 위해서입니다. 여기서 사용한 서식 문자 %d는 키보드를 통해서 10진수를 입력받는다는 것을 의미합니다.

그리고 &a는 입력받을 값을 저장하는 임시 저장 공간과 관련되는데 다음 장에서 다룰 변수를 알아야만 합니다. 일단, 키보드로부터 입력받은 데이터를 a라는 이름의 변수(임시 저장 공간)에 저장한다고 생각합시다.

우선 다음 예제를 가지고 지금까지 설명한 내용과 함께 scanf( ) 함수의 사용법에 관해서 알아보겠습니다.

예제 2-11

```
01 : #include <stdio.h>
02 : int main(void)
03 : {
04 :     int age;
05 :     printf("What is your age? : ");
06 :     scanf("%d", &age);
07 :     printf("Wow! Really? Are you %d years old? \n", age);
08 :
09 :     return 0;
10 : }
```

::: 실행 결과 ▶

What is your age? : 20
Wow! Really? Are you 20 years old?
계속하려면 아무 키나 누르십시오 . . .

4행에서 age는 6행의 scanf( ) 함수에서 입력받은 데이터를 저장하기 위해 선언된 변수(임시 저장 공간)입니다. 자세한 내용은 다음 장 변수에서 배우게 되므로 이 정도로만 알고 갑시다. 6행에서 키보드로부터 10진수 데이터를 입력받아서 age라는 변수에 저장하라는 의미입니다. 이때 반드시 변수 앞에 &를 붙여야 합니다. 7행에서 printf( ) 함수로 age에 저장된 값을 출력합니다.

왜 scanf("%d", age)라고 하지 않고 scanf("%d", &age)로 age 앞에 &를 붙여줄까요? 간단히 설명하자면 &age는 변수 age를 위해 할당된 메모리의 주소를 의미합니다. 따라서 scanf("%d", &age)라는 표현은 10진수 데이터를 입력받아서 변수 age의 메모리 주소에 입력 값을 저장하라는 의미입니다. 더 쉽게 일상에서 생각해 본다면, 우리가 택배(데이터)를 받을 때 주소를 통해 택배를 전달받는 것과 같습니다.

2.4.2 서식 문자

scanf( ) 함수의 f도 printf( ) 함수에서처럼 'formatted' 서식화된의 의미로 같은 서식 문자를 사용합니다. 예를 들어 10진수 정수, 8진수 정수, 16진수 정수, 실수, 문자, 문자열 등을 입력받을 수 있습니다. 입력 서식 문자에 관한 자세한 내용은 다음 표에 기록되어 있으니 참고하기 바랍니다.

입력 서식 문자

서식 문자	입력 형태
%d	10진수 정수 입력
%x	16진수 정수 입력
%o	8진수 정수 입력
%f	float형 실수 입력

서식 문자	입력 형태
%lf	double형 실수 입력
%c	한 개의 문자 입력
%s	문자열 입력
%u	10진수 정수(양수만 표현 가능) 입력
%e	float형 e 표기법에 의한 실수 입력
%le	double형 e 표기법에 의한 실수 입력

scanf( ) 함수를 통해 키보드로부터 데이터를 입력받는 경우 서식 문자에 따라 다양한 형태로 데이터를 변수에 저장합니다. 다음 예제를 보겠습니다.

예제 | 2-12

```
01 : #include <stdio.h>
02 : int main(void)
03 : {
04 :     int a, b, c;
05 :
06 :     printf("10진수 정수 1개 입력 : ");
07 :     scanf("%d", &a);
08 :     printf("10진수 : %d, 16진수 : %x, 8진수 : %o \n", a, a, a);
09 :
10 :     printf("16진수 정수 1개 입력 : ");
11 :     scanf("%x", &b);
12 :     printf("10진수 : %d, 16진수 : %x, 8진수 : %o \n", b, b, b);
13 :
14 :     printf("8진수 정수 1개 입력 : ");
15 :     scanf("%o", &c);
16 :     printf("10진수 : %d, 16진수 : %x, 8진수 : %o \n", c, c, c);
17 :
18 :     return 0;
19 : }
```

Chapter 02
C 언어의 기본 구조와 **표준 입출력**

::: 실행 결과 ▶

```
10진수 정수 1개 입력 : 10
10진수 : 10, 16진수 : a, 8진수 : 12
16진수 정수 1개 입력 : 20
10진수 : 32, 16진수 : 20, 8진수 : 40
8진수 정수 1개 입력 : 30
10진수 : 24, 16진수 : 18, 8진수 : 30
계속하려면 아무 키나 누르십시오 . . .
```

4행에서 정수 데이터를 저장하기 위해서 변수 a, b, c를 int형으로 선언합니다. 정수형 변수를 만들기 위해 int형을 가장 많이 사용합니다. Part 1의 3장 변수에서 자세히 설명할 예정이니 여기까지만 알아 둡시다.

7행에서 10진수 정수(%d) 한 개를 키보드로부터 입력받아 변수 a에 저장합니다. **8행**에서 변수 a에 저장된 값을 각각 10진수, 16진수, 8진수로 출력합니다. **11행**에서 16진수 정수(%x) 한 개를 키보드로부터 입력받아 변수 b에 저장합니다. **12행**에서는 저장된 값을 각각 10진수, 16진수, 8진수로 출력합니다. **15행**에서 8진수 정수(%o) 한 개를 키보드로부터 입력받아 변수 c에 저장합니다. **16행**에서는 저장된 값을 각각 10진수, 16진수, 8진수로 출력합니다.

앞 예제는 정수 값을 입력할 때 사용하는 서식 문자에 관해서 알아보았습니다. 그럼 이제 실수 값을 입력할 때 사용하는 서식 문자에 관해 알아보겠습니다.

예제 | 2-13

```
01 : #include <stdio.h>
02 : int main(void)
03 : {
04 :     float f1, f2;
05 :     double d1, d2;
06 :
07 :     printf("float형 실수 두 개 입력 : ");
08 :     scanf("%f %e", &f1, &f2);
09 :     printf("float형 실수 출력 : f1=%f, f2=%e \n", f1, f2);
10 :
```

```
11 :
12 :     printf("double형 실수 두 개 입력 : ");
13 :     scanf("%lf %le", &d1, &d2);
14 :     printf("double형 실수 출력 : d1=%lf, d2=%le \n", d1, d2);
15 :
16 :     return 0;
17 : }
```

::: 실행 결과 ▶

float형 실수 두 개 입력 : 1.1 2.2
float형 실수 출력 : f1=1.100000, f2=2.200000e+000
double형 실수 두 개 입력 : 3.1 4.1
double형 실수 출력 : d1=3.100000, d2=4.100000e+000
계속하려면 아무 키나 누르십시오 . . .

4행에서 실수 데이터를 저장하기 위해서 변수 f1, f2를 float형으로 선언합니다. **5행**에서는 실수 데이터를 저장하기 위해서 변수 d1, d2를 double형으로 선언합니다. 실수형 변수를 만들기 위해 double형 변수를 가장 많이 사용합니다. int형과 마찬가지로 float형, double형 도 Part 1 의 3장 변수에서 자세히 설명할 예정이니 여기까지만 알아 둡시다.

8행에서 서식 문자 %f와 %e를 통해서 키보드로부터 두 개의 실수를 각각 입력받아 변수 f1과 f2에 저장합니다. **9행**에서는 f1과 f2에 저장된 데이터를 %f와 %e를 사용하여 출력합니다. float형 데이터를 입출력하기 위해서 서식문자 %f와 %e를 사용합니다.

13행에서 서식 문자 %lf와 %le를 통해서 키보드로부터 두 개의 실수를 각각 입력받아 변수 d1 과 d2에 저장합니다. **14행**에서는 d1과 d2에 저장된 데이터를 %lf와 %le를 사용하여 출력합니다. 결론적으로 double형 데이터를 입출력하기 위해서 서식 문자 %lf와 %le를 사용한다는 것을 이해하기 바랍니다. %lf, %le에서 'l'은 대문자 'L'의 소문자 형태입니다.

이제 printf( ) 함수와 scanf( ) 함수에 관해서 얼마나 이해가 되었습니까? 대략적으로 이해는 했겠지만 완벽하지 않을 수 있습니다. 그러나 걱정하지 않아도 됩니다. 두 함수는 이 책이 끝날 때까지 나올 것입니다. 차근차근 공부하다 보면 어느새 자연스럽게 사용할 수 있게 됩니다.

Chapter 02
C 언어의 기본 구조와 **표준 입출력**

연/습/문/제/
Exercise

1 다음과 같은 실행 결과가 모니터에 출력되게 프로그램을 작성하세요.

::: 실행 결과 ▶

```
    *
   ***
  *****
   ***
    *
```
계속하려면 아무 키나 누르십시오 . . .

2 서식 문자를 이용하여 다음과 같이 구구단 2단을 출력하는 프로그램을 작성하세요.

::: 실행 결과 ▶

```
2 * 1 = 2
2 * 2 = 4
2 * 3 = 6
2 * 4 = 8
2 * 5 = 10
2 * 6 = 12
2 * 7 = 14
2 * 8 = 16
2 * 9 = 18
```
계속하려면 아무 키나 누르십시오 . . .

3 직사각형의 가로와 세로 길이를 입력받아서 넓이를 구하는 프로그램을 작성하려 합니다. 다음 코드에서 빈칸을 채우세요.

```
/*  ex3.c  */
#include <stdio.h>
int main(void)
{
    int a, b;
    printf("가로 길이를 입력하세요 : ");
    ▭

    printf("세로 길이를 입력하세요 : ");
    ▭

    printf("직사각형의 넓이는 %d입니다. \n", a*b);

    return 0;
}
```

::: 실행 결과 ▶

가로 길이를 입력하세요 : 20
세로 길이를 입력하세요 : 4
직사각형의 넓이는 80입니다.
계속하려면 아무 키나 누르십시오 . . .

4 원의 반지름을 입력받아서 넓이를 계산하는 프로그램을 작성하려 합니다. 다음 코드에서 빈칸을 채우세요.

```
/*   ex4.c   */
#include <stdio.h>
int main( )
{
    int r;
    double pi=3.14;

    printf("반지름을 입력하세요 : ");
    ☐

    printf("원의 넓이는 %lf입니다. \n", r*r*pi);

    return 0;
}
```

::: 실행 결과 ▶

반지름을 입력하세요 : 2
원의 넓이는 12.560000입니다.
계속하려면 아무 키나 누르십시오 . . .

5 두 정수를 입력받아 두 숫자의 합과 차를 출력하는 프로그램을 작성하려 합니다. 출력 결과는 다음의 형식을 따릅니다. 단, 출력되는 모든 숫자는 소스 코드에 직접 작성해서는 안 됩니다.

::: 실행 결과 ▶

```
두 정수를 입력하세요 : 45 23
합 : 45 + 23 = 68
차 : 45 - 23 = 22
```

6 자신의 이름과 학번을 한 줄로 화면에 출력하는 C 프로그램을 작성하세요.

공부한 내용 떠올리기

⇨ C 언어의 기본 구조
⇨ 모니터에 데이터를 출력하기 위해 printf( ) 함수에 사용되는 서식 문자
⇨ 키보드로부터 데이터를 입력받기 위해 scanf( ) 함수에 사용되는 서식 문자
⇨ scanf( ) 함수로 입력받은 데이터를 저장하고 활용하는 방법

제 3 장

변수란 무엇인가

대학생 정민이는 저녁에 친구들과 식사를 하기로 했습니다. 여느 때와 다르게 손수 음식을 만들어서 친구들에게 대접하려고 마트에서 장을 보기로 했습니다. 마트에 도착해서 가장 먼저 한 일은 카트 가져오기! 정신없이 장을 본 지 얼마 되지 않아 카트에 물건은 산더미처럼 쌓였습니다. 즐겁게 장을 본 정민이는 카트(임시 저장 공간)에 있는 물품을 하나씩 계산대에 올려 계산을 마쳤고, 카트는 반납했습니다.

Part 1 — 제3장

3.1 변수 선언하기   **3.2** 변수 선언 시 주의할 점   **3.3** 변수의 시작 주소와 & 연산자

마트에서 사용한 카트의 용도를 생각하면 물품을 담아두는 임시 저장 공간의 성격이 짙습니다. 컴퓨팅 세계에서 카트와 같은 역할을 하는 것이 변수입니다. 변수란 데이터를 저장하는 임시 저장 공간과 같습니다. 그래서 임시 저장 공간에 저장되는 물품(카트에 담긴 내용물), 다시 말해서 데이터(변수에 저장된 내용)가 여러 가지 목적에 따라서 다양한 것을 저장할 수 있습니다. 실세계와 컴퓨팅 세계를 연관 지어서 이해하는 것은 사용 목적을 이해하는데 좋은 방법이 됩니다.

3.1 변수 선언하기

3.1.1 변수란

C 언어로 프로그램을 작성할 때 숫자나 문자, 문자열과 같은 데이터를 임시로 저장하려면 임시 저장 공간, 즉 메모리 공간이 필요합니다. 이런 공간을 변수라고 합니다. 정리하면 변수는 데이터를 저장하는 임시 저장 공간 즉, 메모리 공간입니다.

변수란 물건을 담는 카트와 같은 것

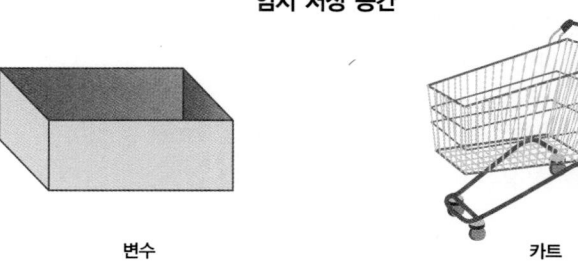

임시 저장 공간

변수　　　　　　　　　카트

| 예제 | 3-1 |

```
01 :    #include <stdio.h>
02 :    int main(void)
03 :    {
04 :        int a;        ── 변수 a(메모리 공간 a)
05 :        int b;        ── 변수 b(메모리 공간 b)
06 :        return 0;
07 :    }
```

4행과 **5행**에서 여러분은 임시 저장 공간인 a와 b 즉, 메모리 공간을 두 개 만든 것입니다. a와 b는 변수라고 합니다. 그런데 궁금증이 하나 생깁니다. 변수 a와 b 앞에 있는 'int'는 뭐지? 일단 이 궁금증은 Part 1의 6장 자료형에서 풀고, 지금은 int를 정수 자료형이라고만 생각하세요. 즉, 'int a'와 'int b'는 정수 값을 담는 변수 a와 변수 b를 선언한 것입니다.

이제 변수를 생각하면 데이터를 저장하기 위한 메모리 공간이라고 생각하는 습관을 갖도록 합시다. 그리고 메모리 공간은 임시로 데이터를 저장하는 가변적인 공간입니다. 즉, 데이터를 보관하는 용도로 메모리를 사용하게 된다는 의미입니다.

3.1.2 변수 선언 방법

변수는 크게 두 가지 형태로 분류됩니다.

- **정수형 변수**   정수를 저장하는 변수로 char형, short형, int형, long형이 있습니다. 이러한 형태를 정수형 자료형이라고 합니다.

- **실수형 변수**   실수(소수점이 있는 값을 표현하는)를 저장하는 변수로 float형, double형, long double형이 있습니다. 이러한 형태를 실수형 자료형이라고 합니다.

이렇게 분류한 이유는 나중에 살펴보기로 하고 일단은 다양한 형태의 변수가 있다는 것만 먼저 알아 둡시다. 다음 예제는 정수형 변수와 실수형 변수를 선언한 코드입니다.

Chapter 03
변수란 무엇인가?

예제 | 3-2

```
01 :  #include <stdio.h>
02 :  int main(void)
03 :  {
04 :      int a;        ——— 정수형 변수 선언
05 :      float b;      ——— 실수형 변수 선언
06 :
07 :      return 0;
08 :  }
```

4행부터 5행까지에서 int형 변수와 float형 변수를 개별적으로 선언하고 있습니다.

예제 | 3-3

```
01 :  #include <stdio.h>
02 :  int main(void)
03 :  {
04 :      int a, b;     ——— 정수형 변수 선언
05 :      float c, d;   ——— 실수형 변수 선언
06 :
07 :      return 0;
08 :  }
```

4행과 5행에서 int형 변수와 float형 변수를 동시에 두 개를 선언하고 있습니다. 변수의 형태가 같다면 4행처럼 'int a, b'라고 쓸 수 있고, 5행처럼 'float c, d'로 쓸 수 있습니다.

3.1.3 데이터란

앞에서 변수는 데이터를 저장하는 메모리 공간이라고 했습니다. 즉, 변수에는 데이터를 저장하게 됩니다. 그럼 데이터는 무엇인가? 여러 가지 정의가 있겠지만, 변수에 저장되는 값이 데이터입니다.

데이터는 여러분이 즐겨 하는 게임 사이트의 개인 정보, 은행의 통장 잔고, 지갑에 있는 금액, 학번, 나이 등 다양한 것이 될 수 있습니다. 그리고 데이터는 수치도 될 수 있고, 문자도 될 수 있습니다.

그림에서 데이터는 어떤 의미를 가질까? 변수나 카트 안에 담긴 실체를 의미합니다. 변수 입장에서는 숫자와 문자를 저장해야 할 데이터로 인식하고, 카트 입장에서는 사과와 포도를 담을 물품으로 인식합니다. 이렇게 데이터를 저장하기 위해서는 메모리 공간은 꼭 필요합니다.

변수와 카트, 데이터와 물품

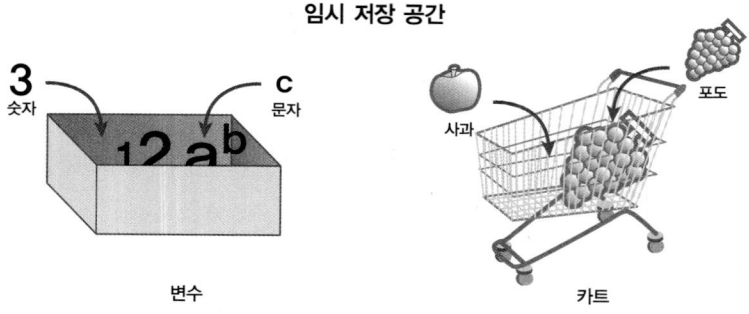

이제 예제를 보면서 이해해 보겠습니다.

예제 | 3-4

```
01 : #include <stdio.h>
02 : int main(void)
03 : {
04 :     int a;              ── 변수 a(메모리 공간 a)
05 :     int b;
06 :
07 :     printf("%d \n", a); ── 변수 a에 저장된 값을 출력
08 :     printf("%d \n", b); ── 변수 b에 저장된 값을 출력
09 :
10 :     return 0;
11 : }
```

열혈강의 C 언어 본색
Part 1

Chapter 01
C 언어의 소개와 **프로그램 작성방법**

 공부한 내용 떠올리기

⇨ C 언어의 의미와 C 언어의 탄생
⇨ 컴파일러가 무엇인가
⇨ 프로그램 작성 방법 4단계의 이론
⇨ 프로그램 작성 방법 4단계의 실습
⇨ C 언어의 특징
⇨ C 언어의 학습 방법식

::: 실행 결과 ▶

-858993460
-858993460
계속하려면 아무 키나 누르십시오 . . .

먼저 실행 결과를 보면 이상한 값들이 나옵니다. 왜 이런 의미 없는 값이 출력되는 걸까요? **4행**과 **5행**에서 변수 a 와 변수 b를 만들고, 그 후에 변수에 데이터를 초기화하지 않아서입니다. 컴퓨팅 세계에서는 변수(메모리 공간)에 초기화가 필요합니다.

7행과 **8행**은 변수 a와 b에 저장된 값을 출력합니다. 이들 변수에 저장된 값이 없어서 변수를 출력하면 아무 의미 없는 값이 결과로 출력된 것입니다. 여기서 누군가가 "변수 a와 b에 아무것도 저장된 값이 없으니까 7행과 8행을 출력하면 0(영)이 나와야 하는 것 아닌가?"라고 질문을 할 수 있습니다. 그렇지만 아닙니다. 0(영)도 엄연히 데이터입니다.

다음 예제를 보겠습니다. 실제로 메모리 공간(변수)에 데이터를 저장하고, 이 데이터가 출력되는지를 확인하는 코드입니다.

예제 | 3-5

```
01 : #include <stdio.h>
02 : int main(void)
03 : {
04 :     int a=0;          변수(메모리 공간) a에 데이터 0을 저장
05 :     int b=1;
06 :
07 :     printf("a의 값은 %d입니다. \n", a);    변수 a에 저장된 데이터 출력
08 :     printf("b의 값은 %d입니다. \n", b);
09 :
10 :     return 0;
11 : }
```

::: 실행 결과 ▶

a의 값은 0입니다.
b의 값은 1입니다.
계속하려면 아무 키나 누르십시오 . . .

4행과 **5행**에서 이전 예제와 다르게 변수 a와 b에 데이터를 초기화하고 있습니다. 특히, 변수 a에 데이터 0(영)을 저장하고 있습니다. 그리고 **7행**과 **8행**에서 변수에 저장된 데이터를 10진수로 출력하고 있습니다.

3.1.4 변수에 저장한 데이터는 변경될 수 있다

변수에 저장한 데이터는 변경될 수 있다는 의미가 무엇일까? 필자는 C 언어를 처음 접했을 때 무슨 의미인지 전혀 몰랐습니다. 시간이 흐르고 변수는 임시 저장 공간이니까 언제든지 다른 데이터로 변경될 수 있구나는 생각을 자연스럽게 하게 되었습니다. 결론을 말하자면 프로그램은 실행 중에 여러 가지 프로세싱을 통해서 변수의 데이터를 변경합니다. 변수를 임시 저장 공간이라고 부르는 이유가 여기에 있습니다.

다음 예제를 보면서 의미를 이해해 보겠습니다.

예제 | 3-6

```
01 : #include<stdio.h>
02 : int main(void)
03 : {
04 :     int a=0;
05 :     int b=1;
06 :
07 :     printf("a의 값은 %d입니다. \n", a);
08 :     printf("b의 값은 %d입니다. \n", b);
09 :
10 :     a=a+10;      ─── 변수(메모리 공간) a의 데이터가 변경
11 :     b=b+10;      ─── 변수(메모리 공간) b의 데이터가 변경
12 :
```

```
13 :        printf("변경된 a의 값은 %d입니다. \n", a);          변경된 변수 a의 데이터 출력
14 :        printf("변경된 b의 값은 %d입니다. \n", b);          변경된 변수 b의 데이터 출력
15 :
16 :        return 0;
17 :    }
```

::: 실행 결과 ▶

a의 값은 0입니다.
b의 값은 1입니다.
변경된 a의 값은 10입니다.
변경된 b의 값은 11입니다.
계속하려면 아무 키나 누르십시오 . . .

4행과 **5행**에서 변수 a에 0, b에 1을 각각 초기화하여 저장하고 있습니다. 그리고 **7행**과 **8행**에서 초기화된 변수의 값을 출력하고 있습니다. 당연히 a를 출력하면 0(영), b를 출력하면 1이 출력됩니다.

10행에 의해서 변수 a의 값이 어떻게 변하는지 살펴보겠습니다. 먼저 'a+10'을 수행합니다. 그러면 연산의 결과 값은 '0+10'이 됩니다. 다음에 'a = 0+10'을 수행합니다. 변수 a에 최종적으로 저장된 값은 얼마인가요? 바로 10입니다. 변수 a가 이전에 갖고 있던 데이터 0이 10으로 변경되었습니다. **11행**도 동일합니다. 변수 b에 최종적으로 저장된 값은 얼마인가요? 바로 11입니다.

변수는 이렇게 가변적입니다. 무심코 사용했던 '=' 연산자는 같다는 의미가 아니라 변수에 값을 저장하는 대입 연산자입니다. 연산자와 관련해서는 Part 1의 5장 연산자에서 자세히 배우겠지만, 궁금하면 지금 확인해 보아도 좋습니다.

변수를 공부하다 보면 "메모리 공간(변수)의 데이터가 변경되지 않도록 하는 방법이 있을까"라는 궁금증이 생깁니다. 당연히 있습니다. 프로그램이 실행되는 도중에 값이 변경되지 않는 데이터는 상수라고 합니다. 변수에 저장한 데이터를 상수화하는 방법은 다음 장의 상수를 다루면서 배웁니다.

3.2 변수 선언 시 주의할 점

지금까지 C 언어에서 변수의 선언, 초기화, 저장(대입)에 관해서 배웠습니다. 이번에는 변수를 선언할 때 몇 가지 주의해야 하는 점들을 알아보겠습니다.

3.2.1 변수 선언은 제일 앞쪽에 한다

함수 내에서 변수를 선언할 때에는 제일 앞쪽에 해야 합니다. 다음 예제를 보겠습니다.

예제 | 3-7

```
01 :    #include <stdio.h>
02 :    int main(void)
03 :    {
04 :        int a;          ┐
05 :        int b;          ┘ 변수의 선언
06 :
07 :        a=1;
08 :        b=2;
09 :
10 :        int c;          ── 변수의 선언, 에러 발생
11 :        c=3;
12 :
13 :        printf("a의 값 : %d \n", a);
14 :        printf("b의 값 : %d \n", b);
15 :        printf("c의 값 : %d \n", c);
16 :
17 :        return 0;
18 :    }
```

4행과 **5행**에서 변수를 선언하고 있습니다. 위치상 함수 내용의 맨 처음에 해당합니다. 예제를 실행하면 **10행**에서 컴파일 에러가 발생합니다. 이유는 변수 c를 선언한 위치때문입니다. 선언 위치를 **6행**으로 옮기면 더 이상 에러가 발생하지 않습니다.

3.2.2 변수 이름은 의미 있게 짓는다

여러분은 애견의 이름을 지을 때 어떻게 하나요? 당연히 의미 있는 이름을 붙입니다. C 언어에서도 마찬가지로 변수의 이름을 지을 때 의미 있는 이름을 부여하는 것이 바람직합니다. 변수의 이름을 지금껏 a, b, c 등의 의미 없는 이름으로 지었지만, 의미 있는 이름으로 지어야 한다고 알아 둡시다. 다음 예제를 가지고 확인해 봅시다.

예제 3-8

```
01 : #include <stdio.h>
02 : int main(void)
03 : {
04 :     int appleBox=30;
05 :     int grapeBox=20;
06 :     int total;
07 :
08 :     total=appleBox + grapeBox;
09 :     printf("총 %d박스가 있습니다. \n", total);
10 :
11 :     return 0;
12 : }
```

실행 결과

총 50박스가 있습니다.
계속하려면 아무 키나 누르십시오 . . .

이렇듯 함수 내에서 변수를 선언할 때 변수의 이름을 의미 있게 지으면 프로그램을 분석하는 경우에 효과가 매우 큽니다. 그럼 이번에는 변수의 이름을 잘못 지은 사례에 관해서 알아보겠습니다.

3.2.3 변수 이름을 지을 때 주의할 점

변수의 이름을 지을 때는 다음과 같은 점에 주의해야 합니다.

- 특수 기호, 공백 문자, 변수 이름 맨 처음에 숫자를 사용하면 안 됩니다.
- C 언어에서 사용되는 키워드를 변수 이름에 사용하면 안 됩니다.
- C 언어는 대소문자를 구분하므로 변수의 이름을 유의해서 지어야 합니다.

변수 이름이 올바른 경우	변수 이름이 잘못된 경우	잘못된 이유
int apple;	int ?apple;	특수 문자 ? 사용
int total;	int to tal;	to와 tal 사이에 공백 문자 사용
int result2;	int 2result;	맨 처음에 숫자 사용

C 언어에서 키워드(Keyword)는 고유한 의미를 갖는 예약어(Reserved Word)입니다. 프로그램 언어마다 고유한 키워드가 있는데, C 언어에는 32개의 기본 키워드가 있습니다. 다음 표는 미국표준협회 ANSI에서 지정한 32개의 C 언어 키워드입니다. 이들 키워드는 변수의 이름으로 사용할 수 없습니다.

ANSI에 의해서 표준화된 키워드들

auto	beak	case	char	const	continue
default	do	double	else	enum	extern
float	for	goto	if	int	long
register	return	short	signed	sizeof	static
struct	switch	typedef	union	unsigned	void
volatile	while				

ANSI(American National Standards Institute, 미국표준협회)는 미국 산업 표준을 제정하는 기구입니다. ANSI는 1983년 ANSI-C라는 새로운 C 언어 표준안을 발표하여 혼란스러웠던 C 언어의 규칙들을 일관되게 정리하여 표준 라이브러리 함수를 정의하였습니다.

다음 표를 통해 키워드들은 변수 이름이나 함수 이름으로 사용하지 못한다는 것에 주의해야 합니다.

변수 이름이 잘못된 경우	잘못된 이유
int int;	키워드 int 사용
int long;	키워드 long 사용
int short;	키워드 short 사용

C 언어는 대소문자를 구분합니다.

대문자 변수 이름	소문자 변수 이름	설명
int Apple;	int apple;	같은 변수가 아닙니다.
int TOTAL;	int total;	같은 변수가 아닙니다.
int resulT;	int result;	같은 변수가 아닙니다.

표에서는 알파벳은 같지만 변수의 이름에서 대문자와 소문자를 사용하고 있습니다. 변수 이름 자체에 문제가 없다면 변수의 이름을 지을 때 대문자건 소문자건 여러분 마음대로 선택이 가능합니다. 그러나 만약 result라는 변수 이름을 짓고서 RESULT라고 변수 이름을 사용하면 에러가 발생합니다.

3.3 변수의 시작 주소와 & 연산자

잠시 다른 이야기를 해보겠습니다. 택배로 어떤 물건을 보낼 때 어떤 정보가 필요한가요? 물건을 받을 사람의 주소가 필요합니다. 컴퓨팅 세계에서 데이터를 저장하기 위해 변수를 만들었다면, 이 변수가 메모리 공간의 어디에 있는지 그 주소를 알아야 할 필요가 있습니다. 이것을 변수의 시작 주소라고 합니다.

여러분이 만든 변수의 시작 주소가 뭔지 확인하고 싶지 않은가요? Part 2에서 배우겠지만, 일단 이것만 알아 둡시다. C 언어에서는 & 연산자를 사용하면 변수의 시작 주소를 알 수 있습니다. 2장의 scanf( ) 함수에서 키보드로부터 데이터를 입력받아 변수에 저장할 때도 & 연산자를 사용했었습니다. 다음 예제를 가지고 변수의 시작 주소를 확인해 보겠습니다.

예제 | 3-9

```
01 : #include <stdio.h>
02 : int main(void)
03 : {
04 :     int a=3;
05 :     int b=4;
06 :
07 :     printf("a의 값 : %d \n", a);
08 :     printf("b의 값 : %d \n", b);
09 :
10 :     printf("변수 a의 시작 주소 : %x \n", &a);
11 :     printf("변수 b의 시작 주소 : %x \n", &b);
12 :
13 :     return 0;
14 : }
```

07 변수 a에 저장된 값을 10진수로 출력
10 변수 a의 시작 주소를 16진수로 출력

::: 실행 결과 ▶

a의 값 : 3
b의 값 : 4
변수 a의 시작 주소 : 12ff60
변수 b의 시작 주소 : 12ff54
계속하려면 아무 키나 누르십시오 . . .

7행과 **8행**에서 변수 a와 b가 저장하고 있는 값을 10진수(%d)로 출력합니다. **10행**과 **11행**에서 변수 a와 b가 있는 메모리 공간의 시작 주소를 16진수(%x)로 출력합니다. 바로 12ff60에 변수 a가 만들어져 있고, 12ff54에 변수 b가 만들어져 있습니다. Part 2에서 다루고 있으므로 여기서는 이 정도만 해두겠습니다. 변수의 시작 주소는 이 책에 출력된 값과 여러분이 직접 출력한 값이 다를 수도 있음에 유의하기 바랍니다.

연/습/문/제/ Exercise

1 다음 코드에서 잘못 선언된 변수를 찾고 수정하세요.

```
/*  ex1.c  */
#include <stdio.h>
void main( )
{
    int int;
    int 2010_ymca;
    int freeLec;
    int a A;

    printf("howTo = %d", howTo);

    int howTo=20;
    int one+two;
}
```

2 다음 시나리오에 맞게 코드의 빈칸을 채우세요.

> 정민이는 과수원에서 아르바이트하고 돈을 받았습니다. 받은 돈으로 인터넷 쇼핑몰에서 청바지를 사려고 합니다. 청바지 하나를 고르고 구매 완료를 누르려고 했으나, 친구 현상이도 같은 청바지를 사겠다고 부탁을 했습니다. 현상이를 위해서 정민이는 청바지의 수량을 두 개로 하고 구매 완료를 눌렀습니다.

```
/*   ex2.c   */
#include <stdio.h>
void main( )
{
    [jean 이름의 변수 선언과 동시에 0으로 초기화]
    [jean의 수량을 1로 설정]
    [구매할 청바지 수량을 1 증가]
    [구매할 청바지 수량 출력]
    printf("구매 완료 \n");
}
```

3 다음 시나리오에 맞게 코드의 빈칸을 채우세요.

> 정민이와 현상이는 음료수를 마시고 있었습니다. 정민이는 빨간 컵에 오렌지 주스를 마시고 있었고 현상이는 파란 컵에 사이다를 마시고 있었습니다. 이때 현상이는 정민이에게 문제를 하나 제시했습니다. 빨간 컵에 주스와 파란 컵에 사이다를 가득 담은 후에 빨간 컵에 있는 주스는 파란 컵에 담고, 파란 컵에 있는 사이다는 빨간 컵으로 옮겨 담으면 음료수 값을 모두 자기가 계산하겠다고 했습니다. 정민이는 미소를 지으며 음료수 판매원에게 노란 빈 컵을 하나 달라고 했습니다. 그리고는 간단하게 문제를 풀었습니다. 자~! 정민이는 어떤 방법으로 이 문제를 해결했을까요?

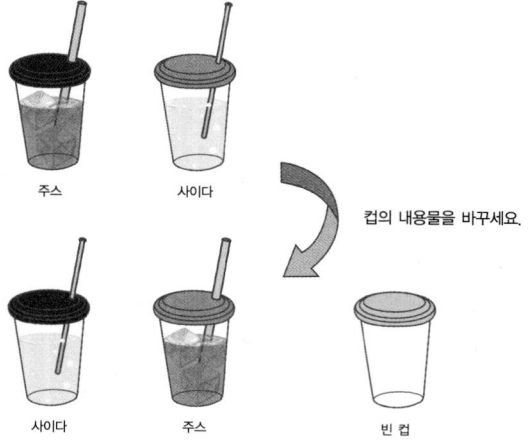

컵의 내용물을 바꾸세요.

```
/* ex3.c */
#include <stdio.h>
void main( )
{
        int red=1, blue=2;      // 1은 오랜지 주스, 2는 사이다
        int yellow;             // 빈 컵

        printf("before \n");
        printf("red = %d, blue = %d \n", red, blue);

        ┌─────────────────────────────────┐
        │ 빨간 컵의 주스를 노란 컵에 저장  │
        ├─────────────────────────────────┤
        │ 파란 컵의 사이다를 빨간 컵에 저장│
        ├─────────────────────────────────┤
        │ 노란 컵의 주스를 파란 컵에 저장  │
        └─────────────────────────────────┘

        printf("after \n");
        printf("red = %d, blue = %d \n", red, blue);
}
```

4 생년월일을 변수에 저장하고, 이를 출력하는 프로그램을 작성하세요.

 공부한 내용 떠올리기

⇨ 변수란 무엇인가

⇨ 데이터란 무엇인가

⇨ 변수에 저장된 데이터는 변경이 가능

⇨ 변수를 선언하는 방법

⇨ 변수에 데이터를 저장하고 초기화하기

⇨ 변수 선언 시 주의할 점과 변수의 시작 주소

제 4 장

상수란 무엇인가

▍여러분은 원의 넓이를 구할 때 다음과 같은 공식을 사용할 것입니다.

원의 넓이 = πr^2 (π는 원주율, r은 반지름)

반지름이 3인 원의 넓이를 구하는 문제는 반지름 r에 3을 대입해서 간단하게 3.14 * 3 *3을 계산하여 28.26이라는 답을 얻을 수 있습니다.

Part 1 | 제4장

4.1 상수란   **4.2** 리터럴 상수와 심볼릭 상수

Chapter 04
상수란 무엇인가

원의 넓이는 반지름의 제곱에 원주율인 π를 곱하면 됩니다. 여기서 π는 3.14가 사용됩니다. 즉, π는 변하지 않는 값입니다. 이것이 이번 장에서 배울 상수의 예가 됩니다. 반지름은 주어진 문제에 따라서 항상 변할 수 있기 때문에 원의 반지름 r은 3장에서 배운 변수라고 할 수 있습니다. 그러나 원주율(π) 3.14는 변하지 않습니다. 이렇게 상황에 따라서 다른 값을 가질 수 있는 변수와는 달리 상수는 어떤 상황에서도 변하지 않는 값을 가집니다.

4.1 상수란

프로그램에서 데이터는 변수 또는 상수의 형태로 사용됩니다. 간단한 예를 보겠습니다.

```
int i;
i = 3;
i = 4;
```

예에서 i라는 변수에 3이라는 숫자 상수를 저장했습니다. 이제 i는 3이라는 데이터를 프로그램 내에서 사용하게 될 것입니다. 그러나 「i=4;」라는 코드를 추가하면 이후부터 i는 4라는 값으로 변경됩니다. 이렇듯 변수는 여러 값으로 바뀔 수 있습니다.

다음 예를 봅시다.

```
10 = 5;
```

이와 같은 코드를 작성해서 컴파일을 시도하면 당연히 에러가 발생합니다. 이유는 숫자 상수 10에 5를 저장할 수 없기 때문입니다. 당연한 이야기이지만 이것이 바로 상수입니다. 10이나 5와 같은 숫자 상수는 자체로 변하지 않는 값입니다. 이처럼 상수는 프로그램 실행 도중 값이 변경되지 않는 데이터를 의미합니다.

4.2 리터럴 상수와 심볼릭 상수

변수에도 크게 두가지 종류(정수형 변수, 실수형 변수)가 있듯이 상수에도 크게 두 종류가 있습니다.

- **리터럴(Literal) 상수**   글자 그대로 의미가 있어서 이름이 없는 상수
- **심볼릭(Symbolic) 상수**   상수를 기호화하여 변수처럼 이름을 지어 쓰는 상수

4.2.1 리터럴 상수

여러분은 1, 2, 3, a, b, c 등과 같이 숫자나 문자를 읽을 때 직감적으로 숫자나 문자 그대로의 개념을 부여합니다. 즉, 읽은 그대로의 의미가 있는데 이러한 것들을 리터럴(Literal) 상수라고 합니다. 리터럴 상수의 종류에는 정수형 상수, 실수형 상수, 문자 상수, 문자열 상수가 있습니다.

1 소수점이 포함되지 않은 상수를 정수형 상수라 한다

C 언어에서 정수형 상수는 10진수, 16진수, 8진수의 형태로 표현합니다. 그럼 10진수 30, 16진수 30, 8진수 30을 어떻게 구분할 수 있을까요? 16진수는 0x를 8진수는 0을 사용하여 정수형 숫자를 구분합니다. 다음 표에 정수형 상수들의 출력 서식, 표현 방법, 사용 예를 설명하고 있으므로 참고하길 바랍니다.

정수형 상수

정수형 상수	출력 서식	표현 방법	예
10진수	%d	10, 20, 30, ...	int a=30; printf("%d \n", a);
16진수	%x	0x12, 0x20, 0x30, ...	int b=0x30; printf("%x \n", b);
8진수	%o	012, 020, 030, ...	int c=030; printf("%o \n", c);

Visual C++ 컴파일러로 다음과 같은 코드를 컴파일해 보겠습니다. 10진수, 16진수, 8진수의 결과를 확인해 보면 쉽게 이해가 됩니다.

| 예제 | 4-1 |

```
01 :   #include <stdio.h>
02 :   int main(void)
03 :   {
04 :       printf("10진수 정수형 상수 %d + %d = %d입니다. \n", 10, 20, 10+20);
05 :       printf("16진수 정수형 상수 %x + %x = %x입니다. \n", 0x10, 0x20, 0x10+0x20);
06 :       printf("8진수 정수형 상수  %o + %o = %o입니다. \n", 010, 020, 010+020);
07 :
08 :       return 0;
09 :   }
```

::: 실행 결과 ▶

10진수 정수형 상수 10 + 20 = 30입니다.
16진수 정수형 상수 10 + 20 = 30입니다.
8진수 정수형 상수 10 + 20 = 30입니다.
계속하려면 아무 키나 누르십시오 . . .

4행에서 10진수 정수형 상수 10, 20, 10+20을 서식 문자 %d를 통해 출력하고 있습니다. **5행**에서 16진수 정수형 상수 0x10, 0x20, 0x10 + 0x20을 서식 문자 %x를 통해 출력하고 있습니다. 잊지 말아야 할 것은 16진수를 표현할 때는 반드시 0x를 붙여야 합니다. 그래야, 16진수로 인식합니다. **6행**에서 8진수 정수형 상수 010, 020, 010 + 020을 서식 문자 %o를 통해 출력하고 있습니다. 8진수를 표현할 때는 반드시 숫자 앞에 0을 붙여야 합니다.

2 소수점이 포함된 상수를 실수형 상수라 한다

실수형 상수란 123.45와 같이 소수점을 포함하는 상수를 말합니다. 예제를 가지고 간단히 살펴보겠습니다.

예제 | 4-2

```
01 : #include <stdio.h>
02 : int main(void)
03 : {
04 :     printf("실수형 상수 %lf + %lf = %lf입니다. \n", 3.1, 4.1, 3.1+4.1);
05 :
06 :     return 0;
07 : }
```

::: 실행 결과 ▶

실수형 상수 3.100000 + 4.100000 = 7.200000입니다.
계속하려면 아무 키나 누르십시오 . . .

4행에서 실수형 상수 3.1, 4.1, 3.1+4.1을 서식 문자 %lf로 출력하고 있습니다. 실수형 상수를 printf( ) 함수로 출력하려면 %lf를 사용한다는 것을 알아 둡시다.

3 작은따옴표로 묶은 문자 하나를 문자 상수라 한다

문자 상수란 작은따옴표(' ')로 묶은 문자 하나를 의미합니다. 예는 A, B, a, b, &, *, + 등과 같이 키보드로 표현할 수 있는 영문자와 숫자, 특수 기호들입니다. 다음 예제를 통해 간단히 알아보겠습니다.

예제 | 4-3

```
01 : #include <stdio.h>
02 : int main(void)
03 : {
04 :     printf("문자 상수 %c %c %c입니다. \n", 'a', 'b', 'c');    ——— 알파벳
05 :     printf("문자 상수 %c %c %c입니다. \n", '!', '@', '#');    ——— 특수 기호
06 :
07 :     return 0;
08 : }
```

Chapter 04
상수란 무엇인가

::: 실행 결과 ▶

문자 상수 a b c입니다.
문자 상수 ! @ #입니다.
계속하려면 아무 키나 누르십시오 . . .

4행에서 알파벳 a, b, c를 서식 문자 %c로 출력하고 있습니다. 5행에서 특수 기호 !, @, #를 서식 문자 %c로 출력하고 있습니다.

여러분은 이쯤해서 "왜 알파벳이 상수지?" 또 "왜 특수 기호가 상수지?"라고 궁금해질 수 있습니다. 책 뒤에 부록을 보세요! ASCII 코드라는 것이 있습니다. 이것을 보면 10진수, 16진수, 문자에 관련된 표입니다. 알파벳 a, b, c 그리고 특수 기호 !, @, #가 각각 10진수로 얼마로 표현되어 있습니까? 또 16진수로 얼마로 표현되어 있습니까?

다음 예제는 문자 상수를 ASCII 코드 표에 나타난 10진수 값과 16진수 값으로 출력하는 코드입니다.

예제 4-4

```
01 : #include <stdio.h>
02 : int main(void)
03 : {
04 :     printf("문자 상수 %c %c %c는 \n",'a','b','c');
05 :     printf("ASCII 코드 10진수로 %d %d %d \n",'a','b','c');
06 :     printf("ASCII 코드 16진수로 %x %x %x \n",'a','b','c');
07 :
08 :     printf("\n----------------------\n");
09 :
10 :     printf("문자 상수 %c %c %c는 \n", '!', '@', '#');
11 :     printf("ASCII 코드 10진수로 %d %d %d \n", '!', '@', '#');
12 :     printf("ASCII 코드 16진수로 %x %x %x \n", '!', '@', '#');
13 :
14 :     return 0;
15 : }
```

::: 실행 결과 ▶

문자 상수 a b c는
ASCII 코드 10진수로 97 98 99
ASCII 코드 16진수로 61 62 63

문자 상수 ! @ #는
ASCII 코드 10진수로 33 64 35
ASCII 코드 16진수로 21 40 23
계속하려면 아무 키나 누르십시오 . . .

예제를 실행하면 각각의 문자 상수들이 10진수와 16진수 ASCII 코드 값으로 출력될 수 있음을 확인하게 됩니다. 왜일까? 왜 문자 상수들은 이렇게 숫자들로 표현이 미리 되어 있을까? 컴퓨터에서 사용되는 데이터는 0과 1의 조합인 숫자 형태로 표현합니다. 따라서 프로그램에서 사용되는 문자들은 내부적으로는 숫자 코드로 인식되기 때문에 문자와 숫자를 연결하는 방법이 필요합니다. 이러한 요구에 의해서 미국표준협회는 ASCII 코드를 만들어서 문자 표현에 대한 표준을 정했습니다. 이제 왜 문자 상수가 10진수와 16진수로 표현되어져 있는지를 이해했을 것으로 믿겠습니다.

4 큰따옴표로 묶은 하나 이상의 문자로 구성된 문자열을 문자열 상수라 한다

문자열 상수란 큰따옴표(" ")로 묶은 하나 이상의 문자로 구성된 문자열을 의미합니다. 다음 예제를 가지고 간단히 알아보겠습니다.

예제 | 4-5

```
01 : #include <stdio.h>
02 : int main(void)
03 : {
04 :     printf("문자열 상수는 %s입니다. \n", "A");
05 :     printf("문자열 상수는 %s입니다. \n", "10 + 10");
06 :     printf("문자열 상수는 %s입니다. \n", "Hi, everyone");
07 :
```

```
08 :     return 0;
09 : }
```

::: 실행 결과 ▶

문자열 상수는 A입니다.
문자열 상수는 10 + 10입니다.
문자열 상수는 Hi, everyone입니다.
계속하려면 아무 키나 누르십시오 . . .

4행부터 **6행**까지에서 큰따옴표 안에 있는 문자, 숫자, 문자열은 서식 문자 %s로 출력 가능한 문자열 상수임을 기억하세요! 컴파일러는 큰따옴표로 묶은 문자열 상수를 저장할 때 문자열 상수 맨 마지막에 문자열의 끝을 알리는 종료 문자 ₩0(10진수 0을 의미)을 자동으로 추가하는데 이것을 우리는 NULL 문자라고 합니다.

그리고 4행을 보면 A는 한 개의 문자이지만 큰따옴표로 둘러싸여 있습니다. 그렇다면, A는 문자 상수일까요? 문자열 상수일까요? 결론은 문자열 상수입니다. 이유는 큰따옴표를 인식한 컴파일러가 A 끝에 종료 문자(₩0)를 자동으로 추가해서 서식 문자 %s로 출력하도록 하기 때문입니다. 문자열 상수 A를 %c로 출력해 보세요. 출력되지 않음을 알 수 있습니다.

4.2.2 심볼릭 상수

심볼릭(Symbolic) 상수는 상수를 기호화하여 의미 있는 이름으로 지어서 쓰는 상수를 의미합니다. 즉, 리터럴 상수와는 반대의 개념으로 변수를 상수화하는 것입니다.

심볼릭 상수를 만드는 방법은 크게 두 가지입니다. 첫째는 const 키워드를 이용하는 것이고, 둘째는 매크로 상수를 이용하는 것입니다.

1 const 키워드를 이용하기

다음 예제를 가지고 const 키워드를 이용하여 심볼릭 상수를 만드는 방법에 관해서 알아보겠습니다. 심볼릭 상수의 이름은 대문자로 표시하는 것이 좋습니다.

예제 | 4-6

```
01 :  #include <stdio.h>
02 :  int main( )
03 :  {
04 :      const int NUM=100;
05 :      const double PI=3.14;
06 :
07 :      // NUM=200;
08 :      // PI=4.14;
09 :
10 :      return 0;
11 :  }
```

04, 05 — 심볼릭 상수의 선언과 동시에 초기화

4행과 **5행**에서 const 키워드를 이용하여 변수 NUM을 상수로 만들고, 변수 PI를 상수로 만듭니다. 이때부터 100을 NUM이라고 하고, 3.14를 PI라고 대신 쓰면 됩니다. 이것이 바로 심볼릭 상수의 매력입니다. 리터럴 상수를 의미 있는 이름으로 심볼릭 상수화하고 있습니다.

7행과 **8행**에서 주석을 제거하고 컴파일을 해보면 에러가 발생합니다. 이유는 NUM과 PI는 4행과 5행에서 심볼릭 상수로 선언하고 초기화가 되었기 때문에 값을 변경할 수가 없습니다.

심볼릭 상수를 만들 때 주의할 점은 선언과 동시에 반드시 초기화를 해야 한다는 것입니다. 그렇지 않으면 문제가 생깁니다. 왜 문제가 되는지는 다음 예제를 살펴보겠습니다.

예제 | 4-7

```
01 :  #include <stdio.h>
02 :  int main( )
03 :  {
04 :      const int NUM ;
05 :      NUM=100;
06 :
07 :      return 0;
08 :  }
```

04 — 심볼릭 상수의 선언
05 — 에러 발생

4행에서 심볼릭 상수를 선언하고 초기화는 하지 않았습니다. 그리고 세미콜론으로 한 문장을 끝냈습니다. 무엇이 문제인가요? 변수 NUM을 초기화하지 않은 상태에서 심볼릭 상수의 선언을 끝냈습니다. 이 문제 때문에 심볼릭 상수는 아무 의미 없는 값이 상수화되어 버립니다. 5행에서 현재 NUM에는 아무 의미 없는 값이 초기화되어 심볼릭 상수가 되었기 때문에 컴파일 에러가 발생합니다.

2 #define 문을 이용하기

#define 문을 이용하여 심볼릭 상수를 만드는 방법에 관해서 다음 예제를 가지고 알아보겠습니다.

예제 4-8

```c
01 : #include <stdio.h>
02 :
03 : #define PI 3.14
04 : #define NUM 100
05 : #define BUFFER_SIZE 200
06 :
07 : int main( )
08 : {
09 :     printf("%lf \n", PI);
10 :     printf("%d \n", NUM);
11 :     printf("%d \n", BUFFER_SIZE);
12 :
13 :     return 0;
14 : }
```

::: 실행 결과 ▶

3.140000
100
200
계속하려면 아무 키나 누르십시오 . . .

3행부터 **5행**까지에서 #define 문은 전처리기에서 수행되는 문장입니다. 전처리기는 컴파일러가 소스 파일을 컴파일하기 전에 먼저 수행되는데, 이처럼 #define 문은 프로그램에서 여러 번 사용되는 상수 값을 매크로 상수로 정의해서 사용하게 합니다.

프로그래밍을 할 때 리터럴 상수 대신에 심볼릭 상수를 사용하는 이유는 무엇일까요? 3.14라는 리터럴 실수형 상수가 프로그램 내에서 100번 사용되고 있다가 4.14로 변경되어야 하는 경우에 100번 수정해야 하는 문제가 발생합니다. 얼마나 귀찮은 작업일까요? 만약 3.14와 같은 리터럴 실수형 상수를 심볼릭 상수로 정의해 놓았다면, const 키워드나 #define 문의 선언문만 한 번 고치면 됩니다. 얼마나 수정이 쉬운지 잘 알 수 있습니다.

연/습/문/제/ Exercise

1 다음과 같은 결과가 출력되게 문자열 상수를 사용하여 빈칸을 채우세요.

::: 실행 결과 ▶

```
10 + 20 = 30
계속하려면 아무 키나 누르십시오 . . .
```

```c
/*   ex1.c   */
#include <stdio.h>
int main( )
{
      printf("%s %d \n",              , 10+20);

      return 0;
}
```

2 다음과 같은 결과가 출력되게 심볼릭 상수를 이용하여 프로그램을 작성하세요.

::: 실행 결과 ▶

```
올해는 2010년입니다.
내 나이는 20살입니다.
나는 1990년에태어나 20번째 해가 되었습니다.
내 동생의 나이는 18살입니다.
내 동생은 1992년에 태어나 18번째 해가 되었습니다.
계속하려면 아무 키나 누르십시오 . . .
```

3 소문자 a를 저장하는 변수를 하나 만들고, 부록의 ASCII 코드 표를 참고하여 대문자 A를 출력하는 프로그램을 작성하세요. 소문자와 대문자의 차이를 덧셈 또는 뺄셈하면 됩니다.

 공부한 내용 떠올리기

⇨ 상수의 개념

⇨ 리터럴 상수의 종류와 의미

⇨ 심볼릭 상수의 종류와 만드는 방법

제 5 장

연산자란 무엇인가

▎학생인 정민이는 과대표로서 M.T. 준비물로 음료수를 준비해야 했습니다. 음료수를 사려고 마트에 간 정민이는 캔으로 된 음료수와 패트병으로 된 음료수 중 어떤 것을 살지 고민이 되었습니다. 정민이는 M.T. 참가자가 30명이 넘으면 패트병 음료수를, 30명 이하이면 캔 음료수를 사기로 하였습니다. 학생회장 선배에게 전화를 걸어서 알아본 결과 참가자가 50명이었습니다. 이에 정민이는 패트병 음료수를 사기로 하고 2사람당 1병의 음료수를 주기로 하였습니다. 그 결과 총 25병의 음료수를 샀습니다.

Part 1 | 제5장

5.1 변수와 변수의 시작 주소　**5.2** 연산자의 종류　**5.3** 비트 연산자　**5.4** 연산자 우선순위

앞의 이야기에서 정민이의 목표는 음료수를 사는 것입니다. 그러나 정민이가 음료수의 종류(병, 캔)를 결정하려면 M.T. 참가자의 수를 알아야 합니다. 이에 따라서 음료수 종류가 결정되는 부분이 조건 연산자와 관련됩니다. 또한, 2명당 1병의 음료수를 제공하려면 50을 2로 나누어야 합니다. 이때 나누기 부분이 산술 연산자와 관련됩니다. 또한, 정민이가 산술 연산(나누기)을 수행하기 전에 음료수 종류를 결정했듯이 연산의 행위에는 연산 순서가 있습니다. 사실 C 언어에서 연산자들은 종류와 특징이 매우 다양합니다. 연산자는 C 프로그램에서 매우 많이 사용되는 중요한 부분입니다. 그래서 잘 숙지해야 합니다.

5.1 변수와 변수의 시작 주소

연산자를 공부하기 전에 먼저 변수와 변수의 주소 개념을 복습하겠습니다. 여러분이 1+1, 10+20과 같은 산술 연산이 필요하다면 계산 결과를 어디에 저장하나요? 바로 변수에 저장합니다. 3장에서 이미 변수란 데이터를 저장하는 임시 저장 공간 즉, 메모리 공간이라고 배웠습니다. 이처럼 변수는 연산의 결과(데이터)를 저장하기 위해서도 사용됩니다. 그리고 연산의 결과를 저장하고 있는 메모리 공간의 위치를 변수의 주소라고 했고, 연산의 결과를 저장한 변수의 메모리 주소를 알고 싶을 때 변수 앞에 & 연산자를 붙이게 됩니다. 그러면 변수의 시작 주소를 알 수 있었습니다. 다음 예제와 메모리 내부를 표현한 그림을 함께 보겠습니다.

예제 5-1

```
01 : #include <stdio.h>
02 : int main(void)
03 : {
04 :     int a;
05 :     int b;
06 :
07 :     a=3;
```

```
08 :    b=a+5;
09 :
10 :
11 :    printf("a의 값 : %d \n", a);
12 :    printf("b의 값 : %d \n", b);
13 :
14 :    printf("변수 a의 주소 : %x \n", &a);
15 :    printf("변수 b의 주소 : %x \n", &b);
16 :
17 :    return 0;
18 : }
```

::: 실행 결과 ▶

a의 값 : 3
b의 값 : 8
변수 a의 주소 : 12ff60
변수 b의 주소 : 12ff54
계속하려면 아무 키나 누르십시오 . . .

4행과 **5행**에서 정수형 변수 a와 b를 만듭니다. int의 의미는 정수를 의미합니다.

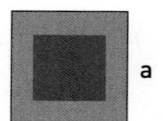 

7행과 **8행**에서 변수 a에 3을 저장하고, b에 a+5를 산술 연산한 결과를 저장합니다.

11행과 12행에서 변수 a와 b에 저장된 값을 출력합니다. 14행과 15행에서 &a 와 &b를 통해서 변수 a와 b의 시작 주소를 16진수(%x)로 출력하고 있습니다. 다음 그림처럼 변수 a의 시작 주소는 12ff60, b의 시작 주소는 12ff54입니다.

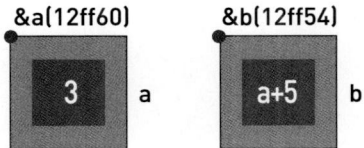

자~! 여러분에게 질문하나 던져 보겠습니다. 변수 a의 시작 주소를 알아야 한다면 &a와 12ff60 중에 어느 것이 편리할까요? 상황마다 다르지만 &a를 아는 것이 편합니다. 이때 &a를 논리적 주소, 12ff60을 물리적 주소라고 합니다.

물리적 주소는 컴퓨터마다 변수의 주소가 다르게 표현될 수 있으므로 예제에서처럼 &a의 주소가 12ff60이 아니더라도 상관없습니다. 왜냐구요? 변수 a의 시작 주소를 &a로 알 수 있기 때문입니다. 인간에 가까운 표현을 논리적, 기계에 가까운 표현을 물리적이라고 한다면, 당연히 우리는 인간이기에 논리적 표현 &a가 사용하기가 편합니다.

5.2 연산자의 종류

연산의 결과를 저장하는 변수의 의미를 알았으므로 본격적으로 연산자를 공부해 보겠습니다. C 언어에서는 다양한 종류의 연산자(Operator)를 제공합니다. 연산자란 연산을 수행하는 기호를 의미합니다.

C 언어에서 연산자란 프로그램의 논리식이나 산술식을 표현하고 처리하기 위해서 제공되는 다양한 기호들을 말하며, 연산에 참여하는 변수나 상수 값을 피연산자(Operand)라고 합니다. 수학에서 연산 기호에 따라서 우선순위가 있듯이 C 언어에서도 연산을 수행하기 위한 우선순위가 있습니다. 예를 들면 *, / 연산자는 +, - 연산자보다 우선순위가 높습니다. 이에 관해서는 앞으로 더 자세히 다루겠습니다. 다음 표는 연산자의 종류를 나타내고 있습니다.

연산자의 종류

분류	연산자
대입 연산자	=
산술 연산자	+, -, *, /, %
복합 대입 연산자	+=, -=, *=, /=, %=
증감 연산자	++, --
관계 연산자	>, <, ==, !=, >=, <=
논리 연산자	&&, ||, !
조건 연산자	? :
비트 논리 연산자	&, |, ^, ~
비트 이동 연산자	>>, <<

> '||'나 '|'는 키보드에서 [Enter] 키 바로 위에 있는 [|] 키를 의미합니다.

5.2.1 대입 연산자

연산자 =는 대입 연산자입니다. 변수 부분에서 이미 다루었습니다. 예를 들어 i=3은 변수 i에 3을 대입하는 것을 의미합니다. 이것을 해석할 때 혼동하지 말아야 할 것은 i와 3이 같다는 의미로 해석해서는 안 됩니다. 이해하기 쉬운 방법은 대입 연산자는 데이터를 저장하는 연산자라고 생각하면 되겠습니다. 대입 연산자의 오른쪽에 있는 값을 대입 연산자 왼쪽에 있는 피연산자에 대입하는 연산을 수행합니다. 그럼 간단한 예제를 살펴보겠습니다.

예제 | 5-2

```
01 : #include <stdio.h>
02 : int main(void)
```

Chapter 05
연산자란 무엇인가?

```
03 : {
04 :     int i=0, j=0, k=0;
05 :     printf("i = %d, j = %d, k = %d \n", i, j, k);
06 :
07 :     i=1;
08 :     j=5;
09 :     k=7;
10 :
11 :     printf("i = %d, j = %d, k = %d \n", i, j, k);
12 :
13 :     return 0;
14 : }
```

::: 실행 결과 ▶

i = 0, j = 0, k = 0
i = 1, j = 5, k = 7
계속하려면 아무 키나 누르십시오 . . .

4행에서 대입 연산자를 사용하여 변수 i, j, k에 각각 0을 대입(저장)하고 있습니다.

5행에서는 변수 i, j, k에 저장된 값을 서식 문자 %d로 출력합니다. 그리고 7행부터 9행까지에서 i, j, k에 각각 1, 5, 7의 값을 대입하고 있습니다.

변수 i, j, k 각각의 논리적 주소는 &i, &j, &k입니다. 변수들의 물리적 주소를 알고 싶다면 어떻게 하면 될까요? &i, &j, &k를 %x(16진수), %d(10진수), %o(8진수) 셋 중에 하나의 출력 서식으로 printf( ) 함수를 사용해서 확인해 볼 수 있습니다. 꼭 확인하기 바랍니다. **11행**에서는 변수 i, j, k에 저장된 값을 서식 문자 %d로 출력합니다.

5.2.2 산술 연산자

C 언어에서는 덧셈(+), 뺄셈(−), 곱셈(*), 나눗셈(/), 나머지(%) 연산과 같은 산술 연산자를 제공합니다.

산술 연산자의 종류

산술 연산자	예	설명
+(덧셈 연산자)	a = 6+2	피연산자 6과 피연산자 2의 덧셈 연산
−(뺄셈 연산자)	a = 6−2	피연산자 6과 피연산자 2의 뺄셈 연산
*(곱하기 연산자)	a = 6*2	피연산자 6과 피연산자 2의 곱셈 연산
/(나누기 연산자)	a = 6/2	피연산자 6과 피연산자 2의 나눗셈 연산
%(나머지 연산자)	a = 6%2	피연산자 6과 피연산자 2를 나눈 나머지 연산

예제 | 5-3

```
01 : #include<stdio.h>
02 : int main(void)
03 : {
04 :     int a, b;
05 :     a=6;
06 :     b=2;
07 :
08 :     printf("덧셈 연산 결과 : %d \n", a+b);
09 :     printf("뺄셈 연산 결과 : %d \n", a-b);
10 :     printf("곱셈 연산 결과 : %d \n", a*b);
11 :     printf("나누기 연산 결과 : %d \n", a/b);
12 :     printf("나머지 연산 결과 : %d \n", a%b);
13 :
```

```
14 :     return 0;
15 : }
```

::: 실행 결과 ▶

덧셈 연산 결과 : 8
뺄셈 연산 결과 : 4
곱셈 연산 결과 : 12
나누기 연산 결과 : 3
나머지 연산 결과 : 0
계속하려면 아무 키나 누르십시오 . . .

4행부터 **6행**까지에서 변수 a와 b를 만들어 a에 6을 저장하고 b에 2를 저장하고 있습니다. 변수가 만들어지면 변수 주소가 있다는 것을 잊지 맙시다. 변수 a와 b를 만들었으므로 a의 시작 주소는 &a, b의 시작 주소는 &b가 됩니다.

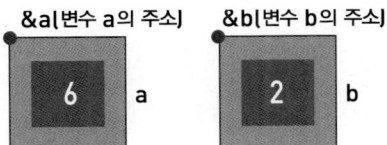

8행부터 **12행**까지에서 변수 a와 b의 덧셈, 뺄셈, 곱셈, 나눗셈, 나머지 연산의 수행 결과를 출력하고 있습니다. 소개한 산술 연산자 중에서 아마도 여러분에게 %(나머지) 연산자는 다소 생소할 것입니다. 나머지 연산자는 왼쪽의 피연산자를 오른쪽의 피연산자로 나누는 경우 계산 결과의 몫이 아닌 나머지를 구하는 연산자입니다. 나머지 연산자를 제외한 사칙 연산자들(덧셈, 뺄셈, 곱셈, 나눗셈)의 경우 정수나 실수가 연산 결과로 나올 수 있지만, 나머지 연산자는 항상 양의 정수가 나와야 합니다.

/(나누기) 연산자와 %(나머지) 연산자의 차이를 다음 예제를 가지고 알아보겠습니다.

예제 | 5-4

```
01 :  #include <stdio.h>
02 :  int main(void)
03 :  {
04 :      int num1, num2;
05 :
06 :      num1=10/3;          ─── 몫 출력
07 :      num2=10%3;          ─── 나머지 출력
08 :
09 :      printf("몫 : %d \n", num1);
10 :      printf("나머지 : %d \n", num2);
11 :
12 :      return 0;
13 :  }
```

::: 실행 결과 ▶

몫 : 3
나머지 : 1
계속하려면 아무 키나 누르십시오 . . .

4행에서 변수 num1과 num2를 만듭니다.

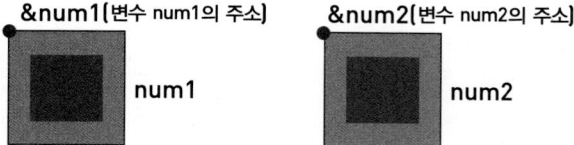

6행과 **7행**에서 변수 num1에 10/3, num2에 10%3을 저장합니다. 즉, 10/3을 연산해서 몫 3을 변수 num1에 저장하고, 10%3을 연산해서 나머지 1을 변수 num2에 저장하고 있습니다. 우리가 확인할 수 있는 변수에 저장된 최종 값은 3과 1입니다. 다음 그림처럼 메모리와 CPU의 연산 전과 후의 역할이 느껴지나요?

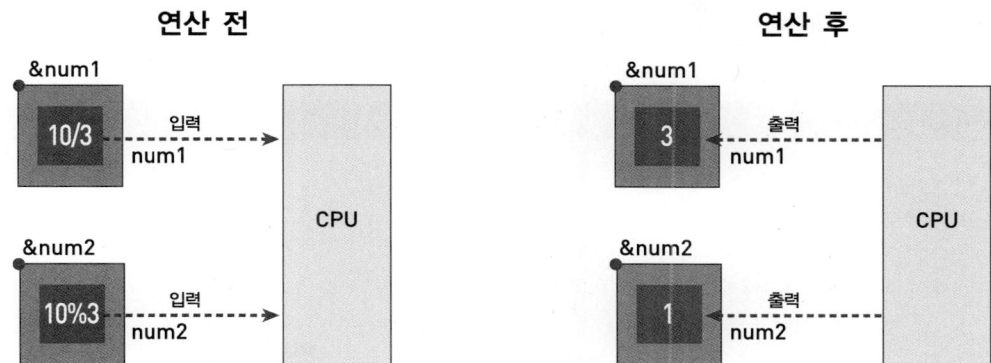

이처럼 메모리와 CPU가 하는 일들이 우리 눈에 보이지 않지만 얼마나 흥미 있는 일들을 하는지 생각해 볼 수 있었을 것입니다. 앞으로 소스 코드를 분석할 때는 그림처럼 메모리를 그려가면서 분석하면 더 쉽게 코드 분석을 수행할 수 있습니다.

5.2.3 복합 대입 연산자

복합 대입 연산자란 산술 연산자와 대입 연산자를 하나로 나타내는 기호를 의미합니다. 예를 들어 'a = a + b'는 대입 연산자 =과 덧셈 연산자 +를 함께 사용하는 복합 대입 연산자입니다. 'a + b' 연산의 결과를 다시 변수 a에 저장하고 있음을 알 수 있습니다.

'a = a + b' 복합 대입 연산자를 간략히 표현하면 'a += b'로 표현될 수 있습니다. 프로그래밍중에 유용하게 사용될 수 있으므로 알아 둡시다. 다음 표는 복합 대입 연산자의 표현에 관해서 설명하고 있습니다.

복합 대입 연산자의 종류

복합 대입 연산자	같은 표현	설명
a = a + b	a += b	a + b를 먼저 수행한 후에 a에 값을 저장
a = a - b	a -= b	a - b를 먼저 수행한 후에 a에 값을 저장
a = a * b	a *= b	a * b를 먼저 수행한 후에 a에 값을 저장
a = a / b	a /= b	a / b를 먼저 수행한 후에 a에 값을 저장
a = a % b	a %= b	a % b를 먼저 수행한 후에 a에 값을 저장

간단한 예제를 가지고 복합 대입 연산자의 사용법을 설명하겠습니다.

예제 | 5-5

```
01 : #include <stdio.h>
02 : int main(void)
03 : {
04 :     int num1=1, num2=2, num3=3, num4=4, num5=5;
05 :
06 :     num1=num1 + num2;                              num1 += num2;
07 :     printf("복합 덧셈 연산 결과 : num1의 최종 값 : %d \n", num1);
08 :
09 :     num2=num2-2;                                   num2 -= 2;
10 :     printf("복합 뺄셈 연산 결과 : num2의 최종 값 : %d \n", num2);
11 :
12 :     num3=num3*2;                                   num3 *= 2;
13 :     printf("복합 곱셈 연산 결과 : num3의 최종 값 : %d \n", num3);
14 :
15 :     num4=num4/2;                                   num4 /= 2;
16 :     printf("복합 나눗셈 연산 결과 : num4의 최종 값 : %d \n", num4);
17 :
18 :     num5=num5%2;                                   num5 %= 2;
19 :     printf("복합 나머지 연산 결과 : num5의 최종 값 : %d \n", num5);
20 :
21 :     printf("%d, %d, %d, %d, %d \n", num1, num2, num3, num4, num5);
22 :
23 :     return 0;
24 : }
```

::: 실행 결과 ▶

복합 덧셈 연산 결과 : num1의 최종 값 : 3
복합 뺄셈 연산 결과 : num2의 최종 값 : 0
복합 곱셈 연산 결과 : num3의 최종 값 : 6
복합 나눗셈 연산 결과 : num4의 최종 값 : 2
복합 나머지 연산 결과 : num5의 최종 값 : 1
3, 0, 6, 2, 1
계속하려면 아무 키나 누르십시오 . . .

4행에서 변수 num1, num2, num3, num4, num5를 만들어서 데이터를 저장합니다.

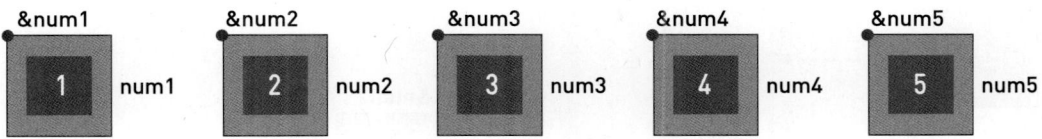

6행에서는 'num1+num2' 연산을 먼저 실행하고 그 결과를 변수 num1에 저장합니다. 자세히 알아볼까요? 그림을 함께 보세요. 먼저 CPU는 변수 num1의 값 1과 변수 num2의 값 2를 읽어 들여 덧셈 연산을 하고 결과를 현재 변수 num1에 다시 저장합니다. 변수 num1의 값이 변경됨을 확인할 수 있습니다.

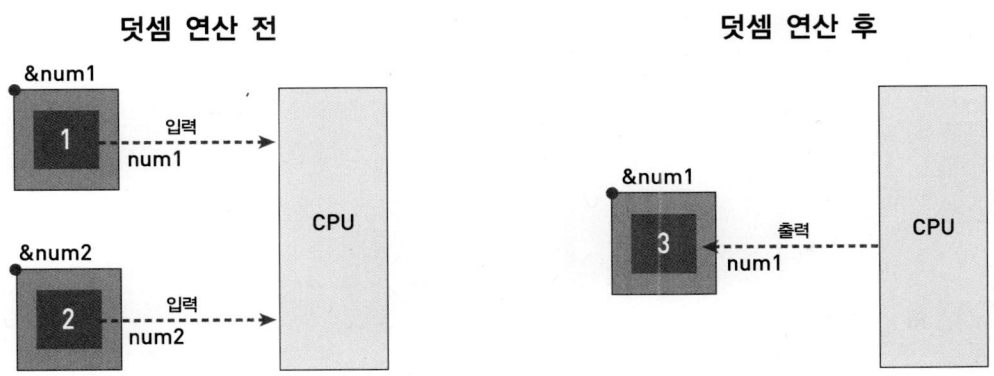

9행은 다음 그림을 보면 쉽게 알 수 있습니다. 특이한 점은 값 2를 저장하는 메모리 공간에는 이름이 없습니다. 2는 숫자 상수입니다. 그 자체의 의미가 있는 리터럴 상수이기 때문에 메모리 공간에 붙여진 이름이 없습니다.

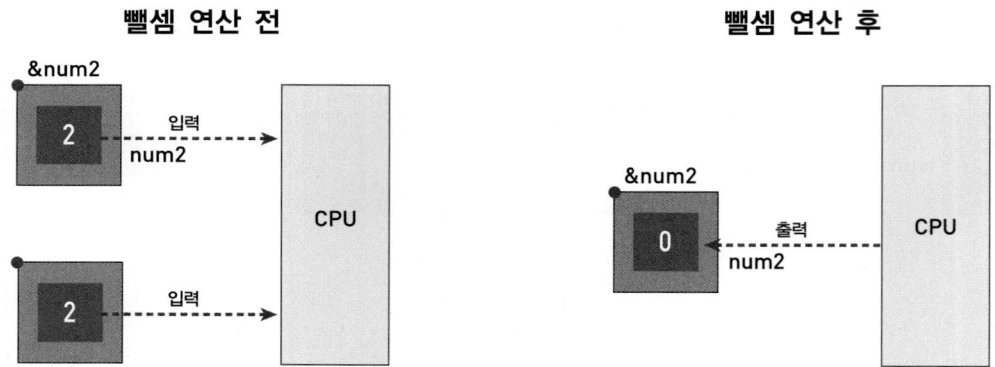

12행에서는 'num3*2'를 먼저 연산한 후 결과를 변수 num3에 저장합니다. 2도 마찬가지로 리터럴 상수입니다.

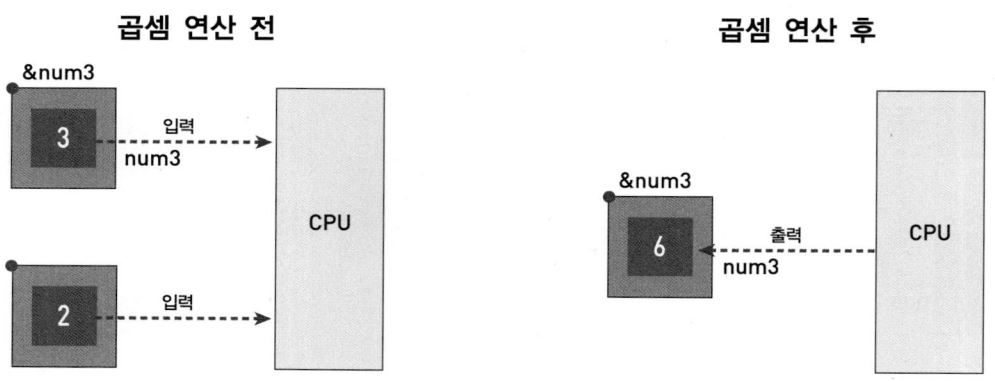

15행에서는 num4/2를 먼저 연산한 후에 결과를 변수 num4에 저장합니다.

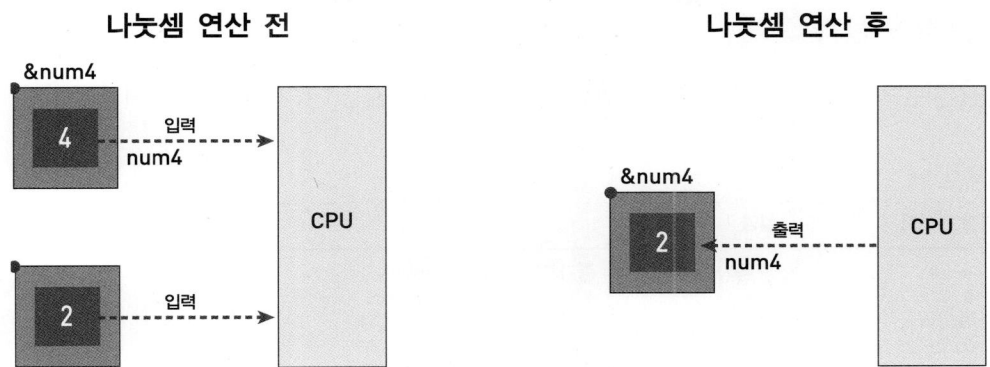

18행에서는 num5%2를 먼저 연산한 후에 결과를 변수 num5에 저장합니다.

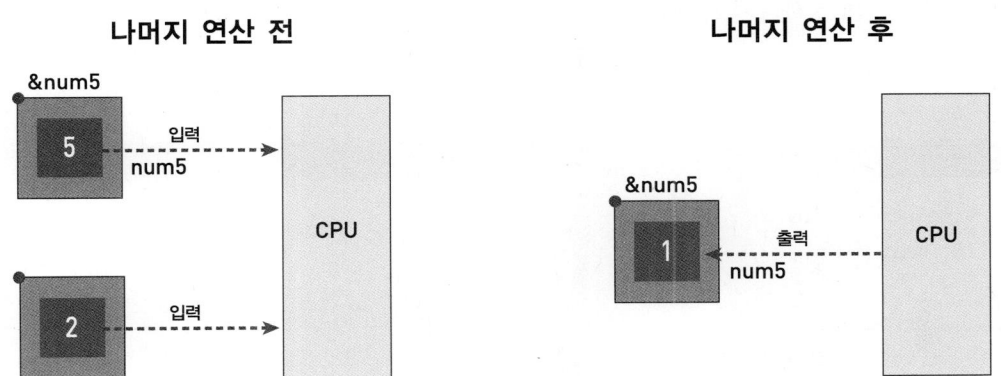

21행에서는 변수 num1, num2, num3, num4, num5의 변경된 값을 출력하고 있습니다. 다음 그림을 보면 변수 num1부터 num5까지 저장된 값들은 4행의 초깃값들에서 변경되었습니다.

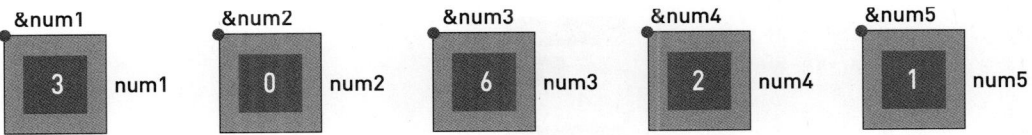

5.2.4 증감 연산자

증감 연산자는 ++, -- 기호를 이용하는 연산자로 피연산자의 값을 1 증가 또는 1감소시켜 줍니다.

증감 연산자의 종류

증감 연산자	설명
++a	선 증가, 후 연산(먼저 증가시키고 그 다음 연산한다.)
a++	선 연산, 후 증가(먼저 연산하고 그 다음 증가시킨다.)
--a	선 감소, 후 연산(먼저 감소시키고 그 다음 연산한다.)
a--	선 연산, 후 감소(먼저 연산하고 그 다음 감소시킨다.)

증감 연산자의 의미는 하나 증가 또는 하나 감소하라는 의미입니다. ++a와 a++은 'a = a + 1'과 의미가 같고, --a와 a--는 'a = a - 1'과 의미가 같습니다. 다음 예제를 함께 살펴보겠습니다.

예제 | 5-6

```
01 : #include <stdio.h>
02 : int main(void)
03 : {
04 :     int num1=10;
05 :     printf("%d \n", num1);      ── 결과는 10
06 :
07 :     num1++;                     ── num1=num1+1
08 :     printf("%d \n", num1);      ── 결과는 11
09 :
10 :     ++num1;                     ── num1=num1+1;
11 :     printf("%d \n", num1);      ── 결과는 12
12 :
13 :     --num1;                     ── num1=num1-1;
14 :     printf("%d \n", num1);      ── 결과는 11
15 :
16 :     num1--;                     ── num1=num1-1;
17 :     printf("%d \n", num1);      ── 결과는 10
18 :
19 :     return 0;
20 : }
```

Chapter 05
연산자란 무엇인가?

::: 실행 결과 ▶

```
10
11
12
11
10
계속하려면 아무 키나 누르십시오 . . .
```

7행, 10행, 13행, 16행에서 증감 연산자가 단독으로 쓰였을 때는 단순히 숫자 하나를 증가시키거나 감소시키는 역할을 하고 있습니다. 일단 여기까지는 이해가 잘 되었을 것으로 생각합니다.

증감 연산자는 전위 방식과 후위 방식에 차이가 있습니다. 증감 연산자의 위치가 변수의 앞(++a, --a)에 위치하는 표현을 전위 방식이라 하고, 변수의 뒤(a++, a--)에 위치하는 표현을 후위 방식이라 합니다. 그렇다면, 두 방식의 차이는 무엇일까? 다음 예제를 가지고 자세히 알아보겠습니다.

예제 5-7

```
01 : #include<stdio.h>
02 : int main(void)
03 : {
04 :     int num1=10, num2=10;
05 :     int a, b;
06 :
07 :     a=++num1;                          전위 방식, 선 증가 후 연산
08 :     printf("%d, %d \n", a, num1);      결과는 11, 11
09 :
10 :     b=num2++;                          후위 방식, 선 연산 후 증가
11 :     printf("%d, %d \n", b, num2);      결과는 10, 11
12 :
13 :     return 0;
14 : }
```

::: 실행 결과 ▶

11, 11
10, 11
계속하려면 아무 키나 누르십시오 . . .

7행에서 증감 연산자가 변수 앞에 있는 전위 방식입니다. 먼저 'num1=num+1'을 수행하고(선 증가) 이후에 'a=num1'을 수행(후 연산)하라는 의미이기 때문에 변수 num1과 a 모두 11이 출력됩니다. **10행**에서 증감 연산자가 변수 뒤에 있는 후위 방식입니다. 먼저 'b=num2'를 수행하고(선 연산), 이후에 'num2=num2+1'을 수행하라(후 증가)는 의미이기 때문에 변수 b는 10, num2는 11이 출력됩니다.

이해가 안 된다면 다음 예제를 살펴보기 바랍니다. 예제 5-7과 같은 결과를 보이는 코드입니다.

예제 | 5-8

```
01 : #include <stdio.h>
02 : int main(void)
03 : {
04 :     int num1=10, num2=10;
05 :     int a, b;
06 :
07 :     num1=num1+1;                        ─── 선 증가
08 :     a=num1;                             ─── 후 연산
09 :     printf("%d, %d \n", a, num1);       ─── 결과는 11, 11
10 :
11 :     b=num2;                             ─── 선 연산
12 :     num2=num2+1;                        ─── 후 증가
13 :     printf("%d, %d \n", b, num2);       ─── 결과는 10, 11
14 :
15 :     return 0;
16 : }
```

::: 실행 결과 ▶

11, 11
10, 11
계속하려면 아무 키나 누르십시오 . . .

예제 5-7과 5-8을 가지고 전위 방식과 후위 방식의 차이를 이해했다면 다음 예제로 마무리해 보겠습니다.

예제 | 5-9

```
01 : #include <stdio.h>
02 : int main(void)
03 : {
04 :     int num1=10, num2=10;
05 :
06 :     printf("%d \n", ++num1);     결과는 11
07 :     printf("%d \n", num1);
08 :
09 :     printf("%d \n", num2++);     결과는 10
10 :     printf("%d \n", num2);       결과는 11
11 :
12 :     return 0;
13 : }
```

::: 실행 결과 ▶

11
11
10
11
계속하려면 아무 키나 누르십시오 . . .

6행에서 'num1=num1+1'을 수행하고 변수 num1을 출력합니다. 7행에서는 변수 num1을 출력합니다. 6행과 7행 모두 11이 출력됩니다. 9행에서는 후위 방식이기 때문에 선 연산 후 증가를 수행하게 되는데 변수 num2의 현재 값을 그대로 출력(선 연산)합니다. 그래서 10이 출력됩니다. 그 이후에 'num2=num2+1'을 수행하고(후 증가), 변수 num2를 출력하고 있습니다.

++ 연산자를 잘 이용하면 프로그램의 코드를 간결하게 만들고 수행 속도를 빠르게 할 수 있는 장점이 있습니다. 그 이유는 num1++의 경우는 ++ 연산자만을 호출하는 데 반해 'num1=num1+1'은 + 연산자와 = 연산자를 호출해야 원하는 결과를 얻을 수 있기 때문입니다.

증감 연산자를 사용할 때 주의할 점은 함수의 인자로 프로그램을 모호하게 하는 표현은 사용하지 않는 것이 좋습니다. 'y=++a+b+++b'나 'num=++(b*a+10)'과 같은 표현은 이해하기 어려우므로 자제하는 것이 좋습니다.

5.2.5 관계 연산자

인간 세계에서 누구누구와 관계가 좋은가? 그렇지 않은가?를 표현할 수 있다면, 컴퓨터 세계에서는 그것을 어떻게 표현할 수 있을까요? 참과 거짓으로 표현할 수 있습니다. 관계를 비교하여 참(True)과 거짓(False)으로 결론짓는 연산자를 관계 연산자라고 합니다.

관계 연산자의 종류

관계 연산자	예	설명	결과
>	a > b	피연산자 a가 피연산자 b보다 클지를 비교	1(참), 0(거짓)
<	a < b	피연산자 a가 피연산자 b보다 작을지를 비교	1(참), 0(거짓)
>=	a >= b	피연산자 a가 피연산자 b보다 크거나 같을지를 비교	1(참), 0(거짓)
<=	a <= b	피연산자 a가 피연산자 b보다 작거나 같을지를 비교	1(참), 0(거짓)
==	a==b	피연산자 a가 피연산자 b와 같을지를 비교	1(참), 0(거짓)
!=	a != b	피연산자 a가 피연산자 b와 같지 않을지를 비교	1(참), 0(거짓)

C 언어의 관계 연산자에서는 참과 거짓을 어떻게 표현할까요? 숫자로 표현합니다. 거짓은 0(10진수 영)으로 표현하고 참은 1(10진수 1)로 표현합니다. 그렇다면 5는? 6은? 100은? -50은? 참일까 거짓일까? 숫자의 개념을 크게 본다면 0 이외의 모든 숫자는 참이라고 표현할 수 있습니다. 배경 지식으로 알고 있기 바랍니다. 간단한 예제를 가지고 관계 연산자를 사용하는 방법을 살펴보겠습니다.

예제 5-10

```
01 :   #include <stdio.h>
02 :   int main(void)
03 :   {
04 :       int num1=2, num2=4;
05 :       int result1, result2, result3, result4;
06 :
07 :       result1=(num1>num2);
08 :       result2=(num1<=num2);
09 :       result3=(num1==num2);
10 :       result4=(num1!=num2);
11 :
12 :       printf("result1에 저장된 값 %d \n", result1);   ── 0(거짓)
13 :       printf("result2에 저장된 값 %d \n", result2);   ── 1(참)
14 :       printf("result3에 저장된 값 %d \n", result3);   ── 0(거짓)
15 :       printf("result4에 저장된 값 %d \n", result4);   ── 1(참)
16 :
17 :       return 0;
18 :   }
```

::: 실행 결과 ▶

result1에 저장된 값 0
result2에 저장된 값 1
result3에 저장된 값 0
result4에 저장된 값 1
계속하려면 아무 키나 누르십시오 . . .

7행부터 10행까지에서 괄호 연산자는 먼저 연산하라는 뜻으로 괄호의 결과를 변수 result1, result2, result3, result4에 저장하고 있습니다. 이들 변수에 저장되는 값들은 관계 연산의 결과인 참과 거짓에 관한 정보입니다.

5.2.6 논리 연산자

논리 연산자의 종류에는 &&, ||, !와 같이 세 가지가 있습니다.

- **&&**   이름은 AND 연산자, 의미는 논리곱
- **||**   이름은 OR 연산자, 의미는 논리합
- **!**   이름은 NOT 연산자, 의미는 논리 부정

'||'는 키보드에서 [Enter] 키 바로 위에 있는 [|] 키를 두 번 입력한 것입니다.

&& 연산자의 결과는 피연산자가 모두 1(참)일 때만 1(참)입니다.

피연산자	연산자	피연산자	결과
0	&&	0	0
0	&&	1	0
1	&&	0	0
1	&&	1	1

|| 연산자의 결과는 피연산자 둘 중에 하나가 1(참)이면 1(참)입니다.

피연산자	연산자	피연산자	결과
0	||	0	0
0	||	1	1
1	||	0	1
1	||	1	1

! 연산자의 결과는 피연산자가 1(참)이면 0(거짓)이고, 0(거짓)이면 1(참)입니다.

연산자	피연산자	결과
!	0	1
!	1	0

다음 예제를 가지고 논리 연산자의 && 연산, || 연산, ! 연산의 결과가 어떤 형태로 출력되는지 상세히 분석해 봅시다.

예제 | 5-11

```
01 : #include <stdio.h>
02 : int main(void)
03 : {
04 :     int num1=2, num2=3, num3=5;
05 :     int result1, result2, result3;
06 :
07 :     result1=(num1>0) && (num2<10);
08 :     result2=(num2<=2) || (num3>5);
09 :     result3=!num3;
10 :
11 :     printf("result1에 저장된 값 %d \n", result1);      ── 1(참)
12 :     printf("result2에 저장된 값 %d \n", result2);      ── 0(거짓)
13 :     printf("result3에 저장된 값 %d \n", result3);      ── 0(거짓)
14 :
15 :     return 0;
16 : }
```

::: 실행 결과 ▶

result1에 저장된 값 1
result2에 저장된 값 0
result3에 저장된 값 0
계속하려면 아무 키나 누르십시오 . . .

7행에서 관계 연산 num1>0과 num2<10을 비교합니다. 변수 num1은 2, num2는 3이므로 num1>0이 1(참)이 되고, num2<10도 1(참)이 됩니다. 결과적으로, 1&&1은 1(참)이 되어 변수 result1에 1(참)이 저장됩니다.

8행에서 관계 연산 num2<=2와 num3>5를 비교합니다. 변수 num2은 3, num3가 5이므로 num2<=2가 0(거짓)이 되고, num3<5는 0(거짓)이 됩니다. 결과적으로, 0||0은 0(거짓)이 되어 변수 result2에 0(거짓)이 저장됩니다.

앞서 0 이외의 값을 참이라고 했습니다. 9행에서 변수 num3에 저장된 값은 5입니다. 참일까요? 거짓일까요? 5는 0 이외의 값이므로 참입니다. !num3은 !5와 같은 표현입니다. 즉, 참을 부정하는 것이므로 거짓이 결과로 출력됩니다. 즉, 0이 출력됩니다.

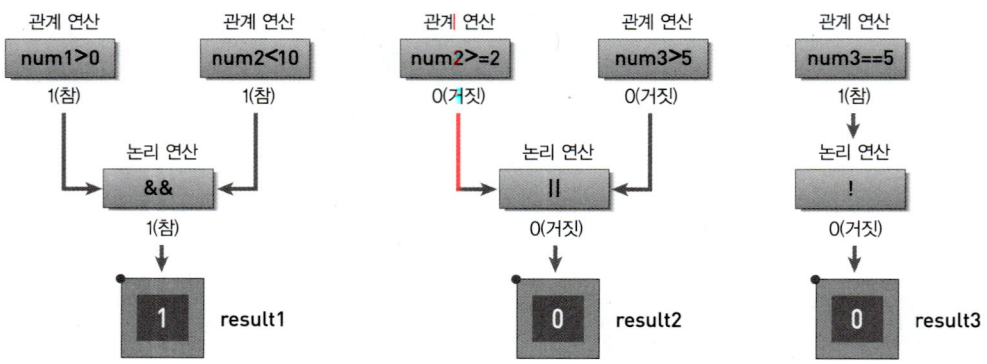

논리 연산자는 피연산자들의 참과 거짓에 따라 연산의 결과 값을 결정합니다. 논리 연산에 적용되는 피연산자로는 주로 관계 연산이 사용되며, 관계 연산의 결과에 따라 논리 연산의 결과 값이 결정됩니다. 논리 연산자의 결과는 주어진 수식의 결과에 따라 1(참)과 0(거짓)으로 결과를 표현합니다.

5.2.7 조건 연산자

조건 연산자는 8장에서 배울 조건문과 같은 역할을 합니다. 연산자가 두 개(문자 '?'와 ':')와 피연산자 세 개로 이루어지는 삼항 연산자입니다. 조건 연산자의 형태와 연산 과정은 다음과 같습니다.

Chapter 05
연산자란 무엇인가?

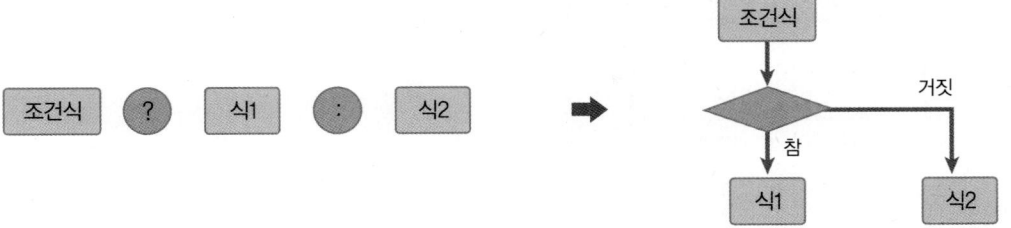

조건식은 판단의 결과로 참과 거짓을 내는 식입니다. 조건식이 참이면 식1이 실행되고 거짓이면 식2가 실행됩니다. 그럼 예제를 가지고 조건 연산자를 사용하는 방법에 관하여 좀 더 상세히 살펴보겠습니다.

예제 | 5-12

```
01 : #include <stdio.h>
02 : int main(void)
03 : {
04 :     int num1=2, num2=3;
05 :     int result1;
06 :
07 :     result1=(num1>num2) ? num1 : num2;
08 :     printf("result1에 저장된 값 %d \n", result1);
09 :
10 :     return 0;
11 : }
```

::: 실행 결과 ▶

result1에 저장된 값 3
계속하려면 아무 키나 누르십시오 . . .

7행을 보면 조건식 num1>num2가 참인 경우 'result1=num1'이 수행되고, 반대로 거짓인 경우 'result1=num2'가 수행됩니다.

```
                 (num1)num2)가 거짓인 경우 'result1=num2'를 수행
            ┌─────────────────────────────────────────┐
            ↓                                         ↓
    result1=(num1>num2) ? num1 : num2;
            ↑              ↑
            └──────────────┘
                  (num1)num2)가 참인 경우 'result1=num1'을 수행
```

여기서는 변수 num1은 2, num2는 3이므로 (num1>num2)은 0(거짓)이 됩니다. 따라서 'result1=num2'가 수행되어서 변수 result1에 3이 저장됩니다.

C 언어에서 참(True)이란 1을 의미하고 거짓(False)이란 0을 의미합니다. 즉, 조건식의 값이 참일 때 값을 확인하면 1이라는 값이 되고, 거짓일 때는 0이라는 값이 됩니다. 반대로 조건식의 값이 참인지 거짓인지를 판단할 때는 0이 아닌 값은 모두 참으로 간주하고, 0은 거짓으로 간주합니다. 즉, 0.3, 100, -50은 모두 참에 해당하고, 오로지 0만 거짓에 해당합니다.

5.3 비트 연산자

5.3.1 비트와 바이트

컴퓨터는 모든 정보를 1과 0 즉, 이진(Binary) 값으로 저장하고 처리합니다. 그 이유는 현대의 컴퓨터는 전자식 컴퓨터로 데이터를 전기 혹은 전자 신호를 이용하여 저장하고 관리하는데 전류가 흐르는 상태를 1, 전류가 흐르지 않는 상태를 0으로 표현할 수 있기 때문입니다. 이렇게 0 또는 1 두 개의 숫자로 데이터를 표현하는 방식을 2진수라고 합니다.

│ 비트(Bit)는 2진수 값 하나(0 또는 1)를 저장할 수 있는 최소 메모리 공간을 의미한다.

컴퓨터의 기억 장치는 모든 신호를 2진수로 고쳐서 기억합니다. 2진수에서의 0, 1과 같이 신호를 나타내는 최소 단위를 비트(Bit)라고 합니다. 비트의 의미는 2진수 값 하나(0 또는 1)를 저장할 수 있는 최소 메모리 공간을 의미합니다.

여러 개의 비트를 모아서 다양한 경우의 수를 만들 수 있는데 1비트로 표현할 수 있는 데이터 가지 수는 두 가지(0과 1)입니다. 그럼 2비트로 표현할 수 있는 데이터 가지 수는 몇 가지일까

요? 00, 01, 10, 11 네 가지입니다. 그럼 3비트는? 000, 001, 010, 011, 100, 101, 110, 111 8가지입니다. 다음에서 보여진 것처럼 비트 수가 증가함에 따라 표현할 수 있는 경우의 수는 두 배씩 증가합니다. 일반적으로 N개의 비트는 2^n개의 서로 다른 경우들을 표현할 수 있습니다.

1비트	2비트	3비트	...	n비트
$2^1 = 2$개	$2^2 = 4$개	$2^3 = 8$개	...	2^n개

1바이트는 8비트이다.

8개의 연속된 비트를 바이트(Byte)라고 하는데 1바이트는 8개의 비트로 이루어져 있기 때문에 총 2^8(256)가지의 경우를 표현할 수 있는 저장 용량을 가집니다. 다음 그림은 8비트가 모여 1바이트의 데이터 단위를 구성하고 있습니다. 각 비트 공간이 0으로 채워져 있지만, 비트 공간에 데이터를 저장해서 비트 연산을 수행할 수 있습니다.

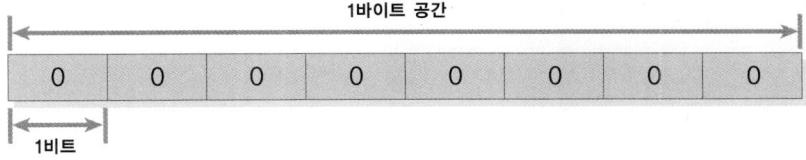

5.3.2 2진수, 10진수, 16진수, 8진수

일상에서 사용하는 수의 표현법은 10개의 숫자(0에서 9)를 이용하는 10진수 체계를 사용합니다. 그렇지만, 컴퓨팅 세계에서 사용하는 수의 표현법은 2개의 숫자(0과 1)를 이용하는 2진수 체계, 16개의 숫자(0에서 F)를 이용하는 16진수 체계, 8개의 숫자(0에서 8)를 이용하는 8진수 체계를 사용합니다.

- **2진수**   0 ~ 1까지의 숫자를 사용(컴퓨팅 세계 표현법)
- **10진수** 0 ~ 9까지의 숫자를 사용(일상적인 표현법)
- **16진수** 0 ~ 9까지의 숫자와 9 이후부터 a, b, c, d, e, f 문자를 사용(컴퓨팅 세계 표현법)
- **8진수**   0 ~ 7까지의 숫자를 사용(컴퓨팅 세계 표현법)

다음 표는 0부터 17까지의 수를 2진수, 10진수, 16진수, 8진수의 데이터 표현 방법으로 나타내고 있습니다.

데이터 표현 방법

2진수	10진수	16진수	8진수
0000 0000	0	0	0
0000 0001	1	1	1
0000 0010	2	2	2
0000 0011	3	3	3
0000 0100	4	4	4
0000 0101	5	5	5
0000 0110	6	6	6
0000 0111	7	7	7
0000 1000	8	8	10
0000 1001	9	9	11
0000 1010	10	a	12
0000 1011	11	b	13
0000 1100	12	c	14
0000 1101	13	d	15
0000 1110	14	e	16
0000 1111	15	f	17
0001 0000	16	10	20
0001 0001	17	11	21

표에서 보여주듯이 2진수의 경우에 모든 숫자를 0과 1로 표현합니다. 최댓값이 1이므로 자릿수가 증가하는 시점이 1 다음에 증가합니다. 다음 그림은 2진수를 10진수로 변환하는 방법입니다. 각 비트 공간의 1(참)에 해당하는 것을 계산하면 2진수 0000 1011은 10진수로 11($2^3+2^1+2^0$)입니다. 앞의 표를 통해 결과를 확인해 보기 바랍니다.

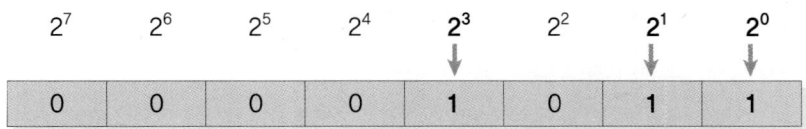

10진수의 경우에 모든 숫자를 0에서 9를 이용하여 표현합니다. 최댓값이 9이므로 자릿수가 증가하는 시점이 9다음에 증가합니다.

16진수의 경우에 모든 숫자를 0에서 f를 이용하여 표현합니다. 16진수에서 a는 정수 10, b는 정수 11, c는 정수 12, d는 정수 13, e는 정수 14, f는 정수 15를 의미하고 있습니다. 16진수는 0~9까지의 기본 단위 숫자를 이용하고 그 이후부터는 알파벳 a(10진수 10)부터 f(10진수 15)를 이용합니다. 최댓값이 f(10진수 15)이므로 자릿수가 증가하는 시점이 f 다음에 증가합니다.

8진수의 경우에 모든 숫자를 0에서 7을 이용하여 표현합니다. 최댓값이 7이므로 자릿수가 증가하는 시점이 7 다음에 증가합니다.

컴퓨팅 세계에서는 16진수와 8진수도 많이 사용합니다. 2진수로 데이터를 표현하게 되면 길이가 매우 길어져 가독성이 매우 떨어지는 단점이 있습니다. 따라서 이런 문제를 해결하기 위해서 16진수는 2진수 네 자리, 8진수는 2진수 세 자리를 각각 한 자리 숫자로 표현할 수 있습니다.

다음 그림은 4바이트 공간을 표현한 2진수를 16진수와 8진수로 표현하는 방법을 나타내고 있습니다.

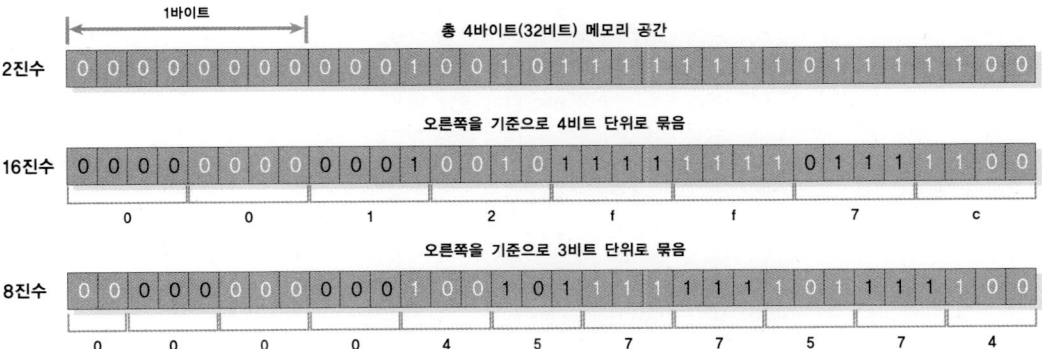

2진수로 표현된 데이터를 16진수로 표현하는 방법은 4비트 단위로 묶어서 비트 공간의 1에 해당하는 것을 계산하고, 8진수로 표현하는 방법은 3비트 단위로 묶어서 비트 공간의 1에 해당하는 것을 계산하면 됩니다. 앞의 그림의 결과대로 16진수 12ff7c가 8진수로 4577574인지 확인하기 위해서 다음 코드를 실행해 보기 바랍니다.

```
int a=0x12ff7c;
printf("10진수 : %d, 8진수 : %o \n", a, a);
```

이처럼 2진수로 데이터를 표현하게 되면 길이가 매우 길어져 가독성이 매우 떨어지는 단점을 16진수와 8진수로 보완할 수 있다는 것을 배웠으니 0xa와 0x10은 2진수로 표현하면 서로 다른 데이터라는 것은 당연히 눈치챘을 것입니다. 0xa는 2진수로 1010이고 0x10은 0001 0000입니다. 왜 그런지 앞의 데이터 표현 방법에 관한 표를 통해 복습해 보기 바랍니다.

5.3.3 비트 연산자

비트 연산자는 데이터를 비트 단위로 처리하는 연산자로 하드웨어와 밀접하게 관련된 각종 처리를 쉽게 해주고, 메모리 공간을 줄여서 성능을 높여 줍니다. 다음 표는 비트 연산자의 종류를 나타내고 있습니다.

비트 연산자의 종류

비트 연산자	연산식	설명
&	a & b	비트 단위 AND 연산
|	a | b	비트 단위 OR 연산
^	a ^ b	비트 단위 XOR 연산
~	~a	비트 단위 NOT 연산
≪	a ≪ 3	왼쪽으로 세 칸 이동
≫	a ≫ 1	오른쪽으로 한 칸 이동

'|'는 키보드에서 [Enter] 키 바로 위에 있는 [↑] 키를 의미합니다.

1 & 연산자

& 연산자는 비트 단위로 AND 연산을 수행하며 두 개의 비트가 모두 1일 때 1을 반환합니다.

피연산자	연산자	피연산자	결과
0	&	0	0
0	&	1	0
1	&	0	0
1	&	1	1

다음 예제에서 & 연산자를 통해 출력 결과가 어떨지 예상해 봅시다.

예제 5-13

```
01 : #include <stdio.h>
02 : int main(void)
03 : {
04 :     int num1=20, num2=16;
05 :     int result1;
06 :
07 :     result1= num1 & num2;
08 :     printf("비트 단위 & 연산의 결과 %d \n", result1);  ── 결과는 16
09 :
10 :     return 0;
11 : }
```

::: 실행 결과 ▶

비트 단위 & 연산의 결과 16
계속하려면 아무 키나 누르십시오 . . .

7행에서 정수형 변수 num1과 num2를 비트 단위로 &(AND) 연산해서 결과를 변수 result1에 저장합니다.

&	0000 0000	0000 0000	0000 0000	0001 0100	(20)
	0000 0000	0000 0000	0000 0000	0001 0000	(16)
	0000 0000	0000 0000	0000 0000	0001 0000	(16)

2 | 연산자

| 연산자는 비트 단위로 OR 연산을 수행하며 두 개의 비트 중의 하나가 1일 때 1을 반환합니다.

피연산자	연산자	피연산자	결과
0	|	0	0
0	|	1	1
1	|	0	1
1	|	1	1

'|'는 키보드에서 Enter 키 바로 위에 있는 ⏎ 키를 의미합니다.

다음 예제의 | 연산자를 통해 출력 결과가 어떨지 예상해 봅시다.

예제 | 5-14

```
01 : #include <stdio.h>
02 : int main(void)
03 : {
04 :     int num1=20, num2=16;
05 :     int result1;
06 :
07 :     result1= num1 | num2;
08 :     printf("비트 단위 | 연산의 결과 %d \n", result1);  ── 결과는 20
09 :
```

```
10 :     return 0;
11 : }
```

::: 실행 결과 ▶

비트 단위 | 연산의 결과 20
계속하려면 아무 키나 누르십시오 . . .

7행에서 정수형 변수 num1과 num2를 비트 단위로 |(OR) 연산해서 결과를 변수 result1에 저장합니다.

| | 0000 0000 0000 0000 0000 0000 0001 0100 (20)
| 0000 0000 0000 0000 0000 0000 0001 0000 (16)
    0000 0000 0000 0000 0000 0000 0001 0100 (20)

3 ^ 연산자

^ 연산자는 비트 단위로 XOR 연산을 수행하며 두 개의 비트가 서로 같지 않을 경우 1을 반환합니다.

피연산자	연산자	피연산자	결과
0	^	0	0
0	^	1	1
1	^	0	1
1	^	1	0

다음 예제의 ^ 연산자를 통해 출력 결과가 어떨지 예상해 봅시다.

예제 | 5-15

```
01 : #include<stdio.h>
02 : int main(void)
03 : {
04 :     int num1=20, num2=16;
05 :     int result1;
06 :
07 :     result1= num1 ^ num2;
08 :     printf("비트 단위 ^ 연산의 결과 %d \n", result1);     결과는 4
09 :
10 :     return 0;
11 : }
```

::: 실행 결과 ▶

비트 단위 ^ 연산의 결과 4
계속하려면 아무 키나 누르십시오 . . .

7행에서 정수형 변수 num1과 num2를 비트 단위로 ^(XOR) 연산해서 결과를 변수 result1에 저장합니다.

```
^   0000 0000   0000 0000   0000 0000   0001 0100   (20)
    0000 0000   0000 0000   0000 0000   0001 0000   (16)
    ─────────────────────────────────────────────
    0000 0000   0000 0000   0000 0000   0000 0100   (4)
```

| 4 | ~ 연산자

~ 연산자는 비트 단위 NOT 연산을 수행하며 보통 보수 연산이라고 합니다. 비트를 반전시킵니다.

Chapter 05
연산자란 무엇인가?

연산자	피연산자	결과
~	0	1
~	1	0

다음 예제의 ~ 연산자를 통해 출력 결과가 어떨지 예상해 봅시다.

예제 | 5-16

```
01 :  #include <stdio.h>
02 :  int main(void)
03 :  {
04 :      int num1=20;
05 :      int result1;
06 :
07 :      result1= ~num1;
08 :      printf("비트 단위 ~ 연산의 결과 %d \n", result1);         결과는 -21
09 :
10 :      return 0;
11 :  }
```

::: 실행 결과 ▶

비트 단위 ~ 연산의 결과 -21
계속하려면 아무 키나 누르십시오 . . .

7행에서 정수형 변수 num1과 num2를 비트 단위로 ~(NOT) 연산해서 결과를 변수 result1에 저장합니다.

~	0000 0000	0000 0000	0000 0000	0001 0100	(20)
	1111 1111	1111 1111	1111 1111	1110 1011	(-21)

그런데 결과가 1111 1111 1111 1111 1111 1111 1110 1011라고 합니다. 이것이 -21인지 어떻게 확인할 수 있을까요? 방법은 간단합니다. 음수 데이터를 확인할 때는 양수 데이터를 통해 구하게 되는데 먼저 1의 보수를 취합니다(0을 1로, 1을 0으로 반전). 그런 다음에 1을 더합니다.

```
1의 보수 ┌─ 0000 0000   0000 0000   0000 0000   0001 0101   (21)
1을 더함 ├→ 1111 1111   1111 1111   1111 1111   1110 1010
        └→ 0000 0000   0000 0000   0000 0000   0000 0001

            1111 1111   1111 1111   1111 1111   1110 1011   (-21)
```

5 << 연산자와 >> 연산자

비트를 이동시키는 연산자에는 두 가지가 있습니다. 하나는 << 연산자(왼쪽 시프트 연산자)이고, 하나는 >> 연산자(오른쪽 시프트 연산자)입니다. 이렇게 비트를 이동시키는 연산자를 시프트(Shift) 연산자 또는 이동 연산자라고 부릅니다.

먼저 왼쪽 시프트 연산자(<<)에 대하여 알아봅시다. 이 연산자는 비트의 자릿수를 왼쪽으로 이동시키는 연산을 수행합니다. 다음 예제를 가지고 자세히 살펴보겠습니다.

예제 | 5-17

```
01 : #include <stdio.h>
02 : int main(void)
03 : {
04 :     int num1=10;
05 :     int result1;
06 :     result1= num1 << 2;
07 :     printf("비트 단위 << 연산의 결과 %d \n", result1);
08 :
09 :     return 0;
10 : }
```

::: 실행 결과 ▶

비트 단위 << 연산의 결과 40
계속하려면 아무 키나 누르십시오 . . .

6행에서 변수 num1의 데이터를 2비트만큼 왼쪽으로 이동시키고 있습니다. 변수 num1은 10진수 10을 저장하고 있고, 2진수로 0000 1010입니다. 지면 관계상 8비트(1바이트)만큼의 그림으로 표현하겠습니다.

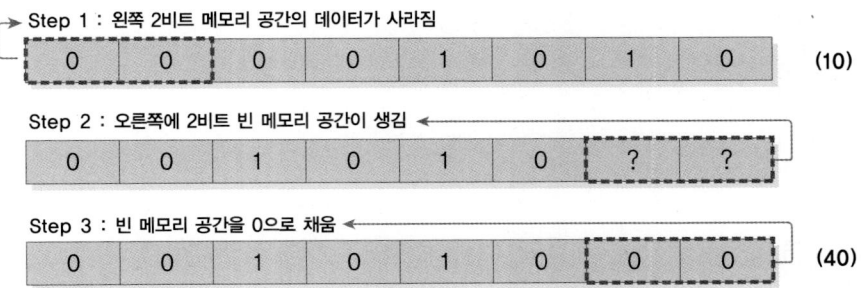

처음으로 'num1 << 2'에서 변수 num1의 10진수 10을 왼쪽으로 2비트만큼 이동시키면, 왼쪽 2비트가 사라진 자리만큼 전체 비트가 왼쪽으로 이동합니다. 그래서 맨 오른쪽 2비트만큼 빈 공간이 발생하게 됩니다. 그런 다음에는 빈 공간을 0으로 채워 넣습니다. 그래서 최종 출력 결과는 40입니다. 왼쪽 시프트 연산자인 경우 빈 공간은 무조건 0으로 채웁니다.

변수 num1의 10을 왼쪽으로 2비트 이동시키니 40이 되었습니다. 만약 num1의 10을 왼쪽으로 1비트 이동시켰다면 결과는 얼마일까요? 결과는 20입니다. 어떤 값을 왼쪽으로 1비트씩 이동시킬 때마다 2가 곱해집니다.

다음으로 오른쪽 시프트 연산자(>>)에 대하여 알아봅시다. 이 연산자는 비트의 자릿수를 오른쪽으로 이동시키는 연산을 수행합니다. 다음 예제를 가지고 자세히 살펴보겠습니다.

예제 | 5-18

```
01 :   #include <stdio.h>
02 :   int main(void)
03 :   {
04 :       int num1=10;
05 :       int num2=-10;
06 :
07 :       int result1;
08 :       int result2;
```

```
09 :
10 :    result1= num1 >> 1;
11 :    result2= num2 >> 1;
12 :
13 :    printf("비트 단위 >> 연산의 결과 %d \n",result1);
14 :    printf("비트 단위 >> 연산의 결과 %d \n", result2);
15 :
16 :    return 0;
17 : }
```

::: 실행 결과 ▶

비트 단위 >> 연산의 결과 5
비트 단위 >> 연산의 결과 -5
계속하려면 아무 키나 누르십시오 . . .

10행에서 변수 num1의 데이터를 오른쪽으로 1비트만큼 이동시키고 있습니다. 변수 num1은 10진수 10을 저장하고 있고, 2진수로 0000 1010입니다.

먼저 'num1 >> 1'에서 변수 num1의 10진수 10을 오른쪽으로 1비트만큼 이동시키면, 오른쪽 1비트가 사라집니다. 그러면 전체 비트가 오른쪽으로 이동합니다. 그렇게 되면 맨 왼쪽에 1비트만큼의 빈 공간이 생기게 됩니다. 그런 다음에는 변수 num1이 양수이므로 빈 공간을 0으로 채워 넣습니다. 그래서 최종 출력 결과는 5입니다.

11행에서는 변수 num2의 데이터를 오른쪽으로 1비트 이동시키고 있습니다. 변수 num2는 10

진수 -10을 저장하고 있고, 2진수로 1111 0110입니다.

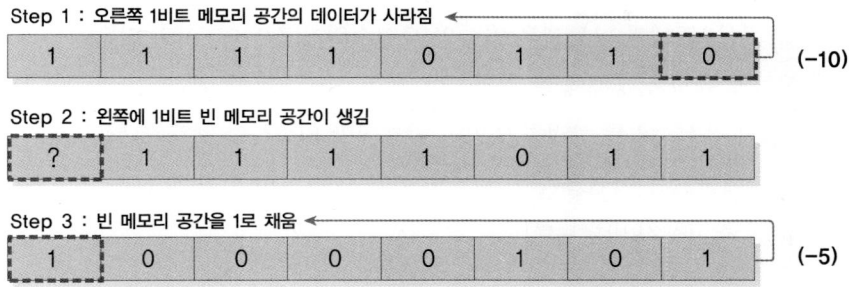

먼저 'num2 >> 1'에서 변수 num2의 10진수 -10을 오른쪽으로 1비트만큼 이동시키면, 오른쪽 1비트가 사라집니다. 그래서 전체 비트가 오른쪽으로 이동합니다. 그렇게 되면 맨 왼쪽에 1비트만큼의 빈 공간이 생기게 됩니다. 그런 다음에는 변수 num2는 음수이므로 빈 공간을 1로 채워 넣습니다. 그래서 최종 출력 결과는 -5입니다.

변수 num1의 10을 오른쪽으로 1비트 이동시켜서 5가 되었고, 변수 num2의 -10을 오른쪽으로 1비트 이동시켜서 -5가 되었습니다. 어떤 값을 오른쪽으로 1비트씩 이동시킬 때마다 2가 나누어집니다.

주목할 점은 오른쪽 시프트 연산자는 첫 번째 피연산자의 부호에 따라서 빈 공간을 0 또는 1로 채우게 되는데, 부호가 양수면 0으로 채우고, 부호가 음수면 1로 채웁니다. 적절한 예제들을 스스로 만들어서 시프트 연산자의 개념을 확인해 보기 바랍니다.

5.4 연산자 우선순위

한 수식에서 여러 연산자가 사용된 경우에는 각 연산자의 우선순위에 의해서 연산이 차례로 수행됩니다. 예를 들어, '1-2*3'과 같은 식에서 우선순위가 높은 곱셈이 먼저 수행되고, 그 결과 값이 다시 1과 뺄셈이 수행되어 결과적으로 5가 됩니다. 만약 뺄셈이 먼저 수행되게 하려면 '(1-2)*3'과 같이 괄호로 묶으면 됩니다. 괄호도 C 언어에서는 우선순위가 높은 연산자로 분류됩니다.

그러나 문제는 우선순위가 같은 연산자가 동시에 사용될 때 연산 방향에 의해서 연산 순서가 결정되는데, 연산 방향이란 연산의 순서를 왼쪽에서 오른쪽으로 할 것인지 아니면 반대로 할 것인지를 말합니다. 예를 들어, 곱셈과 나눗셈은 연산의 우선순위가 같은데, 이런 경우에는 항상 왼쪽부터 연산을 수행하게 규칙을 정해 놓은 것입니다. C 프로그램은 다양한 연산자들이 복합적으로 사용되므로 연산자 우선순위를 고려하지 않고 괄호에만 의존하여 프로그램을 작성한다면 간결한 프로그램을 기대하기가 어렵습니다. 다양한 개발자들이 만든 프로그램을 이해할 때 필요하므로 다음 표를 잘 참고하기 바랍니다.

연산자 우선순위와 결합 방향

우선순위	연산자	연산 방향
1	() [] -> .	왼쪽에서 오른쪽
2	! ~ ++ -- + - * &	오른쪽에서 왼쪽
3	* / %	왼쪽에서 오른쪽
4	+ -	왼쪽에서 오른쪽
5	<< >>	왼쪽에서 오른쪽
6	< <= > >=	왼쪽에서 오른쪽
7	== !=	왼쪽에서 오른쪽
8	&	왼쪽에서 오른쪽
9	^	왼쪽에서 오른쪽
10	|	왼쪽에서 오른쪽
11	&&	왼쪽에서 오른쪽
12	||	왼쪽에서 오른쪽
13	?:	오른쪽에서 왼쪽
14	= += -= *= /= %= &= ^= |= <<= >>=	오른쪽에서 왼쪽
15	,	왼쪽에서 오른쪽

연/습/문/제/
Exercise

1 키보드로부터 세 정수를 입력받아 (x + y) * (x + z) / (y % z)를 출력하는 프로그램을 작성하세요.

::: 실행 결과 ▶

input x : 4
input y : 5
input z : 2
(x + y) * (x + z) / (y % z) = 54
계속하려면 아무 키나 누르십시오 . . .

2 두 수를 입력받아서 둘 중 작은 값을 구하여 출력하는 프로그램을 작성하세요. 단, 두 수가 같으면 '같음'을 출력합니다. 조건 연산자를 이용하세요.

::: 실행 결과 ▶

input : 5
input : 2
Smaller Number : 2
계속하려면 아무 키나 누르십시오 . . .

3 다음 프로그램을 실행했을 때 결과 값을 예상해 보고 분석해 보세요.

```c
/* ex3.c */
#include<stdio.h>
int main()
{
	int x=3, y=5, z=3, k=2;
	int a;

	a = x < y || x < z && z < k ;
	printf("결과 값 1 a : %d \n", a);

	a = (x < y || x < z) && z < k ;
	printf("결과 값 2 a : %d \n", a);

	return 0;
}
```

4 사용자로부터 정수 세 개를 입력받아 정수형 변수 a, b, c에 각각 저장한 후, 조건 연산자를 사용하여 이들 변수 중 가장 큰 값을 출력하는 프로그램을 작성하세요.

5 현재의 원화 환율을 찾아 변수에 저장하고, 달러를 키보드로부터 입력받으면 원화로 출력하는 프로그램을 작성하세요.

6   다음 내용의 답을 출력하도록 프로그램을 작성하세요.

> 인간의 수명이 100년이라고 가정하고, 담배 한 개피를 피우면 수명이 2분 단축된다고 합시다. 어떤 사람이 성인이 된 후부터 담배를 20년간 피웠다면 수명은 얼마나 단축되었고, 몇 살까지 살 수 있습니까?

7   사용자로부터 0000과 1111 사이의 2진수를 입력받아 10진수로 출력하는 프로그램을 작성하세요.

8   현재 시각(시, 분, 초)를 입력받아 오늘 00시 00분 00초를 기준으로 몇 초가 흘렀는지를 계산하는 프로그램을 작성하세요.

9   1파운드(Pound)는 0.45kg입니다. 밀가루 150파운드는 몇 kg인지를 계산하는 프로그램을 작성하세요.

10 1피트(Feet)는 30.48cm입니다. 만약 해외 여행 중에 본인이 타고 있던 비행기가 고도 15000 피트 상공을 날고 있다면 지상에서 몇 미터 떨어져 있는 것인지를 계산하는 프로그램을 작성하세요.

공부한 내용 떠올리기

➪ 변수와 변수의 시작 주소

➪ 대입 연산자, 산술 연산자, 복합 대입 연산자, 증감 연산자, 관계 연산자, 논리 연산자, 조건 연산자

➪ 비트, 바이트, 2진수, 10진수, 16진수

➪ & 연산자, | 연산자, ^ 연산자, ~ 연산자 《 연산자, 》 연산자

➪ 연산자 우선순위

제 6 장

자료형이란 무엇인가

일상에서 물건을 담을 수 있는 공간에 원하는 물건을 보관할 때 크기나 모양 때문에 그렇게 못하는 경우가 있습니다. 예를 들어, 탁구공을 담는 케이스에 축구공을 넣으려고 한다면 문제가 생깁니다. 반대의 경우도 문제가 있을 수 있습니다. 이처럼 임의의 공간에 물건을 담을 때는 담으려고 하는 물건의 크기, 모양, 쓰임새가 적절한지 확인해야 합니다.

Part 1 | 제6장

6.1 자료형이란　**6.2** 정수형　**6.3** 실수형　**6.4** 문자형　**6.5** 자료형 변환
6.6 typedef를 이용한 자료형의 재정의

 앞의 이야기를 보면서 어떤 생각을 하셨습니까? 냉장고, 바구니, 주머니, 박스와 같은 저장 공간들은 담을 수 있는 물건의 종류, 크기, 용량 등에 제한이 있습니다. 즉, 저장 공간의 형태(Type)가 존재한다고 하겠습니다. 5장에서 배운 변수라는 메모리 공간에도 데이터 형식(Type)이 존재합니다. 예를 들어, 정수형 데이터, 실수형 데이터, 문자형 데이터... 이러한 다양한 데이터들을 저장할 수 있게 변수에 데이터 형식을 지정하게 됩니다. 이것이 자료형입니다.

6.1 자료형이란

6.1.1 자료형의 의미와 종류

변수가 저장하는 데이터 형식을 자료형이라고 한다.

변수에 저장되는 데이터들은 정수형, 실수형, 문자형과 같이 다양한 형식(Type)을 갖습니다. 이처럼 데이터를 여러 형식으로 나누는 근거는 변수 앞에 붙여진 키워드를 보고 판단합니다. 이 키워드는 변수가 저장하는 데이터 형식을 나타내며 이것을 자료형(Data Type)이라고 합니다. 다음처럼 자료형과 변수 이름을 공백으로 구분하고 있고, 자료형에 해당하는 크기의 메모리가 만들어짐을 나타내고 있습니다.

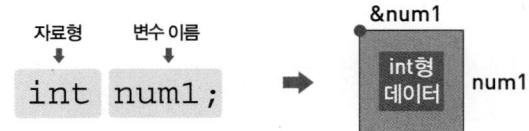

num1이라는 변수의 이름 앞에 자료형 int가 있습니다. 이것은 정수형 데이터를 저장하는 변수를 만든다는 의미입니다.

자료형의 종류에는 크게 정수형과 실수형으로 나뉜다.

C 언어에서는 기본적으로 제공하는 자료형이 다음 그림과 같이 있습니다. 크게 정수형과 실수형으로 나누어집니다.

- **정수형** 정수를 표현하는 데이터 타입입니다.
- **실수형** 소수점이 포함된 값을 표현하는 데이터 타입입니다.

C 언어가 제공하는 기본 자료형

정수형			
char	short	int	long

실수형		
float	double	long double

* 문자형 : char

앞의 그림에서 정수형 자료형에는 char, short, int, long과 같은 세부 자료형이 있고, 실수형 자료형에는 float, double, long double과 같은 세부 자료형이 있습니다. 세부 자료형들은 같은 자료형에 속하지만 그 크기가 다르다는 의미에서 구분되어집니다.

특이한 점은 char형은 정수형으로 분류되지만, 문자형 데이터를 표현합니다. 이유는 잠시 뒤에 설명하겠습니다. 그렇다면, 이렇게 많은 종류의 자료형이 왜 필요할까요? 이유는 첫째로 자료형마다 메모리 공간의 크기가 다르고, 둘째로 자료형들마다 서식 문자와 데이터 표현 범위가 다르기 때문입니다.

6.1.2 sizeof 연산자로 자료형의 크기를 구한다

자료형에는 크게 정수형과 실수형이 있다고 앞에서 언급했습니다. 정수형에는 char형, short형, int형, long형과 같은 세부 자료형이 있고, 실수형에는 float형, double형 long double형과 같은 세부 자료형이 있다고 했습니다. 그리고 세부 자료형마다 할당되는 메모리의 크기가 다르다고 했습니다. 그렇다면, 자료형에 할당되는 메모리의 크기는 어떻게 알 수 있겠습니까? 바로 sizeof 연산자를 사용하면 됩니다. 사용법은 다음과 같습니다.

Chapter 06
자료형이란 무엇인가

사용법	예	설명
sizeof(자료형)	printf("%d", sizeof(int));	자료형의 메모리 크기를 출력
sizeof(변수)	int num1=3; printf("%d", sizeof(num1));	변수의 메모리 크기를 출력

다음 예제를 가지고 자료형의 크기를 알아보겠습니다.

예제 6-1

```
01 : #include <stdio.h>
02 : int main(void)
03 : {
04 :     // 정수형
05 :     char num1=10;
06 :     short num2=20;
07 :     int num3=30;
08 :     long num4=40;
09 :
10 :     // 실수형
11 :     float num5=3.14;
12 :     double num6=3.15;
13 :     long double num7=3.17;
14 :
15 :     printf("\n--------정수형 자료형과 변수의 메모리 크기--------\n");
16 :     printf("char형의 크기 %d바이트, %d바이트 \n", sizeof(char), sizeof(num1));
17 :     printf("short형의 크기 %d바이트, %d바이트 \n", sizeof(short), sizeof(num2));
18 :     printf("int형의 크기 %d바이트, %d바이트 \n", sizeof(int), sizeof(num3));
19 :     printf("long형의 크기 %d바이트, %d바이트 \n", sizeof(long), sizeof(num4));
20 :
21 :     printf("\n--------실수형 자료형과 변수의 메모리 크기--------\n");
22 :     printf("float형의 크기 %d바이트, %d바이트 \n", sizeof(float), sizeof(num5));
23 :     printf("double형의 크기 %d바이트, %d바이트 \n", sizeof(double), sizeof(num6));
24 :     printf("long double형의 크기 %d바이트, %d바이트 \n", sizeof(long double),
                                                       sizeof(num7));
25 :
26 :     return 0;
27 : }
```

::: 실행 결과 ▶

```
--------정수형 자료형과 변수의 메모리 크기--------
char형의 크기 1바이트, 1바이트
short형의 크기 2바이트, 2바이트
int형의 크기 4바이트, 4바이트
long형의 크기 4바이트, 4바이트

--------실수형 자료형과 변수의 메모리 크기--------
float형의 크기 4바이트, 4바이트
double형의 크기 8바이트, 8바이트
long double형의 크기 8바이트, 8바이트
계속하려면 아무 키나 누르십시오 . . .
```

16행부터 19행까지에서는 sizeof 연산자로 정수형 자료형과 변수의 메모리 크기를 출력하고 있습니다. 22행부터 24행까지에서는 실수형 자료형과 변수의 메모리 크기를 출력하고 있습니다. 자료형과 변수의 메모리 크기는 같음을 알 수 있습니다.

앞의 예제를 통해 확인할 수 있듯이, sizeof 연산자를 사용하면 자료형과 변수에 할당된 메모리의 크기를 알 수 있습니다. 정리하면, 32비트 운영체제를 기준으로 C 언어에서 제공하는 자료형의 메모리 크기는 다음 그림과 같습니다.

기본 자료형의 메모리 크기

정수형			
char	short	int	long
1바이트	2바이트	4바이트	4바이트

실수형		
float	double	long double
4바이트	8바이트	8바이트

* 문자형 : char

6.2 정수형

32비트 운영체제를 기준으로 C 언어에서 정수형은 char(1바이트), short(2바이트), int(4바이트), long(4바이트) 자료형이 있다고 설명했습니다. 그리고 이들의 차이는 바로 할당되는 메모리 크기였습니다. 메모리 크기는 데이터를 표현할 수 있는 범위와 관련이 됩니다. 다음 표는 정수형 자료형들의 데이터 표현 범위를 정리해 놓은 것입니다.

정수형 자료형의 표현 범위

정수형	메모리 크기	데이터 표현 범위
char	1바이트(8비트)	−128 ~ +127
short	2바이트(16비트)	−32768 ~ +32767
int	4바이트(32비트)	−2147483648 ~ +2147483647
long	4바이트(32비트)	−2147483648 ~ +2147483647

먼저 앞의 표를 통해 최솟값(MIN)과 최댓값(MAX)을 보는 방법을 알아봅시다. 정수형 데이터의 표현 범위는 0을 기준으로 음수 ~ 양수의 범위를 가지고 있습니다. 따라서 최솟값(MIN)은 음수, 최댓값(MAX)는 양수가 됩니다. 여기까지 이해가 되었다면 궁금증이 생길 수 있습니다. 데이터의 표현 범위는 어떻게 산출되었을까? 다음이 데이터의 표현 범위를 구하는 공식입니다.

n은 비트 수(1바이트는 8비트)

$$-2^{n-1} \sim +2^{n-1}-1$$

최솟값(MIN)   최댓값(MAX)

n에 정수형의 비트 수를 대입하여 계산하면 데이터의 표현 범위가 앞의 표처럼 얻어집니다.

6.2.1 정수형 데이터 표현 범위를 나타내는 시스템 라이브러리가 있다

이제 표에 나온 데이터 표현 범위를 외워야 하는지 아니면 제시한 표현 공식으로 구해야 하는지 판단이 서지 않습니다. 당연히 둘 다 쉽지가 않습니다. 그래서 C 언어에서는 정수형 자료형의 데이터 표현 범위의 최솟값(MIN)과 최댓값(MAX)을 자동으로 알려주는 시스템 라이브러리 limits.h를 제공합니다.

다음 예제를 가지고 정수형 char(1바이트), short(2바이트), int(4바이트), long(4바이트)의 최솟값(MIN)과 최댓값(MAX)을 살펴보겠습니다.

예제 | 6-2

```
01 : #include <stdio.h>
02 : #include <limits.h>      ← 정수형의 최솟값(MIN),
03 : int main(void)              최댓값(MAX) 상수 정의
04 : {
05 :     printf("char의 최솟값 %d, 최댓값 %d \n", CHAR_MIN, CHAR_MAX);
06 :     printf("short의 최솟값 %d, 최댓값 %d \n", SHRT_MIN, SHRT_MAX);
07 :     printf("int의 최솟값 %d, 최댓값 %d \n", INT_MIN, INT_MAX);
08 :     printf("long의 최솟값 %d, 최댓값 %d \n", LONG_MIN, LONG_MAX);
09 :
10 :     return 0;
11 : }
```

::: 실행 결과 ▶

char의 최솟값 -128, 최댓값 127
short의 최솟값 -32768, 최댓값 32767
int의 최솟값 -2147483648, 최댓값 2147483647
long의 최솟값 -2147483648, 최댓값 2147483647
계속하려면 아무 키나 누르십시오 . . .

2행에서 헤더 파일 limits.h에서는 정수형 char, short, int, long의 최솟값과 최댓값을 나타내는 상수를 정의하고 있습니다. 따라서 이 헤더 파일을 프로그램에 인클루드해서 정수형 상수를

호출하기만 하면 최솟값과 최댓값을 알 수 있습니다. Visual C++인 경우 'C:₩Program Files ₩Microsoft Visual Studio 9.0₩VC₩include' 폴더의 헤더 파일 limits.h를 열면 정수형 상수들을 확인할 수 있습니다.

5행에서 정수형 char(1바이트)의 최솟값과 최댓값을 나타내는 상수 CHAR_MIN과 CHAR_MAX를 출력하고 있습니다. **6행**에서 정수형 short(2바이트)의 최솟값과 최댓값을 나타내는 상수 SHRT_MIN과 SHRT_MAX를 출력하고 있습니다. **7행**과 **8행**에서 정수형 int(4바이트)와 long(4바이트)에 대해서 최솟값과 최댓값을 나타내는 상수 INT_MIN과 INT_MAX 그리고 LONG_MIN과 LONG_MAX를 출력하고 있습니다.

6.2.2 정수형의 양수 표현 범위를 두 배로 늘리는 unsigned 자료형이 있다

정수형 자료형들인 char, short, int, long은 키워드 signed나 unsigned를 붙여서 사용할 수 있습니다. 키워드 signed는 생략이 가능하므로 다음은 동일한 표현입니다.

```
int a;
singed int a;
```

대부분의 프로그래머는 키워드 signed를 생략합니다. 그렇다면, 키워드 unsigned의 의미는 무엇일까요? 사전적인 의미는 '부호가 없는'으로 양수를 의미합니다. 정리하면,

- **signed**   양수, 0, 음수를 모두 표현
- **unsigned**   0과 양수만을 표현

다음 표는 키워드 unsigned가 적용된 데이터 표현 범위를 보여주고 있습니다. 특이한 점은 키워드 signed에 비해 굵은 숫자들이 뒤에 합산되어서 양수 부분이 두 배라는 점입니다.

정수형 자료형의 표현 범위

정수형	메모리 크기	데이터 표현 범위
char(signed char) unsigned char	1바이트(8비트) 1바이트(8비트)	−128 ~ +127 0 ~ (127 + 128)
short(signed short) unsigned short	2바이트(16비트) 2바이트(16비트)	−32768 ~ +32767 0 ~ (32767 + 32768)
int(signed int) unsigned int	4바이트(32비트) 4바이트(32비트)	−2147483648 ~ +2147483647 0 ~ (2147483647 + 2147483648)
long(signed long) unsigned long	4바이트(32비트) 4바이트(32비트)	−2147483648 ~ +2147483647 0 ~ (2147483647 + 2147483648)

그런데 왜 키워드 unsigned가 필요할까요? 다음 예제를 가지고 생각해 보겠습니다.

예제 | 6-3

```
01 : #include <stdio.h>
02 : int main(void)
03 : {
04 :     signed char num1=130;          ← −128(최솟값) ~ 127(최댓값)의 데이터 표현 범위
05 :     unsigned char num2=130;        ← 0(최솟값) ~ 256(최댓값)의 데이터 표현 범위
06 :
07 :     printf("%d \n", num1);         ← −126 출력
08 :     printf("%u \n", num2);         ← 130 출력
09 :
10 :     return 0;
11 : }
```

::: 실행 결과 ▶

−126
130
계속하려면 아무 키나 누르십시오 . . .

4행에서 signed char는 char와 같은 의미로 키워드 signed를 생략할 수 있습니다. 1바이트 메모리 크기를 가지며, 최솟값 -128 ~ 최댓값 127까지 저장할 수 있습니다. 그런데 여기에 130을 저장해서 최댓값을 넘어 오버플로우가 생겼습니다. 5행에서 unsigned char는 1바이트 메모리 크기를 가지며, 최솟값 0 ~ 최댓값 255까지 저장할 수 있습니다. 똑같이 130을 저장하고 있지만 unsigned형이므로 데이터 표현 범위 내에 있습니다.

이제 저장된 값을 출력해 보겠습니다. 7행에서 변수 num1을 출력합니다. 그런데 결과를 살펴보니 -126이 출력됩니다. 의미 없는 값이라고 생각할 수 있지만, 나름대로 의미가 있습니다. 잠시 후에 오버플로우와 언더플로우에서 설명할 테니 궁금해도 잠시 기다립시다. 8행에서 변수 num2를 출력합니다. 결과를 살펴보니 130이 정상적으로 출력됩니다. 주의할 점은 unsigned형을 출력할 때는 %u를 사용하는 것을 잊지 마세요. %u는 부호가 없는 정수를 표현하는 출력 서식입니다.

앞에서 정수형의 데이터 표현 범위를 외우지 않아도 시스템 라이브러리 limits.h가 최솟값과 최댓값 상수를 지원한다고 했습니다. 키워드 unsigned가 적용된 데이터 표현 범위에 대해서도 똑같이 시스템 라이브러리 limits.h가 제공합니다. 다음 예제를 확인해 봅시다.

다음 표는 헤더 파일 limits.h에서 제공하는 unsigned 정수형의 상수들을 정리한 것입니다.

헤더 파일 limits.h에서 제공하는 unsigned형 상수의 최댓값

unsigned 정수형	상수(최댓값)
unsigned char	UCHAR_MAX
unsigned short	USHRT_MAX
unsigned int	UINT_MAX
unsigned long	ULONG_MAX

unsigned char의 최댓값을 구해 주는 상수 UCHAR_MAX, unsigned short의 최댓값을 구해 주는 상수 USHRT_MAX, unsigned int의 최댓값을 구해주는 상수 UINT_MAX, unsigned long의 최댓값을 구해주는 상수 ULONG_MAX를 각각 출력을 통해 확인해 보기 바랍니다.

6.2.3 정수형은 int형을 선호한다

정수형 자료형에는 char형, shor형, int형, long형과 같은 세부 자료형이 있다고 했습니다. 만약 여러분이 100과 같은 데이터를 저장하는 변수를 만든다고 가정했을 때, 어떤 정수형 자료형을 사용하는 것이 좋을까요? 다음 그림을 잠시 봅시다.

char형과 int형의 메모리 공간의 차이

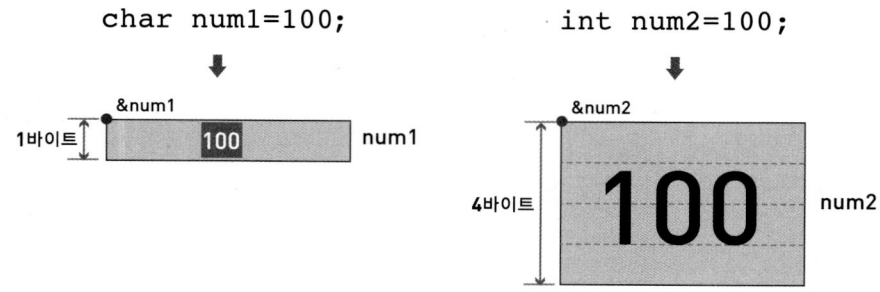

앞의 그림에서 변수 num1은 1바이트의 메모리 공간을 갖게 되고 여기에 100을 저장하고 있습니다. 그리고 변수 num2는 4바이트의 메모리 공간을 갖게 되고 여기에 100을 저장하고 있습니다. 같은 데이터 100을 저장하고 있지만, 변수 num1은 1바이트 크기를 사용하고 변수 num2는 4바이트 크기를 사용하고 있습니다.

그러나 메모리 크기가 1바이트를 차지하는 char형이 있음에도 불구하고, 일반적으로 정수형 데이터를 저장하는 변수를 선언할 때는 주로 int형을 사용합니다. 이유는 정수형 자료형 중에서도 int형을 CPU가 가장 빠르게 처리하는 자료형이기 때문입니다.

CPU가 int형 연산을 가장 빠르게 처리하는 이유는 현재 개발된 대부분의 컴퓨터들이 32비트 이상의 시스템이기 때문입니다. 다시 말해서 CPU가 연산하는 기본 단위가 최소 32비트라는 의미입니다. 따라서 정수 데이터를 char형 변수에 저장하여 덧셈 연산을 할 경우 그 데이터를 int형(4바이트는 32비트)으로 바꿔서 연산을 수행하게 됩니다.

6.2.4 정수형의 오버플로우와 언더플로우는 순환된 값을 출력한다.

우리는 이전에 각 자료형의 데이터 표현 범위(최솟값, 최댓값)를 배웠습니다. 이렇듯 각 자료형에는 데이터 표현 범위가 존재하는데 자료형에서 저장할 수 있는 최대 범위보다 큰 수를 저장하면 '오버플로우가 발생했다'라고 하고, 반대로 저장할 수 있는 최소 범위보다 작은 수를 저장하면 '언더플로우가 발생했다'라고 합니다. 그리고 이런 오버플로우와 언더플로우가 발생했을 때 다음 그림처럼 값이 순환됩니다.

char형의 값의 순환

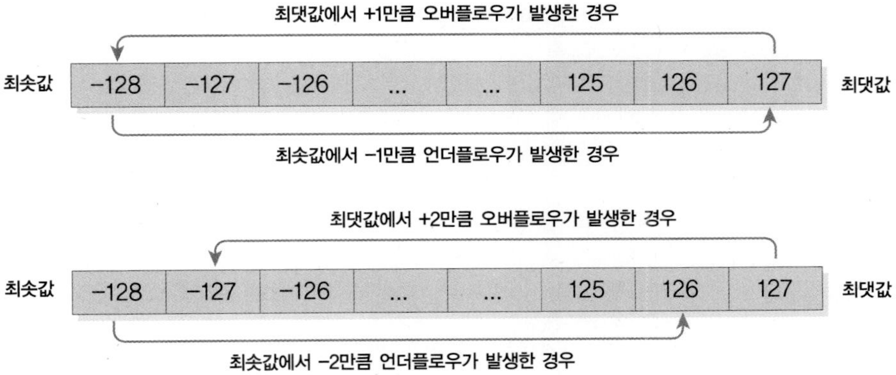

최댓값에서 +1만큼 오버플로우가 발생한 경우

| 최솟값 | -128 | -127 | -126 | ... | ... | 125 | 126 | 127 | 최댓값 |

최솟값에서 -1만큼 언더플로우가 발생한 경우

최댓값에서 +2만큼 오버플로우가 발생한 경우

| 최솟값 | -128 | -127 | -126 | ... | ... | 125 | 126 | 127 | 최댓값 |

최솟값에서 -2만큼 언더플로우가 발생한 경우

다음 예제를 살펴보겠습니다.

예제 6-4

```
01 : #include <stdio.h>
02 : int main(void)
03 : {
04 :     char num1=-129;       ── 최솟값보다 -1만큼 작은 값 저장(언더플로우)
05 :     char num2=128;        ── 최댓값보다 +1만큼 큰 값 저장(오버플로우)
06 :
07 :     printf("%d \n", num1); ── 127 출력
08 :     printf("%d \n", num2); ── -128 출력
09 :
10 :     num1=-130;            ── 최솟값(-128)보다 -2만큼 작은 값 저장(언더플로우)
11 :     num2=129;             ── 최댓값(127)보다 +2만큼 큰 값 저장(오버플로우)
```

```
12 :
13 :     printf("%d \n", num1);      ── 126 출력
14 :     printf("%d \n", num2);      ── -127 출력
15 :
16 :     return 0;
17 : }
```

::: 실행 결과 ▶

127
-128
126
-127
계속하려면 아무 키나 누르십시오 . . .

4행에서 정수형인 char형은 -128(최솟값 ~ 127(최댓값)의 데이터 표현 범위를 갖습니다. 변수 num1은 최솟값 -128보다 작은 값인 -129를 저장하기 때문에 -1만큼의 언더플로우를 유발합니다. **5행**에서 변수 num2는 최댓값 127보다 큰 값인 128을 저장하기 때문에 +1만큼의 오버플로우가 발생합니다.

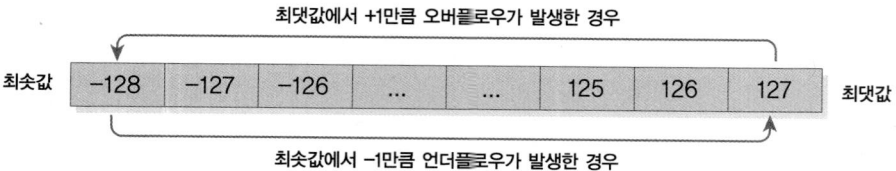

7행에서 최솟값 -128보다 -1만큼 언더플르우가 발생해서 최댓값 127이 출력됩니다. **8행**에서 최댓값 127보다 +1만큼 오버플로우가 발생해서 최솟값 -128이 출력됩니다. **10행**에서 변수 num1은 최솟값 -128보다 작은 값인 -130을 저장하기 때문에 -2만큼의 언더플로우를 유발합니다. **11행**에서 변수 num2는 최댓값 127토다 큰 값인 129을 저장하기 때문에 +2만큼의 오버플로우가 발생합니다.

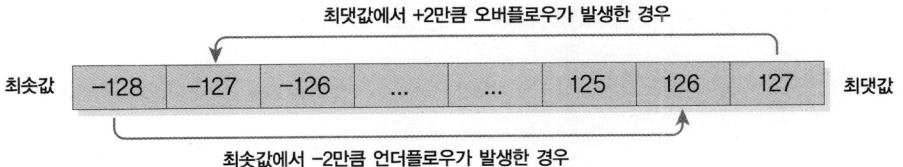

13행에서 최솟값 -128보다 -2만큼의 언더플로우가 발생해서 126이 출력됩니다. 14행에서 최댓값 127보다 +2만큼의 오버플로우가 발생해서 -127이 출력됩니다.

6.3 실수형

정수형이 아닌 실수형 데이터를 저장하는 변수의 자료형을 실수형이라고 합니다. 즉, 소수점을 가진 실수의 값을 표현할 수 있는 자료형입니다. 실수형은 float, double, long double 세 가지 자료형을 갖습니다. 실수형의 데이터 표현 범위는 다음 표와 같습니다.

실수형 자료형의 표현 범위

실수형	메모리 크기	데이터 표현 범위
float	4바이트(32비트)	$1.17 \times 10^{-38} \sim 3.40 \times 10^{38}$
double	8바이트(64비트)	$2.22 \times 10^{-308} \sim 1.79 \times 10^{308}$
long double	8바이트(64비트)	$2.22 \times 10^{-308} \sim 1.79 \times 10^{308}$

일반적으로 대부분의 컴파일러에서는 float는 4바이트, 즉 32비트 크기로 메모리 공간을 할당하고, double은 8바이트(64비트) 메모리 공간을 할당합니다. long double은 double보다 더 큰 메모리 공간을 할당하려고 만들었지만, 컴파일러마다 다르며 Visual C++에서는 long double도 double과 같이 8바이트의 메모리 공간을 할당합니다.

6.3.1 실수형 데이터 표현 범위를 나타내는 시스템 라이브러리가 있다

C 언어에서는 정수형에서처럼 실수형 데이터의 표현 범위의 최솟값(MIN)과 최댓값(MAX)을 자동으로 알려주는 시스템 라이브러리 float.h가 있습니다 여기서 제공하는 실수형들의 데이터 표현 범위의 최솟값(MIN)과 최댓값(MAX)에 관한 상수는 다음 예제를 통해 살펴보겠습니다.

예제 | 6-5

```
01 : #include <stdio.h>
02 : #include <float.h>          ─── 실수형의 데이터 표현 범위 상수 정의
03 : int main(void)
04 : {
05 :     printf("float의 최솟값 %e, 최댓값 %e \n", FLT_MIN, FLT_MAX);
06 :     printf("double의 최솟값 %e, 최댓값 %e \n", DBL_MIN, DBL_MAX);
07 :     printf("long double의 최솟값 %e, 최댓값 %e \n", LDBL_MIN, LDBL_MAX);
08 :
09 :     return 0;
10 : }
```

::: 실행 결과 ▶

```
float의 최솟값 1.175494e-038, 최댓값 3.402823e+038
double의 최솟값 2.225074e-308, 최댓값 1.797693e+308
long double의 최솟값 2.225074e-308, 최댓값 1.797693e+308
계속하려면 아무 키나 누르십시오 . . .
```

실행 결과를 보면 출력 서식 %e를 이용해서 지수 형태로 표현하고 있습니다. 이처럼 출력 서식 %e를 쓰면 매우 큰 실수형을 지수 형태로 출력하는 장점이 있습니다. 출력된 최솟값(MIN)과 최댓값(MAX)이 앞의 표와 유사한지 확인해 보겠습니다.

예제 | 6-6

```
01 : #include <stdio.h>
02 : int main(void)
```

```
03 : {
04 :     float num1=3.4e+30;
05 :     double num2=3.4e+30;
06 :
07 :     printf("%f, %e \n", num1, num1);
08 :     printf("%lf, %le \n", num2, num2);
09 :
10 :     return 0;
11 : }
```

04, 05: 3.4×10^{30}과 같은 의미(부동 소수점)

07: float형 %f는 고정 소수점, %e는 부동 소수점 출력

08: double형 %lf는 고정 소수점, %le는 부동 소수점 출력

::: 실행 결과 ▶

3399999900045657700000000000000.000000, 3.400000e+030
3400000000000000000000000000000.000000, 3.400000e+030
계속하려면 아무 키나 누르십시오 . . .

실수를 표현하는 방식에는 고정 소수점 방식(Fixed Point)과 부동 소수점(Floating Point) 방식이 있습니다. 고정 소수점 방식은 정수 부분과 소수 부분을 나눈 12.456과 같은 방식의 표현이고, 부동 소수점 방식은 숫자와 10의 거듭제곱으로 나누어 표현한 1.2345e+001과 같은 방식입니다.

4행에서 float형 변수 num1에 부동 소수점 방식의 3.4e+30 데이터를 입력하고 있습니다. **5행**에서 double형 변수 num2에 부동 소수점 방식의 3.4e+30데이터를 입력하고 있습니다. **7행**에서 float형 변수 num1을 %f(고정 소수점), %e(부동 소수점) 방식으로 출력하고 있습니다. 그런데 출력 서식 %f로 출력한 결과가 오차를 유발합니다. 이러한 문제를 해결하기 위해서 double형을 주로 사용하게 됩니다. **8행**에서 double형 변수 num2를 %lf(고정 소수점), %le(부동 소수점) 방식으로 출력하고 있습니다. double형은 출력 서식으로 %lf와 %le을 사용해야 함을 유의합시다. float형으로 출력한 것과 달리 오차 없이 잘 출력되고 있습니다.

6.3.2 실수형은 데이터의 정밀도를 높이기 위해 사용한다

실수형 데이터는 정수형 데이터와 달리 정밀도라는 것이 있습니다. 생각해 봅시다. 99와 99.9 중에 어느 것이 정밀도가 더 높을까요? 대답하지 않아도 우리는 직관적으로 99.9라는 것을 알고 있습니다. 이처럼 실수형은 데이터의 정밀도를 높이기 위해 사용하는 자료형입니다. 이러한 정밀도는 소수점 이하 자리수로 표현합니다. 다음 표는 실수형의 표현 가능한 소수점 이하 자리 수를 표현하고 있습니다.

실수형 자료형의 정밀도

실수형	표현 가능한 소수점 이하 자리 수
float	소수점 이하 6자리
double	소수점 이하 15자리
long double	소수점 이하 15자리 또는 그 이상

6.3.3 실수형은 double형을 선호한다

정수형에서는 빠른 연산 속도 때문에 주로 int형을 사용한다고 했습니다. 그렇다면 실수형에서는 어떤 자료형을 선호할까요? 실수형에서 기본적으로 선호하는 자료형은 double형입니다. 특히, 공학 계산 등과 같이 정밀한 소수점 계산이 필요하다면 float형보다는 double형을 사용하는 것이 오차를 줄일 수 있습니다. float형은 소수점 이하 6자리까지 정밀도를 표현할 수 있지만, double형은 소수점 이하 15자리까지 정밀도를 표현할 수 있기 때문에 double형을 많이 사용합니다. 다음 예제를 통해 정밀도를 확인해 보겠습니다.

예제 | 6-7

```
01 : #include<stdio.h>
02 : int main(void)
03 : {
04 :     float num1=0.123456789012345;
05 :     double num2=0.123456789012345;
06 :
07 :     printf("float형 : %f \n", num1);       ── 0.123457 출력
08 :     printf("double형 : %lf \n", num2);
```

```
09 :
10 :    printf("float형 : %.15f \n", num1);         0.123456791043282 출력
11 :    printf("double형 : %.15lf \n", num2);       0.123456789012345 출력
12 :
13 :    return 0;
14 : }
```

::: 실행 결과 ▶

float형 : 0.123457
double형 : 0.123457
float형 : 0.123456791043282
double형 : 0.123456789012345
계속하려면 아무 키나 누르십시오 . . .

4행에서 실수형 float형은 소수점 이하 6자리를 표현할 수 있는데 변수 num1에 소수점 이하 15자리 수를 입력하고 있습니다. **5행**에서 실수형 double형은 소수점 이하 15자리를 표현할 수 있는데 변수 num2에 소수점 이하 15자리 수를 입력하고 있습니다.

7행에서 변수 num1을 출력 서식 %f로 출력하고 있습니다. float형은 소수점 이하 6자리를 초과하는 데이터는 표현할 수 없기 때문에 반올림해서 소수점 6자리까지 출력하고 있습니다. **8행**에서 변수 num2를 출력 서식 %lf로 출력하고 있습니다. double형의 출력 서식은 %lf입니다. double형은 소수점 15자리까지 출력할 수 있다고 배웠는데 6자리까지만 출력하고 있습니다. 왜 이럴까요? 그 해답은 10행과 11행에 있습니다.

10행에서 특이한 점이 있습니다. .15라는 표현이 서식 문자 앞에 사용되고 있습니다. .15라는 표현은 소수점 이하 15자리까지 표현해달라는 뜻입니다. float형은 소수점 6자리까지가 의미 있는 데이터입니다. 소수점 이하 15자리까지 표현해 보니 0.123456791043282가 출력됩니다. 소수점 이하 6자리를 초과하는 자리부터는 데이터의 오차가 발생하고 있습니다.

11행에서 double형은 소수점 15자리까지가 의미 있는 데이터입니다. .15 표현을 통해 소수점 이하 15자리까지 표현해 보니 0.123456789012345가 출력됩니다. 소수점 이하 15자리까지 오차 없이 출력되고 있습니다. double형이 선호되는 이유를 충분히 이해했으리라 생각합니다.

앞의 예제를 컴파일하면 경고가 발생합니다. 해결 방법은 다음 예제를 통해 살펴보겠습니다.

예제 | 6-8

```
01 : #include<stdio.h>
02 : int main(void)
03 : {
04 :     float num1=0.123456;         ──── float num1=0.123456F;
05 :     printf("float형 : %f \n", num1);  ──── 0.123456(소수점 6자리까지 출력)
06 :     printf("float형 : %.2f \n", num1); ──── 0.12(소수점 2자리까지 출력)
07 :
08 :     return 0;
09 : }
```

::: 컴파일 결과 ▶

컴파일하고 있습니다...
C:\6-8.c(5) : warning C4305: '초기화중' : 'double'에서 'float'(으)로잘립니다.
오류: 0개, 경고: 1개

예제 6-8을 컴파일하면 경고가 한 개 발생합니다. 왜 이럴까요? F4 키를 눌러 확인해 보면 이처럼 컴파일 결과를 볼 수 있습니다. 앞에서 실수형 데이터는 double형을 선호한다고 했습니다. 0.123456 실수 상수를 double형으로 선호하여 인식하고 있는데, 갑자기 **4행**에서 float형 변수에 실수 상수 0.123456 를 저장하고 있습니다. double형 데이터가 float형으로 되면 큰 자료형이 작은 자료형으로 변환되므로 데이터 손실이 발생합니다. 컴파일러는 선호하는 double형을 선호하지 않는 float형으로 변환하는 과정을 거쳐야 하는데, 이때 데이터 손실이 발생할 수 있다는 것을 경고하는 내용입니다.

그래서 경고를 없애려면 4행에서 float형을 double형으로 수정하고 출력 서식을 %lf로 수정하면 됩니다. 다른 방법으로는 다음처럼 실수 상수 뒤에 소문자 f 또는 대문자 F를 삽입하면 됩니다.

```
float num1=0.123456F;
```

상수 뒤에 자료형을 명시하는 알파벳을 접미어라고 하는데 코드 뒤에 접미어를 붙이면 경고를 제거할 수 있습니다. 이처럼 접미어를 통해 상수의 자료형을 지정하는 것이 가능합니다. 다음 표는 접미어의 다양한 형태를 나타내고 있으니 참고하기 바랍니다.

자료형	접미어	예
unsigned int	U 또는 u	2010U
Long	L 또는 l	2010L
unsigned long	UL 또는 ul	2010UL
float	F 또는 f	3.14F

6.4 문자형

잠시 여러분 컴퓨터의 키보드를 살펴봅시다. 특수 기호, 알파벳 등의 문자들이 보이나요? 사람은 이러한 문자들을 이해할 수 있지만, 과연 컴퓨터는 이해할 수 있을까요? 컴퓨터는 키보드의 이러한 문자들을 인식하지 못합니다. 컴퓨터는 모든 데이터를 0과 1로 처리하기 때문입니다.

컴퓨터(CPU)는 문자를 인식하지 못한다.

그러면 컴퓨터가 문자를 인식하게 하는 방법은 무엇일까요? 컴퓨터에서 사용되는 데이터는 메모리에 0과 1의 이진수 형태로 저장된다고 했습니다. 그렇다면 "숫자를 문자와 연결해서 인식하면 되지 않을까?"라는 생각을 해볼 수 있습니다.

컴퓨터가 문자를 인식하게 하기 위해 숫자를 문자와 연결하는 방법이 필요한데, 미국표준협회(ANSI, American National Standards Institute)는 ASCII(American Standards Committee for Information Interchange) 코드를 만들어서 숫자를 이용하여 문자를 인식할 수 있는 문자 표현에 대한 표준을 정했습니다. 이 코드를 이용하여 컴퓨터는 문자를 인식합니다.

컴퓨터는 ASCII 코드를 참조해서 문자를 인식한다.

이 책의 부록을 열어 ASCII 코드를 확인해 보면 숫자 65가 문자 'A'로, 숫자 66이 문자 'B'로, 숫자 67이 문자 'C'로 연결되어 있는 것을 알 수 있습니다.

문자형은 정수형 중 하나로 분류됩니다. 이유는 ASCII 코드를 보면 알겠지만, 코드는 10진수 0 ~ 127까지 구성되어 있습니다. 즉, 숫자 0 ~ 127까지 문자가 연결되어 있다는 의미입니다. 양수 0 ~ 127까지의 데이터 표현 범위를 가진 정수형 자료형이 있습니다. 무엇일까요? 바로 char형입니다. char형의 데이터 표현 범위가 -128 ~ 127까지의 범위를 갖기 때문에 문자를 저장할 때는 int형 변수를 사용하지 않고 char형 변수를 사용합니다.

문자형은 char형을 선호한다.

```
char c='a';
```

예처럼 작은따옴표 안에 문자형 변수에 저장할 문자 하나를 입력하면 됩니다.

그리고 다음은 잘못 사용한 문자형의 사례입니다.

```
char c='가';
char c=a;
char c="o";
```

첫 번째 예는 문자형 변수 c에 한글인 '가'를 넣으려고 한 것입니다. 문자형 변수에는 반드시 ASCII 코드로 지정된 숫자 또는 문자만을 저장할 수 있습니다. 특히, 한글의 경우에는 하나의 글자가 2바이트로 지정되기 때문에 문자형 변수에 값으로 넣을 수 없습니다. 두 번째 예는 문자형 변수에 문자 a를 넣었습니다. 그러나 이 경우에는 작은따옴표를 사용하지 않았기 때문에 잘못 사용된 예입니다. 하나의 문자를 문자형 변수에 넣을 경우 반드시 작은따옴표로 문자를 둘러싸야 합니다. 세 번째 예는 큰따옴표를 사용했기 때문에 잘못 사용된 예로 지정되었습니다. 문자를 표현하려면 큰따옴표가 아니라 작은따옴표를 사용해야 합니다.

다음 예제는 char형 변수에 저장된 값을 ASCII 코드로 지정된 숫자와 문자를 출력하는 코드입니다.

예제 6-9

```
01 : #include <stdio.h>
02 : int main(void)
03 : {
```

```
04 :     char val1;
05 :
06 :     val1='A';
07 :     printf("%d %c \n", val1, val1);     ── 65, A 출력
08 :
09 :     val1='B';
10 :     printf("%d %c \n", val1, val1);     ── 66, B 출력
11 :
12 :     val1='C';
13 :     printf("%d %c \n", val1, val1);     ── 67, C 출력
14 :
15 :     return 0;
16 : }
```

::: 실행 결과 ▶

65 A
66 B
67 C
계속하려면 아무 키나 누르십시오 . . .

6행, 9행, 12행에서 char형 변수에 문자를 저장하고 있습니다. 문자가 변수에 저장될 때는 먼저 ASCII 코드 값을 참조해서 저장하게 됩니다. **7행, 10행, 13행**에서 char형 변수에 저장된 문자를 출력 서식 %d(10진수 숫자)와 %c(문자)로 각각 출력합니다.

다음 예제는 알파벳 문자를 입력하면 ASCII 코드 값을 출력하고 ASCII 코드 값을 입력하면 문자로 출력하는 코드입니다.

예제 | 6-10

```
01 : #include <stdio.h>
02 : int main(void)
03 : {
```

```
04 :    char val1;
05 :    int val2;
06 :
07 :    printf("문자 입력 : ");
08 :    scanf("%c", &val1);
09 :    printf("ASCII 코드 값 %d입니다. \n", val1);
10 :
11 :    printf("ASCII 코드 값 입력 : ");
12 :    scanf("%d", &val2);
13 :    printf("문자로 %c입니다. \n", val2);
14 :
15 :    return 0;
16 : }
```

::: 실행 결과 ▶

문자 입력 : ?
ASCII 코드 값 63입니다.
ASCII 코드 값 입력 : 77
문자로 M입니다.
계속하려면 아무 키나 누르십시오 . . .

8행, **9행**에서 키보드로부터 문자를 입력받아 ASCII 코드로 지정된 숫자를 출력합니다. 그리고 **12행**, **13행**에서 키보드로부터 ASCII 코드로 지정된 숫자를 입력하면 ASCII 코드로 지정된 문자로 출력합니다. 지금 바로 부록에 있는 ASCII 코드를 참조하여 실행 결과를 눈으로 확인해 보기 바랍니다.

ASCII 코드의 0~127까지는 기본적으로 알파벳과 특수 기호만 해당되며, 한글은 해당되지 않습니다. 알파벳 하나를 표현하려면 1바이트가 필요하지만, 한글 하나를 표현하기 위해서는 최소 2바이트가 필요합니다.

6.5 자료형 변환

지금까지 살펴본 것처럼 프로그램에서 사용되는 데이터는 자료형에 따라 표현 범위가 다르다는 것을 배웠습니다. 자료형이 다양한 C 언어에서 복합적인 연산 수식이 요구될 때는 가급적 같은 자료형 간에 연산이 이루어지는 것이 좋습니다. 그러나 불가피하게도 다른 자료형 간의 연산이 이루어져야 하는 경우가 빈번히 발생하는데 이렇게 서로 다른 자료형 간에 연산을 하게 되면 자료형의 변환이 일어납니다. 예를 들어, int형 데이터를 float형으로 변환하거나 float형 데이터를 double형 데이터로 변환하는 것을 말합니다.

자료형의 변환에는 두 가지 방식이 있습니다. 첫째로 자동 형변환이 있고, 둘째로 강제 형변환이 있습니다. 자동 형변환은 컴파일러가 자동으로 해주는 것이고, 강제 형변환은 프로그래머가 강제로 해주는 것입니다. 지금부터 각각을 알아보기로 하겠습니다.

6.5.1 컴파일러가 자동으로 형변환을 해준다 – 자동 형변환

C 언어로 작성한 코드에 프로그래머가 의도하지 않았지만 컴파일러가 자동으로 해주는 자료형의 변환을 자동 형변환이라고 합니다.

┃다른 자료형 간에 산술 연산을 하는 경우에 자동 형변환이 일어난다.

정수 + 실수 또는 실수 + 정수와 같이 산술 연산을 하는 경우 피연산자들 간의 자료형이 다르면 컴파일러가 자동 형변환의 우선순위에 의해서 피연산자를 자동으로 자료형을 변환해서 피연산자들의 자료형을 같게 하고서 연산을 수행합니다.

자료형 변환의 우선순위에 따르면 연산에 참여하는 피연산자의 자료형은 정밀도가 작은 자료형이 큰 자료형으로 변환됩니다. 다음은 자료형 변환의 우선순위를 나타내고 있습니다.

char ⇒ int ⇒ long ⇒ float ⇒ double ⇒ long double

다음 예제를 가지고 자동 형변환의 우선순위를 함께 이해해 보겠습니다.

예제 6-11

```
01 :    #include <stdio.h>
02 :    int main(void)
03 :    {
04 :        int num1=100;              ── 정수
05 :        double num2=3.14;          ── 실수
06 :
07 :        printf("%lf \n", num1 + num2);  ── 정수 + 실수
08 :
09 :        return 0;
10 :    }
```

::: 실행 결과 ▶

103.140000
계속하려면 아무 키나 누르십시오 . . .

7행에서 정수 + 실수의 산술 연산을 수행하는데 변수 num1을 double형으로 변환해서 실수 + 실수를 수행합니다. 이 과정에서 변수 num1이 int형에서 double형으로 자동으로 자료형이 변환되어 값이 출력됩니다. 변수 num1이 double형으로 형변환된 이유는 피연산자 num2가 num1보다 더 큰 자료형인 double형이기 때문입니다.

▎**대입 연산을 하는 경우에 대입 연산자를 기준으로 오른쪽에서 왼쪽으로 자동 형변환이 일어난다.**

대입 연산을 할 때는 대입 연산자의 오른쪽 값이 왼쪽 값의 자료형으로 자동으로 자료형이 변환됩니다. 자동 형변환에서 프로그래머가 유의할 점은 의도하지 않는 형변환 때문에 발생하게 되는 데이터 손실을 이해하는 것입니다.

다음 예제를 가지고 대입 연산을 하는 경우 자동 형변환의 방향을 이해하고 데이터 손실을 이해해 보겠습니다.

예제 | 6-12

```
01 : #include <stdio.h>
02 : int main(void)
03 : {
04 :     char num1=130;
05 :     int num2=3.14;
06 :     double num3=3;
07 :
08 :     printf("%d, %d, %lf \n", num1, num2, num3);
09 :
10 :     return 0;
11 : }
```

::: 실행 결과 ▶

-126, 3, 3.000000
계속하려면 아무 키나 누르십시오 . . .

4행에서 정수는 int형 연산이 가장 빠르기 때문에 컴파일러는 130을 int형으로 자동 형변환을 하고, 변수 num1(char형)에 저장합니다. 이때 다음 그림처럼 대입 연산자를 기준으로 오른쪽에서 왼쪽으로 자동 형변환이 일어나서 int형 데이터 130이 char형으로 자동 형변환됩니다.

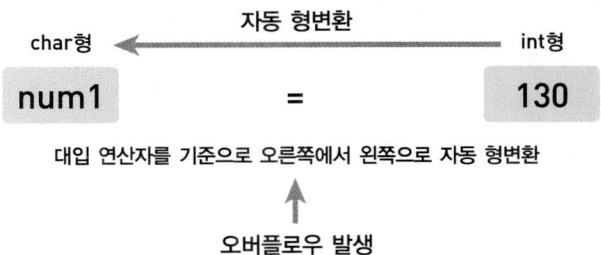

char형 변수 num1은 -128 ~ 127 사이의 표현 범위를 갖고 있기 때문에 오버플로우가 발생합니다. 즉, int형 데이터 130이 char형으로 자동 형변환되면서 오버플로우가 발생합니다. char

형의 표현 범위를 넘어선 오버플로우이므로 최솟값에서 -2 작은 값인 -126이 변수 num1에 저장됩니다. 이미 정수형의 오버플로우와 언더플로우에서 언급했으니 이해가 안 된다면 복습하기 바랍니다.

5행에서 3.14는 실수형 자료형입니다. 대입 연산자를 기준으로 오른쪽 값이 왼쪽 값의 자료형으로 자동 형변환된다고 하였으므로 실수형 3.14를 int형으로 자동 형변환을 하고, 변수 num2에 저장합니다. 다음 그림처럼 3.14가 int형으로 자동 형변환이 되었으므로 0.14는 사라지고 따라서 0.14만큼의 손실이 발생하여 변수 num2에 최종적으로 저장된 값은 3입니다.

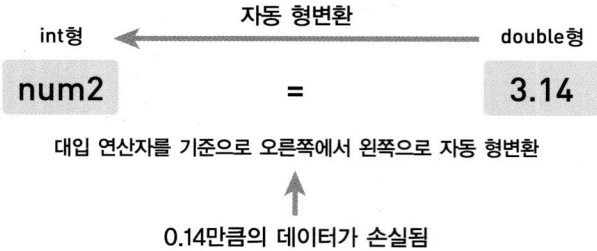

6행에서 대입 연산자를 기준으로 오른쪽 3(int형)이 왼쪽 변수 num3(double형)에 저장되고 있습니다. 다음 그림처럼 int형 3은 double형으로 자동 형변환이 되어 변수 num3(double형)에 저장됩니다. 변수 num3에는 3.000000이 저장됩니다.

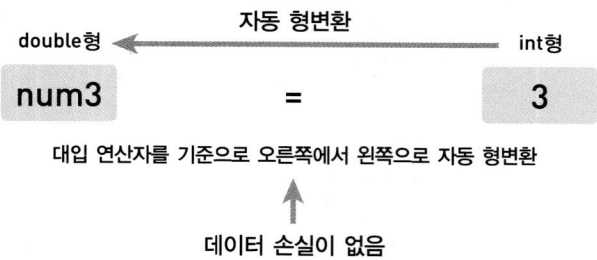

형변환 시 작은 자료형이 큰 자료형으로 변환되는 방향일 때 데이터의 손실이 최소화되는데, 결론적으로 데이터의 표현 범위가 넓은 자료형으로의 형변환은 데이터의 손실이 발생하지 않지만 데이터의 표현 범위가 좁은 자료형의 변환은 데이터의 손실이 발생할 수 있습니다.

6.5.2 프로그래머가 강제로 형변환을 해준다 - 강제 형변환

강제 형변환은 자동 형변환처럼 C 컴파일러가 내부적으로 변환하는 것이 아니라 프로그래머가 강제로 하는 자료형의 변환을 말합니다. 즉, 프로그램에서 이미 정의된 자료형을 강제적으로 다른 자료형으로 변환하는 것을 의미합니다. 괄호 연산자(( ))를 이용해서 다음과 같은 형식을 취하면 강제 형변환이 됩니다.

```
int num1=2;
(double)num1;
```
　　↑　　　　↑
　자료형　　변수

다음 예제는 강제 형변환의 필요성을 보여주는 코드를 나타내고 있습니다.

예제 | 6-13

```
01 :  #include <stdio.h>
02 :  int main(void)
03 :  {
04 :      int num1=10;
05 :      int num2=3;
06 :
07 :      double result;
08 :
09 :      result=num1/num2;
10 :      printf("결과 : %lf \n", result);        ─── 데이터 손실 발생
11 :
12 :      result=(double)num1/num2;                ─── 강제 형변환, 실수형/정수형
13 :      printf("결과 : %lf \n", result);
14 :
15 :      result=num1/(double)num2;                ─── 강제 형변환, 정수형/실수형
16 :      printf("결과 : %lf \n", result);
17 :
18 :      result=(double)num1/(double)num2;        ─── 강제 형변환, 실수형/실수형
19 :      printf("결과 : %lf \n", result);
20 :
21 :      return 0;
22 :  }
```

::: 실행 결과 ▶

결과 : 3.000000
결과 : 3.333333
결과 : 3.333333
결과 : 3.333333
계속하려면 아무 키나 누르십시오 . . .

9행부터 **10행**까지에서 num1/num2는 정수형/정수형입니다. 몫이 3입니다. 그래서 result=3의 형태가 되는데 바로 앞에서 배웠던 대입 연산자 기준의 자동 형변환이 이루어집니다. 대입 연산자를 기준으로 오른쪽 값이 왼쪽 값의 자료형으로 자동 형변환이 된다고 하였으므로 3이 double 형으로 되어서 변수 result에 3.000000이 저장되고 출력됩니다. 예상한 결과는 3.333333인데 자동 형변환 때문에 데이터 손실이 발생합니다.

12행에서 변수 num1을 실수형으로 강제로 변환합니다. 그러면 실수형/정수형이 되는데 자료형 변환의 우선순위에 의해서 연산에 참여하는 피연산자의 자료형을 맞추기 위해 변수 num2를 실수형으로 자동으로 변환하게 됩니다. 결국 실수형/실수형이 되어서 변수 result에 3.333333이 저장되고 출력됩니다.

15행에서 변수 num2를 실수형으로 강제로 변환합니다. 그러면 정수형/실수형이 되고, 자료형 변환의 우선순위에 의해서 연산에 참여하는 피연산자의 자료형을 맞추기 위해 변수 num1을 실수형으로 자동으로 변환하게 됩니다. 결국 실수형/실수형이 되어서 변수 result에 3.333333이 저장되고 출력됩니다.

18행에서 변수 num1과 num2를 모두 실수형으로 강제로 변환합니다. 그러면 실수형/실수형이 되어 변수 result에 3.333333이 저장되고 출력됩니다.

이처럼 강제 형변환은 데이터의 손실을 최소화하기 위해 피연산자의 자료형을 프로그래머가 직접 변환해야 하는 경우에 사용되는 방법입니다.

6.6 typedef를 이용한 자료형의 재정의

자료형에 관한 설명은 이미 모두 했고, 이제 자료형의 재정의에 대하여 말하려 합니다. 지금까지 배운 기본 자료형들에 새로운 이름을 붙이는 용도로 typedef를 이용하여 자료형의 재정의를 할 수 있습니다. 이렇게 자료형을 재정의하면 자료형을 간결하게 나타낼 수 있고 프로그램의 가독성을 높이는 역할을 하기도 합니다.

키워드 typedef의 사용 방법은 다음과 같습니다. typedef는 컴파일러가 처리하기 때문에 문장의 끝에 반드시 세미콜론(;)이 필요합니다.

```
typedef int mytype;
         ↑    ↑
      기본 자료형  사용자 정의 자료형
```

그림에서 보는 것처럼 typedef 키워드를 이용하여 기본 자료형 unsigned int를 mytype으로 재정의합니다. 이처럼 기본 자료형을 새로 재정의하여 사용할 경우 훨씬 코드의 간결함을 줄 수 있습니다. 그러나 너무 남용하면 자료형을 분석할 때 혼란을 초래할 수 있으므로 적당하게 사용해야 합니다.

다음 예제를 가지고 자료형의 재정의를 이해합시다.

예제 | 6-14

```
01 : #include <stdio.h>
02 : typedef int money;
03 : int main(void)
04 : {
05 :     money num1=3000;
06 :     money num2=10000;
07 :     money num3=2000;
08 :     money num4=0;
09 :
10 :     num4=num1 + num2 + num3 + num4;
11 :     printf("total money : %dwon \n", num4);
12 :
```

```
13 :     return 0;
14 : }
```

::: 실행 결과 ▶

total money : 15000won
계속하려면 아무 키나 누르십시오 . . .

2행에서 키워드 typedef를 이용하여 int형을 money형으로 재정의합니다. 이제부터 int 대신에 money를 사용하면 됩니다. 실제로 **5행**부터 **8행**까지에서 int 대신에 money를 사용하고 있습니다.

연/습/문/제/ Exercise

1 다음 코드를 실행하면 원하는 결과가 출력되지 않습니다. 잘못된 부분을 수정하세요.

```c
/*   ex1.c   */
#include <stdio.h>
int main( )
{
    int num;

    printf("실수를 입력하세요 : ");
    scanf("%d", &num);

    printf("당신이 입력한 수는 %d입니다. \n", num);

    return 0;
}
```

::: 실행 결과 ▶

실수를 입력하세요 : 34.34
당신이 입력한 수는 34입니다.
계속하려면 아무 키나 누르십시오 . . .

2 다음 코드를 실행하면 예상하지 못한 이상한 값이 출력됩니다. 이유는 무엇입니까? 또한 "c=200"이라는 결과가 출력되도록 하고 싶다면 어떻게 해야 합니까?

```c
/*  ex2.c  */
#include <stdio.h>
int main( )
{
    char c=200;

    printf("c=%d \n", c);

    return 0;
}
```

3 다음 코드에서 자동 형변환과 강제 형변환으로 데이터 손실이 발생한 부분은 어느 부분인지 식별하세요.

```c
/*  ex3.c  */
#include <stdio.h>
int main( )
{
    int i;
    float f;
    double d;

    i=(long)('a'+1.3);
    f=2.49+i;
    d=(double)f*i;
}
```

4 사용자에게 ASCII 코드 값을 입력받아 그 값에 해당하는 문자를 출력하는 프로그램을 만들어 보세요. 출력 결과는 다음과 같습니다.

::: 실행 결과 ▶

input = 65
입력한 코드에 해당하는 문자는 A입니다.
계속하려면 아무 키나 누르십시오 . . .

5 다음 프로그램은 사용자에게 두 숫자를 입력 받아 나눗셈을 연산하는 프로그램입니다. 프로그램의 문제점을 찾고 수정하세요.

```c
/*   ex5.c   */
#include <stdio.h>
int main( )
{
    int result;
    int input1;
    int input2;

    printf("input 2 numbers = ");
    scanf("%d %d", &input1, &input2);

    result=input1 / input2;
    printf("나눗셈 결과 = %d \n", result);

    return 0;
}
```

6 반지름 rkm인 원형의 트랙을 시속 vkm/h로 달리는 자동차가 있습니다. 트랙의 반지름과 자동차의 속력을 입력받은 후, 한 바퀴를 완주하는데 걸리는 시간을 분(소수점 셋째 자리까지)으로 표시하는 프로그램을 작성하세요.

7 원의 반지름 r을 입력받아 원의 면적과 원의 둘레를 구하는 프로그램을 작성하세요.

- **원의 면적** 3.14 * 반지름 * 반지름
- **원의 둘레** 2 * 3.14 * 반지름

공부한 내용 떠올리기

⇨ 자료형이 무엇인가
⇨ 정수 자료형인 char형, short형, int형, long형
⇨ 실수 자료형인 float형, double형, long double형
⇨ 자료형 변환으로 자동 형변환과 강제 형변환
⇨ typedef 키워드를 이용한 자료형의 재정의

제 7 장

반복문이란 무엇인가

▌ 대학생 정민이는 최신 노트북을 사려고 아르바이트를 하고 있습니다. 필요한 돈은 240만 원이고, 아르바이트로 매달 50만 원을 받아 저축을 합니다. 다섯 달 동안 열심히 일해서 250만 원을 모으면 최신 노트북을 살 수 있습니다.

Part 1 제7장

7.1 반복문이란   **7.2** 반복문을 만드는 방법 1 – while 문   **7.3** 반복문을 만드는 방법 2 – for 문
7.4 반복문을 만드는 방법 3 – do ~ while 문

Chapter 07
반복문이란 무엇인가

 앞의 정민이가 아르바이트를 해서 240만 원 이상이 될 때까지 반복적으로 돈을 모으는 것이 바로 반복문의 원리입니다. 이것을 분석하면 정민이는 다음과 같은 세 가지 행동을 합니다.

첫째, 현재 보유한 금액이 얼마인지 비교한다.
둘째, 현재 보유한 금액이 240만원 미만이라면 돈을 계속 모은다(반복 행동).
셋째, 현재 보유한 금액이 240만원 이상이라면 더 이상 돈을 모으지 않는다.

이것을 반복문을 통해서 표현할 수 있습니다. 반복문에서는 반복을 위한 조건이 제시되고, 반복되는 행동이 명확히 표현되어야 합니다.

7.1 반복문이란

앞에서 이야기한 노트북 구매 경우를 순서도로 살펴보겠습니다. 노트북을 사기 위해 아르바이트를 하고 월급을 받아서 저축합니다. 이후에 저축한 돈이 240만 원 이상인지를 비교합니다. 비교 결과가 참이면 노트북을 사고, 비교 결과가 거짓이면 반복적으로 아르바이트를 하고 월급을 받아서 저축합니다.

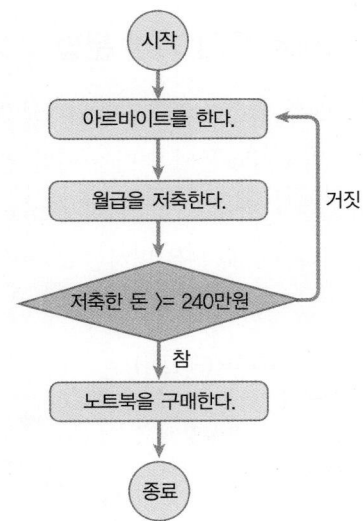

노트북 구매에 대한 순서도

정리해 보겠습니다. 노트북을 사려면 돈을 저축해야 합니다. 저축한 돈이 240만 원 미만이면 노트북을 살 수 없어서 계속 반복해서 저축해야 합니다. 이처럼 어떤 행동을 반복적으로 수행하는 문장을 컴퓨팅 세계에선 반복문이라고 합니다. C 언어에서 반복문의 종류에는 while 문과 for 문, do ~ while 문이 있습니다. 이제부터 하나하나 구체적으로 알아보겠습니다.

C 언어 외에도 많은 프로그래밍 언어(C++, Java 등)가 C 언어와 유사한 문법을 통하여 반복문을 표현하고 있습니다.

7.2 반복문을 만드는 방법 1 - while 문

while 문은 일반적으로 프로그래밍을 할 때 자주 사용하는 것 중 하나이며 while 루프(Loop)라고도 합니다. 여기서는 while 문과 관련하여 다음과 같이 세 가지를 다룰 예정입니다.

- while 문의 기본 문법
- while 무한 루프
- 중첩 while 문

7.2.1 while 문의 기본 문법

먼저 while의 사전적 의미부터 알아보겠습니다. while은 '~하는 동안'의 의미가 있습니다. 컴퓨팅 세계에서의 while 문의 의미는 어떤 '조건'이 '참'인 동안 '반복해라'는 의미입니다. 다음은 while 문의 구조를 나타내고 있습니다. while 문의 괄호 안에 조건을 쓰고 중괄호 안에 반복할 내용을 쓰게 됩니다. while 문은 명시한 조건이 참인 동안은 반복할 내용을 계속해서 수행합니다.

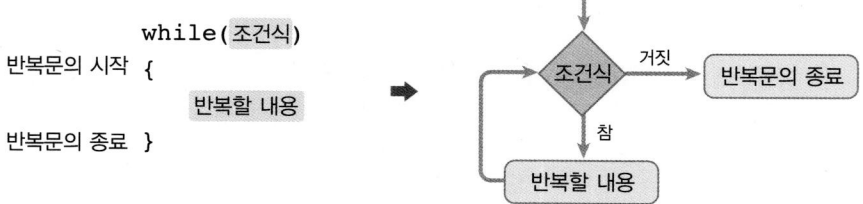

해석 : 조건식이 참인 동안 반복할 내용을 반복적으로 수행해라!

간단한 예제를 가지고 while 문을 배워 보겠습니다.

예제 | 7-1

```
01 :   #include <stdio.h>
02 :   int main(void)
03 :   {
04 :       int num=0;
05 :       while(num<5)      ① 조건 비교          num이 0, 1, 2, 3, 4일 때 '참(1)'
06 :       {
07 :   ② 실행  printf("반복 내용 : %d \n", num);
08 :           num++;                            num=num+1;
09 :       }
10 :       printf("반복문을 종료한 후 : %d \n", num);    5 출력
11 :
12 :       return 0;
13 :   }
```
해석 : 조건을 비교 실행 ① 과 ② 를 반복적으로 수행해라!

::: 실행 결과 ▶

반복 내용 : 0
반복 내용 : 1
반복 내용 : 2
반복 내용 : 3
반복 내용 : 4
반복문을 종료한 후 : 5
계속하려면 아무 키나 누르십시오 . . .

5행에서 조건 num<5가 참(1)인지 거짓(0)인지를 판단하는 비교 연산을 수행합니다. 참이면 **7행과 8행**을 수행하고, 거짓이면 반복문을 종료합니다. 7행에서 5행이 참인 경우 실행되는 출력 문장으로 변수 num에 저장된 값을 출력합니다. 8행에서 'num++'는 'num= num+1'과 같은 문장으로 변수 num의 값을 1 증가시킵니다. 8행이 수행되고 나면 다시 5행으로 가서 num<5가 참인지 거짓인지 비교합니다. 참이면 다시 7행과 8행을 수행하고, 거짓이면 반복문을 종료

합니다. **10행**에서 5행의 비교 연산의 결과가 거짓일 때, 반복문이 종료된 이후의 변수 num의 값을 출력합니다. 변수 num에 저장된 최종 값은 5임을 확인할 수 있습니다.

반복문을 공부할 때는 변수의 값을 그림으로 그리며 분석하면 이해가 빠릅니다. 나중에 포인터를 공부할 때 도움이 될 수 있으므로 습관화하기 바랍니다. 다음 그림은 4행부터 10행까지 설명을 도식화한 것입니다.

다음 예제를 가지고 while 문의 기본 문법을 확실히 다루겠습니다.

예제 | 7-2

```
01 : #include <stdio.h>
02 : int main(void)
03 : {
04 :     int i=0, sum=0;
05 :     while(i<=10)
06 :     {
```

```
07 :        sum=sum+i;
08 :        printf("i = %d, sum = %d \n", i, sum);
09 :        i++;                                    ── i=i+1;
10 :    }
11 :    printf("------반복문 종료-------\n");
12 :
13 :    return 0;
14 : }
```

::: 실행 결과 ▶

i = 0, sum = 0
i = 1, sum = 1
i = 2, sum = 3
i = 3, sum = 6
i = 4, sum = 10
i = 5, sum = 15
i = 6, sum = 21
i = 7, sum = 28
i = 8, sum = 36
i = 9, sum = 45
i = 10, sum = 55
------반복문 종료-------
계속하려면 아무 키나 누르십시오 . . .

5행은 정수형 변수 i의 값이 10보다 작거나 같은 경우 반복문(7행~9행)을 수행하라는 의미입니다. **7행**에서 변수 sum의 값에 변수 i의 값을 더해서 결과를 다시 변수 sum에 저장하여 누적시킵니다. 따라서 i의 값 0부터 10까지의 합을 연산합니다. **8행**에서 현재 변수 i와 sum의 값을 화면에 지속적으로 출력합니다. 실행 결과를 살펴보면 i가 10인 경우까지 반복문의 동작이 반복해서 수행된다는 것을 알 수 있습니다.

9행에서 변수 i의 값을 1만큼 증가시키고, 다시 5행의 i<=10 비교 연산을 수행하게 되고, 반복문이므로 while 문의 조건은 계속해서 비교하게 되어 있습니다. 변수 i의 값이 10을 초과하면

즉, 11이 되면 프로그램의 실행 흐름은 7행, 8행, 9행의 반복문을 수행하지 않고 **10행**으로 반복문을 종료하여 **11행**의 내용을 수행합니다.

7.2.2 while 무한 루프(무한 반복문)

무한 루프(무한 반복문)란 종료되지 않고 무한히 실행되는 반복문을 의미합니다. 다음 예제는 while 문을 이용한 대표적인 무한 루프의 사례입니다.

예제 | 7-3

```
01 : #include <stdio.h>
02 : int main(void)
03 : {
04 :     int i=0;
05 :     while(1)          ──  0 이외의 정수는 모두 참.
06 :     {                     [Control]+[c] 는 강제 종료
07 :         printf("반복 횟수 : %d \n", i);
08 :         i++;          ──  i=i+1;
09 :
10 :     //  if(i>10)
11 :     //     break;
12 :     }
13 :
14 :     return 0;
15 : }
```

::: 실행 결과 ▶

반복 횟수 : 1
반복 횟수 : 2
반복 횟수 : 3
… (중략)
반복 횟수 : 100
반복 횟수 : 101
반복 횟수 : 102
… (중략)

실행 결과를 보면 프로그램이 무한 반복해서 실행되고 있습니다. **5행**에서 while(1)을 보면 특이하게도 조건 안에 1이 설정되어 있습니다. 무슨 의미일까요? 조건에 0이 아닌 정수가 입력되면 참이 됩니다. 0이 아닌 모든 수는 참입니다. 따라서 어떤 상황에서도 while 문의 조건이 참이 되기 때문에 프로그램은 무한 루프에 빠지게 됩니다. 무한 반복에 빠진 프로그램을 강제로 종료하려면 Ctrl + C 키를 누르면 됩니다.

프로그램을 개발하다 보면 무한 루프를 이용해야 하는 경우도 있지만, 원치 않는 무한 루프는 피해야 합니다. Ctrl + C 키로 강제 종료하는 것 말고 프로그램의 흐름을 통해 자연스럽게 무한 루프를 벗어나려면 어떻게 해야 할까요? **10행**과 **11행**의 주석을 제거해 보겠습니다. 어떤 일이 일어나고 있나요? i 값이 10을 초과하면 자연스럽게 무한 루프를 탈출합니다. 이렇게 제어하는 것이 바로 break 문입니다. 다음 장 조건문에서 자세히 다룰 예정이며, 지금은 break 문은 반복문을 탈출하게 해준다는 정도로만 알아 둡시다.

 break 문은 무한 루프뿐만 아니라 일반적인 반복문을 탈출할 때도 사용하며 switch 문에도 사용합니다.

7.2.3 중첩 while 문

중첩 while 문은 while 문 내부에 또 다른 while 문이 있는 것을 말합니다. 이처럼 반복문을 중첩해서 사용할 수 있는데, 먼저 구구단 계산 프로그램을 가지고 중첩 while 문을 알아보겠습니다.

예제 | 7-4

```
01 : #include <stdio.h>
02 : int main(void)
03 : {
04 :     int i=2;           ── 2단부터
05 :     int j=1;           ── 2*1에서 1의 의미로 초기화
06 :     int result=0;      ── 구구단의 결과 저장 변수
07 :
08 :     while(i<10)        ── 9단까지
```

```
09 :     {
10 :         while(j<10)
11 :         {
12 :             result=i*j;
13 :             printf("%d * %d = %d \n", i, j, result);
14 :             j++;
15 :         }
16 :         i++;              ── 단을 증가
17 :         j=1;              ── 단의 시작
18 :         printf("--------------\n");
19 :     }
20 :
21 :     return 0;
22 : }
```

① 큰 반복
② 작은 반복

::: 실행 결과 ▶

```
2 * 1 = 2
2 * 2 = 4
2 * 3 = 6
...
9 * 7 = 63
9 * 8 = 72
9 * 9 = 81
계속하려면 아무 키나 누르십시오 . . .
```

4행부터 **6행**까지에서 2단부터 출력하기 위해 초깃값을 i=2로 설정하고, 단의 시작을 1부터 하기 위해 초깃값을 j=1로 설정합니다. 마지막으로 구구단의 결과를 저장하기 위해 변수 result를 선언합니다.

8행에서 while(i<10) 문은 변수 i의 값이 10보다 작은 9, 즉, 9단까지 출력하기 위한 반복문입니다. **10행**에서 중첩 while 문으로 사용된 while(j<10) 문은 i * j를 계산할 때 현재 변수 j의 값이 1~9까지 출력하기 위한 반복문입니다.

i 값이 2로 시작해서 8행에 있는 while 문을 실행하면 2단을 완전히 출력하고, **16행**에서 i 값이 하나 증가되어 2단에서 3단으로 단이 바뀝니다. 이후에 다시 8행에 있는 while 문을 실행하면 3단을 모두 출력하게 됩니다. 이런 형태로 9단까지 출력합니다.

17행에서 변수 j의 값을 1로 다시 초기화한 이유가 무엇이겠습니까? 만약 2*1부터 2*9까지 출력이 되고 3단으로 넘어갔다면, 다시 3*1이 되어야 합니다. 그래서 j=1로 초기화한 것입니다. 이 부분을 주석으로 처리하면 왜 필요한지 알 수 있습니다.

다음 예제를 실행해서 출력 결과를 분석해 보겠습니다. 그러면서 중첩 while 문의 의미를 잘 이해하게 될 것입니다. 실행 결과는 scanf( ) 함수를 통해 입력받은 숫자를 단으로 출력하는데 내림차순으로 출력하게 됩니다.

예제 | 7-5

```
01 :   #include <stdio.h>
02 :   int main(void)
03 :   {
04 :       int num=0, j=9, result=0;
05 :       printf("숫자를 입력하세요 : ");
06 :       scanf("%d", &num);
07 :
08 :       while(num>0)
09 :       {
10 :           while(j>0)
11 :           {
12 :               result=num*j;
13 :               printf("%d * %d = %d \n", num, j, result);
14 :               j--;
15 :           }
16 :           num--;
17 :           j=9;
18 :           printf("--------\n");
19 :       }
20 :
21 :       return 0;
22 :   }
```

::: 실행 결과 ▶

```
숫자를 입력하세요 : 3
3 * 9 = 27
3 * 8 = 24
…(중략)
--------
2 * 9 = 18
2 * 8 = 16
…(중략)
--------
1 * 9 = 9
1 * 8 = 8
…(중략)
1 * 2 = 2
1 * 1 = 1
--------
계속하려면 아무 키나 누르십시오 . . .
```

오름차순과 내림차순

숫자를 정렬하는 방식으로 기본적으로 내림차순과 오름차순이 있습니다. 오름차순은 작은 값에서 큰 값으로, 0, 1, 2, 3, … 등과 같이 정렬하고, 내림차순은 큰 값에서 작은 값으로, 10, 9, 8, 7… 등과 같이 정렬합니다.

7.3 반복문을 만드는 방법 2 - for 문

지금까지 while 문을 이용하여 C 언어에서 반복문을 구현하는 방법에 관하여 알아보았습니다. 이제부터는 for 문을 사용하여 반복문을 표현하는 방법을 알아보겠습니다. for 문에서 주로 다룰 내용은 다음과 같습니다.

- for 문의 기본 문법
- for 무한 루프
- 중첩 for 문

- for 문의 여러 가지 변형

7.3.1 for 문의 기본 문법

for의 사전적 의미도 while과 마찬가지로 '~하는 동안'의 의미가 있습니다. 그래서 for 문도 조건이 참인 동안 계속해서 반복하라는 의미입니다. 반복문을 만들 때 for 문과 while 문 중 어느 것이 더 좋다고 할 수는 없습니다.

```
               for( 초깃값; 조건값; 증감값 )
반복문의 시작 ➡ {
                       반복할 내용
반복문의 종료 ➡ }
```
해석 : 조건값이 참인 동안 반복할 내용을 반복적으로 수행해라!

그러나 for 문을 이용하면 while 문보다 반복 횟수를 표현하는 것이 더 편리합니다. for 문은 초깃값, 조건값, 증감값 세 부분을 세미콜론(;)으로 구분하고 있습니다. 특히, 증감값에 i++이나 i=i+1과 같은 표현을 사용하면 for 문이 수행할 반복 횟수를 보다 쉽게 표현할 수 있습니다.

다음 예제는 while 문 예제 7-1을 for 문으로 변환한 코드입니다.

예제 | 7-6

```
01 : #include <stdio.h>
02 : int main(void)
03 : {
04 :     int num;
05 :     for(num=0; num<5; num++)
06 :     {
07 :         printf("반복 내용 : %d \n", num);
08 :     }
09 :     printf("반복문을 종료한 후 : %d \n", num);
10 :
11 :     return 0;
12 : }
```

::: 실행 결과 ▶

```
반복 내용 : 0
반복 내용 : 1
반복 내용 : 2
반복 내용 : 3
반복 내용 : 4
반복문을 종료한 후 : 5
계속하려면 아무 키나 누르십시오 . . .
```

while 문 예제 7-1과 for 문 예제 7-6은 같은 결과를 출력합니다. 사실, while 문에서도 초깃값, 조건값, 증감값을 이미 사용하고 있었습니다. 다음 그림을 보면 while 문과 for 문 할 것 없이 반복문에서는 초깃값, 조건값, 증감값을 대부분 필요로 하고 있다는 것을 이해할 수 있습니다.

while 문과 for 문의 비교

```
int num=0;   ← 초깃값

while(num<5   ← 조건값
{
    printf("반복 내용 : %d \n", num);
    num++;   ← 증감값
}
```
==
```
int num;

for(num=0; num<5; num++)
{      초깃값  조건값  증감값
    printf("반복 내용 : %d \n", num);
}
```

다음 그림에서 for 문의 실행 순서를 보면 초깃값은 무조건 한 번만 실행되고, 반복되는 부분은 조건값과 증감값입니다. 꼼꼼히 분석해 보기 바랍니다.

for 문의 실행 순서

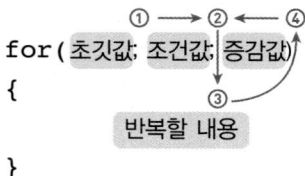

해석 : ①초깃값은 무조건 한 번만 수행하고 ②조건값, ③ 반복할 내용, ④증감값은 반복적으로 수행해라!

Chapter 07
반복문이란 무엇인가

다음 예제는 for 문의 사용법에 관한 이해를 돕기 위해 while 문 예제 7-2를 for 문으로 변환한 코드입니다(1~10까지의 합을 구하는 예제).

예제 | 7-7

```
01 : #include <stdio.h>
02 : int main(void)
03 : {
04 :     int i, sum=0;
05 :     for(i=0; i<=10; i++)
06 :     {
07 :         sum=sum+i;
08 :         printf("i = %d, sum = %d \n", i, sum);
09 :     }
10 :     printf("------반복문 종료-------\n");
11 :
12 :     return 0;
13 : }
```

::: 실행 결과 ▶

i = 0, sum = 0
i = 1, sum = 1
i = 2, sum = 3
i = 3, sum = 6
i = 4, sum = 10
i = 5, sum = 15
i = 6, sum = 21
i = 7, sum = 28
i = 8, sum = 36
i = 9, sum = 45
i = 10, sum = 55
------반복문 종료------
계속하려면 아무 키나 누르십시오 . . .

5행부터 9행까지에서 흐름은 다음과 같습니다.

① 변수 i의 값을 0으로 초기화
② i가 10보다 작거나 같은지(i<=10) 비교 연산을 하고 결과가 참이면
③ 'sum=sum+i'을 수행하고 printf( ) 함수를 수행
④ i++ 실행

다시 반복해서
② i가 10보다 작거나 같은지(i<=10) 비교 연산을 하고 결과가 참이면
③ 'sum=sum+i'을 수행하고 printf( ) 함수를 수행
④ i++ 실행

for 문의 조건값(i<=10)이 참인 경우 반복 수행하고 거짓인 경우 반복 수행을 종료합니다.

다음 그림을 보면서 앞의 과정을 이해합시다.

for 문의 반복 수행 흐름

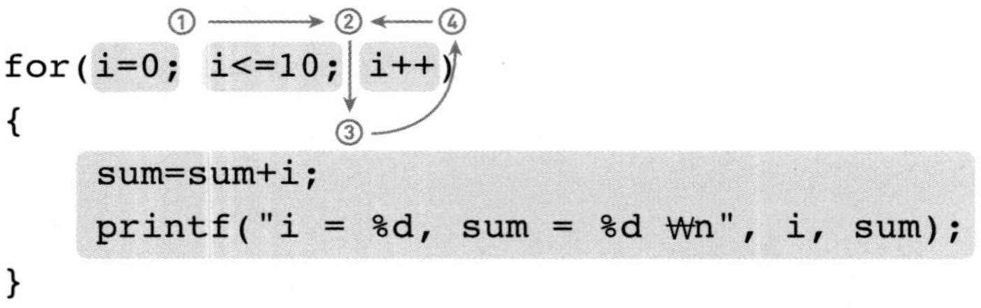

```
         ①─────▶②◀────④
for( i=0;  i<=10;  i++ )
{                ③
    sum=sum+i;
    printf("i = %d, sum = %d \n", i, sum);
}
```

다음 예제를 하나 더 살펴보겠습니다.

예제 | 7-8

```
01 : #include <stdio.h>
02 : int main(void)
03 : {
04 :     int num=0, i, result=0;
05 :
06 :     printf("숫자를 입력하세요 : ");
07 :     scanf("%d", &num);
```

```
08 :
09 :     for(i=1; i<10; i=i+2)
10 :     {
11 :         result=num*i;
12 :         printf("%d * %d = %d입니다.\n", num, i, result);
13 :     }
14 :
15 :     return 0;
16 : }
```

::: 실행 결과 ▶

숫자를 입력하세요 : 3
3 * 1 = 3입니다.
3 * 3 = 9입니다.
3 * 5 = 15입니다.
3 * 7 = 21입니다.
3 * 9 = 27입니다.
계속하려면 아무 키나 누르십시오 . . .

9행에서 변수 i의 값을 1로 초기화해서 증감값을 i=i+2로 설정합니다. 이전에 보았던 예제들은 i++, 즉, i=i+1로 설정되어 있어서 i 값을 1씩 증가하도록 되어 있었지만, 이 예제에서는 i=i+2로 설정되어 i 값이 2씩 증가하게 됩니다. 이것이 실행 결과에 잘 반영되고 있습니다.

7.3.2 for 무한 루프(무한 반복문)

다음 예제는 for 문을 이용한 대표적인 무한 루프의 사례입니다. while(1)과 같은 while 무한 루프와 어떤 차이가 있는지 확인해 보겠습니다.

예제 | 7-9

```
01 : #include <stdio.h>
02 : int main(void)
03 : {
```

```
04 :        int i;
05 :        for(i=0; 1; i++) ─────────────── for(i=0; ; i++)
06 :        {
07 :            printf("반복 횟수 : %d \n", i); ─────── [control]+[C] 강제 종료
08 :        }
09 :
10 :        return 0;
11 :    }
```

::: 실행 결과 ▶

반복 횟수 : 1
반복 횟수 : 2
반복 횟수 : 3
… (중략)
반복 횟수 : 100
반복 횟수 : 101
반복 횟수 : 102
… (중략)

실행 결과가 계속해서 출력될 것입니다. Ctrl + C 키를 누르면 강제로 종료됩니다. **5행**에서 for(i=0; 1; i++)을 보면 초깃값, 조건값, 증감값 중에서 조건값이 1(참)로 설정되어 있습니다. 조건값에 0이 아닌 정수가 입력되어 있으므로 참이 됩니다. 0이 아닌 모든 수는 참이라고 앞에서 언급했었습니다. 그래서 for 문이 무한 루프에 빠지게 됩니다.

for 문에서 특이한 것이 있다면 5행의 for(i=0; 1; i++)의 표현은 for(i=0; ; i++)의 표현과 같습니다. for 문에 조건값을 비워 두어도 무한 루프와 같은 역할을 합니다. 참고적으로 while 문에서는 while( )처럼 조건값을 비우면 에러가 발생합니다.

예제 코드는 무한 루프를 강제 종료해야 합니다. 예제 7-9의 **7행** 바로 아래에 다음과 같은 코드를 추가해 봅시다.

```
if(i>10)
    break;
```

break 문을 이용하여 반복 횟수를 저장하고 있는 변수 i의 값이 10을 초과하면 자연스럽게 무한 루프를 탈출합니다. break 문은 무한 루프를 탈출시키는 중요한 키워드입니다. 다음 장 조건문에서 break 문에 대하여 자세히 배울 예정입니다.

7.3.3 중첩 for 문

for 문도 while 문처럼 중첩하여 사용할 수 있습니다. 이해를 돕기 위해 구구단 출력 프로그램을 한번 살펴보겠습니다. 예제 7-10은 중첩 while 문 예제 7-4를 중첩 for 문으로 변경한 코드이므로 차이를 확인해 볼 수 있습니다.

예제 | 7-10

```
01 : #include <stdio.h>
02 : int main(void)
03 : {
04 :     int i, j;
05 :     int result=0;              ────── 구구단의 결과 저장 변수
06 :
07 :     for(i=2; i<10; i++)
08 :     {
09 :         for(j=1; j<10; j++)
10 :         {
11 :             result=i*j;
12 :             printf("%d * %d = %d \n", i, j, result);
13 :         }
14 :         printf("--------\n");
15 :     }
16 :
17 :     return 0;
18 : }
```

::: 실행 결과 ▶

2 * 1 = 2
2 * 2 = 4
2 * 3 = 6

```
…(중략)
9 * 7 = 63
9 * 8 = 72
9 * 9 = 81
계속하려면 아무 키나 누르십시오 . . .
```

7행에서 for 문을 해석하는 방법은 초깃값 i=2(2단부터 출력하기 위해서 설정), 조건값 i<10(9단까지 출력하기 위해 설정), 증감값 i++(단을 높이기 위해 설정)을 이해하는 것입니다. 이들을 어떻게 활용하느냐에 따라서 표현하는 알고리즘은 다양하다는 것을 느끼게 됩니다. 2 * 1, 2 * 2, 2 * 3 … 에서 곱하기 연산자를 기준으로 오른쪽 피연산자가 증가되고 있습니다. 각 단의 처음 2 * 1부터 끝 2 * 9까지 출력하기 위해서 9행이 수행됩니다.

또 다른 예제를 실행하여 출력 결과를 분석해 보기 바랍니다. 이 과정을 통해서 중첩 for 문의 의미를 좀더 이해하게 될 것입니다. 예제 7-11은 중첩 while 문 예제 7-5를 중첩 for 문으로 변경한 것입니다. 실행 결과는 scanf( ) 함수를 통해 입력받은 숫자를 단으로 출력하는데 내림차순으로 출력하게 됩니다.

예제 7-11

```c
01 : #include <stdio.h>
02 : int main(void)
03 : {
04 :     int num, j=9, result=0;
05 :     printf("숫자를 입력하세요 : ");
06 :     scanf("%d", &num);
07 :
08 :     for( ; num>0; num--)
09 :     {
10 :         for(j=9; j>0; j--)
11 :         {
12 :             result=num*j;
13 :             printf("%d * %d = %d \n", num, j, result);
14 :         }
15 :         printf("--------\n");
16 :     }
```

```
17 :
18 :     return 0;
19 : }
```

::: 실행 결과 ▶

```
숫자를 입력하세요 : 3
3 * 9 = 27
3 * 8 = 24
…(중략)
--------
2 * 9 = 18
2 * 8 = 16
…(중략)
--------
1 * 9 = 9
1 * 8 = 8
…(중략)
1 * 2 = 2
1 * 1 = 1
--------
계속하려면 아무 키나 누르십시오 . . .
```

7.3.4 for 문의 여러 가지 변형

for 문을 구성하는 초깃값, 조건값, 증감값은 각각 생략할 수 있습니다. 다음 예제 7-12, 7-13, 7-14, 7-15는 모두 같은 결과를 나타내는(1부터 10까지 곱을 산출하는 프로그램) 올바른 for 문입니다. 비교해 보기 바랍니다.

예제 | 7-12

```
01 : #include <stdio.h>
02 : int main( )
```

```
03 :    {
04 :        int i;
05 :        int factorial=1;                       ─── int factorial;
06 :
07 :        for(i=1; i<=10; i++)                   ─── 초깃값, 조건값, 증감값이 모두 있는 경우
08 :        {
09 :            // 1*2*3*4*5*6*7*8*9*10의 결과 저장
10 :            factorial=factorial*i;
11 :        }
12 :        printf("1부터 10까지의 곱 : %d \n", factorial);
13 :
14 :        return 0;
15 :    }
```

::: 실행 결과 ▶

1부터 10까지의 곱 : 3628800
계속하려면 아무 키나 누르십시오 . . .

예제 7-12는 1*2*3*4*5*6*7*8*9*10 즉, 1~10까지의 곱셈을 구하는 프로그램입니다. 여기서 1~10까지 증가하는 것은 변수 i로 처리했고, 변수 factorial은 곱셈의 결과를 저장하는 변수입니다.

5행에서 변수 factorial에 1을 설정한 이유는 뭘까요? 변수 i가 1일 때 변수 factorial의 초깃값이 1이여야 10행에서 'factorial=factorial*i'이 정상적으로 수행됩니다. 즉, 'factorial=1*1'이 되는 것입니다. 변수 i가 최초 1일때 곱셈 연산을 하기 위해 설정한 것입니다.

예제 7-13은 for 문을 변형한 형태입니다. for 문 내에서 초깃값 설정이 생략되어 있습니다.

예제 | 7-13

```
01 : #include <stdio.h>
02 : int main( )
03 : {
04 :     int i=1, factorial=1;                    ─── 초깃값 i=1을 설정
```

```
05 :    for(   ; i<=10; i++)          ← 초깃값이 없는 경우
06 :    {
07 :        factorial=factorial*i;
08 :    }
09 :    printf("1부터 10까지의 곱 : %d \n", factorial);
10 :
11 :    return 0;
12 : }
```

5행에서는 for 문의 초깃값 설정이 생략되어 있지만 바로 위 4행에서 초깃값 int i=1이 설정되어 있기 때문에 문법 오류를 일으키지 않습니다.

예제 7-14는 for 문 내에서 조건값 설정이 생략되어 있습니다.

예제 | 7-14

```
01 : #include <stdio.h>
02 : int main( )
03 : {
04 :    int i, factorial=1;
05 :    for(i=1;   ; i++)              ← 무한 루프, for(i=1; 1; i++)과 같은 의미
06 :    {
07 :        factorial=factorial*i;
08 :
09 :        if(i>10)
10 :            break;                  ← 무한 반복문을 탈출하기 위한 break 문
11 :    }
12 :    printf("1부터 10까지의 곱 : %d \n", factorial);
13 :
14 :    return 0;
15 : }
```

5행에서는 for 문의 조건값 설정이 생략되어 있지만 이것의 의미는 for(i=1; 1; i++)과 같은 의미입니다. 즉, 무한 반복문과 같은 의미입니다. 9행부터 10행까지에서는 break 문을 이용하여 무한 반복문을 탈출하기 위한 조건을 표현하고 있습니다.

예제 7-15는 for 문 내에서 증감값 설정이 생략되어 있습니다.

예제 | 7-15

```
01 : #include <stdio.h>
02 : int main( )
03 : {
04 :     int i, factorial=1;
05 :     for(i=1; i<=10;  )         ── 증감값이 없는 경우
06 :     {
07 :         factorial=factorial*i;
08 :         i++;                   ── 증감값을 여기에 설정
09 :     }
10 :     printf("1부터 10까지의 곱 : %d \n", factorial);
11 :
12 :     return 0;
13 : }
```

이처럼 여러분의 프로그래밍 스타일에 맞게 여러 가지 방법으로 사용하면 좋을 것 같습니다. C 언어에서는 같은 결과를 얻는 다양한 프로그래밍 방법이 있다 보니 어렵다고 느낄 수도 있지만, 어쩌면 장점일 수도 있습니다.

7.4 반복문을 만드는 방법 3 - do~while 문

지금까지는 while 문, for 문의 기본 문법, 무한 루프, 중첩을 구현하는 방법에 관하여 알아보았습니다. 이제! 마지막으로 do~while 문을 이용하여 반복문을 표현하는 방법을 알아보겠습니다.

C 언어에서 대부분 반복문을 만들 때 while 문과 for 문을 사용하기 때문에 do~while 문은 사용 빈도가 적습니다. 왜냐하면 do~while 문은 while 문과 유사하기 때문에 따로 사용하지는 않습니다. 그렇지만 약간의 차이 때문에 필요할 때가 있습니다. 어떤 차이가 있을까요? 다음 그림을 보며 do~while 문의 기본 구조를 통해서 차이점을 알아보겠습니다.

Chapter 07
반복문이란 무엇인가

while 문과 do~while 문의 비교

```
while(조건식)
{
    반복할 내용
}
```

```
do
{
    반복할 내용
} while(조건식);
```

조건식과 관계없이 반복할 내용을 먼저 수행

while 문은 조건이 만족하지 않으면 한 번도 반복할 내용을 실행하지 않지만, do~while 문은 반복할 내용을 먼저 한 번 실행하고 반복 조건이 참인지 거짓인지를 판단해서 반복할 내용을 또 실행할지를 결정합니다.

다음 예제를 가지고 알아보겠습니다.

예제 | 7-16

```
01 : #include <stdio.h>
02 : int main( )
03 : {
04 :     int num=10;
05 :
06 :     do
07 :     {
08 :         printf("%d", num);
09 :         num++;
10 :     } while(num<10);
11 :
12 :     printf("\n **while 문을 종료합니다.** \n");
13 :
14 :     return 0;
15 : }
```

4행에서 변수 num을 10으로 초기화합니다. 8행과 9행에서 while 문과 다르게 do~while 문은 먼저 반복할 내용을 최소한 한 번 실행합니다. 변수 num을 출력하고서 1만큼 증가시킵니다. 10행에서 현재 변수 num에 저장된 값이 10보다 작은지 비교합니다. 참이면 8행과 9행을 다시 반복하고 거짓이면 반복문을 종료합니다.

do~while 문은 while 문과 다르게 반복할 내용이 최소한 한 번 먼저 실행되고 실행 결과가 참인지 거짓인지를 판단하고 있습니다.

 공부한 내용 떠올리기

⇨ 반복문의 의미

⇨ while 문, for 문, do~while 문을 이용하여 반복문을 만드는 방법

⇨ do~while 문과 while 문의 차이

⇨ 무한 루프(무한 반복문)

⇨ 중첩 반복문을 사용하는 방법

연/습/문/제/ Exercise

1 임의의 양의 정수(n)를 입력받아 1~100 사이에서 n의 배수의 개수를 출력하는 프로그램을 작성하세요.

::: 실행 결과 ▶

입력(양의 정수) : 7
7의 배수 : 7 14 21 28 35 42 49 56 63 70 77 84 91 98
7의 배수 개수 : 14
계속하려면 아무 키나 누르십시오 . . .

2 반복문을 이용해서 다음과 같은 결과를 출력하는 프로그램을 작성하세요.

::: 실행 결과 ▶

```
*
* *
* * *
* * * *
* * * * *
```
계속하려면 아무 키나 누르십시오 . . .

3 반복문을 이용해서 다음과 같은 결과를 출력하는 프로그램을 작성하세요.

::: 실행 결과 ▶

```
*******
 *****
  ***
   *
```
계속하려면 아무 키나 누르십시오 . . .

4 반복문을 이용해서 키보드로부터 입력받은 값을 구구단으로 출력해 주는 프로그램을 작성하세요.

::: 실행 결과 ▶

숫자를 입력하세요 : 5
5 * 0 = 0입니다.
5 * 1 = 5입니다.
… (중략)
5 * 8 = 40입니다.
5 * 9 = 45입니다.
계속하려면 아무 키나 누르십시오 . . .

5 팩토리얼(Factorial) 연산 결과를 출력하는 프로그램을 작성하세요. 팩토리얼 연산을 위한 공식은 다음과 같습니다.

n! = n * (n-1) * … * 3 * 2 * 1

::: 실행 결과 ▶

팩토리얼 연산을 원하는 숫자를 입력하세요 : 5
5의 팩토리얼 연산 결과는 120입니다.
계속하려면 아무 키나 누르십시오 . . .

6 간단한 덧셈 계산기를 작성합니다. 하지만 계산 결과를 출력한 후 종료되지 않고 다음 계산을 위해 입력을 받을 준비를 합니다.

::: 실행 결과 ▶

첫 번째 수를 입력해 주세요 : 3
두 번째 수를 입력해 주세요 : 10
3 + 10 = 13입니다.
첫 번째 수를 입력해 주세요 :

7 시험 점수의 평균을 산출하려고 합니다. 과목은 총 10과목입니다. 각 과목의 점수를 차례로 입력받고 평균을 보여주는 프로그램을 작성해 보세요.

::: 실행 결과 ▶

열 과목의 점수의 평균을 계산합니다.
점수를 입력해 주세요 : 80
점수를 입력해 주세요 : 93
점수를 입력해 주세요 : 100
점수를 입력해 주세요 : 83
점수를 입력해 주세요 : 72
점수를 입력해 주세요 : 69
점수를 입력해 주세요 : 53
점수를 입력해 주세요 : 88
점수를 입력해 주세요 : 73
점수를 입력해 주세요 : 77
열 과목 점수의 평균은 78.8점입니다.
계속하려면 아무 키나 누르십시오 . . .

8 키보드로부터 정수를 계속 입력받아 덧셈 연산을 수행합니다. 만약 0이 입력되면 지금까지 입력한 정수의 덧셈 결과와 총 몇 번을 입력했는지를 출력하는 프로그램을 작성하세요.

열혈강의 C 언어 본색
Part 1

제 8 장

조건문이란 무엇인가

대학생 정민이는 아르바이트를 해서 5만 원을 벌었습니다. 부모님의 선물을 사려고 쇼핑센터에 갔습니다. 정민이는 어떤 선물을 살지 고민하고 있는데 점원에게서 좋은 정보를 얻었습니다. 바로 원플러스원으로 물건 하나를 사면 공짜로 물건 하나를 더 주는 것입니다. 그래서 점원이 추천하는 대로 옷을 선택하였습니다. 그런데 문제가 있습니다. 추천받은 옷은 5만 5천 원이었습니다. 정민이가 가진 돈은 5만 원이기에 살 수가 없었습니다.

Part 1 | 제8장

8.1 조건문이란   **8.2** 조건문을 만드는 방법 1 – if 문
8.3 조건문을 만드는 방법 2 – switch~case 문   **8.4** break와 continue

 여러분은 일상에서 선택의 경험을 많이 해봤을 것입니다. 학교, 상점, 쇼핑센터 등의 여러 곳에서 직면하는 특정 상황들은 여러분에게 어떤 선택을 강요합니다. 이러한 선택에서 기준이 무엇일까요? 그것은 바로 조건입니다. 어떤 상황에서 조건이 맞는다면 선택을 하게 됩니다. 앞의 이야기를 보면서 여러분은 조건과 선택은 매우 밀접하게 관계되어 있다는 것을 알게 되었을 것입니다. 실제로 조건이라는 것은 어떤 선택을 위한 필수 요소입니다.

정민이가 부모님에게 드릴 옷을 사지 못했던 이유는 가진 돈이 작았기 때문입니다. 즉, 조건이 맞지 않았기 때문입니다. 간단히 정리해 보겠습니다.

- **부모님께 선물을 사드린 경우**
  - **조건** 보유 금액이 5만 5천원 이상
  - **선택** 선물 구입

- **정민이가 부모님께 옷 선물을 사드리지 못한 경우**
  - **조건** 보유 금액이 5만 5천 원 미만
  - **선택** 선물 구입 못함

지금까지 살펴본 일상에서의 조건과 선택의 사례는 컴퓨팅 세계에서는 조건문을 통해서 표현할 수 있습니다.

8.1 조건문이란

8.1.1 조건문은 프로그램의 흐름을 바꾼다

다음 그림은 앞에서 이야기했던 55,000원을 갖고 있는 정민이가 구매할 상품을 선택할 때 하는 행동을 도식화하고 있습니다. 마름모 부분은 조건을 표현한 것으로 조건이 참인 경우와 거짓인 경우에 어떤 선택을 할지를 결정하는 흐름의 분기를 표현하고 있습니다.

보유 현금에 따른 정민이의 행동 변화

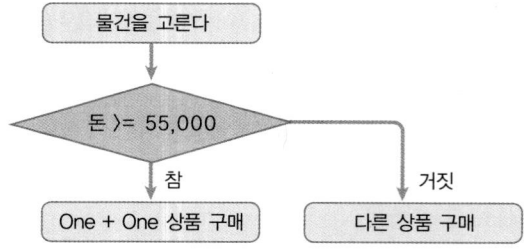

컴퓨팅 세계에서는 마름모 부분을 조건문으로 표현할 수 있는데, 조건문은 어떤 조건이 참 또는 거짓일 때 조건에 해당되는 일이 선택되어 처리되는 문장을 말합니다. 조건문을 사용하면 상황(조건이 참 또는 거짓)에 따라 프로그램의 흐름을 제어할 수 있는 코드를 작성할 수 있습니다.

8.1.2 조건문은 선택의 기회를 제공한다

다음 그림은 자판기 사용자가 마실 음료수를 선택할 때 하는 행동을 도식화하고 있습니다. 사용자는 원하는 음료 버튼을 누르고, 이에 따라서 해당 음료수를 받게 됩니다.

음료 자판기에서 음료 선택

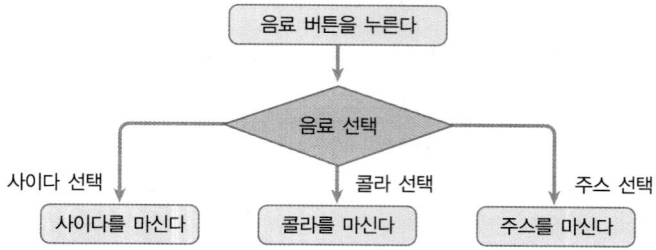

자판기의 예제를 조건문으로 표현해 본다면 다음과 같이 세 가지 조건들로 정리할 수 있습니다. 이처럼 조건문은 선택의 기회를 제공하기도 합니다.

- **조건문 1** 사이다 버튼이 참이라면 사이다 선택
- **조건문 2** 콜라 버튼이 참이라면 콜라 선택
- **조건문 3** 주스 버튼이 참이라면 주스 선택

그렇다면, C 언어에서 조건문은 어떻게 표현할 수 있을까요? 크게 두 가지로 표현할 수 있습니다. if 문과 switch~case 문으로 표현할 수 있습니다. 지금부터 하나씩 배워 보겠습니다.

8.2 조건문을 만드는 방법 1 - if 문

8.2.1 if 문

영어에서 if를 사용하는 문장이 어떤 조건을 제시하듯이 C 언어에서도 if 문으로 프로그램의 실행 흐름을 분기하는 조건을 제시합니다.

C 언어에서 if 문은 다음처럼 매우 간단한 구조로 되어 있습니다. if라는 키워드 옆에 있는 괄호 안에 조건을 입력하고 해당 조건이 맞으면 내용을 수행하게 됩니다.

해석 : 조건식이 참이면 내용을 수행해라!

만약 if 문의 내용이 중괄호로 묶여 있다면 중괄호 안에 있는 내용을 수행합니다. 다음처럼 조건을 만족하면 수행해야 하는 문장이 둘 이상인 경우에 이를 묶기 위해서 중괄호를 사용하였습니다. 다시 말하면 수행할 문장이 한 문장인 경우에는 중괄호를 생략할 수 있고, 하나 이상인 경우에는 중괄호를 사용해서 이들 문장을 묶습니다.

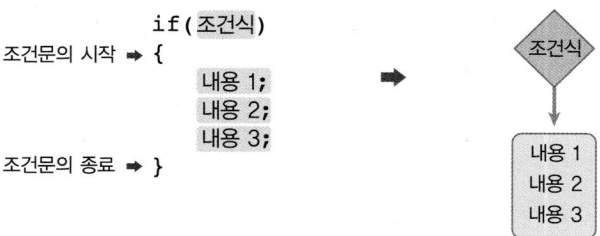

if 문의 기본 구조를 살펴본 독자는 while 문과 비슷하게 생겼다는 생각을 할 수 있습니다. while 문에서 while 키워드 대신에 if가 사용되었고, 그 외에 괄호 안에 있는 조건이나 내용을 표시하는 방법은 동일하기 때문입니다. while 문은 조건이 만족되는 동안에 반복적으로 내용을 수행하지만 if 문의 경우에는 조건이 만족되면 한 번만 수행한다는 차이가 있습니다.

다음 예제를 가지고 if 문의 사용법에 관해서 알아보겠습니다. 키보드로부터 숫자를 입력받아 입력 값이 양수인지 음수인지를 판단하는 코드입니다.

예제 | 8-1

```
01 : #include <stdio.h>
02 : int main(void)
03 : {
04 :     int num;
05 :     printf("숫자를 입력하세요 : ");
06 :     scanf("%d", &num);
07 :
08 :     if(num>=0)
09 :         printf("양수입니다. \n");
10 :
11 :     if(num<0)
12 :         printf("음수입니다. \n");
13 :
14 :     return 0;
15 : }
```

::: 실행 결과 ▶

숫자를 입력하세요 : 6
양수입니다.
계속하려면 아무 키나 누르십시오 . . .

6행에서 키보드로부터 입력받은 정수를 변수 num에 저장합니다. 8행에서 변수 num에 저장된 값이 0보다 크거나 같은지를 검사합니다. 11행에서 변수 num에 저장된 값이 0보다 작은 수(음수)인지를 검사합니다.

조건문 if는 반복문과 함께 사용하면 유용할 때가 많습니다. 다음 예제는 1부터 100까지 수 중에서 5의 배수를 출력하는 코드입니다.

예제 | 8-2

```
01 : #include <stdio.h>
02 : int main(void)
03 : {
04 :     int num;
05 :
06 :     printf("5의 배수 : ");
07 :     for(num=1; num<=100; num++)         초깃값, 조건값, 증감값
08 :     {
09 :         if(num%5==0)
10 :             printf("%3d", num);
11 :     }
12 :
13 :     return 0;
14 : }
```

::: 실행 결과 ▶

5의 배수 : 5 10 15 20 25 30 35 40 45 50 55 60 65 70 75 80 85 90 95 100
계속하려면 아무 키나 누르십시오 . . .

7행은 정수형 변수인 num을 1부터 100까지 증가시키는 반복문입니다. 9행은 변수 num의 값을 5로 나누어 나머지가 0(5의 배수)인지 비교하는 조건문입니다. 즉, 5의 배수인지를 식별하고 있습니다. 10행에서 9행이 참인 경우(5의 배수인 경우)에 변수 num의 값을 출력합니다.

8.2.2 if~else 문

if~else에서 else의 사전적인 의미는 '그 밖'에 또는 '그렇지 않으면'을 의미합니다. 조건문에서 if~else 문을 사용하면 참인 경우와 그 밖의 경우를 엄격히 구분해서 프로그램의 흐름을 제어할 수 있습니다.

if~else 문의 사용 방법은 다음과 같습니다. if의 조건이 참인 경우에는 내용 1을 수행하고 참이 아닌 그 밖의 경우에는 else 밑에 있는 내용 2를 수행합니다.

해석 : 조건식이 참인 경우 내용 1을 수행해라! 조건식이 참이 아닌(그밖에) 경우 내용 2을 수행해라!

if~else 문을 사용하는데 유의할 점은 독립된 if와 else로 이루어진 코드는 두 문장이 아니라는 것입니다. 무슨 말인가 하면, else만을 따로 사용할 수 없다는 것입니다. if~else 문은 C 언어에서 사용되는 하나의 표현입니다.

다음 예제를 가지고 if~else 문을 이해해 보겠습니다. 15세 ~ 100세까지 회원 가입이 가능하고 그 밖의 경우(100살을 초과)에는 회원 가입이 되지 않는 웹 사이트를 가정한 프로그램입니다.

예제 | 8-3

```
01 : #include <stdio.h>
02 : int main(void)
03 : {
```

```
04 :    int age;
05 :
06 :    printf("나이 입력 : ");
07 :    scanf("%d", &age);
08 :
09 :    if(age>=15 && age<=100)
10 :        printf("회원 가입이 가능합니다. \n");
11 :
12 :    else
13 :        printf("회원 가입이 불가능합니다. \n");
14 :
15 :    return 0;
16 : }
```

::: 실행 결과 ▶

나이 입력 : 101
회원 가입이 불가능합니다.
계속하려면 아무 키나 누르십시오 . . .

7행에서 키보드로부터 나이를 입력받습니다. 9행은 입력받은 나이가 15세보다 크거나 같고 100세보다 작거나 같은지를 비교하는 조건문입니다. 즉, 입력받은 나이가 15세~100세인지를 비교합니다. 12행은 입력받은 나이가 15세~100세 사이가 아닌 경우를 나타내는 그 밖의 경우를 나타냅니다.

8.2.3 중첩 if~else 문과 else if 문

이번 절에서는 세 가지 이상의 선택이 사용될 경우 사용할 수 있는 중첩 if~else 문과 else if 문에 대하여 살펴보고 그들을 비교하여 일반적으로 어떤 것이 주로 사용되는지 함께 알아보겠습니다.

다음 예제 8-4, 8-5, 8-6을 비교해 봅시다.

열혈강의 C 언어 본색
Part 1

예제 | 8-4

```
01 :   #include <stdio.h>
02 :   int main(void)
03 :   {
04 :       int num;
05 :       printf("숫자 입력 : ");
06 :       scanf("%d", &num);
07 :
08 :       if(num>0)
09 :           printf("0보다 큰 수가 num에 저장 \n");
10 :
11 :       else
12 :           printf("0 또는 0보다 작은 수가 num에 저장 \n");
13 :
14 :       return 0;
15 :   }
```

행에서 키보드로부터 숫자를 입력받아 변수 num에 저장하고 있습니다. **8행**에서 변수 num의 값이 0보다 큰 경우를 비교합니다. **11행**에서는 변수 num의 값이 0보다 크지 않은 그 밖의 경우를 비교하고 있습니다. 그 밖의 경우에는 0인 경우와 0보다 작은 경우가 있을 수 있지만, 그러한 경우들을 제어하지 않고 있습니다.

예제 | 8-5

```
01 :   #include <stdio.h>
02 :   int main(void)
03 :   {
04 :       int num;
05 :
06 :       printf("숫자 입력 : ");
07 :       scanf("%d", &num);
08 :
09 :       if(num>0)
10 :           printf("0보다 큰 수가 num에 저장 \n");
11 :
12 :       else
```

```
13 :    {
14 :        if(num==0)
15 :            printf("0이 num에 저장 \n");
16 :
17 :        else
18 :            printf("0보다 작은 수가 num에 저장 \n");
19 :    }
20 :
21 :    return 0;
22 : }
```

14행과 17행에서 변수 num의 값이 0인 경우와 0보다 작은 경우를 제어하고 있습니다.

예제 | 8-6

```
01 : #include <stdio.h>
02 : int main(void)
03 : {
04 :    int num;
05 :
06 :    printf("숫자 입력 : ");
07 :    scanf("%d", & num);
08 :
09 :    if(num>0)
10 :        printf("0보다 큰 수가 num에 저장 \n");
11 :
12 :    else if(num==0)
13 :        printf("0이 num에 저장 \n");
14 :
15 :    else
16 :        printf("0보다 작은 수가 num에 저장 \n");
17 :
18 :    return 0;
19 : }
```

예제 8-5와 8-6은 같은 코드입니다. 예제 8-5에서 **13행**의 중괄호와 **19행**의 중괄호를 제거하면 예제 8-6의 **12행**처럼 else if 코드가 됩니다.

이처럼 세 가지 이상의 선택 사항이 주어질 경우에는 예제 8-5처럼 if~else 문을 중첩해서 사용하는 것보다 예제 8-6처럼 else if를 사용하는 것이 코드의 구조상 유리할 수 있습니다. 다음 페이지에서 이유를 살펴보겠습니다.

if~else 문을 중첩해서 쓰는 것보다 else if를 사용하는 것이 좋은 이유를 예제 8-7과 8-8을 비교해 보겠습니다.

예제 | 8-7

```
01 : #include <stdio.h>
02 : int main(void)
03 : {
04 :     int num;
05 :
06 :     printf("C 언어 성적 입력 : ");
07 :     scanf("%d", &num);
08 :     if(num>=95)
09 :         printf("A+입니다. \n");
10 :     else
11 :     {
12 :         if(num>=90)
13 :             printf("A입니다. \n");
14 :         else
15 :         {
16 :             if(num>=85)
17 :                 printf("B+입니다. \n");
18 :             else
19 :             {   if (num>=80)
20 :                     printf("B입니다. \n");
21 :                 else
22 :                     printf("F입니다. \n");
23 :             }
24 :         }
25 :     }
26 :
```

```
27 :     return 0;
28 : }
```

전체 코드를 보면 else 안에 if~else 문이 중첩되어 있습니다. B 미만의 성적은 F학점을 주는 프로그램인데, 프로그램을 수정하다 보면 else 내에 if~else 문을 계속 중첩해야 하고 구조상 가독성이 좋지 않다고 생각될 것입니다. 결론적으로, 예제 8-7의 **11행, 15행, 19행, 23행, 24행, 25행**의 중괄호를 삭제하기 바랍니다. 예제 8-8과 같이 가독성이 보다 좋은 형태로 구조화됩니다. 그리고 코드의 길이도 조금 짧아집니다.

예제 | 8-8

```
01 : #include <stdio.h>
02 : int main(void)
03 : {
04 :     int num;
05 :
06 :     printf("C 언어 성적 입력 : ");
07 :     scanf("%d", &num);
08 :
09 :     if(num>=95)                    num>=95가 참인 경우 A+ 출력
10 :         printf("A+입니다. \n");
11 :
12 :     else if(num>=90)               num>=95가 아닌(거짓) 그밖의 경우
13 :         printf("A입니다. \n");     중에서 num>=90이 참인 경우 A 출력
14 :
15 :     else if(num>=85)               num>=90이 아닌(거짓) 그밖의 경우
16 :         printf("B+입니다. \n");    중에서 num>=85가 참인 경우 B+ 출력
17 :
18 :     else if(num>=80)               num>=85가 아닌(거짓) 그밖의 경우
19 :         printf("B입니다. \n");     중에서 num>=80이 참인 경우 B 출력
20 :
21 :     else                           모든 조건식이 거짓인 경우 F 출력
22 :         printf("F입니다. \n");
23 :
24 :     return 0;
25 : }
```

예제 8-9는 else if의 필요성을 느끼게 합니다. 예제 8-8과 8-9의 실행 결과를 비교해 보기 바랍니다.

예제 8-9

```c
01 : #include <stdio.h>
02 : int main(void)
03 : {
04 :     int num;
05 :
06 :     printf("C 언어 성적 입력 : ");
07 :     scanf("%d", &num);
08 :
09 :     if(num>=95)
10 :         printf("A+입니다. \n");
11 :
12 :     if(num>=90)              // else if(num>=90)
13 :         printf("A입니다. \n");
14 :
15 :     if(num>=85)              // else if(num>=85)
16 :         printf("B+입니다. \n");
17 :
18 :     if(num>=80)              // else if(num>=80)
19 :         printf("B입니다. \n");
20 :
21 :     else
22 :         printf("F입니다. \n");
23 :
24 :     return 0;
25 : }
```

::: 실행 결과 ▶

C 언어 성적 입력 : 90
A입니다.
B+입니다.
B입니다.
계속하려면 아무 키나 누르십시오 . . .

예제 8-9의 실행 결과를 보면 90을 입력했는데 해당되는 학점이 A, B+, B라고 출력되고 있습니다. 분명 90점은 A학점이여야 하는데 왜 이상하게 출력되는 걸까요? 사전적으로 if는 '만약 ~라면'이란 의미이고 else if는 그 밖의 경우에서 '만약~라면'이라는 의미이기 때문에 if 문과 else if 문의 차이는 실행 결과가 다릅니다. **12행, 15행, 18행**의 주석 부분을 제거하여 대체 실행해 보면 원래의 결과가 출력됩니다. else if 문은 그 밖의 경우 중에서 참과 거짓을 구분할 수 있는 중요한 특징을 가지고 있습니다.

8.3 조건문을 만드는 방법 2 - switch~case 문

이제까지 if와 관련된 조건문을 표현하는 방법에 관하여 알아보았습니다. 지금부터는 switch~case 문을 이용하여 다른 방식으로 조건문을 표현하는 방법에 대하여 배우겠습니다.

8.3.1 switch~case 문

다음을 가정해 봅시다. 우리 집에는 스위치가 3개 있습니다. 전등을 켜고 싶을 때 1번 스위치를 누르고, 전등을 끄고 싶을 때 2번 스위치를 누르며 3번 스위치는 고장이 났습니다. 정리해 보면,

- **1번 스위치를 누른 경우** 전등이 켜짐
- **2번 스위치를 누른 경우** 전등이 꺼짐
- **3번 스위치를 누른 경우** 고장으로 작동 안함

이런 내용을 switch~case 문으로 적용한 예제를 가지고 살펴보겠습니다.

예제 | 8-10

```
01 : #include <stdio.h>
02 : int main(void)
03 : {
04 :     int num;
05 :
06 :     printf("몇 번 스위치를 누르시겠습니까? ");
```

```
07 :    scanf("%d", &num);
08 :
09 :    switch(num)
10 :    {
11 :        case 1:                    num이 1인 경우
12 :            printf("전등이 켜짐 \n');
13 :            break;
14 :
15 :        case 2:                    num이 2인 경우
16 :            printf("전등이 꺼짐 \n");
17 :            break;
18 :
19 :        case 3:                    num이 3인 경우
20 :            printf("고장 \n");
21 :            break;
22 :
23 :        default:              해당 case 문에 해당하는 것이 없는 경우
24 :            printf("스위치 오류 : 우리집 스위치는 1번 ~ 3번까지만 있습니다. \n");
25 :    }
26 :
27 :    return 0;
28 : }
```

::: 실행 결과 ▶

몇 번 스위치를 누르시겠습니까? 1
전등이 켜짐
계속하려면 아무 키나 누르십시오 . . .

::: 실행 결과 ▶

몇 번 스위치를 누르시겠습니까? 2
전등이 꺼짐
계속하려면 아무 키나 누르십시오 . . .

::: 실행 결과 ▶

몇 번 스위치를 누르시겠습니까? 3
고장
계속하려면 아무 키나 누르십시오 . . .

::: 실행 결과 ▶

몇 번 스위치를 누르시겠습니까? 5
스위치 오류 : 우리집 스위치는 1번 ~ 3번까지만 있습니다.
계속하려면 아무 키나 누르십시오 . . .

switch~case 문은 **9행**부터 **25행**까지이며, 특이한 점은 break와 default 키워드를 사용하고 있습니다. break 키워드는 switch 문을 종료하게 하고, default 키워드는 switch 문으로 전달된 num 값에 해당되는 case 문이 없을 때 기본적으로 수행되는 코드입니다.

9행에서 키보드로부터 입력받은 숫자를 저장한 변수 num의 값을 switch 문에 전달합니다. 전달하는 값으로는 int형 정수나 char형 정수만을 사용합니다. **11행**부터 **13행**까지에서 num이 1인 경우 전등이 켜지고 break 문을 수행합니다. break 문은 switch 문을 종료합니다. **15행**부터 **17행**까지에서 num이 2인 경우 전등이 꺼지고 break 문을 수행합니다. **19행**부터 **21행**까지에서 num이 3인 경우 고장을 출력하고 break 문을 수행합니다. **23행**에서 num이 1도, 2도, 3도 아닌 경우 수행합니다.

switch 문의 마지막에는 default 문이 있습니다. switch 문으로 전달된 변수 num의 값에 해당하는 case 문이 없을 경우 실행되는 영역으로 switch~case 문을 자세히 보면 if~else 문과 유사합니다. 다음 그림은 지금까지의 설명을 도식화한 것이니 참고하기 바랍니다.

8.3.2 switch 문에 사용되는 default와 break

이번에 배울 내용은 switch 문에서 default와 break 키워드가 어떤 역할을 하는가입니다. default는 switch 문에서 정의한 case에 해당되는 조건이 없는 경우에 수행하는 문장입니다.

간혹 사용자가 잘못 입력한 값이 프로그램의 실행에 큰 위험을 줄 수 있기 때문에 default로 사용자의 실수를 처리합니다. break는 switch 문을 종료하는 역할을 합니다. 따라서 switch 문이 수행되는 중간에 break를 만나면 그 이후 내용은 무시되고 switch 문이 종료됩니다.

다음 예제를 살펴보겠습니다.

예제 8-11

```
01 : #include <stdio.h>
02 : int main(void)
03 : {
04 :     char ch;
05 :
06 :     printf("(T)hursday, (F)riday, (S)aturday \n");
07 :     printf("문자 입력(T, F, S) : ");
08 :     scanf("%c", &ch);
09 :
10 :     switch(ch)
11 :     {
12 :         case 'T':
13 :         case 't':
14 :             printf("Thursday \n");
15 :             break;
16 :
17 :         case 'F':
18 :         case 'f':
19 :             printf("Friday \n");
20 :             break;
21 :
22 :         case 'S':
23 :         case 's':
24 :             printf("Saturday \n");
25 :             break;
26 :
27 :         default:
28 :             printf("잘못 입력되었습니다. \n");
29 :     }
30 :
31 :     return 0;
32 : }
```

::: 실행 결과 ▶

(T)hursday, (F)riday, (S)aturday
문자 입력(T, F, S) : T
Thursday
계속하려면 아무 키나 누르십시오 . . .

::: 실행 결과 ▶

(T)hursday, (F)riday, (S)aturday
문자 입력(T, F, S) : t
Thursday
계속하려면 아무 키나 누르십시오 . . .

실행 결과가 어떻습니까? 대소문자를 구분하지 않고 출력됩니다. 예를 들어, **10행**에서 변수 ch에 저장된 문자가 T라면 break 문을 만날 때까지 실행되기 때문에 Thursday가 출력되고 switch 문을 벗어납니다.

8.3.3 switch~case 문의 한계

switch~case 문은 역시 if~else 문과 같이 프로그램의 흐름을 제어하는 데 사용됩니다. 다음 그림과 같이 분기의 경우의 수가 많아지면 if~else 문보다는 switch~case 문을 사용하는 것이 좋습니다. 분기의 수가 많아지면 가독성이 떨어지기 때문에 코드를 보다 간결하게 나타내는 것이 중요해집니다. 프로그램의 가독성을 높이는 데 switch~case 문이 if~else 문보다 유리한 장점을 가집니다.

switch 문과 if 문과의 관계

```
int main(void)
{
   ...
   switch(num)
   {
     case 1:
         내용 1;
         break;
     case 2:
         내용 2;
         break;
     case 3:
         내용 3;
         break;
     default:
         내용 4;
   }
   ...
}
```

상호 코드
전환 가능

```
int main(void)
{
   ...
   if(num==1)
      내용 1;
   else if(num==2)
      내용 2;
   else if(num==3)
      내용 3;
   else
      내용 4;
}
```

switch 문은 프로그램의 가독성을 높이는 장점이 있지만 다른 한편으로는 if~else 문에 비해 한계가 있습니다. 즉, switch 문은 비교 연산자를 사용할 수 없습니다. 다음 그림은 if~else 문으로 작성한 코드에 비교 연산이 있는 경우 switch 문으로 바꾸는 것이 논리적으로 불가능함을 보여주고 있습니다. 왜냐하면 switch 문에는 char형 문자, char형 정수, int형 정수만 올 수 있기 때문입니다. 따라서 switch 문에는 당연히 float형 또는 double형 실수가 올 수 없습니다.

switch 문으로 표현할 수 없는 조건문

```
int main(void)
{
  ...
  switch(num)
  {
    case  ?  :
         내용 1;
         break;
    case  ?  :
         내용 2;
         break;
    default:
         내용 3;
  }
  ...
}
```

상호 코드
전환 불가능

```
int main(void)
{
   ...
   if(num>0)
       내용 1;
   else if(num<0)
       내용 2;
   else
       내용 3;
}
...
}
```

8.4 break와 continue

C 언어에서는 break와 continue라는 키워드를 제공합니다. 이들 키워드는 반복문 내에서 if 문 같은 조건문과 함께 사용되는 경우가 많습니다. 앞에서 break가 switch~case 문에서 사용되는 경우를 살펴보았습니다.

▎break 문과 continue 문은 반복문에서 유용하다.

추가적으로 break는 반복문을 종료할 때도 많이 사용됩니다. 다음 그림과 같이 break는 반복문이 수행되는 도중에 break를 만나면 반복을 종료하고 반복문 다음 문장을 실행합니다. continue는 반복문을 종료하는 것이 아니라, 반복문에서 조건 비교의 위치로 넘어가게 합니다. 즉, 반복할 내용을 한 번 생략하는 것을 의미합니다. 주의할 점으로 continue는 while, for, do~while과 같은 반복문과는 같이 쓸 수 있지만 switch 문과는 같이 쓸 수 없습니다.

break와 continue 비교

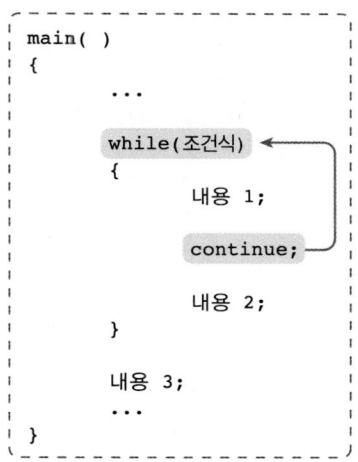

반복문에서 **break**를 만나면 무조건
반복문을 종료하고 다음 문장을 수행

반복문에서 **continue**를 만나면 무조건
조건식을 수행

다음 예제는 for 무한 루프 내에서 키보드로부터 문자를 계속해서 입력받는 프로그램입니다. 만약 키보드로부터 q를 입력한 경우 무한 루프 반복문을 종료시키는 break 키워드를 통해 무한 루프를 탈출합니다.

예제 | 8-12

```
01 :    #include <stdio.h>
02 :    int main(void)
03 :    {
04 :        char ch;
05 :
06 :        printf("문자를 입력하세요(q를 입력하면 종료) : ");
07 :        for( ; ; )
08 :        {
09 :            scanf("%c", &ch);
10 :            if(ch=='q')
11 :                break;
12 :        }
13 :        printf("반복문을 종료합니다. \n");
14 :
15 :        return 0;
16 :    }
```

::: 실행 결과 ▶

문자를 입력하세요(q를 입력하면 종료) : a
s
d
e
q
반복문을 종료합니다.
계속하려면 아무 키나 누르십시오 . . .

7행에서 for 문에 아무런 조건이 없기 때문에 프로그램은 무한 루프에 빠지게 됩니다. **9행**에서 키보드로부터 입력받은 문자를 변수 ch에 저장합니다. 따라서 무한 루프를 실행하면서 키보드로부터 문자를 계속 입력받고 있습니다. **10행**과 11행에서 키보드로부터 입력받은 문자가 q인 경우에 break를 이용하여 반복문을 종료하고 **13행**을 수행합니다.

다음 예제는 1부터 100까지의 정수 중에서 정수에서 짝수만을 출력하는 프로그램으로 홀수를 생략하는 방법을 나타내는 continue 키워드와 관련된 코드입니다.

Chapter 08 조건문이란 무엇인가

예제 | 8-13

```
01 :  #include <stdio.h>
02 :  int main(void)
03 :  {
04 :      int num;
05 :
06 :      for(num=0; num<101; num++)
07 :      {
08 :          if(num%2==1)
09 :              continue;
10 :
11 :          printf("%d \n", num);
12 :      }
13 :
14 :      return 0;
15 :  }
```

::: 실행 결과 ▶

```
0
2
4
…(중략)
96
98
100
계속하려면 아무 키나 누르십시오 . . .
```

8행부터 **11행**까지에서 num%2가 1인 경우, 즉 num이 홀수인 경우 continue 문이 수행됩니다. continue 문이 수행되면 11행은 생략되고 **6행**의 num++을 수행합니다. 그런 다음 for 문이 반복됩니다. C 언어에서는 이처럼 반복문을 탈출하고 생략하는 break와 continue라는 키워드를 제공합니다.

연/습/문/제/
Exercise

1 다음 실행 결과를 만족하는 프로그램을 작성하세요.

::: 실행 결과 ▶

두 개의 정수를 입력하세요 : 4 6
큰 수는 6입니다.
계속하려면 아무 키나 누르십시오 . . .

::: 실행 결과 ▶

두 개의 정수를 입력하세요 : 5 5
두 수는 같습니다.
계속하려면 아무 키나 누르십시오 . . .

2 세 자리 십진수를 입력받아서 각 자리의 숫자들이 각각 짝수인지 홀수인지를 구분하여 출력하는 프로그램을 작성하세요. 예를 들어 456을 입력하면 "4 : 짝수 5 : 홀수 6 : 짝수"가 출력됩니다.

::: 실행 결과 ▶

3자리 십진수를 입력하세요 : 456
4 : 짝수 5 : 홀수 6 : 짝수
계속하려면 아무 키나 누르십시오 . . .

3   다음 실행 예는 점수에 따라 해당 등급의 문자를 반환하는 프로그램입니다. 입력되는 점수는 항상 100 이하이며 점수가 90-100이면 A, 80-89이면 B, 그 외에는 F를 반환합니다. switch 문으로 작성하세요.

::: 실행 결과 ▶

점수를 입력하세요 : 95
A
계속하려면 아무 키나 누르십시오 . . .

4   1부터 100까지 수 중에서 홀수만 출력하는 프로그램을 작성하세요. 반복문의 경우에는 for 문을 사용하고, 1부터 100까지 증가하는 숫자 중 짝수의 출력을 방지하기 위해 continue를 이용하세요.

::: 실행 결과 ▶

1 3 5 7 9 11 13 15 17 19 21 23 25 27 29 31 33 35 37 39 41 43 45 47 49 51 53 55 57 59 61 63 65 67 69 71 73 75 77 79 81 83 85 87 89 91 93 95 97 99
계속하려면 아무 키나 누르십시오 . . .

5   사용자로부터 세 개의 정수를 입력받아 정수형 변수 a, b, c에 각각 할당한 후, if else 문을 이용하여 이들 변수 중 가장 큰 값을 출력하는 프로그램을 작성하세요. 단, 같은 수를 입력받았을 때의 처리도 가능해야 합니다.

::: 실행 결과 ▶

input : 12
input : 113
input : 9
result : 113
계속하려면 아무 키나 누르십시오 . . .

열혈강의 C 언어 본색
Part 1

 공부한 내용 떠올리기

⇨ 조건문의 필요성

⇨ if 문, if~else 문, else if 문을 이용한 조건문의 표현 방법

⇨ switch~case 문을 이용한 조건문의 표현 방법

⇨ break 문과 continue 문

열혈강의 ⓒ 언어본색

제 9 장

함수란 무엇인가

▌도서관에서 열심히 공부하고 있던 정민이는 여자 친구 지혜와 잠시 휴식을 취하기로 했습니다. 지혜는 정민이에게 커피를 한잔 사달라고 합니다. 그래서 정민이는 커피 자판기에 200원을 넣고 200원짜리 고급 커피를 선택했습니다. 커피 자판기는 정민이의 요구에 맞추어 고급 커피를 만들었고, 정민이는 고급 커피를 지혜에게 주었습니다. 지혜는 정민이가 준 커피를 마시며 기분이 너무 좋아졌습니다.

Part 1 | 제9장

9.1 함수란 **9.2** 다양한 형태의 함수들 **9.3** 함수 적용 방법 **9.4** 변수의 종류와 범위
9.5 재귀 함수

 **앞의 이야기에서** 잠시 생각해 보아야 할 것은 커피 자판기를 보는 시각입니다. 사용자와 개발자의 관점이 어떻게 다른지를 알아야 합니다.

- **사용자(커피 자판기를 사용하는 사람)**
  - **입력** 돈을 넣습니다, 커피를 선택합니다.
  - **출력** 커피를 꺼냅니다.

- **개발자(커피 자판기를 만드는 사람)**
  - **입력** 돈을 넣습니다, 커피를 선택합니다.
  - **자판기의 기능** 커피 자판기 내부에서 커피를 만듭니다.
  - **출력** 커피를 꺼냅니다.

커피 자판기의 사용자 입장에서는 돈을 넣고(입력), 선택한 커피를 꺼내서 마시기(출력)만 하면 됩니다. 그러나 커피 자판기를 만드는 개발자 입장에서는 사용자가 돈을 넣고(입력) 커피를 만들고(자판기의 기능) 마지막으로 사용자가 커피를 꺼낼 수 있게(출력) 모든 과정을 처리해 주어야 합니다. 추가로 커피를 만드는 자판기의 기능을 고려해야 합니다. 여기서 자판기의 기능을 우리는 함수의 기능이라고 말할 수 있습니다.

9.1 함수란

컴퓨팅 세계에서 함수란 특정 작업을 수행하는 코드의 집합이라고 정의할 수 있습니다. 다음 예는 main( ) 안에 한 줄의 printf( ) 함수만이 있지만, 이 프로그램에서도 함수의 호출이 있습니다. 즉, printf( ) 함수를 호출해서 " " 안의 문자열을 출력하게 합니다.

```c
#include <stdio.h>
int main(void)
{
    printf("Hello C world! \n");
    return 0;
}
```

이제껏 만들었던 프로그램은 사실 main( ) 함수에서 다른 함수들을 호출하여 사용하고 있었습니다. 예를 들면 printf( )와 scanf( ) 함수를 main( ) 함수 내에서 호출하여 사용한 것입니다. 이들 대부분의 함수는 C 언어에서 제공하는 표준 라이브러리 함수였습니다. 그러나 프로그래머의 필요에 따라 직접 함수를 만들어서 사용할 수 있는데 이것을 사용자 정의 라이브러리 함수라고 부릅니다.

프로그램 개발의 생산성을 높이기 위해서 printf( ), scanf( ) 함수 등과 같이 표준 라이브러리 함수를 사용하기도 하지만, 프로그램의 요구 사항을 충족시키기 위해서 프로그래머가 직접 작성한 사용자 정의 라이브러리 함수를 사용하기도 합니다. 이러한 경우를 대비하기 위해 함수를 작성하는 방법을 배워야 합니다.

C 프로그램을 작성하면서 코드의 길이가 기본적인 수준을 넘는 경우에는 함수 단위로 작성해야 코드의 안정성이 좋아지고, 에러를 수정하기가 쉽습니다. 즉, 대단위의 프로그램은 수정, 유지 보수가 쉽지 않기 때문에 기능별로 세분화하는 것이 필요한데 이를 지원하는 것이 바로 함수입니다.

또한 함수는 코드의 재사용성이 좋습니다. 함수는 한번 잘 만들어 놓으면 필요할 때마다 호출해서 사용할 수 있기 때문에 함수를 작성할 때는 재사용을 고려해야 합니다. 하나의 main( ) 함수 안에서 모든 것을 코드화해 놓으면 프로그램이 복잡해질 수 있습니다. 따라서 복잡성을 줄이면서 응집력 있는 함수를 설계하고 개발하는 데 힘써야 합니다.

9.2 다양한 형태의 함수들

9.2.1 함수의 기본 요소

함수의 형태들에 대해 알아보기 전에 먼저 함수의 기본 요소를 살펴보겠습니다. 지금까지 가장 많이 본 함수는 main( ) 함수일 것입니다. 다음처럼 main( ) 함수의 기본 요소는 입력 형태, 함수 이름, 출력 형태, 함수의 기능과 같이 네 가지입니다.

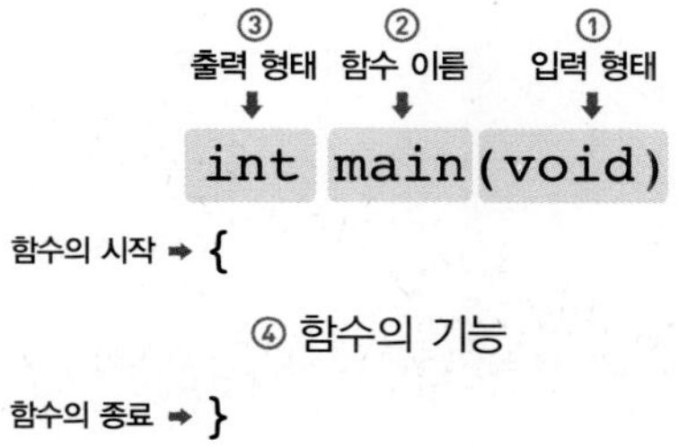

```
                  ③      ②      ①
               출력 형태  함수 이름  입력 형태
                  ↓       ↓       ↓
                int   main ( void )
함수의 시작 ➡ {
                      ④ 함수의 기능
함수의 종료 ➡ }
```

- **입력 형태** 함수가 입력받을 형태
- **함수 이름** 함수의 이름을 표현
- **출력 형태** 함수의 출력을 나타내는 자료형
- **함수의 기능** 함수가 수행할 기능 정의

main( ) 함수처럼 익숙하진 않지만 다음 그림처럼 필요에 의해서 sum( ) 함수를 만들었다고 가정해서 함수의 기본 요소를 보다 상세히 알아보겠습니다.

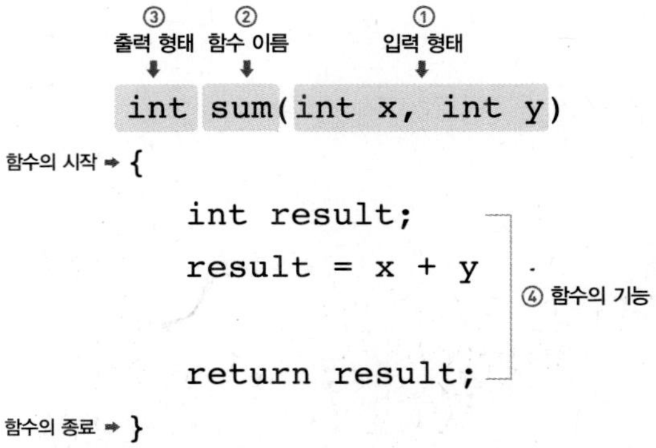

```
                  ③      ②          ①
               출력 형태  함수 이름     입력 형태
                  ↓       ↓           ↓
                int   sum( int x, int y )
함수의 시작 ➡ {
                  int result;        ⎤
                  result = x + y;    ⎥ ④ 함수의 기능
                  return result;     ⎦
함수의 종료 ➡ }
```

이 함수를 요약하면, 매개 변수 x, y를 입력받아 sum( ) 함수의 기능을 수행하고 출력 형태는 int형으로 반환하라는 의미입니다. 그리고 다음 내용은 이에 대한 세부 설명입니다.

입력 형태

두 정수를 더하는 함수를 만든다고 가정해서 함수의 입력 형태를 int x, int y로 설정했습니다. 이렇게 함수의 입력 형태로 설정된 변수를 매개 변수(Parameter)라고 하는데, 둘 이상의 매개 변수를 설정할 필요가 있을 때 콤마(,)로 구분하여 설정합니다.

함수의 이름

함수의 이름은 sum입니다. 두 개의 정수를 입력받아 합을 구하는 기능을 가진 함수이기 때문에 sum이라고 지었습니다.

출력 형태

함수의 수행 결과를 나타내는 출력 자료형을 나타냅니다. 두 개의 정수를 더해서 그 결과를 정수로 출력하기 위해 출력 형태를 int형으로 설정합니다.

함수의 기능

함수의 몸체 부분, 즉 함수의 기능을 담당하는 곳입니다. sum( ) 함수 내에서 입력 변수 x와 y를 더해 변수 result에 저장하고 return 문이 result를 반환(출력 또는 전달 의미도 된다)해주고 있습니다.

잠시 다음 그림을 통해 지금껏 설명했던 내용을 이해해 보겠습니다.

해석 : 인간이 동전과 버튼을 입력하면 자판기의 기능을 수행해서 음료(콜라)를 출력(return)해라!

지금까지 함수의 기본 요소를 살펴보았습니다. 다음 예제는 sum( ) 함수를 이용하여 두 정수를 더하는 프로그램입니다.

예제 | 9-1

```
01 : #include <stdio.h>
02 : int sum(int x, int y)
03 : {
04 :     int result=0;
05 :     result=x+y;
06 :     return result;
07 : }
08 :
09 : int main(void)
10 : {
11 :     int answer=0;
12 :     answer=sum(3, 4);
13 :     printf("%d \n", answer);
14 :
15 :     return 0;
16 : }
```

::: 실행 결과 ▶

7
계속하려면 아무 키나 누르십시오 . . .

이 그림은 이해를 돕기 위해서 예제 9-1의 설명을 도식화한 것입니다. 번호 순서대로 실행 흐름을 이해합시다.

예제 9-1의 프로그램 흐름

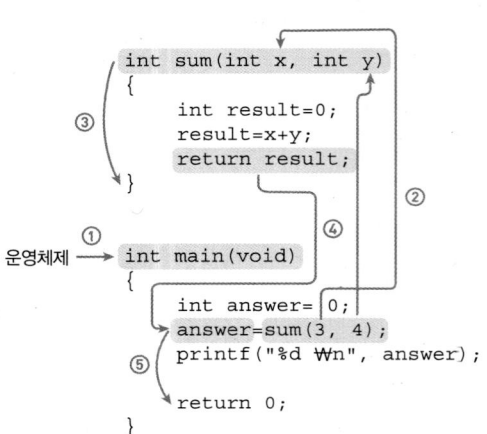

sum( ) 함수가 main( ) 함수보다 앞에 있지만 프로그램의 흐름상 main( ) 함수가 먼저 실행되는 이유는 C 프로그램을 실행하면 UNIX, 리눅스, 윈도우즈와 같은 운영체제가 main( ) 함수를 가장 먼저 호출하기 때문입니다. 이후에 main( ) 함수가 sum( ) 함수를 호출하게 됩니다.

 sum( ) 함수의 출력 형태를 int라고 설정했기 때문에 return 문으로 result를 반환할 때, result는 int형이 되어야 합니다. 출력 형태와 일치하지 않은 자료형의 데이터를 반환하면 지정된 출력 형태로 자료형이 변환되어 반환됩니다.

9.2.2 함수의 형태 네 가지

인간의 혈액형은 A형, AB형, B형, O형과 같이 네 가지입니다. 다음 그림처럼 함수에도 네 가지 형태가 있는데 11 형태, 10 형태, 01 형태, 00 형태입니다. 직관적으로 이런 형태를 구분하는 방법이 있습니다. 다음과 같이 함수의 출력 형태와 입력 형태로 구분합니다.

- 함수의 출력 형태가 있습니까? 없습니까? 출력 형태가 있으면 1, 없으면 0으로 구분합니다.
- 함수의 입력 형태가 있습니까? 없습니까? 입력 형태가 있으면 1, 없으면 0으로 구분합니다.

함수의 형태 네 가지

① 11 형태
```
int sum(int x, int y)
{
        int result=0;
        result=x+y;
        return result;
}
```

② 10 형태
```
int input(void)
{
        int num=0;
        scanf("%d", num);
        return num;
}
```

③ 01 형태
```
void print(int x)
{
        int a=x;
        printf("%d", a);
        return;
}
```

④ 00 형태
```
void output(void)
{
        printf("Hello");
        printf("world");
        return;
}
```

◯ 11 형태

int sum(int x, int y)

• 출력 형태	있음(int) ⇒ 1
• 입력 형태	있음(int x, int y) ⇒ 1
• 해석	x, y를 입력받아 sum( ) 함수의 기능을 처리하고 int형으로 출력합니다.
• 특이점	출력 형태가 있어서 함수 내에서 반드시 return 문을 사용해야 합니다.

10 형태

int input(void)

• 출력 형태	있음(int) ⇒ 1
• 입력 형태	없음(void) ⇒ 0
• 해석	입력받는 값 없이 input( ) 함수의 기능을 처리하고 int형으로 출력합니다.
• 특이점	출력 형태가 있어서 함수 내에서 반드시 return 문을 사용해야 합니다.

01 형태

void print(int x)

• 출력 형태	없음(void) ⇒ 0
• 입력 형태	있음(int x) ⇒ 1
• 해석	값 하나를 입력받아 print( ) 함수의 기능을 처리하고 출력은 하지 않습니다.
• 특이점	출력 형태가 void이므로 함수 내에 return 문이 없어도 됩니다.

00 형태

void output(void)

• 출력 형태	없음(void) ⇒ 0
• 입력 형태	없음(void) ⇒ 0
• 해석	입력받는 값 없이 output( ) 함수의 기능을 처리하고 출력은 하지 않습니다.
• 특이점	출력 형태가 void이므로 함수 내에서 return 문이 없어도 됩니다.

return의 의미는 반환하고 함수를 종료하라는 의미라서 함수의 형태가 '11'과 '10'처럼 출력 형태가 1인 경우에는 반환값이 있는 경우입니다. 때문에 반드시 return 문을 사용해야 합니다. 그러나 함수의 형태가 '01'과 '00'처럼 출력 형태가 0인 경우에는 반환값이 없는 경우여서 return 문은 주석으로 처리해도 상관없습니다.

그런데 함수가 기능을 수행하면 그것의 결과가 무엇인지 확인할 수 있어야 합니다. 출력 형태가 없는 경우에는 그렇게 할 수 없습니다. 때문에 실제로는 출력 형태가 있는 '11'과 '10'과 같은 함수의 형태가 주로 많이 사용됩니다.

9.3 함수 적용 방법

지금까지 배운 함수의 기본 요소와 함수의 형태를 가지고 프로그래밍에 적용할 차례입니다. 적용 방법에는 두 가지가 있습니다.

- **첫 번째 방법**   함수의 정의 ⇒ 함수의 호출
- **두 번째 방법**   함수의 선언 ⇒ 함수의 호출 ⇒ 함수의 정의

9.3.1 함수 적용 방법 1

함수를 프로그래밍에 적용하는 첫 번째 방법으로 함수의 정의와 함수의 호출이 있습니다.

- **○ 함수의 정의 ⇒ 함수의 호출**
- **함수의 정의**   함수의 기능을 정의한 문장
- **함수의 호출**   정의한 함수를 호출하는 문장

함수의 적용 방법 1 : 함수의 정의 ⇒ 함수의 호출

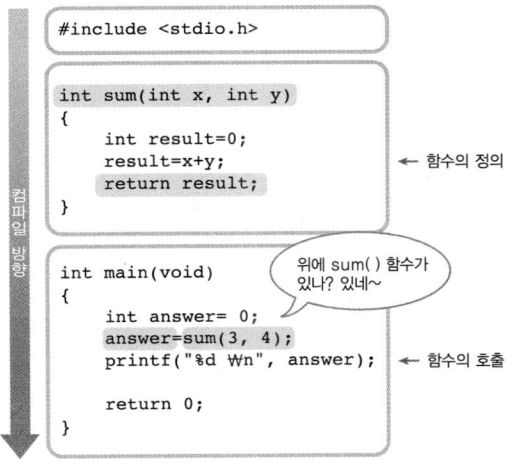

C 언어는 절자지향(순서지향) 언어이기 때문에 코드를 컴파일할 때 컴파일 방향은 위에서 아래로 진행됩니다. 앞의 그림에서 운영체제가 먼저 main( ) 함수를 실행하면 main( ) 함수는 sum( ) 함수를 호출하게 됩니다. 이 순간에 sum( ) 함수의 정의 부분을 위에서 찾습니다. 즉, 함수의 정의(함수의 기능)를 먼저 찾고, 다음으로 함수를 실행시키라는 의미입니다. 함수의 정의가 먼저 되어 있어야 해당 함수를 호출할 수 있습니다.

다음 예제를 가지고 함수의 적용 방법을 알아보도록 하겠습니다.

예제 | 9-2

```
01 : #include <stdio.h>
02 : int max(int a, int b)              ── 함수의 정의(1) 형태)
03 : {
04 :     if(a>b)
05 :         return a;
06 :     else
07 :         return b;
08 : }
09 :
10 : int main(void)
11 : {
12 :     int i, j;
13 :     int k;
14 :
15 :     printf("숫자 두 개를 입력하세요 : ");
16 :     scanf("%d %d", &i, &j);
17 :
18 :     k=max(i, j);                    ── 함수의 호출
19 :     printf("%d와 %d 중 큰 수는 %d입니다. \n", i, j, k);
20 :
21 :     return 0;
22 : }
```

::: 실행 결과 ▶

숫자 두 개를 입력하세요 : 5 8
5와 8 중 큰 수는 8입니다.
계속하려면 아무 키나 누르십시오 . . .

2행부터 8행까지에서 max( ) 함수를 정의하고 있습니다. 즉, 함수의 정의부입니다. return 문이 두 개 있지만 조건에 따라서 한 개만 실행되는 함수의 정의로 '11' 형태 즉, 매개 변수 a, b 두 개를 입력받아 max( ) 함수를 수행하고 int형으로 출력하는 함수입니다. 함수의 정의부는 **18행**에 있는 max( ) 함수의 호출부를 통해 max( ) 함수의 정의부가 실행됩니다.

함수의 적용 방법 비교

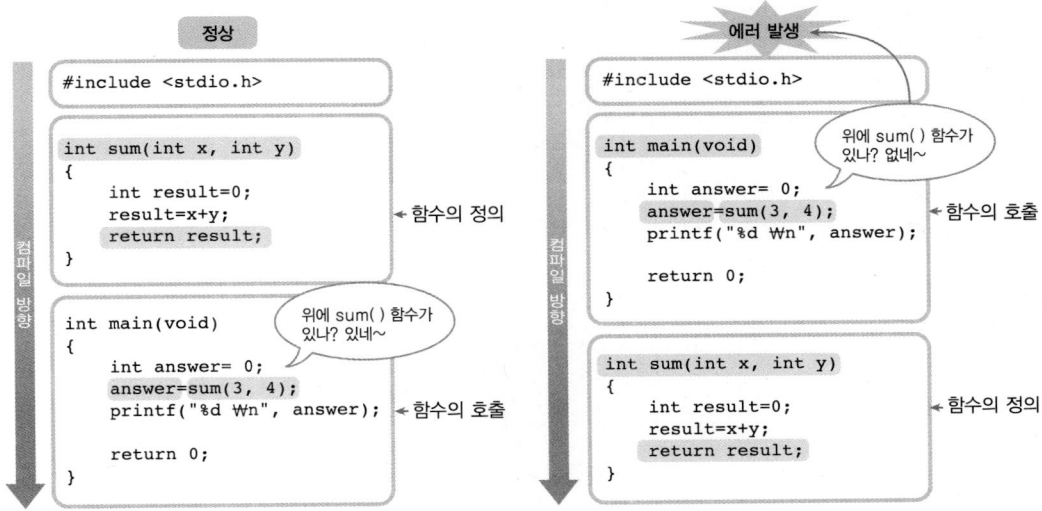

그림의 오른쪽 프로그램을 보면 함수의 적용 순서를 함수의 호출과 함수의 정의로 하였더니 에러가 발생했습니다. main( ) 함수에서 sum( ) 함수를 호출하면, sum( ) 함수를 실행하기 위해 함수의 호출부를 기준으로 위에서부터 함수의 정의부를 찾게 되는데 없어서 에러가 발생합니다.

그러나 이와 같은 에러를 아주 간단히 없애는 방법이 있습니다. 바로 다음 절에서 배울 함수의 적용 방법 두 번째입니다.

9.3.2 함수 적용 방법 2

함수를 프로그래밍에 적용하는 두 번째 방법으로 함수의 선언과 함수의 호출, 함수의 정의가 있습니다.

- **함수의 선언 ⇒ 함수의 호출 ⇒ 함수의 정의**
  - **함수의 선언** 함수의 목록이 있는 문장
  - **함수의 호출** 선언한 함수를 호출하는 문장
  - **함수의 정의** 함수의 기능을 정의한 문장

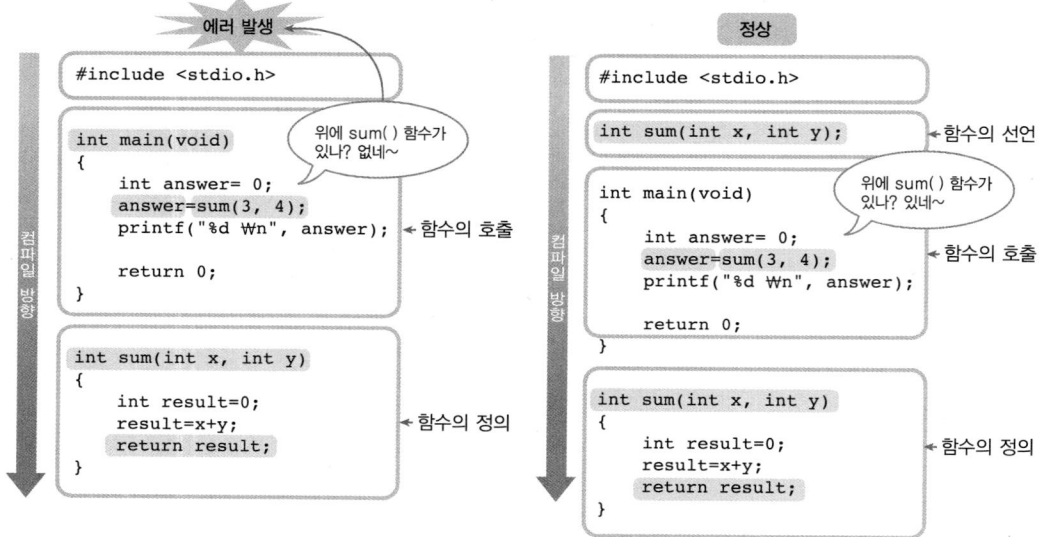

함수의 적용 방법 2 : 함수의 선언 ⇒ 함수의 호출 ⇒ 함수의 정의

그림의 오른쪽 그림은 함수의 선언부가 새롭게 추가되었습니다. 유의해서 보면 함수의 정의부에 있는 'int sum (int x, int y)'을 복사해서 세미콜론(;)을 마지막에 삽입한 간단한 구조입니다. 이것을 함수의 원형(Prototype)이라고 하는데 두 번째 방법은 함수의 원형을 선언하는 것입니다.

함수의 원형을 선언했기 때문에 main( ) 함수에서 sum( ) 함수를 호출하면 위에 sum( ) 함수가 있다고 판단해서 함수의 동작이 정상적으로 수행됩니다. 이처럼 두 번째 방법은 함수 적용에 있어서 가장 일반적인 방법입니다. 이유는 함수의 원형 선언을 통해서 함수 목록이 몇 개인지 직관적으로 쉽게 분석할 수 있고, 대략적으로 함수의 기능을 분석할 수 있기 때문입니다.

Chapter 09
함수란 무엇인가

다음 예제는 실수를 두 개 입력받아 사칙 연산 중 나눗셈을 하는 프로그램입니다. 함수의 형태 네 가지에 대하여 함수의 선언 ⇒ 함수의 호출 ⇒ 함수의 정의를 수행하고 있습니다. 별도의 설명을 하지 않아도 쉽게 이해할 수 있을 것입니다.

예제 | 9-3

```
01 : #include <stdio.h>
02 : double divide(double x, double y);      — 함수의 선언(11 형태)
03 : double input(void);                      — 함수의 선언(10 형태)
04 : void output(double x);                   — 함수의 선언(01 형태)
05 : void information(void);                  — 함수의 선언(00형태)
06 :
07 : int main(void)
08 : {
09 :     double num1, num2, result;
10 :
11 :     information( );                       — 함수의 호출(00 형태)
12 :     printf("첫 번째 실수 입력 : ");
13 :     num1=input( );                        — 함수의 호출(10 형태)
14 :
15 :     printf("두 번째 실수 입력 : ");
16 :     num2=input( );                        — 함수의 호출(10 형태)
17 :
18 :     result=divide(num1, num2);            — 함수의 호출(11 형태)
19 :     output(result);
20 :
21 :     return 0;
22 : }
23 :
24 : double divide(double x, double y)        — 함수의 정의(11 형태)
25 : {
26 :     double val;
27 :     val=x/y;
28 :     return val;
29 : }
30 : double input(void)                        — 함수의 정의(10 형태)
31 : {
32 :     double val;
33 :     scanf("%lf", &val);
```

```
34 :     return val;
35 : }
36 : void output(double x)          ── 함수의 정의(01 형태)
37 : {
38 :     printf("나눗셈 결과 : %lf \n", x);
39 :     return;
40 : }
41 : void information(void)         ── 함수의 정의(00 형태)
42 : {
43 :     printf("---프로그램 시작---\n");
44 :     return;
45 : }
```

::: 실행 결과 ▶

---프로그램 시작---
첫 번째 실수 입력 : 4.0
두 번째 실수 입력 : 2.1
나눗셈 결과 : 1.904762
계속하려면 아무 키나 누르십시오 . . .

다음 예제는 키보드로부터 정수 한 개를 입력받아 1부터 입력받은 정수까지의 합을 구하는 프로그램입니다. 예를 들어, 3이라면 1+2+3을 수행합니다. 이제껏 만든 함수와는 조금 다른 형태의 함수로 호출받은 함수 내에서 또 다른 함수를 호출하고 있습니다.

예제 | 9-4

```
01 : #include <stdio.h>
02 : int sum(void);              ┐
03 : int input(void);            ┘── 함수의 선언(10 형태)
04 : void output(int x);         ── 함수의 선언(01 형태)
05 :
06 : int main(void)
07 : {
08 :     int result;
```

```
09 :     printf("---프로그램 시작---\n");
10 :     printf("정수 한 개를 입력하세요 : ");
11 :
12 :     result=sum( );                      ── 함수의 호출(10 형태)
13 :     output(result);                     ── 함수의 호출(01 형태)
14 :
15 :     return 0;
16 : }
17 :
18 : int sum(void)                           ── 함수의 정의(10 형태)
19 : {
20 :     int i=0, total=0, num=0;
21 :     num=input( );                       ── 함수의 호출(10 형태)
22 :
23 :     for(i=1; i<=num; i++)
24 :     {
25 :         total=total+i;
26 :     }
27 :     return total;
28 : }
29 :
30 : int input(void)                         ── 함수의 정의(10 형태)
31 : {
32 :     int val;
33 :     scanf("%d", &val);
34 :     return val;
35 : }
36 : void output(int x)                      ── 함수의 정의(01 형태)
37 : {
38 :     printf("결과 : %d \n", x);
39 :     return;
40 : }
```

::: 실행 결과 ▶

---프로그램 시작---
정수 한 개를 입력하세요 : 5
결과 : 15
계속하려면 아무 키나 누르십시오 . . .

예제는 main( ) 함수에서 sum( ) 함수를 호출하고, sum( ) 함수 내에서 다시 input( ) 함수를 호출하는 구조입니다. **12행**에서 main( ) 함수 내에서 sum( ) 함수를 호출하고 있고, **21행**에서 sum( ) 함수 내에서 input( ) 함수를 호출하고 있습니다.

30행부터 **35행**까지에서 input( ) 함수 내에서는 scanf( ) 함수를 통해 키보드로부터 문자 하나를 입력받아 변수 val에 저장합니다. val의 값은 return 문을 통해서 21행 변수 num에 값을 반환하고, **23행**부터 **26행**까지에서 반복문을 통해 덧셈 연산을 수행합니다. 덧셈 연산이 끝난 후 **27행**에서 return 문을 통해 변수 total 값을 12행 변수 result에 값을 반환하고 **13행**에서 result를 매개 변수로 하여 output( ) 함수를 호출합니다. **36행**에서 output( ) 함수가 실행되어 결과를 출력합니다.

앞의 예제는 다소 복잡하게 왔다 갔다 하며 설명한 것처럼 보이지만, 함수가 호출되었을 때 함수의 정의부를 찾아 기능을 수행하는 아주 간단한 논리입니다. 결론적으로, main( ) 함수에서만 함수를 호출하는 것이 아니라 다른 함수 내에서도 함수를 호출할 수 있다는 것입니다.

9.4 변수의 종류와 범위

함수에서 사용되는 변수는 지역 변수, 전역 변수, 정적(static) 변수, 외부(extern) 변수, 레지스터(register) 변수가 있습니다. 이러한 변수들은 선언되는 위치나 종류에 따라 메모리상에 존재하는 기간이 다릅니다. 이번 절에서는 변수의 심화 학습으로 변수의 종류와 범위에 대해서 알아보겠습니다.

- 지역 변수
- 전역 변수
- 정적 변수
- 외부 변수
- 레지스터 변수

9.4.1 지역 변수

지역 변수(Local Variable)는 main( ) 함수, 조건문, 반복문의 중괄호(블록,{ }) 내부와 함수의 매개 변수(Parameter)로 사용되는 변수를 의미합니다.

다음 그림을 보면 자료형과 변수 이름까지 같은 변수 result가 동시에 두 곳 있습니다. 문제가 될 것 같지만 그렇지 않습니다. sum( ) 함수의 중괄호 내에 있는 변수 result와 main( ) 함수 내에 있는 변수 result는 이름만 같을 뿐이지 지역적으로는 전혀 다른 변수이기 때문입니다.

이름이 같은 변수 result

```
int sum(int x, int y)
{
    int result=0;
    result=x+y;
    return result;
}                        우린 서로 달라!

int main(void)
{
    int result=10;
    result=sum(3, 4);
    printf("%d \n", result);
    return 0;
}
```

앞의 그림과 같이 서로 다른 지역에서 같은 이름으로 존재하는 변수의 특성을 예제를 가지고 자세히 알아보겠습니다.

예제 | 9-5

```
01 : #include <stdio.h>
02 : void func_A(void);        ——— 함수의 선언(OO 형태)
03 :
04 : int main(void)
05 : {
06 :     int aaa=10;           ——— main( ) 함수의 지역 변수 aaa
07 :     printf("main( ) 함수의 aaa 값 : %d \n", aaa);
08 :
09 :     func_A( );            ——— 함수의 호출
```

```
10 :        return 0;
11 : }
12 :
13 : void func_A(void)              ───── 함수의 정의
14 : {
15 :        int aaa=20;              ───── func_A( ) 함수의 지역 변수 aaa
16 :        int bbb=30;              ───── func_A( ) 함수의 지역 변수 bbb
17 :
18 :        printf("func_A( ) 함수의 aaa 값 : %d \n", aaa);
19 :        printf("func_A( ) 함수의 bbb 값 : %d \n", bbb);
20 :        return;
21 : }
```

::: 실행 결과 ▶

main( ) 함수의 aaa 값 : 10
func_A( ) 함수의 aaa 값 : 20
func_A( ) 함수의 bbb 값 : 30
계속하려면 아무 키나 누르십시오 . . .

6행에서 main( ) 함수의 중괄호 내에서만 사용 가능한 지역 변수 aaa를 선언하고 10으로 초기화합니다. 그래서 main( ) 함수의 aaa 변수 이름으로 메모리가 생성됩니다. 그리고 **15행**에서 func_A( ) 함수의 중괄호 내에서만 사용 가능한 지역 변수 aaa를 선언하고 20으로 초기화합니다. 그래서 func_A( ) 함수의 aaa 변수 이름으로 메모리가 생성됩니다. **16행**에서 func_A( ) 함수의 중괄호 내에서만 사용 가능한 지역 변수 bbb를 선언하고 30으로 초기화합니다. 그래서 func_A( ) 함수의 bbb 변수 이름으로 메모리가 생성됩니다.

20행에서 func_A( ) 함수의 return이 실행되는 순간 func_A( ) 함수의 중괄호 내에서 사용되던 지역 변수 aaa, bbb가 메모리에서 모두 소멸됩니다. 그리고 **10행**에서 main( ) 함수의 'return 0'이 실행되는 순간 main( ) 함수의 중괄호 내에서 사용되던 지역 변수 aaa가 메모리에서 소멸됩니다.

예제 9-5의 지역 변수의 메모리 생성과 소멸

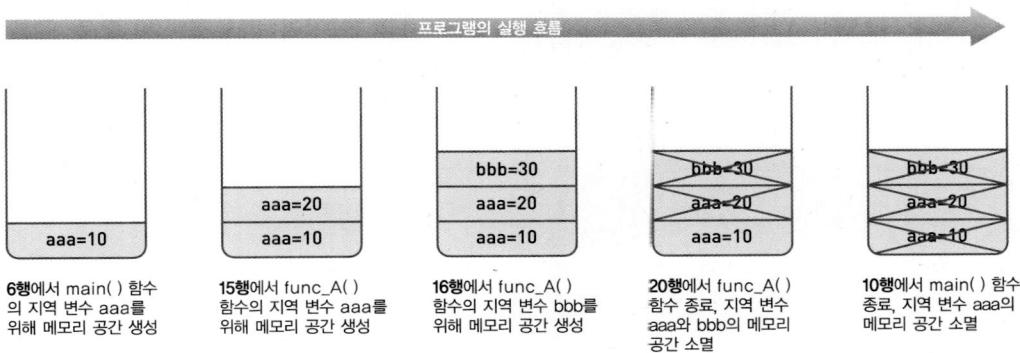

서로 다른 중괄호 내에서 같은 이름으로 변수 aaa가 선언되었지만 지역적으로 서로 완전히 다른 변수라는 것을 이해했을 것입니다. 또한 앞의 그림과 같이 지역 변수는 해당 지역(중괄호)에서 메모리를 생성해서 사용하고 해당 지역을 빠져나가면 메모리가 자동으로 소멸되는 특징이 있습니다.

또 다른 예제를 가지고 지역 변수의 특성을 더 잘 이해해 보겠습니다.

예제 | 9-6

```
01 : #include <stdio.h>
02 : int main(void)
03 : {
04 :     int i=0;
05 :     // int total=0;
06 :
07 :     for(i=1; i<3; i++)
08 :     {
09 :         int total=0;              ← 지역 변수 total 선언
10 :         total=total+i;
11 :     }
12 :
13 :     if(total<10)                  ← 에러 발생
14 :     {
15 :         printf("total 값은 %d입니다. \n", total);
```

```
16 :    }
17 :
18 :    return 0;
19 : }
```

예제는 **13행**에서 에러가 발생합니다. F4 키를 눌러 에러의 내용을 확인해 보면 다음과 같습니다.

```
error C2065: 'total' : 선언되지 않은 식별자입니다.
```

왜 이러한 에러가 발생했을까? 바로 지역 변수의 특징 때문입니다. **9행**에서 선언된 변수 total은 **7행**과 **11행** 사이, 즉 for 문의 중괄호 내에서만 사용되는 지역 변수입니다. for 문의 중괄호 11행을 벗어나면 변수 total의 메모리는 소멸되어 더 이상 메모리에 존재하지 않습니다.

따라서 **13행**에서는 메모리에서 소멸된 변수 total을 조건문에서 비교하고 있기 때문에 에러가 발생합니다. 그러면 어떻게 에러를 제거할 수 있을까? **5행**의 주석을 제거하면 문제가 해결됩니다.

다음 예제를 가지고 함수의 매개 변수(함수의 인자)도 지역 변수라는 사실을 알 수 있습니다.

예제 | 9-7

```
01 : #include <stdio.h>
02 : int subtract(int x, int y);            ── 함수의 선언(11 형태)
03 :
04 : int main(void)
05 : {
06 :    int a=5, b=3;
07 :    int result=0;
08 :
09 :    result=subtract(a, b);               ── 함수의 호출
10 :    printf("뺄셈 결과 : %d \n", result);
11 :    return 0;
12 : }
13 : int subtract(int x, int y)              ── 함수의 정의
```

```
14 : {
15 :     return x-y;
16 : }
```

::: 실행 결과 ▶

뺄셈 결과 : 2
계속하려면 아무 키나 누르십시오 . . .

6행과 7행에서 main( ) 함수의 지역 변수 a, b, result가 각각 초기화되어 메모리에 생성되고, 9행에서 a, b의 값을 가지고 13행의 subtract( ) 함수를 호출합니다. subtract( ) 함수가 호출되는 순간 이 함수의 매개 변수 x에 a의 값이 복사되고 y에 b의 값이 복사되어 x와 y 메모리가 생성됩니다. 이렇게 매개 변수는 일반 지역 변수와 달리 초기화 시점이 다르다는 것을 알 수 있습니다.

예제 9-7의 지역 변수의 메모리 생성과 소멸

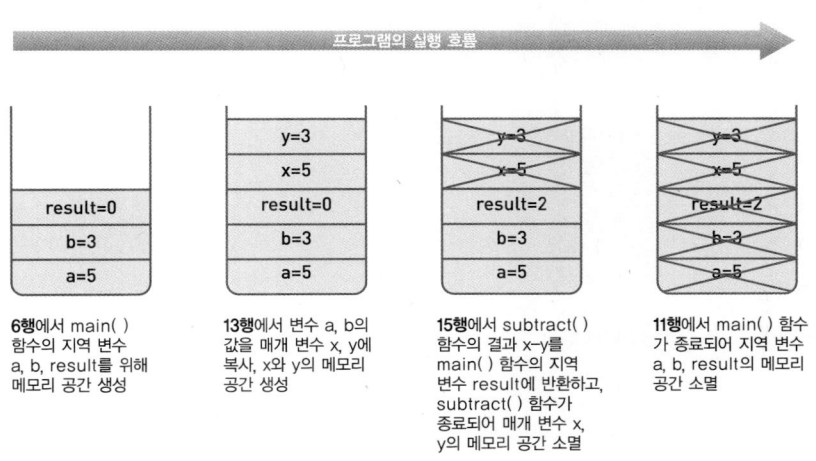

15행에서 x-y의 결과를 9행 main( ) 함수의 변수 result에 반환하고, subtract( ) 함수가 종료되어 x, y 메모리가 소멸되고, 11행이 수행되어 main( ) 함수의 지역 변수인 a, b, result 메모리가 소멸됩니다. 13행에서 사용된 subtract( ) 함수의 int x와 int y 같은 모든 매개 변수들은 지역 변수임을 반드시 숙지해야 합니다.

결론적으로 지역 변수의 특징을 정리하면 다음과 같습니다.

- 초기화를 하지 않으면 쓰레기 값이 저장됨
- **지역 변수의 메모리 생성 시점** 중괄호 내에서 초기화할 때
- **지역 변수의 메모리 소멸 시점** 중괄호를 탈출할 때

9.4.2 전역 변수

변수는 유효 범위에 따라 크게 지역 변수와 전역 변수(Global Variable)로 나눌 수 있는데 바로 앞에서 지역 변수는 main( ) 함수, 조건문, 반복문의 중괄호(블록, { }) 내부와 함수의 매개 변수로 사용되는 변수라고 배웠습니다 그렇다면 전역 변수란 무엇일까요? 전역 변수는 지역 변수와 다르게 중괄호 외부에 선언되는 변수를 말합니다. 어느 지역에서도 사용이 제한되지 않는 즉, 프로그램 어디에서든 접근이 가능한 변수입니다.

전역 변수를 선언하는 것은 매우 간단합니다. 다음 그림에서 보는 것처럼 main( ) 함수의 중괄호, 일반 함수의 중괄호, 조건문, 반복문의 중괄호 외부에 선언하면 됩니다.

전역 변수와 지역 변수

```
int z=0    ←── 전역 변수 선언

int main(void)
{
        sum(1, 2);
        return 0;
}
void sum(int x, int y)    ←── 지역 변수(매개 변수)
{
        z=x+y;
}
```

그렇다면 지역 변수와 전역 변수의 차이는 무엇일까? 차이는 메모리의 생성과 소멸 시점이 다르다는 것입니다. 지역 변수는 중괄호(지역)가 시작되면 메모리가 생성되고 해당 중괄호(지역)에서 빠져나오면 메모리가 소멸됩니다. 이와 달리 전역 변수는 프로그램이 시작되면 메모리가 생성되고 프로그램이 종료되면 메모리가 소멸됩니다. 이런 차이 때문에 전역 변수는 프로그램

이 종료되지 않는 한 계속해서 메모리에 존재하고 영역에 제한받지 않으며 사용됩니다.

전역 변수는 프로그램이 종료되지 않는 한 메모리가 소멸되지 않고, 특별히 초깃값을 지정하지 않아도 자동으로 값을 0으로 가집니다. 주의 사항이 있다면 전역 변수는 초기화할 때 반드시 상수로 초기화해야 합니다. 만약 다음과 같은 코드를 작성했다면,

```
#include <stdio.h>
int num1=3;          // 전역 변수 초기화 정상
int num2=num1;       // 전역 변수 초기화 에러 : 초기화는 상수여야 함

int main()
{
   ...
return 0;
}
```

다음과 같이 전역 변수 num2의 초기화는 상수여야 한다고 초기화가 실패했음을 알리는 에러가 발생합니다.

error C2099: 이니셜라이저가 상수가 아닙니다.

다음 예제를 가지고 자세히 살펴보겠습니다.

예제 | 9-8

```
01 : #include <stdio.h>
02 : int num;                                          — 전역 변수 선언, 초기화하지 않아도 0이 설정됨
03 : void grow(void);
04 :
05 : int main(void)
06 : {
07 :    printf("함수 호출 전 num : %d \n", num);        — 0 출력
08 :
09 :    grow( );                                       — 함수 호출
```

```
10 :     printf("함수 호출 후 num : %d \n", num);
11 :
12 :     return 0;
13 : }
14 :
15 : void grow(void)
16 : {
17 :     num=60;                    ── 전역 변수 num의 값 변경
18 : }
```

::: 실행 결과 ▶

함수 호출 전 num : 0
함수 호출 후 num : 60
계속하려면 아무 키나 누르십시오 . . .

2행에서 전역 변수 num을 선언하고 있습니다. 특이한 점은 전역 변수는 선언 시 초깃값을 따로 설정하지 않아도 0으로 설정됩니다. 지역 변수와 차이가 나는 특징입니다. **17행**에서 전역 변수 num의 값이 60으로 저장되고 있습니다. 17행은 grow( ) 함수의 중괄호 내인데 변수 num의 값을 변경할 수 있는 이유는 이 변수가 전역 변수이기 때문에 가능합니다. 이것이 바로 영역(범위)에 제한받지 않고 사용될 수 있는 지역 변수와 구별되는 특징입니다.

결론적으로 전역 변수의 특징을 정리하면 다음과 같습니다.

- 초기화를 하지 않아도 자동으로 0이 저장됨
- **전역 변수의 메모리 생성 시점**　프로그램이 시작될 때
- **전역 변수의 메모리 소멸 시점**　프로그램이 종료될 때

전역 변수의 잘못된 사용과 남용은 공유 자원에 대한 잘못된 접근으로 부작용을 낳을 수 있습니다. 시스템의 변경과 유지 보수를 어렵게 하는 원인이 될 수 있으므로 전역 변수의 사용은 최대한 피하는 것이 바람직합니다.

9.4.3 정적 변수

앞에서 전역 변수는 프로그램의 모든 영역에서 접근이 가능하고, 프로그램이 종료되지 않는 한 메모리가 소멸되지 않는 장점이 있지만 잘못 사용하면 프로그램의 수정, 유지 보수, 재사용을 어렵게 하는 단점이 있다고 했습니다. 전역 변수의 단점을 부분적으로 보완한 변수가 바로 정적(Static) 변수입니다.

정적 변수는 변수의 자료형 앞에 static 키워드를 넣어 만듭니다.

```
static int num;
```

정적 변수는 전역 변수처럼 프로그램이 종료되지 않는 한 메모리가 소멸되지 않고, 특별히 초깃값을 지정하지 않아도 자동으로 0을 가집니다. 주의 사항이 있다면 정적 변수도 전역 변수와 마찬가지로 초기화할 때 반드시 상수로 초기화해야 합니다.

```
int num1=3;
static int num2=num1;    // 정적 변수 초기화 에러 : 초기화는 상수로 해야 함
```

전역 변수에서처럼 변수 num2는 상수로 초기화하지 않아서 에러가 발생합니다.

정적 변수만의 특징은 무엇일까? 프로그램이 시작되면 초기화는 딱 한 번만 수행됩니다. 다음 코드처럼 무한 반복문 내에서 정적 변수가 선언되어 있더라도 초기화는 딱 한 번만 수행되는 것입니다. 그런데 왜 초기화가 한 번만 일어나는 걸까? 이에 대한 답은 잠시 미루겠습니다.

```
while(1)
{
    static int num=0;        // 초기화는 최초 한 번만 실행
    num=num+1;
    printf("%d \n", num);
}
```

지역 변수는 특별히 초깃값을 지정하지 않으면 쓰레기 값이 저장되지만, 전역 변수와 정적 변수는 초깃값을 지정하지 않으면 자동으로 0이 저장됩니다.

다음 예제를 가지고 정적 변수의 특징을 알아보겠습니다.

예제 | 9-9

```
01 : #include <stdio.h>
02 : void count(void);          ─── 함수의 선언(OO 형태)
03 :
04 : int main(void)
05 : {
06 :     count( );  ┐
07 :     count( );  ├── 함수의 호출
08 :     count( );  ┘
09 :     return 0;
10 : }
11 :
12 : void count(void)           ─── 함수의 정의
13 : {
14 :     static int x=0;        ─── 정적 변수, 초기화를 한 번 수행
15 :     int y=0;               ─── 지역 변수, 초기화를 매번 수행
16 :
17 :     x=x+1;
18 :     y=y+1;
19 :
20 :     printf("x 값 : %d, y 값 : %d \n", x, y);
21 : }
```

::: 실행 결과 ▶

x 값 : 1, y 값 : 1
x 값 : 2, y 값 : 1
x 값 : 3, y 값 : 1
계속하려면 아무 키나 누르십시오 . . .

14행에서 count( ) 함수의 정의부가 실행될 때마다 변수 x는 매번 0으로 초기화가 될 것 같지만, 변수 x는 정적 변수이기 때문에 0으로 한 번만 초기화됩니다. 정적 변수는 프로그램이 종

료되지 않으면 메모리도 소멸되지 않아서 count( ) 함수가 호출될 때마다 변수 x의 값이 계속 유지되며 증가하게 됩니다.

```
void count(void)
{
        static int x=0;    ← 정적 변수는 한 번만 초기화 ➡ 값이 유지됨

        int y=0;    ← 지역 변수는 매번 초기화 ➡ 값이 자동으로 소멸됨

        x=x+1;
        y=y+1;

        printf("x 값 : %d y 값 : %d \n", x, y);
}
```

15행에서 변수 y는 지역 변수이기 때문에 count( ) 함수가 호출될 때마다 매번 초기화가 이루어집니다. 지역 변수는 중괄호 내에서 메모리가 생성되고 중괄호를 빠져나오면 메모리가 소멸됩니다. 따라서 count( ) 함수가 호출될 때마다 y의 값이 유지되지 못하고 매번 초기화됩니다.

정리하면 정적 변수는 함수의 내부, 조건문, 반복문 등과 같이 중괄호가 있는 지역에서 전역 변수의 기능을 갖고 싶을 때 사용합니다.

다음 예는 에러가 발생합니다. 에러의 위치를 보면 정적 변수 num이 중괄호 영역을 벗어나 있습니다. 정적 변수는 중괄호 내에 선언되기 때문에 중괄호를 벗어난 영역에서 사용하면 에러가 발생합니다. 이 차이가 전역 변수와 정적 변수의 차이입니다.

```
while(1)
{
      static int num=0;
      num=num+1;
}
printf("%d \n", num);      // 에러 : 정적 변수의 유효 범위를 벗어남
```

이렇게 중괄호 내에서만 전역 변수처럼 사용되는 정적 변수를 정적 지역 변수라고 부릅니다.

결론적으로 정적 지역 변수의 특징을 정리하면 다음과 같습니다.

- 자료형 앞에 static 키워드를 붙임
- 초기화를 하지 않아도 자동으로 0이 저장됨
- 반복문의 중괄호 내에서 선언되었더라도 초기화는 한 번만 수행
- **정적 지역 변수의 메모리 생성 시점** 중괄호 내에서 초기화될 때
- **정적 지역 변수의 메모리 소멸 시점** 프로그램이 종료될 때

9.4.4 외부 변수

외부(Extern) 변수는 의미대로 현재 파일이 아닌 외부 파일에 선언된 변수를 참조하여 사용하는 변수입니다. 예를 들어 파일 test.c에 선언된 전역 변수 num1, num2, num3를 파일 test1.c에서 참조해서 사용하고 싶다면 extern 키워드를 넣어서 참조할 파일에서 사용할 수 있습니다.

```
extern int num1;        // 외부 변수 선언 : 다른 파일(외부)에 있는 int num1을 참조
extern int num2;        // 외부 변수 선언 : 다른 파일(외부)에 있는 int num2를 참조
extern int num3;        // 외부 변수 선언 : 다른 파일(외부)에 있는 int num3을 참조
```

외부 변수의 사용

test.c
```
int num1=5;     // 파일 test.c의 전역 변수
int num2=10;    // 파일 test.c의 전역 변수
int num3=20;    // 파일 test.c의 전역 변수

void add(void)
{
    num3=num1+num2;
}
```

test1.c
```
#include <stdio.h>

int main(void)
{
    extern int num1;    // 외부 변수
    extern int num2;    // 외부 변수
    extern int num3;    // 외부 변수

    printf("num1의 값 : %d \n", num1);              // 5 출력
    printf("num2의 값 : %d \n", num2);              // 10 출력
    printf("num3의 값 : %d \n", num3);              // 20 출력
    printf("덧셈 결과 : %d \n", num1+num2+num3);    // 35 출력
}
```

결론적으로 외부 변수의 특징을 정리하면 다음과 같습니다.

- 자료형 앞에 extern 키워드를 붙임
- 다른 파일(외부)에 있는 전역 변수를 참조

이처럼 외부 변수를 이용하면 다른 파일에 있는 전역 변수를 참조할 수 있다는 것을 알았습니다. 그런데 만약 필요에 의해서 전역 변수를 만들어 놓았는데, 특정 전역 변수는 외부에서 참조하지 못하게 해야 한다면 어떤 방법이 있을까요? 바로 static 키워드를 이용하면 됩니다.

정적 전역 변수의 특징

```
test.c
int num1=5;           // 전역 변수
int num2=10;          // 전역 변수
static int num3=20;   // 정적 전역 변수

void add(void)
{
    num3=num1+num2;
}
```

```
test1.c
#include <stdio.h>

int main(void)
{
    extern int num1;    // 외부 변수
    extern int num2;    // 외부 변수
    extern int num3;    // 에러 발생

    printf("num1의 값 : %d \n", num1);              // 5 출력
    printf("num2의 값 : %d \n", num2);              // 10 출력
    printf("num3의 값 : %d \n", num3);              // 20 출력
    printf("덧셈 결과 : %d \n", num1+num2+num3);    // 35 출력
}
```

앞의 그림을 보면 파일 test.c에 있는 변수 num3는 static으로 설정되어 있습니다. 이것은 변수 num3는 파일 test.c 영역에서만 전역 변수로 사용하고 다른 파일에서는 참조하지 못하게 하겠다는 의도입니다. 변수 num3와 같은 정적 변수를 정적 전역 변수라고 부릅니다.

 외부 변수도 전역 변수에 해당하기 때문에 너무 많이 사용하면 변수 이름의 충돌과 공유 자원에 대한 잘못된 접근으로 프로그램 파일 또는 함수들의 독립성을 떨어뜨릴 수 있습니다. 무분별한 사용은 자제해야 합니다.

다음 표에 지역 변수, 전역 변수, 정적 지역 변수, 정적 전역 변수의 차이를 정리하였습니다.

변수들 사이의 차이점

구분	지역 변수	전역 변수	정적 지역 변수	정적 전역 변수
선언 위치	중괄호 내부	중괄호 외부	중괄호 내부	중괄호 외부
메모리 생성 시점	중괄호 내부	프로그램 시작 시	중괄호 내부	프로그램 시작 시
메모리 소멸 시점	중괄호 탈출	프로그램 종료 시	프로그램 종료 시	프로그램 종료 시
사용 범위	중괄호 내부	프로그램 전체	중괄호 내부	선언된 소스 파일
초기화하지 않으면	쓰레기 값 저장	0으로 자동 초기화	0으로 자동 초기화	0으로 자동 초기화

9.4.5 레지스터 변수

레지스터(Register) 변수는 CPU 내부의 임시 기억 장소 즉, 레지스터에 변수를 할당하여 값을 저장하는 변수입니다. 그렇다면, 왜 변수를 CPU 내부의 레지스터에 할당하는 것일까? 속도 때문입니다. 레지스터는 처리 속도가 빠르다는 장점이 있습니다.

지역 변수와 레지스터 변수의 차이는 무엇일까? 지역 변수는 CPU 외부에 있는 주기억 장치(RAM)에 변수를 할당하기 때문에 입출력 속도가 느립니다. 더 많은 CPU 클럭을 사용하기 때문입니다. 그러나 레지스터 변수는 CPU 내부의 임시 기억 장소인 레지스터에 변수를 할당하기 때문에 입출력 속도가 빠릅니다.

레지스터 변수를 사용할 때 주의 사항이 있습니다. 레지스터 변수는 속도가 빠르다고 했습니다. 그렇다면 프로그램의 연산 속도를 높이기 위해 모든 변수를 레지스터 변수로 선언하면 어떨까? 이런 생각을 할 수 있습니다. 그러나 CPU 내부의 임시 기억 장소인 레지스터는 CPU마다 수가 제한되어 있어서 레지스터 변수를 선언하더라도 CPU 내부의 레지스터가 모자라면 지역 변수로 할당(RAM에 할당)됩니다.

그러면 레지스터 변수는 언제 사용하면 좋을까? 메모리의 생성과 소멸이 빈번한 변수들을 레지스터 변수로 사용하면 입출력 속도를 높여서 효과적입니다. 예를 들어, 반복문의 횟수를 검사하는 변수가 그렇습니다. 그러나 대부분의 C 컴파일러들은 코드 최적화 단계에서 자동으로 레지스터 변수를 설정하는 기능을 제공하기 때문에 프로그래머가 직접 레지스터 변수를 지정하지 않아도 됩니다. 따라서 레지스터 변수와 지역 변수의 속도의 차이가 거의 나지 않습니다.

공부하는 의미에서 다음 예제를 가지고 레지스터 변수와 지역 변수의 속도를 확인해 보겠습니다.

예제 | 9-10

```
01 : #include <stdio.h>
02 : #include <time.h>              연산 속도 측정을 위해 clock( ) 함수 사용
03 :
04 : #define MAX 1000000             백만을 상수화
05 :
06 : int main(void)
07 : {
08 :     register int i;             int i;
09 :     clock_t startTime, endTime, result;   clock_t는 long형
10 :
11 :     startTime=clock( );         startTime : 측정 시작
12 :     for (i=0; i<=MAX; i++)      반복 실행
13 :     {
14 :         printf("%d \n", i);
15 :     }
16 :     endTime=clock( );           endTime : 측정 완료
17 :
18 :     result=endTime - startTime; 연산 속도
19 :     printf("레지스터 변수 속도 : %lf초 \n", (double)result/1000);
20 :
21 :     return 0;
22 : }
```

2행에서 clock( ) 함수를 사용하려고 파일 time.h를 인클루드합니다. clock( ) 함수는 CPU의 클럭 값을 반환하는 함수입니다. 4행에서 12행의 반복문을 백만 번 수행하기 위해 숫자 백만을

MAX로 상수화합니다. 8행에서 레지스터 변수를 선언합니다. 9행에서 clock_t는 long형으로 파일 time.h에서 typedef를 사용해서 재정의한 자료형입니다.

11행에서 CPU의 클럭 값을 반복문을 수행하기 전에 측정합니다. 12행부터 15행까지에서 반복문을 MAX(백만) 번 수행하여 i의 값을 증가시켜 출력합니다. 16행에서 CPU의 클럭 값을 반복문을 수행한 후에 측정합니다. 18행에서 반복문을 수행하기 전과 후의 클럭 값의 차이를 구해서 연산 속도를 산출합니다.

19행에서 연산 속도를 저장한 변수 result는 clock_t 자료형 즉, long형입니다. long형을 실수형인 double형으로 변환합니다. 이후에 클럭 값을 1/1000초(천분의 일) 즉, millisecond 단위로 출력하기 위해 변수 result를 1000으로 나누어 결과를 출력합니다.

'register int i'와 8행에 주석 처리된 'int i'의 실행 속도를 확인해 보기 바랍니다.

9.4.6 코드 영역, 스택 영역, 데이터 영역, 힙 영역

실행 중인 프로그램(C 프로그램)을 프로세스라고 부르는데, 프로세스는 메모리 공간을 다음 그림과 같이 코드 영역, 스택 영역, 데이터 영역, 힙 영역으로 크게 나누어서 사용합니다. 이러한 영역들을 기억 부류(Storage Class)라고 합니다. 이러한 기억 부류의 역할들을 알아보겠습니다.

프로세스의 메모리 구조

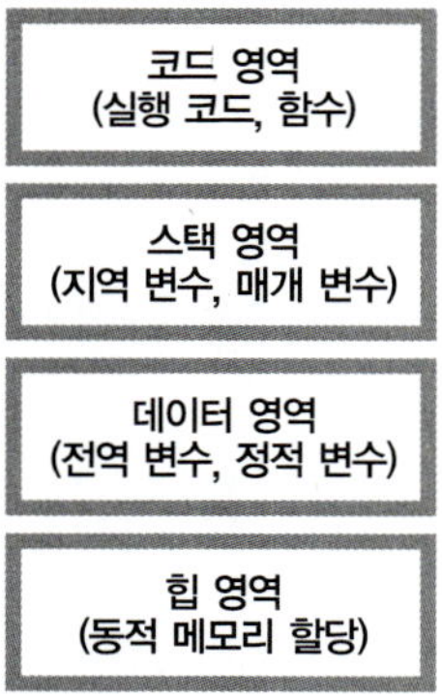

```
┌─────────────────────┐
│     코드 영역        │
│  (실행 코드, 함수)    │
└─────────────────────┘
┌─────────────────────┐
│     스택 영역        │
│  (지역 변수, 매개 변수)│
└─────────────────────┘
┌─────────────────────┐
│    데이터 영역       │
│ (전역 변수, 정적 변수)│
└─────────────────────┘
┌─────────────────────┐
│      힙 영역         │
│   (동적 메모리 할당)  │
└─────────────────────┘
```

첫째로, 코드 영역은 프로그램의 실행 코드 또는 함수들이 저장되는 영역입니다. 둘째로 스택 영역에는 함수 호출에 의한 매개 변수와 지역 변수 그리고 함수, 반복문, 조건문 등의 중괄호

(블록) 내부에 정의된 변수들이 저장되는 영역입니다. 셋째로, 데이터 영역은 전역 변수와 정적 변수들이 저장되는 영역입니다. 넷째로, 힙 영역은 프로그래머가 필요에 의해서 동적으로 메모리를 할당하는 변수들이 저장되는 영역입니다. 힙 영역에 관한 예는 이 책의 뒷부분에서 언급하겠습니다.

3장에서 변수를 배우면서 '변수란 메모리 공간이다.'는 표현을 썼었습니다. 그렇다면 이번 장에서 배웠던 지역 변수, 매개 변수, 전역 변수, 정적 변수들도 메모리 공간을 당연히 사용합니다. 이들 변수가 어느 영역에 저장되는지를 잘 이해해 둡시다.

9.5 재귀 함수

9.5.1 재귀 호출과 재귀 함수의 문제점

재귀 함수(Recursive Function)란 함수 내에서 자기 자신을 호출하는 함수를 말합니다. 이처럼 자기 자신을 호출하는 행위를 재귀 호출(Recursive Call)이라고 합니다. 이러한 재귀 함수를 이용해서 자료구조나 알고리즘 분야에 적용하면 복잡하고 난해한 문제들을 해결할 수 있습니다. 그렇지만, 재귀 함수의 경우 계속적인 자기 자신의 함수 호출로 시간과 메모리 공간의 효율이 저하되는 문제가 있습니다. 때문에 프로그램 개발에 신중해야 합니다.

다음 예제는 재귀 함수의 문제를 안고 있는 코드입니다. 어떤 문제가 있는지 함께 알아보겠습니다.

예제 9-11

```
01 : #include <stdio.h>
02 : void self_service(void);      ── 함수의 선언(OO 형태)
03 :
04 : int main(void)
05 : {
06 :     self_service( );           ── 함수의 호출
07 :     return 0;
08 : }
09 :
```

```
10 : void self_service(void)          ── 함수의 정의
11 : {
12 :     printf("셀프 서비스 \n");
13 :     self_service( );
14 : }
```

::: 실행 결과 ▶

...
셀프 서비스
셀프 서비스
...
계속하려면 아무 키나 누르십시오 . . .

6행에서 main( ) 함수에서 self_service( ) 함수를 호출하고 있습니다. 10행에서 self_service( ) 함수의 정의부에서 printf( ) 함수를 수행하고 다시 self_service( ) 함수를 호출합니다. 메모리가 부족할 때까지 계속 self_service( ) 함수를 호출하게 되고 실제로 메모리가 부족하면 실행이 끝나게 됩니다.

예제 9-11은 문제가 많은 코드입니다. 구체적으로 런타임 에러가 발생해서 함수가 무한 반복되는 상태로 진입하고 메모리 오버플로우가 발생하여 결국 실행이 중단됩니다.

이런 문제를 해결하려면 조건을 제시해야 합니다. 즉, 특정 조건이 참이 되면 함수의 무한 반복이 중지되게 해야 합니다. 다음 예제를 가지고 문제를 해결해 보겠습니다.

예제 9-12

```
01 : #include <stdio.h>
02 : void self_service(void);         ── 함수의 선언(OO 형태)
03 :
04 : int main(void)
05 : {
06 :     self_service( );             ── 함수의 호출
07 :     return 0;
```

```
08 :  }
09 :
10 :  void self_service(void)          ── 함수의 정의
11 :  {
12 :      static int i=1;              ── 함수의 정의
13 :
14 :      if(i>5)                      ── 함수의 무한 반복 문제를 해결하는 조건
15 :          return;                  ── 값을 반환하지 않고 그냥 함수를 종료한다.
16 :
17 :      printf("셀프 서비스 %d회 \n", i);
18 :      i=i+1;                       ── i 값을 증가시킨다.
19 :      self_service( );
20 :  }
```

::: 실행 결과 ▶

셀프 서비스 1회
셀프 서비스 2회
셀프 서비스 3회
셀프 서비스 4회
셀프 서비스 5회
계속하려면 아무 키나 누르십시오 . . .

예제 9-12는 예제 9-11의 코드 문제를 해결하기 위해서 **12행, 14행, 15행, 18행**이 추가되었습니다. 추가한 코드들은 함수의 무한 반복 문제를 해결하기 위한 조건과 관련이 있고, 이 조건이 참인 경우 함수를 종료하는 역할을 합니다.

특이한 점은 변수 i가 static으로 선언된 점입니다. 그런데 i를 정적 변수로 만들어야만 했을까? 궁금하다면 당장 12행에서 'int i=1'로 대체해서 실행해 보기 바랍니다. 따로 설명하지 않아도 될 것입니다. 만약 이해가 되지 않는다면 앞 절의 정적 지역 변수를 복습하기 바랍니다.

9.5.2 매개 변수를 이용한 재귀 호출

다음 예제는 예제 9-12와 결과가 같은 프로그램입니다. 재귀 함수 self_service( )에 매개 변수를 추가해서 재귀 호출을 하는 방법을 구현하였습니다.

예제 9-13

```c
01 : #include <stdio.h>
02 : void self_service(int n);      ── 함수의 선언(OO 형태)
03 :
04 : int main(void)
05 : {
06 :     int a=1;
07 :     self_service(a);           ── 함수의 호출
08 :     return 0;
09 : }
10 :
11 : void self_service(int n)       ── 함수의 정의
12 : {
13 :     if(n>5)                    ── 함수의 무한 반복 문제를 해결하는 조건
14 :         return;                ── 값을 반환하지 않고 그냥 함수를 종료한다.
15 :
16 :     printf("셀프 서비스 %d회 \n", n);
17 :     self_service(n+1);         ── 매개 변수 n을 하나 증가해서 self_service( ) 함수를 호출
18 : }
```

::: 실행 결과 ▶

셀프 서비스 1회
셀프 서비스 2회
셀프 서비스 3회
셀프 서비스 4회
셀프 서비스 5회
계속하려면 아무 키나 누르십시오 . . .

6행에서 지역 변수 a를 1로 초기화합니다. 7행에서 self_service( ) 함수에 변수 a의 값을 전달하여 호출합니다. 11행에서 매개 변수 n=a가 수행됩니다. 즉, 7행에서 전달받은 a의 값이 매개 변수 n에 저장됩니다. 13행부터 14행까지에서 조건문을 비교해서 참이면 14행의 return을 실행해서 함수를 종료하고, 거짓이면 16행의 printf( ) 함수를 수행해서 변수 n의 현재 저장된 값을 출력합니다.

17행의 self_service(n+1)에서 n이 하나 증가된 값이 11행의 void self_service(int n)의 매개 변수 n에 전달되어 다시 초기화되어 재귀 호출이 되는 재귀 함수의 구조입니다. 매개 변수 n은 지역 변수의 특성을 갖고 있어서 함수가 종료되면 메모리가 소멸되고 함수가 시작되면 메모리가 생성되는 특징이 있다고 배웠습니다. 이러한 이유로 17행에서 self_service(n+1) 함수가 호출될 때마다 n+1이 11행의 매개 변수 n으로 계속 초기화될 수 있는 것입니다.

9.5.3 return 문을 이용한 재귀 호출

이제까지 간단한 재귀 함수들을 살펴보면서 문제점들을 보았고, 해결하는 방법이 무엇인지도 대략적으로 알아보았습니다. 그리고 재귀 함수의 매개 변수를 이용한 재귀 호출 사례도 살펴보았습니다. 지금부터는 재귀 함수의 return 문을 이용한 재귀 호출 사례를 배워보겠습니다. 예제로 가장 많이 다뤄지는 것이 팩토리얼(Factorial)을 계산하는 재귀 함수입니다.

수학에서 n!은 'n*(n-1)*(n-2)* … *2*1'와 같은 표현입니다. 예를 들어,

5! = 5*4*3*2*1

과 같습니다. 다음 그림을 꼼꼼히 눈여겨보면 5!은 5*4!와 같습니다. 또한 4!는 4*3!와 같고 3!는 3*2!와 같습니다. 그렇다면, n!는 어떻게 표현할 수 있을까? n*(n-1)!입니다. 만약 n!를 재귀 함수로 만든다면 factorial(n) 함수에서 다시 factorial(n-1)을 호출하면 됩니다.

팩토리얼의 특성

```
              n! == n*(n-1)!
 5! == 5*4! == 5*4*3! ==5*4*3*2! == 5*4*3*2*1
```

그럼 예제를 한번 다루어 보겠습니다.

예제 | 9-14

```
01 :   #include <stdio.h>
02 :   int factorial(int n);                    ─── 함수의 선언(II 형태)
03 :
04 :   int main(void)
05 :   {
06 :       int a;
07 :       int result;                           ─── 팩토리얼 계산 결과를 저장할 변수
08 :
09 :       printf("정수 입력 : " );
10 :       scanf("%d", &a);
11 :
12 :       result=factorial(a);                  ─── 함수의 호출
13 :       printf( "%d 팩토리얼은 : %d입니다. \n", a, result);
14 :       return 0;
15 :   }
16 :
17 :   int factorial(int n)                      ─── 함수의 정의
18 :   {
19 :       if (n<=1)
20 :           return 1;
21 :
22 :       else
23 :           return n * factorial(n-1);
24 :   }
```

::: 실행 결과 ▶

정수 입력 : 4
4 팩토리얼은 : 24입니다.
계속하려면 아무 키나 누르십시오 . . .

9행부터 10행까지에서 팩토리얼 연산을 위해 키보드로부터 정수를 한 개 입력받습니다. 12행에

서 키보드를 통해서 입력받은 변수 a의 값을 가지고 **17행**의 factorial(int n) 함수를 호출합니다. 17행에서 factorial(int n) 함수의 매개 변수 n은 12행의 변수 a의 값을 저장합니다. 즉, n=a가 됩니다.

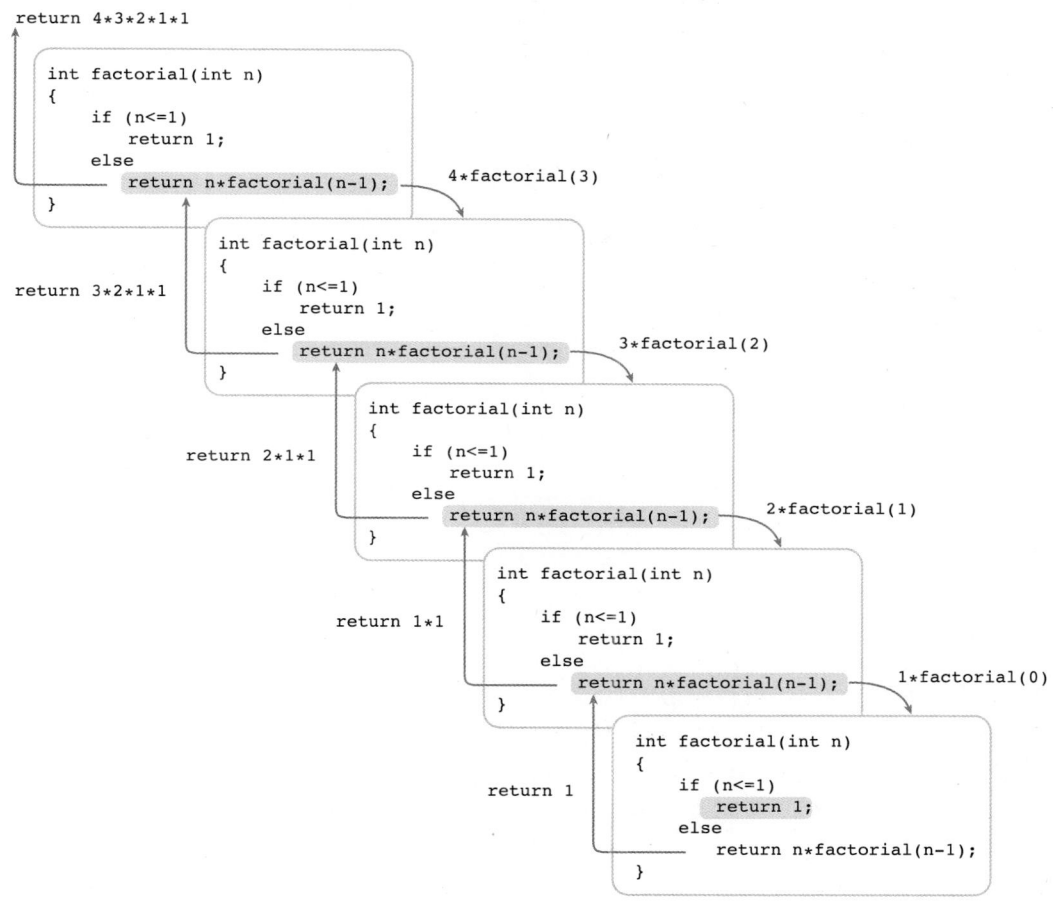

19행에서 만약 n<=1이 참이라면 1을 반환한 후 함수를 종료하고, 거짓이라면 'return n*factorial(n-1)'이 수행됩니다. factorial(n-1)의 의미는 현재 n의 값에서 하나 뺀 n-1의 값을 17행의 매개 변수 n으로 다시 초기화하라는 의미입니다. 17행과 **23행**이 계속 반복되다 보면 17행의 매개 변수 n이 점점 작아져서 1이 됩니다. 이때 19행의 if(n<=1)이 함수를 종료합니다.

연/습/문/제/ Exercise

1 다음 실행 결과를 보고 함수 abs( )를 구현하세요. 이 함수는 키보드를 통해서 입력받는 값의 절댓값을 구하는 프로그램입니다.

::: 실행 결과 ▶

정수를 입력하세요 : -43
절댓값은 : 43입니다.
계속하려면 아무 키나 누르십시오 . . .

2 다음 시나리오를 구현하는 코드를 완성하세요.

> 현상이는 토끼를 한 쌍 키우고 있습니다. 이 토끼는 한 달이 지나면 새끼 토끼를 낳습니다. 새로 태어난 토끼 역시 한 달이 지나면 새끼를 낳습니다. 그림과 같이 토끼는 한 달이 지나면 어른 토끼가 되고, 어른 토끼는 새끼를 낳습니다. 토끼가 태어난 지 1년 만에 죽을리는 없다고 가정합니다. 토끼가 매달 새끼를 낳으면 1년 후에 전체 토끼 수가 얼마나 증가하게 되는지를 매달 알 수 있습니다.

시나리오의 실행 결과는 다음과 같습니다.

::: 실행 결과 ▶

1 1 2 3 5 8 13 21 34 55 89 144
계속하려면 아무 키나 누르십시오 . . .

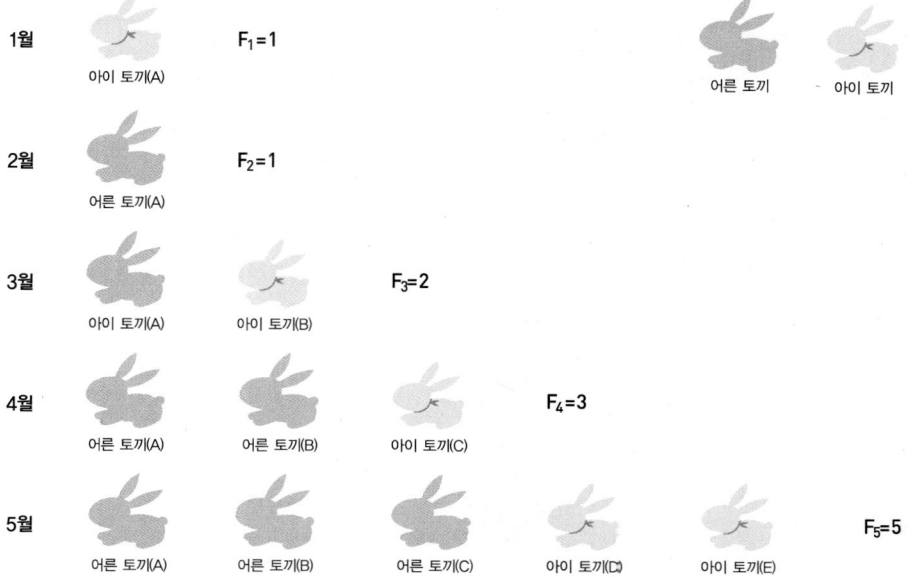

3 다음 프로그램은 사칙 연산을 위해 각각 plus, minus, multiply, divide 함수를 선언하고 사용한 코드입니다. 제시한 실행 결과가 나오게 선언한 함수들을 직접 구현하세요.

```
/*  ex3.c  */
#include <stdio.h>
int plus(int i, int j);         // i + j
int minus(int i, int j);        // i - j
int multiply(int i, int j);     // i * j
float divide(int i, int j);     // i / j

int main( )
{
    int a, b;
    int result;
    double result2;

    printf("input two numbers : ");
    scanf("%d %d", &a, &b);
```

```
        result=plus(a, b);
        printf("a + b = %d \n", result);
        result=minus(a, b);
        printf("a - b = %d \n", result);
        result=multiply(a, b);
        printf("a * b = %d \n", result);
        result2=divide(a, b);
        printf("a / b = %lf \n", result2);

        return 0;
}
```

::: 실행 결과 ▶

input two numbers : 3 6
a + b = 9
a − b = −3
a * b = 18
a / b = 0.500000
계속하려면 아무 키나 누르십시오 . . .

4 다음 실행 결과와 같이 밑변과 높이를 입력받아서 사각형의 넓이를 출력하는 프로그램을 구현하세요. 이때 사각형의 넓이를 구하는 함수 getArea(int x, int y)를 구현하여 사용하세요. 함수 getArea(int x, int y)는 각각 x 값과 y 값을 입력받아서 사각형의 넓이를 구하는 함수입니다.

::: 실행 결과 ▶

밑변 길이 : 6
높이 : 9
사각형의 넓이는 54입니다.
계속하려면 아무 키나 누르십시오 . . .

5 정수를 인자로 받아 제곱을 반환하는 함수 square( )와 세제곱을 반환하는 함수 cube( )를 작성하세요. 또한 이들을 사용하여 4제곱, 5제곱을 출력하는 함수 quartic( )과 quintic( )을 작성하세요. 그리고 이들 함수를 조합해서 다음과 같이 출력하는 프로그램을 작성하세요.

::: 실행 결과 ▶

```
A TABLE OF POWERS
-----------------------------------------------------------------
  INTEGER      SQUARE       CUBE       QUARTIC      QUINTIC
-----------------------------------------------------------------
     1            1           1            1            1
     2            4           8           16           32
     3            9          27           81          243
```

계속하려면 아무 키나 누르십시오 . . .

6 두 정수를 입력받아 덧셈을 하는 함수 Add( )와 연산을 몇 번 수행했는지 세는 Count( ) 함수를 작성하세요. 단, 총 연산은 100번으로 제한하며 두 정수 모두 0을 입력하면 종료합니다. 결과를 다음과 같이 출력하는 프로그램을 작성하세요. 정적 변수를 이용하세요.

::: 실행 결과 ▶

```
숫자 두 개를 입력하세요(0 0 -> exit) : 3 3
덧셈 결과 : 6
숫자 두 개를 입력하세요(0 0 -> exit) : 13 20
덧셈 결과 : 33
숫자 두 개를 입력하세요(0 0 -> exit) : -3 3
덧셈 결과 : 0
숫자 두 개를 입력하세요(0 0 -> exit) : 0 0
총 연산 수 : 3
계속하려면 아무 키나 누르십시오 . . .
```

7 알파벳 문자 하나를 입력받아 알파벳 순서로 몇 번째 문자인지 출력하는 프로그램을 작성하세요. 단, 몇 번째 알파벳 문자인지 판단하는 Alpha( ) 함수를 작성하세요. char형과 int형은 덧셈과 뺄셈 연산이 가능합니다.

::: 실행 결과 ▶

알파벳을 입력하세요 : B
입력한 B는 알파벳 순서로 2번째 문자입니다.
계속하려면 아무 키나 누르십시오 . . .

::: 실행 결과 ▶

알파벳을 입력하세요 : z
입력한 z는 알파벳 순서로 26번째 문자입니다.
계속하려면 아무 키나 누르십시오 . . .

8 1부터 n까지의 합을 구하는 간단한 재귀 함수를 작성해 보세요. 간단히 반복문으로도 간단히 구현할 수 있지만, 반드시 재귀 함수를 통해 구현해 보세요. 팩토리얼의 계산과 크게 다르지 않습니다.

::: 실행 결과 ▶

input your number = 10
1부터 10까지의 합 = 55
계속하려면 아무 키나 누르십시오 . . .

공부한 내용 떠올리기

⇨ 함수 : 특별한 일을 수행하는 코드의 집합

⇨ 함수가 중요한 이유

⇨ 함수의 기본 요소인 입력 형태, 함수 이름, 출력 형태, 함수의 기능

⇨ 함수의 다양한 입출력 형태

⇨ 함수의 필요성

⇨ 함수의 적용 방법, 지역 변수, 전역 변수, 정적 변수, 외부 변수, 레지스터 변수 등의 종류와 범위

⇨ 재귀 함수에서 매개 변수를 이용한 재귀 호출과 return 문을 이용한 재귀 호출의 방법

PART 2

열혈강의 C 언어 본색
Part 2

제 1 장

1차원 배열이란 무엇인가

초등학교 선생님이 학생 30명의 성적을 정리하고 있습니다. 선생님은 반 평균을 구하려고 학생들의 점수를 1번부터 차례대로 노트에 써내려 가고 있습니다. 막상 정리가 끝나고 보니 눈에 잘 들어오지 않아 선생님은 표를 그려 재작성하였습니다. 표를 이용해서 반 평균을 보다 쉽게 구하였고 순위도 쉽게 파악할 수 있었습니다.

번호	이름	점수
1	**홍길동**	**80**
2	일지매	90
3	**홍길동**	70
4	우뢰매	**80**
5	마징가	88
...	...	...

Part 2

제1장

1.1 1차원 배열이란   **1.2** 1차원 배열의 주소와 값의 참조

앞에서 번호와 이름, 점수가 기록된 표가 있었습니다. 표를 보면 값이 중복되는 경우가 있습니다. 같은 이름도 있고 같은 점수도 있습니다. 그렇다면, 표는 어떻게 이름과 점수를 구별할 수 있겠습니까? 바로 번호입니다. 즉, 번호로 이름과 점수를 구별합니다.

많은 양의 데이터를 처리하는 컴퓨팅 세계에서도 표와 번호처럼 역할을 하는 것이 있습니다. 바로 배열입니다.

- **표를 그리는 행위** 배열을 선언하는 것
- **표에 숫자나 문자를 기록하는 행위** 배열에 데이터를 저장하는 것
- **표의 번호로 숫자와 문자를 구별하는 행위** 배열에 저장된 데이터를 참조하는 것

1.1 1차원 배열이란

1.1.1 배열의 정의와 필요성

먼저 배열의 정의와 필요성에 대해 알아보겠습니다. 다음처럼 배열이란 같은 자료형을 가진 연속된 메모리 공간으로 이루어진 자료구조입니다. 이런 배열은 같은 자료형을 가진 변수들이 여러 개 필요할 때 사용하며, 많은 양의 데이터를 처리할 때 유용합니다.

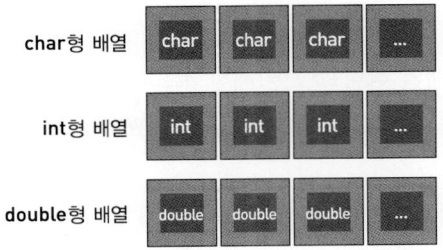

앞에서 이야기한 학생 30명의 성적을 구하는 과정을 프로그램으로 처리하려면 적어도 30개 이상의 변수가 필요합니다. 다음 코드를 보겠습니다.

```
#include <stdio.h>
int main(void)
{
    // int형 변수 30개
    int student1, student2, student3, student4, ...  , student30;
    ...
    return 0;
}
```

코드를 보면 변수의 개수가 너무 많습니다. 코드의 길이도 매우 길어서 비효율적인 프로그램이 됩니다. 배열을 모른다면 이렇게 작성하는 것이 최선일 것입니다. 그러나 배열을 안다면 이렇게 하는 것이 최선은 아닙니다.

다음 코드는 배열의 필요성을 좀더 분명하게 보여줍니다. 앞 코드에서는 학생 30명의 성적을 저장하려고 변수 30개를 선언했지만, 다음 코드는 배열로 이들 변수를 대체하고 있습니다.

```
#include <stdio.h>
int main(void)
{
    // int형 배열
    int student[30];
    return 0;
}
```

어떻습니까? 같은 자료형(int형)을 가진 변수 30개를 배열 하나로 처리해서 코드의 길이도 짧아졌고 가독성도 좋아졌습니다. 이처럼 같은 자료형을 가진 변수들이 여러 개 필요할 때 사용하는 것이 바로 배열입니다.

1.1.2 배열의 선언

배열을 사용하려면 먼저 배열을 선언해야 합니다. 이럴 때는 자료형, 배열 이름, 배열 길이와 같은 구성 요소들이 필요합니다. 이들 요소를 통해 같은 자료형을 갖는 연속된 메모리 공간을 할당받게 됩니다.

```
자료형   배열 이름   [배열 길이]
  ↓         ↓          ↓
int     array      [10];
```

- **자료형**   배열의 자료형을 지정
- **배열 이름**   변수 이름과 마찬가지로 배열을 구분하는 이름
- **배열 길이**   배열 요소의 총 길이(10개의 변수를 배열로 구성)

배열을 선언할 때 필요한 구성 요소들에서 특이한 점은 배열 길이에 숫자가 포함된다는 것입니다. 이 숫자는 배열 요소의 총 길이를 나타냅니다. 즉, 필요한 변수의 총 개수와 연관이 있습니다. 메모리 공간이 할당된 배열에서 각각의 배열 요소에 접근하려면 해당 배열 요소의 위치를 알아야 하는데 위치를 지정하는 번호는 0부터 시작합니다.

다음 코드로 배열의 선언과 배열 요소의 위치가 갖는 의미가 무엇인지를 살펴보겠습니다.

```
#include <stdio.h>
int main(void)
{
    // 배열의 선언
    char array1[5];    ①
    int array2[5];     ②

    return 0;
}
```

선언한 두 배열을 보면 배열 길이는 같지만 할당된 메모리 공간의 크기가 다르다는 것을 알 수 있습니다.

① char형(1Byte) 크기의 연속된 메모리 공간을 5바이트 할당합니다. 즉, 1바이트 크기를 가진 char형 배열 요소 5개를 선언합니다.

② int형(4Byte) 크기의 연속된 메모리 공간을 20바이트 할당합니다. 즉, 4바이트 크기를 가진 int형 배열 요소 5개를 선언합니다.

char형과 int형 배열의 메모리 구조

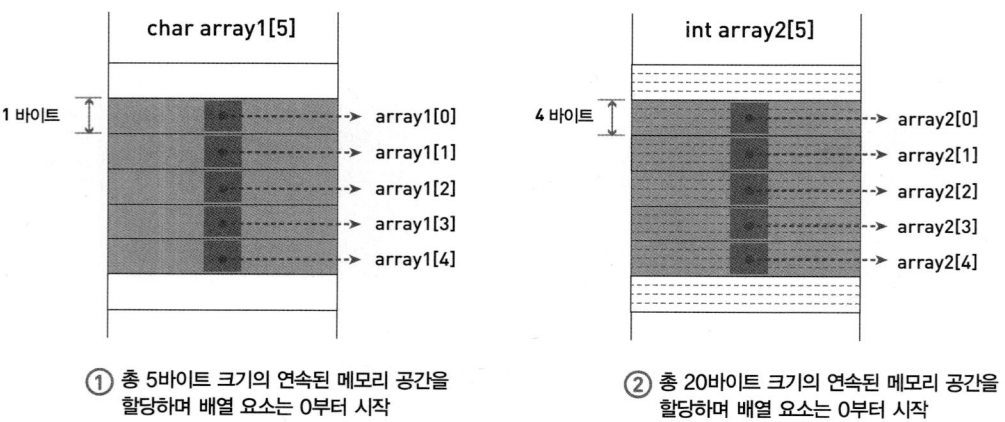

1.1.3 배열에 데이터 저장하기

배열을 선언하고 나면 비로소 배열에 데이터를 저장할 수 있습니다. 다음 예제로 데이터를 저장하는 방법에 대해서 살펴보도록 하겠습니다. 이때 주의할 점은 배열 요소의 위치는 0부터 시작한다는 것입니다.

예제 | 1-1

```
01 : #include <stdio.h>
02 : int main(void)
03 : {
04 :     int student[5];        배열 선언
```

Chapter 01
1차원 배열이란 무엇인가

```
05 :
06 :     student[0]=90;        ── 배열의 첫 번째 요소에 데이터 저장
07 :     student[1]=80;        ── 배열의 두 번째 요소에 데이터 저장
08 :     student[2]=70;        ── 배열의 세 번째 요소에 데이터 저장
09 :
10 :     printf("첫 번째 학생의 점수 : %d \n", student[0]);      ── 90 출력
11 :     printf("두 번째 학생의 점수 : %d \n", student[1]);      ── 80 출력
12 :     printf("세 번째 학생의 점수 : %d \n", student[2]);      ── 70 출력
13 :     printf("네 번째 학생의 점수 : %d \n", student[3]);
14 :     printf("다섯 번째 학생의 점수 : %d \n", student[4]);    ── 쓰레기 값 출력
15 :
16 :     return 0;
17 : }
```

::: 실행결과 ▶

첫 번째 학생의 점수 : 90
두 번째 학생의 점수 : 80
세 번째 학생의 점수 : 70
네 번째 학생의 점수 : -858993460
다섯 번째 학생의 점수 : -858993460
계속하려면 아무 키나 누르십시오 . . .

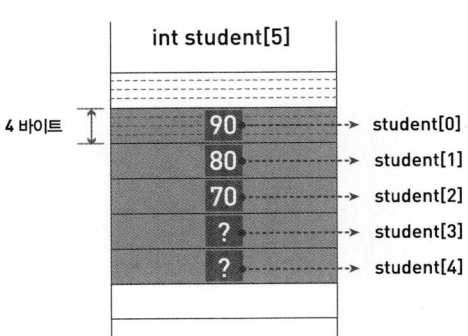

1차원 배열 int student[5]의 메모리 구조

총 20바이트 크기의 연속된 메모리 공간을
할당하며 배열 요소는 0부터 시작

예제는 배열 길이가 5인 int형 배열을 선언하고서, 첫 번째, 두 번째, 세 번째 배열 요소에 각각 90, 80, 70을 저장합니다. 마치 변수 하나하나에 데이터를 저장하듯이 말입니다. 실행하면 그림처럼 에러 창이 나타납니다. 일단 [무시] 단추를 누르면 배열에 저장된 데이터를 출력합니다.

그런데 출력 결과를 보면 student[3]과 student[4]에 대한 것이 이상합니다. 결론부터 말하자면 student[3]과 student[4]에는 어떤 값도 저장하지 않았기 때문에 즉, 초기화를 하지 않아서 여기에 저장되어 있던 쓰레기 값이 출력됩니다.

배열에 데이터를 저장하는 방법은 여러 가지인데 다음 예제는 중괄호를 이용하여 배열에 데이터를 저장합니다. 그리고 배열의 선언과 동시에 저장(초기화)이 이루어집니다. 특이한 점은 데이터를 저장하지 않은 배열 공간은 0으로 자동으로 초기화되고 있습니다.

예제 | 1-2

```
01 : #include <stdio.h>
02 : int main(void)
03 : {
04 :     int array1[5]={90, 80, 70, 60, 50};   ─ 배열 선언과 동시에
05 :     int array2[ ]={90, 80, 70, 60, 50};     데이터 저장(초기화)
06 :     int array3[5]={90, 80, 70}
07 :
08 :     printf("%d %d %d %d %d \n", array1[0], array1[1], array1[2], array1[3],
                                                                    array1[4]);
09 :     printf("%d %d %d %d %d \n", array2[0], array2[1], array2[2], array2[3],
                                                                    array2[4]);
10 :     printf("%d %d %d %d %d \n", array3[0], array3[1], array3[2], array3[3],
                                                                    array3[4]);
11 :
12 :     return 0;
13 : }
```

::: 실행결과 ▶

```
90 80 70 60 50
90 80 70 60 50
90 80 70 0 0
계속하려면 아무 키나 누르십시오 . . .
```

4행에서 배열 이름을 array1로 선언하고, 배열 길이를 5로 설정합니다. 그리고 배열 길이만큼 데이터를 저장하고 있습니다.

Chapter 01
1차원 배열이란 무엇인가

1차원 배열 int array1[5], int array2[ ], int array3[5]의 메모리 구조

int array1[5]		int array2[ ]		int array3[5]	
90	array1[0]	90	array2[0]	90	array3[0]
80	array1[1]	80	array2[1]	80	array3[1]
70	array1[2]	70	array2[2]	70	array3[2]
60	array1[3]	60	array2[3]	0	array3[3]
50	array1[4]	50	array2[4]	0	array3[4]

5행에서 배열 이름을 array2로 선언하고, 배열 길이를 설정하지 않았습니다. 이러한 경우에는 데이터를 저장하면서 저장하려는 데이터의 개수만큼 배열 길이가 자동으로 설정됩니다. 여기서는 90, 80, 70, 60, 50 즉 5개의 데이터를 저장하기 때문에 배열 길이는 자동으로 5가 됩니다. **6행**에서 배열 이름을 array3으로 선언하고, 배열 길이를 5로 설정합니다. 배열에 저장한 데이터는 90, 80, 70 즉 세 개의 데이터만 저장합니다. 나머지 저장하지 않은 공간은 0으로 자동으로 채워집니다.

다음 예제는 배열을 선언하면서 동시에 데이터를 초기화하여 총점과 평균을 산출하는 코드입니다.

예제 | 1-3

```
01 : #include <stdio.h>
02 : int main(void)
03 : {
04 :     int array[3]={87, 99, 80};    ── 배열 선언과 동시에 초기화
05 :     int total=0;
06 :
07 :     total=array[0] + array[1] + array[2];
08 :     printf("총점은 %d이고 ", total);
09 :     printf("평균은 %.2lf입니다.\n", (double)total/3);
10 :
11 :     return 0;
12 : }
```

::: 실행결과 ▶

총점은 266이고 평균은 88.67입니다.
계속하려면 아무 키나 누르십시오 . . .

4행에서는 배열 이름 array를 선언하면서 동시에 초기화하고 있습니다. **7행**에서는 배열 요소의 위치에 저장된 값들을 더해서 변수 total에 저장합니다. 그래서 변수 total에는 총점이 저장됩니다. **9행**에서는 int형 변수 total을 double형으로 형변환합니다. 이렇게 형변환하지 않으면 정수형 데이터만 출력하기 때문에 데이터 손실이 발생합니다. 출력 서식 '.2lf'는 실수형 데이터를 소수점 두 자리 이하로 출력하라는 의미입니다.

다음 예제는 반복문을 이용하여 배열 요소에 저장된 값을 출력하는 코드입니다.

예제 | 1-4

```
01 : #include <stdio.h>
02 : int main(void)
03 : {
04 :     int array[3]={87,65,78};
05 :     int i, total=0;
06 :
07 :     for(i=0; i<3; i++)
08 :     {
09 :         total=total + array[i];
10 :         printf("배열의 요소 array[%d]의 값 : %d \n", i, array[i]);
11 :     }
12 :
13 :     printf("총점은 %d이고 ", total);
14 :     printf("평균은 %.2lf입니다. \n", (double)total/3);
15 :
16 :     return 0;
17 : }
```

::: 실행결과 ▶

배열의 요소 array[0]의 값 : 87

배열의 요소 array[1]의 값 : 65
배열의 요소 array[2]의 값 : 78
총점은 230이고 평균은 76.67입니다.
계속하려면 아무 키나 누르십시오 . . .

4행에서는 배열 이름 array를 선언합니다. 7행부터 11행까지에서는 반복문으로 배열 요소에 저장된 값들의 총점과 평균을 구하고, 배열 요소에 저장된 값들을 각각 출력합니다. 이처럼 반복문을 이용하면 배열의 요소에 저장된 값들을 보다 유용하게 출력할 수 있습니다.

1.1.4 배열 선언 시 주의할 점

앞에서 배열의 선언과 관련해서 살펴보았습니다. 이미 다룬 내용이지만 배열을 선언할 때 주의할 사항을 다시 한번 정리하겠습니다.

배열 요소는 0부터 시작한다.

다음 코드에서 int array[2]는 배열 요소를 총 2개 선언하고 있습니다. 그런데 array[2]=3은 배열의 세 번째 요소에 데이터 3을 저장하라는 의미로 에러가 발생합니다. 왜냐하면 배열의 요소는 0부터 시작하며 array[0], array[1]은 존재하지만 array[2]는 존재하지 않아서입니다.

```
#include <stdio.h>
int main(void)
{
    int array[2];       // 배열 길이는 2

    array[0]=1;         // 배열 요소는 0부터 시작
    array[1]=2;         // (배열 길이 - 1)에 해당하는 배열 요소까지 저장 가능
    array[2]=3;         // 에러

    return 0;
}
```

배열 초기화를 중괄호로 할 때 배열의 선언과 초기화가 개별적으로 이루어져서는 안 된다.

다음 코드에서 배열 array2는 배열을 선언한 후에 중괄호를 이용하여 초기화를 개별적으로 했기 때문에 에러가 발생합니다. 중괄호를 이용할 때는 배열 array1처럼 한 줄에서 선언과 초기화를 함께 해야 에러가 발생하지 않습니다.

```c
#include <stdio.h>
int main(void)
{
    int array1[3]={10, 20, 30};   // 정상적인 초기화 방법
    int array2[3];
    array2={10, 20, 30};          // 에러 발생

    return 0;
}
```

배열 길이를 변수로 설정하면 안 된다. 상수로 설정해야 한다.

다음 코드에서 배열 array1과 array2는 심볼릭 상수 MAX와 SIZE로 배열 길이를 설정하고 있지만, 배열 array3은 변수 a로 배열 길이를 설정하고 있어서 에러가 발생합니다. 배열 길이는 반드시 상수로 설정해야 합니다.

```c
#include <stdio.h>
#define MAX 10            // 심볼릭 상수 선언
int main(void)
{
    int a=3;
    const int SIZE=20;    // 심볼릭 상수 선언
    int array1[MAX];      // 정상 : 배열 길이를 심볼릭 상수로 설정
    int array2[SIZE];     // 정상 : 배열 길이를 심볼릭 상수로 설정
    int array3[a];        // 에러 : 배열 길이를 변수로 설정

    return 0;
}
```

Chapter 01
1차원 배열이란 무엇인가

1.2 1차원 배열의 주소와 값의 참조

1.2.1 &는 주소를 참조하는 연산자이다

& 연산자(주소 연산자)를 사용하면 메모리 공간의 주소를 표현할 수 있습니다. 다음 표는 변수와 배열 요소의 주소를 참조하는 방법을 비교하고 있습니다.

사용법	변수의 주소 참조	배열의 주소 참조
	&변수 이름	&배열 요소

예	int a=10, b=10;
	printf("%x \n", &a); // a의 주소
	printf("%x \n", &b); // b의 주소
		int array[2]={10, 20}
		printf("%x \n", &array[0]); // array[0]의 주소
		printf("%x \n", &array[1]); // array[1]의 주소

변수에서는 변수 이름 앞에 & 연산자를 붙여서 변수의 시작 주소를 알 수 있었는데, 배열에서는 배열 요소 앞에 & 연산자를 붙여서 배열의 각 요소의 주소를 알 수 있습니다.

다음은 변수 a에 데이터 3을 저장합니다.

```
int a=3;
```

이런 경우 과연 변수 a는 메모리 상 어디에 있을까 궁금하지 않습니까? 결론은 다음과 같이 변수 이름 앞에 & 연산자를 붙여서 출력하면 쉽게 얻을 수 있습니다. 즉, &a는 메모리 상에 있는 변수 a의 시작 주소입니다.

```
int a=3;
printf("변수 a의 주소 : %x \n", &a);
```

변수에서와 마찬가지로 배열에서도 & 연산자(주소 연산자)를 사용하면 할당된 메모리 공간의 주소를 알 수 있습니다. 다음 예제를 가지고 이해해 봅시다.

예제 1-5

```
01 : #include <stdio.h>
02 : int main(void)
```

```
03 :    {
04 :        int array1[3]={1, 2, 3};
05 :        char array2[3]={'A', 'B', 'C'};
06 :
07 :        printf("%x %x %x \n", &array1[0], &array1[1], &array1[2]);
08 :        printf("%x %x %x \n", &array2[0], &array2[1], &array2[2]);
09 :
10 :        return 0;
11 :    }
```

07행 주석: 16진수 주소 출력, 4바이트 차이
08행 주석: 16진수 주소 출력, 1바이트 차이

::: 실행결과 ▶

12ff58 12ff5c 12ff60
12ff4c 12ff4d 12ff4e
계속하려면 아무 키나 누르십시오 . . .

7행에서 배열 요소 앞에 & 연산자를 붙여서 배열에 할당된 메모리 공간의 주소들을 출력합니다. 주소는 12ff58, 12ff5c, 12ff60과 같이 숫자 상수입니다. array1 배열의 요소들은 연속된 메모리 공간, int형을 가지므로 4바이트씩 차이가 나면서 커집니다. 여기서 주소를 나타내는 숫자 상수는 운영체제나 개발 도구에 따라 다르다는 것도 알고 있어야 합니다.

int형 1차원 배열 array1에 할당된 메모리 공간의 주소 표현

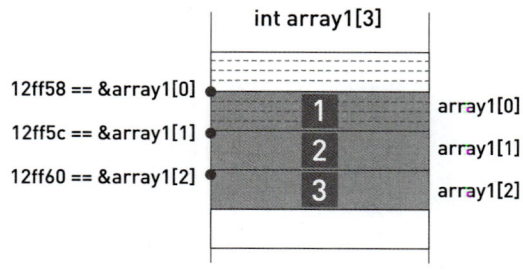

총 12바이트 크기의 연속된 메모리 공간을
할당하며 배열 요소는 0부터 시작

8행에서 12ff4c, 12ff4d, 12ff4e와 같이 숫자 상수를 출력합니다. array2 배열의 요소들은

char형이므로 1바이트씩 차이가 나면서 커집니다. 마찬가지로 주소를 나타내는 숫자 상수는 운영체제나 개발 도구에 따라 다릅니다.

char형 1차원 배열 array2에 할당된 메모리 공간의 주소 표현

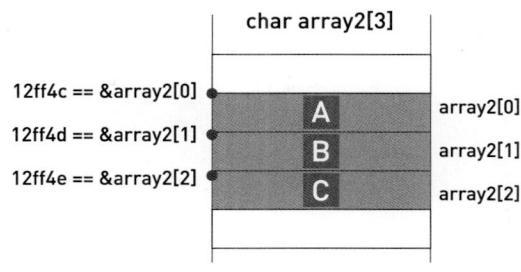

총 3바이트 크기의 연속된 메모리 공간을
할당하며 배열 요소는 0부터 시작

1.2.2 배열 이름은 배열의 시작 주소이다

배열 이름은 배열에 할당된 메모리 공간의 시작 주소입니다. 예를 들어 int array[3]과 같이 선언되어 있다면, 배열 이름 array는 배열의 시작 주소가 됩니다. 그리고 배열의 시작 주소를 기준으로 배열의 요소들의 개별 주소를 참조할 수 있습니다. 예를 들어 array+0, array+1, array+2와 같이 배열의 시작 주소를 기준으로 배열 요소들의 개별 주소를 참조합니다.

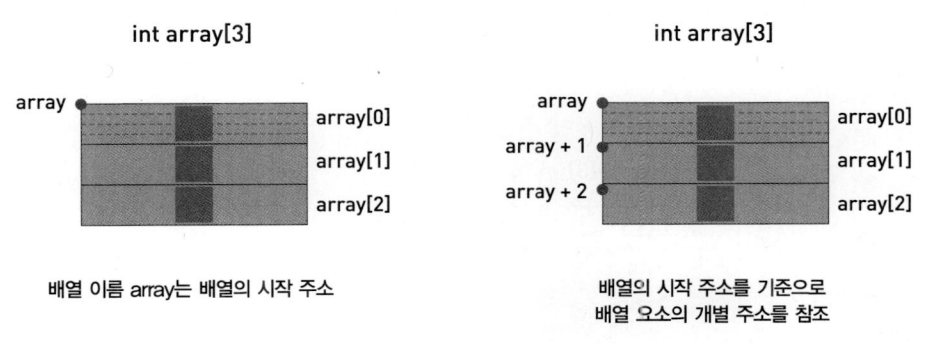

배열 이름 array는 배열의 시작 주소   배열의 시작 주소를 기준으로
배열 오소의 개별 주소를 참조

다음 예제를 가지고 배열의 시작 주소가 어떤 의미인지를 확인해 보겠습니다.

예제 | 1-6

```
01 : #include <stdio.h>
02 : int main(void)
03 : {
04 :     int array[3]={1, 2, 3};
05 :
06 :     printf("%x %x %x \n",array+0, array+1, array+2);
07 :     printf("%x %x %x \n",&array[0], &array[1], &array[2]);
08 :
09 :     return 0;
10 : }
```

06행: 16진수 주소 출력, 4바이트 차이
07행: 16진수 주소 출력, 4바이트 차이

::: 실행결과 ▶

12ff58 12ff5c 12ff60
12ff58 12ff5c 12ff60
계속하려면 아무 키나 누르십시오 . . .

4행에서 int array[3]으로 배열을 선언합니다. 배열 이름은 array입니다. **6행**에서 array+0에서 +0을 생략하면 배열 이름 array가 됩니다. array는 int형(4Byte)의 자료형을 갖고 있으므로 array+1은 배열의 시작 주소에서 4바이트를 건너뛴 주소를 의미합니다. 계속해서 array+2는 배열의 시작 주소에서 8바이트를 건너뛴 주소를 의미합니다.

배열의 이름을 이용한 주소 표현

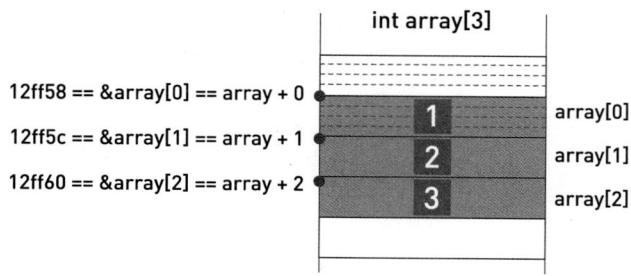

총 12바이트 크기의 연속된 메모리 공간을 할당하며
배열 요소는 0부터 시작

7행에서 세 개의 배열 요소 중 첫 번째 배열 array[0]에 주소 연산자 &를 붙이면 0행의 주소를 의미합니다. 즉, 배열 이름과 같은 결과를 출력합니다.

다음 예제는 char형 1차원 배열의 시작 주소를 기준으로 배열 요소들의 개별 주소를 출력하는 코드입니다.

예제 | 1-7

```
01 : #include <stdio.h>
02 : int main(void)
03 : {
04 :     char array[3]={'A', 'B', 'C'};
05 :
06 :     printf("%x %x %x \n", array+0, array+1, array+2);   ── 16진수 주소 출력, 1바이트 차이
07 :
08 :     return 0;
09 : }
```

::: 실행결과 ▶

12ff60 12ff61 12ff62
계속하려면 아무 키나 누르십시오 . . .

배열 array는 char형(1Byte)의 자료형을 갖고 있으므로 array+1은 배열의 시작 주소에서 1바이트를 건너뛴 주소를 의미하고, array+2는 배열의 시작 주소에서 2바이트를 건너뛴 주소를 의미합니다.

배열의 이름을 이용한 주소 표현

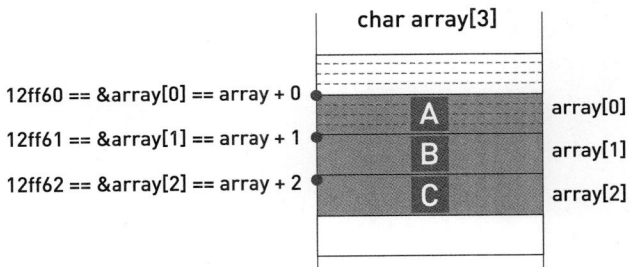

결론적으로 배열 이름은 배열에 할당된 메모리 공간의 시작 주소이며 배열의 시작 주소를 기준으로 각각의 배열 요소들의 개별 주소를 참조할 수 있습니다.

1.2.3 *는 메모리 공간에 저장된 값을 참조하는 연산자이다

& 연산자로 메모리 공간의 주소를 표현하는 방법을 배웠으므로 이 절에서는 * 연산자로 메모리 공간에 저장된 값을 참조하는 방법을 배우겠습니다. 메모리 공간에 저장된 값을 참조하려면 * 연산자를 사용합니다. 다음 표는 변수와 배열 요소에 저장된 값을 참조하는 방법을 비교하고 있습니다.

	변수의 값 참조	배열 요소의 값 참조
사용법	*&변수 이름	*&배열 요소

예	`int a=10, b=10;`
	`printf("%d \n", *&a); // a의 값`
	`printf("%d \n", *&b); // b의 값`
		`int array[2]={10, 20};`
		`printf("%d \n", *&array[0]); // array[0]의 값`
		`printf("%d \n", *&array[1]); // array[1]의 값`

긴 설명 없이 바로 예제로 넘어가겠습니다.

예제 1-8

```
01 : #include <stdio.h>
02 : int main(void)
03 : {
04 :     int array[3]={1, 2, 3};
05 :
06 :     printf("%x %x %x \n", &array[0], &array[1], &array[2]);      ── 16진수 주소 출력
07 :     printf("%d %d %d \n", *&array[0], *&array[1], *&array[2]);   ── 10진수 값 출력
08 :     printf("%d %d %d \n", array[0], array[1], array[2]);
09 :     printf("%d %d %d \n", *&*&array[0], *&*&array[1], *&*&array[2]);  ── 10진수 값 출력
10 :
11 :     return 0;
12 : }
```

::: 실행결과 ▶

```
12ff58 12ff5c 12ff60
1 2 3
1 2 3
1 2 3
계속하려면 아무 키나 누르십시오 . . .
```

6행에서 & 연산자로 배열의 요소들의 개별 주소를 출력합니다. **7행**에서 * 연산자로 배열의 요소들의 개별 주소를 통해 값에 접근하고 있습니다. * 연산자는 메모리 공간에 저장된 값을 참조하는 연산자입니다. 다음 그림에서는 메모리 공간의 주소에 * 연산자를 붙여서 값을 참조하고 있습니다. 참조하려면 먼저 메모리 공간의 주소를 알아야합니다.

* 연산자로 1차원 배열의 값 참조

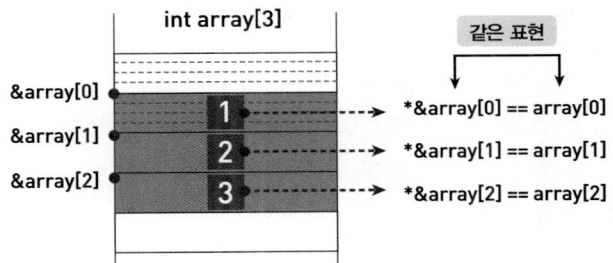
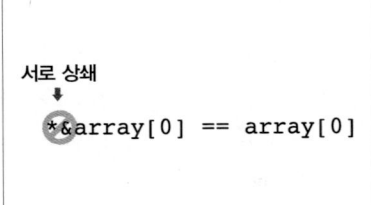

총 12바이트 크기의 연속된 메모리 공간을 할당하며
배열 요소는 0부터 시작

8행에서 배열의 요소들에 저장된 값을 순서대로 출력하고 있습니다. **9행**에서 *&는 서로 상쇄되는 성질이 있어서 8행과 같은 결과를 출력합니다.

또 다른 예제를 가지고 * 연산자의 의미를 확실히 이해합시다.

예제 | 1-9

```
01 : #include <stdio.h>
02 : int main(void)
```

```
03 :    {
04 :        int array[3]={1, 2, 3};
05 :
06 :        printf("%x %x %x \n", array+0, array+1, array+2);
07 :        printf("%d %d %d \n", *(array+0), *(array+1), *(array+2));
08 :        printf("%d %d \n", *(array+0), *array);
09 :
10 :        return 0;
11 :    }
```

::: 실행결과 ▶

```
12ff58 12ff5c 12ff60
1 2 3
1 1
계속하려면 아무 키나 누르십시오 . . .
```

6행에서 배열 이름을 가지고 주소를 출력합니다. 배열 이름 array는 원래 array+0을 표현한 것인데, +0은 생략한 것입니다. 7행에서 * 연산자로 배열의 요소들의 개별 주소를 통해 값에 접근하고 있습니다. *array의 표현은 *(array+0)과 같습니다. 해석해 보면 array(배열의 시작 주소)에서 +0만큼 건너뛴 주소의 메모리 공간에 저장된 값을 참조하라는 의미입니다. 8행에서 *(array+0)은 +0을 생략하면 *array와 같은 표현입니다. 다음은 1차원 배열일 때 값을 참조하는 같은 표현들입니다.

```
*array == *(array+0) == array[0]
          *(array+1) == array[1]
          *(array+2) == array[2]
```

다음은 1차원 배열에서 알아야 할 핵심입니다. 2차원 배열에서도 중요하므로 꼭 알아 둡시다.

값을 참조하는 다양한 표현

```
                     서로 상쇄
                        ↓
        *(array+i) == array[i] == *&array[i]
```

연/습/문/제/
Exercise

1 그림과 같이 배열의 요소를 복사하세요.

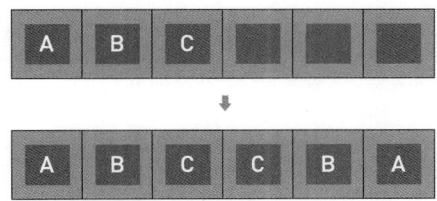

::: 실행결과 ▶

ABC
ABCCBA
계속하려면 아무 키나 누르십시오 . . .

2 10명의 학생 성적을 배열에 저장하고 총점과 평균을 구하는 프로그램을 작성하세요.

3 다음 표에서 가로 합과 세로 합, 모든 수의 합을 구하는 프로그램을 작성하세요.

90	78	77	98	98
80	45	67	88	57
88	99	65	55	74

4 길이가 9인 int형 배열을 선언한 후에 키보드로부터 숫자를 하나 입력받습니다. 입력받은 숫자의 구구단 계산 결과를 배열에 저장하고 출력하는 프로그램을 작성하세요.

5 다음 두 배열에서 같은 배열 요소 간에 곱하는 프로그램을 반복문을 이용하여 작성하세요.

| 2.2 | 3.5 | 2.5 | 10.1 | 4.0 |

| 3.3 | 2.0 | 4.0 | 1.0 | 2.5 |

6 다음 array1, array2, array3 세 배열에서 & 연산자와 * 연산자를 이용하여 각 배열 요소의 주소와 값을 출력하는 프로그램을 작성하고 그 결과를 그림으로 표현하세요.

```
#include <stdio.h>
int main(void)
{
    char array1[5]={'A', 'B', 'C', 'D', 'E'};
    int array2[5]={10, 20, 30, 40, 50};
    double array3[5]={10.1, 20.2, 30.3, 40.4, 50.5};

    return 0;
}
```

공부한 내용 떠올리기

◈ 배열의 정의와 필요성

◈ 배열의 선언과 구성 요소

◈ 배열에 데이터를 저장하는 방법

◈ 배열을 선언할 때 주의할 사항

◈ & 연산자는 주소를 참조하는 연산자, * 연산자는 메모리 공간에 저장된 값을 참조하는 연산자

◈ 배열 이름은 배열의 시작 주소

◈ 배열의 주소를 참조하는 & 연산자, 배열 주소에 저장된 값을 참조하는 * 연산자

제 2 장

다차원 배열이란 무엇인가

Part 2 | 제2장

2.1 다차원 배열이란   **2.2** 2차원 배열의 주소와 값의 참조

2.1 다차원 배열이란

배열의 경우 앞에서 배운 1차원 배열뿐만 아니라 2차원 이상의 다차원 배열도 가능합니다. 1차원 배열로 데이터를 처리하기에 제한이 따를 때 다차원 배열을 사용합니다. 이제 다차원 배열에 대하여 자세히 알아봅시다.

다음 그림은 1차원 배열과 다차원(2차원, 3차원) 배열을 비교하고 있습니다. 실제 물리적 메모리 구조를 표현한 것은 아니며 다차원 배열에 대한 이해를 돕기 위해서 가상적으로 표현한 것입니다.

1차원 배열과 다차원 배열의 비교

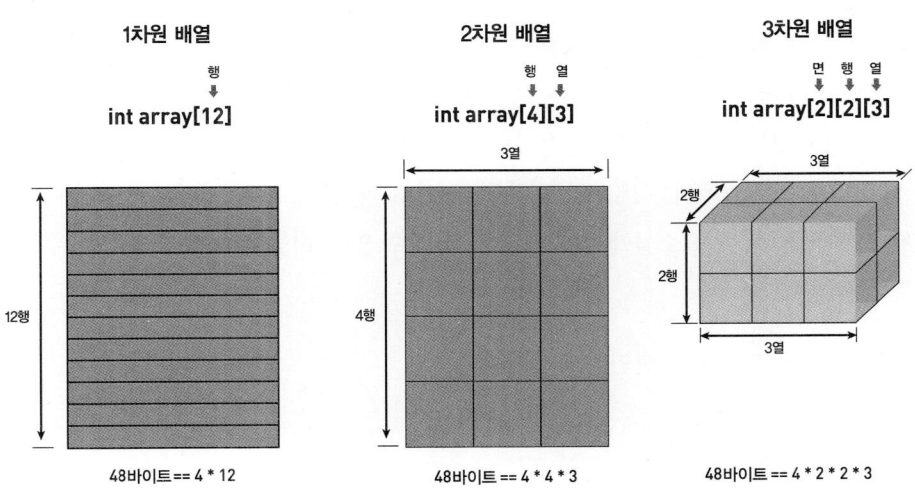

- int array[12]　　48바이트(4*12) 메모리 공간을 행(가로) 단위로 할당
- int array[4][3]　　48바이트(4*4*3) 메모리 공간을 4행(가로) 3열(세로) 단위로 할당
- int array[2][2][3]　48바이트(4*2*2*3) 메모리 공간을 2면 2행(가로) 3열(세로) 단위로 할당

1차원 배열은 선, 2차원 배열은 평면, 3차원 배열은 입체로 생각하면 이해하기 쉽습니다. 자주 사용하는 배열은 1차원과 2차원 배열이고, 3차원 이상의 배열은 거의 사용하지 않습니다. 따라서 이번 장에서는 주로 2차원 배열을 다룹니다.

2.1.1 2차원 배열의 선언

1차원 배열과 마찬가지로 2차원 배열을 사용하려면 먼저 2차원 배열을 선언해야 합니다. 2차원 배열을 선언하려면 자료형, 배열 이름, 배열 길이와 같은 구성 요소들이 필요합니다.

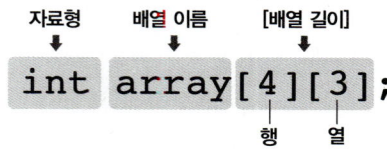

- **자료형**   배열의 자료형을 지정
- **배열 이름**   변수 이름과 마찬가지로 배열을 구분하는 배열의 이름
- **배열 길이**   배열 요소의 길이를 행(가로)과 열(세로)로 지정

2차원 배열에서 특이한 점은 배열 길이를 설정하면서 대괄호 두 개를 사용하고 있습니다. 즉, 1차원 배열과 달리 2차원 배열에서는 메모리 공간을 행(가로)과 열(세로)의 길이로 구분합니다. 이렇게 선언된 행과 열의 배열 요소들에 데이터를 저장할 수 있고 이들 데이터를 참조할 수 있습니다.

다음 예는 4행 3열의 2차원 배열을 선언하고 있습니다.

```c
#include <stdio.h>
int main(void)
{
    // 2차원 배열의 선언
    int array[4][3];

    return 0;
}
```

배열 이름이 array인 4행 3열의 배열을 선언합니다. 할당된 메모리 공간은 48바이트로 int형 (4Byte) * 4(행) * 3(열)입니다. 다음 그림은 이 배열의 메모리 구조를 표현하고 있습니다.

2차원 배열 int array[4][3]의 메모리 구조

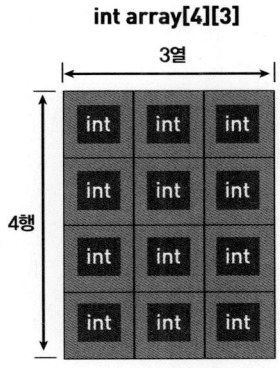

4(int) * 4 * 3는 48바이트

2.1.2 2차원 배열에 데이터 저장하기

1차원 배열과 마찬가지로 2차원 배열도 선언하고 나면 데이터를 저장할 수 있습니다. 다음 예제를 가지고 2차원 배열에 데이터를 저장하는 방법을 알아보도록 하겠습니다. 2차원 배열에 데이터를 저장할 때 2차원 배열 요소의 위치는 0행 0열부터 시작한다는 것에 유의합시다.

예제 | 2-1

```
01 : #include <stdio.h>
02 : int main(void)
03 : {
04 :     // 2차원 배열의 선언
05 :     int array[4][3];         ——— 4행 3열의 배열 길이
06 :
07 :     array[0][0]=1; array[0][1]=2; array[0][2]=3;    ——— 0행의 배열 요소들에 데이터 저장
08 :     array[1][0]=4; array[1][1]=5; array[1][2]=6;    ——— 1행의 배열 요소들에 데이터 저장
09 :     array[2][0]=7; array[2][1]=8; array[2][2]=9;    ——— 2행의 배열 요소들에 데이터 저장
10 :     array[3][0]=10; array[3][1]=11; array[3][2]=12; ——— 3행의 배열 요소들에 데이터 저장
```

```
11 :
12 :    printf("%d %d %d \n", array[0][0], array[0][1], array[0][2]);    — 0행 출력
13 :    printf("%d %d %d \n", array[1][0], array[1][1], array[1][2]);    — 1행 출력
14 :    printf("%d %d %d \n", array[2][0], array[2][1], array[2][2]);    — 2행 출력
15 :    printf("%d %d %d \n", array[3][0], array[3][1], array[3][2]);    — 3행 출력
16 :
17 :    return 0;
18 : }
```

::: 실행결과 ▶

1 2 3
4 5 6
7 8 9
10 11 12
계속하려면 아무 키나 누르십시오 . . .

5행에서 가로의 길이가 4이고 세로의 길이가 3인 2차원 배열 array를 선언합니다. **7행**부터 **10행**까지에서 0행 0열부터 3행 2열까지 데이터를 저장합니다. array[0][0]=1은 배열 요소 0행(가로) 0열(세로)에 1을 저장하겠다는 의미입니다. 이처럼 배열 요소의 행과 열에 해당하는 메모리 공간에 데이터를 저장하는 방식이 2차원 배열입니다. 다음 그림은 이 배열 메모리 구조를 표현한 것입니다. 여기에서 행과 열을 표현하는 배열 요소의 위치가 0부터 시작하고 있는 점에 유의해야 합니다.

2차원 배열 int array[4][3]의 메모리 구조

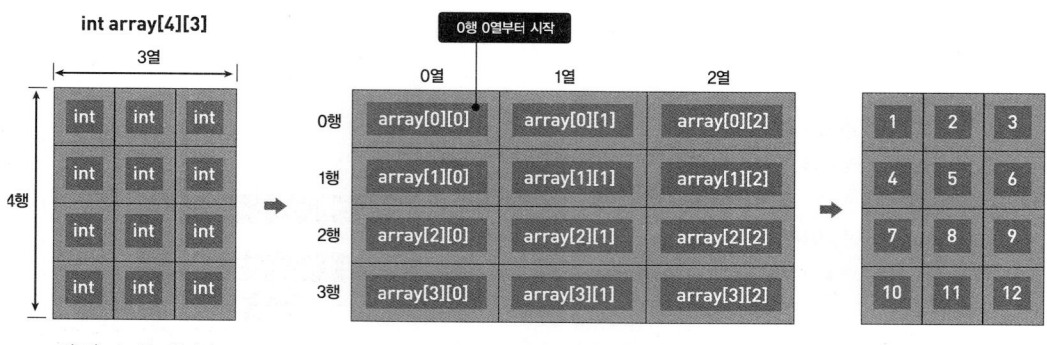

Chapter 02
다차원 배열이란 무엇인가

2차원 배열에서도 데이터를 저장하는 방법은 여러 가지입니다. 다음 예제는 중괄호를 이용하여 2차원 배열을 선언하고 동시에 초기화합니다. 데이터를 저장하지 않은 배열 공간에는 0이 자동으로 초기화됩니다.

예제 2-2

```
01 : #include <stdio.h>
02 : int main(void)
03 : {
04 :     // 2차원 배열 선언과 동시에 데이터 저장(초기화)
05 :     int array1[4][3]={1, 2, 3, 4, 5, 6, 7, 8, 9, 10, 11, 12};
06 :     int array2[4][3]={1, 2, 3, 4, 5};
07 :
08 :     // 2차원 배열 array1의 데이터 출력
09 :     printf("%d %d %d \n", array1[0][0], array1[0][1], array1[0][2]);   // 0행 출력
10 :     printf("%d %d %d \n", array1[1][0], array1[1][1], array1[1][2]);   // 1행 출력
11 :     printf("%d %d %d \n", array1[2][0], array1[2][1], array1[2][2]);   // 2행 출력
12 :     printf("%d %d %d \n", array1[3][0], array1[3][1], array1[3][2]);   // 3행 출력
13 :
14 :     printf("--------------------\n");
15 :
16 :     // 2차원 배열 array2의 데이터 출력
17 :     printf("%d %d %d \n", array2[0][0], array2[0][1], array2[0][2]);   // 0행 출력
18 :     printf("%d %d %d \n", array2[1][0], array2[1][1], array2[1][2]);   // 1행 출력
19 :     printf("%d %d %d \n", array2[2][0], array2[2][1], array2[2][2]);   // 2행 출력
20 :     printf("%d %d %d \n", array2[3][0], array2[3][1], array2[3][2]);   // 3행 출력
21 :
22 :     return 0;
23 : }
```

::: 실행결과 ▶

```
1 2 3
4 5 6
7 8 9
10 11 12
--------------------
```

int array1[4][3]

1	2	3
4	5	6
7	8	9
10	11	12

```
1 2 3
4 5 0
0 0 0
0 0 0
계속하려면 아무 키나 누르십시오 . . .
```

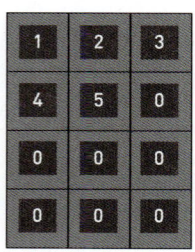

5행에서 배열 이름을 array1로 선언하고, 배열 길이를 4행 3열로 설정합니다. 배열에 저장할 데이터는 1부터 12까지이며, 할당된 배열 공간에 차례로 저장됩니다. **6행**에서 배열 이름을 array2로 선언하고, 배열 길이를 4행 3열로 설정합니다. 배열에 저장할 데이터는 1, 2, 3, 4, 5이며, 할당된 배열 공간에 차례로 저장됩니다. 이때 초기화되지 못한 배열 공간은 0으로 자동으로 채워집니다.

다음 예제는 2차원 배열을 선언하면서 초기화를 행 단위로 하는 코드입니다.

예제 2-3

```
01 : #include <stdio.h>
02 : int main(void)
03 : {
04 :     // 2차원 배열의 선언과 동시에 행 단위로 데이터 저장(초기화)
05 :     int array1[4][3]={{1, 2}, {3}, {4}, {5}};
06 :     int array2[4][3]={{1, 2, 3}, {4, 5, 6}, {7, 8, 9}, {10}};
07 :
08 :     // 2차원 배열 array1의 데이터 출력
09 :     printf("%d %d %d \n", array1[0][0], array1[0][1], array1[0][2]);   ── 0행 출력
10 :     printf("%d %d %d \n", array1[1][0], array1[1][1], array1[1][2]);   ── 1행 출력
11 :     printf("%d %d %d \n", array1[2][0], array1[2][1], array1[2][2]);   ── 2행 출력
12 :     printf("%d %d %d \n", array1[3][0], array1[3][1], array1[3][2]);   ── 3행 출력
13 :     printf("--------------------\n");
14 :
15 :     // 2차원 배열 array2의 데이터 출력
16 :     printf("%d %d %d \n", array2[0][0], array2[0][1], array2[0][2]);   ── 0행 출력
17 :     printf("%d %d %d \n", array2[1][0], array2[1][1], array2[1][2]);   ── 1행 출력
18 :     printf("%d %d %d \n", array2[2][0], array2[2][1], array2[2][2]);   ── 2행 출력
19 :     printf("%d %d %d \n", array2[3][0], array2[3][1], array2[3][2]);   ── 3행 출력
```

```
20 :
21 :     return 0;
22 : }
```

::: 실행결과 ▶

```
1 2 0
3 0 0
4 0 0
5 0 0
--------------------
1 2 3
4 5 6
7 8 9
10 0 0
계속하려면 아무 키나 누르십시오 . . .
```

5행부터 6행까지에서는 중괄호 내에 중괄호가 중첩되어 있는 구조를 가지고 있습니다. 이것은 배열을 행 단위로 초기화하기 위해서입니다. 5행과 6행에서는 2차원 배열 array1와 array2를 각각 행 단위로 초기화합니다. 다음 그림은 행 단위로 초기화하는 방식을 설명하고 있습니다.

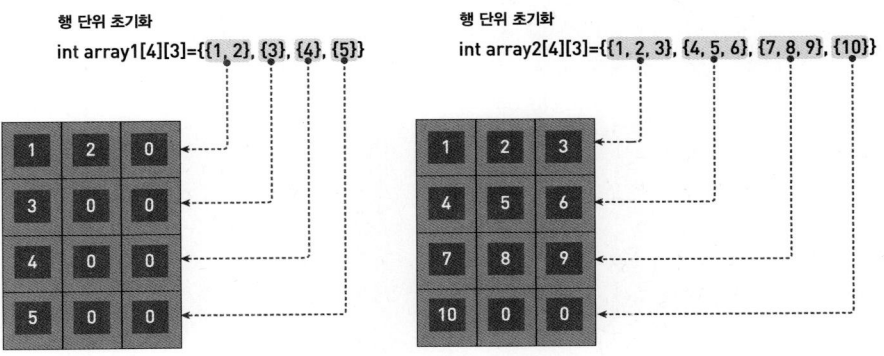

다음 예제는 키보드로부터 입력받은 데이터를 2차원 배열 요소에 저장하고 이들 데이터를 그대로 출력하는 코드입니다. 2차원 배열이므로 중첩 for 문을 사용합니다. 이럴 때 반복문은 매우 중요합니다.

열혈강의 C 언어 본색
Part 2

예제 | 2-4

```
01 :    #include <stdio.h>
02 :    int main(void)
03 :    {
04 :        // 2차원 배열의 선언
05 :        int array[2][2];
06 :        int i, j;
07 :
08 :        // 2차원 배열에 데이터 입력
09 :        for(i=0; i<2; i++)
10 :        {
11 :            for(j=0; j<2; j++)
12 :            {
13 :                printf("정수를 입력하세요 : ");
14 :                scanf("%d", &array[i][j]);
15 :            }
16 :        }
17 :        // 2차원 배열에 데이터 출력
18 :        for(i=0; i<2; i++)
19 :        {
20 :            for(j=0; j<2; j++)
21 :            {
22 :                printf("%3d", array[i][j]);
23 :            }
24 :            printf("\n");
25 :        }
26 :
27 :        return 0;
28 :    }
```

::: 실행결과 ▶

정수를 입력하세요 : 2
정수를 입력하세요 : 3
정수를 입력하세요 : 4
정수를 입력하세요 : 5
  2 3
  4 5
계속하려면 아무 키나 누르십시오 . . .

키보드 입력 ●------▶

| 2 | 3 |
| 4 | 5 |

Chapter 02
다차원 배열이란 무엇인가

5행에서는 2행 2열의 2차원 배열 array를 선언합니다. 6행에서는 행의 길이를 나타내는 변수 i와 열의 길이를 나타내는 변수 j를 선언합니다. 9행부터 16행까지에서는 scanf( ) 함수를 이용하여 키보드로부터 입력받은 값을 2차원 배열 요소의 i행과 j열에 저장합니다.

이처럼 배열을 초기화할 때 scanf( ) 함수로 키보드로부터 데이터를 입력받을 수 있습니다. 특이한 점은 scanf( ) 함수 내에서 & 연산자를 사용해서 i행과 j열에 해당하는 2차원 배열 요소의 개별 주소를 표현하고 있습니다. 1차원 배열에서처럼 2차원 배열에서도 & 연산자로 배열 요소의 개별 주소를 표현할 수 있습니다. 18행부터 25행까지에서는 2차원 배열 array에 저장된 데이터를 출력합니다.

앞에서 1차원 배열을 선언할 때 주의할 사항을 살펴보았습니다. 추가로 2차원 배열을 선언할 때 주의할 사항을 살펴보겠습니다.

2차원 배열에서 배열의 길이를 설정하지 않을 때라도 열의 길이는 반드시 설정해야 한다.

다음 예에서 2차원 배열의 행과 열의 길이를 모두 알려주지 않고 초기화하면 에러가 발생합니다. 행은 지정하고 열을 지정하지 않아도 에러가 발생합니다. 2차원 배열의 길이를 설정할 때 열의 길이를 설정하면 에러가 발생하지 않습니다.

```c
#include <stdio.h>
int main(void)
{
    int array1[ ][ ]={1,2,3,4,5,6,7,8,9,10,11,12};   // 에러, 행과 열 모두 설정하지 않음
    int array2[4][ ]={1,2,3,4,5,6,7,8,9,10,11,12};   // 에러, 행을 설정
    int array3[ ][3]={1,2,3,4,5,6,7,8,9,10,11,12};   // 성공, 열을 설정
    int array4[ ][4]={1,2,3,4,5,6,7,8,9,10,11,12};   // 성공, 열을 설정
    int array5[ ][2]={1,2,3,4,5,6,7,8,9,10,11,12};   // 성공, 열을 설정

    return 0;
}
```

2차원 배열의 메모리 할당 방식은 행과 열의 논리적인 구조로 되어 있지만 물리적 메모리 구조는 다음 그림처럼 1차원 배열의 형태입니다. 왜냐하면 컴퓨터의 물리적 메모리 구조는 2차원 형태가 아니기 때문입니다. 만약에 2차원 배열의 메모리 구조를 물리적 메모리 구조와 같이 이해하게 되면 프로그래밍할 때 혼란을 줄 수 있습니다. 따라서 행과 열의 형태인 2차원 구조로 이해하는 것이 좋습니다.

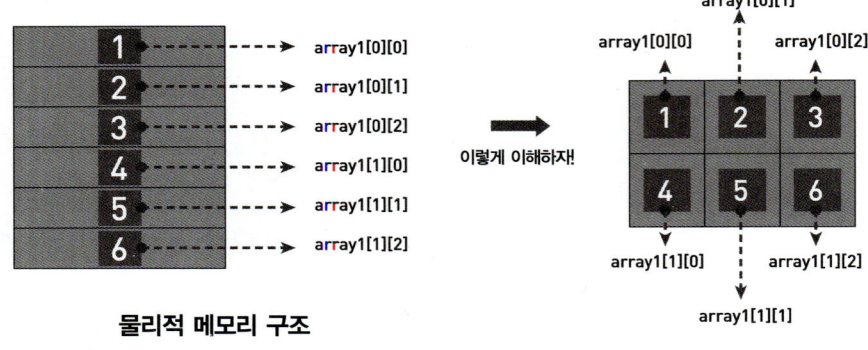

2차원 배열의 물리적 메모리 구조
int array1[2][3]={1, 2, 3, 4, 5, 6}

물리적 메모리 구조

이렇게 이해하자!

2차원 메모리 구조

2.1.3 3차원 배열의 이해

2차원을 초과하는 3차원 이상의 배열은 사용 빈도가 매우 낮습니다. 따라서 3차원 배열의 개념에 대해서만 간단히 짚어 보도록 하겠습니다. 앞서 1차원 배열은 선, 2차원 배열은 평면, 3차원 배열은 입체라고 설명했습니다. 다음 그림은 3차원 배열의 논리적 메모리 구조를 보여주고 있습니다. 3차원 배열은 2차원 배열이 중첩된 것처럼 보입니다.

3차원 배열의 논리적 메모리 구조

면 행 열
↓ ↓ ↓
int array[3][3][3]

Chapter 02 다차원 배열이란 무엇인가

간단한 예제를 가지고 3차원 배열을 이해해 봅시다.

예제 | 2-5

```
01 : #include <stdio.h>
02 : int main(void)
03 : {
04 :     int i, j, k;
05 :     int array[3][3][3]={{1,2,3,4,5,6,7,8,9},
06 :                         {10,11,12,13,14,15,16,17,18},
07 :                         {19,20,21,22,23,24,25,26,27}};
08 :
09 :     for(i=0; i<3; i++)        ── 0면, 1면, 2면
10 :     {
11 :         for(j=0; j<3; j++)    ── 0행, 1행, 2행
12 :         {
13 :             for(k=0; k<3; k++)  ── 0열, 1열, 2열
14 :             {
15 :                 printf("%d", array[i][j][k]);   ── 개별 배열 요소들에 저장된 데이터 출력
16 :             }
17 :             printf("\n");
18 :         }
19 :         printf("---------------\n");
20 :     }
21 :
22 :     return 0;
23 : }
```

실행결과 ▶

```
1 2 3
4 5 6
7 8 9
---------------
10 11 12
13 14 15
16 17 18
---------------
```

```
19 20 21
22 23 24
25 26 27
---------------
계속하려면 아무 키나 누르십시오 . . .
```

5행부터 7행까지에서 3차원 배열에 면 단위로 데이터를 저장(초기화)하고 있습니다. 9행부터 20행까지에서 3차원 배열에 저장된 데이터를 출력하기 위해 for 문을 중첩해서 세 개 사용합니다. 1차원 배열일 때는 for 문 1개, 2차원 배열일 때는 for 문 2개, 3차원 배열일 때는 for 문 3개를 사용한 이유는 별도로 설명하지 않아도 이해할 수 있을 것입니다.

2.2 2차원 배열의 주소와 값의 참조

2.2.1 &는 2차원 배열 요소의 주소를 참조하는 연산자이다

Part2의 1장에서 1차원 배열의 주소와 값을 참조하는 방법을 배웠습니다. 특히, & 연산자 (주소 연산자)를 사용하면 메모리 공간의 주소를 표현할 수 있다고 공부했습니다. 마찬가지로 2차원 배열에서도 & 연산자로 할당된 메모리 공간의 주소를 표현할 수 있습니다.

	2차원 배열의 주소 참조
사용법	&2차원 배열 요소

예	int array[2][2]={10, 20, 30, 40};
	printf("%x %x \n", &array[0][0], &array[0][1]); // array[0][0]의 주소, array[0][1]의 주소
	printf("%x %x \n", &array[1][0], &array[1][1]); // array[1][0]의 주소, array[1][1]의 주소

다음 예제를 가지고 보다 쉽게 이해해 봅시다.

예제 2-6

```
01 : #include <stdio.h>
```

```
02 :  int main(void)
03 :  {
04 :      int array[2][3]={1, 2, 3, 4, 5, 6};
05 :      printf("%x %x %x \n", &array[0][0], &array[0][1], &array[0][2]);
06 :      printf("%x %x %x \n", &array[1][0], &array[1][1], &array[1][2]);
07 :
08 :      return 0;
09 :  }
```

::: 실행결과 ▶

12ff4c 12ff50 12ff54
12ff58 12ff5c 12ff60
계속하려면 아무 키나 누르십시오 . . .

5행부터 6행까지에서 2차원 배열 요소 앞에 & 연산자를 붙여서 2차원 배열에 할당된 메모리 공간의 주소들을 출력합니다. 주소는 12ff4c, 12ff50, 12ff54, 12ff58, 12ff5c, 12ff60과 같이 숫자 상수입니다. 배열의 요소들은 int형이므로 4바이트씩 차이가 납니다. 이들 숫자 상수는 운영체제나 개발 도구에 따라 다르다는 것도 앞에서 이야기했었습니다.

int형 2차원 배열의 논리적, 물리적 메모리 구조

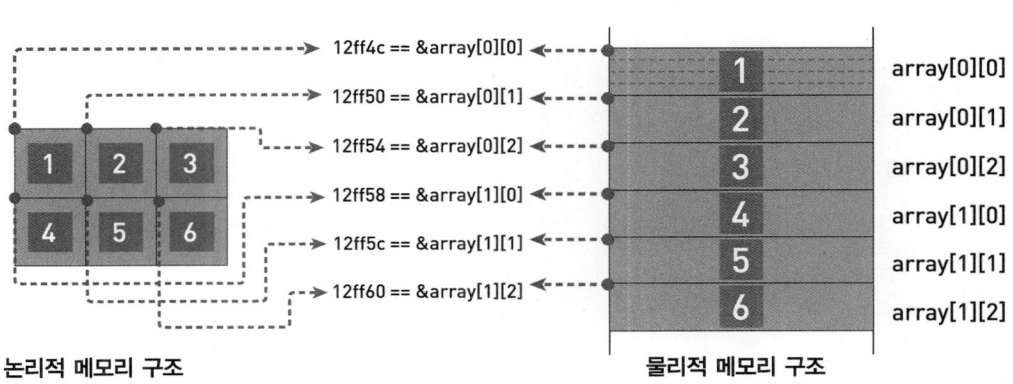

그림을 보면 논리적, 물리적 메모리 구조를 표현하고 있는데, 여러분은 2차원 배열을 이해할 때, 두 구조 중에서 어느 것이 이해하기 쉽습니까? 사람마다 다르겠지만 2차원 배열은 행과 열을 갖는 구조이기 때문에 논리적 메모리 구조가 훨씬 이해하기 쉬울지도 모릅니다. 필자의 경우도 사실 논리적 메모리 구조가 훨씬 이해하기 좋습니다. 그러나 실제로는 물리적 메모리 구조처럼 표현됨을 잊지 말기 바랍니다.

2.2.2 2차원 배열의 다양한 주소 표현

지금부터 2차원 배열에서 주소를 표현하는 다양한 방법을 알아보겠습니다.

2차원 배열 이름은 2차원 배열의 시작 주소이다.

1차원 배열과 마찬가지로 2차원 배열 이름은 배열에 할당된 메모리의 시작 주소입니다.

예제 2-7

```
01 : #include <stdio.h>
02 : int main(void)
03 : {
04 :     int array[2][2]={10, 20, 30, 40};
05 :
06 :     printf("%x %x \n", array, array+0);     ── 0행의 주소
07 :     printf("%x \n", array+1);               ── 1행의 주소
08 :
09 :     return 0;
10 : }
```

실행결과

12ff54 12ff54
12ff5c
계속하려면 아무 키나 누르십시오 . . .

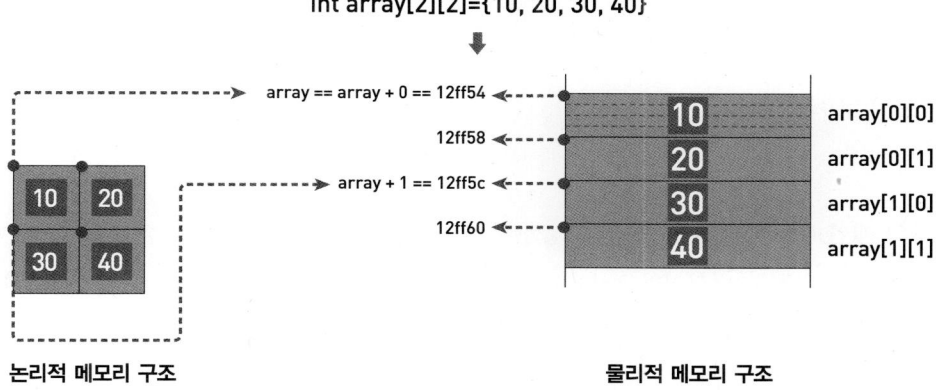

6행의 array+0에서 +0을 생략하면 배열 이름만 남습니다. 따라서 array와 array+0은 같은 표현으로 0행의 주소 12ff54를 의미합니다. 7행에서 다음 행을 나타내는 array+1은 1행의 주소 12ff5c를 의미합니다. 0행과 1행 간의 메모리 공간의 차이는 8바이트입니다.

2차원 배열의 행의 요소는 행을 대표하는 주소이다.

1차원 배열일 때 array[0]과 같은 표현은 배열의 0번째 배열 요소의 값을 의미했었습니다. 그러나 2차원 배열일 때 array[0]과 같은 표현은 배열의 0행을 대표하는 주소 즉, 0행 0열의 주소를 의미합니다. 이해가 잘 안 된다면 다음 예제를 가지고 자세히 알아봅시다.

예제 2-8

```
01 : #include <stdio.h>
02 : int main(void)
03 : {
04 :     int array[2][2]={10, 20, 30, 40};
05 :
06 :     printf("%x %x \n", array[0], &array[0][0]);   // 0행의 대표 주소 즉, 0행 0열의 주소
07 :     printf("%x %x \n", array[1], &array[1][0]);   // 1행의 대표 주소 즉, 1행 0열의 주소
08 :
09 :     return 0;
10 : }
```

::: 실행결과

```
12ff54 12f54
12ff5c 12f5c
계속하려면 아무 키나 누르십시오 . . .
```

6행에서 1차원 배열과 달리 2차원 배열에서 array[0]의 표현은 0행을 대표하는 주소 즉, 0행 0열의 주소를 의미합니다. array[0]와 &array[0][0]은 같은 주소 12ff54를 나타냅니다. 7행에서 array[1]은 1행을 대표하는 주소 즉, 1행 0열의 주소를 의미합니다. array[1]과 &array[1][0]은 같은 주소 12ff5c를 나타냅니다.

2차원 배열의 행의 요소가 갖는 의미

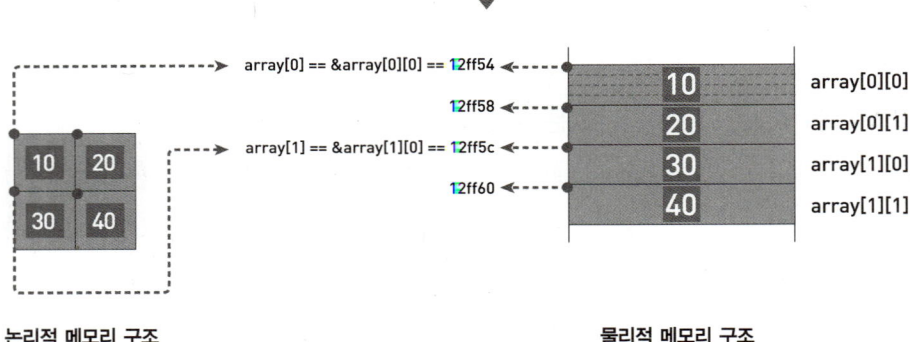

논리적 메모리 구조   물리적 메모리 구조

2차원 배열에서 array[i] == *(array+i)는 주소를 표현한다.

Part1의 1장에서 다음과 같이 메모리에 저장된 값을 참조하는 다양한 표현을 배운 기억이 있을 것입니다.

서로 상쇄

*(array+i) == array[i] == *&array[i]

1차원 배열일 때 다음과 같은 표현은 저장된 값을 참조하는 것이었습니다.

```
*array  == *(array+0) == array[0]
           *(array+1) == array[1]
           *(array+2) == array[2]
```

2차원 배열일 때 다음과 같은 표현은 각 행을 대표하는 주소가 됩니다.

```
*array  == *(array+0) == array[0]
           *(array+1) == array[1]
           *(array+2) == array[2]
```

다음 예제는 2차원 배열일 때 각 행의 대표 주소를 출력하는 다양한 방법을 다루는 코드입니다.

예제 2-9

```
01 : #include <stdio.h>
02 : int main(void)
03 : {
04 :     int array[2][2]={10, 20, 30, 40};
05 :
06 :     printf("%x %x %x \n", array[0], *(array+0), *array);   ── 0행의 대표 주소
07 :     printf("%x %x \n", array[1], *(array+1));              ── 1행의 대표 주소
08 :
09 :     return 0;
10 : }
```

::: 실행결과 ▶

12ff54 12ff54 12ff54
12ff5c 12ff5c
계속하려면 아무 키나 누르십시오 . . .

6행의 *(array+0)에서 +0을 생략하면 *array와 같은 표현입니다.

array[i] == *(array+i)는 동일한 주소를 나타내는 같은 표현

int array[2][2]={10, 20, 30, 40}

array[0] == *(array + 0) == *array == 12ff54
12ff58
array[1] == *(array + 1) == 12ff5c
12ff60

10 — array[0][0]
20 — array[0][1]
30 — array[1][0]
40 — array[1][1]

논리적 메모리 구조   물리적 메모리 구조

2차원 배열에서 각 행과 열에 대한 주소를 다양하게 표현할 수 있는데 array[i] == *(array+i)를 이해하면 어렵지 않은 내용입니다. 다음 예제를 가지고 자세히 살펴봅시다.

예제 | 2-10

```
01 : #include <stdio.h>
02 : int main(void)
03 : {
04 :     int array[2][2]={10, 20, 30, 40};
05 :
06 :     printf("%x %x \n", &array[0][0], &array[0][1]);
07 :     printf("%x %x \n", &array[1][0], &array[1][1]);
08 :
09 :     printf("-------------------\n");
10 :     printf("%x %x \n", array[0]+0, array[0]+1);
11 :     printf("%x %x \n", array[1]+0, array[1]+1);
12 :
13 :     printf("-------------------\n");
14 :     printf("%x %x \n", *(array+0)+0, *(array+0)+1);
15 :     printf("%x %x \n", *(array+1)+0, *(array+1)+1);
16 :
17 :     return 0;
18 : }
```

::: 실행결과 ▶

12ff54 12ff58
12ff5c 12ff60

12ff54 12ff58
12ff5c 12ff60

12ff54 12ff58
12ff5c 12ff60
계속하려면 아무 키나 누르십시오 . . .

6행과 **7행**에서 2차원 배열의 행과 열의 요소에 & 연산자를 붙여서 주소를 출력합니다. **10행**과 **11행**에서 2차원 배열의 행 단위 요소에 열의 요소를 더해서(+) 주소를 출력합니다. **14행**과 **15행**에서 array[i]의 표현을 *(array+i)로 표현해서 2차원 배열 요소를 출력합니다.

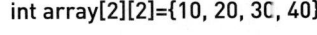

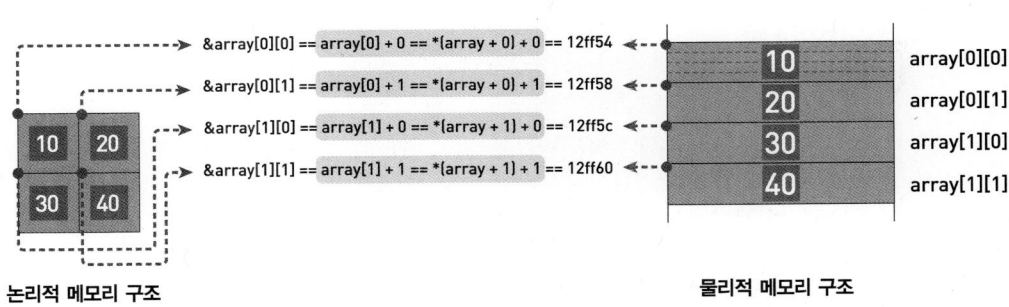

지금까지 2차원 배열의 다양한 주소 표현 방법을 살펴보았습니다. 만일 이해가 안 되면 그림으로 주소를 그려 보기를 권합니다.

2.2.3 *는 2차원 배열 요소에 저장된 값을 참조하는 연산자이다

2차원 배열에는 다양한 주소 표현 방법이 있다는 것을 알았습니다. 이제 * 연산자로 2차원 배열 요소에 저장된 값을 참조해 보겠습니다. 1차원 배열과 마찬가지로 다음 그림처럼 2차원 배열 요소의 주소 앞에 * 연산자를 붙여서 해당 주소에 저장된 값을 참조합니다.

2차원 배열 요소에 저장된 값을 참조하는 원리

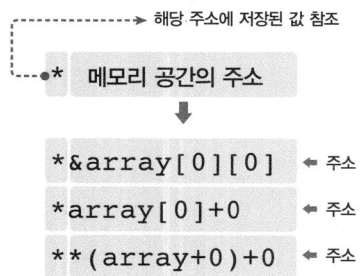

```
*&array[0][0]   ← 주소
*array[0]+0     ← 주소
**(array+0)+0   ← 주소
```

다음 예제는 앞 예제의 주소에 * 연산자만 붙인 코드입니다. 2차원 배열 array에 저장되어 있는 데이터 10, 20, 30, 40을 * 연산자로 참조합니다. 그런데 문제가 있습니다. 코드를 실행하면 원하는 결과가 얻어지지 않습니다.

예제 | 2-11

```
01 : #include <stdio.h>
02 : int main(void)
03 : {
04 :     int array[2][2]={10, 20, 30, 40};
05 :
06 :     printf("%d %d \n", *&array[0][0], *&array[0][1]);    ── 10, 20 출력
07 :     printf("%d %d \n", *&array[1][0], *&array[1][1]);    ── 30, 40 출력
08 :     printf("-------------------\n");
09 :
10 :     printf("%d %d \n", *array[0]+0, *array[0]+1 );       ── 10, 11 출력
11 :     printf("%d %d \n", *array[1]+0, *array[1]+1 );       ── 30, 31 출력
12 :     printf("-------------------\n");
13 :
14 :     printf("%d %d \n", **(array+0)+0, **(array+0)+1 );   ── 10, 11 출력
15 :     printf("%d %d \n", **(array+1)+0, **(array+1)+1 );   ── 30, 31 출력
16 :
17 :     return 0;
18 : }
```

::: 실행결과 ▶

```
10  20
30  40
-------------------
10  11
30  31
-------------------
10  11
30  31
계속하려면 아무 키나 누르십시오 . . .
```

6행과 **7행**에서 메모리 공간의 주소 앞에 * 연산자를 붙여서 2차원 배열에 저장된 값을 참조하고 있습니다. 그런데 **10행**과 **11행**에서는 10, 11, 30, 31이 출력됩니다. 이유는 연산자의 우선순위 때문입니다. * 연산자가 + 연산자보다 우선순위가 높아서 *array[0]+1에서 *array[0]이 먼저 수행되어 10을 참조하고 이후에 1을 더해서 11이 출력됩니다.

array[i]의 연산 수행

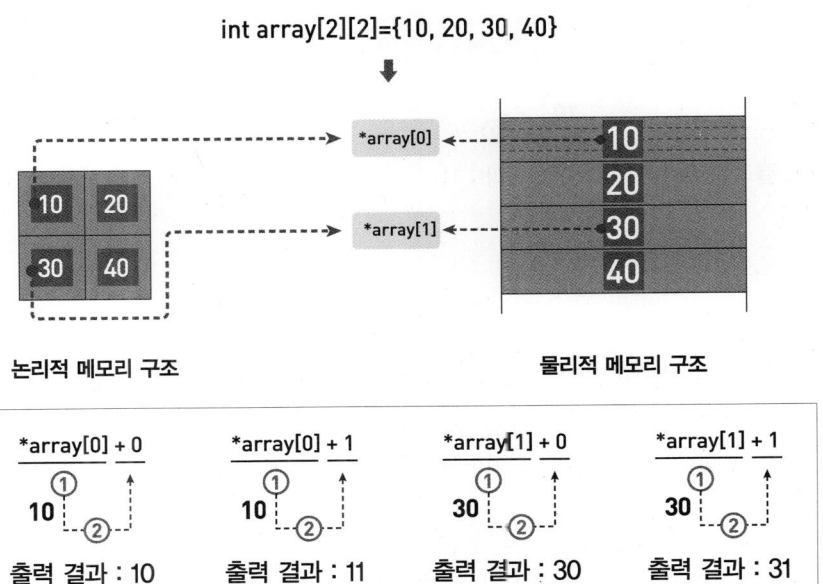

14행과 **15행**에서도 10, 11, 30, 31이 출력됩니다. 이유는 10행과 11행에서와 마찬가지로 연산자의 우선순위 때문입니다. * 연산자가 + 연산자보다 우선순위가 높아서 **(array+0)+1에서 **(array+0)이 먼저 수행되어 10을 참조하고 이후에 1을 더해서 11이 출력됩니다.

*(array+i)의 연산 수행

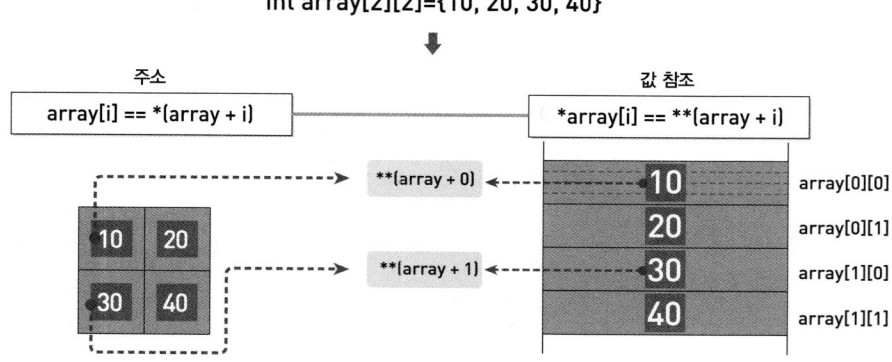

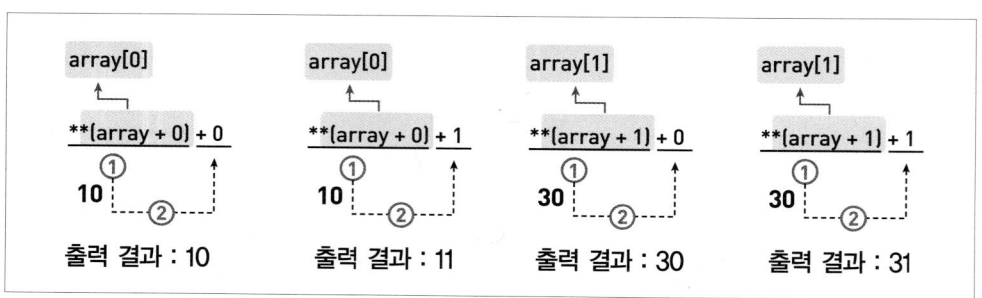

*(array+0) == array[0]은 주소를 나타내는 동일한 표현입니다. 따라서 *을 하나 더 붙이면 **(array+0) == *array[0]은 주소에 저장된 값을 참조합니다. **(array+0)에 * 연산자를 두 개 붙인 이유를 이해했으리라 생각합니다.

다시 본론으로 돌아와서 2차원 배열에 저장된 10, 20, 30, 40을 정상적으로 출력하게 앞의 예제를 수정해 보겠습니다. 어떻게 고치면 될까? 정답은 괄호 ( )를 사용해서 우선순위를 수정하면 됩니다.

Chapter 02
다차원 배열이란 무엇인가

예제 | 2-12

```
01 :   #include <stdio.h>
02 :   int main(void)
03 :   {
04 :       int array[2][2]={10, 20, 30, 40};
05 :
06 :       printf("%d %d \n", *&array[0][0], *&array[0][1]);        ── 10, 20 출력
07 :       printf("%d %d \n", *&array[1][0], *&array[1][1]);        ── 30, 40 출력
08 :       printf("-------------------\n");
09 :
10 :       printf("%d %d \n", *(array[0]+0), *(array[0]+1));        ── 10, 20 출력
11 :       printf("%d %d \n", *(array[1]+0), *(array[1]+1));        ── 30, 40 출력
12 :       printf("-------------------\n");
13 :
14 :       printf("%d %d \n", *(*(array+0)+0), *(*(array+0)+1));    ── 10, 20 출력
15 :       printf("%d %d \n", *(*(array+1)+0), *(*(array+1)+1));    ── 30, 40 출력
16 :
17 :       return 0;
18 :   }
```

::: 실행결과 ▶

```
10 20
30 40
-------------------
10 20
30 40
-------------------
10 20
30 40
계속하려면 아무 키나 누르십시오 . . .
```

6행과 **7행**에서 메모리 공간의 주소 앞에 * 연산자를 붙여서 2차원 배열에 저장된 값을 참조하고 있습니다. **10행**과 **11행**에서 출력 결과가 10, 20, 30, 40으로 정상적입니다. 이유는 괄호로 2차원 배열 요소의 주소를 먼저 연산하게 하고, 이후에 * 연산자로 값을 참조하게 했기 때문입니다.

다음 그림에서 ①주소 연산 즉, +0, +1의 의미는 선언된 자료형의 크기만큼 더하라는 의미입니다. 예를 들어 int array[2][2]는 자료형이 int(4Byte)입니다. 따라서 +0은 0바이트를, +1은 4바이트를 더하라는 의미입니다. 그렇다면, *(array[0]+3)을 출력하면 어떤 결과가 출력될까? 40이 출력됩니다. 일단 이 정도만 알아 두고 나중에 Part2의 4장에서 다차원 포인터를 다룰 때 자세히 설명하도록 하겠습니다.

괄호로 선 주소 연산 후 값 참조

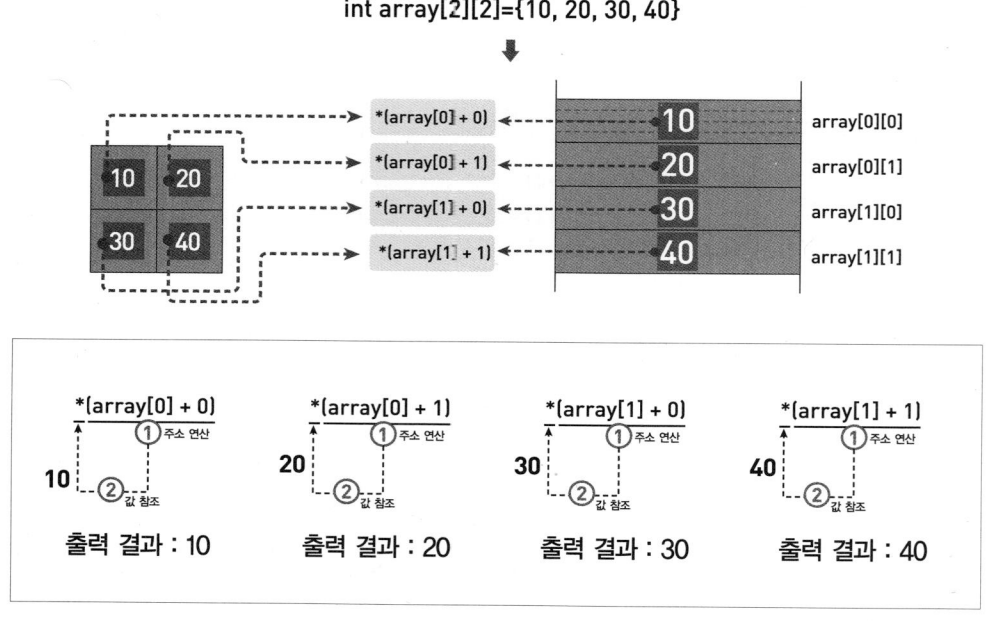

14행과 15행의 2차원 배열에서 *(array+0) == array[0], *(array+1) == array[1], … *(array+i) == array[i]는 주소를 나타내는 동일한 표현이라고 했습니다. 따라서 10행과 11행에서 array[0]과 array[1]을 각각 *(array+0), *(array+1)로 대체하면 14행과 15행에서와 코드가 같습니다. 즉, *(*(array+0)+0) == *(array[0]+0)은 주소에 저장된 값을 참조하게 됩니다. *(*(array+0)+0)은 괄호가 많아 보여서 이해하기에 어려움이 있지만 사실 아무것도 아닌 단순한 표현일 뿐입니다.

괄호로 선 주소 연산 후 값 참조

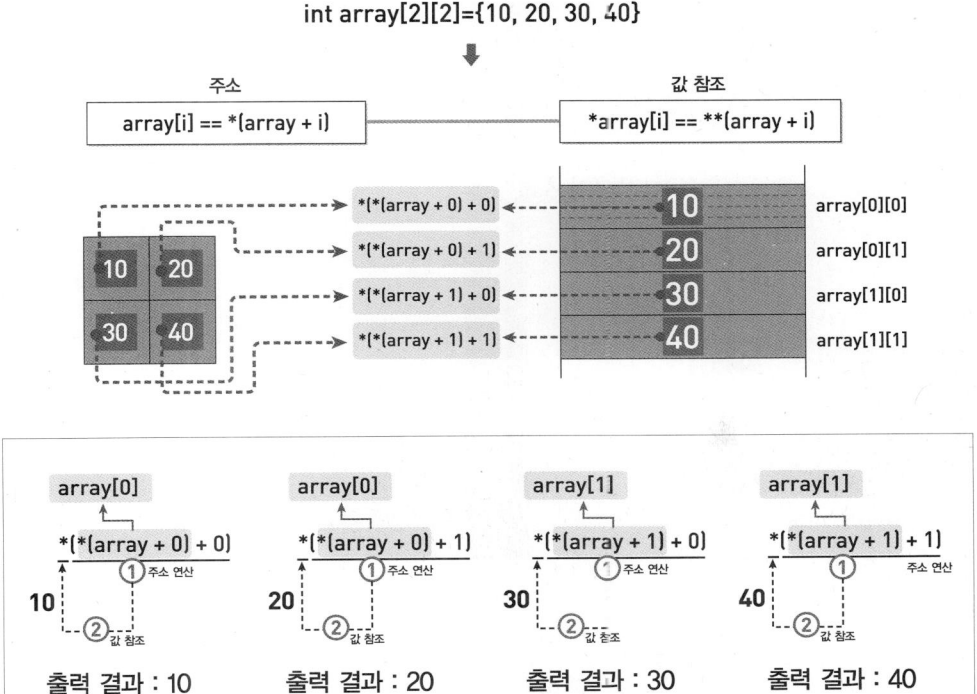

여기서 잠시 여러분께 질문 하나 하겠습니다. *(*(array+0)+3)을 출력하면 어떤 값이 출력될까? 앞의 그림에서 ①주소 연산 즉, +0, +1의 의미는 선언된 자료형의 크기만큼 더하라는 의미라고 했습니다. 예를 들어 int array[2][2]는 자료형이 int(4Byte)입니다. 따라서 +0은 0바이트를 +1은 4바이트, +2는 8바이트, +3은 12바이트를 더하라는 의미입니다. 즉, *(*(array+0)+3)는 0행을 대표하는 0행 0열의 주소에서 +3(12Byte) 건너뛴 주소에 저장된 값을 참조하라는 의미입니다. 배열의 물리적 메모리 구조는 한 줄로 되어 있어서 *(array+0) 기준으로 12바이트 건너뛴 주소가 어딘지 그림에서 확인해 보기 바랍니다.

여기까지가 다차원 배열을 공부할 때 기본적으로 알아야 하는 지식입니다. 상당이 수준 있는 내용을 다루어서 이해가 되지 않는다면 꼭 복습을 권합니다.

연/습/문/제/ Exercise

1 그림과 같이 배열을 90도 회전시키세요.

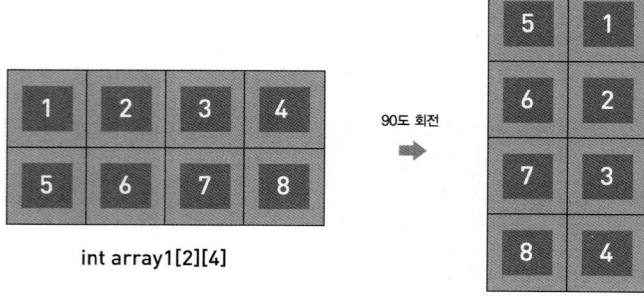

2 중심가에 위치한 3층짜리 열혈아파트는 각 층마다 세 세대가 있습니다. 각 세대의 가족수를 사용자로부터 입력받아 열혈아파트 전체 주민의 수를 구하세요.

::: 실행결과 ▶

```
1층 1호의 가족은 몇 명입니까? : 1
1층 2호의 가족은 몇 명입니까? : 2
1층 3호의 가족은 몇 명입니까? : 4
2층 1호의 가족은 몇 명입니까? : 7
2층 2호의 가족은 몇 명입니까? : 6
2층 3호의 가족은 몇 명입니까? : 5
3층 1호의 가족은 몇 명입니까? : 3
3층 2호의 가족은 몇 명입니까? : 4
3층 3호의 가족은 몇 명입니까? : 4
열혈아파트 총 주민수는 36명입니다.
계속하려면 아무 키나 누르십시오 . . .
```

3 9행 9열의 int형 2차원 배열 이름 array를 선언합니다. 2단부터 9단까지의 구구단 결과를 저장하는 프로그램을 작성하세요.

4 4행 3열의 2차원 배열 두 개에서 같은 배열 요소의 행과 열 간에 합과 차를 구하세요. 즉, 행렬의 합과 차를 구하는 프로그램을 작성하세요.

23	75	85
12	77	51
25	66	30
19	90	88

11	15	47
74	85	69
57	86	28
90	22	33

5 int array[2][3]={1, 2, 3, 4, 5, 6}을 선언하고, array[i] == *(array+i) 표현을 이용하여 2차원 배열 요소들의 주소와 값을 출력하는 프로그램을 작성하세요.

공부한 내용 떠올리기

⇨ 2차원 배열의 선언과 구성 요소

⇨ 2차원 배열에 데이터를 저장하는 방법

⇨ 2차원 배열을 선언할 때 주의할 사항

⇨ 2차원 배열의 주소와 값을 참조하는 다양한 방법

열혈강의 C 언어 본색
Part 2

제 3 장

포인터란 무엇인가

▎철수는 인터넷 쇼핑으로 멋진 운동화를 하나 샀습니다. 운동화를 받으려고 택배 아저씨에게 집 주소를 전달합니다. 택배 아저씨는 철수네 집 주소를 전달받고서 이 주소를 찾아 철수에게 운동화를 전달하였습니다. 그런데 철수는 운동화가 맘에 들지 않았습니다. 운동화를 반품하려고 철수는 택배 아저씨께 반품할 주소를 전달합니다. 택배 아저씨는 반품할 주소로 찾아갑니다. 철수의 요구사항(주소)대로 반품을 완료한 택배 아저씨는 또 다른 고객의 요구사항(주소)을 처리합니다. 택배 아저씨의 고마움을 느끼게 합니다.

Part 2

제3장

3.1 포인터란 **3.2** 포인터 변수의 선언과 사용 **3.3** 다차원 포인터 변수의 선언과 사용
3.4 주소의 가감산 **3.5** 함수 포인터

 **택배 아저씨가** 하는 일은 고객의 주소를 받고서 해당 주소로 물건을 전달하는 일입니다. 일상에서 택배 서비스가 없다면 우리는 매장에서 직접 물건을 사야 하고 반품이라도 하려면 직접 매장에 다시 가야 하는 불편함이 있을 것입니다. 택배 서비스가 있어서 물건 구매 시 매장을 간접 접근(물품을 수령하기 위해 직접 방문하지 않음)해서 물건을 받을 수 있고, 물건 반품 시에도 간접 접근(물품을 반품하기 위해 직접 방문 하지 않음)해서 물건을 되돌려 줄 수 있습니다.

컴퓨팅 세계에서도 택배 아저씨와 같은 일을 하는 변수가 있습니다. 그것을 포인터 또는 포인터 변수라고 합니다. 포인터 변수는 메모리 공간의 주소를 알려주면 해당 주소를 기억(저장)하고 있다가 해당 주소에 간접적으로 접근하게 해줍니다.

3.1 포인터란

우리는 특이한 변수 하나를 공부할 예정입니다. 이 변수를 포인터나 포인터 변수라고 부르는데 개념적으로 매우 중요합니다. 포인터 변수를 배우면서 & 연산자와 * 연산자를 많이 사용하게 됩니다. 우리는 Part1의 5장과 Part 2의 1장, 2장에서 이들 연산자를 배웠습니다. & 연산자를 통해 주소를 알 수 있었고 * 연산자를 통해 주소에 저장된 값을 참조할 수 있었습니다.

포인터 변수란 주소를 저장하는 변수이다.

C 언어의 장점 중에 하나가 바로 포인터입니다. 포인터는 주소를 저장하는 변수입니다. 기존의 변수는 데이터를 저장하는데 반하여 포인터는 메모리 공간의 주소를 저장합니다. 포인터 변수가 주소를 저장하려면 변수의 주소를 알아야 하는데 변수 이름 앞에 & 연산자를 붙이면 해당 변수의 시작 주소를 반환합니다. 더 나아가서 포인터 변수가 저장하는 변수의 주소에 저장된 값을 참조하려면 * 연산자를 사용합니다.

포인터 변수를 배우기 전에 다음 예제를 가지고 앞서 배운 것들을 복습해 보겠습니다.

예제 | 3-1

```
01 : #include <stdio.h>
02 : int main( )
03 : {
04 :     int num1=3;
05 :     char num2='A';        문자 A는 ASCII 값 65
06 :
07 :     printf("주소 : %x, 값 : %d, 값 : %d \n", &num1, num1, *&num1);
08 :     printf("주소 : %x, 값 : %d, 값 : %d \n", &num2, num2, *&num2);
09 :
10 :     printf("%d %d \n", sizeof(int), sizeof(char));
11 :     printf("%d %d \n", sizeof(num1), sizeof(num2));
12 :
13 :     return 0;
14 : }
```

::: 실행결과 ▶

```
주소 : 12ff60, 값 : 3, 값 : 3
주소 : 12ff57, 값 : 65, 값 : 65
4 1
4 1
계속하려면 아무 키나 누르십시오 . . .
```

4행부터 **5행**까지에서는 변수 num1(4Byte)에 3을 저장하고, 변수 num2(1Byte)에 문자 A를 저장합니다.

변수 num1과 num2의 메모리 구조

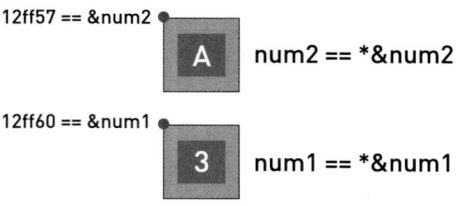

7행과 8행에서 &num1(변수 num1의 주소, 12ff60), num1, *&num1(&num1에 저장된 값 참조, 3), &num2(변수 num2의 주소, 12ff57), num2, *&num2(&num2에 저장된 값 참조, A)를 출력합니다. num1과 *&num1는 같은 메모리 공간이고, num2와 *&num2도 같은 메모리 공간입니다.

3.2 포인터 변수의 선언과 사용

본격적으로 포인터 변수를 선언해서 사용하는 방법을 공부해 봅시다.

3.2.1 포인터 변수의 선언

포인터 변수도 변수이므로 사용하려면 먼저 선언해야 합니다. 다음은 포인터 변수의 선언 형식을 나타내고 있습니다. 포인터 변수의 선언은 자료형 다음에 * 연산자를 붙이고 포인터 변수의 이름을 쓰게 됩니다.

① 자료형
② 포인터 변수 이름
③ NULL 포인터 설정

```
int* pointer=NULL;
```

- **자료형**   포인터 변수의 자료형을 지정, 자료형 다음에 * 연산자를 붙임
- **포인터 변수 이름**   주소를 저장할 변수의 이름을 지정
- **NULL 포인터 설정**   포인터 변수 선언 시 NULL로 초기화

참고적으로 NULL 포인터는 포인터 변수에 아무 주소도 저장하지 않겠다는 의미입니다. NULL(널)포인터를 사용할 때는 다음과 같이 대문자를 사용해야 합니다.

```
int* pointer=NULL;
```

포인터 변수는 주소를 저장하는 변수로 일반 변수와 마찬가지로 먼저 포인터 변수를 선언해야 합니다.

다음 코드를 살펴보겠습니다.

```c
#include <stdio.h>

int main(void)
{
    int* p1=NULL;       // int형 주소를 저장할 수 있는 포인터 변수 p1 선언
    char* p2=NULL;      // char형 주소를 저장할 수 있는 포인터 변수 p2 선언
    double* p3=NULL;    //double형 주소를 저장할 수 있는 포인터 변수 p3 선언
}
```

이 코드에서 int* p1, char* p2, double* p3의 의미는 무엇일까요? 'int* p1'은 p1에 int형 주소를 저장하는 포인터 변수를 선언한 것이고, 'char* p2'는 p2에 char형 주소를 저장하는 포인터 변수를 선언한 것입니다. 그리고 'double* p3'은 p3에 double형 주소를 저장하는 포인터 변수를 선언한 것입니다.

일반 변수의 선언과 달리 포인터 변수는 자료형 뒤에 *을 붙이며, NULL 포인터로 초기화해야 합니다.

포인터 변수의 선언 형식을 알아보았으므로 예제를 분석할 차례입니다. 다음 예제로 포인터 변수를 선언하는 방법, 포인터 변수의 크기, 포인터 변수의 주소에 대해서 살펴보겠습니다.

예제 3-2

```
01 : #include <stdio.h>
02 : int main(void)
03 : {
04 :     // 포인터 변수 선언
05 :     char* cp=NULL;      ── char형 주소를 저장하는 포인터 변수 cp
06 :     int* ip=NULL;       ── int형 주소를 저장하는 포인터 변수 ip
07 :
```

```
08 :     printf("%x %x %x \n", &cp, cp, *&cp);
09 :     printf("%x %x %x \n", &ip, ip, *&ip);
10 :
11 :     printf("%d %d \n", sizeof(char*), sizeof(int*));
12 :     printf("%d %d \n", sizeof(cp), sizeof(ip));
13 :
14 :     return 0;
15 : }
```

4, 4 출력

::: 실행결과 ▶

12ff60 0 0
12ff54 0 0
4 4
4 4
계속하려면 아무 키나 누르십시오 . . .

5행과 6행에서 포인터 변수를 선언합니다. 선언한 포인터 변수의 이름은 각각 cp(4Byte), ip(4Byte)입니다. 자료형 다음에 * 연산자가 붙어 있는 변수를 모두 포인터 변수라고 합니다.

포인터 변수 cp와 ip의 메모리 구조

12ff54 == &ip
 0   ip == *&ip

12ff60 == &cp
 0   cp == *&cp

8행과 &cp(변수 cp의 주소, 12ff60), cp(변수 cp의 메모리 공간, 0), *&cp(변수 cp의 메모리 공간, 0)를 출력합니다. 여기서 cp와 *&cp는 같은 메모리 공간입니다. 9행에서는 &ip(변수 ip의 주소, 12ff54), ip(변수 ip의 메모리 공간, 0), *&ip(변수 ip의 메모리 공간, 0)를 출력합니다. 출력 결과를 보면 현재 cp와 ip에는 데이터 0(영)이 저장되어 있습니다. 0이 저장된 이유는 5행과 6행에서 포인터 변수의 선언 시 NULL로 초기화했기 때문입니다. NULL은 ASCII 값으로 0입니다. 이처럼 포인터 변수를 NULL로 초기화하면 포인터 변수를 안정적으로 사용할 수 있습니다. **11행**과 **12행**에서 포인터 변수의 크기는 모두 4바이트입니다. 32비트 운영체제를 기준으로 포인터 변수는 모두 4바이트 크기를 가집니다.

다음으로 한가지 알고 있어야 하는 것은 다양한 타입(Type)의 포인터 변수가 있는 이유입니다. 포인터 변수로 변수를 참조하는 경우 몇 바이트씩 참조해야 하는지를 알려주기 위해서입니다. 다음 예에서 char*형 포인터 변수 cp는 변수를 참조할 때 1바이트씩 참조하라고, int*형 포인터 변수 ip는 변수를 참조할 때 4바이트씩 주소를 참조하라고 알려주고 있습니다.

```
char* cp=NULL;     // cp는 1바이트씩 주소를 참조하는 포인터 변수
int*  ip=NULL;     // ip는 4바이트씩 주소를 참조하는 포인터 변수
```

3.2.2 포인터 변수의 사용

다음으로 포인터 변수를 사용하는 방법을 공부합시다. 포인터 변수는 간접 접근할 대상의 주소를 저장하면 비로소 사용이 가능합니다. 다음 예제는 char*형의 포인터 변수에 char형 변수의 주소를 저장하는 코드입니다.

예제 3-3

```
01 : #include <stdio.h>
02 : int main( )
03 : {
04 :     char c='A';
05 :     char* cp=NULL;          ── 포인터 변수 선언
06 :
07 :     cp=&c;                  ── 주소 저장
08 :
09 :     printf("%x %c %c \n", &c, c, *&c);
10 :     printf("%x %x %x \n", &cp, cp, *&cp);
11 :
12 :     printf("%c \n", c);     ── 직접 접근
13 :     printf("%c \n", *cp);   ── 간접 접근
14 :
```

```
15 :     return 0;
16 : }
```

::: 실행결과 ▶

```
12ff63 A A
12ff54 12ff63 12ff63
A
A
계속하려면 아무 키나 누르십시오 . . .
```

5행에서 char*형의 포인터 변수를 선언하고, 7행에서 포인터 변수 cp가 char형 변수 c의 주소 &cp를 저장합니다.

변수 c와 포인터 변수 cp의 메모리 구조

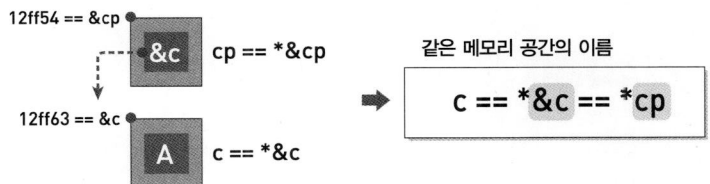

다음처럼 포인터 변수를 선언하는 동시에 주소를 저장할 수도 있습니다.

```
char* cp=&c;      // 포인터 변수 선언과 동시에 주소 저장
```

그러나 익숙해지기 전까지는 다음처럼 포인터 변수의 선언과 주소의 저장을 개별적으로 수행하기 바랍니다.

```
char* cp=NULL;    // 포인터 변수 선언
cp=&c;            // 포인터 변수에 주소 저장
```

9행과 10행에서 &c(변수 c의 주소, 12ff63), c(메모리 공간, A), *&c(메모리 공간, A), &cp(변수 cp의 주소, 12ff54), cp(메모리 공간, &c==12ff63), *&cp(메모리 공간, &c==12ff63)를 출력합니다.

12행과 변수 c의 값(A)을 직접 접근하여 출력합니다. 13행에서 포인터 변수 cp는 &c(변수 c의 주소)를 저장하고 있으므로 *cp == *&c가 성립합니다. *&c에서 *&는 서로 상쇄됩니다. 따라서 포인터 변수 cp는 변수 c의 값을 참조하는 간접 접근의 형태입니다. 최종적으로 c, *&c, *cp는 같은 메모리 공간을 나타냅니다.

다음 예제는 int*형 포인터 변수에 int형 변수의 주소를 저장하고, 해당 주소에 데이터를 저장하는 코드입니다.

예제 3-4

```
01 : #include <stdio.h>
02 : int main( )
03 : {
04 :     int a=0, b=0, c=0;
05 :     int* ip=NULL;           ── 포인터 변수 선언
06 :
07 :     ip=&a;                  ── 주소 저장
08 :     *ip=10;
09 :     printf("%d %d %d %d \n", a, b, c, *ip);
10 :
11 :     ip=&b;                  ── 주소 저장
12 :     *ip=20;
13 :     printf("%d %d %d %d \n", a, b, c, *ip);
14 :
15 :     ip=&c;                  ── 주소 저장
16 :     *ip=30;
17 :     printf("%d %d %d %d \n", a, b, c, *ip);
18 :
19 :     return 0;
20 : }
```

::: 실행결과 ▶

```
10  0  0  10
10  20  0  20
10  20  30  30
계속하려면 아무 키나 누르십시오 . . .
```

5행에서 int*형 포인터 변수 ip를 선언합니다. **7행**에서는 포인터 변수 ip에 &a(변수 a의 주소)를 저장합니다. **8행**에서는 *ip=10을 수행하는데 ip는 &a를 저장하고 있으므로 *ip의 의미는 *&a와 같습니다. 따라서 변수 a에 간접 접근해서 10을 저장합니다. 계속해서 **11행**과 **12행**에서는 포인터 변수 ip에 &b(변수 b의 주소)를 저장해서 *ip=20을 수행합니다. *ip의 의미는 *&b와 같습니다. 따라서 변수 b에 간접 접근해서 20을 저장합니다. 마지막으로 **15행**과 **16행**에서는 포인터 변수 ip에 &c(변수 c의 주소)를 저장해서 *ip=30을 수행합니다. *ip의 의미는 *&c와 같습니다. 따라서 변수 c에 간접 접근해서 30을 저장합니다.

포인터 변수 ip와 변수 a, b, c의 메모리 구조

포인터 변수에 어떤 변수의 주소를 저장하느냐에 따라서 간접 접근하는 대상이 바뀝니다. 이것

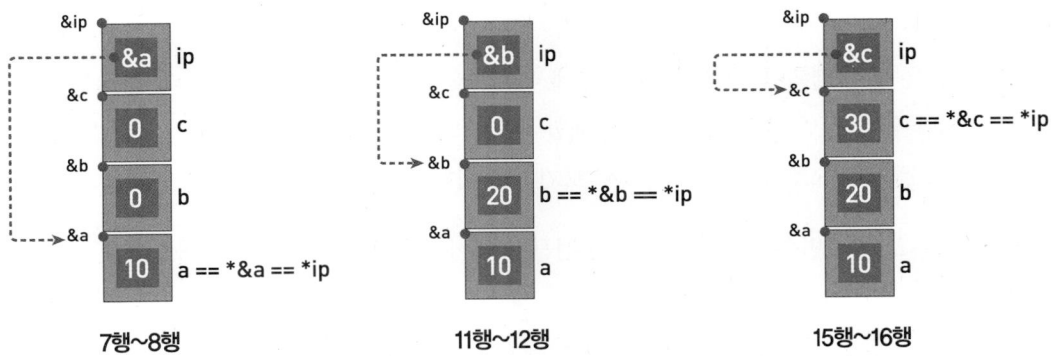

이 바로 포인터 변수의 장점입니다.

그런데 *&*&a나 &*&a와 같은 코드가 있다면 어떻게 해석할 수 있겠습니까? *&는 서로 상쇄

되기 때문에 *&*&a==a이고 &*&a==&a가 성립됩니다. 다음 예제로 확인해 보겠습니다.

예제 | 3-5

```
01 : #include <stdio.h>
02 : int main( )
03 : {
04 :     int num=10;
05 :     int* ip=NULL;          ── 포인터 변수 선언
06 :
07 :     ip=&num;               ── 주소 저장
08 :
09 :     printf("%x %x %d \n", &*&ip, *&ip, **&ip);
10 :     printf("%x %x %d \n", &ip, ip, *ip);
11 :
12 :     return 0;
13 : }
```

::: 실행결과 ▶

```
12ff54 12ff60 10
12ff54 12ff60 10
계속하려면 아무 키나 누르십시오 . . .
```

9행과 10행은 같은 결과를 출력합니다. *&에서 *와 &가 서로 상쇄되어서입니다. 중요한 내용은 아니지만 알아 두면 포인터 개념을 이해할 수 있으므로 참고하기 바랍니다. 실제 변수들의 메모리 구조를 그림으로 표현해서 분석해 보기 바랍니다.

다음 예제는 포인터 변수를 이용하여 간접 접근한 데이터를 덧셈 연산하는 코드입니다.

예제 | 3-6

```
01 : #include <stdio.h>
02 : int main( )
03 : {
04 :     int num1=10;
```

```
05 :        int num2=0;
06 :        int* ip=NULL;          ─── 포인터 변수 선언
07 :
08 :        ip=&num1;              ─── 주소 저장
09 :
10 :        num2=*ip + num1;
11 :        printf("%d %d %d \n", *ip, num1, num2);
12 :
13 :        return 0;
14 :    }
```

::: 실행결과 ▶

10 10 20
계속하려면 아무 키나 누르십시오 . . .

8행에서 포인터 변수 ip에 &num1(변수 num1의 주소)을 저장합니다. 10행에서 변수 num2에 *ip + num1의 결과를 저장합니다. ip는 &num1을 저장하고 있으므로 *ip == *&num1과 같습니다. *&num1에서 *와 &을 상쇄하면 결국 num1만이 남습니다. num1, *&num1, *ip는 같은 메모리 공간입니다. 최종적으로 변수 num2에는 20이 저장됩니다.

포인터 변수는 변수의 주소를 참조하여 메모리 공간에 간접 접근할 수 있어서 C 언어에서 사용 빈도가 매우 높습니다. 따라서 반드시 이해하고 넘어가야 합니다. 만약 여기까지 공부한 내용이 잘 이해가 되지 않았다면 복습을 해서 확실히 이해해야 합니다.

3.2.3 잘못 사용된 포인터

포인터 변수를 사용하다 보면 잘못 사용되는 경우가 종종 있습니다. 몇 가지 경우를 살펴보겠습니다.

1 포인터 변수에 주소를 저장하지 않은 경우

```
#include <stdio.h>
```

```
int main(void)
{
    int* ip=NULL;
    *ip=10000;

    return 0;
}
```

포인터 변수는 반드시 간접 접근할 변수의 주소를 저장하고 있어야 합니다. 포인터 변수에 변수의 주소를 저장하지 않아서 에러가 발생합니다.

2 포인터 변수에 임의로 주소를 저장(초기화)한 경우

```
#include <stdio.h>
int main(void)
{
    int* ip=14592343;
    *ip=1020;

    return 0;
}
```

포인터 변수에 저장되는 주소는 메모리 상에 존재하는 주소여야 합니다. 주소 14592343이 어떤 주소인지를 알 수 없기 때문에 에러가 발생합니다.

3.3 다차원 포인터 변수의 선언과 사용

3.3.1 다차원 포인터 변수의 선언

다차원 포인터 변수란 2차원 이상의 포인터 변수를 말합니다. 다음은 1차원 포인터 변수의 선언 형식과 다차원 포인터 변수의 선언 형식을 비교하고 있습니다. 1차원 포인터 변수의 선언은 자료형 다음에 * 연산자를 한 개 붙이고, 2차원 포인터 변수의 선언은 자료형 다음에 *연산자를 두 개 붙이며, 3차원 포인터 변수의 선언은 자료형 다음에 *연산자를 세 개 붙입니다.

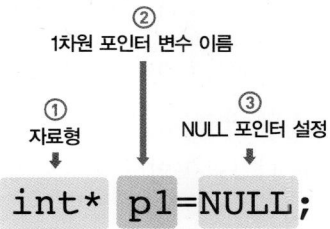

- **자료형**   1차원 포인터 변수의 자료형을 지정, 자료형 뒤에 *를 한 개 지정
- **1차원 포인터 변수 이름**   주소를 저장할 변수의 이름을 지정
- **NULL 포인터 설정**   1차원 포인터 변수 선언 시 NULL로 초기화

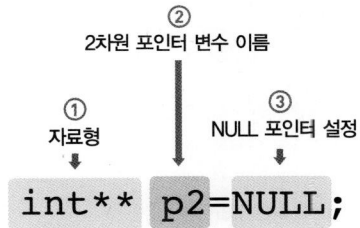

- **자료형**   2차원 포인터 변수의 자료형을 지정, 자료형 뒤에 *를 두 개 지정
- **2차원 포인터 변수 이름**   1차원 포인터의 주소를 저장할 2차원 포인터 변수의 이름을 지정
- **NULL 포인터 설정**   2차원 포인터 변수 선언 시 NULL로 초기화

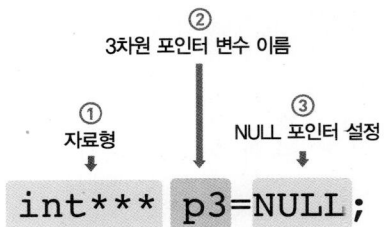

- **자료형** 3차원 포인터 변수의 자료형을 지정, 자료형 뒤에 *를 세 개 지정
- **3차원 포인터 변수 이름** 2차원 포인터의 주소를 저장할 3차원 포인터 변수의 이름을 지정
- **NULL 포인터 설정** 3차원 포인터 변수 선언 시 NULL로 초기화

모든 포인터 변수에는 4바이트 크기의 메모리 공간이 할당되기 때문에 포인터 변수도 주소를 가집니다. 따라서 2차원 이상의 포인터 변수 즉, 다차원 포인터 변수는 포인터 변수의 주소를 저장하는 변수를 말합니다. 지금부터 다차원 포인터 변수에 대하여 자세히 알아보겠습니다.

다차원 포인터 변수란 포인터 변수의 주소를 저장하는 변수이다.

우리가 이전에 배운 포인터 변수는 1차원입니다. 1차원 포인터 변수는 일반 변수의 주소를 저장하는데 반하여, 2차원 포인터 변수는 1차원 포인터 변수의 주소를 저장합니다. 계속해서 3차원 포인터 변수는 2차원 포인터 변수의 주소를 저장합니다. 정리하면 n차원 포인터 변수는 n-1차원 포인터 변수의 주소를 저장한다고 할 수 있습니다.

```
int num=0;          // 일반 변수 num 선언
int* p1=NULL;       // 1차원 포인터 변수 p1 선언
int** p2=NULL;      // 2차원 포인터 변수 p2 선언
int*** p3=NULL;     // 3차원 포인터 변수 p3 선언

p1=&num;            // 1차원 포인터 변수 p1에 일반 변수 num의 주소 저장
p2=&p1;             // 2차원 포인터 변수 p2에 1차원 포인터 변수 p1의 주소 저장
p3=&p2;             // 3차원 포인터 변수 p3에 2차원 포인터 변수 p2의 주소 저장
```

3.3.1 다차원 포인터 변수의 사용

다차원 포인터 변수의 선언을 배웠으니 이제부터는 다차원 포인터 변수를 사용하는 방법에 대하여 알아보겠습니다. 다차원 포인터 변수를 사용할 때 핵심은 n차원 포인터에는 n-1차원 포인터의 주소를 저장하는 것입니다.

다음 예제는 1차원 포인터 변수에 일반 변수의 주소를 저장하고 2차원 포인터 변수에 1차원 포인터 변수의 주소를 저장하는 코드입니다.

예제 3-7

```
01 : #include <stdio.h>
02 : int main( )
03 : {
04 :     char c1='A';
05 :     char* cp=NULL;
06 :     char** cpp=NULL;
07 :
08 :     cp=&c1;
09 :     cpp=&cp;
10 :
11 :     printf("%c %x %x \n", c1, cp, cpp);        ← 각 변수에 저장된 데이터 출력
12 :     printf("%x %x %x \n", &c1, &cp, &cpp);     ← 각 변수의 주소 출력
13 :     printf("%c %c %c \n", c1, *cp,**cpp);      ← 문자 A 출력
14 :
15 :     return 0;
16 : }
```

::: 실행결과 ▶

A 12ff63 12ff54
12ff63 12ff54 12ff48
A A A
계속하려면 아무 키나 누르십시오 . . .

4행부터 6행까지에서 변수 c1, 포인터 변수 cp와 cpp를 선언합니다. 다음처럼 메모리가 할당됩니다.

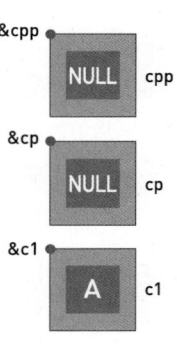

4행~6행

8행과 9행에서 1차원 포인터 변수 cp에 &c1(변수 c1의 주소)을 저장하고, 2차원 포인터 변수 cpp에 &cp(1차원 포인터 변수 cp의 주소)를 저장합니다.

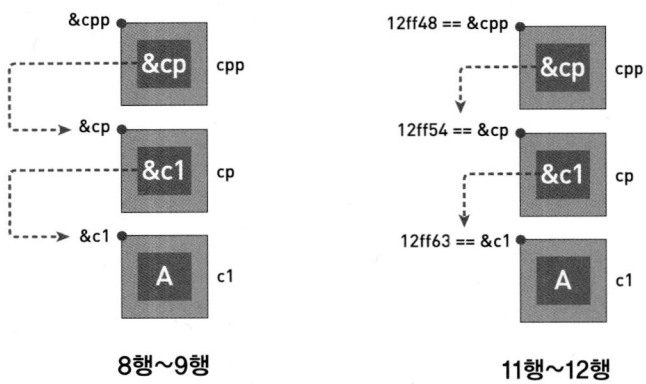

11행에서는 각 변수에 저장된 데이터를 출력합니다. 즉, c1(메모리 공간, A), cp(메모리 공간, &c1==12ff63), cpp(메모리 공간, &cp==12ff54)를 출력합니다. 12행에서는 각 변수의 주소를 출력합니다. 즉, &c1(변수 c1의 주소, 12ff63), &cp(변수 cp의 주소, 12ff54), &cpp(변수 cpp의 주소, 12ff48)를 출력합니다.

13행에서 변수 c1에 저장된 데이터와 *cp와 **cpp를 출력합니다.

- ***cp의 의미** 1차원 포인터 변수 cp에 &c1(변수 c1의 주소, 12ff63)이 저장되어서 *cp == *&c1이 성립됩니다. *&을 상쇄하면 c1만 남습니다. 결국, *cp == c1입니다.
- ****cpp의 의미** 2차원 포인터 변수 cpp에 &cp(cp 메모리의 주소, 12ff54)가 저장되어서 **cpp == **&cp와 같습니다. *&는 서로 상쇄되므로 *cp만 남습니다. 다시 1차원 포인터 변수 cp는 &c1을 저장하여서 *cp == *&c1이 성립되고 *&는 서로 상쇄되므로 결국, *cp == c1이 되고 **cpp == *cp == c1이 됩니다.

정리하면 코드에서 **cpp == *cp == c1은 같은 표현입니다. 의미는 2차원 포인터는 * 연산자를 2개 붙여서 값에 접근하고, 1차원 포인터는 * 연산자를 1개 붙여서 값에 접근합니다.

앞의 방법보다 더 쉬운 방법이 없을까라고 생각되는 사람은 다음 그림을 보기 바랍니다.

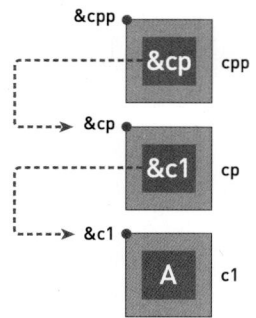

- 메모리 공간 cpp를 기준으로 몇 번 메모리 공간에 들어가야 문자 A에 간접 접근할 수 있습니까? 두 번입니다. 따라서 **cpp는 cpp를 기준으로 메모리 공간을 두 번 간접 접근해서 값을 참조하겠다는 의미입니다.

- 메모리 공간 cp를 기준으로 몇 번 메모리 공간을 접근해야 문자 A에 간접 접근할 수 있습니까? 한 번입니다. 따라서 *cp는 cp를 기준으로 미모리 공간을 한 번 간접 접근해서 값을 참조하겠다는 의미입니다.

앞의 예제를 해석한 방법으로 다음 예제를 해석해 봅시다. 그림을 그려보면 더욱 쉽습니다.

예제 | 3-8

```
01 : #include <stdio.h>
02 : int main( )
03 : {
04 :     int num1=10;
05 :     int* ip=NULL;          1차원 포인터 변수 선언
06 :     int** ipp=NULL;        2차원 포인터 변수 선언
07 :
08 :     ip=&num1;
09 :     ipp=&ip;
10 :
11 :     printf("%d %x %x \n", num1, ip, ipp);          각 변수에 저장된 데이터 출력
12 :     printf("%x %x %x \n", &num1, &ip, &ipp);       각 변수의 주소 출력
13 :     printf("%d %x %x \n", *&num1, *&ip, *&ipp);    *&은 서로 상쇄
14 :
```

```
15 :    printf("%d %d %d \n", num1, *ip, **ipp);      10 출력
16 :    printf("%x %x %x \n", &num1, ip, *ipp);
17 :                                                   변수 num1의 주소
18 :    return 0;                                      (&num1) 출력
19 : }
```

::: 실행결과 ▶

10 12ff60 12ff54
12ff60 12ff54 12ff48
10 12ff60 12ff54
10 10 10
12ff60 12ff60 12ff60
계속하려면 아무 키나 누르십시오 . . .

다음 그림을 통해 **ipp와 *ip를 해석해 보겠습니다.

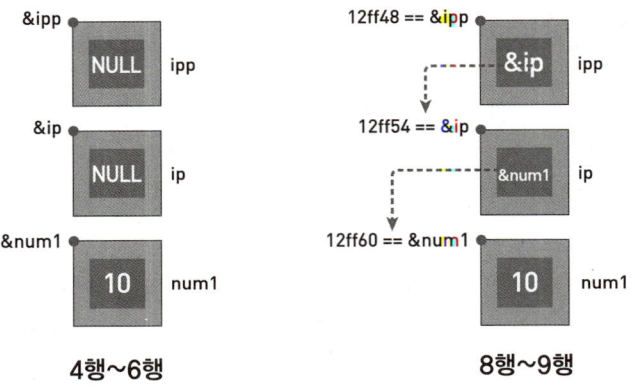

4행~6행   8행~9행

- 메모리 공간 ipp를 기준으로 한 번 메모리 공간에 간접 접근하면 어떤 값을 참조할 수 있습니까? ip의 메모리 공간 즉, &num1을 참조할 수 있습니다. 따라서 *ipp==ip==&num1과 같습니다.

- 메모리 공간 ipp를 기준으로 두 번 메모리 공간에 간접 접근하면 어떤 값을 참조할 수 있습니까? num1의 메모리 공간 즉, 10을 참조할 수 있습니다. 따라서

**ipp==num1==10과 같습니다.

- 메모리 공간 ip를 기준으로 한 번 메모리 공간에 접근하면 어떤 값을 참조할 수 있습니까? num1의 메모리 공간 즉, 10을 참조할 수 있습니다. 따라서 *ip==num1==10과 같습니다.

최종적으로는 다음과 같습니다.

```
**ipp == *ip == num1 == 10
```

1차원 포인터는 * 연산자를 한 개 사용해서 데이터에 간접 접근할 수 있고, 2차원 포인터는 * 연산자를 두 개 사용해서 데이터에 간접 접근할 수 있습니다. 3차원 포인터는 * 연산자를 세 개 사용해서 데이터에 간접 접근할 수 있습니다. 따라서 n차원 포인터는 * 연산자를 n개 사용해야 데이터에 간접 접근할 수 있습니다.

앞의 예제를 가지고 * 연산자의 의미를 확실히 이해했을 것입니다. 다음 예제는 3차원 포인터와 관련된 코드로 다차원 포인터를 마무리하겠습니다.

예제 3-9

```
01 : #include <stdio.h>
02 : int main( )
03 : {
04 :     int num1=10;
05 :     int* ip1=NULL;              ── 1차원 포인터 변수 선언
06 :     int** ip2=NULL;             ── 2차원 포인터 변수 선언
07 :     int*** ip3=NULL;            ── 3차원 포인터 변수 선언
08 :
09 :     ip1=&num1;
10 :     ip2=&ip1;
11 :     ip3=&ip2;
12 :
13 :     printf("%d %d %d %d \n", num1, *ip1, **ip2, ***ip3);   ── 모두 10 출력
14 :     printf("%x %x %x %x \n", &num1, ip1, *ip2, **ip3);     ── 모두 num1의 주소(&num1) 출력
15 :     printf("%x %x %x \n", &ip1, ip2, *ip3);                ── 모두 ip1의 주소(&ip1) 출력
16 :     printf("%x %x \n", &ip2, ip3);                         ── 모두 ip2의 주소(&ip2) 출력
```

```
17 :
18 :     printf("%d %d \n", sizeof(int), sizeof(int*));
19 :     printf("%d %d \n", sizeof(int**), sizeof(int***));
20 :
21 :     printf("%d %d \n", sizeof(num1), sizeof(ip1));
22 :     printf("%d %d \n", sizeof(ip2), sizeof(ip3));
23 :
24 :     return 0;
25 : }
```

모두 4바이트 크기 출력

::: 실행결과 ▶

```
10 10 10 10
12ff60 12ff60 12ff60 12ff60
12ff54 12ff54 12ff54
12ff48 12ff48
4 4
4 4
4 4
4 4
계속하려면 아무 키나 누르십시오 . . .
```

역시 그림으로 분석하면 이해하기가 훨씬 쉽습니다.

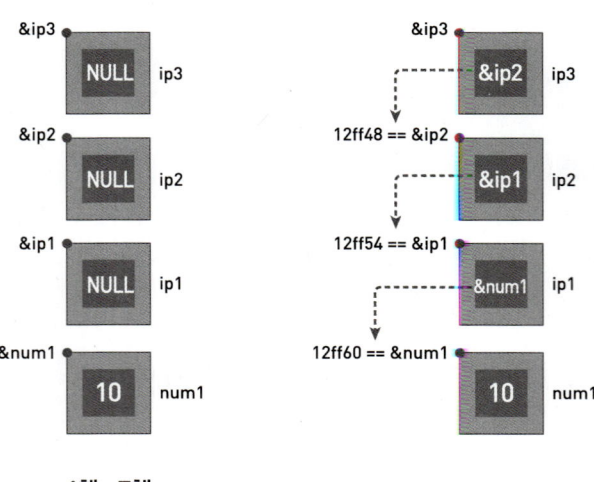

4행~7행   9행~11행

- ip3을 기준으로 메모리 공간을 한 번 간접 접근하면 어떤 값을 참조할 수 있습니까?
  ip2의 메모리 공간 즉, &ip1을 참조할 수 있습니다. 따라서 *ip3==ip2== &ip1과 같습니다.

- ip3을 기준으로 메모리 공간을 두 번 간접 접근하면 어떤 값을 참조할 수 있습니까?
  ip1의 메모리 공간 즉, &num1을 참조할 수 있습니다. 따라서 **ip3==ip1==&num1과 같습니다.

- ip3을 기준으로 메모리 공간을 세 번 간접 접근하면 어떤 값을 참조할 수 있습니까?
  num1의 메모리 공간 즉, 10을 참조할 수 있습니다. 따라서 ***ip3==num1==10과 같습니다.

- ip2와 ip1을 기준으로 메모리 공간을 몇 번 간접 접근해야 값을 참조할 수 있습니까?
  나머지 분석은 여러분에게 맡기겠습니다.

여러분이 분석해 보았다면 최종적으로 다음과 같은 표현들을 도출할 수 있습니다. 꼭 확인해 보기 바랍니다.

```
ip3 == &ip2
*ip3 == ip2 == &ip1
**ip3 == *ip2 == ip1 == &num1
***ip3 == **ip2 == *ip1 == num1 == 10
```

18행부터 **22행**까지에서 sizeof 연산자로 결과를 확인하면 모두 크기가 4바이트임을 알 수 있습니다. 32비트 운영체제 기준으로 포인터 변수는 모두 4바이트임을 잊지 맙시다.

다음 예제는 포인터 변수의 간접 접근을 통해 저장된 데이터를 변경하는 코드입니다. 분석해 봅시다.

예제 | 3-10

```
01 : #include <stdio.h>
02 : int main( )
03 : {
04 :     int num1=10;
```

```
05 :    int* ip1=NULL;       ─ 1차원 포인터 변수 선언
06 :    int** ip2=NULL;      ─ 2차원 포인터 변수 선언
07 :    int*** ip3=NULL;     ─ 3차원 포인터 변수 선언
08 :
09 :    ip1=&num1;
10 :    ip2=&ip1;
11 :    ip3=&ip2;
12 :
13 :    printf("%d %d %d %d \n", num1, *ip1, **ip2, ***ip3);   ─ 모두 10 출력
14 :
15 :    *ip1=20;
16 :    printf("%d %d %d %d \n", num1, *ip1, **ip2, ***ip3);   ─ 모두 20 출력
17 :
18 :    **ip2=30;
19 :    printf("%d %d %d %d \n", num1, *ip1, **ip2, ***ip3);   ─ 모두 30 출력
20 :
21 :    ***ip3=40;
22 :    printf("%d %d %d %d \n", num1, *ip1, **ip2, ***ip3);   ─ 모두 40 출력
23 :
24 :    return 0;
25 : }
```

::: 실행결과 ▶

```
10 10 10 10
20 20 20 20
30 30 30 30
40 40 40 40
계속하려면 아무 키나 누르십시오 . . .
```

15행에서 메모리 공간 ip1을 기준으로 * 연산자를 한 개 사용해서 변수 num1의 값을 20으로 변경합니다. **18행**에서 메모리 공간 ip2를 기준으로 * 연산자를 두 개 사용해서 변수 num1의 값을 30으로 변경합니다. **21행**에서 메모리 공간 ip3을 기준으로 * 연산자를 세 개 사용해서 변수 num1의 값을 40으로 변경합니다. 다음은 간단하게 설명한 그림입니다.

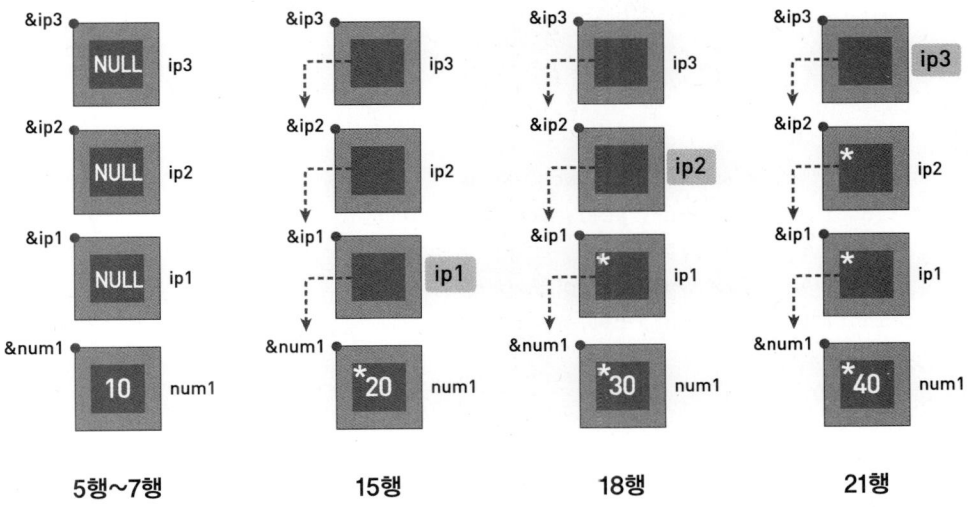

| 5행~7행 | 15행 | 18행 | 21행 |

여기까지 배우면서 여러분은 포인터 변수를 이용한 주소 표현이 매우 다양하다는 사실을 알 수 있었습니다. 사실 이러한 다양한 표현 방법 때문에 포인터를 이해하는 것이 어렵다고도 느끼는 학생을 많이 보아왔습니다. 그러나 그림으로 분석하는 방법을 습관화하면 상당한 흥미를 느낄 수 있으며 이해 또한 매우 빠를 것입니다.

3.4 주소의 가감산

C 언어에서 배우는 자료형은 모두 주소를 가지며 주소의 가감산이 가능합니다. 각각의 주소를 가감산하면 자료형의 크기에 따라 결과가 다를 수 있습니다. 예를 들어 char형 주소에 +1을 하면 1바이트 증가하고, int형 주소에 +1을 하면 4바이트 증가하며, double형 주소에 +1을 하면 8바이트 증가합니다. 다음 예제를 가지고 깊이 있게 공부해 보겠습니다.

예제 | 3-11

```
01 : #include <stdio.h>
02 : int main( )
03 : {
04 :     char c='A';
05 :     char* cp=NULL;
```

```
06 :    char** cpp=NULL;
07 :
08 :    cp=&c;
09 :    cpp=&cp;
10 :
11 :    printf("%x %x %x \n", &c, &cp, &cpp);
12 :    printf("%x %x %x \n", &c+1, &cp+1, &cpp+1);
13 :
14 :    printf("%c %x %x \n", c, cp, cpp);
15 :    printf("%c %x %x \n", c+1, cp+1, cpp+1);
16 :
17 :    return 0;
18 : }
```

::: 실행결과 ▶

12ff63 12ff54 12ff48
12ff64 12ff58 12ff4c
A 12ff63 12ff54
B 12ff64 12ff58
계속하려면 아무 키나 누르십시오 . . .

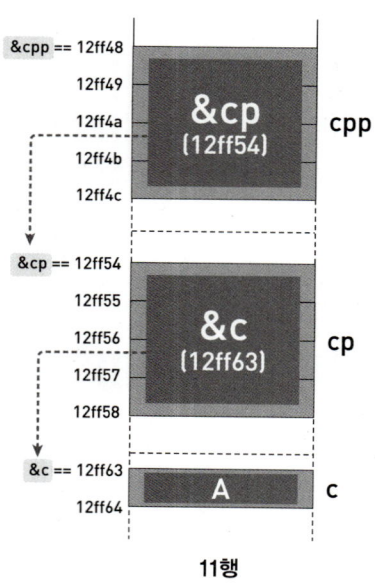

11행

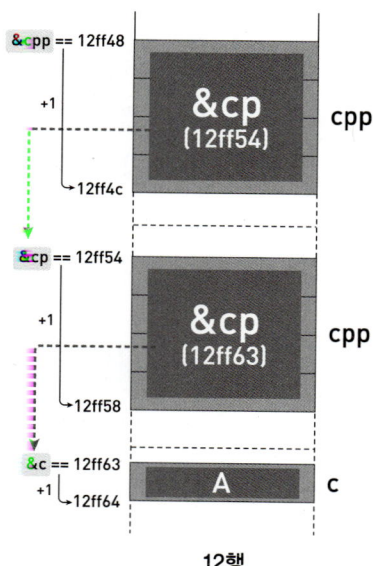

12행

11행에서 각 변수의 주소 &c(12ff63), &cp(12ff54), &cpp(12ff48)를 출력합니다. 12행에서 각 변수의 주소에 1을 더해서 &c+1, &cp+1, &cpp+1을 출력합니다. &c(12ff63)+1은 char형(1Byte)만큼 증가하겠다는 의미로 1 증가(12ff64)하고, &cp(12ff54)+1은 1차원 포인터형(4Byte)만큼 증가하겠다는 의미로 1 증가(12ff58)합니다. 마지막으로 &cpp(12ff48)+1은 2차원 포인터형(4Byte)만큼 증가하겠다는 의미로 1 증가(12ff4c)합니다.

14행에서 각 변수에 저장된 값 c(A), cp(&c,12ff63), cpp(&cp, 12ff54)를 출력합니다. 15행에서 각 변수에 저장된 값에 +1을 더해서 c+1, cp+1, cpp+1을 출력합니다.

- c+1의 경우 c에 문자 A가 저장되어 있어서 저장된 값에 1을 더하여 문자 B를 출력합니다.
- cp+1의 경우 cp에 &c가 저장되어 있어서 &c+1과 같은 표현이 되어 &c(12ff63)에 char형(1Byte)만큼 증가하여 12ff64를 출력합니다.
- cpp+1의 경우 cpp에 &cp가 저장되어 있어서 &cp+1과 같은 표현이 되어 &cp(12ff54)에 1차원 포인터형(4Byte)만큼 증가하여 12ff58을 출력합니다.

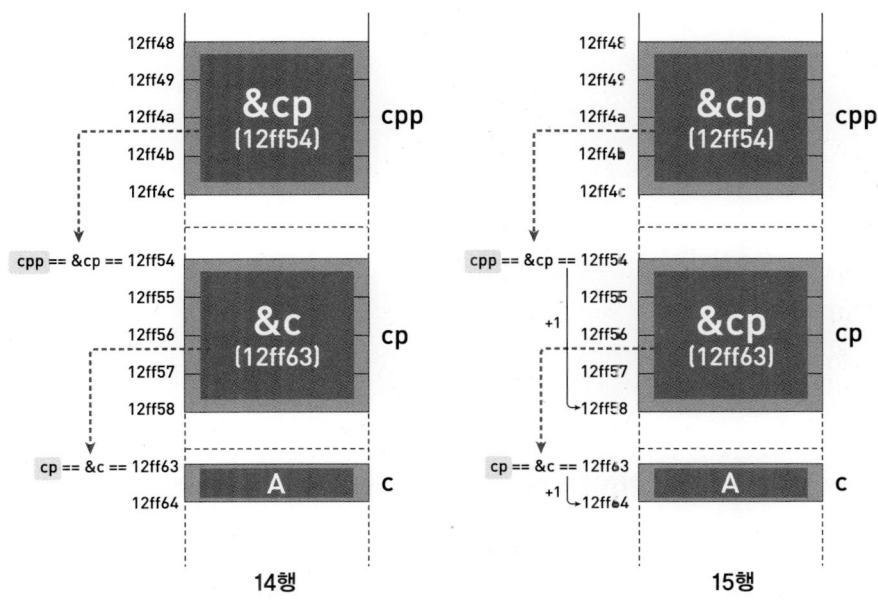

다음 예제를 하나 더 보겠습니다. int형 변수, int형 1차원 포인터, int형 2차원 포인터의 주소 가산에 관한 코드입니다.

예제 | 3-12

```
01 : #include <stdio.h>
02 : int main( )
03 : {
04 :     int num=10;
05 :     int* ip=NULL;
06 :     int** ipp=NULL;
07 :
08 :     ip=&num;
09 :     ipp=&ip;
10 :
11 :     printf("%x %x %x \n", &num, &ip, &ipp);
12 :     printf("%x %x %x \n", &num+1, &ip+1, &ipp+1);
13 :
14 :     printf("%d %x %x \n", num, ip, ipp);
15 :     printf("%d %x %x \n", num+1, ip+1, ipp+1);
16 :
17 :     return 0;
18 : }
```

::: 실행결과 ▶

12ff60 12ff54 12ff48
12ff64 12ff58 12ff4c
10 12ff60 12ff54
11 12ff64 12ff58
계속하려면 아무 키나 누르십시오 . . .

11행에서 각 변수의 주소 &num(12ff60), &ip(12ff54), &ipp(12ff48)를 출력합니다. **12행**에서 각 변수의 주소에 1을 더해서 &num+1, &ip+1, &ipp+1을 출력합니다. &num(12ff60)+1은 int형(4Byte)만큼 증가하겠다는 의미로 1 증가(12ff64)하고, &ip(12ff54)+1은 1차원 포인터형 (4Byte)만큼 증가하겠다는 의미로 1 증가(12ff58)합니다. 마지막으로 &ipp(12ff48)+1은 2차원

포인터형(4Byte)만큼 증가하겠다는 의미로 1 증가(12ff4c)합니다.

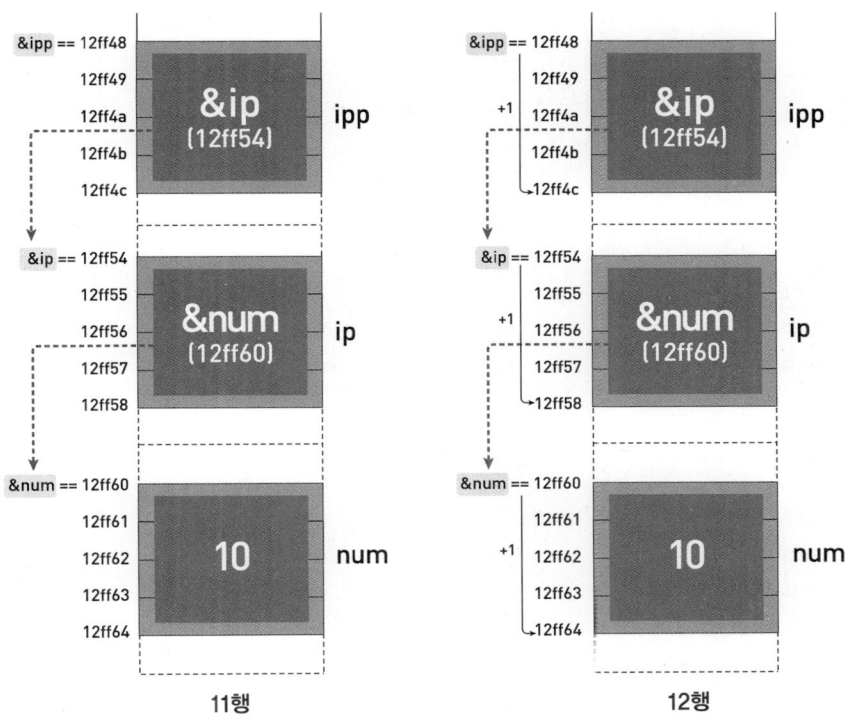

14행에서 각 변수에 저장된 값 num(10), ip(&num,12ff60), ipp(&ip, 12ff54)를 출력합니다. 15행에서 각 변수에 저장된 값에 1을 더해서 num+1, ip+1, ipp+1을 출력합니다.

- num+1의 경우 변수 num에 10이 저장되어 있어서 저장된 값에 1을 더해서 11을 출력합니다.

- ip+1의 경우 ip에 &num이 저장되어 있어서 &num+1과 같은 표현이 되어 &num(12ff60)에 int형(4Byte)만큼 증가하여 12ff64를 출력합니다.

- ipp+1의 경우 ipp에 &ip가 저장되어 있어서 &ip+1과 같은 표현이 되어 &ip(12ff54)에 1차원 포인터형(4Byte)만큼 증가하여 12ff58을 출력합니다.

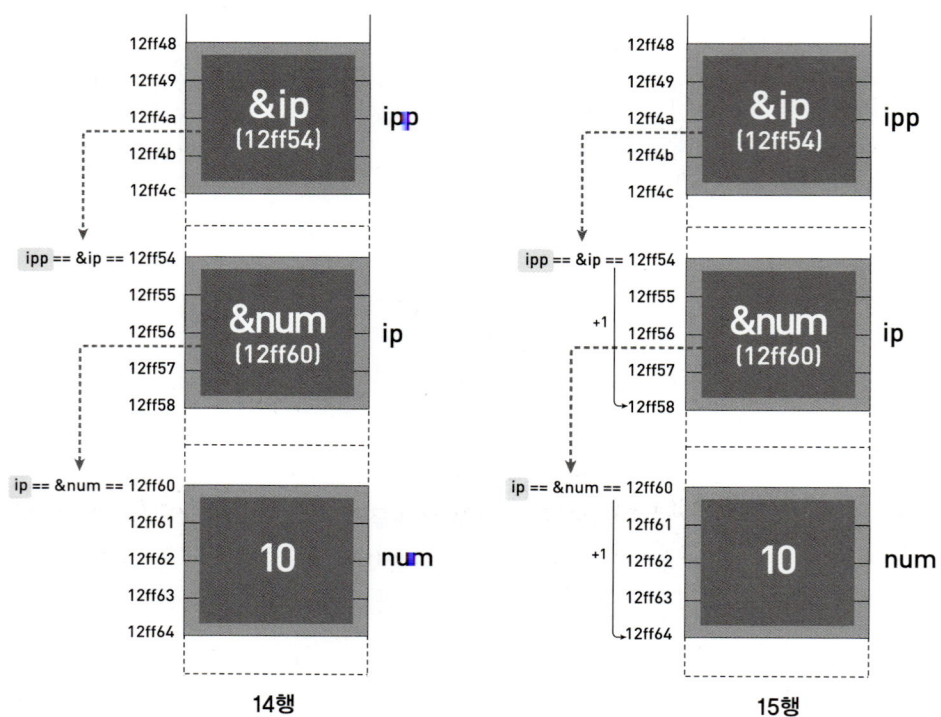

다음 예제는 주소의 가산을 통해 포인터와 배열의 관계를 보여주는 코드입니다.

예제 | 3-13

```
01 : #include <stdio.h>
02 : int main( )
03 : {
04 :     int array[3]={10, 20, 30};
05 :     int* ip=NULL;
06 :     int** ipp=NULL;
07 :
08 :     ip=array;
09 :     ipp=&ip;
10 :
11 :     printf("%d %d %d \n", array[0], array[1], array[2]);
12 :     printf("%d %d %d \n", *(ip+0), *(ip+1), *(ip+2));
13 :     printf("%d %d %d \n", *(*ipp+0), *(*ipp+1), *(*ipp+2));
```

```
14 :
15 :     return 0;
16 : }
```

::: 실행결과 ▶

10 20 30
10 20 30
10 20 30
계속하려면 아무 키나 누르십시오 . . .

4행에서 1차원 배열 array[3]을 선언하고 동시에 초기화를 수행합니다. 8행에서는 1차원 포인터 변수 ip에 array(배열의 시작 주소)를 저장합니다. 9행에서는 2차원 포인터 변수 ipp에 &ip(1차원 포인터 변수의 주소)를 저장합니다.

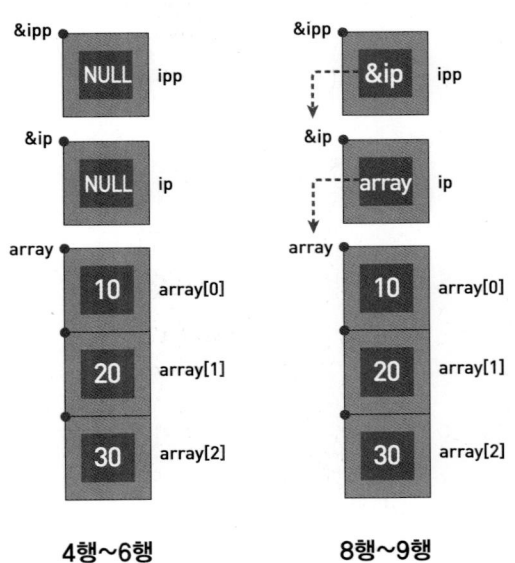

11행에서는 1차원 배열의 요소 array[0], array[1], array[2]를 출력합니다. 그래서 10, 11, 12가 출력됩니다. 12행에서는 *(ip+0), *(ip+1), *(ip+2)를 출력합니다. ip에 array(배열의 시작 주

소)를 저장하고 있기 때문에 *(array+0), *(array+1), *(array+2)와 같은 표현이 됩니다. 따라서 *(array+0)==array[0], *(array+1)==array[1], *(array+2) == array[2]와 같습니다. 그래서 10, 11, 12가 출력됩니다. **13행**에서는 *(*ipp+0), *(*ipp+1), *(*ipp+2)를 출력합니다. ipp에 &ip를 저장하고 있기 때문에 *(*&ip+0), *(*&ip+1), *(*&ip+2)가 됩니다. *&는 서로 상쇄되므로 결국, *(ip+0), *(ip+1), *(ip+2)와 같은 표현이 됩니다. ip에 어떤 주소가 저장되어 있습니까? 나머지는 여러분의 생각에 맡기겠습니다.

우리는 이전에 Part 2의 1장에서 다음과 같은 공식을 본 적이 있습니다. 이러한 성질 때문에 11행, 12행, 13행은 같은 결과를 출력합니다.

```
                      서로 상쇄
                        ↓
   *(array+i) == array[i] == *&array[i]
```

3.5 함수 포인터

변수의 주소를 저장하는 포인터 변수를 배웠으므로 이제 함수의 주소를 저장하는 포인터 변수를 공부해 보겠습니다.

3.5.1 함수 이름은 함수의 시작 주소이다

함수를 작성해서 컴파일하면 함수의 정의는 기계어로 변환되고, 링크 과정을 거쳐 실행 파일의 일부분이 됩니다. 함수를 실행하기 위해서는 함수가 있는 메모리 공간의 주소를 알아야 하는데 그것이 바로 함수 이름입니다. 이전에 배열 이름을 배열의 시작 주소라고 배운 것처럼 함수 이름은 함수의 시작 주소입니다.

다음 예제는 C 프로그램에서 자주 사용되는 main( ) 함수, printf( ) 함수, scanf( ) 함수의 이름을 출력해 보는 코드입니다.

Chapter 03 포인터란 무엇인가

예제 | 3-14

```
01 : #include <stdio.h>
02 : int main(void)
03 : {
04 :     printf("%x %x %x \n", main, printf, scanf);     함수 이름은 함수의
                                                         시작 주소
05 :
06 :     return 0;
07 : }
```

::: 실행결과 ▶

41114a 1025abb0 1025b850
계속하려면 아무 키나 누르십시오 . . .

4행에서는 main( ) 함수, printf( ) 함수, scanf( ) 함수의 이름을 출력하고 있습니다. 즉, 함수 이름은 함수의 시작 주소이므로 당연히 주소 값이 출력됩니다. 코드의 크기나 환경에 따라 주소의 값들은 다를 수 있습니다.

3.5.2 함수 포인터란 함수의 시작 주소를 저장하는 변수이다

변수의 주소를 저장하는 변수가 포인터 변수라면, 함수의 주소를 저장하는 변수는 함수 포인터입니다. 함수 포인터를 사용하려면 먼저 함수 포인터를 선언해야 하는데 선언하는 형식은 다음과 같습니다.

```
자료형      함수 포인터 이름    인수 자료형 목록
  ↓              ↓                 ↓
int      (*pointer)      (int, int)
```

- **자료형** 가리키는 대상이 되는 함수의 자료형을 설정
- **함수 포인터 이름** 함수 포인터의 이름을 설정하며 괄호와 *을 반드시 사용
- **인수 자료형 목록** 가리키는 대상이 되는 함수의 인수들의 자료형 목록

다음 예는 함수 포인터를 선언하고 있습니다..

```
#include <stdio.h>
int add(int a, int b);
void input(int x);

int main(void)
{
    int (*fp1)(int, int);      // 함수 포인터 선언
    void (*fp2)(int);          // 함수 포인터 선언

    fp1=add;                   // 함수 포인터 fp1에 add( ) 함수의 시작 주소 저장
    fp2=input;                 // 함수 포인터 fp2에 input( ) 함수의 시작 주소 저장
    ...

    return 0;
}
```

다음 예제를 가지고 함수 포인터를 사용하는 방법을 살펴보겠습니다.

예제 3-15

```
01 : #include <stdio.h>
02 : void add(double num1, double num2);
03 :
04 : int main( )
05 : {
06 :     double x=3.1, y=5.1;
07 :     void (*pointer)(double, double);        ── 함수 포인터 선언
08 :
09 :     printf("add 함수의 주소 : %x \n", add);  ── add 함수의 주소 출력
10 :     printf("함수 포인터의 주소 : %x \n", &pointer); ── 함수 포인터의 주소 출력
11 :
12 :     pointer=add;                            ── 함수 포인터 pointer에 함수의 시작 주소 add를 저장
13 :     pointer(x, y);                          ── 함수 포인터를 이용한 호출
14 :
```

```
15 :      return 0;
16 : }
17 :
18 : void add(double num1, double num2)
19 : {
20 :      double result;
21 :      result=num1 + num2;
22 :      printf("%lf + %lf = %lf입니다.\n", num1, num2, result);
23 : }
```

::: 실행결과 ▶

add 함수의 주소 : 4110e6
함수 포인터의 주소 : 12ff40
3.100000 + 5.100000 = 8.200000입니다.

함수 포인터를 선언하는 방법은 다음 그림과 같이 먼저 가리키는 대상이 되는 함수의 출력 형태와 입력 형태, 매개 변수의 자료형 개수를 맞추어야 합니다. 그리고 함수 포인터의 이름은 괄호로 묶어 줍니다. 이후 함수 포인터에 가리키는 대상이 되는 함수의 이름(함수의 시작 주소)을 저장하고, 함수 포인터로 함수를 호출합니다.

함수 포인터

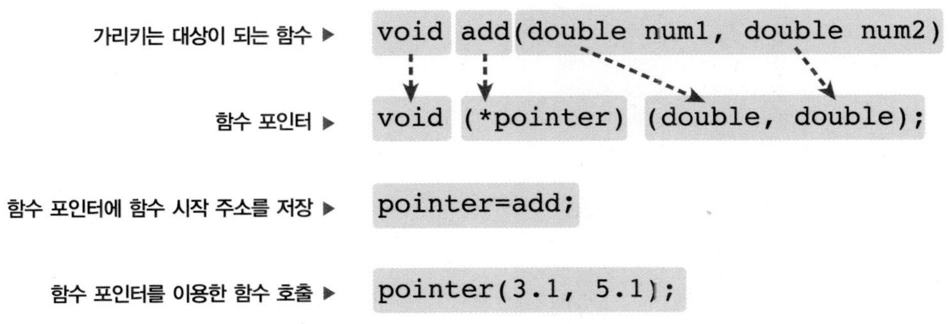

가리키는 대상이 되는 함수 ▶	`void add(double num1, double num2)`
함수 포인터 ▶	`void (*pointer) (double, double);`
함수 포인터에 함수 시작 주소를 저장 ▶	`pointer=add;`
함수 포인터를 이용한 함수 호출 ▶	`pointer(3.1, 5.1);`

2행에서 add( ) 함수를 선언합니다. 출력 형태 void이고 입력 형태는 double형 2개입니다. **7행**

에서 함수 포인터를 선언합니다. 가리키는 대상이 되는 add( ) 함수의 출력 형태, 입력 형태를 맞추어서 함수 포인터를 선언합니다. 함수 포인터의 이름은 pointer이며 괄호로 묶어 줍니다.

9행과 **10행**에서 add( ) 함수의 시작 주소는 4110e6이고, 함수 포인터의 주소는 12ff40입니다. **12행**에서 함수 포인터 pointer에 add(함수의 시작 주소)를 저장합니다. **13행**에서 함수 포인터 pointer를 통해 add( ) 함수를 간접적으로 호출합니다.

함수 포인터를 이용한 함수의 간접 호출

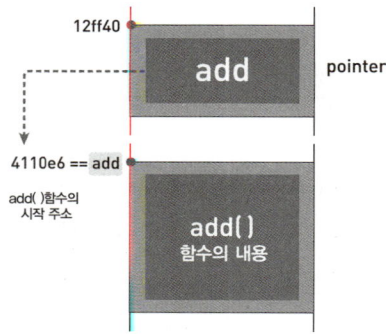

참고적으로 함수 포인터도 포인터 변수이기 때문에 4바이트 크기의 메모리 공간을 갖습니다.

다음 예제는 조건문에 따라 함수 포인터에 저장되는 함수의 시작 주소가 다르게 저장되는 코드입니다.

예제 | 3-16

```
01 : #include <stdio.h>
02 : void add(int num1, int num2);
03 : void subtract(int num1, int num2);
04 :
05 : int main( )
06 : {
07 :     int x, z;
08 :     char c;
09 :     void (*pointer)(int, int);   ── 함수 포인터 선언
10 :
```

```
11 :     printf("add 함수의 주소 : %x \n", add);              ── add 함수의 주소
12 :     printf("subtract 함수의 주소 : %x \n", subtract);    ── subtract 함수의 주소
13 :     printf("입력 : ");
14 :
15 :     scanf("%d %c %d", &x, &c, &z);
16 :
17 :     if(c=='+')
18 :         pointer=add;
19 :
20 :     else if(c=='-')
21 :         pointer=subtract;
22 :
23 :     else
24 :         printf("두 번째 연산자는 '+' 또는 '-'를 입력하세요. \n");
25 :
26 :     pointer(x, z);
27 :
28 :     return 0;
29 : }
30 :
31 : void add(int num1, int num2)
32 : {
33 :     int result;
34 :     result=num1 + num2;
35 :     printf("%d + %d = %d입니다. \n", num1, num2, result);
36 : }
37 :
38 : void subtract(int num1, int num2)
39 : {
40 :     int result;
41 :     result=num1 - num2;
42 :     printf("%d - %d = %d입니다. \n", num1, num2, result);
43 : }
```

::: 실행결과 ▶

add 함수의 주소 : 4110eb
subtract 함수의 주소 : 41101e
입력 : 1+2

1 + 2 = 3입니다.
계속하려면 아무 키나 누르십시오 . . .

9행에서 함수 포인터 pointer를 선언합니다. 출력 형태는 void이고 입력 형태는 int형 2개입니다. 17행부터 21행까지에서 만약 키보드로부터 받은 문자를 저장한 변수 c가 '+'라면 함수 포인터 pointer에 add(함수의 시작 주소)를 저장하고, '-'라면 함수 포인터 pointer에 subtract(함수의 시작 주소)를 저장합니다.

함수 포인터로 조건에 따라 다른 함수의 간접 호출

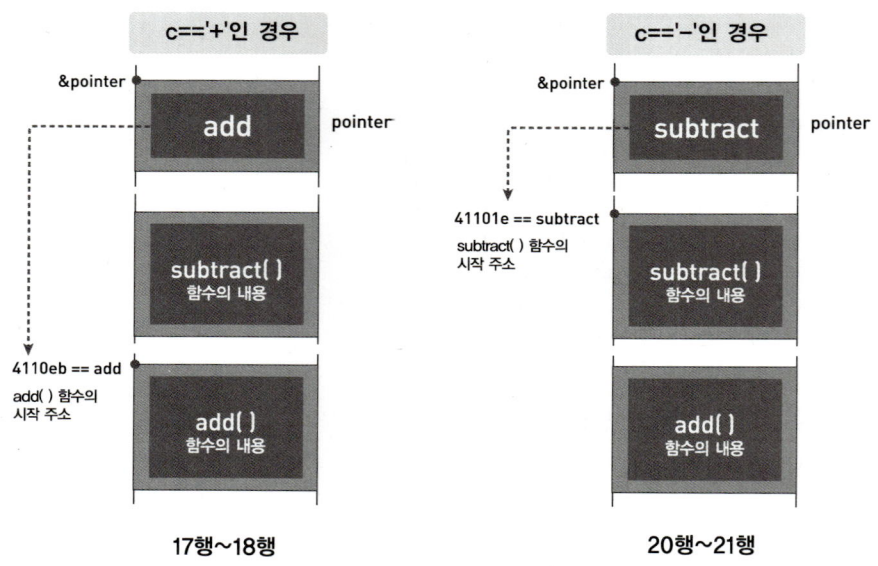

26행에서 함수 포인터 pointer를 통해 함수 호출을 간접적으로 수행하고 있습니다.

함수의 시작 주소를 저장해서 어디에 사용할지 생각해 볼 수 있지만 포인터 변수를 이용해서 함수를 실행할 수 있다면 이야기가 달라집니다. 자주 사용하는 함수의 시작 주소를 배열에 저장해서 사용하면 일반적인 함수 호출보다 빠른 처리 속도를 기대할 수 있어서입니다. 함수 포인터를 이용해서 함수 이름을 운영체제에 전달하면 운영체제는 우리를 대신하여 함수를 호출해 줍니다. 컴파일러, 인터프리터, 게임 프로그래밍과 같은 시스템 프로그래밍에는 이처럼 함수 포인터를 사용하는 경우가 자주 있습니다.

연/습/문/제/
Exercise

1 다음 코드를 분석해서 그 결과를 그림으로 나타내세요.

```c
#include <stdio.h>
int main( )
{
    char c='B';
    int num=10;

    char* cp=NULL;
    int* ip=NULL;

    cp=&c;
    ip=&num;

    *cp='A';
    *ip=20;

    printf("%x %d \n", &num, num);
    printf("%x %d \n", ip, *ip);

    printf("%x %c \n", &c, c);
    printf("%x %c \n", cp, *cp);

    return 0;
}
```

2 다음 코드를 분석해서 그 결과를 그림으로 나타내세요.

```
#include <stdio.h>
int main(void)
{
    int a=10;
    int b=20;
    int temp;

    int* p1=NULL;
    int* p2=NULL;

    p1=&a;
    p2=&b;

    temp=*p1;
    *p1=*p2;
    *p2=temp;

    printf("%d %d \n", a, b);

    return 0;
}
```

3 다음 그림을 보고 1단계에서 2단계까지를 나타내는 프로그램을 작성하세요.

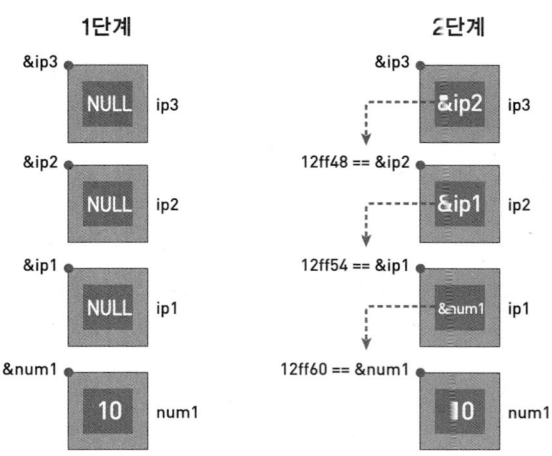

4 다음 그림을 보고 1단계에서 4단계까지를 나타내는 프로그램을 작성하세요. 단, 2단계에서는 ip1을 이용하여 num1의 값에 접근, 3단계에서는 ip2를 이용하여 num1의 값에 접근, 4단계에서는 ip3를 이용하여 num1의 값에 접근하는 코드를 작성하세요.

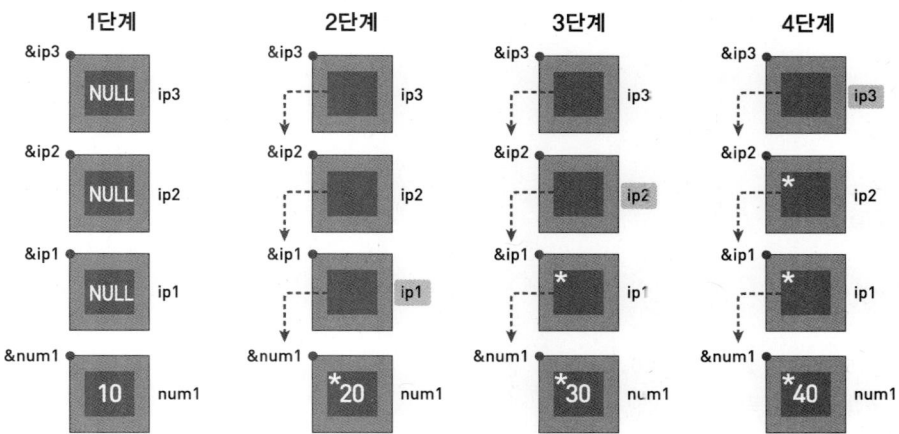

5 다음 그림을 보고 1단계에서 2단계까지를 나타내는 프로그램을 작성하세요.

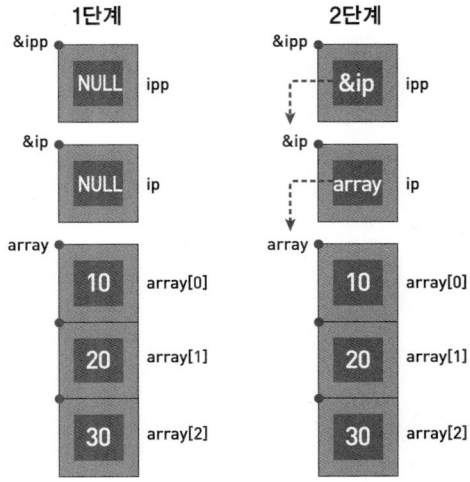

6 다음과 같이 실행 결과가 출력되었습니다. 결과를 보고 코드의 (//) 부분을 완성하세요.

::: 실행결과 ▶

```
10 20 30 40 50
계속하려면 아무 키나 누르십시오 . . .
```

```c
#include <stdio.h>
// ① 함수의 선언부

int main(void)
{
    int array[5]={10, 20, 30, 40, 50};
    // ② 함수 포인터의 선언부

    pfunc=arrInput;
    pfunc(array, 5);

    return 0;
}
// ③ 함수의 정의부
```

 공부한 내용 떠올리기

⇨ 포인터의 역할

⇨ 포인터 변수의 선언과 사용 방법

⇨ 포인터를 잘못 사용하는 경우

⇨ 다차원 포인터 변수의 선언과 사용 방법

⇨ 주소의 가감산

⇨ 함수 포인터

제 4 장

포인터와 배열

우리가 포인터를 배우는 이유 중에 하나는 배열과 같이 큰 데이터를 쉽고 빠르게 처리하기 위해서입니다. 이번 장에서는 포인터의 필요성을 느낄 수 있게 포인터로 배열에 접근하는 방법을 배웁니다. 포인터와 배열의 밀접한 관련성에 대해서 지금부터 알아봅시다.

Part 2

제4장

4.1 포인터와 1차원 배열　**4.2** 포인터와 2차원 배열　**4.3** 포인터 배열
4.4 포인터와 문자 그리고 포인터와 문자열

4.1 포인터와 1차원 배열

4.1.1 배열 이름은 배열의 시작 주소이다

배열 이름은 배열 요소에 접근하기 위해서 꼭 필요합니다. 이미 Part 2의 1장에서 배열 이름은 배열의 시작 주소임을 배웠습니다. 이번 장에서 다루는 많은 부분이 이것과 관련되므로 꼭 참고하길 바랍니다. 다음 예제를 가지고 복습을 해봅시다.

예제 | 4-1

```
01 : #include <stdio.h>
02 : int main(void)
03 : {
04 :     int array[3]={10, 20, 30};
05 :
06 :     printf("%x %x %x \n", array, array+0, &array[0]);   // 배열의 0번 요소의 주소
07 :     printf("%x %x \n", array+1, &array[1]);             // 배열의 1번 요소의 주소
08 :     printf("%x %x \n", array+2, &array[2]);             // 배열의 2번 요소의 주소
09 :
10 :     printf("%d %d %d \n", sizeof(array), sizeof(array+0), sizeof(&array[0]));
11 :
12 :     return 0;
13 : }
```

::: 실행결과 ▶

12ff58 12ff58 12ff58
12ff5c 12ff5c
12ff60 12ff60
12 4 4
계속하려면 아무 키나 누르십시오 . . .

6행에서 배열 이름 array, array+0, &array[0]을 출력합니다. 0번 요소의 주소, 즉 같은 주소를 가리키고 있습니다. 7행과 8행에서 array+1, &array[1] 그리고 array+2, &array[2]를 출력합니다. 즉, 앞의 둘과 뒤의 둘이 같은 주소를 가리키고 있습니다.

array와 array+0의 크기 비교

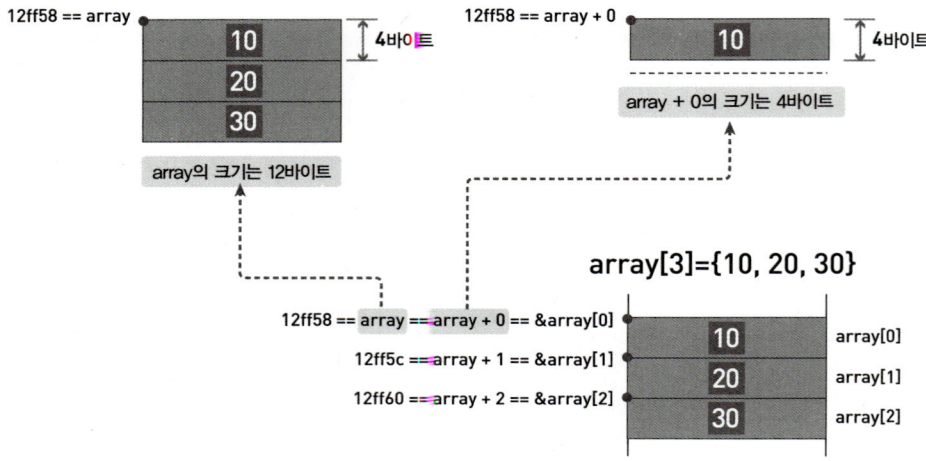

10행에서 array, array+0, &array[0]의 크기를 출력합니다. 특이한 점은 배열 이름인 array의 크기는 12(배열의 전체 크기)이고, array+0의 크기는 4입니다. array와 array+0은 실제로 같은 주소를 가리키고 있지만 크기가 다릅니다. 이유는 array+0의 의미는 0번 요소의 주소(4바이트 메모리 공간의 주소)를 의미하고 array는 배열의 시작 주소(12바이트 메모리 공간의 주소)를 의미하기 때문입니다.

다음 예제는 앞 예제의 배열의 주소에 * 연산자를 붙인 것입니다. 결과를 보면 배열 이름으로 주소를 표현하는 방법이 다양함을 알 수 있습니다.

예제 | 4-2

```
01 : #include <stdio.h>
02 : int main(void)
03 : {
04 :     int array[3]={10, 20, 30};
```

```
05 :
06 :        // * 연산자를 붙임
07 :        printf("%d %d %d \n", *array, *(array+0), *&array[0]);   — 배열의 0번 요소에 저장된 값
08 :        printf("%d %d \n", *(array+1), *&array[1]);               — 배열의 1번 요소에 저장된 값
09 :        printf("%d %d \n", *(array+2), *&array[2]);               — 배열의 2번 요소에 저장된 값
10 :
11 :        printf("%d %d %d \n", sizeof(*array), sizeof(*(array+0)),
                                                  sizeof(*&array[0]));
12 :
13 :        return 0;
14 :    }
```

::: 실행결과 ▶

10 10 10
20 20
30 30
4 4 4
계속하려면 아무 키나 누르십시오 . . .

11행에서 sizeof 연산자로 모두 4(Byte)의 크기를 출력하고 있습니다. array, array+0, &array[0] 주소에 저장된 값을 참조하고 있어서 크기는 모두 4바이트입니다.

*array, *(array+0), *&array[0]의 크기 비교

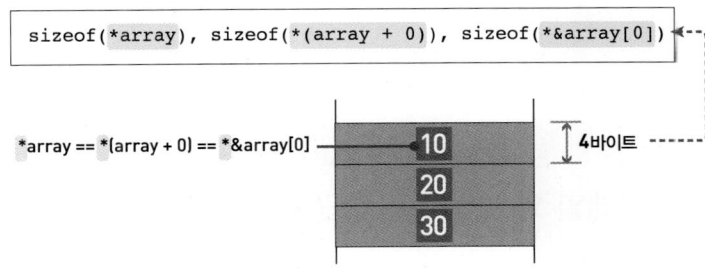

4.1.2 1차원 배열에서 *(array+i) == *&array[i] == array[i]은 값을 표현한다

Part2의 1장에서 *(array+i) == *&array[i] == array[i]는 값을 나타내는 같은 표현이었습니다. 다음 예제를 가지고 확인해 보기 바랍니다. 이미 다루었던 내용이므로 따로 언급하지 않겠습니다.

예제 | 4-3

```
01 : #include <stdio.h>
02 : int main(void)
03 : {
04 :     int array[3]={10, 20, 30};
05 :
06 :     // * 연산자를 붙임
07 :     printf("%d %d %d \n", *(array+0), *&array[0], array[0]);   ─ 배열의 0번 요소에 저장된 값
08 :     printf("%d %d %d \n", *(array+1), *&array[1], array[1]);
09 :     printf("%d %d %d \n", *(array+2), *&array[2], array[2]);
10 :     // 결론: *(array+i) == *&array[i] == array[i]는 값을 나타내는 같은 표현    ─ 배열의 1번 요소에 저장된 값
11 :
12 :     return 0;
13 : }
```

::: 실행결과 ▶

10 10 10
20 20 20
30 30 30
계속하려면 아무 키나 누르십시오 . . .

4.1.3 포인터 변수를 통한 1차원 배열 요소의 주소 접근

이번 절에서는 포인터 변수를 통해서 1차원 배열 요소들의 주소에 접근하는 방법을 배우겠습니다. 간단한 방법은 포인터 변수에 배열의 시작 주소를 저장하는 방법으로 가능합니다. 다음 예제는 포인터 변수를 통해 1차원 배열 요소들의 주소에 접근하고 있습니다.

예제 | 4-4

```
01 : #include <stdio.h>
02 : int main(void)
03 : {
04 :     int array[3]={10, 20, 30};
05 :     int* p=NULL;
06 :
07 :     p=array;                              // p=&array[0]; 포인터 변수에 배열의 시작 주소를 저장
08 :
09 :     printf("%x %x %x \n", p, p+0, &p[0]);  // 배열의 0번 요소의 주소
10 :     printf("%x %x \n", p+1, &p[1]);         // 배열의 1번 요소의 주소
11 :     printf("%x %x \n", p+2, &p[2]);         // 배열의 2번 요소의 주소
12 :
13 :     return 0;
14 : }
```

::: 실행결과 ▶

12ff58 12ff58 12ff58
12ff5c 12ff5c
12ff60 12ff60
계속하려면 아무 키나 누르십시오 . . .

7행에서 포인터 변수 p에 배열의 시작 주소 array를 저장하고 있습니다. 따라서 포인터 변수 p는 지금부터 배열의 주소를 저장하고 있어서 배열처럼 사용할 수 있습니다.

포인터 변수를 이용한 배열의 주소 접근

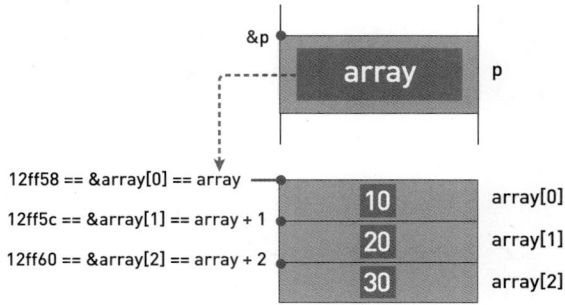

9행에서 p의 의미는 p에 저장된 주소, p+0의 의미는 p에서 0만큼 증가된 주소, &p[0]은 p+0과 같은 표현입니다. 배열의 0번 요소의 주소를 출력합니다. 10행에서 p+1의 의미는 p에서 1만큼 증가된 주소, 즉 p에 저장된 주소는 int형이므로 +1은 4바이트 증가하라는 의미가 됩니다. &p[1]은 p+1과 같은 표현입니다. 배열의 1번 요소의 주소를 출력합니다. 11행에서 p+2의 의미는 p에서 2만큼 증가된 주소, 즉 p에 저장된 주소는 int형이므로 +2는 8바이트 증가하라는 의미가 됩니다. &p[2]는 p+2와 같은 표현입니다. 배열의 2번 요소의 주소를 출력합니다.

4.1.4 포인터 변수를 통한 1차원 배열 요소의 값 접근

이번 절에서는 포인터 변수를 통해서 1차원 배열 요소들의 값에 접근하는 방법을 배우겠습니다. 간단한 방법은 포인터 변수에 배열의 시작 주소를 저장해서 주소의 가감산(예를 들어 p+0, p+1, p+2...)과 * 연산자를 통해 값에 접근할 수 있습니다. 다음 예제는 포인터 변수를 통해 배열 요소들의 값에 접근하고 있습니다.

예제 4-5

```
01 : #include <stdio.h>
02 : int main(void)
03 : {
04 :     int array[3]={10, 20, 30};
05 :     int* p=NULL;
06 :     p=array;            // p=&array[0] 포인터 변수에 배열의 시작 주소를 저장
07 :
08 :     // * 연산자를 붙임
09 :     printf("%d %d %d \n", *p, *(p+0), *&p[0]);   // 배열의 0번 요소에 저장된 값
10 :     printf("%d %d \n", *(p+1), *&p[1]);          // 배열의 1번 요소에 저장된 값
11 :     printf("%d %d \n", *(p+2), *&p[2]);          // 배열의 2번 요소에 저장된 값
12 :
13 :     return 0;
14 : }
```

실행결과

10 10 10
20 20

30 30
계속하려면 아무 키나 누르십시오 . . .

6행에서 포인터 변수 p에 배열의 시작 주소 array를 저장합니다. 따라서 포인터 변수 p는 지금부터 배열의 주소를 저장하고 있어서 배열처럼 사용할 수 있습니다.

포인터 변수를 이용한 배열의 값 접근

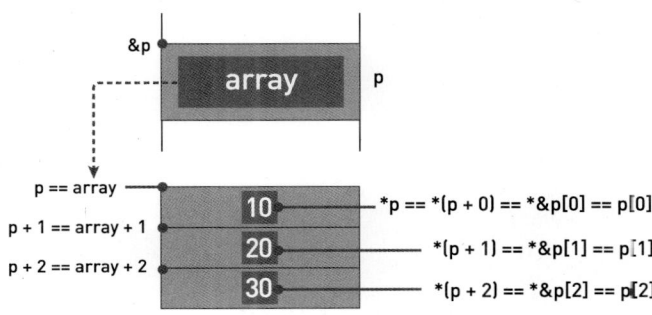

9행에서 *p는 p에 저장된 주소가 가리키는 메모리 공간에 저장된 값을 참조하라는 의미가 됩니다. *(p+0)은 p에서 0만큼 증가된 주소가 가리키는 메모리 공간에 저장된 값을 참조하라는 의미가 되고, *&p[0]은 *(p+0)==p[0]과 같은 표현입니다. 따라서 모두 배열의 0번 요소의 값을 출력합니다. 10행에서 *(p+1)은 p에서 1만큼 증가(p에 저장된 값은 int형이므로 4바이트 증가)된 주소가 가리키는 메모리 공간에 저장된 값을 참조하라는 의미가 되고, *&p[1]은 *(p+1)==p[1]과 같은 표현입니다. 따라서 모두 배열의 1번 요소의 값을 출력합니다. 11행에서 *(p+2)는 p에서 2만큼 증가(p에 저장된 값은 int형이므로 8바이트 증가)된 주소가 가리키는 메모리 공간에 저장된 값을 참조하라는 의미가 되고, *&p[2]는 *(p+2)==p[2]와 같은 표현입니다. 따라서 모두 배열의 2번 요소의 값을 출력합니다. *&에서 *와 &를 상쇄시키면 *&p[0], *&p[1], *&p[2]는 p[0], p[1], p[2]과 같게 됩니다.

관련 예제를 하나 더 살펴보겠습니다.

예제 | 4-6

```
01 :    #include <stdio.h>
02 :    int main(void)
03 :    {
04 :        int array[3]={10, 20, 30};
05 :        int i=0;
06 :        int* p=NULL;
07 :
08 :        p=array;                          p=&array[0];
                                              포인터 변수에 배열의 시작 주소를 저장
09 :
10 :        for(i=0; i<3; i++)
11 :        {
12 :            printf("%d %d %d \n", *(p+i), *&p[i], p[i]);    결론 : *(p+i) == *&p[i] == p[i]
13 :        }
14 :
15 :        printf("--------------------\n");
16 :        for(i=0; i<3; i++)                                  결론 :
17 :        {                                                   *(array+i)==*&array[i]==array[i]
18 :            printf("%d %d %d \n", *(array+i), *&array[i], array[i]);
19 :        }
20 :
21 :        return 0;
22 :    }
```

::: 실행결과 ▶

```
10 10 10
20 20 20
30 30 30
--------------------
10 10 10
20 20 20
30 30 30
계속하려면 아무 키나 누르십시오 . . .
```

8행에서 포인터 변수 p에 배열의 시작 주소 array를 저장합니다. 따라서 포인터 변수 p는 지금부터 배열의 주소를 저장하고 있어서 배열처럼 사용할 수 있습니다.

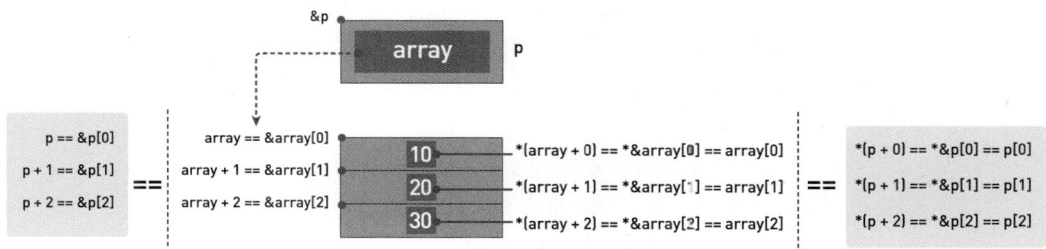

10행부터 13행까지에서 배열에 저장된 값들을 출력합니다. 특이한 점은 배열에 저장된 값을 출력할 때 포인터 변수를 이용해서 다양하게 표현이 가능하다는 점입니다. 8행에서 포인터 변수 p가 array를 저장했기 때문에 `*(p+i) == *&p[i] == p[i]`이 성립됩니다. 16행부터 19행까지에서 배열에 저장된 값들을 출력합니다. 1차원 배열에서 저장된 값을 표현하는 다양한 방법으로 `*(array+i) == *&array[i] == array[i]`이 있습니다.

4.1.5 포인터 변수와 배열의 크기 차이

우리는 지금까지 1차원 포인터 변수가 1차원 배열의 주소를 저장하면 포인터 변수를 배열처럼 사용할 수 있다는 것을 배웠습니다. 그렇다면 포인터 변수와 배열은 같단 말인가? 아닙니다. 차이가 있습니다. 모든 포인터 변수는 그 크기가 4바이트로 고정되어 있고, 배열은 배열 길이에 따라 크기가 달라집니다. 다음 예제로 확인해 보겠습니다.

예제 | 4-7

```
01 : #include <stdio.h>
02 : int main(void)
03 : {
04 :     int array[3]={10, 20, 30};
05 :     int* p=NULL;
06 :
```

```
07 :        p=array;              p=&array=0; 포인터 변수에
08 :                              배열의 시작 주소를 저장
09 :        printf("%d %d %d \n", array[0], array[1], array[2]);
10 :        printf("%d %d %d \n", *(array+0), *(array+1), *(array+2));
11 :        printf("%d %d %d \n", p[0], p[1], p[2]);
12 :        printf("%d %d %d \n", *(p+0), *(p+1), *(p+2));
13 :
14 :        printf("배열의 크기 : %d 포인터의 크기 : %d \n", sizeof(array), sizeof(p));
15 :
16 :        return 0;
17 :  }
```

::: 실행결과 ▶

10 20 30
10 20 30
10 20 30
10 20 30
배열의 크기 : 12 포인터의 크기 : 4
계속하려면 아무 키나 누르십시오 . . .

14행에서 sizeof(array)를 통해 배열의 크기를 확인했을 때 12, 즉 int array[3]은 4바이트 * 3 이므로 12바이트가 출력됩니다. sizeof(p)를 통해 포인터 변수의 크기를 확인했을 때 4, 즉 4바이트가 출력됩니다. 모든 포인터 변수는 크기가 4바이트라고 이전에 언급했었습니다.

정리하면 4바이트 크기의 포인터 변수로 12바이트 배열의 메모리 공간에 모두 접근할 수 있습니다. 포인터 변수와 배열의 크기 차이를 통해 포인터 변수와 배열의 관계를 보다 더 잘 이해했으리라 생각합니다.

4.1.6 주소의 가감산을 이용한 배열의 접근

이번에는 포인터 연산을 이용하여 배열에 접근해 보겠습니다. 먼저 다음 예제를 보겠습니다.

예제 | 4-8

```
01 : #include <stdio.h>
02 : int main(void)
03 : {
04 :     int array[3]={10, 20, 30};
05 :     int* p=NULL;
06 :
07 :     p=array;                    ── p=&array[0];
08 :     printf("%d %d %d \n", p[0], p[1], p[2]);
09 :     printf("%d %d %d \n", *p, *(p+1), *(p+2));
10 :
11 :     p=array+1;                  ── p=&array[1];
12 :     printf("%d %d %d \n", p[-1], p[0], p[1]);
13 :     printf("%d %d %d \n", *(p-1), *p, *(p+1));          *p == *(p+0)
14 :
15 :     p=array+2;                  ── p=&array[2];
16 :     printf("%d %d %d \n", p[-2], p[-1], p[0]);
17 :     printf("%d %d %d \n", *(p-2), *(p-1), *p);
18 :
19 :     return 0;
20 : }
```

::: 실행결과 ▶

```
10 20 30
10 20 30
10 20 30
10 20 30
10 20 30
10 20 30
계속하려면 아무 키나 누르십시오 . . .
```

7행부터 **9행**까지에서 포인터 변수 p에 배열 이름 array를 저장합니다. p에 저장된 값은 배열의 시작 주소이기 때문에 * 연산자를 이용해서 값을 참조하면 *p가 됩니다. *p는 p[0]과 같습니다. 따라서 *p와 p[0]는 모두 10이 출력되고, p[1]은 20, p[2]는 30이 출력됩니다.

11행부터 13행까지에서 포인터 변수 p에 array+1을 저장합니다. p에 저장된 값은 배열의 1번 요소의 주소이기 때문에 *p와 p[0]는 모두 20이 출력되고, p[-1]은 10, p[1]는 30이 출력됩니다. 15행부터 17행까지에서 포인터 변수 p에 array+2를 저장합니다. p에 저장된 값은 배열의 2번 요소의 주소이기 때문에 *p와 p[0]는 모두 30이 출력되고, p[-1]은 20, p[-2]는 10이 출력됩니다.

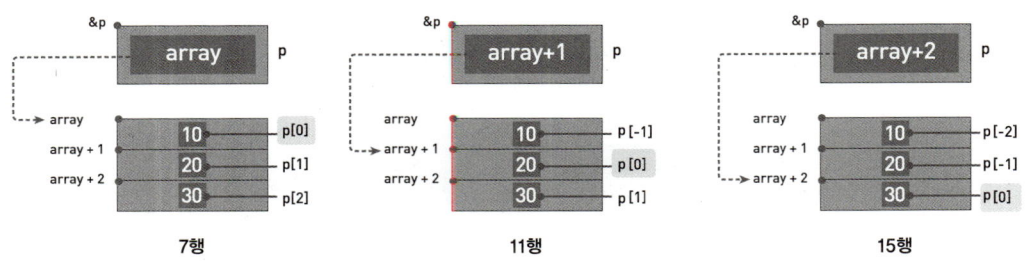

다음 예제는 앞 예제와 같은 결과를 출력합니다. 포인터 변수 p에 저장되는 배열의 주소가 다양하게 표현되는 것을 확인할 수 있습니다.

예제 | 4-9

```
01 : #include <stdio.h>
02 : int main(void)
03 : {
04 :     int array[3]={10, 20, 30};
05 :     int* p=NULL;
06 :
07 :     p=array;              p=&array[0];
08 :     printf("%d %d %d \n", p[0], p[1], p[2]);
09 :     printf("%d %d %d \n", *p, *(p+1), *(p+2));
10 :     printf("--------------\n");
11 :
12 :     p=p+1;                p=&array[1];
13 :     printf("%d %d %d \n", p[-1], p[0], p[1]);
14 :     printf("%d %d %d \n", *(p-1), *p, *(p+1));
15 :     printf("--------------\n");
16 :
```

```
17 :        p=p+1;           ── p=&array[2];
18 :        printf("%d %d %d \n", p[-2], p[-1], p[0]);
19 :        printf("%d %d %d \n", *(p-2), *(p-1), *p);   ── *p == *(p+0)
20 :        printf("--------------\n");
21 :
22 :        return 0;
23 : }
```

::: 실행결과 ▶

```
10 20 30
10 20 30
--------------
10 20 30
10 20 30
--------------
10 20 30
10 20 30
--------------
계속하려면 아무 키나 누르십시오 . . .
```

7행부터 **9행**까지에서 포인터 변수 p에 array를 저장합니다. p에 저장된 값은 배열의 시작 주소입니다. **12행**부터 **14행**까지에서 포인터 변수 p에 p+1을 저장합니다. 먼저 p+1부터 봅시다. 7행에서 p=array가 수행되었었죠? 따라서 p+1에서 p는 array가 되고, +1을 하게 되면 array+1과 같은 의미가 됩니다. 결론적으로 p=p+1은 p=array+1과 같습니다.

17행에서 포인터 변수 p에 p+1을 저장합니다. 먼저 p+1부터 봅시다. 12행에서 p=array+1이 수행되었었죠? 따라서 p+1에서 p는 array+1가 되고, +1을 하게 되면 array+2와 같은 의미가 됩니다. 결론적으로 p=p+1은 p=array+2와 같습니다.

현재 p에서 +1을 해서 다시 현재 p로 설정하는 p= p+1 표현은 매우 중요한 표현이므로 꼭 숙지하기 바랍니다.

다음 예제는 포인터 변수 p를 고정한 상태에서 배열의 메모리 공간에 접근하는 방식을 나타내는 코드입니다.

열혈강의 C 언어 본색
Part 2

예제 4-10

```
01 : #include <stdio.h>
02 : int main(void)
03 : {
04 :     int array[3];
05 :     int* p=NULL;
06 :
07 :     p=array;
08 :
09 :     *p=10;
10 :     printf("%d %d %d \n", p[0], p[1], p[2]);
11 :     printf("--------------\n");
12 :
13 :     *(p+1)=20;
14 :     printf("%d %d %d \n", p[0], p[1], p[2]);
15 :     printf("--------------\n");
16 :
17 :     *(p+2)=30;
18 :     printf("%d %d %d \n", p[0], p[1], p[2]);
19 :     printf("--------------\n");
20 :
21 :     printf("%d %d %d \n", *p, *(p+1), *(p+2));
22 :     printf("%d %d %d \n", p[0], p[1], p[2]);
23 :     printf("--------------\n");
24 :
25 :     return 0;
26 : }
```

::: 실행결과

```
10 -858993460 -858993460
--------------
10 20 -858993460
--------------
10 20 30
--------------
10 20 30
10 20 30
--------------
계속하려면 아무 키나 누르십시오 . . .
```

7행에서 포인터 변수 p에 배열 이름 array를 저장합니다. 이후에도 p는 움직이지 않고 고정되어 있습니다. 10행과 14행에서 알 수 없는 쓰레기 값이 출력됩니다. 이유는 배열의 메모리 공간이 초기화되지 않아서입니다.

포인터 변수 p를 고정시킨 상태에서 배열의 메모리 공간의 초기화

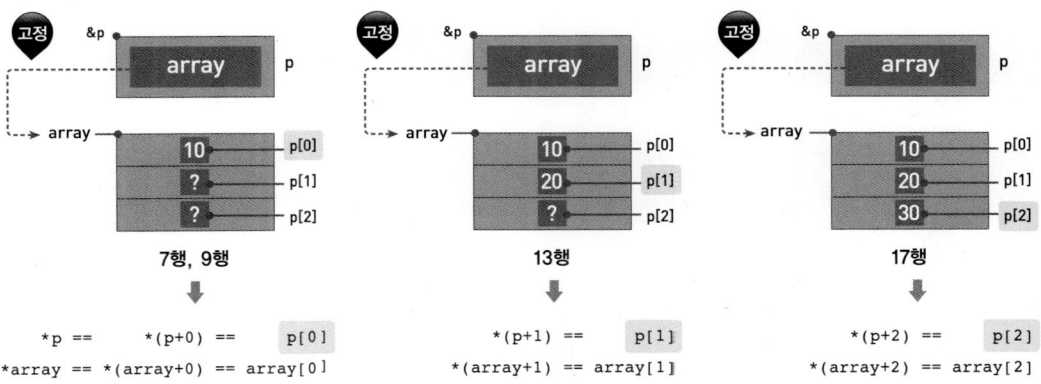

다음 예제는 포인터 변수 p를 이동시켜 배열의 메모리 공간에 접근하는 방식입니다.

예제 | 4-11

```
01 :  #include <stdio.h>
02 :  int main(void)
03 :  {
04 :      int array[3];
05 :      int* p=NULL;
06 :
07 :      p=array;
08 :      *p=10;
09 :      printf("%d %d %d \n", p[0], p[1], p[2]);
10 :      printf("--------------\n");
11 :
12 :      p=p+1;
13 :      *p=20;                                    p[0]=20;
14 :      printf("%d %d %d \n", p[-1], p[0], p[1]);
```

```
15 :     printf("--------------\n");
16 :
17 :     p=p+1;
18 :     *p=30;                                        p[0]=30;
19 :     printf("%d %d %d \n", p[-2], p[-1], p[0]);
20 :     printf("--------------\n");
21 :
22 :     printf("%d %d %d \n", p[-2], p[-1], p[0]);
23 :     printf("%d %d %d \n", *(p-2), *(p-1), *p);
24 :     printf("--------------\n");
25 :
26 :     return 0;
27 : }
```

::: 실행결과 ▶

```
10 -858993460 -858993460
--------------
10 20 -858993460
--------------
10 20 30
--------------
10 20 30
10 20 30
--------------
계속하려면 아무 키나 누르십시오 . . .
```

7행과 **8행**에서 포인터 변수 p에 배열 이름 array를 저장합니다. *p에 값을 초기화합니다. 초기화된 메모리 공간은 포인터 변수 p 측면에서는 *p 즉 *(p+0)이고, 배열 array 측면에서는 array[0], 즉 *array의 메모리 공간을 초기화합니다. 현재 p=array입니다.

12행에서 포인터 변수 p에 p+1을 저장합니다. 먼저 p+1부터 보겠습니다. 7행에서 p=array가 수행되었었죠? 따라서 p+1에서 p는 array가 되고, +1을 하게 되면 array+1과 같은 의미가 됩니다. 결론적으로 p=p+1은 p=array+1과 같습니다. 현재 p=p+1 즉, p=array+1은 7행의 p보다 +1만큼 이동했습니다.

포인터 변수 p를 이동시킨 상태에서 배열의 메모리 공간의 초기화

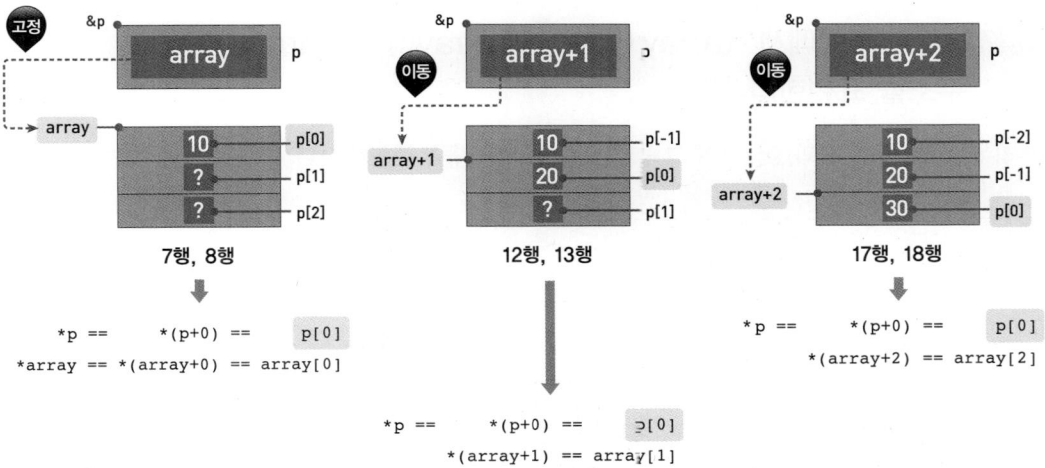

13행에서 *p에 값을 초기화합니다. p에 저장된 주소는 array+1이기 때문에 초기화된 메모리 공간은 포인터 변수 p 측면에서는 *p 즉 *(p+0)==p[0]이고, 배열 array 측면에서는 array[1], 즉 *(array+1)의 메모리 공간을 초기화합니다.

17행에서 포인터 변수 p에 p+1을 저장합니다. 먼저 p+1부터 보겠습니다. 12행에서 p=array+1이 수행되었었죠? 따라서 p+1에서 p는 array+1이 되고, +1을 하게 되면 array+2와 같은 의미가 됩니다. 결론적으로 p=p+1은 p=array+2와 같습니다. 현재 p=p+1 즉, p=array+2는 12행의 p보다 +1만큼 이동했습니다.

18행에서 *p에 값을 초기화합니다. p에 저장된 주소는 array+2이기 때문에 초기화된 메모리 공간은 포인터 변수 p 측면에서는 *p 즉 *(p+0)==p[0]이고, 배열 array 측면에서는 array[2], 즉 *(array+2)의 메모리 공간을 초기화합니다.

지금까지, p=p+1이라는 표현으로 p를 +1만큼 이동시킬 수 있다는 사실을 배웠습니다. p=p+1, p=p+2, p=p+3 표현도 필요에 따라 가능합니다. 포인터 변수 p가 어떤 주소를 저장하고 있는가에 따라서 *p 표현 하나로 다양한 주소의 메모리 공간을 참조할 수 있다는 사실을 꼭 기억해 두어야 합니다. 매우 중요합니다.

4.2 포인터와 2차원 배열

4.2.1 2차원 배열에서 *(array+i) == *&array[i] == array[i]는 주소를 표현한다

우리는 Part 2의 1장과 2장에서 그림과 같은 내용을 공부했었습니다.

```
                          서로 상쇄
                             ↓
        *(array+i) == array[i] == *&array[i]
```

- **1차원 배열**일 때 *(array+i) == array[i] == *&array[i]는 값
- **2차원 배열**일 때 *(array+i) == array[i] == *&array[i]는 주소

1차원 배열과 다르게 2차원 배열에서는 *(array+i) == array[i] == *&array[i] 표현은 주소를 의미합니다. 예제 몇 개로 복습을 해보겠습니다.

예제 | 4-12

```
01 : #include <stdio.h>
02 : int main(void)
03 : {
04 :     int array[3][3]={10,20,30,40,50,60,70,80,90};
05 : 
06 :     printf("%x %x %x \n", &array[0][0], &array[0][1], &array[0][2]);  ─┐
07 :     printf("%x %x %x \n", &array[1][0], &array[1][1], &array[1][2]);   │ 주소 출력
08 :     printf("%x %x %x \n", &array[2][0], &array[2][1], &array[2][2]);  ─┘
09 :     printf("---------------\n");
10 : 
11 :     printf("%d %d %d \n", *&array[0][0], *&array[0][1], *&array[0][2]);  ─┐
12 :     printf("%d %d %d \n", *&array[1][0], *&array[1][1], *&array[1][2]);   │ 값 출력
13 :     printf("%d %d %d \n", *&array[2][0], *&array[2][1], *&array[2][2]);  ─┘
14 :     printf("---------------\n");
15 : 
16 :     printf("%d %d %d \n", array[0][0], array[0][1], array[0][2]);  ─┐ *& 서로 상쇄
17 :     printf("%d %d %d \n", array[1][0], array[1][1], array[1][2]);  ─┘
```

```
18 :     printf("%d %d %d \n", array[2][0], array[2][1], array[2][2]);       *& 서로 상쇄
19 :
20 :     return 0;
21 : }
```

::: 실행결과 ▶

```
12ff40 12ff44 12ff48
12ff4c 12ff50 12ff54
12ff58 12ff5c 12ff60
---------------
10 20 30
40 50 60
70 80 90
---------------
10 20 30
40 50 60
70 80 90
계속하려면 아무 키나 누르십시오 . . .
```

2차원 배열의 요소들에 대한 주소와 값 표현

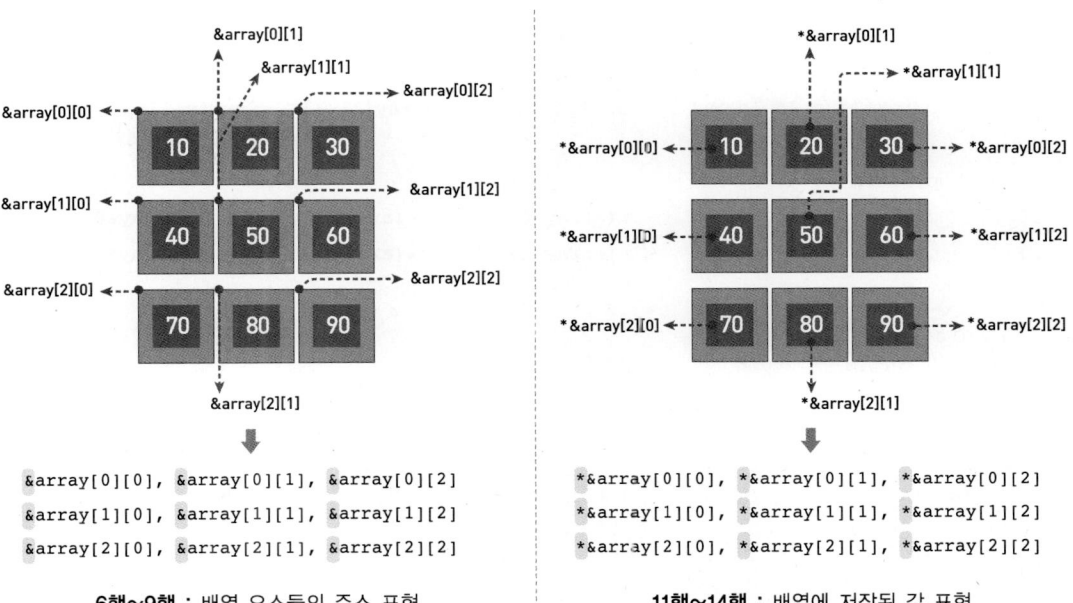

6행~9행 : 배열 요소들의 주소 표현   **11행~14행** : 배열에 저장된 값 표현

6행부터 9행까지에서 & 연산자를 이용하여 2차원 배열의 요소들의 주소를 출력합니다. 2차원 배열 array는 int형이므로 각 열은 4바이트만큼 차이가 납니다. 11행부터 14행까지에서 * 연산자를 이용하여 2차원 배열에 저장된 값들을 출력합니다. 16행부터 18행까지에서 *&는 서로 상쇄되기 때문에 11행부터 14행까지의 결과와 같이 출력됩니다.

다음 예제를 확인해 봅시다.

예제 | 4-13

```
01 : #include <stdio.h>
02 : int main(void)
03 : {
04 :     int array[2][3]={10,20,30,40,50,60};
05 :
06 :     printf("------------------#1--------------------\n");
07 :     printf("%x %x %x \n", &array[0][0], &array[0][1], &array[0][2]);
08 :     printf("%x %x %x \n", &array[1][0], &array[1][1], &array[1][2]);
09 :
10 :     printf("------------------#2--------------------\n");
11 :     printf("%x %x \n", array, array+1);
12 :     printf("%x %x \n", array[0], array[1]);
13 :     printf("%x %x \n", *(array+0), *(array+1));
14 :
15 :     printf("------------------#3--------------------\n");
16 :     printf("%d %d %d \n", *(array[0]+0), *(array[0]+1), *(array[0]+2));
17 :     printf("%d %d %d \n", *(array[1]+0), *(array[1]+1), *(array[1]+2));
18 :
19 :     printf("------------------#4--------------------\n");
20 :     printf("%d %d %d \n", *(*(array+0)+0), *(*(array+0)+1), *(*(array+0)+2));
21 :     printf("%d %d %d \n", *(*(array+1)+0), *(*(array+1)+1), *(*(array+1)+2));
22 :
23 :     // array[0] == *(array+0)
24 :     // array[1] == *(array+1)
25 :
26 :     return 0;
27 : }
```

::: 실행결과 ▶

```
-------------------#1-------------------
12ff4c 12ff50 12ff54
12ff58 12ff5c 12ff60
-------------------#2-------------------
12ff4c 12ff58
12ff4c 12ff58
12ff4c 12ff58
-------------------#3-------------------
10 20 30
40 50 60
-------------------#4-------------------
10 20 30
40 50 60
계속하려면 아무 키나 누르십시오 . . .
```

7행부터 8행까지에서 & 연산자를 이용하여 2차원 배열의 요소들의 주소를 출력합니다. 2차원 배열 array는 int형이므로 각 열은 4바이트만큼 차이가 납니다. 11행부터 13행까지에서 2차원 배열의 각 행을 대표하는 주소를 출력합니다. 2차원 배열 array는 int형이고 3열을 가지므로 각 행은 4바이트 * 3열, 즉 12바이트만큼 차이가 납니다. 2차원 배열일 때 array[0] == *(array+0), array[1] == *(array+1)은 행의 주소를 나타내는 같은 표현입니다.

2차원 배열의 요소들에 대한 주소 표현 - array[i]를 이용하는 경우

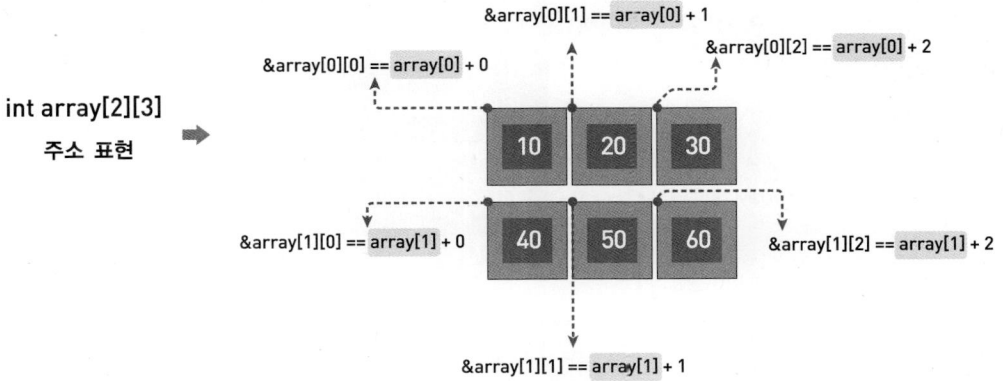

2차원 배열의 요소들에 대한 값 표현 – array[i]를 이용하는 경우

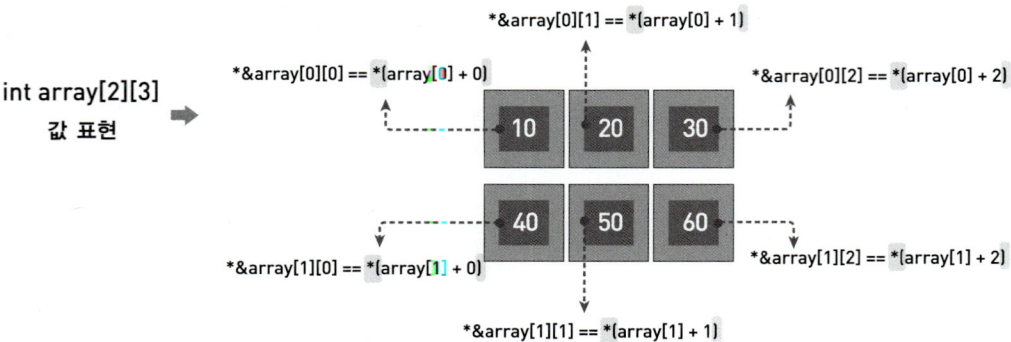

16행부터 17행까지에서 2차원 배열에 저장된 값들을 출력합니다. array[0]은 0번 행의 주소를 나타내며 array[0]+0은 0행 0열의 주소, array[0]+1은 0행 1열의 주소, array[1]+0은 1행 0열의 주소를 나타냅니다. * 연산자와 괄호 연산자로 주소에 저장된 값을 출력합니다.

20행부터 21행까지에서 array[0] == *(array+0), array[1] == *(array+1)이기 때문에 16행부터 17행까지의 array[0]을 *(array+0)으로 치환하고, array[1]을 *(array+1)으로 치환하면 같은 결과를 출력합니다. * 연산자가 두 개 쓰인 이유를 잘 알고 있으리라 생각합니다.

2차원 배열의 요소들에 대한 주소 표현 – *(array+i)를 이용하는 경우

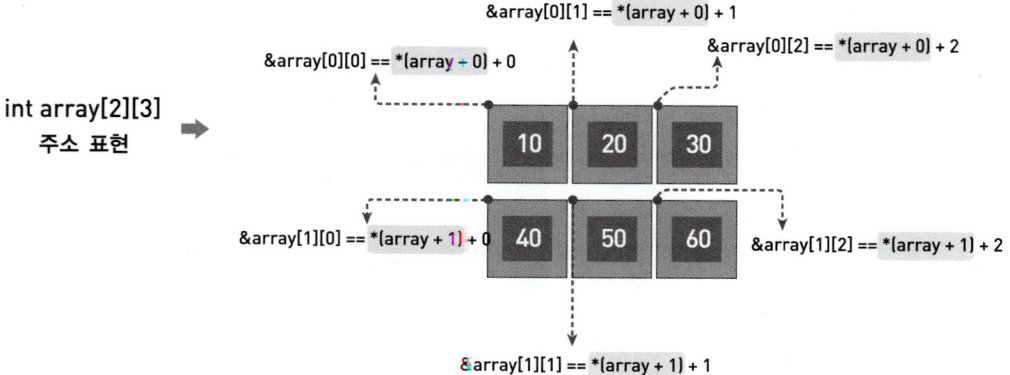

2차원 배열의 요소들에 대한 값 표현 - *(array+i)를 이용하는 경우

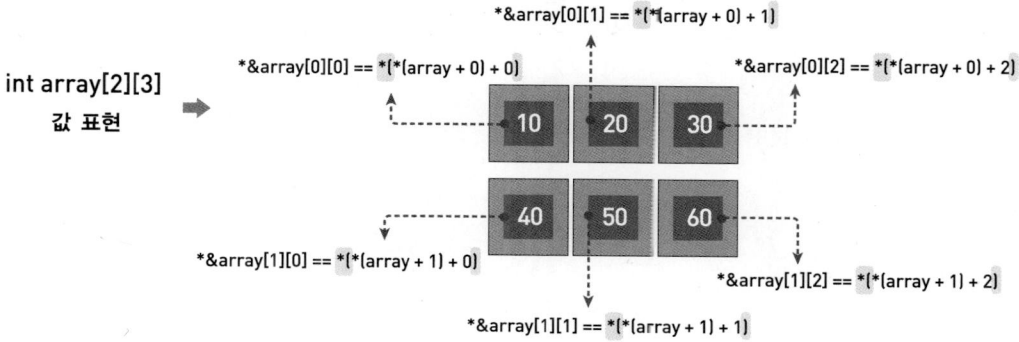

지금까지 2차원 배열일 때 `*(array+i) == array[i] == *&array[i]`는 주소라는 사실을 복습해 보았습니다.

앞의 그림들은 메모리 구조를 논리적으로 표현한 것이지만, 사실 메모리 구조는 다음 그림처럼 물리적으로 구조화되어 있다는 사실을 다시 한번 상기하기 바랍니다.

2차원 배열의 물리적 메모리 구조

4.2.2 포인터 변수를 통한 2차원 배열의 접근

본격적으로 포인터 변수를 통해서 2차원 배열에 접근하는 방법을 알아보겠습니다. 이전에 배웠듯이 포인터 변수에 2차원 배열의 시작 주소를 저장하는 방법이 있습니다. 다음 예제로 살펴보겠습니다.

예제 | 4-14

```
01 :   #include <stdio.h>
02 :   int main(void)
03 :   {
04 :       int array[2][3]={10,20,30,40,50,60};
05 :       int* p=NULL;
06 :
07 :       p=array;        // p=&array[0][0];   // p=array[0]; 포인터 변수에 배열의 시작 주소를 저장
08 :
09 :       printf("------------\n");
10 :       printf("%x %x %x \n", &p[0], &p[1], &p[2]);     ── printf("%x %x %x \n", p+0, p+1, p+2);
11 :       printf("%x %x %x \n", &p[3], &p[4], &p[5]);     ── printf("%x %x %x \n", p+3, p+4, p+5);
12 :
13 :       printf("------------\n");
14 :       printf("%d %d %d \n", p[0], p[1], p[2]);        ── printf("%d %d %d \n", *(p+0), *(p+1), *(p+2));
15 :       printf("%d %d %d \n", p[3], p[4], p[5]);        ── printf("%d %d %d \n", *(p+3), *(p+4), *(p+5));
16 :
17 :       return 0;
18 :   }
```

::: 실행결과 ▶ 10 20 30

```
12ff4c 12ff50 12ff54
12ff58 12ff5c 12ff60
------------
10 20 30
40 50 60
계속하려면 아무 키나 누르십시오 . . .
```

7행에서 1차원 포인터 변수 p에 array(2차원 배열의 시작 주소)를 저장합니다. 2차원 배열에서 p=array, p=&array[0][0], p=array[0]은 모두 같은 표현입니다.

1차원 포인터 변수 p에 2차원 배열의 시작 주소 저장

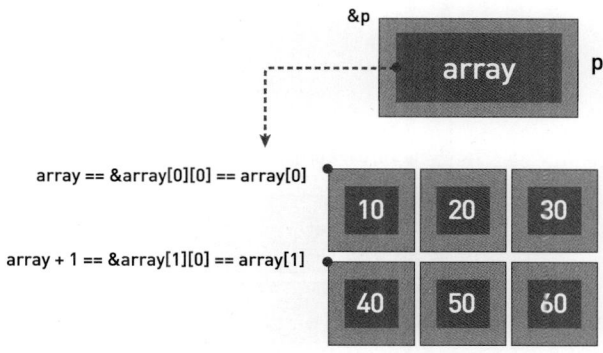

10행과 **11행**에서 포인터 변수 p를 이용한 2차원 배열의 주소를 출력합니다.

1차원 포인터 변수 p를 이용한 2차원 배열의 주소 접근

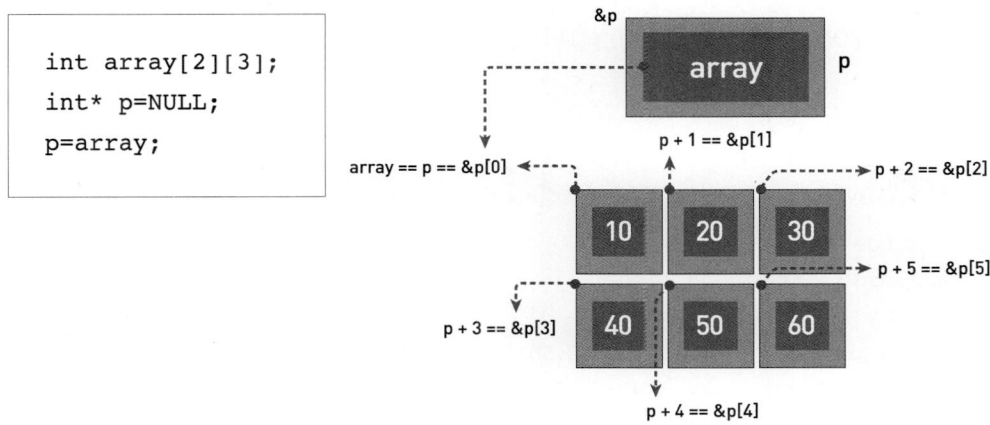

14행과 **15행**에서 1차원 포인터 변수 p를 이용하여 2차원 배열에 저장된 값들에 접근합니다. p[i]==*(p+i)라는 사실을 설명하지 않아도 직관적으로 알 수 있습니다. *&p[i]에서 *&는 서로 상쇄되므로 *&p[i]==p[i]이 성립됩니다. 따라서 *(p+i)==*&p[i]==p[i]는 서로 같습니다.

1차원 포인터 변수 p를 이용한 2차원 배열의 값 접근

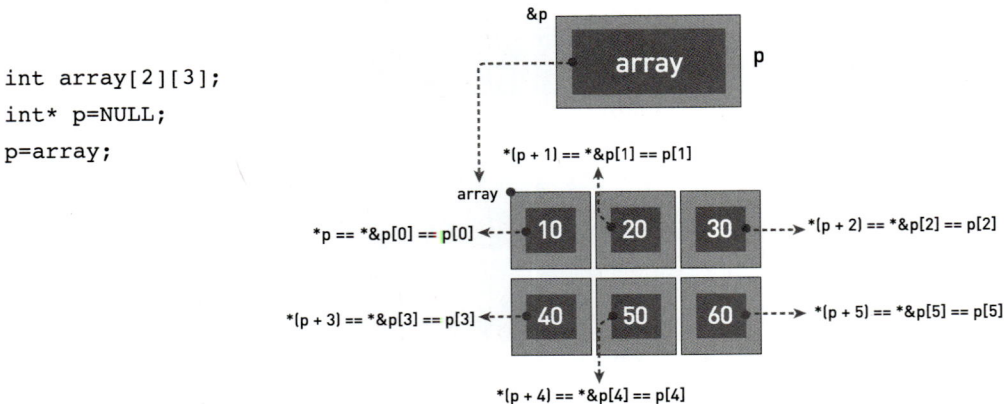

```
int array[2][3];
int* p=NULL;
p=array;
```

여기까지 여러분이 공부를 했다면 궁금증이 하나 생길 겁니다. 1차원 포인터 변수 p에 2차원 배열의 시작 주소를 저장해서 p[0], p[1], p[2], p[3], p[4], p[5]와 같이 1차원 배열처럼 접근했습니다. 그렇다면 1차원 포인터 변수 p를 이용해서 2차원 배열처럼 접근할 수는 없을까? 예를 들어, p[0][0], p[0][1], p[0][2], p[1][0], p[1][1], p[1][2] 이렇게 말입니다. 다음 예제로 확인해 보겠습니다.

예제 | 4-15

```
01 : #include <stdio.h>
02 : int main(void)
03 : {
04 :     int array[2][3]={10,20,30,40,50,60};
05 :     int* p=NULL;                                          int** p=NULL;
06 :
07 :     p=array; // p=&array[0][0]; // p=array[0]; 포인터 변수에 배열의 시작 주소를 저장
08 :
09 :     printf("%d %d %d \n", p[0][0], p[0][1], p[0][2]);  ┐
10 :     printf("%d %d %d \n", p[1][0], p[1][1], p[1][2]);  ┘ 에러
11 :
12 :     return 0;
13 : }
```

9행과 10행에서 에러가 발생하는 것일까? 이유는 5행의 int* p=NULL이 문제입니다. 1차원 포인터 변수 p는 1차원 포인터 변수입니다. 따라서 1차원 포인터 변수 p가 2차원 배열의 시작 주소를 저장해도 1차원 배열처럼 접근할 수밖에 없습니다.

그렇다면 이 문제를 해결하기 위해서 int* p=NULL을 5행에 주석으로 처리되어 있는 int** p=NULL처럼 2차원 포인터 변수로 대체하면 될까요? 확인해 보겠습니다. 역시나 에러가 발생합니다. 2차원 포인터 변수는 1차원 포인터 변수의 주소를 저장하는 역할을 합니다. 따라서 사용 방법이 맞지 않습니다.

이 문제를 해결하는 방법은 배열 포인터 변수를 사용하는 것입니다. 배열 포인터 변수란 배열을 가리키는 포인터 변수라는 의미입니다. 다음 절에서 자세히 다루겠습니다.

4.2.3 배열 포인터 변수를 통한 2차원 배열의 접근

앞서 언급했지만 배열 포인터 변수는 배열을 가리키는 포인터 변수라는 의미를 갖습니다. 앞 예제의 문제를 해결하기 전에 먼저 배열 포인터 변수를 선언하는 방법부터 살펴보겠습니다.

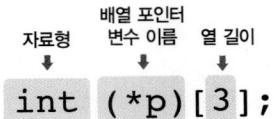

- **자료형** 배열 포인터 변수가 저장하는 배열의 자료형
- **배열 포인터 변수 이름** * 연산자와 배열 포인터 변수 이름을 함께 괄호로 묶음
- **열의 길이** 배열 포인터 변수가 가리키는 배열의 열의 길이를 지정

```
#include <stdio.h>
int main(void)
{
    int array1[2][3];
    int (*p1)[3]=NULL;          // 배열 포인터 변수 p1 선언
```

```
    double array2[2][4];
    double (*p2)[4]=NULL;        // 배열 포인터 변수 p2 선언

    p1=array1;        // p1에 3열을 가지는 2차원 배열 array1의 시작 주소를 저장
    p2=array2;        // p2에 4열을 가지는 2차원 배열 array2의 시작 주소를 저장

    return 0;
}
```

다음 예제는 배열 포인터 변수를 이용하여 앞 예제의 문제를 해결하고 있습니다.

예제 | 4-16

```
01 : #include <stdio.h>
02 : int main(void)
03 : {
04 :     int array[2][3]={10,20,30,40,50,60};
05 :     int (*p)[3]=NULL;                            배열 포인터 변수 p 선언
06 :
07 :     p=array;     // p=&array[0][0]; // p=array[0]; 포인터 변수에 배열의 시작 주소를 저장
08 :
09 :     printf("%d %d %d \n", p[0][0], p[0][1], p[0][2]);
10 :     printf("%d %d %d \n", p[1][0], p[1][1], p[1][2]);
11 :
12 :     return 0;
13 : }
```

::: 실행결과 ▶

10 20 30
40 50 60
계속하려면 아무 키나 누르십시오 . . .

5행에서 3열짜리 2차원 배열의 주소를 저장할 수 있는 배열 포인터 변수 p를 선언합니다. 7행에서는 배열 포인터 변수 p에 array(2차원 배열의 시작 주소)를 저장합니다. 9행과 10행에서

배열 포인터 변수 p를 통해 2차원 배열에 저장된 값들에 접근합니다.

다음 예제를 가지고 배열 포인터 변수를 자세히 알아보겠습니다.

예제 | 4-17

```
01 : #include <stdio.h>
02 : int main(void)
03 : {
04 :     int array[2][3]={10,20,30,40,50,60};
05 :     int (*p)[3]=NULL;                              ── 배열 포인터 변수 p 선언
06 :
07 :     p=array;                                       ── p=&array[0]; 포인터 변수
                                                            에 배열의 시작 주소를 저장
08 :     printf("%x %x %x \n", &array[0][0], &array[0][1], &array[0][2]);  ┐
09 :     printf("%x %x %x \n", &array[1][0], &array[1][1], &array[1][2]);  │
10 :                                                                       │
11 :     printf("------------\n");                                         ├ 주소 출력
12 :     printf("%x %x %x \n", &p[0][0], &p[0][1], &p[0][2]);              │
13 :     printf("%x %x %x \n", &p[1][0], &p[1][1], &p[1][2]);              ┘
14 :
15 :     printf("------------\n");
16 :     printf("%d %d %d \n", *&array[0][0], *&array[0][1], *&array[0][2]);  ┐
17 :     printf("%d %d %d \n", *&array[1][0], *&array[1][1], *&array[1][2]);  │
18 :                                                                          ├ 값 출력
19 :     printf("------------\n");                                            │
20 :     printf("%d %d %d \n", *&p[0][0], *&p[0][1], *&p[0][2]);              │
21 :     printf("%d %d %d \n", *&p[1][0], *&p[1][1], *&p[1][2]);              ┘
22 :
23 :     printf("------------\n");
24 :     printf("%d %d %d \n", array[0][0], array[0][1], array[0][2]);  ┐
25 :     printf("%d %d %d \n", array[1][0], array[1][1], array[1][2]);  │
26 :                                                                    ├ *& 서로 상쇄,
27 :     printf("------------\n");                                      │   값 출력
28 :     printf("%d %d %d \n", p[0][0], p[0][1], p[0][2]);              │
29 :     printf("%d %d %d \n", p[1][0], p[1][1], p[1][2]);              ┘
30 :
31 :     return 0;
32 : }
```

::: 실행결과 ▶

```
12ff4c 12ff50 12ff54
12ff58 12ff5c 12ff60
------------
12ff4c 12ff50 12ff54
12ff58 12ff5c 12ff60
------------
10 20 30
40 50 60
------------
10 20 30
40 50 60
------------
10 20 30
40 50 60
------------
10 20 30
40 50 60
계속하려면 아무 키나 누르십시오 . . .
```

5행에서 3열짜리 2차원 배열의 주소를 저장할 수 있는 배열 포인터 변수 p를 선언합니다. 7행에서 배열 포인터 변수 p가 array(2차원 배열의 시작 주소)를 저장합니다. 8행과 9행에서 2차원 배열의 요소들의 주소를 출력합니다. 12행과 13행에서 배열 포인터 변수 p를 통해 배열의 요소들의 주소를 출력합니다. 8행과 9행의 결과와 동일하게 출력됩니다.

16행과 17행에서 * 연산자를 사용하여 2차원 배열에 저장된 값들을 출력합니다. 20행과 21행에서 배열 포인터 변수 p를 통해 배열의 요소들의 주소 앞에 * 연산자를 사용하여 2차원 배열에 저장된 값들을 출력합니다. 24행과 25행에서 *&는 서로 상쇄되는 성질이 있어서 16행과 17행의 결과와 동일하게 출력됩니다. 28행과 29행에서 *&는 서로 상쇄되는 성질이 있어서 20행과 21행의 결과와 동일하게 출력됩니다.

또 다른 예제를 가지고 배열 포인터 변수를 더 자세히 알아보겠습니다.

예제 | 4-18

```
01 : #include <stdio.h>
02 : int main(void)
03 : {
04 :     int array[2][3]={10,20,30,40,50,60};
05 :     int (*p)[3]=NULL;                    ─── 배열 포인터 변수 p 선언
06 :
07 :     p=array;      // p=&array[0][0];   // p=array[0]; 포인터 변수에 배열의 시작 주소를 저장
08 :
09 :     printf("--------------------#1--------------------\n");
10 :     printf("%x %x %x \n", &p[0][0], &p[0][1], &p[0][2]); ─┐
11 :     printf("%x %x %x \n", &p[1][0], &p[1][1], &p[1][2]); ─┘ 배열 요소의 주소 출력
12 :
13 :     printf("--------------------#2--------------------\n");
14 :     printf("%x %x \n", p, p+1);           ─┐
15 :     printf("%x %x \n", p[0], p[1]);        ├─ 각 행의 주소 출력
16 :     printf("%x %x \n", *(p+0), *(p+1));   ─┘
17 :
18 :     printf("--------------------#3--------------------\n");
19 :     printf("%d %d %d \n", *(p[0]+0), *(p[0]+1), *(p[0]+2)); ─┐
20 :     printf("%d %d %d \n", *(p[1]+0), *(p[1]+1), *(p[1]+2)); ─┤
21 :                                                              │ 값 출력
22 :     printf("--------------------#4--------------------\n");  │
23 :     printf("%d %d %d \n", *(*(p+0)+0), *(*(p+0)+1), *(*(p+0)+2)); ─┤
24 :     printf("%d %d %d \n", *(*(p+1)+0), *(*(p+1)+1), *(*(p+1)+2)); ─┘
25 :
26 :     // p[0] == *(p+0)
27 :     // p[1] == *(p+1)
28 :
29 :     return 0;
30 : }
```

::: 실행결과 ▶

```
--------------------#1--------------------
12ff4c 12ff50 12ff54
12ff58 12ff5c 12ff60
--------------------#2--------------------
```

```
12ff4c 12ff58
12ff4c 12ff58
12ff4c 12ff58
--------------------#3--------------------
10 20 30
40 50 60
--------------------#4--------------------
10 20 30
40 50 60
계속하려면 아무 키나 누르십시오 . . .
```

5행에서 3열짜리 2차원 배열의 주소를 저장할 수 있는 배열 포인터 변수 p를 선언합니다. 10행과 11행에서 배열 포인터 변수 p와 & 연산자를 이용하여 2차원 배열의 요소들의 주소를 출력합니다. 2차원 배열 array는 int형이므로 각 열은 4바이트만큼 차이가 납니다.

14행부터 16행까지에서 배열 포인터 변수 p를 이용하여 2차원 배열의 각 행을 대표하는 주소를 출력합니다. 2차원 배열 array는 3열짜리 int형 자료형을 가지기 때문에 각 행은 4바이트 * 3열 즉 12바이트만큼 차이가 납니다. 2차원 배열을 가리키는 배열 포인터 변수 p를 통해, p[0]==*(p+0), p[1]==*(p+1)은 행의 주소를 나타내는 같은 표현입니다.

배열 포인터 변수 p를 이용한 주소 표현
```
int array[2][3];
int (*p)[3]=NULL;
p=array;
```

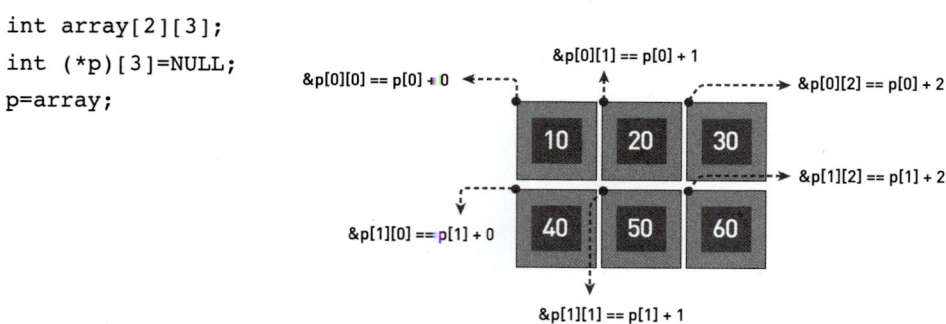

19행과 20행에서 배열 포인터 변수 p를 이용하여 2차원 배열에 저장된 값들을 출력합니다. p[0]은 0번 행의 주소를 나타내며 p[0]+0은 0행 0열의 주소, p[0]+1은 0행 1열의 주소, p[1]+0은 1행 0열의 주소를 나타냅니다. * 연산자와 괄호 연산자로 주소에 저장된 값을 출력합니다.

배열 포인터 변수 p를 이용한 값 표현

```
int array[2][3];
int (*p)[3]=NULL;
p=array;
```

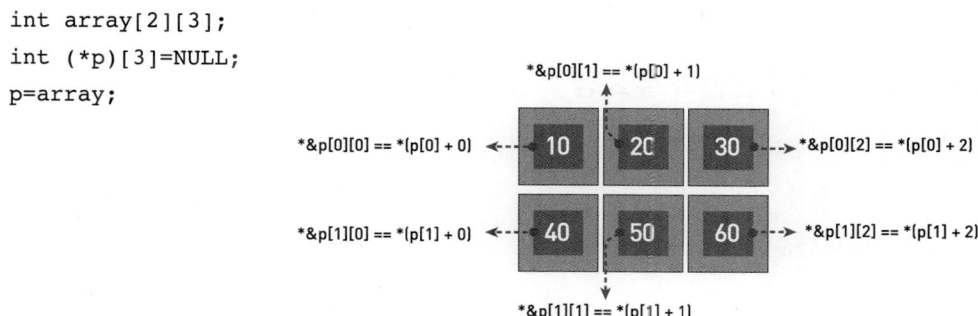

23행과 24행에서 p[0]==*(p+0), p[1]==*(p+1)이기 때문에 19행과 20행의 p[0]을 *(p+0)으로 치환하고, p[1]을 *(p+1)으로 치환하면 같은 결과를 출력합니다. * 연산자가 두 개 쓰인 이유는 쉽게 이해할 수 있으리라 생각합니다.

배열 포인터 변수 p를 이용한 주소 표현

```
int array[2][3];
int (*p)[3]=NULL;
p=array;
```

배열 포인터 변수 p를 이용한 값 표현

```
int array[2][3];
int (*p)[3]=NULL;
p=array;
```

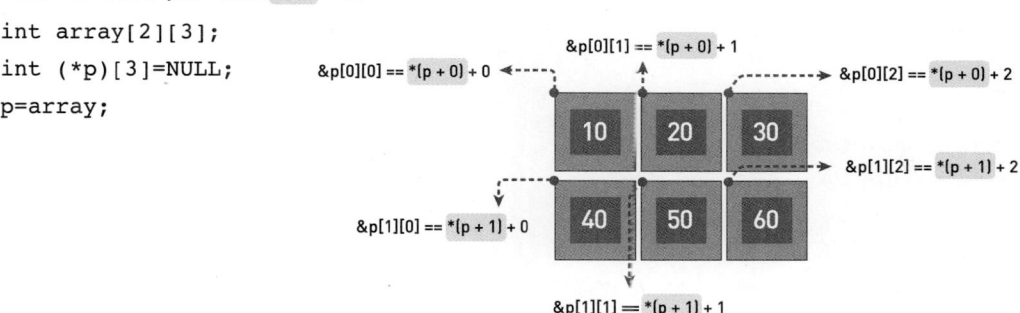

4.3 포인터 배열

4.3.1 포인터 배열의 선언과 필요성

이전 절에서 우리는 배열 포인터 변수를 공부했습니다. 지금부터는 포인터 배열을 공부해 보겠습니다. 포인터 배열의 의미는 주소를 저장하는 배열을 말합니다. 먼저 포인터 배열을 선언하는 방법부터 살펴보겠습니다.

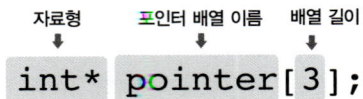

- **자료형** 포인터 배열의 자료형을 지정, 자료형 다음에 * 연산자를 붙임
- **포인터 배열 이름** 주소를 저장할 배열의 이름을 지정
- **배열 길이** 주소를 저장할 배열의 전체 길이를 지정

```
#include <stdio.h>
int main(void)
{
    int a=1, b=2, c=3;
    int* pointer[3]={NULL, NULL, NULL};        // 포인터 배열 pointer 선언

    pointer[0]=&a;
    pointer[1]=&b;
    pointer[2]=&c;

    return 0;
}
```

왜 갑자기 포인터 배열을 공부하는 것인지 의문이 생긴다면, 잠시 미루고 다음 예제를 먼저 보겠습니다.

예제 | 4-19

```
01 : #include <stdio.h>
02 : int main(void)
03 : {
04 :     int a=10, b=20, c=30;
05 :     int* ap=NULL;
06 :     int* bp=NULL;
07 :     int* cp=NULL;
08 :
09 :     ap=&a;
10 :     bp=&b;
11 :     cp=&c;
12 :
13 :     printf("%d %d %d \n", a, b, c);            ─┐ 10, 20, 30 출력
14 :     printf("%d %d %d \n", *ap, *bp, *cp);      ─┘
15 :
16 :     printf("%x %x %x \n", &a, &b, &c);         ── 변수 a, b, c의 주소 출력
17 :     printf("%x %x %x \n", ap, bp, cp);         ── 포인터 변수 ap, bp, cp에 저장된 주소 출력
18 :     printf("%x %x %x \n", &ap, &bp, &cp);      ── 포인터 변수 ap, bp, cp의 주소 출력
19 :
20 :     return 0;
21 : }
```

::: 실행결과 ▶

```
10 20 30
10 20 30
12ff60 12ff54 12ff48
12ff60 12ff54 12ff48
12ff3c 12ff30 12ff24
계속하려면 아무 키나 누르십시오 . . .
```

예제는 포인터 변수를 세 개 선언해서 일반 변수의 주소를 저장하고 있습니다. 만약 저장해야 할 주소의 개수가 많아지면 우리는 당연히 포인터 변수를 많이 만들게 되겠죠? 이렇게 포인터 변수의 개수가 많아지는 단점을 보완하는 방법을 포인터 배열이라고 합니다.

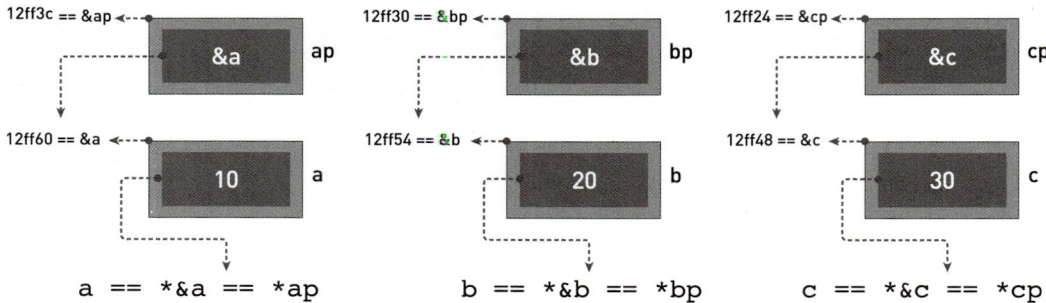

포인터 배열의 의미는 주소를 저장하는 배열을 말합니다. 지금까지 배웠던 배열에는 값을 저장하였지만, 포인터 배열에는 주소를 저장합니다. 다음 예제를 보겠습니다.

예제 | 4-20

```
01 : #include <stdio.h>
02 : int main(void)
03 : {
04 :     int a=10, b=20, c=30;
05 :     int* ap[3]={NULL, NULL, NULL};        ── 포인터 배열
06 :
07 :     ap[0]=&a;
08 :     ap[1]=&b;
09 :     ap[2]=&c;
10 :
11 :     printf("%x %x %x \n", &a, &b, &c);
12 :     printf("%x %x %x \n", ap[0], ap[1], ap[2]);      ── ap[0] == *(ap+0)
13 :     printf("%x %x %x \n", *(ap+0), *(ap+1), *(ap+2));── ap[1] == *(ap+1)
14 :     printf("---------------\n");
15 :
16 :     printf("%d %d %d \n", *&a, *&b, *&c);
17 :     printf("%d %d %d \n", *ap[0], *ap[1], *ap[2]);   ── ap[0] == *(ap+0)
18 :     printf("%d %d %d \n", **(ap+0), **(ap+1), **(ap+2));── ap[1] == *(ap+1)
19 :
20 :     return 0;
21 : }
```

::: 실행결과 ▶

12ff60 12ff54 12ff48
12ff60 12ff54 12ff48
12ff60 12ff54 12ff48
----
10 20 30
10 20 30
10 20 30
계속하려면 아무 키나 누르십시오 . . .

5행에서 길이가 3인 포인터 배열을 선언합니다. 7행부터 9행까지에서 포인터 배열이므로 ap[0]에 a의 주소(&a)를 저장하고, ap[1]에 b의 주소(&b)를 저장하고, ap[2]에 c의 주소(&c)를 저장합니다.

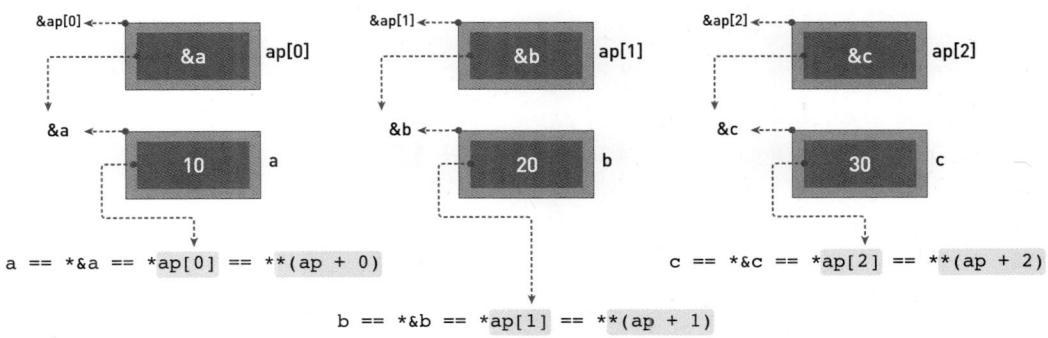

11행부터 13행까지에서 변수 a의 주소(&a), b의 주소(&b), c의 주소(&c)를 출력합니다. ap[i]==*(ap+i)가 성립됩니다. 16행부터 18행까지에서 이전 코드에서 * 연산자를 이용하여 주소에 저장된 값을 출력합니다. 특이한 점은 18행에 * 연산자가 두 개 사용되었습니다. *(ap+i)는 주소이기 때문에 * 연산자가 한 개 더 필요합니다.

4.3.2 포인터 배열과 배열 포인터 변수의 차이

이전에 배웠던 배열 포인터 변수와 포인터 배열의 개념이 혼란스러울지도 모릅니다. 다시 한번 정리하면,

- **배열 포인터 변수 : int (*p)[3]=NULL;**
  배열 포인터 변수 p는 3열짜리 2차원 배열의 주소를 저장할 수 있는 변수

- **포인터 배열 : int* p[3]={NULL, NULL, NULL};**
  괄호가 생략되어 있으며, 주소를 저장할 수 있는 배열

다음 예제를 가지고 포인터 배열과 배열 포인터 변수의 차이를 확인해 보겠습니다. 관련 내용의 분석은 여러분께 맡기겠습니다.

예제 | 4-21

```
01 : #include <stdio.h>
02 : int main(void)
03 : {
04 :     int a=10, b=20, c=30;
05 :     int* ap[3]={NULL, NULL, NULL};         ── 포인터 배열
06 :
07 :     int array[2][3]={10,20,30,40,50,60};
08 :     int (*p)[3]=NULL;                       ── 배열 포인터 변수
09 :
10 :     ap[0]=&a;
11 :     ap[1]=&b;
12 :     ap[2]=&c;
13 :
14 :     printf("%x %x %x \n", &a, &b, &c);
15 :     printf("%x %x %x \n", ap[0], ap[1], ap[2]);
16 :     printf("%x %x %x \n", *(ap-0), *(ap+1), *(ap+2));
17 :     printf("--------------\n");
18 :
19 :     printf("%d %d %d \n", *&a, *&b, *&c);
20 :     printf("%d %d %d \n", *ap[0], *ap[1], *ap[2]);
21 :     printf("%d %d %d \n", **(ap+0), **(ap+1), **(ap+2));
```

(ap[i] == *(ap+i))

```
22 :     printf("--------------\n");
23 :     p=array;
24 :
25 :     printf("%d %d %d \n", p[0][0], p[0][1], p[0][2]);
26 :     printf("%d %d %d \n", p[1][0], p[1][1], p[1][2]);
27 :     printf("------------\n");
28 :
29 :     printf("%d %d %d \n", *(p[0]+0), *(p[0]+1), *(p[0]+2));
30 :     printf("%d %d %d \n", *(p[1]+0), *(p[1]+1), *(p[1]+2));
31 :     printf("------------\n");
32 :
33 :     printf("%d %d %d \n", *(*(p+0)+0), *(*(p+0)+1), *(*(p+0)+2));
34 :     printf("%d %d %d \n", *(*(p+1)+0), *(*(p+1)+1), *(*(p+1)+2));
35 :     printf("------------\n");
36 :
37 :     return 0;
38 : }
```

::: 실행결과 ▶

```
12ff60 12ff54 12ff48
12ff60 12ff54 12ff48
12ff60 12ff54 12ff48
--------------
10 20 30
10 20 30
10 20 30
--------------
10 20 30
40 50 60
------------
10 20 30
40 50 60
------------
10 20 30
40 50 60
------------
계속하려면 아무 키나 누르십시오 . . .
```

4.4 포인터와 문자 그리고 포인터와 문자열

4.4.1 문자 배열과 포인터

문자 상수는 작은따옴표 내에 포함된 하나의 문자를 의미합니다. 여기에는 'A', 'B', 'a', 'b', '&', '*', '+' 등과 같이 키보드로 표현할 수 있는 영문자와 숫자, 특수 기호가 포함됩니다. 결국, 문자 상수 자체는 변수가 아니므로 값을 변경할 수 없습니다. 만약 우리가 문자를 변경하고 싶다면 변수에 문자를 저장하거나 배열에 문자를 저장하는 문자 배열을 만들어야 합니다. 다음 예제로 확인해 보겠습니다.

예제 | 4-22

```
01 : #include <stdio.h>
02 : int main(void)
03 : {
04 :     char array[ ]={'A', 'B', 'C', 'D'};                    ── 문자 배열 선언
05 :
06 :     // 문자 상수
07 :     printf("문자 상수 : %c %c %c %c \n", 'A', 'B', 'C', 'D');
08 :
09 :     // 문자 배열
10 :     printf("문자 배열 변경 전 : %c %c %c %c \n", array[0], array[1], array[2],
                                                                    array[3]);
11 :
12 :     array[0]='D';
13 :     array[1]='C';
14 :     array[2]='B';
15 :     array[3]='A';
16 :
17 :     printf("문자 배열 변경 후 : %c %c %c %c \n", array[0], array[1], array[2],
                                                                    array[3]);
18 :     printf("문자 배열 array의 크기 : %d \n", sizeof(array));   ── 문자 배열의 크기 4
19 :
20 :     return 0;
21 : }
```

::: 실행결과 ▶

문자 상수 : A B C D
문자 배열 변경 전 : A B C D
문자 배열 변경 후 : D C B A
문자 배열 array의 크기 : 4
계속하려면 아무 키나 누르십시오 . . .

4행에서 문자 상수 A, B, C, D를 문자 배열 array에 저장합니다. 12행부터 15행까지는 배열에 저장된 문자를 변경하고 있습니다.

지금까지 배운 포인터 변수와 배열의 관계는 포인터 변수에 배열의 주소를 저장하는 방법을 통해 이루어졌습니다. 이와 마찬가지로 포인터 변수를 통해 문자 배열에 접근할 수 있습니다. 다음 예제는 포인터 변수를 통해 문자 배열에 접근하는 코드입니다.

예제 | 4-23

```
01 :    #include <stdio.h>
02 :    int main(void)
03 :    {
04 :        char array1[ ]={'A', 'B', 'C', 'D'};
05 :        char* p=NULL;
06 :
07 :        p=array1;
08 :
09 :        printf("%c %c %c %c \n", p[0], p[1], p[2], p[3]);
10 :        printf("%d %d %d %d \n", p[0], p[1], p[2], p[3]);
11 :
12 :        printf("%c %c %c %c \n", *(p+0), *(p+1), *(p+2), *(p+3));
13 :        printf("%d %d %d %d \n", *(p+0), *(p+1), *(p+2), *(p+3));
14 :
15 :        return 0;
16 :    }
```

::: 실행결과 ▶

A B C D
65 66 67 68
A B C D
65 66 67 68
계속하려면 아무 키나 누르십시오 . . .

7행에서 포인터 변수 p에 array1(배열의 시작 주소)을 저장합니다. **9행**과 **10행**에서 포인터 변수 p 를 이용하여 배열에 저장된 데이터들을 문자와 10진수 형태로 출력합니다. p[i]==*(p+i) 가 성립되기 때문에 **12행**과 **13행**은 9행과 10행의 결과와 같습니다. 이처럼 포인터 변수는 문자 배열도 간접 접근할 수 있습니다.

4.4.2 문자열과 널 문자

C 언어에서 문자열이란 " "(큰따옴표) 내에 포함된 하나 이상의 문자를 의미하며, 문자열의 맨 끝에는 문자열의 끝을 알리는 종료 문자, 즉 '\0'이 삽입되어 있습니다. 이와 같은 종료 문자를 우리는 널(Null) 문자라고 합니다.

문자열은 문자들이 메모리 공간에 연속적으로 저장되어 있어서 보통 주소로 관리됩니다. 따라서 문자열의 시작 주소를 알면 저장된 문자들에 접근할 수가 있습니다. 문자열은 문자열 상수와 문자열 변수로 나누어지고, 문자열 상수는 변경이 불가능한 문자열을 의미하며 문자열 변수는 변경이 가능한 문자열을 의미합니다. 문자열을 출력하고 입력할 때는 서식 문자 %s를 사용하면 됩니다.

문자열의 특징을 간략히 정리하면,

- " " (큰따옴표) 내에 포함된 하나 이상의 문자
- 문자열의 끝에는 문자열의 끝을 알리는 종료 문자(\0)를 삽입
- 문자열은 주소로 관리되므로 문자열의 시작 주소를 알면 저장된 문자들에 접근이 가능
- 문자열은 문자열 상수와 문자열 변수로 구분
- 문자열을 출력하고 입력할 때는 서식 문자 %s를 사용

다음 예를 보면 printf( ) 함수에 문자열 ABCD가 있습니다. 이 문자열은 문자열 상수로 printf( ) 함수를 통해 그대로 출력됩니다.

```
#include <stdio.h>
int main(void)
{
    printf("ABCD");    // 문자열 상수
    return 0;
}
```

문자열 상수 ABCD 또한 데이터이기 때문에 메모리 공간에 저장됩니다. 그러나 문자열 상수는 변수가 아니라서 변경할 수는 없습니다. 만약 문자열을 변경하고 싶다면 배열에 문자열을 저장하는 문자열 배열을 만들면 됩니다.

널(Null) 문자와 널(NULL) 포인터

널 문자는 종료 문자 ₩0를 의미하며 ASCII 코드 정수 0(10진수)이고 문자열 끝에 저장됩니다. 이에 반해서 널 포인터는 주소로 0을 의미합니다. 즉, 포인터 변수에 아무 주소도 저장하지 않겠다는 의미입니다. 널 포인터를 사용할 때는 다음과 같이 대문자를 사용해야 합니다.

```
int* p=NULL;
```

4.4.3 문자열 배열

문자열 배열은 문자열을 배열에 저장하는 것을 의미합니다. 다음 예제는 큰따옴표를 이용하여 문자열을 배열에 저장하는 방법들을 보여주고 있습니다.

예제 | 4-24

```
01 : #include <stdio.h>
02 : int main(void)
03 : {
```

```
04 :    char array[ ]="ABCD";          ─── 문자열 배열 선언
05 :
06 :    // 문자 출력
07 :    printf("%c %c %c %c %c \n", array[0], array[1], array[2], array[3],
                                                                    array[4]);
08 :    printf("%d %d %d %d %d \n", array[0], array[1], array[2], array[3],
                                                                    array[4]);
09 :
10 :    // 문자열 크기 출력
11 :    printf("%d \n", sizeof(array));
12 :
13 :    return 0;
14 : }
```

::: 실행결과 ▶

```
A B C D
65 66 67 68 0
5
계속하려면 아무 키나 누르십시오 . . .
```

문자열을 저장한 배열의 메모리 구조

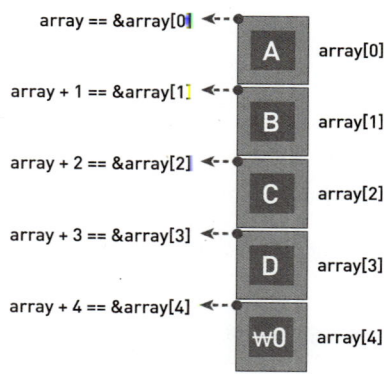

4행에서 문자열 상수 ABCD를 저장하는 배열 array를 선언하고, 문자 하나하나를 배열 요소에

순서대로 저장합니다.

7행에서 배열에 저장된 문자들을 서식 문자 %c로 출력합니다. array[4]에 저장된 널 문자도 출력하고 있지만 공백 문자로 우리 눈에 보이지는 않습니다. **8행**에서 배열에 저장된 문자들을 서식 문자 %d로 출력합니다. array[4]에 저장된 널 문자(종료 문자)를 10진수 0으로 출력합니다. **11행**에서 종료 문자(\0)를 포함해서 문자열의 크기로 5를 출력합니다.

다음 예제는 중괄호와 작은따옴표를 이용하여 문자열을 배열에 저장하는 방법들을 보여주고 있습니다.

예제 | 4-25

```
01 : #include <stdio.h>
02 : int main(void)
03 : {
04 :     char array[ ]={'A', 'B', 'C', 'D', '\0'};    ── 문자열 배열 선언
05 :
06 :     // 문자 출력
07 :     printf("%c %c %c %c %c \n", array[0], array[1], array[2], array[3],
                                                                  array[4]);
08 :     printf("%d %d %d %d %d \n", array[0], array[1], array[2], array[3],
                                                                  array[4]);
09 :
10 :     return 0;
11 : }
```

::: 실행결과 ▶

A B C D
65 66 67 68 0
계속하려면 아무 키나 누르십시오 . . .

4행에서 작은따옴표를 이용하여 배열에 문자열을 저장합니다. 맨 끝에 널 문자를 삽입했기 때문에 배열에 저장된 데이터들은 문자열로 인식됩니다.

지금까지는 서식 문자 %c를 이용해서 문자를 출력해 보았습니다. 문자열을 출력한 것처럼 보이지만 사실 배열에 문자열을 저장해서 서식 문자 %c로 문자 하나하나를 출력했었습니다. 이제부터는 서식 문자 %s를 이용해서 문자열을 일괄적으로 출력해 보겠습니다. 서식 문자 %s는 문자열의 시작 주소를 입력받아서 종료 문자까지 문자열을 출력해 줍니다.

다음 예제를 가지고 확인해 봅시다.

예제 4-26

```c
01 : #include <stdio.h>
02 : int main(void)
03 : {
04 :     char array[ ]="ABCD";        // 문자열 배열 선언
05 :
06 :     // 문자열 출력
07 :     printf("%s \n", array);
08 :     printf("%s \n", array+1);
09 :     printf("%s \n", array+2);
10 :     printf("%s \n", array+3);
11 :
12 :     return 0;
13 : }
```

실행결과 ▶

ABCD
BCD
CD
D
계속하려면 아무 키나 누르십시오 . . .

7행에서 서식 문자 %s는 문자열의 시작 주소를 입력받아서 종료 문자를 만날 때까지 문자열을 출력합니다. 배열의 시작 주소 array를 입력받아 해당 주소에 저장된 문자 A부터 종료 문자를 만날 때까지 문자열을 출력합니다. 따라서 문자열 ABCD가 출력됩니다.

문자열을 저장한 배열의 메모리 구조

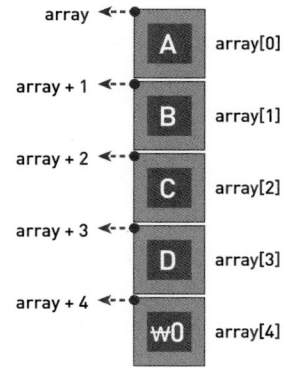

서식 문자 %s는 문자열의 시작 주소를 통해
문자열을 출력

8행에서 배열의 주소 array+1를 입력받아 해당 주소에 저장된 문자 B부터 종료 문자를 만날 때까지 문자열을 출력합니다. 따라서 문자열 BCD가 출력됩니다. 9행에서 배열의 주소 array+2를 입력받아 해당 주소에 저장된 문자 C부터 종료 문자를 만날 때까지 문자열을 출력합니다. 따라서 문자열 CD가 출력됩니다. 10행에서 배열의 주소 array+3을 입력받아 해당 주소에 저장된 문자 D부터 종료 문자를 만날 때까지 문자열을 출력합니다. 따라서 문자 D가 출력됩니다. 다른 서식 문자에 비해 주소의 개념이 강하게 부여되고 있지만, 서식 문자 %s를 잘 활용하면 문자열을 처리하기 쉽습니다.

다음 예제는 문자 배열과 문자열 배열의 차이를 나타내는 코드입니다. 종료 문자의 존재 유무에 따라 배열의 종류가 달라집니다.

예제 | 4-27

```
01 : #include <stdio.h>
02 : int main(void)
03 : {
04 :     char array1[ ]={'A', 'B', 'C', 'D', '\0'};   ──── 문자열 배열 선언
05 :     char array2[ ]={'A', 'B', 'C', 'D'};         ──── 문자 배열 선언
06 :
07 :     // 문자열 출력
08 :     printf("%s \n", array1);
```

```
09 :    printf("%s \n", array2);
10 :
11 :    return 0;
12 : }
```

::: 실행결과 ▶

ABCD
ABCD微微微微ABCD
계속하려면 아무 키나 누르십시오 . . .

4행에서 배열 array1에 널 문자(\0)가 삽입되어 있어서 배열에 저장된 데이터는 문자열로 인식합니다. 5행에서 배열 array2에는 널 문자가 없어서 문자로 인식합니다. 8행과 9행에서 배열에 저장된 데이터가 문자열로 인식되었느냐 인식되지 못했느냐의 차이는 널 문자 삽입의 유무입니다. 문자열이냐 아니냐의 차이가 분명히 있습니다. 8행에서는 정상적으로 출력되지만, 9행에서는 정상적으로 출력되지 않습니다. 9행의 문제를 해결하려면 배열 array2에 널 문자를 삽입하거나, 서식 문자 %c로 배열에 저장된 값들을 하나하나 출력하는 방법이 있습니다.

배열에 문자열을 저장하면 값을 변경할 수 있습니다. 다음 예제를 가지고 확인해 보겠습니다.

예제 | 4-28

```
01 : #include <stdio.h>
02 : int main(void)
03 : {
04 :    char array[ ]="ABCD";          ── 문자열 배열 선언
05 :
06 :    array[0]='X';
07 :    printf("%s \n", array);
08 :
09 :    return 0;
10 : }
```

::: 실행결과 ▶

XBCD
계속하려면 아무 키나 누르십시오 . . .

문자열을 저장한 배열의 값 변경

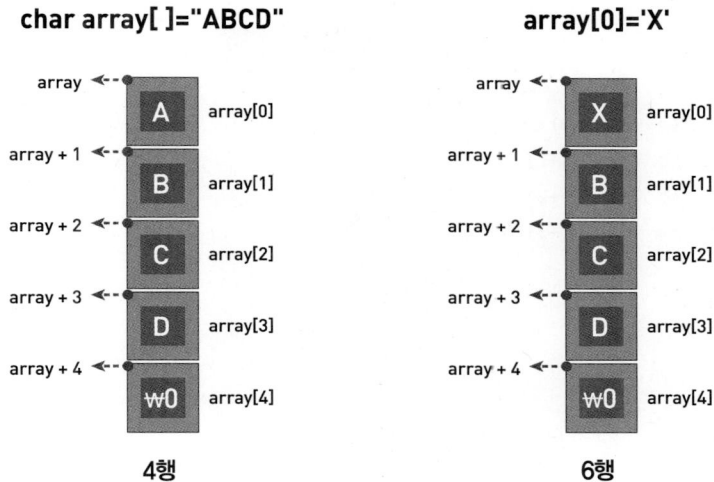

4행에서 배열에 문자열 ABCD를 저장합니다. 6행에서 배열의 첫 번째 요소의 값을 문자 X로 변경합니다. 7행에서 서식 문자 %s로 문자열을 출력합니다. 출력 결과는 문자열 XBCD입니다. 배열에 저장된 문자열 데이터가 변경되었습니다.

4.4.4 포인터와 문자열

문자열은 문자들이 메모리 공간에 연속적으로 저장되어 있어서 보통 주소로 관리되고, 그래서 문자열의 시작 주소를 알면 모든 문자들에 접근할 수가 있다고 이전에 언급했었습니다. 그리고 지금까지 printf( ) 함수에 문자열의 시작 주소를 입력하면 서식 문자 %s를 이용해서 문자열을 일괄적으로 출력할 수 있었습니다. 문자열의 시작 주소를 입력받아서 종료 문자(₩0)를 만날 때까지 문자열을 출력하는 막강한 서식 문자 %s의 기능이 있어서 문자열을 잘 이해할 수 있었습니다.

다음 예제를 살펴보겠습니다.

예제 | 4-29

```
01 : #include <stdio.h>
02 : int main(void)
03 : {
04 :     char* p="ABCD";
05 :
06 :     printf("%s \n", p);
07 :     printf("%s \n", p+1);
08 :     printf("%s \n", p+2);
09 :     printf("%s \n", p+3);
10 :
11 :     return 0;
12 : }
```

4행: 문자열 상수 ABCD의 시작 주소를 p에 저장

::: 실행결과 ▶

ABCD
BCD
CD
D
계속하려면 아무 키나 누르십시오 . . .

4행은 포인터 변수 p에 문자열 ABCD를 저장하는 의미가 아닙니다. 포인터 변수란 주소를 저장하는 변수입니다. 따라서 'char* p="ABCD"'는 포인터 변수 p에 문자열 상수 ABCD의 시작 주소를 저장하라는 의미입니다. **6행**부터 **10행**까지에서 문자열의 시작 주소를 입력받아서 서식 문자 %s로 문자열을 출력합니다.

포인터 변수와 문자열 상수의 메모리 공간

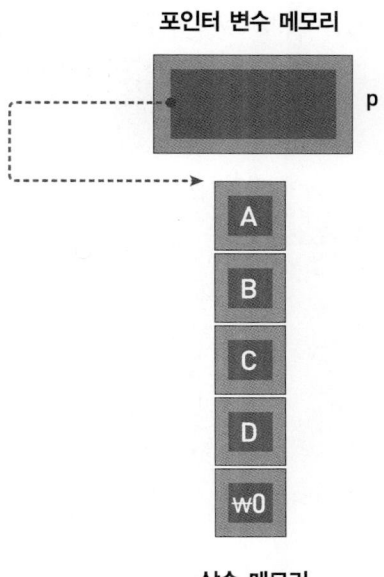

앞의 그림은 포인터 변수와 문자열 상수의 메모리 공간을 보여주고 있습니다. 이전에 배웠던 문자열을 배열에 저장한 형식과는 메모리 구조가 약간 다릅니다. 무엇이 다른지 다음 예제를 보겠습니다.

예제 | 4-30

```
01 : #include <stdio.h>
02 : int main(void)
03 : {
04 :     char array[ ]="ABCD";          ── 문자열을 배열에 저장
05 :     char* p="ABCD";                ── 문자열 상수의 시작 주소를 p에 저장
06 :
07 :     p[0]='X';                      ── 에러, 문자열 ABCD는 문자열 상수(변경 불가)
08 :     array[0]='X';                  ── 변경 가능
09 :
10 :     p=array;                       ── 변경 가능, p는 포인터 변수
11 :     array=array+1;                 ── 에러, 배열 이름은 상수(변경 불가)
12 :     printf("%s \n", p);
```

```
13 :     printf("%s \n", array);
14 :
15 :     return 0;
16 : }
```

4행에서 문자열 상수 ABCD를 배열 array에 저장합니다. 배열에 문자열을 저장했기 때문에 메모리 공간의 주소가 부여되고, 배열의 요소를 통한 메모리 공간의 접근이 다음과 같이 가능합니다.

```
array[0], array[1], array[2]...
```

문자열 변수(배열)와 문자열 상수의 비교

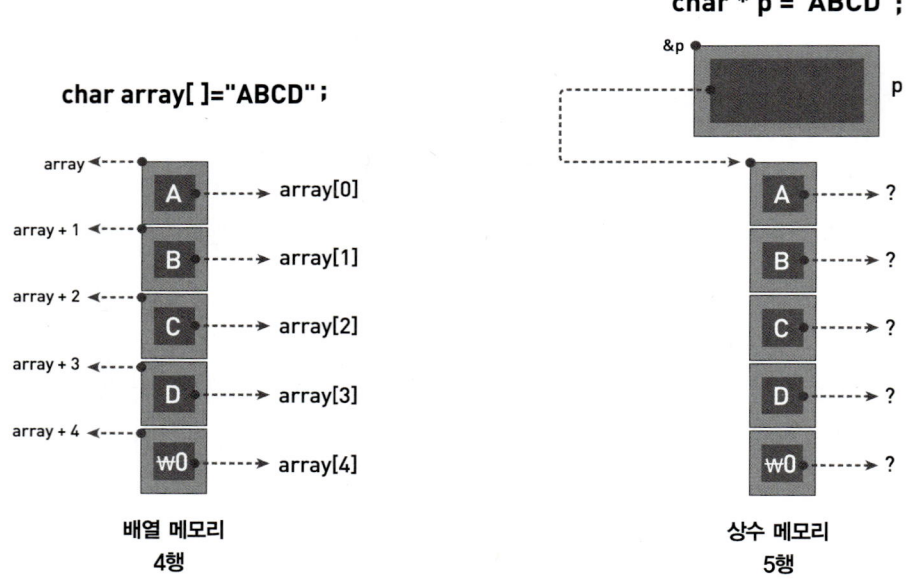

5행에서 문자열 상수 ABCD의 시작 주소를 포인터 변수 p에 저장합니다. 문자열 상수 ABCD가 저장된 메모리 공간은 이름이 없습니다. 메모리 공간에 붙여진 이름이 없다는 것은 모두 상수입니다. 7행에서 포인터 변수 p를 통해 이름이 없는 상수 메모리에 접근해서 상수의 값을 변경합니다. 포인터 변수 p로 접근한 문자열 상수는 변경할 수 없습니다. 8행에서 배열은 값을 변경할 수 있습니다. **10행**에서 p는 포인터 변수이므로 변경이 가능합니다. **11행**에서 array는 배열 이름(배열의 시작 주소), 즉 상수이므로 변경이 불가능합니다.

앞의 예제에서 문자열 상수 "ABCD"는 비록 이름이 없지만 메모리 공간에 저장됩니다. 문자열 상수도 메모리 공간에 저장된다면 이 주소는 무엇일까? 궁금합니다. 다음 예제를 가지고 알아보겠습니다.

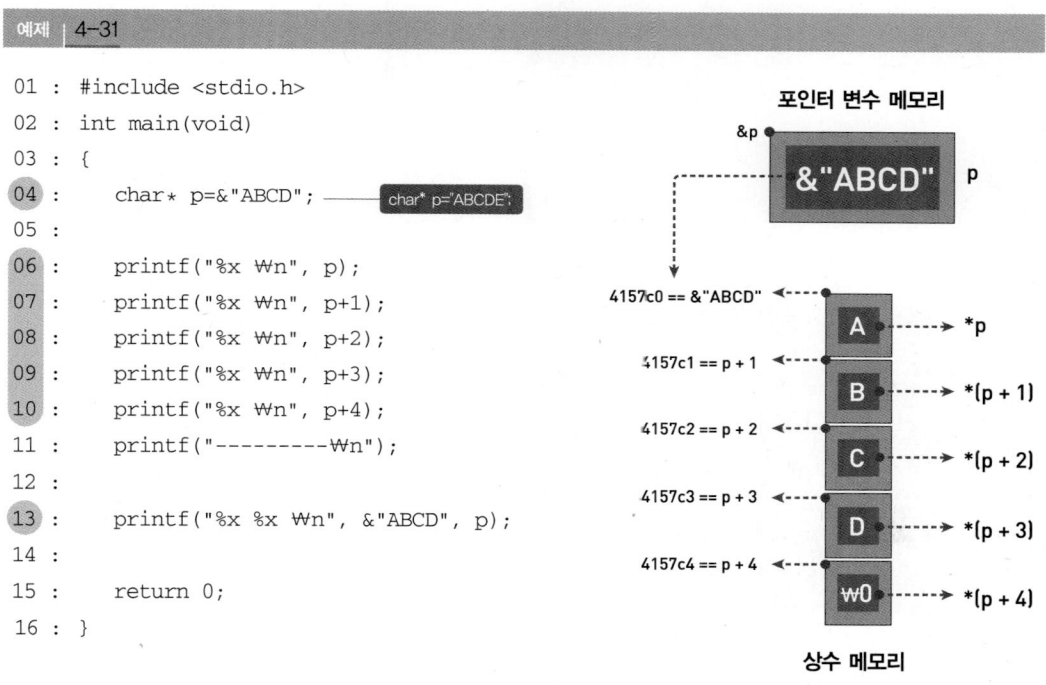

::: 실행결과 ▶

```
4157c0
4157c1
4157c2
4157c3
4157c4
---------
4157c0   4157c0
계속하려면 아무 키나 누르십시오 . . .
```

4행에서 포인터 변수 p에 &"ABCD"(문자열 상수의 시작 주소)를 저장합니다. 주석 처리된 코드와 같은 표현입니다. 6행부터 10행까지에서 포인터 변수 p를 통하여 문자열 상수가 저장된 메모리 공간의 주소를 출력합니다. 13행에서 문자열은 보통 주소로 관리되기 때문에 문자열 앞에 & 연산자를 붙이면 문자열의 시작 주소를 알 수 있습니다. &"ABCD"와 p는 같은 결과가 출력됩니다.

다음 예제는 문자열 상수의 시작 주소를 저장하는 포인터 배열을 활용하는 코드입니다.

예제 | 4-32

```
01 : #include <stdio.h>
02 : int main(void)
03 : {
04 :     char* p="Good morning";
05 :     char* q="C-language";
06 :     char* array[2]={"Good morning", "C-language"};   ───── 포인터 배열 선언
07 :
08 :     printf("%s \n", p);
09 :     printf("%s \n", q);
10 :     printf("-----------\n");
11 :
12 :     printf("%s \n", array[0]);
13 :     printf("%s \n", array[1]);
14 :     printf("-----------\n");
15 :
16 :     printf("%s \n", p+5);
17 :     printf("%s \n", q+2);
18 :     printf("-----------\n");
19 :
20 :     printf("%s \n", array[0]+5);
21 :     printf("%s \n", array[1]+2);
22 :
23 :     return 0;
24 : }
```

Chapter 04
포인터와 배열

::: 실행결과 ▶

```
Good morning
C-language
----------
Good morning
C-language
----------
morning
language
----------
morning
language
계속하려면 아무 키나 누르십시오 . . .
```

4행과 5행에서 포인터 변수 p는 문자열 Good morning의 시작 주소를 저장하고, 포인터 변수 q는 문자열 C-language의 시작 주소를 저장합니다.

포인터 변수 p, q와 문자열 상수들의 메모리 구조

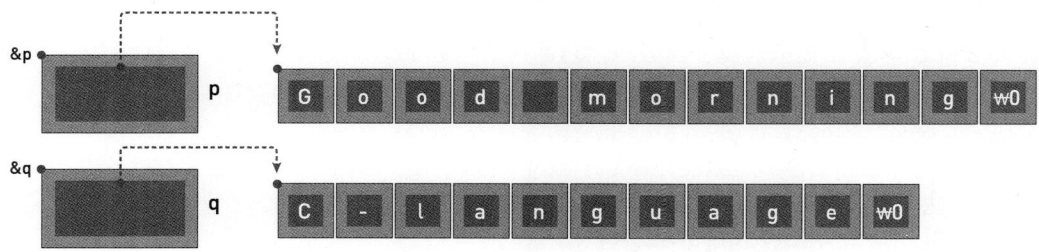

6행에서 포인터 배열을 선언합니다. array[0]은 문자열 Good morning의 시작 주소를 저장하고, array[1]은 문자열 C-language의 시작 주소를 저장합니다.

포인터 배열 array[0], array[1]과 문자열 상수들의 메모리 구조

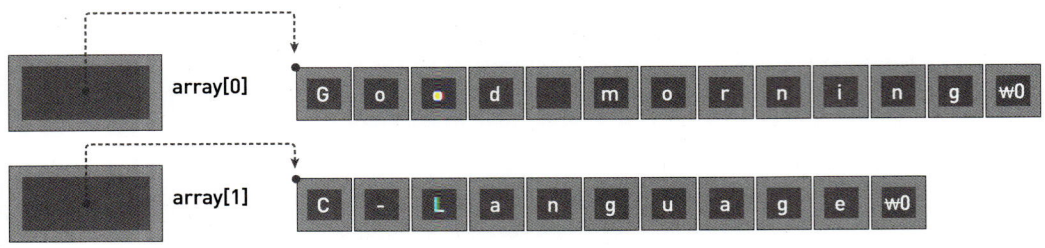

8행과 9행에서 포인터 변수 p와 q를 통해 문자열을 출력합니다. 12행과 13행에서 array[0]과 array[1]을 통해 문자열을 출력합니다. 16행부터 21행까지에서 p+5, q+5, array[0]+5, array[1]+5에 대해서는 별도로 설명하지 않겠습니다. 스스로 분석해 보고 결과를 비교해 보기 바랍니다.

4.4.5 포인터 변수의 상수화

포인터 변수는 주소를 저장하는 변수로 여러 가지 주소를 저장할 수 있습니다. 그리고 이들 주소를 통해 메모리 공간에 간접적으로 접근해서 값을 변경할 수 있습니다. 그런데 const 키워드를 이용하면 포인터 변수를 상수화할 수 있습니다. 이렇게 상수화하는 것은 다음과 같이 세 가지 의미가 있습니다.

① 포인터 변수에 다른 메모리 공간의 주소를 저장하지 못하게 한다.
　- 오로지 하나의 주소만 저장하게 한다.

② 포인터 변수를 통해 메모리 공간의 값을 변경하지 못하게 한다.
　- 직접적인 접근을 통해서만 값을 변경하게 한다.

③ ① 과 ② 둘 다 못하게 한다.

포인터 변수를 상수화하는 방법 중 첫 번째로 포인터 변수에 다른 메모리 공간의 주소를 저장하지 못하게 하는 예제를 살펴보겠습니다.

예제 4-33

```
01 :
02 :    // ① 포인터 변수에 다른 메모리 공간의 주소를 저장하지 못하게 한다.
03 :
04 :    #include <stdio.h>
05 :    int main(void)
06 :    {
07 :        char a='A';
08 :        char b='B';
09 :
10 :        char* const p=&a;      ── p=&a 상수화
11 :
12 :        *p='C';
13 :        printf("%c \n", *p);
14 :        printf("%c \n", a);
15 :
16 :        p=&b;                  ── 에러
17 :
18 :        return 0;
19 :    }
```

10행에서 const 키워드로 상수화한 영역은 p=&a입니다. 따라서 포인터 변수 p는 오로지 &a만을 저장해야 합니다. 포인터 변수 p에 다른 주소를 저장하는 행위는 불가능합니다. **16행**에서 포인터 변수 p에 다른 주소 &b(변수 b의 주소)를 저장하는 행위를 하고 있습니다. 따라서 에러가 발생합니다.

포인터 변수를 상수화하는 방법 중 두 번째로 포인터 변수를 통해 메모리 공간의 값을 변경하지 못하게 하는 예제를 살펴보겠습니다.

예제 4-34

```
01 :
02 :    // ② 포인터 변수를 통해 메모리 공간의 값을 변경하지 못하게 한다.
03 :
04 :    #include <stdio.h>
05 :    int main(void)
```

```
06 :    {
07 :        char a='A';
08 :        char b='B';
09 :        const char* p=&a;                    ── *p를 상수화
10 :
11 :        printf("%c \n", *p);
12 :        printf("%c \n", a);
13 :
14 :        p=&b;
15 :        printf("%c \n", *p);
16 :        printf("%c \n", b);
17 :
18 :        a='X';
19 :        b='C';
20 :        *p='D';
21 :
22 :        return 0;                            ── 에러
23 :    }
```

9행에서 const 키워드로 상수화한 영역은 char* p입니다. 따라서 * 연산자가 붙은 *p가 상수화되었습니다. *p를 통해서 값을 변경하는 행위는 불가능합니다. 20행에서 *p를 통해서 값을 변경하는 행위를 해서 에러가 발생합니다.

포인터 변수를 상수화하는 방법 중 세 번째로 포인터 변수를 통해 메모리 공간의 주소와 값 모두 변경하지 못하게 하는 예제를 살펴보겠습니다.

예제 | 4-35

```
01 :
02 :    // ③ 포인터 변수를 통해 메모리 공간의 주소와 값 모두 변경하지 못하게 한다.
03 :
04 :    #include <stdio.h>
05 :    int main(void)
06 :    {
07 :        char a='A';
08 :        char b='B';
09 :        const char* const p=&a;
```

```
10 :
11 :     printf("%c \n", *p);
12 :     printf("%c \n", a);
13 :
14 :     a='X';
15 :     b='C';
16 :
17 :     printf("%c \n", a);
18 :     printf("%c \n", b);
19 :
20 :     p=&b;         ┐
21 :     *p='D';       ┘ ── 에러
22 :
23 :     return 0;
24 : }
```

지금까지 포인터 변수를 상수화하는 방법으로 const 키워드를 이용하는 세 가지 방법을 공부했습니다. const 키워드의 실질적인 용도는 포인터 변수가 저장하는 주소나 간접 접근하는 값에 읽기 속성을 적용하는 데 주로 사용합니다. 따라서 하나의 공유 데이터를 두고 여러 개발자들이 함께 사용해야 하는 프로젝트의 경우에는 프로그램의 안전성을 위해 const 키워드를 사용합니다.

연/습/문/제/ Exercise

1 정수형 배열에 10, 30, 40, 30, 20을 저장하고 포인터 변수로 배열에 접근하여 배열의 합을 구하세요.

2 다음과 같이 실행 결과가 출력되었습니다. 결과를 보고 코드의 (//) 부분을 완성하세요.

::: 실행결과 ▶

```
10 20 30 40 50
10 20 30 40 50
계속하려면 아무 키나 누르십시오 . . .
```

```c
#include <stdio.h>
int main(void)
{
    int array[5]={10, 20, 30, 40, 50};
    // ① 포인터 변수의 선언부

    // ② 포인터 변수의 초기화
    printf("%d %d %d %d %d \n", p[0], p[1], p[2], p[3], p[4]);
    printf("%d %d %d %d %d \n", *(p+0), *(p+1), *(p+2), *(p+3), *(p+4));

    return 0;
}
```

3 다음 포인터 배열과 관련된 코드를 분석해서 그 결과를 그림으로 작성하세요.

```c
#include <stdio.h>
int main(void)
{
    int a=10, b=20;
    int* array[2]={&a, &b};

    printf("%x %x \n", &a, &b);
    printf("%x %x \n", array[0], array[1]);

    printf("%d %d \n", *&a, *&b);
    printf("%d %d \n", *array[0], *array[1]);

    return 0;
}
```

4 다음과 같이 배열 포인터 변수의 실행 결과가 출력되었습니다. 결과를 보고 코드의 (//) 부분을 완성하세요.

::: 실행결과 ▶

```
10 20 30
40 50 60
계속하려면 아무 키나 누르십시오 . . .
```

```c
#include <stdio.h>
int main(void)
{
    int array[2][3]={10, 20, 30, 40, 50, 60};
    // ① 배열 포인터 변수의 선언부
```

```c
// ② 배열 포인터 변수의 초기화
printf("%d %d %d \n", p[0][0], p[0][1], p[0][2]);
printf("%d %d %d \n", p[1][0], p[1][1], p[1][2]);

return 0;
}
```

5 다음 코드를 이용하여 실행 결과와 같은 형태로 출력하는 프로그램을 작성하세요.

```c
char* string[2]={"I Love C", "Hello World"};
```

∷ 실행결과 ▶

I Love C World
계속하려면 아무 키나 누르십시오 . . .

6 다음 프로그램의 에러 발생 원인이 무엇인지를 분석하세요.

```c
#include <stdio.h>
int main(void)
{
    char* array1="ABCD";
    char array2[ ]="ABCD";

    array1[0]='X';
    array2[0]='X';

    return 0;
}
```

**Chapter 04
포인터와 배열**

 공부한 내용 떠올리기

⇨ 포인터를 통해 1차원 배열에 접근하는 방법

⇨ 포인터를 통해 2차원 배열에 접근하는 방법

⇨ 포인터와 배열의 관계

⇨ 포인터와 문자 배열

⇨ 포인터와 문자열 배열

⇨ 포인터를 상수화하는 방법

열혈강의 C 언어 본색
Part 2

제 5 장

포인터와 함수 그리고 void형 포인터

▍C 언어의 핵심은 함수입니다. Part 1의 9장에서 함수를 공부한 기억이 있을 것입니다. 이전에 배운 함수에서는 함수의 인자로 변수나 상수를 전달했었습니다. 이번 장에서는 함수의 인자로 변수의 주소나 배열의 주소를 전달하는 방법과 함수의 반환 형태로 변수의 주소나 배열의 주소를 반환하는 방법을 공부하려고 합니다. 그리고 포인터에 주소를 저장할 때 자료형에 제약을 두지 않는 void형 포인터에 대해서도 알아보겠습니다.

Part 2 — 제5장

5.1 값에 의한 호출과 주소에 의한 호출   **5.2** 주소를 반환하는 함수
5.3 main( ) 함수에 인자가 있을 때   **5.4** void형 포인터란

5.1 값에 의한 호출과 주소에 의한 호출

이전에 Part 1의 9장에서 배운 함수에서는 호출 방식이 값에 의한 호출이었습니다. 이번 절에서는 주소에 의한 호출(Call By Reference)을 새롭게 배우게 됩니다. 이 방식은 주소를 참조해서 함수를 호출하게 됩니다. 정리 하면,

- **값에 의한 호출** 변수(메모리 공간에 저장된 값) 또는 값을 복사해서 함수 호출
- **주소에 의한 호출** 주소(메모리 공간의 주소)를 참조해서 함수 호출

이제부터 함수 호출 방식 두 가지 간에 차이와 특징을 살펴보도록 하겠습니다.

5.1.1 값에 의한 호출

값에 의한 호출은 변수의 값을 복사해서 함수를 호출하는 방식입니다. 다음 그림은 이 방식을 보여줍니다. main( ) 함수에서 func( ) 함수를 호출할 때 변수 a로 호출하고 있습니다. 변수 a에 저장된 값은 10인데, 10을 변수 i로 복사해서 함수 func(int i)를 호출하고 있습니다.

값에 의한 호출

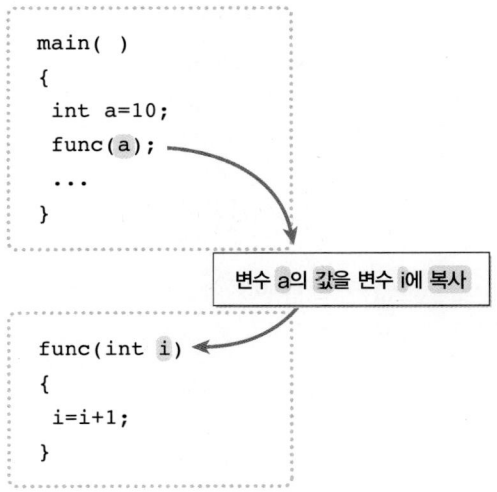

간단한 예제를 가지고 값에 의한 호출을 이해해 보겠습니다.

예제 | 5-1

```
01 : #include <stdio.h>
02 :
03 : int func(int i);              ── 함수의 선언, 11 형태
04 :
05 : void main( )
06 : {
07 :     int a=10;
08 :     int result=0;
09 :
10 :     result=func(a);            ── 함수의 호출, 값에 의한 호출
11 :     printf("%d \n", result);
12 :     printf("%d \n", a);
13 : }
14 :
15 : int func(int i)                ── 함수의 정의
16 : {
17 :     i=i+1;
18 :     return i;
19 : }
```

::: 실행결과 ▶

11
10
계속하려면 아무 키나 누르십시오 . . .

변수 a와 result 생성

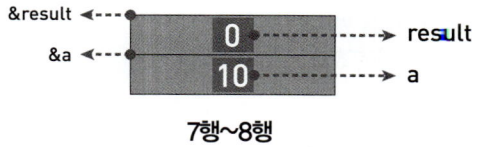

7행~8행

3행에서 출력 형태는 int, 입력 형태는 int i, 11 형태(출력 형태 있음, 입력 형태 있음)의 함수를 선언합니다. 해석하면 변수 i를 입력받아서 func( ) 함수를 수행하고 int형으로 출력하라는 의미입니다. 7행과 8행에서 변수 a와

변수 i의 생성

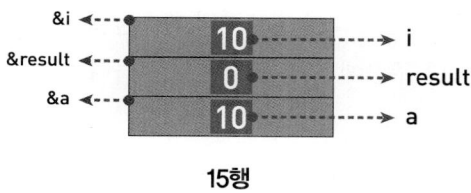

15행

변수 i의 값이 1만큼 증가

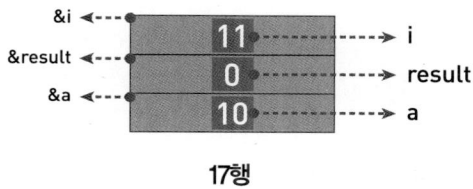

17행

변수 i의 소멸

18행

변수 result에 저장된 값

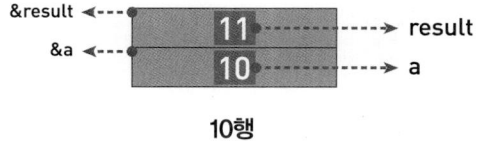

10행

result를 생성하고, 각각 10과 0으로 초기화합니다.

10행에서 변수 a에는 10이 저장되어 있습니다. 변수 a의 값 10으로 15행의 func(int i) 함수를 호출합니다. 값에 의한 호출입니다. **15행**에서 변수 i가 생성되고, 변수 i에 변수 a의 값이 복사됩니다. 그래서 변수 i는 10을 저장하게 되고 변수 a와는 다른 메모리 공간을 갖게 됩니다.

17행에서 변수 i의 값이 1만큼 커져서 11이 됩니다.

18행에서 변수 i의 값은 호출된 영역으로 반환(Return)됩니다. 이때 func( ) 함수를 호출한 영역인 10행으로 반환됩니다. 변수 i의 값이 10행으로 반환된 후에 func( ) 함수는 종료되고 변수 i의 메모리 공간도 소멸됩니다. 변수 i는 이 함수의 매개 변수/지역 변수이기 때문입니다.

10행에서 18행으로부터 반환된 결과는 10행의 변수 result에 저장됩니다. 저장된 값은 11입니다.

11행과 **12행**에서 변수 result에 저장된 값 11과 변수 a에 저장된 값 10을 출력합니다.

결론적으로 변수 a와 i는 서로 다른 메모리의 공간을 가져서 변수 i의 값(복사본)이 변경되어도 변수 a의 값에는 아무런 변화가 없었습니다.

5.1.2 주소에 의한 호출

앞에서 설명한 값에 의한 호출과 다르게 주소에 의한 호출은 주소를 참조해서 함수를 호출합니다. 이 방식을 사용하면 전달받은 주소를 이용해서 해당 주소에 저장된 값에 접근하여 변경하기도 합니다. 다음 그림은 이 방식을 보여줍니다.

주소에 의한 호출

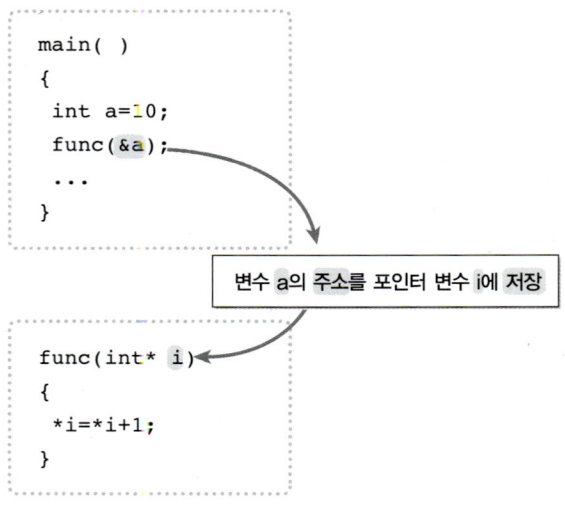

변수 a의 주소를 포인터 변수 i에 저장

다음 예제를 가지고 주소에 의한 호출을 살펴보겠습니다.

예제 | 5-2

```
01 : #include <stdio.h>
02 :
03 : int func(int* i);          ── 함수의 선언, 11 형태
04 :
05 : void main( )
06 : {
07 :     int a=10;
08 :     int result=0;
09 :
10 :     result=func(&a);       ── 함수의 호출, 주소에 의한 호출
11 :     printf("%d \n", result);
12 :     printf("%d \n", a);
```

```
13 : }
14 :
15 :  int func(int* i)          함수의 정의
16 : {
17 :      *i=*i+1;               a=a+1
18 :      return *i;
19 : }
```

::: 실행결과 ▶

11
11
계속하려면 아무 키나 누르십시오 . . .

변수 a와 result 생성

7행~8행

포인터 변수 i의 생성과 &a의 저장

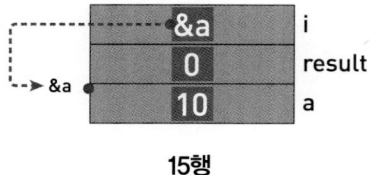

15행

Ch05-010* 연산자와 포인터 변수를 이용하여 변수 a에 접근

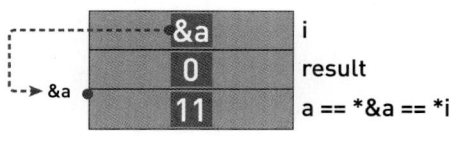

17행

3행에서 출력 형태는 int, 입력 형태는 int* i, 11 형태(출력 형태 있음, 입력 형태 있음)의 함수를 선언합니다. 해석하면 포인터 변수 i를 입력받아서 func( ) 함수를 수행하고 int형으로 출력하라는 의미입니다. 7행과 8행에서 변수 a와 result를 생성하고, 각각 10과 0으로 초기화합니다.

10행에서 변수 a의 주소, 즉 &a로 func(int *i) 함수를 호출합니다. 주소에 의한 호출입니다. 15행에서 포인터 변수 i가 생성되고, 포인터 변수 i에 &a가 저장됩니다. i와 &a는 서로 같은 주소입니다.

17행에서 * 연산자를 통해 i에 저장된 주소(&a)를 이용하여 해당 주소(&a)에 저장된 값에 접근합니다. 즉 *i의 의미는 *&a와 같습니다. 따라서 *i=*i+1의 의미는 a=a+1과 같습니다. 따라서 변수 a의 값이 1만큼 커져서 11이 됩니다.

포인터 변수 i의 소멸

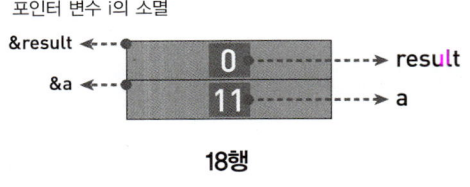

18행

변수 result에 저장된 값

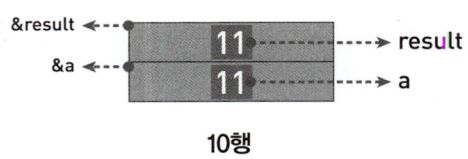

10행

18행에서 *i (a에 저장된 값, *&a)가 호출된 영역으로 반환됩니다. 이때 func( ) 함수를 호출한 영역인 10행으로 반환됩니다. *i는 *&a 즉 a이므로 값 11을 10행으로 반환한 후에 func( ) 함수는 종료되고 포인터 변수 i의 메모리 공간은 소멸됩니다. 변수 a의 주소(&a)를 저장했던 포인터 변수 i는 이 함수의 매개 변수/지역 변수이기 때문입니다.

10행에서 18행으로부터 반환된 결과는 변수 result에 저장됩니다. 저장된 값은 11입니다.

11행과 12행에서 변수 result에 저장된 값 11, 변수 a에 저장된 값 11을 출력합니다.

결론적으로 변수 a의 주소(&a)를 저장한 포인터 변수 i를 통해 func( ) 함수에서도 변수 a에 저장된 값을 참조하거나 변경할 수 있었습니다.

5.1.3 주소에 의한 호출의 필요성

값에 의한 호출은 함수를 호출할 때 제약이 있습니다. 함수에 대량의 데이터를 전달해야 하는 경우, 함수의 매개 변수(지역 변수)들이 늘어나서 이들이 하나하나 스택 영역에 쌓이는데 많은 시간과 메모리 공간을 필요로 합니다.

다음 예에서는 값에 의한 호출이 적용되었습니다. 직관적으로 어떤 문제가 있다고 생각하십니까? ① 사용하는 변수가 많고, ② 함수의 인자 전달에 사용하는 매개 변수도 많습니다.

```
#include <stdio.h>

void func(int a1, int a2, int a3, int a4, int a5, int a6, int a7);    // 함수 선언

int main(void)
```

```
{
    int a=10, b=20, c=30, d=40, e=50, f=60, g=70;   ①
    func(a, b, c, d, e, f, g);   ②            // 함수 호출
    return 0;
}

void func(int a1, int a2, int a3, int a4, int a5, int a6, int a7)   ②   // 함수 정의
{
    printf("%d %d %d %d %d %d %d \n", a1, a2, a3, a4, a5, a6, a7);
}
```

따라서 배열이나 구조체와 같은 데이터를 함수에 전달할 때는 주소에 의한 호출이 실행 시간과 메모리 공간 측면에서 좋은 성능을 제공합니다. 구조체는 다음 장에서 다룰 예정입니다.

다음 그림은 함수에서 포인터 변수 p를 통해 배열의 요소들에 저장된 데이터에 접근하는 상황을 보여주고 있습니다.

주소에 의한 호출과 값에 의한 호출

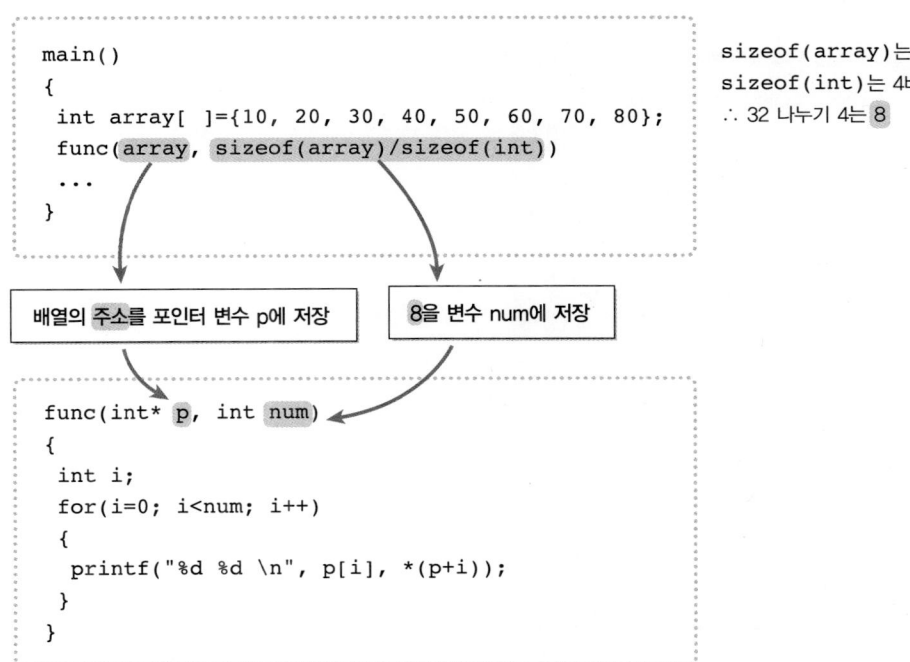

열혈강의 **C 언어 본색**
Part 2

다음 예제는 1차원 배열의 주소를 저장하는 포인터 변수 p를 이용하여 1차원 배열 요소들의 값에 접근하는 코드입니다.

예제 | 5-3

```
01 : #include <stdio.h>
02 :
03 : void func(int* p, int num);              ── 함수의 선언, 01 형태
04 :
05 : int main(void)
06 : {
07 :     int array[ ]={10,20,30,40,50,60,70,80};
08 :     func(array, sizeof(array)/sizeof(int));   ── 함수의 호출
09 :     return 0;
10 : }
11 :
12 : void func(int* p, int num)                ── 함수의 정의
13 : {
14 :     int i;
15 :     for(i=0; i<num; i++)
16 :     {
17 :         printf("%d %d \n", p[i], *(p+i));  ── p[i] == *(p+i)
18 :     }
19 : }
```

::: 실행결과 ▶

10 10
20 20
...(중략)
70 70
80 80
계속하려면 아무 키나 누르십시오 . . .

3행에서 출력 형태가 void, 두 개의 변수(포인터 변수 p와 int형 변수 num)를 입력 형태로 하는 01 형태의 함수를 선언합니다. **7행**에서 배열을 선언하고 동시에 초기화합니다.

1차원 배열 array의 생성

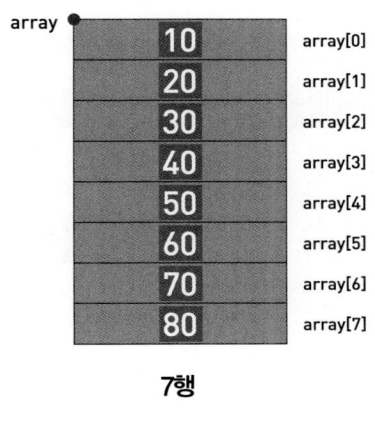

7행

포인터 변수 p에 주소 저장, int형 변수 num에 상수 저장

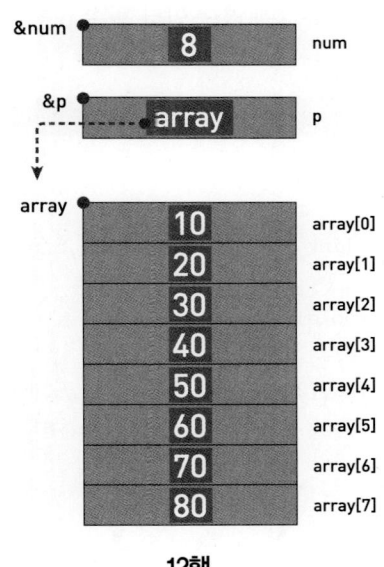

12행

8행에서 배열 이름 array와 sizeof(array)/sizeof(int)를 통해 12행의 func( ) 함수를 호출합니다. 함수의 두 번째 인자 sizeof(array)/sizeof(int)에서 sizeof(array)는 32바이트, sizeof(int)는 4바이트 따라서 32/4 즉, 8이 전달되는 인자의 값이 됩니다.

12행에서 포인터 변수 p와 int형 변수 num이 생성됩니다. 포인터 변수 p에는 배열의 시작 주소를 저장하고, 변수 num에는 8(상수)을 저장합니다. 이 함수에서는 주소에 의한 호출과 값에 의한 호출이 함께 사용되고 있습니다.

15행부터 **18행**까지에서 i<num일 때까지 즉, i가 8보다 작은 0, 1, 2, 3, 4, 5, 6, 7인 경우에 반복문을 수행합니다. 포인터 변수 p는 배열의 시작 주소를 저장하고 있어서 p[i]를 통해 1차원 배열 요소들의 값에 모두 접근할 수 있습니다. 또한, *(p+i)를 통해서도 1차원 배열 요소들의 값에 모두 접근할 수 있습니다. p[i]==*(p+i)이 성립되기 때문에 같은 결과를 출력합니다.

5.1.4 배열 포인터를 이용한 주소에 의한 호출

우리는 Part 2의 4장에서 배열 포인터 변수를 공부했었습니다. 지금부터는 배열 포인터를 이용한 호출에 대해서 공부하겠습니다. 바로 예제를 가지고 살펴보겠습니다. 다음 예제는 2차원 배열의 주소를 저장하는 배열 포인터 변수 p를 이용하는 코드입니다.

예제 | 5-4

```
01 : #include <stdio.h>
02 :
03 : void func(int (*p)[4], int num1, int num2);      ── 함수의 선언, 배열 포인터 변수
04 :
05 : int main(void)
06 : {
07 :     int array[2][4]={10,20,30,40,50,60,70,80};
08 :     func(array, sizeof(array)/16, sizeof(array)/8);   ── 함수의 호출
09 :     return 0;
10 : }
11 :
12 : void func(int (*p)[4], int num1, int num2)        ── 함수의 정의
13 : {
14 :     int i, j;
15 :     for(i=0; i<num1; i++)
16 :     {
17 :         for(j=0; j<num2; j++)
18 :         {
19 :             printf("%d ", p[i][j]);
20 :         }
21 :         printf("\n");
22 :     }
23 : }
```

시작주소 / 행 / 열

::: 실행결과 ▶

10 20 30 40
50 60 70 80
계속하려면 아무 키나 누르십시오 . . .

3행에서 배열 포인터 변수 p는 길이가 4열인 2차원 배열의 주소를 저장하는 포인터 변수이고,

Chapter 05
포인터와 함수 그리고 void형 포인터

변수 num1은 행의 길이, 변수 num2는 열의 길이를 저장하는 int형 변수입니다. **7행**에서 2행 4열의 2차원 배열 array를 생성하고 데이터를 저장합니다. **8행**에서 배열 이름 array, 정수 2, 정수 4를 가지고 12행의 func( ) 함수를 호출합니다. **12행**에서 배열 포인터 변수 p에 2차원 배열의 시작 주소를 저장하고, 변수 num1에 2를 저장하고, 변수 num2에 4를 저장합니다. **15행**부터 **22행**까지에서 배열 포인터 변수 p와 중첩 반복문을 통해 p[i][j]를 출력합니다.

만약 배열 포인터 변수를 사용하지 않고, 1차원 포인터 변수에 2차원 배열의 주소를 저장하면 문제가 되지 않을까? 다음 예제를 가지고 확인해 보겠습니다.

예제 5-5

```
01 : #include <stdio.h>
02 :
03 : void func(int* p);                    ─── 함수의 선언
04 :
05 : int main(void)
06 : {
07 :     int array[2][4]={10,20,30,40,50,60,70,80};
08 :     func(array);                      ─── 함수의 호출
09 :     return 0;
10 : }
11 :                         시작주소
12 : void func(int* p)                     ─── 함수의 정의
13 : {
14 :     printf("%d %d %d %d %d %d %d %d \n", p[0], p[1], p[2], p[3], p[4], p[5],
                                              p[6], p[7]);         ─── OK
15 :
16 :     printf("%d %d %d %d \n", p[0][0], p[0][1], p[0][2], p[0][3]);  ─┐
17 :     printf("%d %d %d %d \n", p[1][0], p[1][1], p[1][2], p[1][3]);  ─┴ 에러
18 : }
```

14행에서 p는 1차원 포인터 변수이기 때문에 p를 통해 2차원 배열을 1차원 배열처럼 접근하는 것이 가능합니다. 따라서 정상적으로 출력이 됩니다. 그러나 **16행**과 **17행**에서 포인터 변수 p를 사용해서 2차원 배열처럼 값을 출력할 수는 없습니다. 이유는 포인터 변수 p는 1차원 포인터 변수입니다. 1차원 포인터 변수가 2차원 배열의 시작 주소를 저장해도 1차원 배열처럼 접근할

수밖에 없습니다. 따라서 **12행**의 함수의 입력 형태에서 포인터 변수 int* p를 배열 포인터 변수 int(*p)[4]로 변경하면 2차원 배열처럼 접근할 수 있습니다.

5.2 주소를 반환하는 함수

5.2.1 주소 반환의 필요성과 주의 사항

지금까지 공부한 함수의 반환 형태는 대부분 값이었습니다. 만약 배열이나 문자열과 같이 대량의 데이터를 반환할 때는 어떻게 해야 하겠습니까? 이럴 때 필요한 것이 주소를 반환하는 함수입니다. 즉, 함수의 결과로 값을 반환하는 것이 아니라 주소를 반환하는 것입니다. 그러나 이럴 때는 주의할 사항이 있습니다. 지역 변수의 주소를 반환하면 경고가 발생합니다. 이유는 함수가 종료되면서 지역 변수는 소멸되기 때문입니다.

다음 예제는 실행하는데 문제는 없지만, 함수의 결과로 지역 변수의 주소를 반환해서 경고가 발생하는 코드입니다.

예제 | 5-6

```
01 : #include <stdio.h>
02 :
03 : int* input( );                      ── 함수의 선언
04 :
05 : int main(void)
06 : {
07 :     int* p=NULL;
08 :
09 :     p=input( );                     ── 함수의 호출
10 :     printf("%d \n", *p);
11 :
12 :     return 0;
13 : }
14 :
15 : int* input( )                       ── 함수의 정의
16 : {
```

```
17 :    int num1;
18 :    scanf("%d", &num1);
19 :    return &num1;
20 : }
```

::: 실행결과 ▶

```
23
23
계속하려면 아무 키나 누르십시오 . . .
```

19행에서 지역 변수 num1의 주소(&num1)를 9행 포인터 변수 p에 반환합니다. 그러나 지역 변수 num1은 intput( ) 함수가 종료되면서 메모리 공간이 소멸되기 때문에 다음과 같이 경고가 발생합니다. F4 키를 눌러 경고 내용을 확인합시다.

> warning C4172: 지역 변수 또는 임시 변수의 주소를 반환하고 있습니다.

경고가 발생했지만 실행 결과를 확인하는 것에는 문제가 없어 보입니다. 그러나 대단위 프로젝트를 수행한다면 문제가 발생할 소지가 크기 때문에 이러한 경고는 해결해야 합니다. 그렇다면 지역 변수 num1이 소멸되지 않게 하는 방법은 없을까? 있습니다. 바로 정적 변수를 이용하면 됩니다.

5.2.2 주소 반환 시 유용한 정적 변수

정적(Static) 변수는 함수가 종료된 후에도 메모리 공간이 소멸되지 않고 남아 있습니다. 따라서 정적 변수를 사용하면 지역 변수의 주소를 반환해서 생기는 문제를 해결할 수 있습니다. 함수의 결과로 정적 변수의 주소를 반환하는 다음 예제를 살펴보겠습니다.

예제 | 5-7

```
01 : #include <stdio.h>
02 :
03 : int* input( );         ——— 함수의 선언
```

```
04 :
05 : int main(void)
06 : {
07 :     int* p=NULL;
08 :
09 :     p=input( );                    ──── 함수의 호출
10 :     printf("%d \n", *p);
11 :
12 :     return 0;
13 : }
14 :
15 : int* input( )                      ──── 함수의 정의
16 : {
17 :     static int num1;                ──── 정적 변수 선언
18 :     scanf("%d", &num1);
19 :     return &num1;
20 : }
```

::: 실행결과 ▶

```
10
10
계속하려면 아무 키나 누르십시오 . . .
```

17행에서 정적 변수 num1을 선언합니다. 19행에서 정적 변수 num1의 주소(&num1)를 9행 포인터 변수 p에 반환합니다. 정적 변수 num1은 intput( ) 함수가 종료되어도 메모리 공간이 소멸되지 않고 남기 때문에 때문에 경고가 발생하지 않습니다. 아직도 이해가 되지 않는다면 다음 예제를 하나 더 살펴보겠습니다.

다음 예제는 func( ) 함수가 배열의 주소를 반환하여 배열의 요소들에 저장된 데이터를 출력하는 코드입니다. 그러나 잘못된 실행 결과를 출력하고 있습니다.

예제 | 5-8

```
01 : #include <stdio.h>
```

```
02 :
03 :   int* func( );                                   ── 함수의 선언
04 :
05 :   int main(void)
06 :   {
07 :       int* p=NULL;
08 :       p=func( );                                  ── 함수의 호출
09 :
10 :       printf("%d %d %d %d \n", p[0], p[1], p[2], p[3]);
11 :       printf("%d %d %d %d \n", *(p+0), *(p+1), *(p+2), *(p+3));
12 :       return 0;
13 :   }
14 :
15 :   int* func( )                                    ── 함수의 정의
16 :   {
17 :       int array[ ]={10, 20, 30, 40};
18 :       return array;
19 :   }
```

::: 실행결과 ▶

10 20 30 40
1245032 4264958 4282172 10
계속하려면 아무 키나 누르십시오 . . .

17행에서 int array[ ]는 지역 변수입니다. **18행**에서 1차원 배열의 시작 주소(배열 이름은 주소)를 **8행** 포인터 변수 p에 반환합니다. 1차원 배열 array는 지역 변수이므로 intput( ) 함수가 종료되면서 메모리 공간이 소멸되기 때문에 문제가 됩니다.

계속해서 잘못된 부분을 수정해 보겠습니다. 1차원 배열이 선언된 곳에 단지 static 키워드를 붙여 주기만 하면 됩니다.

예제 | 5-9

```
01 : #include <stdio.h>
02 :
```

```
03 :    int* func( );                              함수의 선언
04 :
05 :    int main(void)
06 :    {
07 :        int* p=NULL;
08 :        p=func( );                              함수의 호출
09 :
10 :        printf("%d %d %d %d \n", p[0], p[1], p[2], p[3]);
11 :        printf("%d %d %d %d \n", *(p+0), *(p+1), *(p+2), *(p+3));
12 :        return 0;
13 :    }
14 :
15 :    int* func( )                                함수의 정의
16 :    {
17 :        static int array[ ]={10, 20, 30, 40};
18 :        return array;
19 :    }
```

::: 실행결과 ▶

10 20 30 40
10 20 30 40
계속하려면 아무 키나 누르십시오 . . .

실행 결과를 보면 기대한 대로 수행합니다. 이제쯤이면 static 키워드가 유용하다는 것을 충분히 이해했을 것으로 판단되지만 관련 예제를 하나 더 보겠습니다. 문자열의 주소를 반환하는 함수의 경우입니다. 이 함수에서 반환형은 char*입니다.

예제 | 5-10

```
01 :    #include <stdio.h>
02 :
03 :    char* string1(void);
04 :    char* string2(void);                        함수의 선언
05 :
06 :    int main(void)
```

```
07 :    {
08 :        char* p1=NULL;
09 :        char* p2=NULL;
10 :
11 :        p1=string1( );          ─┐
12 :        p2=string2( );          ─┘   함수의 호출
13 :
14 :        printf("%s \n", p1);
15 :        printf("%s \n", p2);
16 :        return 0;
17 :    }
18 :
19 :   char* string1(void)  ─────────  함수의 정의
20 :    {
21 :        static char str[ ]="Good";  ─── 정적 변수의 선언
22 :        return str;  ──────────────── 배열의 시작 주소 반환
23 :    }
24 :
25 :   char* string2(void) ─────────── 함수의 정의
26 :    {
27 :        static char str[ ]="morning"; ── 정적 변수의 선언
28 :        return str; ──────────────── 배열의 시작 주소 반환
29 :    }
```

::: 실행결과 ▶

Good
morning
계속하려면 아무 키나 누르십시오 . . .

21행에서 1차원 문자열 배열을 정적 변수로 선언하고 초기화합니다. **22행**에서 배열의 시작 주소 str(문자 G를 가리키는 주소)을 **11행** p1에 반환합니다. 11행에서 최종적으로 p1은 문자열 배열의 시작 주소 즉, 문자 G를 가리키는 주소를 저장합니다.

포인터 변수 p1에 문자열 배열의 시작 주소 저장

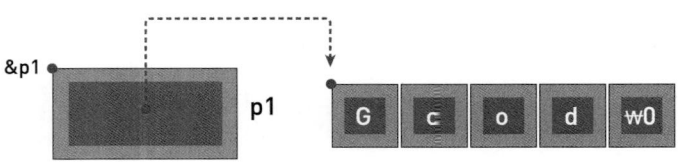

27행에서 1차원 문자열 배열을 정적 변수로 선언하고 초기화합니다. 28행에서 배열의 시작 주소 str(문자 m을 가리키는 주소)을 12형 p2에 반환합니다. 12행에서 최종적으로 p2는 문자열 배열의 시작 주소, 즉 문자 m을 가리키는 주소를 저장합니다.

포인터 변수 p2에 문자열 배열의 시작 주소 저장

5.3 main( ) 함수에 인자가 있을 때

앞에서 공부한 예제들의 main( ) 함수에서는 인자(입력 형태)가 없었습니다. 그러나 이번 절에서 배우는 예제는 인자가 있는 경우입니다. 다음 예제로 main( ) 함수에 인자가 있을 때의 차이를 알아보겠습니다.

예제 | 5-11

```
01 : #include <stdio.h>
02 :
03 : int main(int argc, char* argv[ ])
04 : {
```

```
05 :     int i=0;
06 :     printf("문자열의 수 : %d ₩n", argc);
07 :
08 :     for(i=0; i<argc; i++)
09 :     {
10 :         printf("%d번째 문자열 : %s ₩n", i, argv[i]);
11 :     }
12 :
13 :     return 0;
14 : }
```

::: 실행결과 ▶

```
문자열의 수 : 1
0번째 문자열 : D:₩MAIN₩Debug₩MAIN.exe
계속하려면 아무 키나 누르십시오 . . .
```

3행에서 main( ) 함수는 이제껏 본 main( ) 함수와는 다른 형태입니다. main( ) 함수에 인자 int argc와 char* argv[ ]가 있습니다. 어떤 역할을 하는지는 뒤에서 다루겠습니다.

실행 결과에서 문자열의 수 1과 0번째 문자열 D:₩ MAIN ₩Debug₩ MAIN.exe가 자동으로 입력되어 결과로 출력되었습니다. 필자와 여러분은 실행 파일의 이름도 다르고 경로도 다릅니다. 그러나 걱정할 필요는 없습니다. 실행 파일의 이름은 프로젝트 이름(처음.c 파일을 생성할 때 프로젝트 이름)과 같습니다.

개발 환경 Visual C++에서 Alt + F7 키를 누르면 다음 그림처럼 창이 하나 뜹니다. 먼저 [구성 속성]에서 [디버깅]을 누르고 [명령 인수]에 'Good morning'을 입력하고 [확인] 단추를 누른 후에 프로그램을 실행해 봅시다.

Visual C++ 개발 환경을 이용한 main( ) 함수에 인자 전달

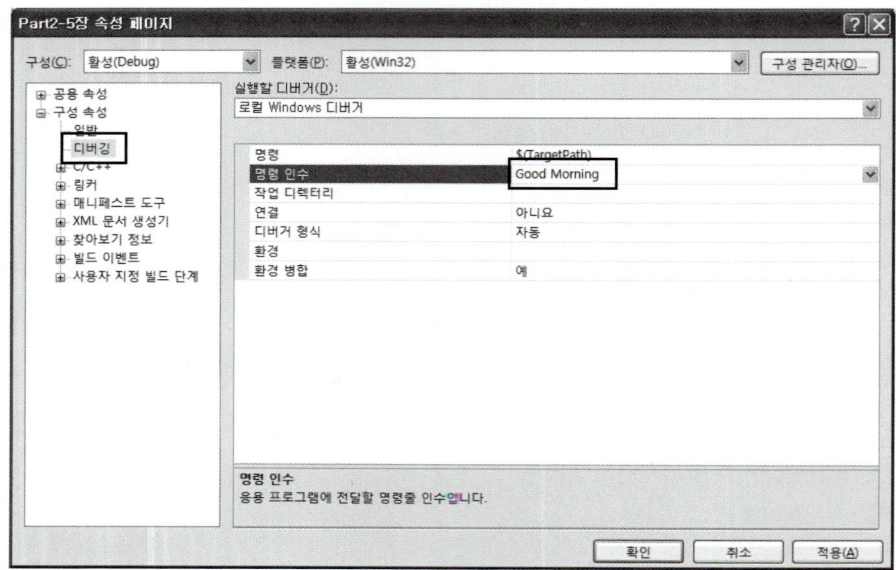

실행 결과는 다음 그림처럼 문자열의 수와 문자열들이 출력됩니다.

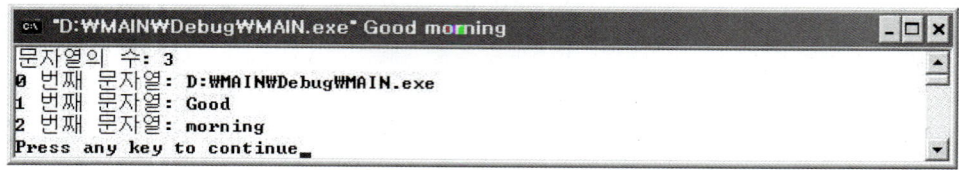

도대체 이런 내용들은 어떤 원리로 출력되는 것일까? 해답은 main( ) 함수의 인자들인 int argc와 char* argv[ ]의 역할에 있습니다.

- **int argc**   문자열의 수를 저장
- **char* argv[ ]**   문자열의 첫 번째 주소를 저장

본격적으로 코드를 좀더 명확하게 분석해 보겠습니다.

예제 | 5-12

```
01 : #include <stdio.h>
02 :
03 : int main(int argc, char* argv[ ])
04 : {
05 :     int i=0;
06 :     printf("문자열의 수 : %d \n", argc);
07 :
08 :     for(i=0; i<argc; i++)
09 :     {
10 :         printf("argv[%d] : %s \n", i, argv[i]);
11 :     }
12 :
13 :     return 0;
14 : }
```

예제를 실행하기 전에 개발 환경 Visual C++ 도구에서 Alt + F7 키를 눌러서 나온 창에서 다음 그림처럼 설정한 후에 [확인] 단추를 누릅니다.

Visual C++ 개발 환경을 이용한 main( ) 함수에 인자 전달

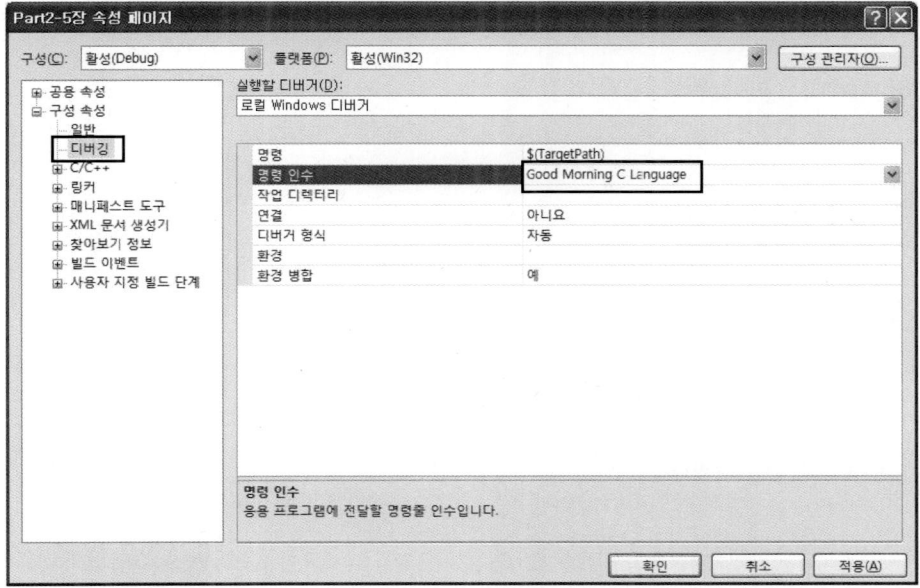

실행 결과는 다음 그림처럼 문자열의 수와 문자열들이 출력됩니다.

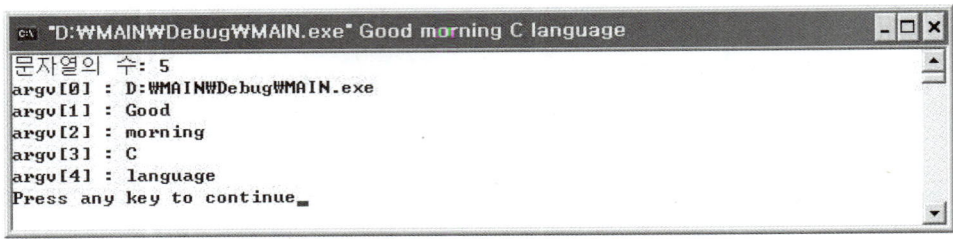

3행에서 앞의 설정 화면에서처럼 하면 문자열의 수가 실행 경로를 포함하여 총 5개이므로 argc=5로 설정되고, 문자열의 주소를 저장하는 포인터 배열에서 char* argv[5]로 설정됩니다. 포인터 배열 argv[0], argv[1], argv[2], argv[3], argv[4] 각각은 문자열 배열의 시작 주소를 저장합니다.

포인터 배열에 저장되는 문자열 배열의 시작 주소

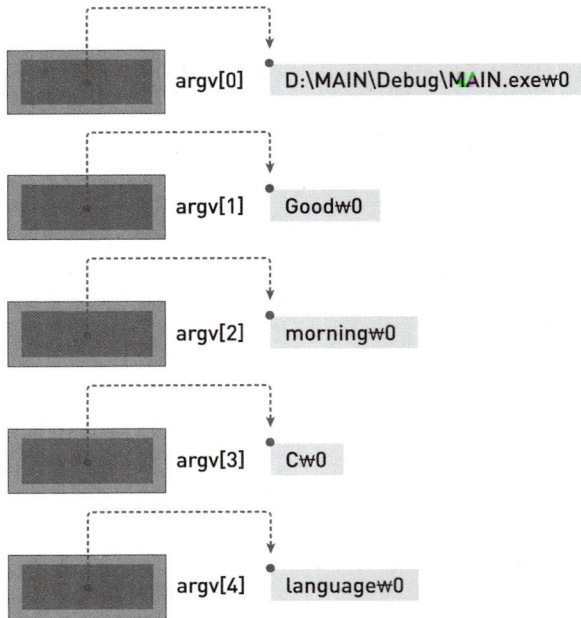

6행에서 변수 argc에 저장된 값을 출력합니다. 10행에서 포인터 배열 argv[0], argv[1], argv[2], argv[3], argv[4]에 저장된 주소들에 있는 문자열을 서식 문자 %s를 이용해서 종료 문자(₩0)를 만날 때까지 출력합니다.

다음 예제는 변수 argc(문자열의 수 저장)를 이용해서 문자열의 수가 4를 초과하면 프로그램을 종료하는 코드입니다.

예제 | 5-13

```
01 : #include <stdio.h>
02 :
03 : int main(int argc, char* argv[ ])
04 : {
05 :     int i=0;
06 :     if(argc>4)
07 :     {
08 :         printf("문자열의 수가 너무 많습니다. ₩n");
09 :         printf("프로그램을 종료합니다. ₩n");
10 :         return 1;
11 :     }
12 :
13 :     printf("0번째 문자열 : %s ₩n", argv[0]);
14 :     printf("1번째 문자열 : %s ₩n", argv[1]);
15 :     printf("2번째 문자열 : %s ₩n", argv[2]);
16 :     printf("3번째 문자열 : %s ₩n", argv[3]);
17 :
18 :     return 0;
19 : }
```

6행에서 문자열의 수가 4를 초과하면 실행되는 조건문입니다. 10행은 운영체제가 main( ) 함수를 호출했기 때문에 C 프로그램이 운영체제에게 1을 반환하고 프로그램을 종료한다는 의미입니다. 예제 5-12의 설정 화면에서 문자열의 수를 조정해서 예제 5-13을 실행해 보기 바랍니다. 참고로 6행과 10행과 같은 코드들은 문자열을 다룰 때 유용하므로 잘 기억하기 바랍니다.

개발 환경인 Visual C++에서 main( ) 함수의 인자를 설정하기도 하고 다음 그림과 같이 도스 명령 프롬프트에서 main( ) 함수의 인자를 전달하기도 합니다. 실행 파일을 직접 텍스트 명령어로 실행해서 문자열의 수와 문자열 배열의 시작 주소를 인자 int argc와 int* argv[ ]에 전달합니다.

도스 명령 프롬프트에서 main( ) 함수에 인자 전달

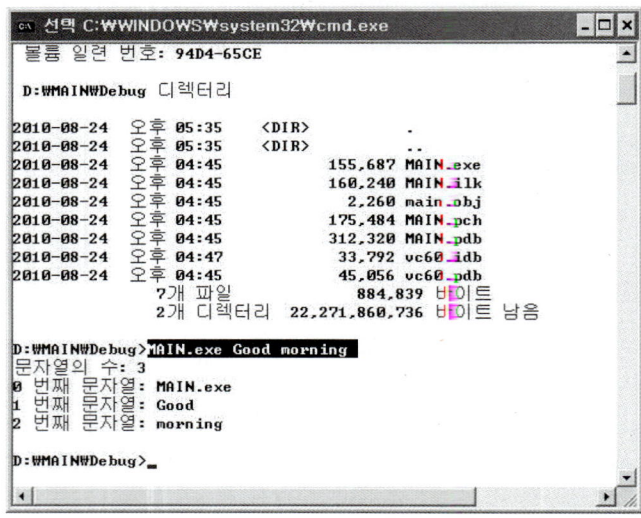

5.4 void형 포인터란

void형 포인터에서 void는 '~이 하나도 없는'이라는 의미입니다. 따라서 void형 포인터는 자료형이 없는 포인터 변수라는 의미입니다. 즉, 자료형에 제약을 받지 않고, 아무 자료형의 주소라도 저장할 수 있는 포인터 변수입니다. 다음 예제를 가지고 void형 포인터의 특징을 자세히 알아보겠습니다.

예제 5-14

```
01 : #include <stdio.h>
02 : int main(void)
03 : {
04 :     char c=3;
```

```
05 :     double d=3.1;
06 :
07 :     void* vx=NULL;
08 :
09 :     vx=&c;                                        ── char형 변수 c의 주소를 저장
10 :     printf("vx의 주소 값 : %x \n", vx);
11 :     // printf("vx의 값 : %d \n",*vx);    // 에러
12 :
13 :     vx=&d;                                        ── double형 변수 d의 주소를 저장
14 :     printf("vx의 주소 값 : %x \n", vx);
15 :     // printf("vx의 값 : %lf \n", *vx);   // 에러
16 :
17 :     return 0;
18 : }
```

::: 실행결과 ▶

vx의 주소 값 : 12ff63
vx의 주소 값 : 12ff50
계속하려면 아무 키나 누르십시오 . . .

11행과 **15행**을 주석으로 처리해 놓았습니다. 주석을 제거하면 11행과 15행은 각각 에러가 발생합니다. 왜일까요? **9행**과 **13행**의 void*형 포인터 변수 vx는 다양한 자료형의 주소를 저장할 수 있습니다. 즉, 주소만 저장할 수 있는 변수입니다. 값을 저장하거나 변경할 수는 없습니다. 예를 들어, '*vx=3'은 에러입니다. 출력도 물론 안 됩니다. 그럼 에러를 고쳐보겠습니다.

예제 | 5-15

```
01 : #include <stdio.h>
02 : void main( )
03 : {
04 :     char c=3;
05 :     double d=3.1;
06 :
07 :     void* vx=NULL;
08 :
09 :     vx=&c;
```

```
10 :     printf("vx가 저장한 값 : %x \n", vx);
11 :     printf("*vx의 값 : %d \n", *(char*)vx);        강제 형변환(char*)
12 :
13 :     vx=&d;
14 :     printf("vx가 저장한 값 : %x \n", vx);
15 :     printf("*vx의 값 : %lf \n", *(double*)vx);     강제 형변환(double*)
16 :
17 : }
```

::: 실행결과 ▶

vx가 저장한 값 : 12ff63
vx의 값 : 3
vx가 저장한 값 : 12ff50
vx의 값 : 3.100000
계속하려면 아무 키나 누르십시오 . . .

void형 포인터 변수는 아무 자료형의 주소를 저장할 수 는 있지만 * 연산자로 값을 간접 접근할 수 없습니다. 따라서 11행과 15행과 같이 강제 형변환이 필요합니다.

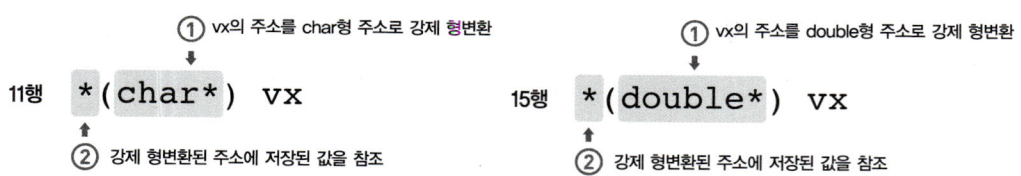

예제를 하나 더 분석해 보겠습니다. 17행부터 27행까지 추가된 코드입니다.

예제 | 5-16

```
01 : #include <stdio.h>
02 : void main( )
03 : {
04 :     char c=3;
```

```
05 :    double d=3.1;
06 :
07 :    void* vx=NULL;
08 :
09 :    vx=&c;
10 :    printf("vx가 저장한 주소 : %x \n", vx);
11 :    printf("*vx의 값 : %d \n", *(char*)vx);  ── 강제 형변환(char*)
12 :
13 :    vx=&d;
14 :    printf("vx가 저장한 주소 : %x \n", vx);
15 :    printf("*vx의 값: %lf \n", *(double*)vx);  ── 강제 형변환(double*)
16 :
17 :    vx=&c;
18 :    *(char*)vx=5;
19 :    printf("c가 저장한 값 : %d \n", c);
20 :    printf("*vx의 값 : %d \n", *(char*)vx);
21 :
22 :    vx=&d;
23 :    *(double*)vx=5.1;
24 :    printf("d가 저장한 값 : %lf \n",d);
25 :    printf("*vx의 값 : %lf \n", *(double*)vx);
26 :
27 : }
```

::: 실행결과 ▶

vx가 저장한 주소 : 12ff63
*vx의 값 : 3
vx가 저장한 주소 : 12ff50
*vx의 값 : 3.100000
c가 저장한 값 : 5
*vx의 값 : 5
d가 저장한 값 : 5.100000
*vx의 값 : 5.100000
계속하려면 아무 키나 누르십시오 . . .

18행은 void형 포인터 변수 vx를 (char*)로 강제 형변환하여 변수 c에 저장된 값을 5로 바꿉니다. 23행도 마찬가지로 void형 포인터 변수 vx를 (double*)로 강제 형변환하여 변수 d에 저장된 값을 5.1로 바꿉니다. void형 포인터를 이용할 때 가장 중요한 것은 강제 형변환입니다.

void형 포인터 변수와 관련해서 정리하면 다음과 같습니다.

- 모든 자료형의 주소를 저장할 수 있는 자유로운 포인터 변수이다.
- void형 포인터를 통해 주소가 아닌 값을 참조할 수는 없다. 값을 참조하려면 강제 형변환을 해야 한다.

 공부한 내용 떠올리기

⇨ 값에 의한 호출과 주소에 의한 호출에 대한 특징과 차이점
⇨ 주소를 반환하는 함수
⇨ 주소를 반환할 때 정적 변수의 유용성
⇨ 문자열 배열의 시작 주소를 반환하는 함수
⇨ main( ) 함수의 인자 전달과 역할
⇨ void형 포인터
⇨ void형 포인터의 강제 형변환

Chapter 05
포인터와 함수 그리고 void형 포인터

연/습/문/제/
Exercise

1 다음과 같이 실행 결과가 출력되었습니다. 결과를 보고 코드의 (//) 부분을 완성하세요.

::: 실행결과 ▶

```
A  ABCD  10  3.14
계속하려면 아무 키나 누르십시오 . . .
```

```c
#include <stdio.h>
// ① 함수의 선언부
int main(void)
{
    char c='A';
    char* str="ABCD";
    int num1=10;
    double num2=3.14;

    func(c, str, num1, num2);
    return 0;
}
// ② 함수의 정의부
```

2 다음과 같이 실행 결과가 출력되었습니다. 결과를 보고 코드의 (//) 부분을 완성하세요.

::: 실행결과 ▶

```
10 20 30 40
50 60 70 80
계속하려면 아무 키나 누르십시오 . . .
```

```
#include <stdio.h>
// ① 함수의 선언부
int main(void)
{
    int array1[4]={10, 20, 30, 40};
    int array2[2][2]={50, 60, 70, 80};

    func(array1, array2);
    return 0;
}
//② 함수의 정의부
```

3 다음 그림과 같이 크기가 8인 배열에 있는 값을 한 칸씩 옆으로 이동시키고 맨 마지막 칸에 있는 값을 배열의 첫 번째 주소로 이동시키는 프로그램을 작성하세요.

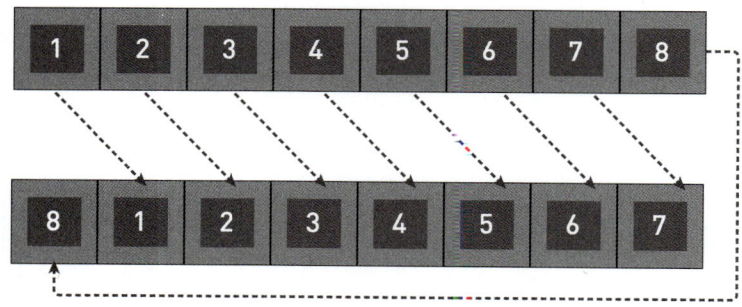

::: 실행결과 ▶

실행 전 : 1 2 3 4 5 6 7 8
실행 후 : 8 1 2 3 4 5 6 7
계속하려면 아무 키나 누르십시오 . . .

4 다음 swap( ) 함수의 메모리 구조를 그림을 통해 분석하세요.

```c
#include <stdio.h>

void swap(int* a, int* b);

int main( )
{
    int i=10, j=20;

    printf("main( ) : i=%d, j=%d \n", i, j);
    swap(&i, &j);
    printf("main( ) : i=%d, j=%d \n", i, j);

    return 0;
}

void swap(int* a, int* b)
{
    int temp;
    temp=*a;
    *a=*b;
    *b=temp;
}
```

5 다음 swap( ) 함수의 메모리 구조를 그림을 통해 분석하세요.

```c
#include <stdio.h>

void swap(int** q1, int** q2);

void main( )
{
    int a=10, b=20;
```

```c
    int *p1=NULL, *p2=NULL;

    p1=&a;
    p2=&b;

    printf("----------함수 호출 전-------- \n");
    printf("a = %d, b = %d \n", a, b);
    printf("*p1 = %d, *p2 = %d \n" *p1, *p2);

    swap(&p1, &p2);

    printf("----------함수 호출 후-------- \n");
    printf("a = %d, b = %d \n", a, b);
    printf("*p1 = %d, *p2 = %d \n", *p1, *p2);
}

void swap(int** q1, int** q2)
{
    int* temp;
    tmp=*q1;
    *q1=*q2;
    *q2=tmp;
}
```

6 입력 값 두 개를 받아서 이를 더하고, 빼고, 곱하고, 나누는 사칙연산 함수들을 다음과 같은 형태로 구현하세요.

```c
void* add(int a, int b);        // 입력 값 두 개를 받아 더하는 함수
void* subtract(int a, int b);   // 입력 값 두 개를 받아 빼는 함수
void* multiply(int a, int b);   // 입력 값 두 개를 받아 곱하는 함수
void* divide(int a, int b);     // 입력 값 두 개를 받아 나누는 함수
```

PART 3

열혈강의 *C 언어 본색*
Part 3

열 혈 강 의 ⓒ 언 어 본 색

제 1 장

구조체와 공용체란 무엇인가

▌학교에서 동아리 개설 신청을 받고 있는 선생님은 동아리를 개설하겠다고 몰려드는 학생들로 정신이 없었습니다. 신규 신청을 모두 받은 후에, 선생님은 동아리 목적과 동아리 이름, 동아리 멤버, 동아리의 지속성 등에 대한 심사를 진행하였습니다. 며칠 뒤에 선생님은 최종적으로 승인된 3개의 동아리를 발표했습니다. 발표 내용에는 ①동아리 이름, ②동아리 회원, ③동아리 회장과 같이 세 가지 정보가 있었습니다. 발표 후에 선생님은 다음과 같이 당부하셨습니다. "동아리와 관련된 정보에 대한 모든 접근은 동아리 회장을 통해서 이루어질 것입니다."

동아리 이름	축구 동아리	야구 동아리	개그 동다리
동아리 회원	김성용 박수영 박지승 이청영 ...	김태구 류현지 이대홍 이종번 ...	강호돈 유재숙 이수건 정영동 ...
동아리 회장	조광태	김경무	이경구

Part 3

제1장

1.1 구조체란 **1.2** 중첩 구조체 **1.3** 구조체와 배열 **1.4** 구조체와 포인터 **1.5** 구조체와 함수
1.6 공용체와 열거형

Chapter 01
구조체와 공용체란 무엇인가

앞에서 우리가 어떤 분야에서나 잠시 생각해 보아야 할 것은 동아리를 보는 시각입니다. 동아리에는 동아리 이름, 동아리 회원, 동아리 회장과 같은 정보가 있습니다. 동아리의 의미를 쉽게 표현해 본다면 같은 목적을 가진 회원들의 모임 즉, 그룹이라고 할 수 있습니다.

이처럼 일상에서의 동아리처럼 컴퓨팅 세계에서도 동아리와 같은 역할을 하는 자료형이 있는데 그것이 바로 구조체입니다. 구조체는 사용자가 정의해서 사용하는 사용자 정의 자료형으로 하나 이상의 변수들을 그룹화하여 새로운 자료형을 만들게 됩니다.

동아리와 마찬가지로 구조체도 ①구조체 이름, ②구조체 멤버 변수, ③구조체 변수와 같이 세 가지 정보가 필요합니다.

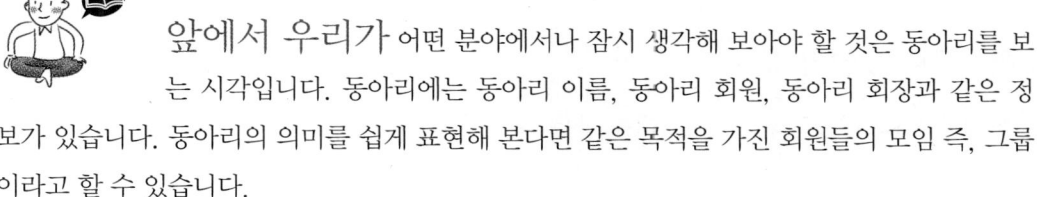

1.1 구조체란

구조체란 하나 이상의 변수를 묶어 그룹화하는 사용자 정의 자료형입니다. 그룹화할 때 같은 자료형을 가진 변수들을 묶어 그룹화할 수 있고, 서로 다른 자료형을 가진 변수들을 묶어 그룹화할 수도 있습니다.

그룹화(같은 자료형)

```
int a;
int b;
int c;
```

그룹화(다른 자료형)

```
int    a;
float  b;
double c;
```

이처럼 구조체는 기본 자료형(char, short, int, long, float, double, long double, unsigned 형)을 묶어서 만들게 됩니다. 이제부터 구조체를 정의하는 방법과 문법적인 사항들을 함께 살펴보겠습니다.

1.1.1 구조체 정의

구조체를 정의한다는 의미는 구조체를 만든다는 의미와 같습니다. 실제적으로 구조체 정의는 구조체 이름(동아리 이름), 구조체 멤버 변수(동아리 회원)를 만드는 행위입니다. 다음은 구조체를 정의하는 형식을 보여줍니다.

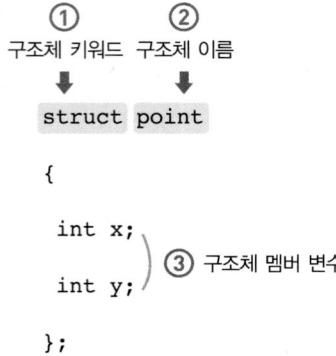

- **구조체 키워드** 구조체의 시작을 알리는 struct 키워드 지정
- **구조체 이름** 구조체를 구분하는 이름(동아리 이름)
- **멤버 변수** 구조체를 구성하는 구조체 멤버 변수의 이름

struct는 구조체의 시작을 알리는 구조체 키워드입니다. 그리고 point라는 이름으로 구조체를 정의하고 있습니다. 중괄호 사이에 있는 int x, int y와 같은 변수들은 구조체 point의 멤버 변수(동아리 회원)들입니다. 마지막의 세미콜론은 구조체 정의를 종료한다는 의미입니다. 이렇게 정의된 구조체(동아리)를 우리는 사용자 정의 자료형이라고 합니다.

Chapter 01
구조체와 **공용체**란 무엇인가

1.1.2 구조체 변수

구조체 변수란 구조체 멤버 변수에 접근하게 해주는 변수를 말합니다. 그럼 정의된 구조체로 구조체 변수를 선언하는 방법을 알아보겠습니다. 선언 방법은 두 가지입니다.

첫 번째는 구조체 정의와 구조체 변수 선언을 동시에 하는 방법입니다. 이 방법에서는 구조체 정의의 종료를 의미하는 세미콜론 앞에 구조체 변수의 이름을 적습니다.

```
struct point
{
        int x;
        int y;

} p1, p2, p3;         // 구조체 정의와 구조체 변수 선언을 동시에 하는 방법
```

예에서 p1, p2, p3는 구조체 변수들입니다. 구조체 변수도 변수라서 구조체 변수의 이름으로 메모리 공간이 생성되고 구조체 변수의 이름 앞에 & 연산자를 붙이면 구조체 변수의 시작 주소 &p1, &p2, &p3를 알 수 있습니다. 생성된 메모리 구조는 다음 그림과 같습니다.

구조체 변수 p1, p2, p3의 메모리 구조

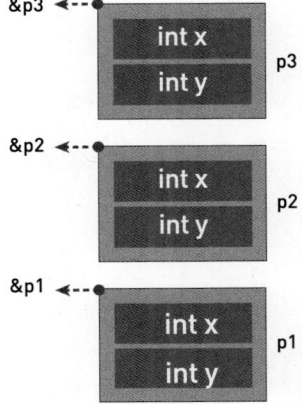

두 번째는 구조체 정의와 구조체 변수 선언을 따로 하는 방법입니다. 이 방법에서는 구조체를 정의한 후에 main( ) 함수에서 구조체 변수를 선언합니다. 이때 struct 키워드를 꼭 적어야 합니다.

```
#include <stdio.h>

struct point
{
    int x;
    int y;
};

int main(void)
{
    struct point p1, p2, p3;        // 구조체 변수를 개별적으로 선언하는 방법
    ...
    return 0;
}
```

다음 그림은 일반 변수와 구조체 변수의 선언을 비교해서 보여줍니다. 일반 변수의 선언에서 두 표현이 같듯이 구조체 변수의 선언에서도 두 표현이 같습니다.

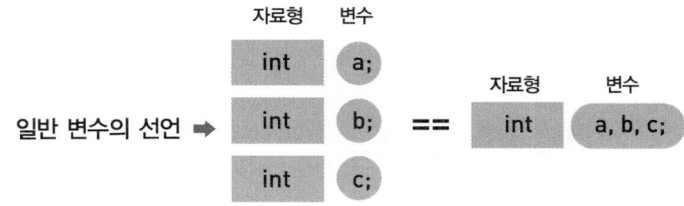

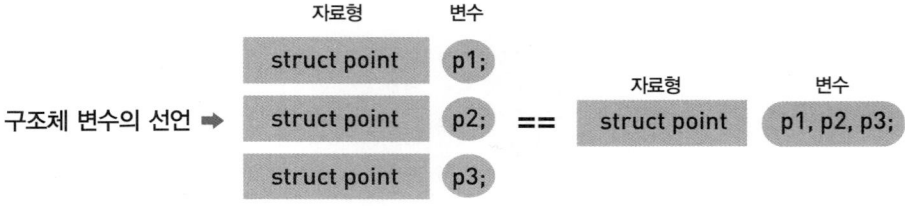

1.1.3 구조체 변수로 멤버 변수에 접근하기

실제로 구조체 변수를 사용하는 방법 즉, 구조체 변수로 멤버 변수에 접근하는 방법을 살펴보겠습니다. 다음 예제를 봅시다.

예제 | 1-1

```
01 : #include <stdio.h>
02 :
03 : struct group              ──── 구조체 정의
04 : {
05 :     int a;
06 :     double b;
07 : };
08 :
09 : int main(void)
10 : {
11 :     struct group g1;       ──── 구조체 변수 g1 선언
12 :
13 :     g1.a=10;           ┐
14 :     g1.b=1.1234;       ┴── 구조체 변수로 멤버 변수 접근
15 :
16 :     printf("g1.a의 값 : %d \n", g1.a);
17 :     printf("g1.b의 값 : %lf \n", g1.b);
18 :
19 :     return 0;
20 : }
```

∷ 실행 결과 ▶

g1.a의 값 : 10
g1.b의 값 : 1.123400
계속하려면 아무 키나 누르십시오 . . .

3행부터 7행까지에서 group이라는 이름으로 구조체를 정의합니다. 11행에서 구조체 변수 g1을 선언합니다. 13행과 14행에서 구조체 변수 g1으로 멤버 변수 a와 b에 접근해서 데이터를 저장합니다.

구조체 변수 g1의 메모리 구조

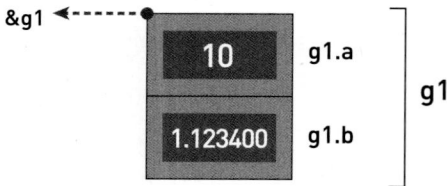

관련 예제를 하나 더 살펴보겠습니다. scanf( ) 함수를 이용하여 구조체에 데이터를 저장하는 예제입니다.

예제 | 1-2

```
01 : #include <stdio.h>
02 :
03 : struct group                                    ── 구조체 정의
04 : {
05 :     int a;
06 :     double b;
07 : };
08 :
09 : int main(void)
10 : {
11 :     struct group g1;                            ── 구조체 변수 g1 선언
12 :
13 :     scanf("%d %lf", &g1.a, &g1.b);              ── 데이터 저장
14 :
15 :     printf("g1.a의 값 : %d \n", g1.a);
16 :     printf("g1.b의 값 : %lf \n", g1.b);
17 :
18 :     return 0;
19 : }
```

::: 실행 결과 ▶

10
10.2

g1.a의 값 : 10
g1.b의 값 : 10.200000
계속하려면 아무 키나 누르십시오 . . .

앞의 두 예제로 살펴본 것처럼 구조체 변수로 멤버 변수에 접근할 때 접근(.) 연산자를 사용합니다. 구조체 변수를 적고 점(Dot)을 찍은 다음에 접근할 멤버 변수를 적으면 됩니다.

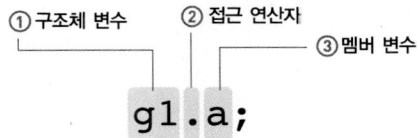

- **구조체 변수** 멤버 변수에 접근하게 해주는 구조체 변수의 이름을 지정
- **접근 연산자** 구조체 변수로 멤버 변수에 접근하기 위해 연산자를 지정
- **멤버 변수** 접근하려는 멤버 변수의 이름을 지정

1.1.4 구조체 변수의 초기화

구조체 변수도 일반 변수처럼 초기화를 할 수 있습니다. 초기화를 할 때는 값들을 중괄호로 묶습니다. 다음 예제는 구조체 변수를 초기화하는 코드입니다.

예제 | 1-3

```
01 : #include <stdio.h>
02 :
03 : struct point
04 : {
05 :     int x;
06 :     int y;
07 : };
08 :
09 : int main(void)
10 : {
11 :     struct point p1={10, 20};         ──── 구조체 변수의 초기화
```

```
12 : `
13 :     printf("%d %d \n", p1.x, p1.y);
14 :
15 :     return 0;
16 : }
```

::: 실행 결과 ▶

```
10 20
계속하려면 아무 키나 누르십시오 . . .
```

3행부터 7행까지에서 point라는 이름의 구조체를 정의합니다. 11행에서 중괄호를 이용하여 구조체 변수 p1을 선언하고 동시에 초기화합니다.

구조체 변수 p1의 메모리 구조

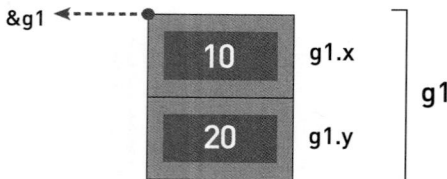

기본 자료형뿐만 아니라 구조체(사용자 정의 자료형)도 변수 선언과 동시에 초기화를 할 수 있습니다. 이렇게 하면 코드 수도 줄고 일시적으로 구조체 변수에 쓰레기 값이 저장되는 것을 방지합니다.

다음 예제를 봅시다.

예제 | 1-4

```
01 : #include <stdio.h>
02 :
03 : struct point
```

```
04 :    {
05 :        int x;
06 :        int y;
07 :    };
08 :
09 :    int main(void)
10 :    {
11 :        struct point p1={10, 20};
12 :        struct point p2={30, 40};
13 :        struct point p3={0, 0};
14 :
15 :        p3.x=p2.x - p1.x;
16 :        p3.y=p2.y - p1.y;
17 :
18 :        printf("%d %d \n", p3.x , p3.y);
19 :
20 :        return 0;
21 :    }
```

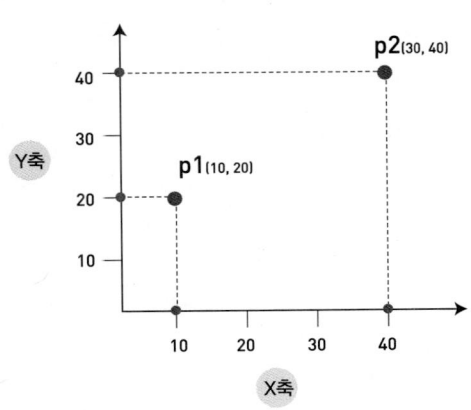

::: 실행 결과 ▶

20 20
계속하려면 아무 키나 누르십시오 . . .

구조체 변수 p1, p2, p3의 메모리 구조

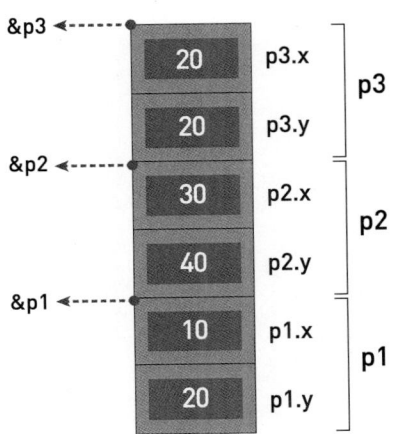

11행부터 13행까지에서 구조체 변수 p1, p2, p3를 선언하고 동시에 초기화합니다. 15행과 16행에서 구조체 변수 p3를 이용하여 p3.x에 p2.x - p1.x의 결과를 저장하고, p3.y에 p2.y -p1.y의 결과를 저장합니다. 최종적으로 구조체 변수 p1, p2, p3의 메모리 구조는 왼쪽 그림과 같습니다.

앞의 두 예제를 보면 구조체 변수를 선언하고 동시에 초기화할 때 중괄호 내에 멤버 변수들의 값을 순서대로 적었습니다. 그러나 다음처럼 구조체 변수의 선언과 구조체 변수의 초기화를 따로 하면 에러가 발생합니다.

```
struct point p1;
p1={10, 20};       // 구조체 변수 초기화 에러
```

에러가 발생하지 않게 하려면 다음처럼 구조체 변수로 멤버 변수에 접근해야 합니다. 의외로 실수를 많이 하는 부분이므로 잘 참고하기 바랍니다.

```
struct point p1;
p1.x=10;      // 정상 : 구조체 변수 초기화 성공
p1.y=20;      // 정상 : 구조체 변수 초기화 성공
```

1.1.5 구조체 변수의 복사

다음 예를 보면 변수 a의 값 3을 변수 b에 복사하고 있습니다. 변수 a와 b 모두 int형이기 때문에 문제없이 복사됩니다.

```
...
int a=3;
int b=0;
b=a;       // 변수의 복사
printf(" %d %d \n", a, b);
...
```

이처럼 변수 간의 복사가 가능하듯이 구조체 변수도 서로 복사가 가능합니다.

```
...
struct point p1={10, 20};
struct point p2={0, 0};
p2=p1;     // 구조체 변수의 복사
...
```

다음 예제는 구조체 변수들 간에 복사를 하는 코드입니다.

예제 | 1-5

```
01 : #include <stdio.h>
02 :
03 : struct point
04 : {
05 :     int x;
06 :     int y;
07 : };
08 :
09 : int main(void)
10 : {
11 :     struct point p1={10, 20};
12 :     struct point p2={0, 0};
13 :
14 :     p2=p1;                          구조체 변수 p2에 p1을 복사
15 :
16 :     printf("%d %d \n", p1.x, p1.y);
17 :     printf("%d %d \n", p2.x, p2.y);
18 :
19 :     return 0;
20 : }
```

::: 실행 결과 ▶

10 20
10 20
계속하려면 아무 키나 누르십시오 . . .

14행에서 구조체 변수 p2(p2.x, p2.y)에 구조체 변수 p1(p1.x, p1.y)을 복사합니다.

구조체 변수 간의 복사

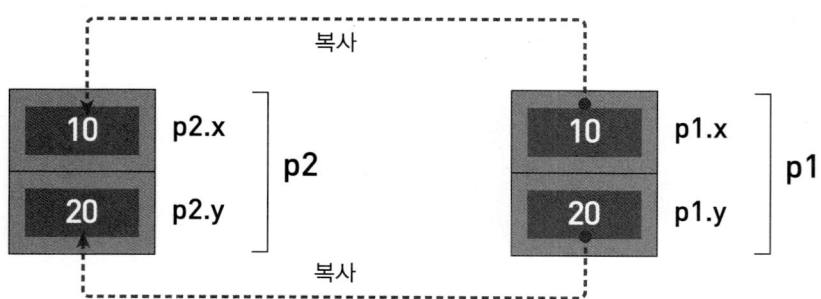

예제를 하나 더 보겠습니다. 구조체 변수들 간에 덧셈 연산을 하는 코드입니다. 과연 연산이 가능할까요?

예제 1-6

```
01 : #include <stdio.h>
02 :
03 : struct point
04 : {
05 :     int x;
06 :     int y;
07 : };
08 :
09 : int main(void)
10 : {
11 :     struct point p1={10, 20};
12 :     struct point p2={0, 0};
13 :
14 :     p2+p1;          구조체 변수 간의 덧셈 연산, 에러 발생
15 :     p2-p1;          구조체 변수 간의 뺄셈 연산, 에러 발생
16 :
17 :     return 0;
18 : }
```

14행과 15행에서 에러가 발생합니다. 그 이유는 구조체 변수들은 사용자 정의 자료형이어서 덧셈, 뺄셈, 곱셈, 나눗셈과 같은 연산은 불가능합니다. 오로지 대입 연산만 가능합니다.

 구조체가 필요한 이유는 프로그래밍을 할 때 관련 있는 데이터들을 묶어서 하나의 자료형으로 그룹화 하면 관리가 쉽고 코드의 가독성과 간결성이 한결 높아지기 때문입니다.

1.2 중첩 구조체

1.2.1 중첩 구조체

중첩 구조체는 구조체 내에 구조체가 포함되어 있다는 의미입니다. 즉, 멤버 변수로 구조체 변수를 사용하게 됩니다. 관련 예제로 자세히 알아보겠습니다.

예제 1-7

```
01 : #include <stdio.h>
02 :
03 : struct score
04 : {
05 :     double math;
06 :     double english;
07 :     double total;
08 : };
09 :
10 : struct student
11 : {
12 :     int no;
13 :     struct score s;   ── 구조체 변수 s를 구조체 student의
14 : };                        멤버 변수로 사용(중첩 구조체)
15 :
16 : int main(void)
17 : {
18 :     struct student stu;
```

```
19 :
20 :        stu.no=20101323;
21 :        stu.s.math=90;
22 :        stu.s.english=80;
23 :        stu.s.total=stu.s.math + stu.s.english;
24 :
25 :        printf("학번 : %d \n", stu.no);
26 :        printf("총점 : %lf \n", stu.s.total);
27 :
28 :        return 0;
29 : }
```

::: 실행 결과 ▶

학번 : 20101323
총점 : 170.000000
계속하려면 아무 키나 누르십시오 . . .

3행부터 **8행**까지에서 score라는 이름의 구조체를 정의합니다. **10행**부터 **14행**까지에서 student 라는 이름의 구조체를 정의합니다. 그런데 구조체 student의 멤버 변수로 'struct score s' 즉, 구조체 변수 s가 포함되어 있습니다. **18행**에서 구조체 student의 멤버 변수에 접근할 수 있는 구조체 변수 stu를 선언합니다. **20행**에서 구조체 변수 stu를 통해 구조체 student의 멤버 변수 no에 데이터를 저장합니다. 따라서 stu.no가 됩니다.

21행에서 구조체 변수 stu를 통해 구조체 student의 멤버 변수 s에 접근하고, 멤버 변수 s는 구조체 score의 멤버 변수에 접근할 수 있는 구조체 변수도 되기 때문에 구조체 score의 멤버 변수 math, english, total에 접근할 수 있습니다. 따라서 stu.s.math, stu.s.english, stu.s.total이 됩니다.

이와 같이 . 연산자 두 개를 사용해서 중첩 구조체에 접근하는 것이 가능합니다. 다음 그림은 중첩 구조체 변수 stu의 메모리 구조를 표현하고 있습니다.

Chapter 01
구조체와 공용체란 무엇인가

중첩 구조체 변수 stu의 메모리 구조

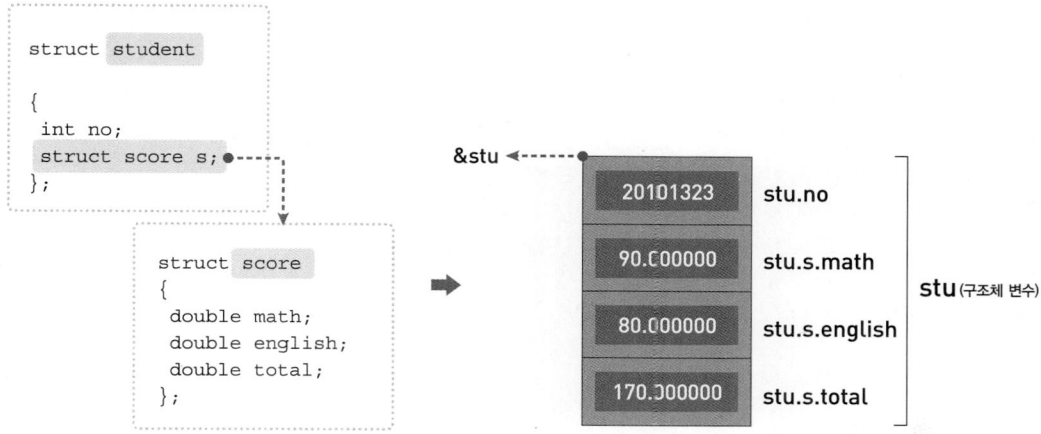

1.2.2 중첩 구조체의 초기화

중첩 구조체는 구조체가 구조체를 내포하고 있다는 의미라고 했습니다. 앞의 예제를 이용해서 중첩 구조체를 선언하고 동시에 초기화하는 방법을 공부해 보겠습니다. 다음 예제는 중첩 구조체 student의 구조체 변수 stu를 선언하고 동시에 초기화합니다.

예제 | 1-8

```
01 : #include <stdio.h>
02 :
03 : struct score
04 : {
05 :    double math;
06 :    double english;
07 :    double total;
08 : };
09 :
10 : struct student
11 : {
12 :    int no;
13 :    struct score s;         구조체 변수 s를 구조체 student의
                                멤버 변수로 사용(중첩 구조체)
14 : };
```

```
15 :
16 : int main(void)
17 : {
18 :     struct student stu={20101323, {90, 80, 0}};
19 :     // struct student stu={20101323, 90, 80, 0};
20 :
21 :     stu.s.total=stu.s.math + stu.s.english;
22 :     printf("학번 : %d \n", stu.no);
23 :     printf("총점 : %lf \n", stu.s.total);
24 :
25 :     return 0;
26 : }
```

::: 실행 결과 ▶

학번 : 20101323
총점 : 170.000000
계속하려면 아무 키나 누르십시오 . . .

18행에서 구조체 변수 stu를 선언하고 동시에 초기화합니다. 특이한 점은 {90, 80, 0}이 중괄호로 둘러싸여 있습니다. 90은 stu.s.math에 저장되고, 80은 stu.s.english에 저장되며, 0은 stu.s.total에 저장됩니다. 이렇게 중괄호로 둘러싸인 데이터는 중첩 구조체에서 범위를 지정할 때 유용합니다.

중첩 구조체 변수에서 중괄호를 사용한 초기화

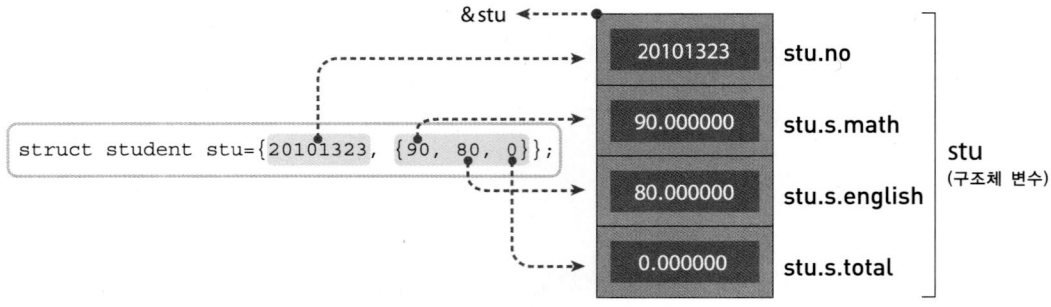

19행의 주석 부분은 18행과 같은 결과를 출력합니다. 둘의 차이는 중괄호가 있느냐 없느냐입니다. 이렇게 19행처럼 중괄호를 생략해도 데이터는 순서대로 저장됩니다.

중첩 구조체 변수에서 중괄호를 생략한 초기화

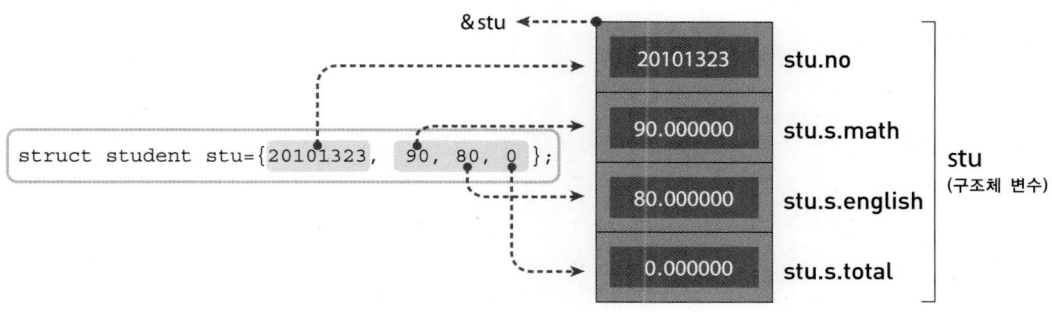

1.2.3 typedef를 이용한 구조체의 재정의

우리는 Part1에서 자료형을 배울 때 typedef의 사용 방법을 함께 배웠습니다. 잠시 복습해 보겠습니다. 다음은 typedef의 사용 방법을 보여줍니다.

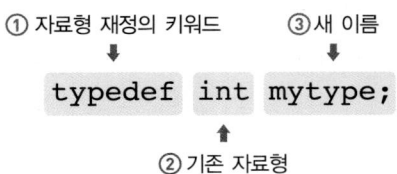

- **자료형 재정의 키워드** 기존 자료형을 새 이름으로 재정의하는 typedef 키워드를 지정
- **기존 자료형** 기존 자료형을 지정
- **새 이름** 새롭게 정의하는 이름을 지정

typedef를 사용해서 기존 자료형에 새 이름을 부여할 수 있습니다. 그럼 구조체에도 typedef를 사용할 수 있겠습니까? 그렇습니다. 구조체에도 typedef를 사용해서 새 이름을 부여할 수 있습니다.

다음 예제는 구조체에서 typedef를 사용하는 두 가지 방법입니다.

예제 | 1-9

```
01 : #include <stdio.h>
02 :
03 : typedef struct score          ─── 구조체에서 typedef를 사용하는 방법 1
04 : {
05 :     double math;
06 :     double english;
07 :     double average;
08 : } SCORE;
09 :
10 : struct student
11 : {
12 :     int no;
13 :     SCORE s;                  ─── struct socre s;
14 : };
15 :
16 : typedef struct student STUDENT;   ─── 구조체에서 typedef를 사용하는 방법 2
17 :
18 : int main(void)
19 : {
20 :     STUDENT stu={20101323, {90, 80, 0}};
21 :
22 :     stu.s.average=(stu.s.math + stu.s.english)/2;
23 :     printf("학번 : %d \n", stu.no);
24 :     printf("평균 점수 : %lf \n", stu.s.average);
25 :
26 :     return 0;
27 : }
```

::: 실행 결과 ▶

학번 : 20101323
평균 점수 : 85.000000
계속하려면 아무 키나 누르십시오 . . .

3행부터 **8행**까지에서 구조체 정의와 동시에 typedef를 사용해서 struct score를 SCORE로 재정의합니다. 맨 처음 typedef 키워드를 적고, 맨 뒤에 재정의할 이름을 적습니다. 따라서 **13행**의 'SCORE s'는 'struct score s'와 같습니다. **10행**부터 **14행**까지에서 구조체 student를 정의합니다.

16행에서 typedef를 사용해서 struct student를 STUDENT로 재정의합니다. 그런데 구조체의 정의가 생략되어 있습니다. 즉, struct student에 대한 구조체 정의는 10행부터 14행까지에서 했기 때문에 생략해도 됩니다. **20행**에서 'STUDENT stu'는 'struct student stu'와 같습니다.

정리하면 구조체에서 typedef를 사용할 때 다음 그림처럼 ① 구조체 정의와 동시에 typedef 문을 선언하는 방법과 ② 구조체 정의와 개별적으로 typedef 문을 선언하는 방법이 있습니다. 그림에서 점선으로 처리한 부분이 예제에서 사용한 방법입니다.

① 구조체 정의와 동시에 typedef 선언

```
typedef struct score
{
    double math;
    double english;
    double average;
} SCORE;
```

```
typedef struct student
{
    int no;
    SCORE s;
} STUDENT;
```

② 구조체 정의와 개별적으로 typedef 선언

```
struct score
{
    double math;
    double english;
    double average;
};
typedef struct score SCORE;
```

```
struct student
{
    int no;
    SCORE s;
};
typedef struct score STUDENT;
```

1.3 구조체와 배열

앞에서 배운 것을 응용하여 이제 구조체와 배열을 이해할 차례입니다. 이번 절에서는 다음과 같이 세 가지 사항을 배우겠습니다.

- 멤버 변수로 배열 사용하기
- 구조체 변수로 배열 사용하기
- 멤버 변수로 배열을 사용할 때 주의 사항

1.3.1 멤버 변수로 배열 사용하기

구조체의 멤버 변수로 배열을 사용하는 방법은 이전에 배운 기본 자료형으로 배열을 사용하는 방법과 같습니다. 다음 예제는 학생 세 명의 학번, 이름, 총점을 출력하는 코드입니다.

예제 1-10

```
01 : #include <stdio.h>
02 :
03 : struct student
04 : {
05 :     char no[10];        ─ 학번
06 :     char name[20];      ─ 이름
07 :     double math;        ─ 수학 점수
08 :     double english;     ─ 영어 점수
09 :     double total;       ─ 총점
10 : };
11 :
12 : int main(void)
13 : {
14 :     struct student stu1={"20101323", "Park", 80, 80, 0};   ─ 학생 1의 정보
15 :     struct student stu2={"20101324", "Kim", 95, 85, 0};    ─ 학생 2의 정보
16 :     struct student stu3={"20101325", "Lee", 100, 90, 0};   ─ 학생 3의 정보
17 :
18 :     stu1.total=stu1.math + stu1.english;
19 :     printf("학번 : %s, 이름 : %s \n", stu1.no, stu1.name);  ─ . 연산자로 멤버 변수(배열) 접근
20 :     printf("총점 : %lf \n", stu1.total);
```

```
21 :
22 :     printf("\n");
23 :     stu2.total=stu2.math + stu2.english;
24 :     printf("학번 : %s, 이름 : %s \n", stu2.no, stu2.name);
25 :     printf("총점 : %lf \n", stu2.total);
26 :
27 :     printf("\n");
28 :     stu3.total=stu3.math + stu3.english;
29 :     printf("학번 : %s, 이름 : %s \n", stu3.no, stu3.name);
30 :     printf("총점 : %lf \n", stu3.total);
31 :
32 :     return 0;
33 : }
```

24행, 29행 주석: . 연산자로 멤버 변수(배열) 접근

::: 실행 결과 ▶

학번 : 20101323, 이름 : Park
총점 : 160.000000

학번 : 20101324, 이름: Kim
총점 : 180.000000

학번 : 20101325, 이름: Lee
총점 : 190.000000
계속하려면 아무 키나 누르십시오 . . .

5행에서 학번을 저장하는 10바이트 크기의 문자열 배열 char no[10]을 선언합니다. 이전까지 예제에서는 학번을 위해 int형 변수를 선언했지만, 학번은 산술 연산을 필요로 하지 않아서 여기서는 문자열로 처리하려고 합니다. **6행**에서 이름을 저장하는 20바이트 크기의 문자열 배열 char name[20]을 선언합니다.

14행부터 **16행**까지에서 세 명의 학생 정보를 저장하려고 구조체 변수 세 개를 선언하고 동시에 초기화하였습니다. 그런데 학생 수가 많아지면 어떻게 해야 할 것인가? 이 문제를 해결하는 방법은 잠시 미루겠습니다.

19행, **24행**, **29행**에서 구조체의 멤버 변수로 사용하는 태열에 접근하려고 구조체 변수와 . 연

산자를 사용합니다. 그리고 문자열을 출력하기 위해 서식 문자 %s를 사용합니다. 결과적으로 문자열의 시작 주소를 입력받아 시작 주소에 저장된 문자부터 종료 문자를 만날 때까지 출력합니다.

1.3.2 구조체 변수로 배열 사용하기

앞서 다룬 예제는 문제가 하나 있습니다. 잠깐 언급했지만 학생 수가 많아지면 구조체 변수(stu1, stu2, stu3 …)도 많이 필요합니다. 만일 학생이 100명이라면 구조체 변수도 100개를 만들어야 하겠습니까? 아닙니다. 구조체 변수로 배열을 사용하면 해결이 됩니다.

다음 예제는 학생 정보를 다루면서 구조체 변수를 배열로 사용하는 코드입니다. 앞서 다룬 예제와 같은 결과를 얻지만 코드 길이가 다릅니다. 확인해 보겠습니다.

예제 | 1-11

```
01 : #include <stdio.h>
02 :
03 : struct student
04 : {
05 :     char no[10];
06 :     char name[20];
07 :     double math;
08 :     double english;
09 :     double total;
10 : };
11 :
12 : int main(void)
13 : {
14 :     int i=0;
15 :     struct student stu[3]={
16 :         {"20101323", "Park", 80, 80, 0},
17 :         {"20101324", "Kim", 95, 85, 0},
18 :         {"20101325", "Lee", 100, 90, 0}
19 :     };
20 :
21 :     for(i=0; i<3; i++)
```

```
22 :    {
23 :        stu[i].total=stu[i].math + stu[i].english;
24 :        printf("학번 : %s, 이름 : %s \n", stu[i].no, stu[i].name);
25 :        printf("총점 : %lf \n", stu[i].total);
26 :        printf("\n");
27 :    }
28 :
29 :    return 0;
30 : }
```

::: 실행 결과 ▶

학번 : 20101323, 이름 : Park
총점 : 160.000000

학번 : 20101324, 이름 : Kim
총점 : 180.000000

학번 : 20101325, 이름 : Lee
총점 : 190.000000

계속하려면 아무 키나 누르십시오 . . .

15행부터 19행까지에서 구조체 변수로 배열을 선언하고 동시에 초기화합니다. 배열 요소는 0부터 시작하기 때문에 stu[0], stu[1], stu[2]가 생성됩니다. 다음 그림은 생성된 구조체 배열의 메모리 구조를 표현하고 있습니다.

구조체 배열의 메모리 구조

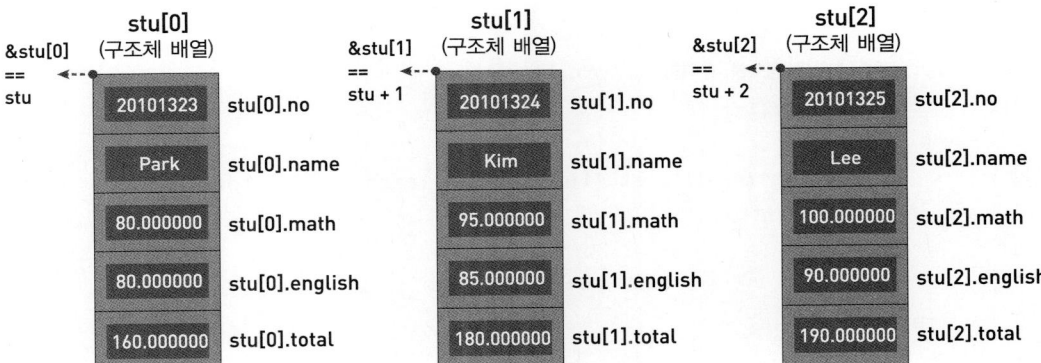

21행부터 27행까지에서 반복문을 사용하여 배열 요소에 저장된 개별 데이터를 출력합니다. 구조체 배열과 . 연산자로 구조체의 멤버 변수들에 접근합니다.

예제를 하나 더 보겠습니다. scanf( ) 함수를 이용해서 데이터를 입력받고, printf( ) 함수를 이용해서 저장된 데이터를 출력하는 코드입니다.

예제 | 1-12

```
01 :  #include <stdio.h>
02 :
03 :  struct student
04 :  {
05 :      char no[10];
06 :      char name[20];
07 :      double total;
08 :  };
09 :
10 :  int main(void)
11 :  {
12 :
13 :      struct student stu[3];
14 :      int i=0;
15 :
16 :      for(i=0; i<3; i++)
17 :      {
18 :          printf("학번 이름 총점 순으로 입력하세요 : ");
19 :          scanf("%s %s %lf", stu[i].no, stu[i].name, &stu[i].total);
20 :      }
21 :      printf("\n");
22 :
23 :      printf("학생 정보를 출력합니다. \n");
24 :      for(i=0; i<3; i++)
25 :      {
26 :          printf("%s %s %lf", stu[i].no, stu[i].name, stu[i].total);
27 :          printf("\n");
28 :      }
29 :
30 :      return 0;
31 :  }
```

::: 실행 결과 ▶

학번 이름 총점 순으로 입력하세요 : 20101323 Park 160
학번 이름 총점 순으로 입력하세요 : 20101324 Kim 180
학번 이름 총점 순으로 입력하세요 : 20101325 Lee 190

학생 정보를 출력합니다.
20101323 Park 160.000000
20101324 Kim 180.000000
20101325 Lee 190.000000
계속하려면 아무 키나 누르십시오 . . .

13행에서 구조체 배열을 선언합니다. 총 세 명의 학생 정보를 저장할 수 있습니다. **19행**에서 세 명의 학생 정보를 입력받습니다. 특이한 점은 scanf( ) 함수는 주소를 사용하기 때문에 stu[i].no, stu[i].name, &stu[i].total은 모두 주소를 나타냅니다. 즉, 배열 이름은 시작 주소이기 때문에 '구조체 배열.배열 이름'의 형태는 주소를 의미합니다. 따라서 stu[i].no와 stu[i].name에 & 연산자를 붙이지 않은 이유를 알 수 있습니다. 배열 이름은 그 자체로 주소라는 것을 상기하기 바랍니다.

26행에서 구조체 배열에 저장된 학생 정보를 출력합니다. 특이한 점은 서식 문자 %s는 문자열의 시작 주소를 입력받아 종료 문자까지 출력하기 때문에 stu[i].no과 stu[i].name은 구조체의 멤버 변수들의 시작 주소를 나타냅니다. 그리고 stu[i].total은 구조체의 멤버 변수에 저장된 값을 %lf 형식으로 출력합니다. 이처럼 구조체 변수로 배열을 이용하면 코드의 길이도 줄고 관리도 쉽습니다.

1.3.3 멤버 변수로 배열을 사용할 때 주의할 점

멤버 변수로 배열을 사용할 때는 주의할 점이 있습니다. 다음 예제는 에러가 발생하는 잘못된 코드입니다.

예제 | 1-13

```
01 : #include <stdio.h>
02 :
```

```
03 :    struct student
04 :    {
05 :        char no[10];        ─┐
06 :        char name[20];      ─┴ 멤버 변수로 배열 선언
07 :    };
08 :
09 :    int main(void)
10 :    {
11 :        int i=0;
12 :        struct student stu;
13 :
14 :        stu.no="20101323";  ─┐
15 :        stu.name="Park";    ─┴ 에러 발생
16 :        printf("학번 : %s, 이름 : %s \n", stu.no, stu.name);
17 :
18 :        return 0;
19 :    }
```

14행과 **15행**에서 에러가 발생합니다. 아무 문제가 없어 보이지만, 주의 깊게 보면 no와 name은 배열 이름입니다. 배열 이름은 배열의 시작 주소인데 시작 주소에 문자열을 저장하고 있으므로 당연히 에러가 발생합니다.

다음 예제는 앞 예제를 올바르게 수정한 코드입니다.

예제 | 1-14

```
01 : #include <stdio.h>
02 : #include <string.h>
03 :
04 : struct student
05 : {
06 :     char no[10];        ─┐
07 :     char name[20];      ─┴ 멤버 변수로 배열 선언
08 : };
09 :
10 : int main(void)
11 : {
12 :     int i=0;
```

```
13 :        struct student stu;
14 :
15 :        strcpy(stu.no, "20101323");         ──── stu.no="20101323";
16 :        strcpy(stu.name, "Park");           ──── stu.name="Park";
17 :        printf("학번 : %s, 이름 : %s \n", stu.no, stu.name);
18 :
19 :        return 0;
20 :    }
```

::: 실행 결과 ▶

학번 : 20101323, 이름 : Park
계속하려면 아무 키나 누르십시오 . . .

구조체 멤버 변수로 문자열 배열을 사용하는 경우 구조체 변수를 선언하고 동시에 초기화하지 않으면, 함수를 사용해서 문자열을 저장해야 합니다. 이런 함수가 strcpy( ) 함수입니다.

2행에서 #include 〈string.h〉를 추가했습니다. 헤더 파일 stdio.h를 가지고 scanf( ) 함수나 printf( ) 함수를 사용할 수 있는 것처럼, 헤더 파일 string.h를 가지고 문자열 처리 함수를 사용할 수 있습니다. **6행**과 **7행**에서 구조체의 멤버 변수로 문자열 배열을 선언합니다. **15행**과 **16행**에서 strcpy( ) 함수를 사용해서 문자열을 저장합니다. 문자열 처리 함수에 대해서는 다음 장에서 자세히 배우므로 이 정도만 알아 둡시다.

1.4 구조체와 포인터

이미 Part 2에서 우리는 포인터를 공부했습니다. 지금부터는 구조체와 포인터에 대하여 알아보겠습니다. 구조체에서 포인터를 사용하는 경우는 다음과 같이 세 가지입니다.

① 멤버 변수로 포인터 사용하기
② 구조체 변수로 포인터 사용하기
③ 자기 참조 구조체와 외부 참조 구조체

지금부터 각각에 대하여 살펴보기로 하겠습니다.

1.4.1 멤버 변수로 포인터 사용하기

이번 절에서는 구조체에서 포인터를 사용하는 첫 번째 경우를 보겠습니다. 예를 들어 point라는 이름의 구조체가 있다면 다음과 같이 멤버 변수로 포인터를 사용할 수 있습니다. 이렇게 선언된 포인터 변수 x와 y는 int형 변수의 주소를 저장할 수 있습니다.

```
struct point
{
    int* x;         // 멤버 변수로 1차원 포인터 선언
    int* y;         // 멤버 변수로 1차원 포인터 선언
};
```

다음 예제를 가지고 멤버 변수로 1차원 포인터를 사용하는 경우를 살펴보겠습니다.

예제 1-15

```
01 : #include <stdio.h>
02 :
03 : struct point
04 : {
05 :     int* x;
06 :     int* y;
07 : };
08 :
09 : int main(void)
10 : {
11 :     int num1=4;
12 :     int num2=5;
13 :     struct point p1;
14 :
15 :     p1.x=&num1;
16 :     p1.y=&num2;
17 :
```

```
18 :     printf("%d %d \n", num1, num2);
19 :     printf("%d %d \n", *p1.x, *p1.y);
20 :
21 :     return 0;
22 : }
```

::: 실행 결과 ▶

4 5
4 5
계속하려면 아무 키나 누르십시오 . . .

5행과 6행에서 멤버 변수로 1차원 포인터 변수 x와 y를 선언합니다. 13행에서 구조체 변수로 p1을 선언합니다. 15행과 16행에서 구조체 변수 p1과 . 연산자를 통해 포인터 변수 x와 y에 접근합니다. p1.x에 &num1(변수 num1의 주소)를 저장하고, p1.y에 &num2(변수 num2의 주소)를 저장합니다.

구조체 변수 p1과 변수 num1, num2의 메모리 구조

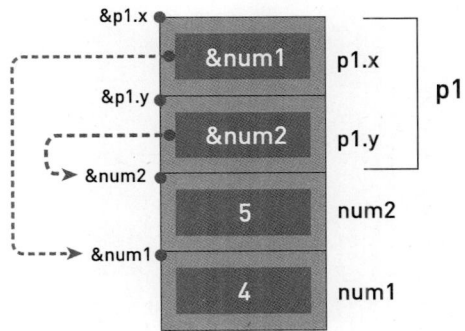

19행에서 . 연산자가 * 연산자보다 우선순위가 높기 때문에 *p1.x는 p1.x부터 수행합니다. p1.x에 저장된 값은 &num1입니다. 결국, *p1.x는 *&num1과 같은 표현이고 *&은 서로 상쇄됩니다. 따라서 같은 메모리 공간을 가리키게 됩니다. *p1.y == num2가 성립된다는 것을 알 수 있습니다.

다음은 멤버 변수로 다차원 포인터를 사용하는 경우입니다. 1차원 포인터 변수 x는 일반 변수의 주소를 저장할 수 있고, 2차원 포인터 변수 y는 1차원 포인터 변수의 주소를 저장할 수 있습니다.

```
struct point
{
    int* x;           // 멤버 변수로 1차원 포인터 선언
    int** y;          // 멤버 변수로 2차원 포인터 선언
};
```

다음 예제는 멤버 변수로 1차원 포인터와 2차원 포인터를 같이 사용한 경우입니다.

예제 | 1-16

```
01 : #include <stdio.h>
02 :
03 : struct point
04 : {
05 :     int* x;
06 :     int** y;
07 : };
08 :
09 : int main(void)
10 : {
11 :     int num1=3;
12 :     struct point p1;
13 :
14 :     p1.x=&num1;
15 :     p1.y=&p1.x;
16 :
17 :     printf("%d %d %d \n", num1, *p1.x, **p1.y);
18 :
19 :     return 0;
20 : }
```

::: 실행 결과 ▶

3 3 3
계속하려면 아무 키나 누르십시오 . . .

5행과 **6행**에서 1차원 포인터 변수 x와 2차원 포인터 변수 y를 멤버 변수로 선언합니다. **14행**에서 구조체 변수 p1과 . 연산자를 통해 p1.x에 &num1(변수 num1의 주소)을 저장합니다. **15행**에서 구조체 변수 p1과 . 연산자를 통해 p1.y에 &p1.x(p1.x의 시작 주소)를 저장합니다. p1.y는 2차원 포인터 변수이기 때문에 1차원 포인터 변수의 주소를 저장해야 합니다. 따라서 p1.y=&p1.x는 올바른 표현입니다.

구조체 변수 p1과 변수 num1의 메모리 구조

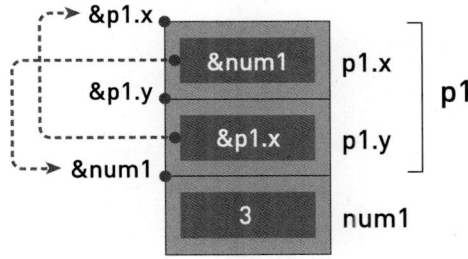

17행에서 p1.x는 * 연산자를 한 개 사용하여 변수 num1의 값에 접근할 수 있고, p1.y는 * 연산자를 두 개 사용하여 변수 num1의 값에 접근할 수 있습니다. Part2에서 배운 다차원 포인터 변수의 개념과 다르지 않습니다.

다음 예제는 구조체 변수의 시작 주소와 구조체의 첫 번째 멤버 변수의 주소가 같음을 나타내는 코드입니다.

예제 | 1-17

```
01 : #include <stdio.h>
02 :
03 : struct point
```

```
04 :    {
05 :        int x;
06 :        int y;
07 :    };
08 :
09 :    int main(void)
10 :    {
11 :        struct point p1={20, 30};
12 :        printf("구조체 변수 p1의 주소 : %x \n", &p1);
13 :        printf("멤버 변수 p1.x의 주소 : %x \n", &p1.x);
14 :
15 :        return 0;
16 :    }
```

::: 실행 결과 ▶

구조체 변수 p1의 주소 : 12ff5c
멤버 변수 p1.x의 주소 : 12ff5c
계속하려면 아무 키나 누르십시오 . . .

다음 그림을 보면 구조체 변수 p1의 시작 주소인 &p1과 구조체의 첫 번째 멤버 변수 p1.x의 주소인 &p1.x의 주소가 같습니다. 이 사실은 여러분이 향후 구조체와 포인터를 이해하는 데 도움이 됩니다.

구조체 변수 p1의 메모리 구조

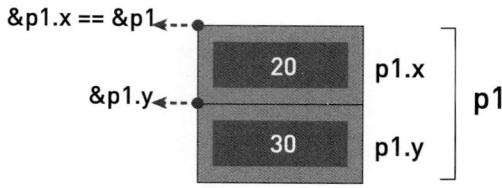

1.4.2 구조체 변수로 포인터 사용하기

이제 구조체에서 포인터를 사용하는 두 번째 경우인 구조체 변수로 포인터 사용하기에 대하여 살펴보겠습니다. 구조체 변수로 포인터를 사용한다는 의미는 구조체 변수에 간접 접근할 수 있다는 의미입니다. 간접 접근을 위해서는 대상이 되는 구조체 변수의 주소를 알면 간단합니다.

다음 예제는 구조체 변수로 1차원 포인터를 사용하는 코드입니다.

예제 | 1-18

```
01 : #include <stdio.h>
02 :
03 : struct student
04 : {
05 :     char no[10];
06 :     char name[20];
07 :     double total;
08 : };
09 :
10 : int main(void)
11 : {
12 :     struct student stu={"20101323", "Park", 160};
13 :     struct student* p=NULL;          ─── 구조체 변수로 1차원 포인터 선언
14 :
15 :     p=&stu;
16 :     printf("%s %s %lf ₩n",stu.no, stu.name, stu.total);
17 :     printf("%s %s %lf ₩n", (*p).no, (*p).name, (*p).total); ┐
18 :     printf("%s %s %lf ₩n", p->no, p->name, p->total);       ┘── 1차원 포인터를 이용한 접근
19 :
20 :     return 0;
21 : }
```

::: 실행 결과 ▶

20101323 Park 160.000000
20101323 Park 160.000000
20101323 Park 160.000000
계속하려면 아무 키나 누르십시오 . . .

13행에서 구조체 변수로 1차원 포인터 p를 선언하고, 15행에서 p에 구조체 변수 stu의 시작 주소 &stu를 저장합니다. 이제부터는 p를 통해서 다른 구조체 변수 stu에 간접 접근할 수 있습니다.

1차원 구조체 포인터 변수 p와 구조체 변수 stu의 메모리 구조

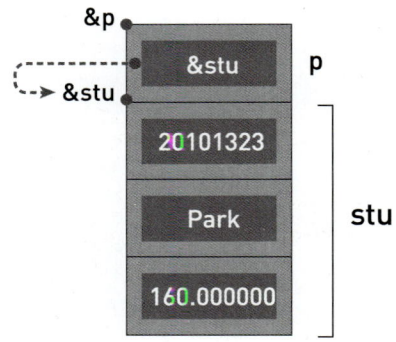

17행의 (*p).no 하나만 분석해 보겠습니다. 의문 사항은 왜 (*p).no에서 괄호를 사용하였는지입니다. 그 이유는 . 연산자가 * 연산자보다 우선순위가 높아서 (*p)를 먼저 처리하기 위해서입니다. 그렇다면 (*p)의 의미는 무엇일까? (*p)는 p가 가리키는 구조체 변수를 의미합니다. 즉, 1차원 구조체 포인터 변수 p에 구조체 변수 stu의 시작 주소인 &stu가 저장되어 있으므로 (*p).no == (*&stu).no가 성립합니다. *&는 서로 상쇄되기 때문에 결국 stu.no가 남습니다.

```
(*p).no == (*&stu).no == stu.no        // p가 기준이 됨
```

만약 괄호를 사용하지 않았다면 . 연산자의 우선순위가 높아서 *p.no는 *(p.no)와 같은 표현이 됩니다. 즉, 다음과 같은 결과가 됩니다.

```
*p.no == *(p.no) ==*(&stu.no)        // p.no가 기준이 됨
```

18행에서 -> 연산자는 포인터 변수에만 사용합니다. 즉, -> 연산자는 포인터 변수만으로 구조체의 멤버 변수에 접근할 때 사용합니다.

Chapter 01
구조체와 공용체란 무엇인가

구조체의 멤버 변수에 접근하는 표현

```
(*p).no == p->no
```

참고적으로 구조체 변수로 포인터가 선언되어 이 포인터를 이용하여 구조체의 멤버 변수에 접근할 때 . 연산자보다 -> 연산자를 더 많이 사용합니다. -> 연산자는 구조체 포인터 변수에서만 사용이 가능합니다.

다음 예제는 2차원 구조체 포인터 변수를 사용하는 코드입니다.

예제 | 1-19

```c
01 : #include <stdio.h>
02 :
03 : struct student
04 : {
05 :    char no[10];
06 :    char name[20];
07 :    double total;
08 : };
09 :
10 : int main(void)
11 : {
12 :    struct student stu={"20101323", "Park", 160};
13 :    struct student* p=NULL;                          구조체 변수로 1차원 포인터 선언
14 :    struct student** pp=NULL;                        구조체 변수로 2차원 포인터 선언
15 :
16 :    p=&stu;
17 :    pp=&p;
18 :
19 :    printf("%s %s %lf \n", stu.no, stu.name, stu.total);
20 :
21 :    printf("%s %s %lf \n", (*p).no, (*p).name, (*p).total);      1차원 포인터로 접근
22 :    printf("%s %s %lf \n", p->no, p->name, p->total);
23 :                                                                  2차원 포인터로 접근
24 :    printf("%s %s %lf \n", (**pp).no, (**pp).name, (**pp).total);
```

```
25 :        printf("%s %s %lf \n", (*pp)->no, (*pp)->name, (*pp)->total);
26 :
27 :        return 0;
28 : }
```

> 2차원 포인터로 접근

::: 실행 결과 ▶

20101323 Park 160.000000
20101323 Park 160.000000
20101323 Park 160.000000
20101323 Park 160.000000
20101323 Park 160.000000
계속하려면 아무 키나 누르십시오 . . .

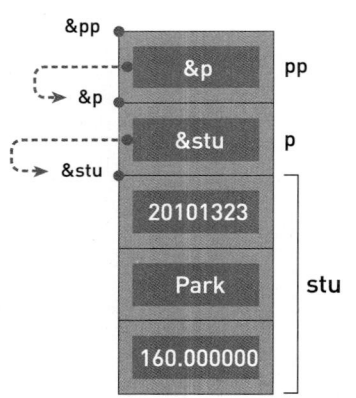

13행과 14행에서 1차원 구조체 포인터 변수 p와 2차원 구조체 포인터 변수 pp를 선언합니다. 따라서 p는 일반 구조체 변수의 주소를 저장하는 변수이고, pp는 1차원 구조체 변수의 주소를 저장하는 변수입니다. 16행에서 p에 일반 구조체 변수 stu의 주소인 &stu를 저장합니다. 17행에서 pp에는 1차원 구조체 포인터 변수 p의 주소인 &p를 저장합니다.

24행에서 단순히 2차원 포인터이기 때문에 ** 연산자를 두 개 사용해야 한다는 생각을 넘어서 분석해 보겠습니다. pp에 &p가 저장되어 있기 때문에 (**pp).no는 (**&p).no와 같은 표현이 되고, *&이 상쇄되어서 (*p).no와 같은 표현이 됩니다. 그리고 p에 &stu가 저장되어 있기 때문에 (*p).no는 (*&stu).no와 같은 표현이 되고, *&이 상쇄되어서 결국 stu.no가 됩니다. 따라서 (**pp).no==(*p).no==stu.no가 성립됩니다.

25행에서 -> 연산자를 통해 24행과 같은 결과를 출력합니다. (*pp)->no를 해석해 보면 pp에는 &p가 저장되어있기 때문에 (*pp)->no는 (*&p)->no와 같습니다. *&는 상쇄되어서 결국,

p->no가 됩니다.

독자 중에 p->no에서 p는 &stu를 저장하고 있기 때문에 &stu->no도 출력이 될 수 있을 것이라고 생각해 볼 수 있습니다. 그러나 -> 연산자는 구조체 변수로 포인터가 사용되었을 때, 이 포인터로만 사용할 수 있는 연산자입니다. 따라서 &stu->no는 잘못된 표현임을 유의하기 바랍니다.

 이전 기억을 되짚어 보면 32비트 운영체제를 기준으로 모든 포인터 변수는 4바이트라고 했습니다. 만약 여러분이 Windows Vista 또는 Windows 7 운영체제 사용자 중에서 32비트로 설치하여 사용하고 있다면 구조체 포인터 변수도 모두 4바이트(32비트)의 공간을 가집니다.

1.4.3 자기 참조 구조체와 외부 참조 구조체

마지막으로 구조체에서 포인터를 사용하는 세 번째 경우인 자기 참조 구조체와 외부 참조 구조체 대해서 살펴보겠습니다.

자기 참조? 외부 참조? 무슨 의미겠습니까? 먼저 참조라는 말이 있으므로 포인터가 필요하다는 것은 알 수 있습니다. 자기 참조 구조체의 의미는 구조체 내에서 자기 자신을 참조하는 것이라고, 외부 참조 구조체의 의미는 구조체 내에서 다른 구조체를 참조하는 것이라고 추정할 수 있습니다. 이렇게 생각하는 것이 이해하는 데 도움이 됩니다.

다음은 자기 참조 구조체와 외부 참조 구조체를 잘 표현하고 있습니다.

자기 참조 구조체	외부 참조 구조체
| ```c
struct student
{
   char name[20];
   int age;
   struct student* p;
};
``` | ```c
struct student
{
   char name[20];
   int age;
   struct score* p;
};
``` |

왼쪽은 구조체 student 내에서 다시 자신의 구조체 student를 참조할 수 있게 'struct student* p'를 선언한 자기 참조 구조체입니다. 반대로 오른쪽은 구조체 student 내에서 다른 구조체를 참조하는 'struct score* p'를 선언한 외부 참조 구조체입니다. 크게 보면 둘 다 구조체의 멤버 변수로 구조체 포인터 변수를 사용하는 것입니다.

다음 예제는 자기 참조 구조체를 사용하는 코드입니다.

예제 | 1-20

```
01 : #include <stdio.h>
02 :
03 : struct student
04 : {
05 :     char name[20];
06 :     int money;
07 :     struct student* link;         ── 자기 참조 구조체 포인터 변수 선언
08 : };
09 :
10 : int main(void)
11 : {
12 :     struct student stu1={"Kim", 90, NULL};
13 :     struct student stu2={"Lee", 80, NULL};
14 :     struct student stu3={"Goo", 60, NULL};
15 :
16 :     stu1.link=&stu2;
17 :     stu2.link=&stu3;
18 :
19 :     printf("%s %d \n", stu1.name, stu1.money);
20 :     printf("%s %d \n", stu1.link->name, stu1.link->money);
21 :     printf("%s %d \n", stu1.link->link->name, stu1.link->link->money);
22 :
23 :     return 0;
24 : }
```

::: 실행 결과 ▶

Kim 90
Lee 80
Goo 60
계속하려면 아무 키나 누르십시오 . . .

7행에서 자기 참조 구조체 포인터 변수 link를 선언합니다. 12행부터 14행까지에서 구조체 변수 stu1, stu2, stu3를 선언하고 동시에 초기화합니다. 특이한 점은 초기화하는 값에 NULL 포인터가 있습니다. 즉, 구조체 student의 세 번째 멤버 변수인 link에 아무 것도 주소를 저장하지 않겠다는 의미입니다. 14행까지 수행한 후에 메모리 구조는 다음과 같습니다.

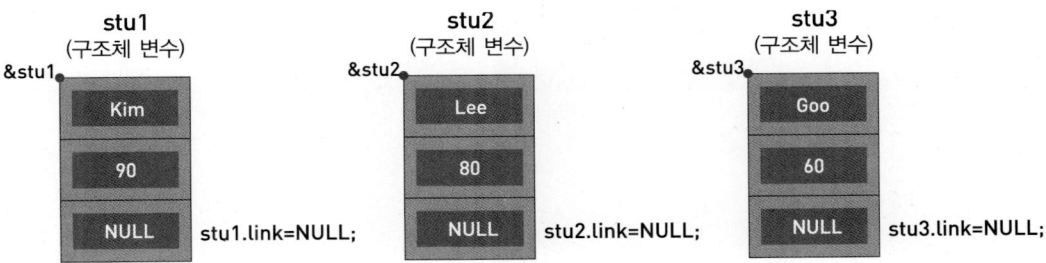

16행과 17행에서 stu1.link에 &stu2(구조체 변수 stu2의 시작 주소)를 저장하고, stu2.link에 &stu3(구조체 변수 stu3의 시작 주소)를 저장합니다. 17행까지 수행한 후에 메모리 구조는 다음과 같습니다. 자세히 보면 구조체 변수 stu1, stu2, stu3가 포인터인 자기 참조 구조체 변수 link를 통해 서로 연결되어 있습니다.

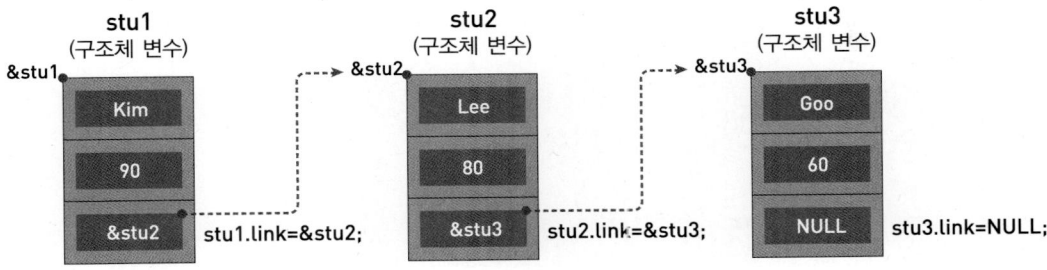

20행의 stu1.link ⇒ name에서 먼저 stu1.link에는 &stu2가 저장되어 있기 때문에 stu1.link == &stu2가 성립됩니다. 그 후에 ⇒ name이 수행되어 문자열 Lee가 출력됩니다. 다음으로 stu1.link ⇒ money에서 stu1.link에는 &stu2가 저장되어 있기 때문에 stu1.link == &stu2가 성립되고, 그 후에 ⇒ money가 수행되어 80이 출력됩니다.

21행의 stu1.link ⇒ link ⇒ name에서 stu1.link는 &stu2이고, ⇒ link가 수행되어 stu1.link

⇒ link는 &stu3이 됩니다. 마지막으로 ⇒ name이 수행되어 문자열 Goo가 출력됩니다. 이와 같은 방법으로 stu1.link ⇒ link ⇒ money는 60을 출력합니다.

자기 참조 구조체에 관한 예제를 하나 더 보겠습니다. 별도의 설명 없이도 그림으로 이해할 수 있습니다.

예제 | 1-21

```
01 : #include <stdio.h>
02 :
03 : struct student
04 : {
05 :     char name[20];
06 :     int money;
07 :     struct student* left_link;
08 :     struct student* right_link;
09 : };
10 :
11 : int main(void)
12 : {
13 :     struct student stu1={"Kim", 90, NULL, NULL};
14 :     struct student stu2={"Lee", 80, NULL, NULL};
15 :     struct student stu3={"Goo", 60, NULL, NULL};
16 :
17 :     stu1.left_link=&stu2;
18 :     stu1.right_link=&stu3;
19 :
20 :     printf("%s %d \n", stu1.name, stu1.money);
21 :     printf("%s %d \n", stu1.left_link->name, stu1.left_link->money);
22 :     printf("%s %d \n", stu1.right_link->name, stu1.right_link->money);
23 :
24 :     return 0;
25 : }
```

::: 실행 결과 ▶

Kim 90
Lee 80

Goo 60
계속하려면 아무 키나 누르십시오 . . .

7행과 8행에서 구조체 student 내에 자기 참조 구조체 변수를 두 개 선언합니다. 13행부터 15행까지에서 구조체 변수 stu1, stu2, stu3를 선언하고 동시에 초기화합니다. 이때 포인터인 자기 참조 구조체 변수 left_link와 right_link를 NULL로 설정합니다. 15행까지 수행한 후에 메모리 구조는 다음과 같습니다.

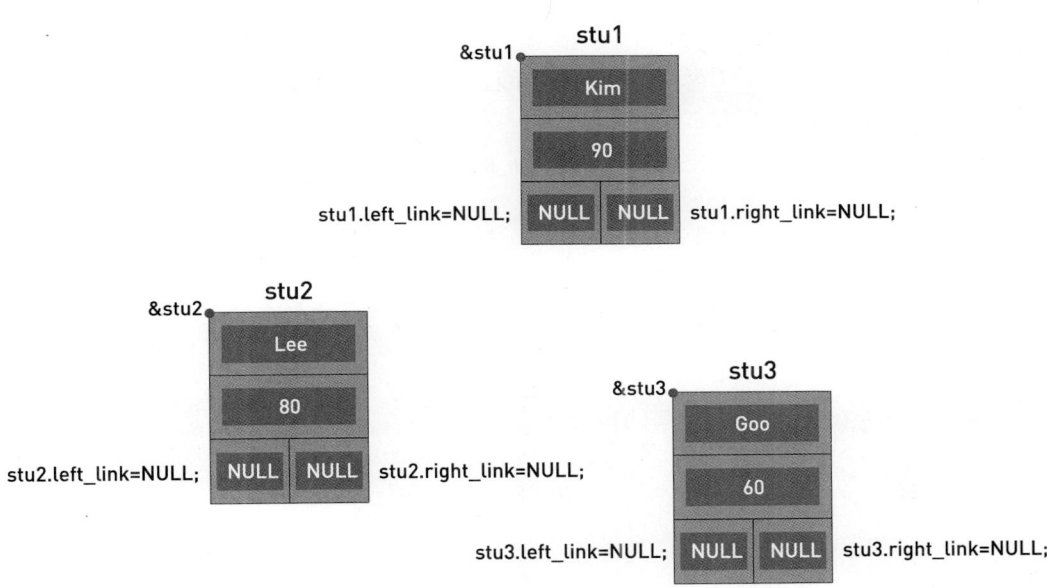

17행과 18행에서 stu1.left_link에 &stu2(구조체 변수 stu2의 시작 주소)를 저장하고, stu1.right_link에 &stu3(구조체 변수 stu3의 시작 주소)를 저장합니다. 18행까지 수행한 후에 메모리 구조는 다음과 같습니다. 마치 뿌리 하나에 가지가 뻗은 나무와 같은 형상이 되었습니다.

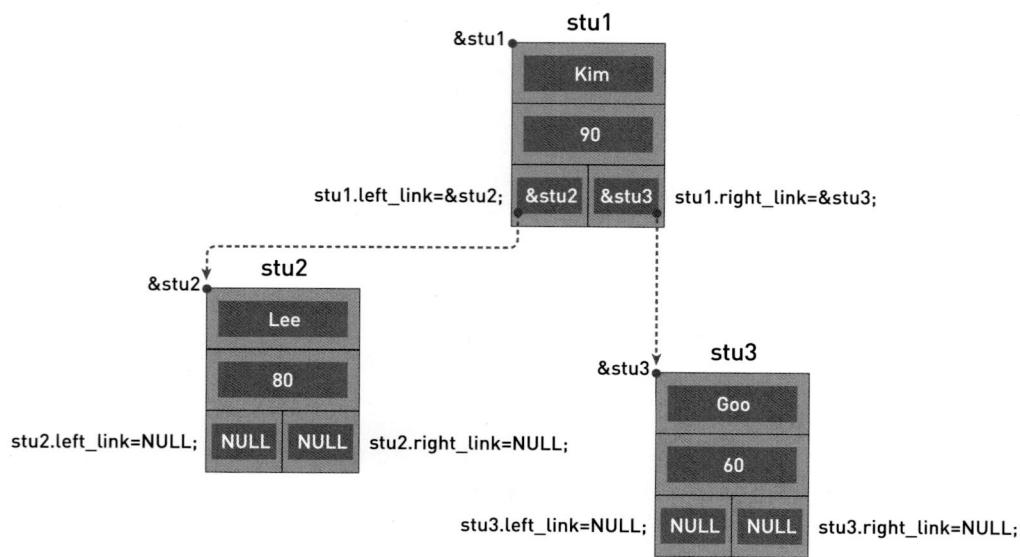

다음 예제는 외부 참조 구조체를 사용하는 코드입니다.

예제 | 1-22

```
01 : #include <stdio.h>
02 :
03 : struct point
04 : {
05 :     int x;
06 :     int y;
07 : };
08 : struct student
09 : {
10 :     char name[20];
11 :     struct point* link;                            외부 참조 구조체 포인터 변수 선언
12 : };
13 :
14 : int main(void)
15 : {
16 :     struct student stu1={"Kim", NULL};
17 :     struct student stu2={"Lee", NULL};
18 :     struct point p1={30, 40};
```

```
19 :        struct point p2={60, 80};
20 :
21 :        stu1.link=&p1;
22 :        stu2.link=&p2;
23 :
24 :        printf("%s %d %d \n", stu1.name, stu1.link->x, stu1.link->y);
25 :        printf("%s %d %d \n", stu2.name, stu2.link->x, stu2.link->y);
26 :
27 :        return 0;
28 : }
```

::: 실행 결과 ▶

Kim 30 40
Lee 60 80
계속하려면 아무 키나 누르십시오 . . .

3행부터 7행까지에서 point라는 이름의 구조체를 정의합니다. 8행부터 12행까지에서 student 라는 이름의 구조체를 정의합니다. 11행에서 포인터인 외부 참조 구조체 변수 link를 선언합니다. 즉, 구조체 student에서 구조체 point를 외부 참조하는 변수를 선언합니다. 16행과 17행에서 구조체 변수 stu1과 stu2를 선언하고 동시에 초기화합니다. 18행과 19행에서 구조체 변수 p1과 p2를 선언하고 동시에 초기화합니다.

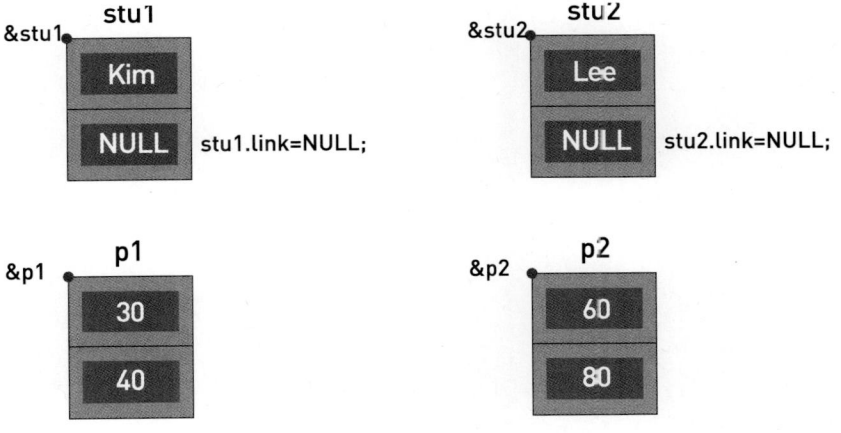

21행과 22행에서 stu1.link에 &p1(구조체 변수 p1의 주소)를 저장하고, stu2.link에 &p2(구조체 변수 p2의 주소)를 저장합니다. 이처럼 구조체 정의부 내에서 다른 이름의 구조체도 참조할 수 있습니다.

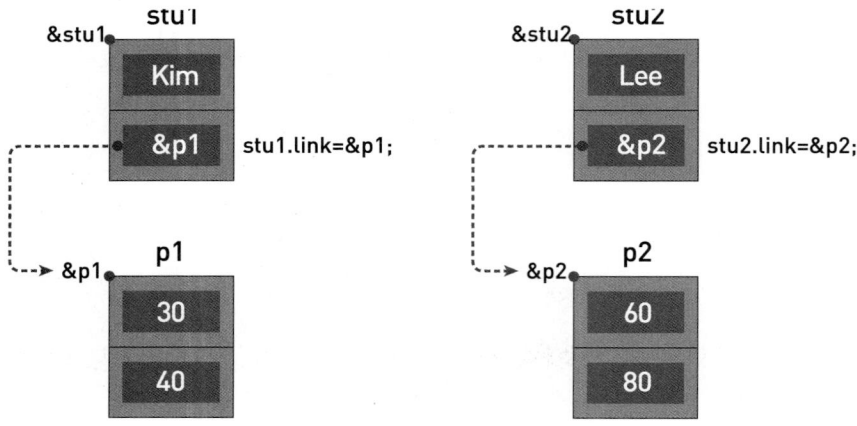

구조체의 크기
구조체는 멤버 변수들의 크기에 따라 크기가 결정되지만 실제와 예상에 차이가 있을 수 있습니다. 관련 예를 살펴보도록 하겠습니다.

```
#include <stdio.h>
struct test1
{
    int x;
    char y;
};
struct test2
{
    char a;
    int b;
};
struct test3
{
    int a;
    int b;
```

```
    };

    int main(void)
    {
        printf("%d %d %d \n", sizeof(struct test1), sizeof(struct
                            test2), sizeof(struct test3));
        return 0;
    }
```

::: 실행 결과 ▶

```
8 8 8
계속하려면 아무 키나 누르십시오 . . .
```

sizeof 연산자로 구조체의 크기를 구하면 결과는 모두 8바이트입니다. 그 이유는 메모리 정렬 때문입니다. 4바이트 단위로 메모리 공간을 정렬하는 컴파일러가 있다고 할 때, 컴파일러는 메모리 공간에 구조체를 4바이트 단위로 메모리 정렬을 하기 때문에 구조체의 크기는 구조체의 멤버 변수들의 크기의 합보다 크거나 같습니다.

컴파일러는 구조체의 멤버 변수들 사이에 사용되지 않는 데이터 바이트를 삽입하기도 하는데 이것을 패딩(Padding) 기법이라고 합니다. 예를 들어 4바이트 단위로 메모리 정렬을 하는 컴파일러에서 구조체의 멤버 변수들이 다음과 같다면

```
char a;
int b;
```

char형은 1바이트이기 때문에 컴파일러가 메모리 정렬을 하면서 3바이트를 삽입합니다. 따라서 패딩 때문에 구조체의 크기가 멤버 변수들의 크기의 합보다 큰 경우가 발생합니다.

1.5 구조체와 함수

앞에서 우리는 함수에 대해서 여러 가지를 공부했습니다. 함수 자체에 대하여 공부했고, 값에 의한 호출과 주소에 의한 호출에 대하여 공부했습니다. 그리고 값을 반환하는 함수와 주소를 반환하는 함수도 공부했습니다. 이제부터는 이를 응용해서 구조체와 함수에 대하여 공부하겠습니다. 구조체에서 함수를 사용하는 경우는 다음과 같이 두 가지입니다.

① 구조체를 함수의 인자로 전달하기(값에 의한 호출과 주소에 의한 호출)

② 구조체를 함수의 반환형으로 전달하기(값 반환과 주소 반환)

지금부터 각각에 대하여 살펴보기로 하겠습니다.

1.5.1 구조체를 함수의 인자로 전달하기 - 값에 의한 호출과 주소에 의한 호출

구조체를 함수의 인자로 전달하는 방법에는 값에 의한 호출과 주소에 의한 호출이 있습니다. 먼저 값에 의한 호출부터 살펴보겠습니다. 다음 그림은 함수의 인자를 이용해서 값에 의한 호출을 보여주고 있습니다. 왼쪽 그림에서 함수의 인자 부분에 음영으로 처리된 부분은 자료형을 의미하고 a는 변수의 이름입니다. 오른쪽 그림에서 struct point는 자료형이고 a는 구조체 변수의 이름입니다. 이처럼 함수의 인자에 구조체 변수를 전달하여 값에 의한 호출을 수행할 수 있습니다.

값에 의한 호출

함수의 인자 : 정수형 변수	함수의 인자 : 구조체형 변수

```void function(int a)```
```{```
``` ...```
```}```
	```void function(struct point a)```
	```{```
	``` ...```
	```}```

즉, 오른쪽 그림에서 struct point는 자료형입니다. 두 덩어리로 표현되어 있어서 혼란이 있을 수도 있지만(typedef로 한 덩어리로 만들 수 있다), struct point는 자료형이고 a는 변수 이름이다고 생각하면 함수의 인자로 구조체를 전달 방법은 이해하기 쉽습니다.

관련 예제를 가지고 구조체 변수를 이용한 값에 의한 호출을 살펴보겠습니다.

예제 | 1-23

```
01 : #include <stdio.h>
02 :
03 : struct point                    구조체 정의
```

```
04 :    {
05 :        int x;
06 :        int y;
07 :    };
08 :
09 :    void function(struct point call);         ──── 함수의 선언
10 :
11 :    int main(void)
12 :    {
13 :        struct point p={10, 20};
14 :        function(p);                           ──── 값에 의한 호출
15 :
16 :        return 0;
17 :    }
18 :
19 :    void function(struct point call)           ──── 함수의 정의
20 :    {
21 :        printf("%d %d \n", call.x, call.y);   ──── 10, 20 출력
22 :    }
```

::: 실행 결과 ▶

10 20
계속하려면 아무 키나 누르십시오 . . .

14행에서 구조체 변수 p를 통해 19행의 function(struct point call) 함수를 호출합니다. **19행**에서 함수의 인자가 되는 구조체 변수 call에 p가 복사됩니다. 복사될 때 p의 멤버 변수의 데이터가 call의 멤버 변수에 복사됩니다. **21행**에서 구조체 변수 call은 p를 복사했기 때문에 call.x와 call.y의 값을 출력합니다. 다음 그림은 구조체 변수를 이용한 값에 의한 호출을 잘 설명하고 있습니다.

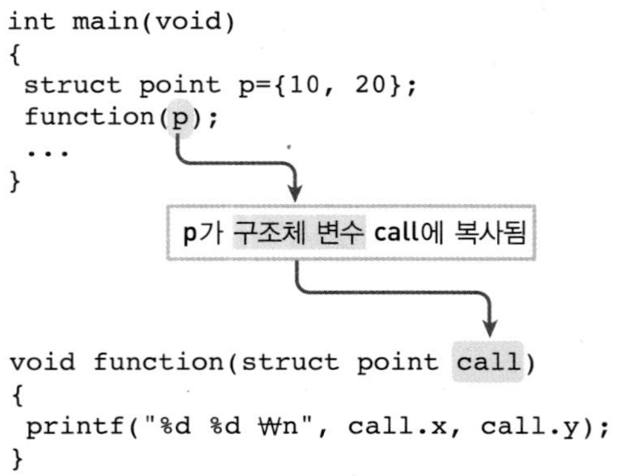

```
int main(void)
{
 struct point p={10, 20};
 function(p);
 ...
}
```

p가 구조체 변수 call에 복사됨

```
void function(struct point call)
{
 printf("%d %d \n", call.x, call.y);
}
```

이제 주소에 의한 호출을 살펴보겠습니다. 다음 그림은 함수의 인자에 정수형 포인터 변수와 구조체 포인터 변수를 이용한 주소에 의한 호출을 보여주고 있습니다. 오른쪽 그림에서 struct point *은 자료형이고 a는 구조체 포인터 변수의 이름입니다. a는 포인터 변수이므로 구조체 변수의 주소를 저장할 수 있습니다. 이와 같이 함수의 인자에 구조체 포인터 변수를 전달하여 주소에 의한 호출을 수행할 수 있습니다. 그림에서 함수의 인자 부분을 음영으로 처리했는데 바로 자료형을 의미하고 변수의 이름은 a입니다.

주소에 의한 호출

함수의 인자 : 정수형 포인터 변수	함수의 인자 : 구조체 포인터 변수
``void function(int* a)
{
...
}```	```void function(struct point* a)
{
...
}```

다음 예제는 구조체 포인터 변수를 이용하여 주소에 의한 호출을 나타내는 코드입니다.

예제 | 1-24

```
01 : #include <stdio.h>
02 :
```

```
03 :   struct point
04 :   {
05 :       int x;
06 :       int y;
07 :   };
08 :
09 :   void function(struct point* call);          ── 함수의 선언
10 :
11 :   int main(void)
12 :   {
13 :       struct point p={10, 20};
14 :       function(&p);                           ── 함수의 선언
15 :
16 :       return 0;
17 :   }
18 :
19 :   void function(struct point* call)           ── 함수의 정의
20 :   {
21 :       printf("%d %d \n", call->x, call->y);
22 :       printf("%d %d \n", (*call).x, (*call).y);
23 :   }
```

::: 실행 결과 ▶

10 20
10 20
계속하려면 아무 키나 누르십시오 . . .

14행에서 구조체 변수의 주소 &p를 통해 19행의 function(struct point* call) 함수를 호출합니다. 19행에서 구조체 포인터 변수 call에 &p가 저장됩니다. 이것이 주소에 의한 호출입니다. 다음 그림은 구조체 변수의 주소에 의한 호출을 잘 설명하고 있습니다.

```
int main(void)
{
 struct point p={10, 20};
 function(&p);
 ...
}
```

p의 주소가 구조체 포인터 변수 call에 저장

```
void function(struct point* call)
{
 printf("%d %d \n", call->x, call->y);
 printf("%d %d \n", (*call).x, (*call).y);
}
```

21행과 22행에서 구조체 포인터 변수 call은 &p를 저장하고 있기 때문에 13행의 데이터 10과 20에 접근할 수 있습니다. call ⇒ x와 (*call).x는 같은 표현이고, call ⇒ y와 (*call).y는 같은 표현입니다.

1.5.2 구조체를 함수의 반환형으로 전달하기 – 값 반환과 주소 반환

함수의 반환형으로 구조체를 전달하는 방법에는 값 반환과 주소 반환이 있습니다. 다음 그림은 구조체 변수를 반환하는 함수의 형태를 보여줍니다. 구조체 변수는 멤버 변수들이 저장하고 있는 값을 가지고 있으므로 값을 반환하는 함수의 형태라고 말할 수 있습니다.

① 반환 형태

```
struct point function( )
{
 struct point p={10, 20};
 return p;
}
```

② 구조체 변수 이름

함수의 반환형 : 구조체 값 반환

Chapter 01
구조체와 공용체란 무엇인가

- **반환 형태**   함수가 반환해야 할 구조체 변수의 자료형을 지정
- **구조체 변수 이름**   함수의 결과로 반환해야 하는 구조체 변수의 이름을 지정

함수의 결과로 구조체 변수를 반환할 때는 구조체 키워드 struct와 구조체 이름을 함수의 반환 형태로 지정해야 하고, return 키워드에 반환할 구조체 변수의 이름을 지정해야 합니다.

다음 예제는 함수의 결과를 return 키워드를 통해 함수 호출 영역으로 반환하는 코드입니다.

예제 1-25

```c
01 : #include <stdio.h>
02 :
03 : struct point
04 : {
05 :     int x;
06 :     int y;
07 : };
08 :
09 : struct point function(void);                    ── 함수의 선언
10 :
11 : int main(void)
12 : {
13 :     struct point p;
14 :     p=function( );                               ── 함수 호출
15 :     printf("%d %d \n", p.x, p.y);
16 :
17 :     return 0;
18 : }
19 :
20 : struct point function(void)                     ── 함수의 정의
21 : {
22 :     struct point call={10, 20};
23 :     return call;                                 ── 구조체 변수 call을 14행으로 반환
24 : }
```

::: 실행 결과 ▶

10 20
계속하려면 아무 키나 누르십시오 . . .

14행에서 function( ) 함수를 통해 20행의 struct point function(void) 함수를 호출합니다. 이 함수는 struct point형을 반환하는 함수입니다. 22행에서 구조체 변수 call을 선언하고 대입 연산을 합니다. 23행에서 struct point형 구조체 변수 call(멤버 변수 포함)을 14행 p로 반환합니다. 14행에서는 p에 call을 저장합니다. 여기서 p는 call의 멤버 변수도 복사합니다. 15행에서 p의 멤버 변수들을 출력합니다. 이처럼 함수의 반환형으로 구조체 변수를 전달하여 값을 호출 영역으로 반환합니다.

다음 그림은 구조체 변수의 주소를 반환하는 함수의 형태를 보여줍니다. 구조체 변수의 주소를 반환하는 함수의 형태는 모든 멤버 변수들을 참조할 수 있는 주소를 반환하는 함수의 형태라고 말할 수 있습니다.

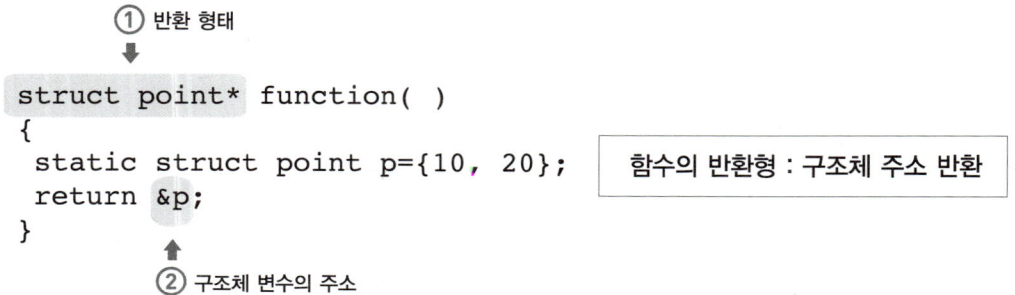

- **반환 형태** 함수가 반환해야 할 구조체 변수의 자료형을 지정
- **구조체 변수의 주소** 함수의 결과로 반환해야 하는 구조체 변수의 주소를 지정

함수의 결과로 구조체 변수의 주소를 반환할 때는 구조체 키워드 struct와 구조체 이름 뒤에 * 연산자를 붙여서 함수의 반환 형태로 지정해야 하고, return 키워드에 반환할 구조체 변수의 주소를 지정해야 합니다. 이해가 되지 않으면 다음 예제로 자세히 살펴보겠습니다.

Chapter 01
구조체와 공용체란 무엇인가

다음 예제는 함수의 결과를 반환할 때 구조체의 주소를 반환하는 코드입니다.

예제 1-26

```
01 : #include <stdio.h>
02 :
03 : struct point
04 : {
05 :     int x;
06 :     int y;
07 : };
08 :
09 : struct point* function(void);          ──── 함수의 선언
10 :
11 : int main(void)
12 : {
13 :     struct point* p;
14 :     p=function( );                      ──── 함수 호출
15 :     printf("%d %d \n", p->x, p->y);
16 :     printf("%d %d \n", (*p).x,(*p).y);
17 :
18 :     return 0;
19 : }
20 :
21 : struct point* function(void)            ──── 함수의 정의
22 : {
23 :     static struct point call={10, 20};
24 :     return &call;                       ──── 구조체 변수 call의 주소를 14행으로 반환
25 : }
```

::: 실행 결과 ▶

10 20
10 20
계속하려면 아무 키나 누르십시오 . . .

14행에서 function( ) 함수를 통해 **21행**의 struct point* function(void) 함수를 호출합니다. 이

함수는 struct point*형 즉, 구조체의 주소를 반환하는 함수입니다. **23행**에서 구조체 변수 call을 선언하고 대입 연산을 수행합니다. 그런데 static 키워드가 붙어 있습니다. 왜 일까요? 그 해답은 **24행**에 있습니다.

24행에서 struct point*형 즉, 구조체 변수 call의 주소 &call을 **13행** p로 반환합니다. 구조체 변수 call이 static으로 선언되지 않았다면 call은 지역 변수가 되어 14행의 구조체 포인터 변수 p에 &call은 저장이 되지만 p로 call에 간접 접근을 할 수가 없게 됩니다. 지역 변수 call은 함수가 종료되면 사라지게 되므로 간접 접근이 불가능합니다. 그래서 call을 정적 변수로 선언합니다. 정적 변수는 프로그램이 종료되기 전까지 메모리에서 사라지지 않습니다.

14행에서 p에 &call을 저장합니다. **15행과 16행**에서 같은 결과를 출력하는 방법으로 p는 &call을 저장하고 있기 때문에 p로 call의 모든 멤버 변수에 접근할 수 있습니다.

이처럼 구조체는 하나 이상의 변수를 묶어 그룹화하는 사용자 정의 자료형으로 함수의 인자로 구조체의 값 또는 주소에 의한 호출을 할 수 있고, 함수의 반환형으로 구조체의 값 또는 주소를 반환할 수 있습니다.

1.6 공용체와 열거형

1.6.1 공용체

앞에서 배운 구조체처럼 사용자 정의 자료형에는 '공용체'라는 것이 있습니다. 공용체는 선언 형태와 사용 형태가 구조체와 같은 점이 많습니다. 그럼 공용체는 무엇일까요? 공용체의 의미는 그룹으로 묶여진 여러 개의 멤버 변수들 중에 가장 큰 메모리 공간을 '공유'해서 사용하는 것을 말합니다.

단순히 말로만은 이해하기 어려우므로 그림을 가지고 구조체와 공용체의 차이를 설명하겠습니다. 다음 그림은 구조체의 메모리 구조를 표현하고 있습니다. 메모리 공간에 멤버 변수들을 할당하고 있습니다.

Chapter 01
구조체와 공용체란 무엇인가

구조체의 메모리 할당

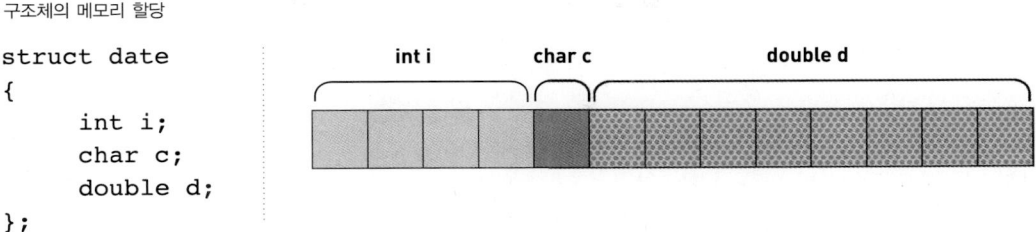

다음으로 공용체를 정의해서 생성되는 메모리 구조를 표현해 보겠습니다. 멤버 변수들 중에 가장 큰 메모리인 double(8Byte)형 메모리만이 할당되었습니다.

공용체의 메모리 할당

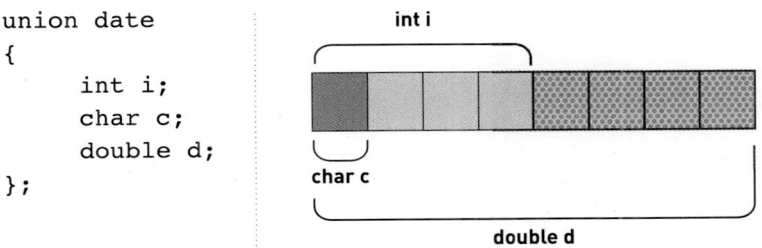

독자들 중 일부는 구조체와 공용체의 차이를 벌써 눈치 챘을 수도 있지만 하나씩 설명을 해보겠습니다. 우선 처음 공용체를 선언하려면 'union'이라는 키워드를 사용해야 합니다. 공용체 정의, 공용체 변수 선언, 공용체 멤버 변수의 접근 방법은 구조체와 완전히 동일합니다.

그러나 구조체에서는 멤버 변수들이 각각의 독립적인 메모리 공간을 갖게 되지만 공용체에서는 멤버로 정의된 변수들 중 가장 큰 메모리 공간을 차지하는 자료형의 크기로 메모리가 생성되며 그 메모리를 다른 변수들이 함께 공유해서 사용하게 됩니다.

다음 예제를 가지고 구조체 변수의 크기와 공용체 변수의 크기를 확인해 보겠습니다.

예제 | 1-27

```
01 : #include <stdio.h>
02 :
03 : union point                              공용체 정의
04 : {
```

```
05 :     int x;
06 :     int y;
07 : };
08 : struct student ─────────────────── 구조체 정의
09 : {
10 :     int a;
11 :     int b;
12 : }
13 :
14 : int main(void)
15 : {
16 :     printf("%d %d \n", sizeof(union point), sizeof(struct student));
17 :
18 :     return 0;
19 : }
```

::: 실행 결과 ▶

4 8
계속하려면 아무 키나 누르십시오 . . .

16행에서 공용체는 4바이트의 메모리 공간이 할당되었고, 구조체는 8바이트의 메모리 공간이 할당되었습니다.

관련 예제를 하나 더 보겠습니다. 간단한 예제를 가지고 공용체의 메모리를 어떻게 사용하는지 확인해 보겠습니다.

예제 | 1-28

```
01 : #include <stdio.h>
02 :
03 : union point ─────────────────── 공용체 정의
04 : {
05 :     int x;
06 :     int y;
07 : };
```

```
08 :
09 : int main(void)
10 : {
11 :     union point p;                          ──── 공용체 변수 선언
12 :     p.x=10;
13 :
14 :     printf("%d %d \n", p.x, p.y);
15 :
16 :     return 0;
17 : }
```

::: 실행 결과 ▶

10 10
계속하려면 아무 키나 누르십시오 . . .

3행에서 공용체를 정의합니다. 공용체의 멤버 변수들 중에 가장 큰 자료형은 int형이므로 4바이트의 메모리 공간이 할당됩니다. 만약 구조체라면 8바이트 메모리 공간이 할당되겠지만, 공용체는 멤버 변수들 중에 가장 큰 메모리 공간 만을 사용합니다. 11행에서 공용체 변수 p를 선언합니다. 12행에서 공용체 변수 p와 . 연산자를 이용하여 멤버 변수 x에 접근하여 p.x를 10으로 초기화합니다. 14행에서 p.x도 10이 출력되고 p.y도 10이 출력됩니다. 4바이트 메모리 공간을 공유해서 사용하기 때문에 p.x에 값이 변경되면 p.y도 변경됩니다.

1.6.2 열거형

지금까지 사용자 정의 자료형 방법으로 구조체와 공용체에 대하여 공부했습니다. 마지막으로 열거형에 대해서 공부해 보겠습니다. 열거형을 사용하면 변수가 갖는 값에 의미를 부여할 수 있고 프로그램의 가독성이 높아집니다.

다음은 열거형을 만드는 방법입니다. 다음과 같이 열거형을 선언하면 컴파일러는 실제로 열거형 멤버들을 정수형 상수로 인식합니다.

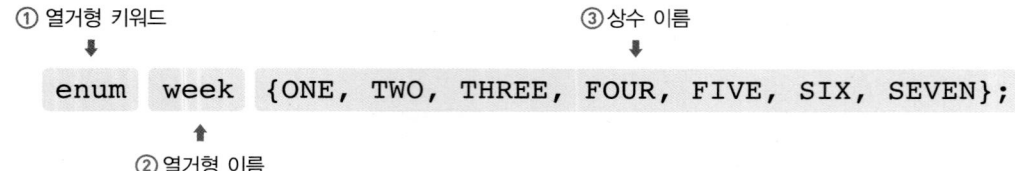

- **열거형 키워드** 열거형 상수를 선언하기 위해 enum 키워드를 지정
- **열거형 이름** 열거형을 대표하는 열거형 이름을 지정
- **상수 이름** 열거형 데이터로 사용할 상수 이름을 지정

이처럼 enum 키워드를 이용하여 열거형을 선언하면 컴파일러는 실제로 열거형 멤버들을 정수형 상수로 인식하여 프로그램 내에서 사용할 수 있습니다.

다음 예제를 가지고 열거형을 이해해 봅시다.

예제 1-29

```
01 : #include <stdio.h>
02 :
03 : enum week {ONE, TWO, THREE, FOUR, FIVE, SIX, SEVEN};      ─┐ 열거형 정의
04 : enum season {SPRING, SUMMER=2, FALL, WINTER};             ─┘
05 :
06 : int main(void)
07 : {
08 :     enum week p1, p2, p3;                                  ── 열거형 변수 p1, p2, p3 선언
09 :     enum season s1, s2, s3, s4;                            ── 열거형 변수 s1, s2, s3, s4 선언
10 :
11 :     p1=ONE;
12 :     p2=TWO;
13 :     p3=THREE;
14 :
15 :     printf("%d %d %d \n", ONE, TWO, THREE);
16 :     printf("%d %d %d \n", p1, p2, p3);
17 :
18 :     s1=SPRING;
19 :     s2=SUMMER;
20 :     s3=FALL;
```

```
21 :        s4=WINTER;
22 :
23 :        printf("%d %d %d %d \n", SPRING, SUMMER, FALL, WINTER);
24 :        printf("%d %d %d %d \n", s1, s2, s3, s4);
25 :
26 :        return 0;
27 :    }
```

::: 실행 결과 ▶

0 1 2
0 1 2
0 2 3 4
0 2 3 4
계속하려면 아무 키나 누르십시오 . . .

3행과 4행에서 열거형을 정의합니다. 열거형 week의 중괄호 내부는 초기화하지 않았기 때문에 0부터 자동적으로 설정됩니다. 열거형 season의 중괄호 내부에서는 SUMMER를 2로 초기화했습니다. 그렇다면 FALL은 3일까? 정답입니다. 그 다음 WINTER는 4일까? 정답입니다. 그렇다면 SPRING은? SPRING은 맨 앞의 것이고, 따로 초기화하지 않아서 자동으로 0이 됩니다.

8행과 9행에서 열거형 상수들에 접근할 수 있는 열거형 변수들을 선언합니다. 11행부터 13행까지에서 열거형 변수 p1, p2, p3에 데이터 상수를 저장합니다. 15행과 16행에서 열거형 데이터 상수와 열거형 변수를 출력합니다. 18행부터 21행까지에서 열거형 변수 s1, s2, s3, s4에 데이터 상수를 저장합니다. 23행과 24행에서 열거형 데이터 상수와 열거형 변수를 출력합니다. 이처럼 열거형을 사용하면 변수가 상수 값에 의미를 부여할 수 있고 프로그램의 가독성도 좋아집니다.

연/습/문/제/
Exercise

1 오늘은 신체검사를 하는 날입니다. 신체검사를 받는 학생들의 정보를 하나로 묶어서 정리를 하려고 합니다. 다음의 정보를 하나의 구조체로 선언해 보세요.

학번(정수), 혈액형(문자), 시력(실수), 몸무게(정수)

2 앞의 연습 문제에서 만들었던 구조체를 활용하여 5명의 학생 정보를 받을 수 있는 구조체 배열을 선언한 후에 데이터를 입력받고 출력까지 하는 프로그램을 작성해 보세요.

3 다음 코드를 분석해서 그 결과를 그림으로 나타내세요.

```c
#include <stdio.h>
struct point
{
    int x;
    int y;
};
int main(void)
{
    struct point p;
    p.x=3;
    p.y=4;
```

```
        printf("%d %d \n", p.x, p.y);
        printf("%x %x %x \n", &p, &p.x, &p.y);

        return 0;
}
```

4 다음 그림을 분석해서 그 결과를 코드로 작성하세요.

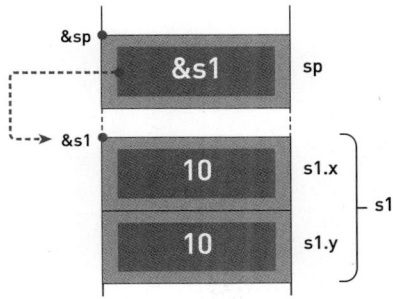

5 다음 코드를 보고 결과를 예측하세요.

```
#include <stdio.h>
struct point
{
    int x;
    int y;
};
int main(void)
{
    struct point array[2]={1, 1, 2, 2};
    struct point* p=NULL;

    p=array;
    printf("%d %d \n", array[0].x, array[0].y);
    printf("%d %d \n", array[1].x, array[1].y);
```

```
        printf("%d %d \n", p[0].x, p[0].y);
        printf("%d %d \n", p[1].x, p[1].y);

        printf("%d %d \n", p->x, p->y);
        printf("%d %d \n", (p+1)->x, (p+1)->y);

        return 0;
}
```

6 다음 그림을 분석해서 그 결과를 코드로 작성하세요.

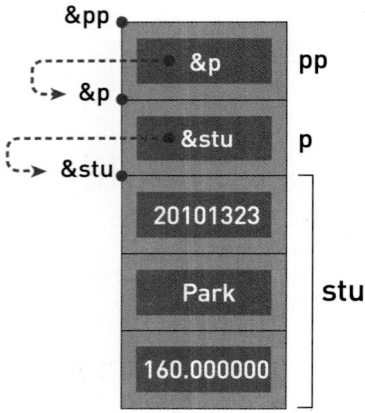

7 다음 코드를 분석해서 그 결과를 그림으로 작성하고 출력 결과를 예측하세요.

```
#include <stdio.h>
struct node
{
    int data;
    struct node* link;
};
```

```
void main(void)
{
    struct node n1, n2, n3;

    n1.data=10;
    n1.link=&n2;
    n2.data=20;
    n2.link=&n1;
    n3.data=30;
    n3.link=&n3;

    printf("%d %d %d \n", n1.data, n2.data, n3.data);
    printf("%d %d %d \n", n2.link->data, n1.link->data, n3.link->data);

    return 0;
}
```

8   다음 그림을 분석해서 그 결과를 코드로 작성하세요.

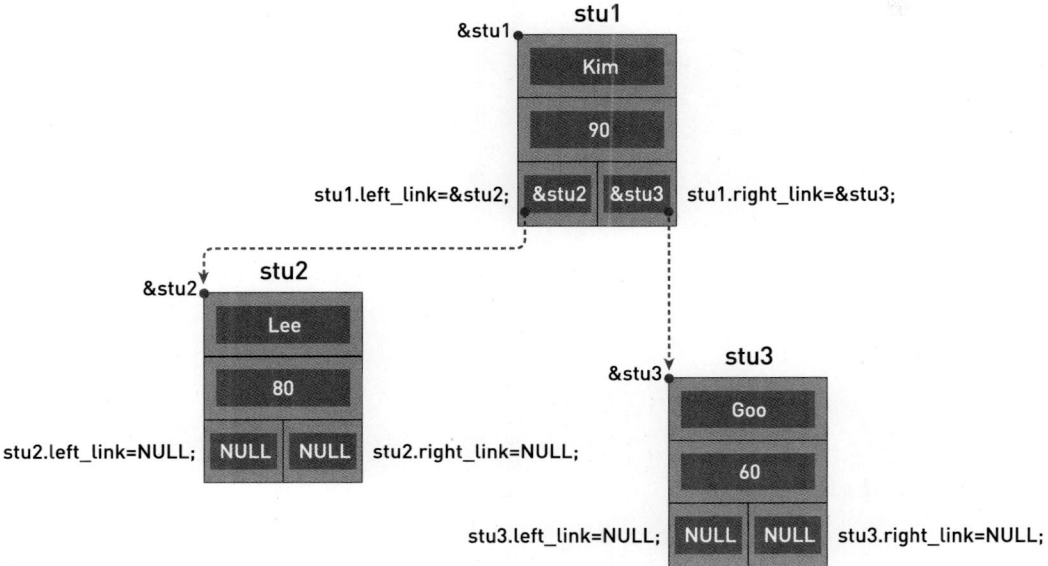

9 다음 그림을 분석해서 그 결과를 코드로 작성하세요.

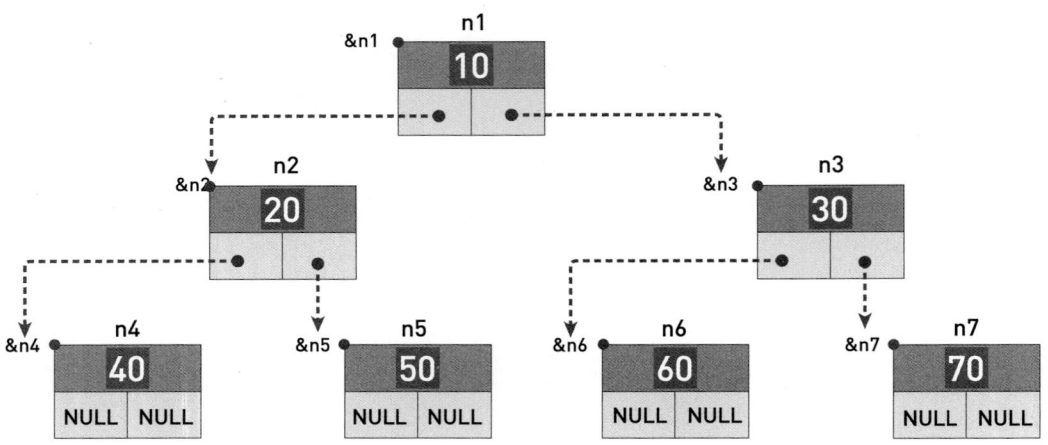

```
struct node
{
    int data;
    struct node* left_link;
    struct node* right_link;
}
```

10 다음 실행 결과를 보고 func1( ) 함수와 func2( ) 함수를 완성하세요.

::: 실행 결과 ▶

10 10
20 20
계속하려면 아무 키나 누르십시오 . . .

Chapter 01
구조체와 공용체란 무엇인가

```c
#include <stdio.h>
struct point
{
    int x;
    int y;
};

void main(void)
{
    struct point p1={10, 10};
    struct point p2={20, 20}

    func1(p1);
    func2(&p2);

    return 0;
}
```

 공부한 내용 떠올리기

↪ 구조체의 정의, 구조체 변수, 구조체 변수로 멤버 변수의 접근

↪ 구조체 변수의 초기화, 구조체 변수의 복사

↪ 중첩 구조체, 중첩 구조체의 초기화

↪ typedef를 이용하여 사용자 정의 자료형의 재정의 방법

↪ 구조체 배열과 구조체 포인터

↪ 구조체와 함수, 공용체와 열거형

열혈강의 C 언어 본색
Part 3

열혈강의ⓒ 언어본색

제 2 장

문자열 표준 함수와 기타 표준 함수

Part 3 | 제2장

2.1 문자열 처리 함수 1　**2.2** 문자열 처리 함수 2　**2.3** 기타 표준 함수

Chapter 02
문자열 표준 함수와 기타 표준 함수

 C 프로그램을 작성하면서 함수는 프로그래머가 원하는 기능을 구현할 때 가장 중요하고도 필수적인 요소입니다. 특히, C 프로그램을 효율적으로 작성하기 위해 사용하는 문자열 표준 함수들이 있는데 프로그래머는 문자열을 제어하기 위해 이들 함수들을 호출해서 사용하기만 하면 됩니다. 이번 장에서는 문자열 표준 함수와 기타 표준 함수에 대해서 알아보겠습니다.

2.1 문자열 처리 함수 1

표준 함수들 중에 가장 많이 사용하는 것이 바로 문자열 처리 함수입니다. 지금부터 하나씩 배워 보겠습니다.

2.1.1 gets( ) 함수와 puts( ) 함수

표 2-1은 문자열 입력 함수 gets( )와 문자열 출력 함수 puts( )를 정리한 것입니다. 이들 함수를 사용하려면 헤더 파일 stdio.h을 인클루드(Include)해야 합니다.

표 2-1 gets( ) 함수와 puts( ) 함수

함수의 원형	예	설명
#include <stdio.h> char* gets(char* s);	char array1[10]; gets(array);	전달된 메모리 주소에 문자열 저장 성공 : 입력된 문자열 반환 실패 : NULL 포인터 반환
#include <stdio.h> int puts(const char* s);	char array[10] ="Good luck"; puts(array);	전달된 메모리 주소의 문자열 출력 성공 : 0 아닌 값 반환 실패 : EOF 반환

gets( ) 함수는 함수의 인자로 전달받은 메모리(배열) 주소에 문자열을 입력합니다. 주목할 점은 사용자가 문자열을 입력하면, 마지막으로 입력된 Enter 키(개행 문자 ₩n)는 자동으로 제거하고 문자열의 끝에 자동으로 종료 문자(NULL 문자 ₩0)를 붙여 줍니다. 만약 gets( ) 함수를 호출해서 에러가 발생하면 NULL 포인터를 반환합니다. 참고적으로 gets( ) 함수를 사용할 때 메모리 오버플로우가 발생하지 않게 문자열의 크기를 잘 할당해야 합니다.

puts( ) 함수는 함수의 인자로 전달받은 메모리(배열) 주소를 참조하여 종료 문자(NULL 문자 ₩0)를 만날 때까지 문자열을 출력합니다. 주목할 점은 puts( ) 함수는 출력하면서 자동으로 Enter 키(개행 문자 ₩n)를 삽입합니다. 만약 puts( ) 함수를 호출해서 에러가 발생하면 EOF를 반환합니다.

다음 예제를 가지고 gets( ) 함수와 puts( ) 함수를 이해해 봅시다.

예제 2-1

```
01 : #include <stdio.h>
02 : int main(void)
03 : {
04 :     char array1[10];
05 :     char array2[10]="Good luck";
06 :
07 :     puts("문자열을 입력하세요.");
08 :     gets(array1);              ──────── 문자열 입력
09 :     puts(array1);         ┐
10 :                           ├─── 문자열 출력
11 :     puts(array2);         │
12 :     puts("Good luck");    ┘
13 :
14 :     return 0;
15 : }
```

::: 실행 결과 ▶

문자열을 입력하세요.
ABCDEFGHI

```
ABCDEFGHI
Good luck
Good luck
계속하려면 아무 키나 누르십시오 . . .
```

4행에서 10바이트 메모리 공간을 가진 char형 배열 array1을 선언합니다. 5행에서 10바이트 메모리 공간을 가진 char형 배열 array2을 선언하고 동시에 문자열 "Good luck"을 저장합니다. 8행과 9행에서 array1 주소를 참조하여 각각 문자열을 입력하고 문자열을 출력합니다. 11행에서 array2 주소를 참조하여 문자열을 출력합니다. printf( ) 함수를 이용할 때 우리는 개행을 위해 개행 문자(\n)를 직접 사용하였지만 puts( ) 함수를 사용하면 문자열 맨 끝에 자동으로 개행 문자를 삽입합니다. 12행에서 문자열 상수 "Good luck"을 출력합니다.

앞 예제를 가지고 우리는 문자열 입력 함수 gets( )와 문자열 출력 함수 puts( )를 배웠습니다. 그렇다면 이들 함수가 scanf( ) 함수와 printf( ) 함수보다 어떤 면에서 더 좋을까요? 다음 예제를 가지고 비교해 보겠습니다.

예제 | 2-2

```
01 : #include <stdio.h>
02 : int main(void)
03 : {
04 :     char array1[20];
05 :     char array2[20];
06 :
07 :     gets(array1);              // what is your name? 입력
08 :     puts(array1);              // what is your name? 출력
09 :
10 :     scanf("%s", array2);       // what is your name? 입력
11 :     printf("%s \n", array2);   // what 출력
12 :
13 :     return 0;
14 : }
```

::: 실행 결과 ▶

```
what is your name?
what is your name?
what is your name?
what
계속하려면 아무 키나 누르십시오 . . .
```

7행과 **8행**에서 gets( ) 함수로 array1 메모리 주소에 문자를 입력하고, puts( ) 함수로 array1 메모리 주소에 저장된 문자부터 종료 문자를 만날 때까지 문자열을 출력합니다. 문제없이 입력된 결과가 출력됩니다. 그런데 **10행**과 **11행**에서 scanf( ) 함수를 통해 'what is your name?'을 입력하면 what이 출력됩니다. 그 이유는 scanf( ) 함수를 통해 입력된 공백 문자는 종료 문자로 인식하기 때문입니다.

앞의 예제를 가지고 gets( ) 함수와 puts( ) 함수가 사용되는 이유를 잘 알았습니다. 또 다른 이유는 코드가 간결해지기 때문입니다. gets( ) 함수와 puts( ) 함수는 %s와 같이 출력 서식 문자를 신경 쓰지 않아도 됩니다.

EOF(End Of File)란?

puts( ) 함수의 선언을 보면 함수를 호출할 때 에러가 발생하면 반환되는 값이 EOF라고 되어 있습니다. EOF는 End Of File의 약자로 파일의 끝을 의미하며 헤더 파일 stdio.h에 #define EOF (-1)로 선언되어 있습니다. 즉, EOF는 상수 -1을 의미하는데 다음 예에서 볼 수 있듯이 함수 호출 시 에러가 있는지 없는지에 대한 반환값을 검사할 때 사용되어서 보다 신뢰성 있는 코드를 작성하게 해줍니다.

```
#include <stdio.h>
int main(void)
{
    int array[10];
    gets(array);

    if(puts(array)==EOF)              // if(puts(array)==-1)
    {
        printf("문자열 출력 실패 \n");
```

```
            return 1;
        }

        return 0;
    }
```

또 다른 경우에는 파일을 입출력할 때 파일의 끝에 도달하면 EOF가 반환될 수 있습니다. EOF에 대한 보다 자세한 사항은 파일 입출력 부분에서 다룹니다.

2.1.2 strlen( ) 함수 – 문자열의 길이를 알려준다

표 2-2는 문자열의 길이를 알려주는 strlen( ) 함수에 관한 내용을 정리한 것입니다. 이 함수를 사용하려면 헤더 파일 string.h를 인클루드(Include)해야 합니다.

표 2-2 strlen( ) 함수

함수의 원형	예	설명
#include <string.h> size_t strlen(const char* s);	char array[10]="Good luck"; strlen(array);	전달된 메모리 주소 array로부터 종료 문자를 만날 때까지 저장된 문자열의 길이를 반환

strlen( ) 함수는 문자열의 길이를 알려줍니다. 이 함수의 인자로 전달받은 메모리 주소에 저장된 문자부터 종료 문자를 만날 때까지 저장된 문자열의 길이를 반환하는 함수입니다. 이럴 때 문자열의 끝을 알리는 종료 문자는 길이에 포함하지 않습니다.

다음 예제를 가지고 확실히 이해해 봅시다.

예제 | 2-3

```
01 : #include <stdio.h>
02 : #include <string.h>
03 : int main(void)
04 : {
05 :     char array1[ ]="Hello C";
```

```
06 :        char array2[ ]="안녕하세요";
07 :
08 :        printf("영문 문자열의 길이 : %d \n", strlen(array1));      ── 7 출력
09 :        printf("한글 문자열의 길이 : %d \n", strlen(array2));      ── 10 출력
10 :
11 :        printf("영문 문자열의 크기 : %d \n", sizeof(array1));      ── 8 출력
12 :        printf("한글 문자열의 크기 : %d \n", sizeof(array2));      ── 11 출력
13 :
14 :        return 0;
15 : }
```

::: 실행 결과 ▶

영문 문자열의 길이 : 7
한글 문자열의 길이 : 10
영문 문자열의 크기 : 8
한글 문자열의 크기 : 11
계속하려면 아무 키나 누르십시오 . . .

2행에서 strlen( ) 함수를 사용하기 위해 헤더 파일 string.h를 인클루드합니다. 8행과 9행에서 영문 알파벳 하나는 1바이트, 한글 한 글자는 2바이트이므로 문자열의 길이가 차이 납니다. 주목할 점은 종료 문자가 포함되지 않은 문자열의 길이를 반환합니다. 11행과 12행에서 sizeof 연산자는 종료 문자가 포함된 문자열의 길이를 반환합니다.

유니코드의 등장

유니코드(Unicode)는 다국어를 지원할 목적으로 만들어진 코드의 체계입니다. 영문 알파벳 하나를 표기할 때는 ASCII 코드를 이용하면 1바이트의 메모리 공간으로 얼마든지 가능합니다. 그러나 한글, 한자, 일본어와 같은 문자 하나를 표기할 때는 2바이트의 메모리 공간이 필요합니다. 컴퓨터가 전 세계에서 사용하는 장치가 된 만큼 기존의 ASCII 코드 체계로는 한계가 있어서 등장한 것이 유니코드입니다. 향후 독자 여러분이 윈도우 프로그래밍을 할 때 자세히 배우면 되겠습니다.

2.1.3 strcpy( ) 함수와 strncpy( ) 함수 - 문자열을 복사한다

표 2-3은 문자열을 복사하는 strcpy( ) 함수와 strncpy( ) 함수에 관한 내용을 정리한 것입니다. 이들 함수를 사용하려면 헤더 파일 string.h 인클루드해야 합니다.

표 2-3 strcpy( ) 함수와 strncpy( ) 함수

함수의 원형	예	설명
#include <string.h> char* strcpy(char* dest, const char* src);	char array1[10]="Good luck"; char array2[10]; strcpy(array2, array1);	array1의 문자열을 array2에 복사 성공 : 복사된 문자열의 시작 주소 반환
#include <string.h> char* strncpy(char* dest, const char* src, size_t n);	char array1[10]="Good luck"; char array2[10]; strncpy(array2, array1, 3);	array1의 문자열을 array2에 3바이트만큼 복사 성공 : 복사된 문자열의 시작 주소 반환

strcpy( ) 함수와 strncpy( ) 함수는 문자열을 복사해 줍니다. 두 번째로 인자로 전달받은 메모리 주소에 저장된 문자열을 첫 번째 인자로 전달받은 메모리 주소에 복사합니다. 특히, strncpy( ) 함수에서 세 번째 인자는 복사해야 할 크기를 나타냅니다.

다음 예제를 가지고 strcpy( ) 함수와 strncpy( ) 함수를 자세히 살펴보겠습니다.

예제 | 2-4

```
01 : #include <stdio.h>
02 : #include <string.h>
03 : int main(void)
04 : {
05 :     char array1[12]="Hello world";
06 :     char array2[12];
07 :     char array3[12];
08 :
09 :     strcpy(array2, array1);
10 :     strncpy(array3, array1, 12);
11 :     // strncpy(array3, array1, strlen(array1)+1);
12 :
13 :     puts(array2);
```

```
14 :     puts(array3);
15 :
16 :     return 0;
17 : }
```

::: 실행 결과 ▶

Hello world
Hello world
계속하려면 아무 키나 누르십시오 . . .

9행에서 array1 메모리 주소에 저장된 문자열을 array2 메모리 주소에 복사합니다. **10행**에서 array1 메모리 주소에 저장된 문자열을 복사하는데 array3 메모리 주소에 12바이트만큼 복사합니다. 주석 처리된 **11행**의 코드는 10행과 같은 표현입니다. 특히, 11행의 strncpy( ) 함수의 세 번째 인자인 strlen(array1)+1는 12와 같습니다. 여기에서 +1을 해준 이유는 무엇일까요? 그 이유는 strlen( ) 함수는 종료 문자가 포함되지 않은 문자열의 개수를 반환하기 때문입니다.

다음 예제는 배열에 저장된 데이터 중에서 3 바이트를 복사하는 코드입니다.

예제 | 2-5

```
01 : #include <stdio.h>
02 : #include <string.h>
03 : int main(void)
04 : {
05 :     char array1[6]="Hello";
06 :     char array2[3];
07 :
08 :     strncpy(array2, array1, 3);         ← 종료 문자 삽입
09 :     array2[2]='\0';
10 :
11 :     puts(array2);
12 :
13 :     return 0;
14 : }
```

::: 실행 결과 ▶

He
계속하려면 아무 키나 누르십시오 . . .

8행에서 array1에 저장된 문자열을 array2에 3바이트만큼 복사합니다. 9행에서 array2[0], array[1], array[2] 메모리 공간 중에 세 번째 배열 요소를 가리키는 array2[2] 메모리 공간에 문자열의 끝을 알리는 종료 문자(\0)를 삽입합니다.

2.1.4 strcat( ) 함수와 strncat( ) 함수 – 문자열을 결합한다

표 2-4는 문자열을 결합하는 strcat( ) 함수와 strncat( ) 함수에 관한 내용을 정리한 것입니다. 이들 함수를 사용하려면 헤더 파일 string.h를 인클루드해야 합니다.

표 2-4 strcat( ) 함수와 strncat( ) 함수

함수의 원형	예	설명
#include <string.h> char* strcat(char* dest, const char* src);	char array1[10]="Good"; char array2[5]="luck"; strcat(array1, array2);	array1에 array2 문자열을 결합 성공 : 결합된 문자열의 시작 주소 반환
#include <string.h> char* strncat(char* dest, const char* src, size_t n);	char array1[10]="Good"; char array2[5]="luck"; strncat(array1, array2, 3);	array1에 array2 문자열을 3바이트만큼 결합 성공 : 결합된 문자열의 시작 주소 반환

strcat( ) 함수와 strncat( ) 함수는 문자열을 결합해 줍니다. 두 번째로 인자로 전달받은 메모리 주소에 저장된 문자열을 첫 번째 인자로 전달받은 메모리 주소에 결합합니다. 특히, strncat( ) 함수에서 세 번째 인자는 결합해야 할 크기를 나타냅니다.

다음 예제를 가지고 strcat( ) 함수를 자세히 살펴보겠습니다.

예제 | 2-6

```
01 : #include <stdio.h>
02 : #include <string.h>
03 : int main(void)
04 : {
05 :     char array1[100];
06 :     char array2[50];
07 :
08 :     printf("첫 번째 문자열 입력 : ");
09 :     gets(array1);
10 :
11 :     printf("두 번째 문자열 입력 : ");
12 :     gets(array2);
13 :
14 :     strcat(array1, array2);           ──── 문자열 결합
15 :
16 :     printf("결합된 문자열 출력 : ");
17 :     puts(array1);
18 :
19 :     return 0;
20 : }
```

::: 실행 결과 ▶

첫 번째 문자열 입력 : What time is it?
두 번째 문자열 입력 : It is three
결합된 문자열 출력 : What time is it?It is three
계속하려면 아무 키나 누르십시오 . . .

14행에서 array2에 저장된 문자열을 array1에 저장된 문자열 뒤에 결합합니다. 결합할 때는 array1의 문자열 맨 끝에 있는 종료 문자가 생략되고 array2의 문자열이 붙습니다.

다음 예제는 strncat( ) 함수에 관한 코드입니다. strcat( ) 함수와 어떤 차이가 있는지 확인해 보겠습니다.

Chapter 02
문자열 표준 함수와 기타 표준 함수

예제 | 2-7

```
01 :   #include <stdio.h>
02 :   #include <string.h>
03 :   int main(void)
04 :   {
05 :       char array1[100];
06 :       char array2[50];
07 :
08 :       printf("첫 번째 문자열 입력 : ");
09 :       gets(array1);
10 :
11 :       printf("두 번째 문자열 입력 : ");
12 :       gets(array2);
13 :
14 :       strncat(array1, array2, 6); ─── 6바이트만큼의 문자열 결합
15 :
16 :       printf("전체 문자열 출력 : ");
17 :       puts(array1);
18 :
19 :       return 0;
20 :   }
```

::: 실행 결과 ▶

첫 번째 문자열 입력 : I like you~~!
두 번째 문자열 입력 : Thank you~!
전체 문자열 출력 : I like you~~!Thank
계속하려면 아무 키나 누르십시오 . . .

14행에서 array2에 저장된 문자열을 array1에 저장된 문자열 뒤에 6바이트 크기로 결합합니다. 결합할 때는 array1에 저장된 문자열 맨 끝에 있는 종료 문자가 생략되고 array2의 문자열이 붙습니다.

2.1.5 strcmp( ) 함수와 strncmp( ) 함수 - 문자열을 비교한다

표 2-5는 문자열을 비교하는 strcmp( ) 함수와 strncmp( ) 함수에 관한 내용을 정리한 것입니다. 이들 함수를 사용하려면 헤더 파일 string.h를 인클루드해야 합니다.

표 2-5 strcmp( ) 함수와 strncmp( ) 함수

함수의 원형	예	설명
#include <string.h> int strcmp(const char* s1, const char* s2);	char array1[10]="Good"; char array2[10]="luck"; strcmp(array1, array2);	array1의 문자열과 array2의 문자열을 비교 성공 : array1과 array2의 비교 결과 반환
#include <string.h> int strncmp(const char* s1, const char* s2, size_t n);	char array1[10]="Good"; char array2[10]="luck"; strncmp(array1, array2, 3);	array1의 문자열과 array2의 문자열을 3개까지 비교 성공 : array1과 array2의 비교 결과 반환

strcmp( ) 함수와 strncmp( ) 함수는 문자열을 비교해 줍니다. 첫 번째 인자로 전달받은 메모리 주소에 저장된 문자열과 두 번째로 인자로 전달받은 메모리 주소에 저장된 문자열을 비교합니다. 특히, strncmp( ) 함수에서 세 번째 인자는 비교해야 할 크기를 나타냅니다.

문자열을 비교한 결과는 표 2-6처럼 양수, 0, 음수 등의 세 가지 형태가 있는데 문자열을 비교한다는 의미는 문자들의 ASCII 값들을 비교하는 것과 같습니다.

표 2-6 strcmp( ) 함수와 strncmp( ) 함수의 반환값

반환값	설명
양수(0보다 큰 값)	array1의 문자열이 array2의 문자열보다 크다.
0	array1의 문자열이 array2의 문자열과 같다.
음수(0보다 작은 값)	array1의 문자열이 array2의 문자열보다 작다.

다음 예제를 가지고 strcmp( ) 함수와 strncmp( ) 함수를 자세히 살펴보겠습니다.

예제 2-8

```
01 :    #include <stdio.h>
02 :    #include <string.h>
03 :    int main(void)
04 :    {
05 :        char array1[20]="Good-morning";
06 :        char array2[20]="Good-afternoon";
07 :        char array3[20]="Good-evening";
08 :        int result1, result2, result3;
09 :
10 :        result1=strcmp(array1, array2);          ── 1 출력
11 :        result2=strncmp(array1, array2, 5);      ── 0 출력
12 :        result3=strcmp(array2, array3);          ── -1 출력
13 :
14 :        printf("%d %d %d \n", result1, result2, result3);
15 :
16 :        return 0;
17 :    }
```

::: 실행 결과 ▶

1 0 -1
계속하려면 아무 키나 누르십시오 . . .

10행에서 array1에 저장된 문자열 Good-morning과 array2에 저장된 문자열 Good-afternoon을 비교합니다. 알파벳 순서를 비교하면 5바이트까지는 같은 문자열이지만 6바이트부터는 array1의 문자 'm'이 array2의 문자 'a'보다 크기 때문에 변수 result1에 저장된 값은 1(양수)입니다.

11행에서 array1에 저장된 문자열과 array2에 저장된 문자열을 5바이트만큼 비교합니다. 알파벳 순서를 5바이트만큼 비교하면 같아서 변수 result2에 저장된 값은 0입니다.

12행에서 array2에 저장된 문자열 Good-afternoon과 array3에 저장된 문자열 Good-evening을 비교합니다. 알파벳 순서를 비교하면 5바이트까지는 같은 문자열이지만 6바이트부

터는 array2의 문자 'a'가 array3의 문자 'e'보다 작기 때문에 변수 result3에 저장된 값은 -1(음수)입니다.

2.2 문자열 처리 함수 2

2.2.1 strchr( ) 함수와 strstr( ) 함수 – 문자와 문자열의 위치를 찾는다

표 2-7은 문자를 찾는 strchr( ) 함수와 문자열을 찾는 strstr( ) 함수의 원형을 다루고 있습니다. 이들 함수를 사용하려면 헤더 파일 string.h를 인클루드해야 합니다.

표 2-7 strchr( ) 함수와 strstr( ) 함수

함수의 원형	예	설명
#include <string.h> char* strchr(const char* s, int c);	char array1[10]="Good"; strchr(array1, 'd');	array1에서 문자 d의 메모리 주소를 검색 성공 : 찾은 문자의 메모리 주소를 반환
#include <string.h> char* strstr(const char* s1, const char* s2);	char array1[10]="Good-morning"; char array2[10]="morning"; strstr(array1, array2);	array1에서 array2에 저장된 문자열을 검색 성공 : 찾은 문자열의 메모리 주소를 반환

다음 예제를 가지고 확인해 보겠습니다.

예제 | 2-9

```
01 : #include <stdio.h>
02 : #include <string.h>
03 : int main(void)
04 : {
05 :     char array1[50]="Good-morning, Good-afternoon, Good-evening";
06 :     char array2[10]="morning";
07 :     char* p1=NULL;
08 :     char* p2=NULL;
09 :
```

```
10 :    p1=strchr(array1, 'a');
11 :    p2=strstr(array1, array2);
12 :
13 :    printf("문자 a의 위치 : %x \n", p1);
14 :    printf("문자열 : %s \n", p1);
15 :    printf("---------------------------------------\n");
16 :    printf("문자열의 시작 위치 : %x \n", p2);
17 :    printf("문자열 : %s \n", p2);
18 :
19 :    return 0;
20 : }
```

::: 실행 결과 ▶

문자 a의 위치 : 12ff3f
문자열: afternoon, Good-evening

문자열의 시작 위치 : 12ff31
문자열: morning, Good-afternoon, Good-evening
계속하려면 아무 키나 누르십시오 . . .

10행에서 array1에 저장된 문자열에서 문자 a의 위치를 찾아 p1에 위치(문자 a의 주소)를 저장합니다. 11행에서 array1에 저장된 문자열에서 array2에 저장된 문자열 morning의 첫 번째 문자 m의 위치를 찾아 p2에 위치(문자 m의 주소)를 저장합니다. 13행과 14행에서 p1에 저장된 주소와 문자열을 출력합니다. 16행과 17행에서 p2에 저장된 주소와 문자열을 출력합니다.

2.2.2 strupr( ) 함수와 strlwr( ) 함수 - 문자열을 대문자로 바꾸거나 소문자로 바꾼다

표 2-8은 문자열을 대문자로 바꾸는 strupr( ) 함수와 문자열을 소문자로 바꾸는 strlwr( ) 함수의 원형을 다루고 있습니다. 이들 함수를 사용하려면 헤더 파일 string.h를 인클루드해야 합니다.

표 2-8 strupr( ) 함수와 strlwr( ) 함수

함수의 원형	예	설명
#include <string.h> char* strupr(const char* s);	char array1[10]="good"; strupr(array1);	array1에서 저장된 문자열을 대문자로 변환 성공 : 변환된 문자열의 시작 주소를 반환
#include <string.h> char* strlwr(const char* s);	char array1[10]="GOOD"; strlwr(array1);	array1에서 저장된 문자열을 소문자로 변환 성공 : 변환된 문자열의 시작 주소를 반환

다음 예제를 가지고 확인해 보겠습니다.

예제 | 2-10

```
01 :  #include <stdio.h>
02 :  #include <string.h>
03 :  int main(void)
04 :  {
05 :      char array1[50]="good-morning,good-afternoon,good-evening";
06 :      char array2[50]="GOOD-MORNING,GOOD-AFTERNOON,GOOD-EVENING";
07 :      char* p1=NULL;
08 :      char* p2=NULL;
09 :
10 :      p1=strupr(array1);
11 :      p2=strlwr(array2);
12 :
13 :      puts(p1);
14 :      puts(p2);
15 :
16 :      return 0;
17 :  }
```

::: 실행 결과 ▶

GOOD-MORNING,GOOD-AFTERNOON,GOOD-EVENING
good-morning,good-afternoon,good-evening
계속하려면 아무 키나 누르십시오 . . .

10행에서 array1 메모리 주소에 저장된 문자열을 대문자로 변환하고, 변환된 문자열의 시작 주소를 p1에 저장합니다. 11행에서 array1 메모리 주소에 저장된 문자열을 소문자로 변환하고, 변환된 문자열의 시작 주소를 p2에 저장합니다. 13행과 14행에서 p1과 p2에 저장된 문자열을 출력합니다.

문자열을 처리할 때 문자의 유형에 따라 구분해서 처리해야 하는 경우가 있습니다. 이때 문자 분류 함수가 유용한데 다음 표는 문자 분류 함수를 정리한 것입니다. 문자 분류 함수를 호출하려면 헤더 파일 ctype.h를 인클루드해야 합니다.

함수의 원형	설명
int isalnum(int c);	알파벳인지 숫자인지를 검사
int isalpha(int c);	알파벳인지 아닌지를 검사
int isdigit(int c);	숫자인지 아닌지를 검사
int islower(int c);	소문자인지 아닌지를 검사
int isupper(int c);	대문자인지 아닌지를 검사
int isspace(int c);	공백 문자인지 아닌지를 검사
int isxdigit(int c);	16진수인지 아닌지를 검사

관련 예는 다음과 같이 이용될 수 있습니다.

```
/* divide.c */
#include <stdio.h>
#include <ctype.h>
int main(void)
{
   char a1='A', a2='a', char a3='B';
   int result1, result2, result3;

   result1=isalnum(a1);
   result2=isupper(a2);
   result3=islower(a3);
```

```
        printf("%d %d %d \n", result1, result2, result3);

        return 0;
}
```

2.2.3 sscanf( ) 함수와 sprintf( ) 함수 – 메모리로부터 문자열을 입력받고 출력한다

표 2-9은 메모리로부터 문자열을 입력받은 sscanf( ) 함수와 메모리에 문자열을 출력하는 sprintf( ) 함수의 원형을 정리한 것입니다. 이들 함수를 사용하려면 헤더 파일 string.h를 인클루드해야 합니다. 함수의 인자 중에 ...은 함수의 인자가 많이 있을 수 있는 가변 인자를 나타냅니다. Part3의 동적 메모리 할당과 가변 인자에서 자세히 배울 예정입니다.

표 2-9 sscanf( ) 함수와 sprintf( ) 함수

함수의 원형	설명
#include <string.h> int sscanf(const char* s1, const char* s2, ...);	메모리에서 데이터를 입력받음 성공 : 데이터의 개수 반환
#include <string.h> int sprintf(char* s1, const char* s2, ...);	메모리에 데이터를 출력 성공 : 문자열의 길이 반환

우리가 주로 많이 사용하던 scanf( ) 함수는 키보드로부터 데이터를 입력하는 함수이며, printf( ) 함수는 모니터에 데이터를 출력하는 함수입니다. 이제부터 배울 sscanf( ) 함수는 메모리로부터 데이터를 입력받은 함수이며, sprintf( ) 함수는 메모리에 데이터를 출력하는 함수입니다. 입력과 출력의 대상이 바뀌는 것뿐 큰 차이는 없습니다.

먼저 sscanf( ) 함수의 예제를 가지고 확인해 보겠습니다.

예제 | 2-11

```
01 : #include <stdio.h>
02 : #include <string.h>
03 : int main(void)
04 : {
```

```
05 :    char array[50]="100  3.14  good-morning";
06 :    int num1;
07 :    double num2;
08 :    char str[50];
09 :
10 :    // scanf("%d %lf %s",&num1, &num2, str);     ── 키보드로부터 입력받음
11 :    sscanf(array, "%d %lf %s", &num1, &num2, str);  ── 배열로부터 입력받음
12 :
13 :    puts("출력");
14 :    printf("%d, %lf, %s \n", num1, num2, str);
15 :
16 :    return 0;
17 : }
```

::: 실행 결과 ▶

출력
100, 3.140000, good-morning
계속하려면 아무 키나 누르십시오 . . .

10행에서 주석으로 처리된 scanf( ) 함수는 키보드로부터 데이터를 입력받은 함수입니다. **11행**에서 배열 array에 저장된 데이터를 %d %lf %s 형식으로 입력받아 num1, num2, 배열 str에 저장합니다. 즉, 메모리로부터 데이터를 입력받으면서 서식 문자을 결정하면 됩니다.

다음은 sprintf( ) 함수의 예제를 가지고 확인해 보겠습니다.

예제 | 2-12

```
01 : #include <stdio.h>
02 : #include <string.h>
03 : int main(void)
04 : {
05 :    char array[50];
06 :    int num1=100;
07 :    double num2=3.14;
08 :    char str[50]="good-morning";
```

```
09 :
10 :    printf("%d, %lf, %s \n", num1, num2, str);        ── 모니터에 출력
11 :    sprintf(array, "%d, %lf, %s \n", num1, num2, str); ── 배열에 출력
12 :    printf("%s \n", array);                            ── 모니터에 출력
13 :
14 :    return 0;
15 : }
```

::: 실행 결과 ▶

100, 3.140000, good-morning
100, 3.140000, good-morning
계속하려면 아무 키나 누르십시오 . . .

10행에서 printf( ) 함수를 통해 데이터를 모니터에 출력합니다. 11행에서 sprintf( ) 함수를 통해 데이터를 메모리(배열 array)에 출력합니다. 메모리에 데이터를 출력할 때 %d %lf %s 형식으로 출력합니다.

strtok( ) 함수를 이용하여 구분자(Separator)를 기준으로 문자열을 분리할 수 있습니다. 이 함수는 특정 구분자를 찾아내서 문자열을 토큰으로 분리할 때 이용합니다. 예를 들어 '2011/08/29'라는 문자열이 있을 때, 구분자를 '/'로 선택하면 토큰은 각각 '2011', '08', '29'가 됩니다. 토큰은 어떤 조건에 의해서 나누어지는 문자열의 일부를 의미합니다.

```
char* strtok(char* str, const char* sp);
```

str에 저장된 문자열을 sp에 저장된 문자를 통해 토큰을 출력하는 함수입니다. 즉, str에서 구분자를 찾아내어 현재 토큰(문자열)의 주소를 반환합니다. strtok( ) 함수의 두 번째 호출부터는 str에 NULL 포인터를 지정하면 이전 호출에서 찾은 구분자 다음 위치부터 같은 작업을 반복합니다. 더 이상의 토큰이 없으면 NULL을 반환합니다.

```
/*  strtok.c  */
#include <stdio.h>
#include <string.h>
```

```c
int main(void)
{
    char array1[50]="Good-morning-Good-afternoon-Good-evening";
    char* p=NULL;
    int count=0;

    p=strtok (array1, "-");

    for(count=0; p!=NULL; count++)
    {
        puts(p);
        p=strtok(NULL, "-");
    }
    printf("토큰의 개수는 총 %d개입니다. \n", count);

    return 0;
}
```

::: 실행 결과 ▶

Good
morning
Good
afternoon
Good
evening
토큰의 개수는 총 6개입니다.
계속하려면 아무 키나 누르십시오 . . .

2.3 기타 표준 함수

2.3.1 데이터 변환 표준 함수

이제까지 문자열 처리 함수에 관해서 배웠습니다. 다음으로는 데이터를 변환하는 함수에 대하여 알아보겠습니다. 데이터 변환 함수를 사용하려면 헤더 파일 stdlib.h나 ctype.h를 인클루드해야 합니다. 표 2-10은 문자열을 숫자로 변환하는 함수들이며 헤더 파일 stdlib.h를 인클루드하는 데이터 변환 함수들의 원형을 정리한 것입니다.

표 2-10 데이터 변환 함수들(헤더 파일은 stdlib.h)

함수의 원형	설명
double atof(const char* str);	문자열을 double형 데이터로 변환
int atoi(const char* str);	문자열을 int형 데이터로 변환
long atol(const char* str);	문자열을 long형 데이터로 변환

다음 예제는 헤더 파일 stdlib.h를 이용하는 데이터 변환 함수인 atof( ), atoi( ), atol( )에 관한 코드입니다. 문자열을 입력받아 숫자로 변환하고 있습니다.

예제 2-13

```
01 : #include <stdio.h>
02 : #include <stdlib.h>
03 : int main(void)
04 : {
05 :     char* str1="3.14";
06 :     char* str2="100";
07 :     char* str3="10000000";
08 :
09 :     double num1;
10 :     int num2;
11 :     long num3;
12 :
13 :     num1=atof(str1);
14 :     num2=atoi(str2);
15 :     num3=atol(str3);
16 :
17 :     printf("%lf, %d, %ld \n", num1, num2, num3);
18 :
19 :     return 0;
20 : }
```

::: 실행 결과 ▶

3.140000, 100, 10000000
계속하려면 아무 키나 누르십시오 . . .

5행부터 7행까지에서 숫자처럼 보이지만(큰따옴표가 붙은) 연산이 불가능한 문자열입니다. 만약 이와 같은 문자열들을 연산이 가능한 숫자로 바꿀 방법은 없을까? 있습니다. 13행부터 15행까지에서 이와 같은 함수들을 이용하면 문자열을 연산 가능한 숫자로 바꿀 수 있습니다. 문자열들을 자료형에 맞게 숫자로 변환하고 있습니다.

표 2-11은 문자를 ASCII 문자, 소문자, 대문자로 변환하는 함수들이며, 헤더 파일 ctype.h를 인클루드하는 데이터 변환 함수들의 원형을 정리한 것입니다.

표 2-11 데이터 변환 함수들(헤더 파일은 ctype.h)

함수의 원형	설명
int toascii(int num);	문자를 ASCII 문자로 변환
int tolower(int num);	문자를 소문자로 변환
int toupper(int num);	문자를 대문자로 변환

다음 예제는 헤더 파일 ctype.h를 이용하는 데이터 변환 함수인 toascii( ), tolower( ), toupper( )에 관한 코드입니다.

예제 | 2-14

```
01 : #include <stdio.h>
02 : #include <ctype.h>
03 : int main(void)
04 : {
05 :     char a1='A';
06 :     char a2='a';
07 :
08 :     printf("아스키 코드 : %d \n", toascii(a1));        ── ASCII 값 65 출력
```

```
09 :    printf("소문자 : %c \n", tolower(a2));          ─── 소문자 a 출력
10 :    printf("대문자 : %c \n", toupper(a2));          ─── 대문자 A 출력
11 :
12 :    return 0;
13 : }
```

::: 실행 결과 ▶

아스키 코드 : 65
소문자 : a
대문자 : A
계속하려면 아무 키나 누르십시오 . . .

8행에서 toascii( ) 함수를 통해 입력받은 문자를 ASCII 값으로 출력합니다. 9행에서 tolower( ) 함수를 통해 입력받은 문자를 소문자로 출력합니다. 10행에서 toupper( ) 함수를 통해 입력받은 문자를 대문자로 출력합니다.

2.3.2 수학 관련 표준 함수

이제부터는 실제로 프로그램을 개발할 때 유용한 수학 관련 시스템 라이브러리 함수를 살펴보 겠습니다. 이들 함수를 사용하려면 헤더 파일 math.h나 stdlib.h를 인클루드해야 합니다. 표 2-12는 주로 실수를 다루는 함수들이며 헤더 파일 math.h를 인클루드하는 수학 관련 함수들의 원형을 정리한 것입니다.

표 2-12 수학 관련 함수들(헤더 파일은 math.h)

함수의 원형	설명
double ceil(double x);	X보다 큰 정수 반환
double floor(double x);	X보다 작은 정수 반환
double fabs(double x);	X의 절댓값 반환
double pow(double x, double y);	X^y
double sqrt(double x);	$\sqrt{X}$

함수의 원형	설명
double exp(double x);	e^x e는 자연 상수 (오일러의 수)
double log(double x);	$\log_e x$
double log10(double x);	$\log_{10} x$

표 2-12를 보면 오일러의 수가 있습니다. 오일러의 수(Euler's number) e는 네이피어(John Napier, 1550~1617))가 1614년에 발견한 것으로 곱셈을 덧셈으로 변환해서 천문학적인 연산의 부담을 크게 줄였습니다. 현재에도 확률, 통계, 생물학, 물리학, 탄도학, 재정학 등 수학의 다양한 응용 분야에서 매우 중요하게 쓰이고 있습니다.

간단한 예제를 가지고 수학 관련 함수들을 확인해 보겠습니다.

예제 | 2-15

```
01 : #include <stdio.h>
02 : #include <math.h>
03 : int main(void)
04 : {
05 :     double a1=3.14;
06 :     double a2=-3.14;
07 :
08 :     printf("%.2lf \n", ceil(a1));
09 :     printf("%.2lf \n", floor(a1));
10 :     printf("---------\n");
11 :
12 :     printf("%.2lf \n", fabs(a2));
13 :     printf("%.2lf \n", pow(2,8));
14 :     printf("%.2lf \n", sqrt(2));
15 :     printf("---------\n");
16 :
17 :     printf("%.2lf \n", exp(1));
18 :     printf("%.2lf \n", log(exp(1)));
19 :     printf("%.2lf \n", log10(10));
20 :     printf("---------\n");
21 :
```

```
22 :     return 0;
23 : }
```

▶ 실행 결과

```
4.00
3.00
--------
3.14
256.00
1.41
--------
2.72
1.00
1.00
--------
계속하려면 아무 키나 누르십시오 . . .
```

 이외에도 헤더 파일 math.h를 열어서 보면 다음 표처럼 삼각함수와 관련된 여러 가지 함수들이 선언되어 있습니다. 헤더 파일 math.h를 오들루드하는 수학 함수들의 원형을 정리한 것입니다.

함수의 원형	설명
double sin(double x);	삼각함수에서 x의 sin 값
double cos(double x);	삼각함수에서 x의 cos 값
double tan(double x);	삼각함수에서 x의 tan 값
double sinh(double x);	삼각함수에서 x의 sinh 값
double cosh(double x);	삼각함수에서 x의 cosh 값
double tanh(double x);	삼각함수에서 x의 tanh 값
double asin(double x);	삼각함수에서 x의 asin 값
double acos(double x);	삼각함수에서 x의 acos 값
double atan(double x);	삼각함수에서 x의 atan 값

Chapter 02
문자열 표준 함수와 기타 표준 함수

표 2-13은 활용도가 매우 높은 난수를 발생하는 수학 함수입니다. 난수의 의미는 예측이 불가능하게 생성되는 수를 의미합니다. 이처럼 C 언어에는 난수를 생성하는 rand( ) 함수와 srand( ) 함수가 있습니다. rand( ) 함수는 난수의 생성 패턴을 한 개로 설정하는 것이고 srand( ) 함수는 난수의 생성 패턴을 여러 개로 설정하는 차이가 있습니다. 다음 표는 헤더 파일 #include 〈stdlib.h〉을 인클루드하여 난수를 만들어 내는 수학 함수들의 원형을 정리한 것입니다.

표 2-13 난수를 만들어 내는 수학 함수들

함수의 원형	설명
int rand(void);	난수를 생성
int srand(unsigned int seed);	seed를 지정하여 난수를 생성

- seed : 난수의 생성 패턴

다음 예제를 가지고 먼저 rand( ) 함수의 사용법을 확인해 보겠습니다.

예제 | 2-16

```
01 :   #include <stdio.h>
02 :   #include <stdlib.h>
03 :   int main(void)
04 :   {
05 :       int i=0;
06 :       puts("10개의 난수를 발생시킵니다.");
07 :
08 :       while(i<10)
09 :       {
10 :           printf("%d \t", rand( ));
11 :           i=i+1;
12 :       }
13 :
14 :       return 0;
15 :   }
```

::: 실행 결과 ▶

10개의 난수를 발생시킵니다.
41   18467   6334   26500   19169   15724   11478   29358   26962   24464
계속하려면 아무 키나 누르십시오 . . .

10행에서 반복문을 통해 rand( ) 함수를 10번 호출하고 있습니다. 즉, 10개의 난수를 발생시키고 있습니다. 이렇게 하면 10개의 수가 예측 불가능한 형태로 생성됩니다. 다시 한번 실행해서 실행 결과 창 두 개를 함께 비교해 보면 난수의 생성 패턴이 모두 같습니다. 언급한 대로 난수의 생성 패턴이 모두 같으면 진정한 의미에서 난수 생성이 아닙니다. 따라서 이런 문제를 해결하기 위해서 srand( ) 함수를 사용합니다.

다음 예제를 가지고 srand( ) 함수의 장점을 확인해 보겠습니다.

예제 | 2-17

```
01 : #include <stdio.h>
02 : #include <stdlib.h>
03 : int main(void)
04 : {
05 :     int i=0;
06 :     puts("10개의 난수를 발생시킵니다.");
07 :     srand(1);                              정수 값을 1~3까지 변경해 보자
08 :
09 :     while(i<10)
10 :     {
11 :         printf("%d \t", rand( ));
12 :         i=i+1;
13 :     }
14 :
15 :     return 0;
16 : }
```

::: 실행 결과 ▶

10개의 난수를 발생시킵니다.
41   18467   6334   26500   19169   15724   11478   29358   26962   24464
계속하려면 아무 키나 누르십시오 . . .

7행에서 srand(1)로 설정합니다. 아직까지 이 함수의 장점이 보이지 않습니다. 이제 7행의 함수의 인자 값을 변경해 보겠습니다. srand(1), srand(2), srand(3), … 실행 결과는 다음과 같습니다.

- srand(1)일 때

::: 실행 결과 ▶

41   18467   6334   26500   19169   15724   11478   29358   26962   24464

- srand(2)일 때

::: 실행 결과 ▶

45   29216   24198   17795   29484   19650   14590   26431   10705   18316

- srand(3)일 때

::: 실행 결과 ▶

48   7196   9294   9091   7031   23577   17702   23503   27217   12168

7행의 srand( ) 함수의 인자 값을 변경해서 서로 다른 결과로 난수가 생성되었습니다. 특히, srand(1)의 결과는 앞서 다룬 예제의 실행 결과와 같습니다. srand( ) 함수를 호출하지 않고 rand( ) 함수를 호출하면 기본적으로 srand(1)이 설정되어 있습니다.

헤더 파일 stdlib.h를 확인해 보면 #define RAND_MAX 0x7fff라는 매크로 상수가 선언되어 있습니다. RAND_MAX는 0x7fff인데 10진수로 32767입니다. 따라서 rand( ) 함수의 난수 발생 범위는 일반적으로 0~32767까지 설정되어 있습니다. 매크로는 Part3의 5장에서 자세히 다룰 예정입니다.

이외의 함수들은 C 언어 레퍼런스를 참조하자!

지금까지 문자열을 처리하는 다양한 함수들을 공부했습니다. 그러나 C 언어는 이외에도 다양한 표준 함수들을 제공하고 있습니다. 모든 함수를 책에 소개할 수 있다면 좋겠지만 지면 관계상 제약이 있을 수밖에 없습니다. 소개되지 않은 표준 함수들을 공부하고 싶다면 어떻게 해야 할까? 이럴 때 필요한 것이 C 언어 레퍼런스입니다.

C 언어 레퍼런스는 ANSI C에 정의된 다양한 표준 함수들을 소개하고 있습니다. 서점에서 'C 언어 레퍼런스'를 구입하거나 검색 엔진에 'ANSI C Reference'를 검색하면 많은 문서들이 검색되므로 참고하길 바랍니다.

시간 관련 표준 함수와 메모리 관련 표준 함수

① 헤더 파일 time.h에 있는 시간 관련 표준 함수에는 시스템 성능 측정을 위한 함수, 시간, 날짜와 관련된 표준 함수를 제공합니다. 대표적인 시간 관련 표준 함수들을 다음에 정리해 두었습니다. C 언어 레퍼런스를 참고해서 학습해 보기를 바랍니다.

- clock_t clock(void);   // CPU 클럭을 측정(Part1 9장 예제 9-10 참조)
- time_t time(time_t* timer);   // 1970년 1월 1일부터 경과된 시간을 초 단위로 반환
- char* ctime(const time_t* t);   // 현재 위치의 시간과 날짜를 문자열 형태로 반환
- struct tm* localtime(const time_t* t); // tm 구조체의 주소를 반환

② 헤더 파일 memory.h에 있는 메모리 관련 표준 함수에는 메모리를 복사, 비교, 이동, 설정하는 함수를 제공합니다. 마찬가지로 대표적인 메모리 관련 표준 함수들을 다음에 정리해 두었습니다. C 언어 레퍼런스를 참고해서 학습해 보기 바랍니다.

- void* memcpy(void* dest, const void* src, size_t cnt);   // 메모리 복사
- void* memmove(void* dest, const void* src, size_t cnt);   // 메모리 이동
- void* memset(void* dest, int c, size_t cnt);   // 메모리 설정
- int memcmp(const void* buf1, cons void* buf2, size_t cnt); // 메모리 비교

연/습/문/제/ Exercise

1 사용자로부터 단어 하나를 입력받은 뒤, 그 문자열 내에 A부터 Z까지의 알파벳이 각각 몇 개씩 등장하는지 세어 출력하는 프로그램을 작성하세요. 대소문자를 같이 처리하고, 등장하지 않는 알파벳은 출력하지 않게 합니다. 알파벳 이외의 문자는 무시합니다.

::: 실행 결과 ▶

```
단어를 입력하세요 : superCalifragilisticexpialidocious
a : 3개
c : 3개
d : 1개
e : 2개
f : 1개
g : 1개
i : 7개
l : 3개
o : 2개
p : 2개
r : 2개
s : 3개
t : 1개
u : 2개
x : 1개
계속하려면 아무 키나 누르십시오 . . .
```

2 사용자로부터 최대 10개의 단어를 입력받아 정렬하는 프로그램을 작성하세요. 사전식 순서로 작은 단어가 앞에 와야 합니다. 단, 각각의 단어는 15글자를 넘지 않는다고 가정합니다.

::: 실행 결과 ▶

```
입력을 종료하려면 그냥 엔터를 누르세요.
1번째? black
2번째? apple
3번째? car
4번째? jump
5번째? <enter>
apple black car jump
계속하려면 아무 키나 누르십시오 . . .
```

3 다음 코드를 실행하면 의도했던 대로 동작하지 않습니다. 그 이유는 무엇입니까? 올바르게 동작하도록 코드를 수정해 보세요.

```c
/*   ex3.c   */
#include <stdio.h>
#include <string.h>
int main(void)
{
    char a[ ]="문자열";
    char b[ ]="문자열"

    if(a==b)
        puts("a와 b가 같습니다.");
    else
        puts("a와 b가 같지 않습니다.");

    return 0;
}
```

4 사용자가 입력한 문자열의 앞뒤를 뒤집어 출력하는 프로그램을 작성하세요. 참고적으로 문자열을 뒤집는 표준 문자열 처리 함수로는 strrev( )가 있습니다.

5 다음 실행 결과와 같이 정수 형태의 문자열을 입력받아 정수로 바꾸는 프로그램을 작성하세요.

::: 실행 결과 ▶

문자열을 입력하세요: 12345
문자열을 정수로 출력: 12345
계속하려면 아무 키나 누르십시오 . . .

6 알파벳 문자열을 키보드로부터 입력받아 입력한 문자열의 개수를 출력하고, 영문자의 대문자는 소문자로 소문자는 대문자로 변환하여 출력하는 프로그램을 작성하세요.

7 키보드로부터 학번, 이름, 영어 점수, 국어 점수를 입력받을 수 있는 구조체를 만들고, 2010 학번인 경우 이름, 영어 점수, 국어 점수를 출력하는 프로그램을 작성하세요. 문자열을 찾는 함수로는 strstr( ) 함수가 있습니다.

 공부한 내용 떠올리기

⇨ 다양한 문자열 처리 함수들
⇨ 데이터 변환 함수와 수학 함수

제 3 장

콘솔 입출력과 파일 입출력

Part 3 | 제3장

3.1 스트림이란 **3.2** 콘솔 입출력 **3.3** 파일 입출력 **3.4** 표준 파일 입출력 함수

Chapter 03
콘솔 입출력과 파일 입출력

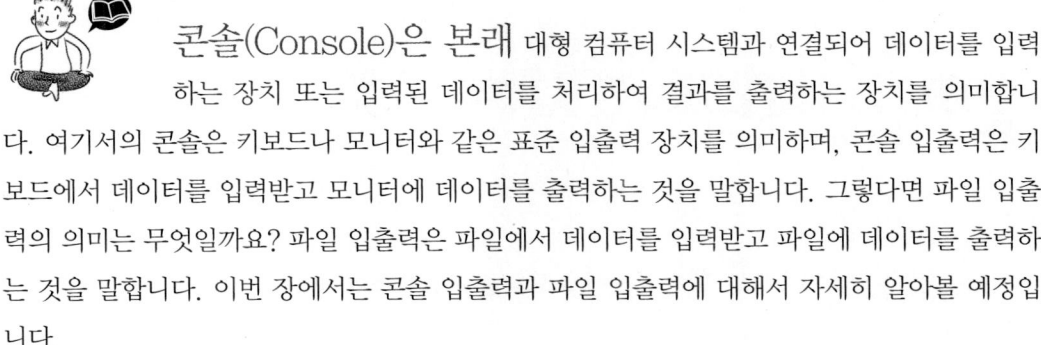

콘솔(Console)은 본래 대형 컴퓨터 시스템과 연결되어 데이터를 입력하는 장치 또는 입력된 데이터를 처리하여 결과를 출력하는 장치를 의미합니다. 여기서의 콘솔은 키보드나 모니터와 같은 표준 입출력 장치를 의미하며, 콘솔 입출력은 키보드에서 데이터를 입력받고 모니터에 데이터를 출력하는 것을 말합니다. 그렇다면 파일 입출력의 의미는 무엇일까요? 파일 입출력은 파일에서 데이터를 입력받고 파일에 데이터를 출력하는 것을 말합니다. 이번 장에서는 콘솔 입출력과 파일 입출력에 대해서 자세히 알아볼 예정입니다.

3.1 스트림이란

콘솔 입출력과 파일 입출력을 다루기 전에 스트림(Stream)에 대해서 이해해야 할 필요가 있습니다.

3.1.1 스트림

스트림(Stream)이란 데이터를 입력하고 출력하기 위한 다리입니다. 지금까지 우리는 scanf( ) 함수를 이용해서 키보드에서 데이터를 입력받을 수 있었고 printf( ) 함수를 통해서 모니터에 데이터를 출력할 수 있었습니다. 그렇다면 실행 중인 프로그램을 통해 어떻게 키보드로부터 데이터를 입력받고 모니터로 데이터를 출력할 수 있는 것일까요?

다음 그림을 보면 키보드, 프로그램, 모니터가 있습니다. 서로 완전히 다른 개체입니다. 이들 간에 서로 연결을 하려면 어떤 것이 필요할까요? 바로 스트림(다리)이 필요합니다. 즉, 키보드로 데이터를 입력하려면 표준 입력 스트림이 필요하고, 모니터로 데이터를 출력하려면 표준 출력 스트림이 필요합니다.

표준 입력 스트림과 표준 출력 스트림

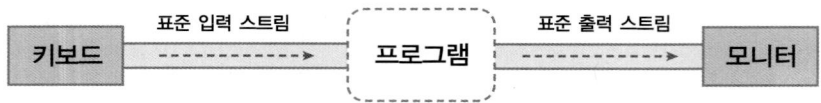

스트림은 운영체제에 의해서 만들어지는 다리입니다. 즉, 소프트웨어적으로 구현되어 있는 가상의 다리라고 생각하면 됩니다. 대부분 표준 입출력 스트림의 의미는 키보드와 모니터에 데이터를 입출력하는 다리라고 설명합니다.

C 언어는 콘솔 입출력용으로 표준 입출력 스트림을 제공하는데 printf( ) 함수나 scanf( ) 함수가 바로 이들 스트림을 이용합니다. 표 3-1은 운영체제마다 공통적으로 제공하는 표준 입출력 스트림을 정리한 것입니다.

표 3-1 표준 입출력 스트림

스트림	설명	장치
stdin	표준 입력을 담당	키보드
stdout	표준 출력을 담당	모니터
stderr	표준 에러를 담당	모니터

stdin은 표준 입력 스트림을 가리키는 다리 이름이고, stdout은 표준 출력 스트림을 가리키는 다리 이름입니다. stderr는 표준 에러 스트림을 가리키는 다리 이름이며 출력 대상이 모니터이기 때문에 stdout과 같습니다.

여기서 한 가지 궁금한 점은 '눈에 보이지 않는 가상의 다리 stdin, stdout, stderr는 언제 생성되고 언제 소멸되는가?'입니다. 운영체제는 stdin, stdout, stderr과 키보드와 모니터로 연결하기 위해 프로그램 시작 시 스트림을 생성시키고, 프로그램 종료 시 스트림을 자동 소멸시킵니다.

지금까지 무심코 사용한 scanf( ) 함수와 printf( ) 함수와 같은 콘솔 입출력 함수는 바로 stdin(키보드)과 stdout(모니터) 스트림들을 이용하여 입출력이 된 것입니다. 다음 그림은 지금까지 설명한 내용을 도식화한 것입니다.

표준 입력 스트림과 표준 출력 스트림

이제 입출력할 대상이 키보드와 모니터가 아니라 파일이라면 어떤 스트림을 이용하면 될까요? 즉, 프로그램에 입력해야 할 데이터를 키보드에서 가져오는 것이 아니라 파일에서 가져오고, 데이터를 모니터에 출력하는 것이 아니라 파일에 출력하려면 어떤 스트림을 통해야 할까요? 그것은 바로 파일 입출력 스트림입니다.

파일 입력 스트림과 파일 출력 스트림

3.1.2 버퍼와 버퍼링

컴퓨터 분야에서 버퍼(Buffer)는 처리할 데이터를 임시로 저장하는 저장소입니다. 데이터 생성 속도와 데이터 처리 속도가 다를 경우 속도 차이를 메워 주기 위한 임시 저장 공간으로서 역할을 합니다.

다음 페이지의 그림처럼 버퍼에는 입력 버퍼와 출력 버퍼가 있는데 입력 버퍼는 입력 데이터를 저장하기 위한 버퍼이며 출력 버퍼는 출력 데이터를 저장하기 위한 버퍼입니다. 입력 버퍼와 출력 버퍼를 사용하는 함수들이 바로 표준 입출력 함수입니다.

우리가 키보드를 통해서 입력한 데이터는 입력 스트림을 통해 입력 버퍼에 임시로 저장되고, printf( ) 함수를 호출해서 모니터에 데이터를 출력하기 위해 먼저 출력 버퍼에 저장되어서 출력 스트림을 통해 모니터에 출력됩니다.

입력 버퍼와 출력 버퍼

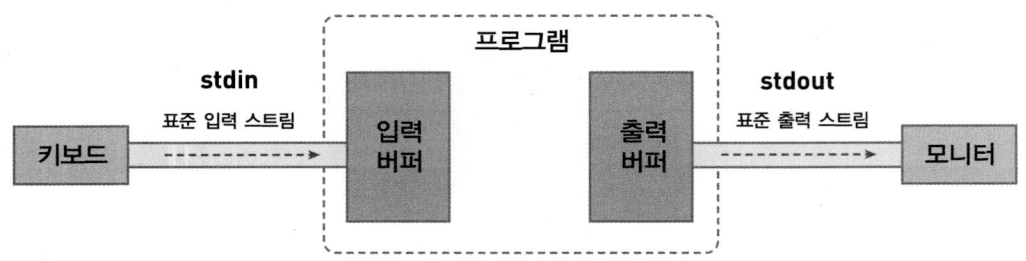

컴퓨터 분야에서 버퍼링이란 버퍼를 활용하는 방식 또는 버퍼를 채우는 동작을 말합니다. 보통 키보드와 같은 입력 장치로부터 데이터를 받거나 프린터와 같은 출력 장치로 데이터를 전송할 때 버퍼 안에 저장됩니다. 이처럼 버퍼링을 하는 이유는 바로 성능 향상을 위해서입니다. 문자를 하나씩 처리하는 것보다는 문자들을 모아서 한꺼번에 처리하는 것이 더 효율적일 수 있습니다. 일상적인 예를 든다면 공사장에서 벽돌을 손으로 하나씩 운송하는 것보다는 수레와 같은 임시 저장 공간을 빌려서 한꺼번에 많은 양의 벽돌을 운송하는 것이 훨씬 효율적일 것입니다. 스트림 기반으로 입출력을 하는 경우에 이렇게 버퍼링을 하는 이유가 바로 여기에 있습니다.

3.2 콘솔 입출력

앞에서 말했듯이 콘솔은 키보드나 모니터와 같은 표준 입출력 장치를 의미합니다. 즉, 콘솔 입력 장치인 키보드, 콘솔 출력 장치인 모니터를 의미합니다. C 언어에서는 키보드로부터 데이터를 입력받고, 모니터에 데이터를 출력하기 위해서 제공되는 콘솔 입출력 함수가 있습니다. 지금부터 콘솔 표준 입출력 함수와 콘솔 비표준 입출력 함수 둘의 차이를 배워 보겠습니다.

3.2.1 콘솔 표준 입출력 함수

표 3-2는 콘솔 표준 입출력 함수를 정리한 것입니다. 콘솔(키보드, 마우스)을 이용해 데이터를 읽어 들이거나 출력하는 함수들입니다. 콘솔 표준 입출력 함수를 그냥 표준 입출력 함수라고도 합니다. 이들 함수를 사용하려면 헤더 파일 stdio.h을 인클루드해야 합니다.

표 3-2 콘솔 표준 입출력 함수

함수의 원형	설명
int getchar(void);	키보드로부터 한 문자를 입력받음
int putchar(int c);	모니터에 한 문자를 출력
char* gets(char* s);	키보드로부터 문자열을 입력받음
int puts(char* str);	모니터에 문자열을 출력
int scanf(const char* format, ⋯);	키보드로부터 데이터를 서식에 맞추어 입력
int printf(const char* format, ⋯);	모니터에 데이터를 서식에 맞추어 출력

이들 함수 중에서 getchar( ) 함수와 putchar( ) 함수를 살펴보겠습니다. 나머지 함수들은 이미 다루었으므로 복습하기를 바랍니다.

getchar( ) 함수는 사용자가 키보드로부터 문자를 입력할 때까지 기다리고 있다가 사용자가 한 문자를 입력하고, Enter 키를 치면 입력 문자 중 첫 번째 문자의 키 값을 int형으로 반환합니다. getchar( ) 함수가 int형으로 값을 반환하는 이유는 입력하는 중에 발생하는 에러를 알리기 위한 목적으로 호출이 실패했을 때 EOF를 반환하기 위해서입니다. EOF는 파일의 끝을 의미하는 매크로 상수로 헤더 파일 stdio.h에 -1로 정의되어 있습니다.

getchar( ) 함수를 통해 키보드 입력 중에 에러가 발생한다는 것은 컴퓨터 시스템이 정상적으로 동작하지 못하는 경우이므로 일일이 EOF 반환 여부를 검사할 필요는 없습니다. EOF가 주로 사용되는 경우는 키보드로 데이터를 입력할 때 입력의 끝을 알리기 위해 시스템에게 여기가 입력의 끝이다는 것을 알리는 역할을 하는 경우입니다. 즉, 데이터 입력 중에 Ctrl + Z 키를 누르면 데이터 입력을 끝낸다는 의미와 같습니다.

putchar( ) 함수는 자신이 출력한 문자의 코드를 반환하는데 int형으로 굳이 반환하는 이유는 getchar( ) 함수와 같이 출력하는 중에 발생하는 에러를 알리기 위한 목적으로 호출이 실패했을 때 EOF를 반환하기 위해서입니다. 출력 중에 에러가 발생하는 경우 거의 대부분 컴퓨터 시스템이 정상적으로 동작하지 않는 상황이기 때문에 putchar( ) 함수의 결과 값도 일일이 검사할 필요는 없습니다.

putchar( ) 함수는 printf("%c")로 그 기능을 대신할 수 있지만, 문자 단위의 출력은 putchar( ) 함수가 printf( ) 함수보다 훨씬 빠르고 효율적으로 동작합니다.

다음 예제를 가지고 getchar( ) 함수와 putchar( ) 함수의 기본 동작 과정을 살펴보겠습니다.

예제 | 3-1

```
01 : #include <stdio.h>
02 : int main(void)
03 : {
04 :     char ch=0;
05 :
06 :     while(ch != EOF)           EOF==-1
07 :     {
08 :         ch=getchar( );
09 :         putchar(ch);
10 :     }
11 :
12 :     return 0;
13 : }
```

::: 실행 결과 ▶

a
a
c
c
abc
abc
^Z
계속하려면 아무 키나 누르십시오 . . .

6행에서 변수 ch가 EOF인지를 검사합니다. EOF가 아니라면 반복문이 수행됩니다. 만약 여러분이 [Ctrl] + [Z] 키를 눌렀다면 EOF라고 인식되어 반복문이 종료됩니다. 8행에서 getchar( )

함수를 통해 데이터를 입력받아 변수 ch에 저장합니다. 9행에서 변수 ch에 저장된 데이터를 출력합니다. 실행 결과를 보면 Ctrl + Z 키가 맨 마지막에 입력되어 있습니다. 이것을 EOF로 인식합니다. 따라서 반복문이 종료됩니다.

3.2.2 콘솔 비표준 입출력 함수

표 3-4에 나열된 함수들은 콘솔 비표준 입출력 함수로 버퍼를 사용하지 않습니다. ANSI C 표준은 아니지만 대다수의 C 컴파일러가 지원하는 직접 문자 입력 함수로 콘솔(키보드, 모니터)을 이용해 데이터를 읽어 들이거나 출력합니다. 이들 함수를 사용하려면 헤더 파일 conio.h를 인클루드해야 합니다.

표 3-4 콘솔 비표준 입출력 함수

함수의 원형	설명
int getch(void);	키보드로부터 한 문자를 입력받음(입력 화면에 입력 문자가 보이지 않습니다.)
int getche(int c);	키보드로부터 한 문자를 입력받음(입력 화면에 입력 문자가 보입니다.)
int putch(int c);	모니터에 한 문자를 출력
int kbhit(void);	키보드의 키가 눌려졌는지를 조사(누른 경우 0이 아닌 수를 반환합니다.)

getch( ) 함수와 getche( ) 함수는 문자의 입력을 담당하는 비표준 입력 함수입니다. 두 함수의 유일한 차이가 있다면, getch( ) 함수는 사용자가 입력한 문자를 화면에 보여주지 않지만 getche( ) 함수는 사용자가 입력한 문자를 화면에 보여줍니다. putch( ) 함수는 문자의 출력을 담당하는 비표준 출력 함수이며 kbhit( ) 함수는 키보드의 키가 눌려졌는지를 조사하는 비표준 키 입력 함수입니다.

다음 예제를 가지고 콘솔 비표준 함수의 기본 동작 과정을 살펴보겠습니다.

예제 3-2

```
01 : #include <stdio.h>
02 : #include <conio.h>
03 : int main(void)
```

```
04 :    {
05 :        char ch=0;
06 :        printf("키 입력");
07 :
08 :        while(ch != 'q')
09 :        {
10 :            if(kbhit( ))
11 :            {
12 :                ch=getche( );        ──── ch=getch( );
13 :                putch(ch);
14 :            }
15 :        }
16 :
17 :        return 0;
18 :    }
```

8행에서 변수 ch에 저장된 값이 q인지를 검사합니다. q가 아니라면 반복문을 수행합니다. 10행에서 키가 눌려졌는지에 대한 여부를 조사합니다. 만약 키가 눌려졌다면 조건문을 수행합니다. 12행부터 13행까지에서 비표준 함수 getche( ) 함수와 putch( ) 함수를 통해 변수 ch에 데이터를 입력하고 출력합니다. 주석으로 처리된 getch( ) 함수와의 차이가 무엇인지 비교해 보길 바랍니다.

비표준 입출력 함수들은 버퍼를 사용하지 않기 때문에 표준 입출력 함수들에 비해 속도가 빠릅니다. 그러나 여러 개의 문자를 처리하거나 데이터를 일괄해서 처리하는 경우에는 표준 입출력 함수를 사용하는 것이 좋습니다.

3.3 파일 입출력

지금까지 표준 입출력 함수에 대하여 알아보았습니다. 이제부터는 파일 입출력에 대해서 알아보겠습니다.

3.3.1 파일 입출력의 필요성

파일 입출력이 필요한 이유는 무엇일까? 지금까지 우리가 작성한 프로그램에서는 프로그램 실행 중에 데이터가 만들어지면 데이터를 메모리에 보관해서 사용하였습니다. 그러나 메모리에 저장된 데이터는 프로그램이 종료되면 사라지게 됩니다.

만일 프로그램 실행 중에 만들어진 데이터를 프로그램이 종료된 후에도 계속해서 사용하려면 어떻게 해야 할까요? 이때 바로 파일이 사용됩니다. 즉, 프로그램에서 사용되는 데이터를 파일에 저장하고, 필요할 때 파일을 읽어서 데이터를 사용할 수 있습니다.

파일은 프로그램이 디스크에 데이터를 기록하는 단위로 서류철처럼 일정한 종류의 데이터를 미리 정한 원칙에 따라 정리하고 있는 것이라고 생각하면 됩니다. 워드 프로세서는 문서 파일을 만들고, 그래픽 편집 프로그램은 그림 파일을 만드는 것과 같습니다.

우리가 사용하는 파일은 다음과 같이 두 가지 유형으로 나누어집니다.

① **텍스트 파일(Text File)** 일반 문서 편집기에서 문서를 열어 데이터 내용을 확인할 수 있는 문자들을 저장해 놓은 파일 즉, 문자열과 같은 텍스트 기반의 데이터 파일을 의미합니다.

② **바이너리 파일(Binary File)** 바이너리 데이터를 저장하는 파일로 일반 문서 편집기에서는 내용을 확인할 수 없습니다. 바이너리 파일은 이진 파일이라고도 부르며 컴퓨터 파일로 이진 형식으로 인코딩된 데이터를 의미합니다. 즉, 영상 데이터 기반의 입출력 파일을 의미합니다. 만약 바이너리 파일을 텍스트 모드로 열면 글자가 깨지는 현상이 발생합니다.

3.3.2 파일을 이용한 입출력 과정

다음 그림은 파일을 이용한 입출력 과정을 크게 네 단계로 나누어서 표현하고 있습니다.

파일 입출력 과정

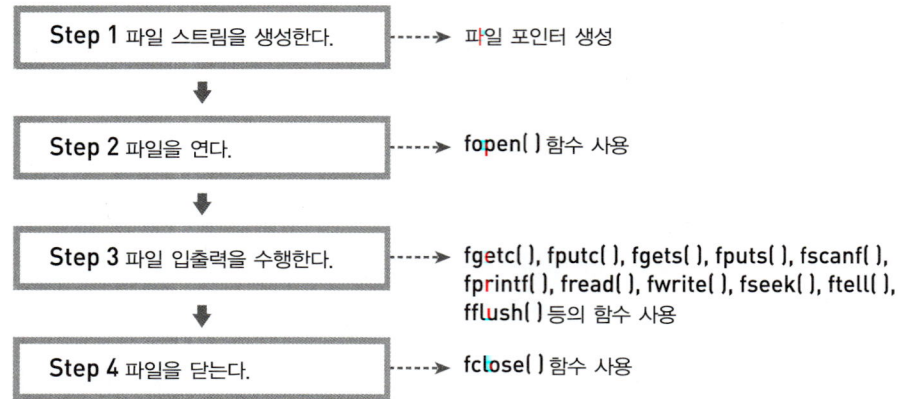

파일 스트림을 생성하고 파일을 연다

파일을 입출력할 때는 먼저 파일 스트림을 생성해야 합니다. 파일 스트림을 생성하려면 파일 포인터가 필요합니다. 파일 포인터는 파일에 접근하는데 사용되는 FILE 구조체 포인터를 의미합니다. 즉, 파일 스트림의 실체가 FILE 구조체 포인터입니다. 이처럼 파일 스트림(FILE 구조체 포인터)을 생성하고 파일을 여는 함수가 바로 fopen( ) 함수입니다.

파일 스트림의 실체가 FILE 구조체라고 했습니다. FILE 구조체가 실제로 어떻게 정의되어 있는지 알 필요는 없습니다. FILE 구조체 변수의 멤버 변수들에 직접 접근할 일이 없기 때문입니다. 따라서 우리는 FILE 구조체를 단순히 파일 스트림의 실체라고만 이해하면 됩니다. 예제를 이해하는 데 문제가 없습니다.

파일 입출력을 수행한다

파일을 연 후에는 여러 파일 입출력 함수를 이용해서 입출력 작업을 할 수 있습니다. 파일 입출력에 사용되는 함수들로는 fgetc( ), fputc( ), fgets( ), fputs( ), fscanf( ), fprintf( ), fread( ), fwrite( ), fseek( ), ftell( ), fflush( ) 등이 있습니다.

Step 4

파일을 닫는다

파일 입출력이 끝난 후에는 파일을 닫아야 하는데 이때 사용되는 함수는 fclose( ) 함수입니다.

결국, 파일 입출력 과정을 정리하면 다음과 같습니다.

파일 스트림 생성 ⇒ 파일 열기 ⇒ 파일 입출력 수행 ⇒ 파일 닫기

3.3.3 fopen( ) 함수와 fclose( ) 함수

먼저 파일을 열고 닫는 fopen( ) 함수와 fclose( ) 함수에 대해서 공부해 보겠습니다. 표 3-5는 fopen( ) 함수의 원형을 정리한 것입니다.

표 3-5 fopen( ) 함수

함수의 원형	설명
#include <stdio.h> FILE* fopen(const char* filename, const char* mode);	파일 스트림을 생성하고 파일을 엶 실패 : NULL 반환

fopen( ) 함수는 함수의 인자로 filename(파일의 경로)과 mode(파일 열기 모드)를 전달받아 파일 스트림(FILE 구조체 포인터)을 생성하는 동시에 파일을 열게 됩니다. 만약 파일을 열 수 없으면 NULL 포인터를 반환합니다. 다음은 fopen( ) 함수의 호출 예입니다.

```
/*  case 1  */
FILE* stream;                                    // 파일 스트림 생성을 위한 포인터 변수 선언
stream=fopen("D:\\project\\data.txt", "rt");     // 파일 스트림 생성과 파일 열기

if(stream==NULL)
     puts("파일 열기 오류");
```

```
/* case 2 */
FILE* stream;
stream=fopen("data.txt", "rt");

if(stream==NULL)
        puts("파일 열기 오류");
```

fopen( ) 함수의 첫 번째 인자 filename은 함수의 경로를 나타내는 문자열입니다. 즉, 파일을 열고자 하는 경로와 파일 이름을 동시에 표현합니다. 앞의 예에서 Case 1인 경우 파일 스트림 변수 stream을 선언합니다. 문자열 'D:\\project\\data.txt'에서 경로는 'D:\\project'이고 파일 이름은 'data.txt'입니다. Case 2인 경우 문자열 'data.txt'에서 경로는 프로그램이 실행되고 있는 현재 디렉터리이고 파일 이름은 'data.txt'입니다.

fopen( ) 함수의 두 번째 인자 mode는 파일을 열 때 어떤 모드로 열 것인지를 나타내기 위해 파일 접근 모드와 파일 입출력 모드를 합쳐서 표현합니다. 파일 접근 모드에는 read(읽기), write(쓰기), append(추가)의 맨 앞 글자를 따서 r, w, a와 같이 세 가지의 모드가 존재하고 여기에 + 기호가 붙으면 읽기와 쓰기를 모두 할 수 있도록 r+, w+, a+ 같이 세 가지 모드가 더 존재합니다. 따라서 표 3-6과 같이 총 6가지 파일 접근 모드가 있습니다.

표 3-6 파일 접근 모드

모드	설명
r	읽기 전용으로 파일을 열고, 파일이 없거나 찾을 수 없는 경우에 호출이 실패하게 됩니다.
w	쓰기 전용으로 파일을 열고, 지정한 파일이 있으면 파일의 내용을 모두 지우고 새 파일을 쓰게 됩니다. 지정한 파일이 없으면 새로운 파일을 생성해서 데이터를 씁니다.
a	추가 쓰기 전용으로 파일을 열고, 지정한 파일이 있으면 파일의 끝에서부터 내용을 추가합니다.
r+	파일을 읽고 쓰기 위해 열고, 지정한 파일이 있으면 기존의 내용을 덮어쓰게 됩니다. 지정한 파일이 없으면 새로운 파일을 생성해서 데이터를 씁니다.
w+	파일을 읽고 쓰기 위해 열고, 지정한 파일이 있으면 파일의 내용을 모두 지우고 새 파일을 씁니다. 지정한 파일이 없으면 새로운 파일을 생성해서 씁니다.
a+	파일을 읽고 추가 쓰기 위해 열고, 지정한 파일이 있으면 파일의 끝에서부터 내용을 추가합니다. 나머지 기능은 r+ 기능과 같습니다.

 일반적으로 r, w, a 모드를 더 많이 사용합니다. 왜냐하면 r+, w+, a+와 같은 모드는 읽기 작업을 하다가 쓰기 작업으로 넘어갈 때, 혹은 그 반대의 경우 fflush( ) 함수와 같은 함수를 이용하여 입출력 버퍼를 비워야 하는 작업을 추가해야 하기 때문입니다. 입출력 버퍼를 비우는 함수인 fflush( )에 대해서는 잠시 뒤에 배우기로 하겠습니다.

파일 입출력 모드에는 텍스트 파일 모드와 바이너리 파일 모드가 있습니다. 각각 text와 binary의 맨 앞 글자를 따서 t와 b를 사용합니다. 이중에서 t는 생략이 가능합니다. 즉, wt와 w는 같은 표현입니다. 따라서 표 3-7과 같이 두 가지 파일 입출력 모드가 있습니다.

표 3-7 파일 입출력 모드

모드	설명
t	텍스트 파일 모드입니다.
b	바이너리 파일 모드입니다.

fopen( ) 함수의 두 번째 인자 mode를 정리하면 다음과 같이 정리됩니다.

fopen( ) 함수의 파일 열기 모드

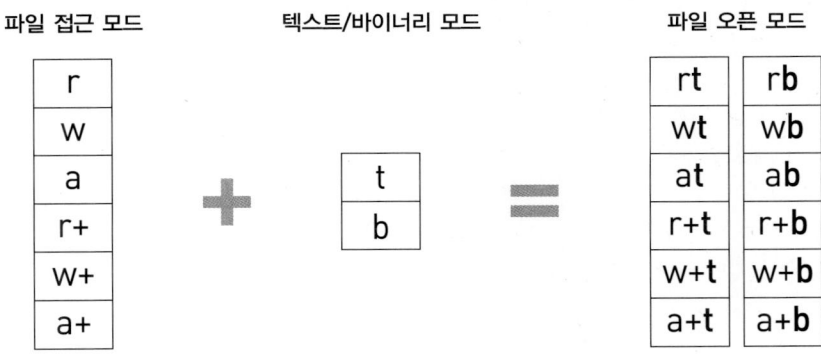

fopen( ) 함수의 인자를 최종적으로 정리하면 다음처럼 다양한 예들이 있습니다. 사용 예에서 텍스트 모드는 t를 붙이나 생략해도 됩니다. 바이너리 모드는 b를 붙입니다.

```
FILE* stream;
stream=fopen("D:\\ project \\data.txt", "r");    // 읽기 모드(텍스트 모드)
FILE* stream;
stream=fopen("D:\\ project \\data.txt", "w");    // 쓰기 모드(텍스트 모드)
FILE* stream;
stream=fopen("D:\\ project \\data.txt", "ab");   // 추가 모드(바이너리 모드)
```

다음으로 fclose( ) 함수에 대해서 알아보겠습니다. 표 3-8은 fclose( ) 함수의 원형을 정리한 것입니다.

표 3-8 fclose( ) 함수

함수의 원형	설명
#include <stdio.h> int fclose(FILE* stream);	파일을 닫음 실패 : EOF 반환

fclose( ) 함수는 함수의 인자로 파일 스트림을 지정해서 파일을 닫고, 만약 파일을 닫을 수 없으면 EOF를 반환합니다. 다음은 fclose( ) 함수의 호출 예입니다. fopen( ) 함수를 통해서 생성된 stream(파일 스트림)을 fclose( ) 함수를 통해서 닫습니다.

```
int file_state;
file_state=fclose(stream);

if(file_state==EOF)
    puts("파일 닫기 오류");
```

지금까지 배운 fopen( ) 함수와 fclose( ) 함수를 가지고 다음 예제를 살펴보겠습니다. 파일 입출력에서 계속 사용되는 기본 코드이므로 잘 익혀 두기 바랍니다.

예제 | 3-3

```
01 : #include <stdio.h>
02 : int main(void)
03 : {
04 :     FILE* stream;                              ── 파일 스트림 포인터 변수 stream 선언
05 :     int file_state;                            ── 파일의 종료를 위한 상태 체크 변수 선언
06 :
07 :     // 파일 스트림 생성과 파일 열기
08 :     stream=fopen("data1.txt","w");             ── stream을 생성하고
                                                       data1.txt를 쓰기 모드로 연다.
09 :     if(stream==NULL)
10 :        printf("파일 열기 에러 \n");
11 :
12 :     // 파일 닫기(파일 스트림 소멸)
13 :     file_state=fclose(stream);                 ── 파일을 닫는다(파일 스트림 소멸)
14 :     if(file_state==EOF)
15 :        puts("파일 닫기 에러");
16 :
17 :     return 0;
18 : }
```

::: 실행 결과 ▶

📄 data1.txt   ── 실행되고 있는 현재 디렉터리에 파일 data1.txt가 만들어졌는지 확인할 것

4행에서 파일 스트림을 생성하려고 FILE 구조체 포인터 stream을 선언합니다. **5행**에서 fclose( ) 함수의 반환값을 조사하는 변수 file_state를 선언합니다.

8행에서 fopen( ) 함수를 통해 파일 스트림을 생성하고, 프로그램의 현재 디렉터리에 있는 data1.txt 파일을 텍스트 파일 모드와 w(write, 쓰기) 모드로 열게 됩니다. 만약 파일 data1.txt이 없으면 새로운 파일이 생성됩니다. 여러분의 현재 디렉터리를 확인해 보면 파일 data1.txt가 생성되었을 것입니다. 파일 data1.txt에는 아무 내용도 없을 것입니다.

9행과 **10행**에서 stream이 NULL이라면 에러 메시지를 출력합니다. **13행**에서 파일 data1.txt 이 닫혀지고, 파일 스트림도 소멸됩니다. **14행**과 **15행**에서 file_state가 EOF라면 에러 메시지를 출력합니다.

주목할 점은 9행과 10행, 14행과 15행에서, fopen( ) 함수와 fclose( ) 함수의 호출이 실패한 경우를 사용자에게 알려주기 위해 fopen( ) 함수는 NULL을 검사하고 fclose( ) 함수는 EOF를 검사합니다. 사실 이 코드들은 없어도 동작에 지장이 없지만 프로그램의 신뢰성을 높이기 위해 추가한 코드입니다. 추가한 코드를 생략한 채로 다음과 같이 간단히 작성할 수도 있으므로 참고하기 바랍니다.

```c
#include <stdio.h>
int main(void)
{
    FILE* stream;
    stream=fopen("data1.txt", "w");
    fclose(stream);

    return 0;
}
```

예제를 통해 알 수 있듯이 파일을 열고 닫기 위해 fopen( ) 함수와 fclose( ) 함수가 한 쌍으로 동작합니다. 파일을 열었으면 당연히 닫아야 하는 것과 같습니다. 파일을 열고 닫는 법을 배웠으므로 파일로부터 데이터를 입력받고 파일에 데이터를 출력하는 코드를 추가하기만 하면 됩니다.

3.4 표준 파일 입출력 함수

3.4.1 대표적인 표준 파일 입출력 함수

우리는 이미 앞에서 키보드와 모니터를 이용하는 표준 입출력 함수를 배웠습니다. C 언어에서는 표준 입출력 함수 외에도 표준 파일 입출력 함수를 제공하는데 이 함수들은 파일로부터 데이터를 입력받는 기능과 파일에 데이터를 출력하는 기능을 제공합니다. 대표적으로 많이 사용되는 표준 파일 입출력 함수들을 표 3-9에 정리하였습니다.

표 3-9는 표준 입출력 함수와 표준 파일 입출력 함수를 비교하고 있습니다. getchar( ),

putchar( ), gets( ), puts( ), scanf( ), printf( )와 같은 표준 입출력 함수들은 표준 입출력만을 수행하기 때문에 파일 입출력을 할 수가 없는 단점이 있습니다. 그러나 표준 파일 입출력 함수들은 표준 입출력과 파일 입출력을 모두 적용할 수 있습니다.

표 3-9 표준 입출력 함수와 표준 파일 입출력 함수

표준 입출력 함수	표준 파일 입출력 함수	설명
int getchar(void);	int fgetc(FILE* stream);	문자 단위 입력
int putchar(int c);	int fputc(int c, FILE* stream);	문자 단위 출력
char* gets(char* s);	char* fgets(char* s, int n, FILE* stream);	문자열 단위 입력
int puts(char* str);	int fputs(const char* s, FILE* stream);	문자열 단위 출력
int scanf(const char* format, …);	int fscanf(FILE* stream, const char* format, …);	자료형에 맞춘 입력
int printf(const char* format, …);	int fprintf(FILE* stream, const char* format, …);	자료형에 맞춘 출력

예를 들어 보겠습니다. 표 3-9의 fgetc( ) 함수는 문자 단위 입력 함수인데, 함수의 인자에 파일 스트림을 입력하는 경우에 파일로부터 데이터를 입력받을 수 있고, 함수의 인자에 stdin을 입력하는 경우 표준 입력 스트림을 통해 키보드로부터 데이터를 입력받을 수도 있습니다.

이렇게 fgetc( )와 같은 표준 파일 입출력 함수들은 다음 그림과 같이 입력 버퍼와 출력 버퍼를 이용하여 다음과 같은 네 가지 경우를 선택적으로 적용할 수 있습니다.

표준 파일 입출력 함수의 선택 적용

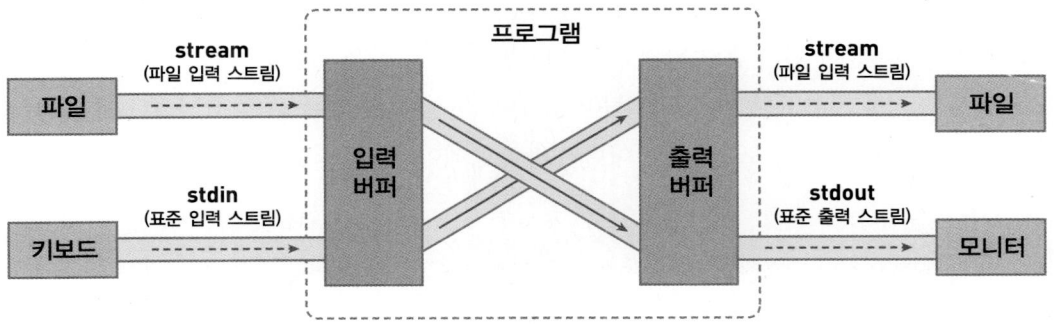

- **Case 1** 파일(stream)로부터 데이터를 입력받아 파일(stream)에 데이터를 출력
- **Case 2** 파일(stream)로부터 데이터를 입력받아 모니터(stdout)에 데이터를 출력
- **Case 3** 키보드(stdin)로부터 데이터를 입력받아 파일(stream)에 데이터를 출력
- **Case 4** 키보드(stdin)로부터 데이터를 입력받아 모니터(stdout)에 데이터를 출력

본격적으로 표준 파일 입출력 함수에 대하여 살펴보겠습니다.

3.4.2 fgetc( ) 함수와 fputc( ) 함수 – 문자 단위 표준 파일 입출력 함수

표 3-10은 문자 단위 표준 파일 입출력 함수 fgetc( )와 fputc( )의 원형을 정리한 것입니다. 이들 함수를 사용하려면 헤더 파일 stdio.h를 인클루드해야 합니다.

표 3-10 fgetc( ) 함수와 fputc( ) 함수

함수의 원형	설명
#include <stdio.h> int fgetc(FILE* stream);	키보드/파일로부터 한 문자를 입력받음 파일 끝에 도달 : EOF 반환
#include <stdio.h> int fputc(int c, FILE* stream);	모니터/파일에 한 문자를 출력 실패 : EOF 반환

fgetc( ) 함수는 문자 단위 입력 함수로 getchar( ) 함수와 같은 기능을 하며 추가적으로 파일 스트림을 지정하거나 표준 입력 스트림(stdin)을 지정할 수 있는 특징이 있습니다. 따라서 fgetc( ) 함수를 이용하면 키보드뿐만 아니라 파일에서도 데이터를 입력받을 수 있습니다.

fputc( ) 함수는 문자 단위 출력 함수로 putchar( ) 함수와 같은 기능을 하며 추가적으로 파일 스트림을 지정하거나 표준 출력 스트림(stdout)을 지정할 수 있는 특징이 있습니다. 따라서 fputc( ) 함수를 이용하면 모니터뿐만 아니라 파일에 데이터를 출력할 수 있습니다.

예제 | 3-4

```
01 : #include <stdio.h>
02 : int main(void)
03 : {
```

```
04 :    FILE* stream;
05 :    int file_state;
06 :    int input=0;
07 :
08 :    // 파일 스트림 생성과 파일 열기
09 :    stream=fopen("data1.txt", "w");
10 :    if(stream==NULL)
11 :       puts("파일 열기 에러");
12 :
13 :    puts("데이터 입력");
14 :    while(input != EOF)
15 :    {
16 :       input=fgetc(stdin);
17 :       fputc(input, stream);
18 :    }
19 :
20 :    // 파일 닫기(파일 스트림 소멸)
21 :    file_state=fclose(stream);
22 :    if(file_state==EOF)
23 :       puts("파일 닫기 에러");
24 :
25 :    return 0;
26 : }
```

::: 실행 결과 ▶

데이터 입력
ABC
EFG
^Z
계속하려면 아무 키나 누르십시오 . . .

📄 data1.txt ——— 키보드로 입력한 데이터와 파일 data1.txt에 저장된 데이터 내용이 같은지 확인할 것

9행에서 fopen( ) 함수를 통해서 data1.txt 파일을 w(write, 쓰기)모드로 열게 됩니다. **14행**에서 변수 input의 값이 EOF인지 아닌지를 검사해서 EOF가 아니라면 반복문을 수행합니다.

EOF의 검사는 입력의 종료를 알리기 위해 누르는 Ctrl + Z 키의 눌림 여부를 판별하기 위해 사용합니다.

16행에서 fgetc( ) 함수를 통해서 문자를 입력받아 변수 input에 저장하고 있습니다. 선택한 스트림은 stdin이므로 키보드로부터 문자를 입력받습니다. 문자의 입력의 끝을 알리려면 Ctrl + Z 키를 누르면 입력 종료를 나타냅니다.

17행에서 fputc( ) 함수를 통해서 변수 input에 저장된 문자를 출력하고 있습니다. 선택한 스트림은 파일 스트림 stream이므로 data1.txt 파일에 입력된 문자를 출력합니다. 현재 프로그램의 디렉터리에 가서 data1.txt 파일에 키보드로 입력한 문자들이 저장되었는지 확인합시다.

21행에서 fclose( ) 함수를 통해서 파일 스트림을 소멸시키고 파일을 닫습니다.

다음 예제는 앞의 예제에서 만든 파일 data1.txt의 내용을 파일 data2.txt로 복사하는 코드입니다. 코드를 쉽게 분석하기 위해 파일 열기 에러와 파일 닫기 에러 검사 코드는 생략했습니다.

예제 | 3-5

```
01 : #include <stdio.h>
02 : int main(void)
03 : {
04 :     FILE* stream1;           ─ 읽기 전용 파일 스트림 선언
05 :     FILE* stream2;           ─ 쓰기 전용 파일 스트림 선언
06 :     int input=0;
07 :
08 :     stream1=fopen("data1.txt", "r");
09 :     stream2=fopen("data2.txt", "w");
10 :
11 :     puts("파일로부터 데이터를 입력");
12 :     while(input != EOF)
13 :     {
14 :         input=fgetc(stream1);    ─ data1.txt로부터 EOF가 아닐 때까지 문자를 읽음
15 :         fputc(input, stream2);   ─ data1.txt에서 읽어들인 데이터를 data2.txt에 저장
16 :         // fputc(input, stdout);
17 :     }
18 :
19 :     fclose(stream1);
```

```
20 :    fclose(stream2);
21 :
22 :    return 0;
23 : }
```

::: 실행 결과 ▶

📄 data2.txt ──── 파일 data1.txt의 내용이 파일 data2.txt에 저장되었는지 확인할 것

8행에서 fopen( ) 함수를 통해서 파일 data1.txt을 r(read, 읽기) 모드로 열게 됩니다. 만약 파일 data1.txt가 없으면 파일 열기 에러가 발생합니다. 9행에서 fopen( ) 함수를 통해서 파일 data2.txt을 w(write, 쓰기) 모드로 열게 됩니다. 만약 파일 data2.txt이 없으면 새로운 파일을 생성합니다.

12행에서 변수 input의 값이 EOF인지 아닌지를 검사해서 EOF가 아니라면 반복문을 수행합니다. 14행에서 fgetc( ) 함수를 통해서 문자를 입력받아 변수 input에 저장하고 있습니다. 선택한 스트림은 파일 스트림stream1이므로 파일 data1.txt로부터 문자를 입력받습니다.

15행에서 fputc( ) 함수를 통해서 변수 input에 저장된 문자를 출력하고 있습니다. 선택한 스트림은 파일 스트림 stream2이므로 파일 data1.txt로부터 입력받은 문자를 파일 data2.txt에 출력합니다. 현재 프로그램의 디렉터리에 가서 파일 data1.txt와 파일 data2.txt를 확인합시다. 16행에서 주석을 제거하면 파일 data1.txt로부터 입력받은 문자를 모니터에도 출력합니다. 19행과 20행에서 fclose( ) 함수를 통해서 파일 입력 스트림과 파일 출력 스트림을 소멸시키고 파일을 닫습니다.

3.4.3 fgets( ) 함수와 fputs( ) 함수 – 문자열 단위 표준 파일 입출력 함수

표 3-11은 문자열 단위 표준 파일 입출력 함수 fgets( )와 fputs( )의 원형을 정리한 것입니다. 이들 함수를 사용하려면 헤더 파일 stdio.h를 인클루드해야 합니다.

표 3-11 fgets( ) 함수와 fputs( ) 함수

함수의 원형	설명
#include <stdio.h> char* fgets(char* s, int n, FILE* stream);	키보드/파일로부터 문자열을 입력받음 파일 끝에 도달 : NULL 포인터 반환
#include <stdio.h> int fputs(const char* s, FILE* stream);	모니터/파일에 문자열을 출력 실패 : EOF 반환

fgets( ) 함수는 문자열 입력 함수로 gets( ) 함수와 같은 기능을 하며 추가적으로 파일 스트림을 지정하거나 표준 입력 스트림(stdin)을 지정할 수 있는 특징이 있습니다. 따라서 fgetc( ) 함수를 이용하면 키보드뿐만 아니라 파일로부터 데이터를 입력받을 수 있습니다.

fputs( ) 함수는 문자열 출력 함수 puts( ) 함수와 같은 기능을 하며 추가적으로 파일 스트림을 지정하거나 표준 출력 스트림(stdout)을 지정할 수 있는 특징이 있습니다. 따라서 fputs( ) 함수를 이용하면 모니터뿐만 아니라 파일에 데이터를 출력할 수 있습니다.

다음 예제를 가지고 fgets( ) 함수와 fputs( ) 함수를 확인해 보겠습니다.

예제 | 3-6

```
01 : #include <stdio.h>
02 :
03 :
04 :
05 : int main(void)
06 : {
07 :     FILE* stream;
08 :     char buffer[50];
09 :
10 :     stream=fopen("data3.txt", "w");
11 :     if(stream==NULL)
12 :         puts("파일 열기 오류");
13 :
14 :     fgets(buffer, sizeof(buffer), stdin);
15 :     fputs(buffer, stream);
16 :
17 :     fclose(stream);
```

```
18 :
19 :     return 0;
20 : }
```

::: 실행 결과 ▶

Hello C world
계속하려면 아무 키나 누르십시오 . . .

📄 data3.txt — 키보드로부터 입력한 데이터가 파일 data3.txt에 잘 저장되었는지 확인할 것

10행에서 fopen( ) 함수를 통해서 파일 data3.txt를 w(write, 쓰기) 모드로 열게 됩니다. 14행에서 fgets( ) 함수를 통해 데이터를 입력받습니다. 입력 스트림을 stdin으로 전달했으므로 키보드로부터 데이터를 입력받습니다. 키보드로부터 배열 buffer의 최대 크기만큼 데이터를 입력받아 배열 buffer에 저장합니다. 15행에서 배열 buffer에 저장된 문자열들을 stream을 통해 파일 data3.txt에 출력합니다.

3.4.4 fprintf( ) 함수와 fscanf( ) 함수 – 자료형 단위 표준 파일 입출력 함수

fprintf( ) 함수와 fscanf( ) 함수는 %c, %d, %s 등과 같은 형식을 파일에 입출력할 수 있습니다. 이들 함수의 특징은 파일에 데이터를 입출력할 수 있는 기능을 가지고 있습니다.

표 3-12은 자료형 단위 표준 파일 입출력 함수 fprintf( )와 fscanf( )의 원형을 정리한 것입니다. 이들 함수를 사용하려면 헤더 파일 stdio.h를 인클루드해야 합니다.

표 3-12 fscanf( ) 함수와 fprintf( ) 함수

함수의 원형	설명
#include <stdio.h> int fscanf(FILE* stream, const char* format, ⋯);	키보드/파일로부터 자료형에 맞춰 데이터를 입력 (텍스트 데이터와 바이너리 데이터를 동시에 입력합니다.) 파일 끝이나 에러 발생 시 : EOF 반환
#include <stdio.h> int fprintf(FILE* stream, const char* format, ⋯);	모니터/파일에 자료형에 맞춰 데이터를 출력 (텍스트 데이터와 바이너리 데이터를 동시에 출력합니다.)

다음 예제는 fscanf( ) 함수를 통해 키보드로부터 이름, 국어 점수, 영어 점수를 입력받아 fprintf( ) 함수를 통해 파일에 이름, 국어 점수, 영어 점수, 총점을 출력하는 코드입니다.

예제 | 3-7

```
01 : #include <stdio.h>
02 : int main(void)
03 : {
04 :     FILE* stream;
05 :     char name[10];
06 :     int kor, eng, total;
07 :
08 :     printf("1. 이름 입력 : ");
09 :     fscanf(stdin, "%s", name);
10 :
11 :     printf("2. 국어 점수, 영어 점수 입력 : ");
12 :     fscanf(stdin,"%d %d", &kor, &eng);
13 :     total=kor + eng;
14 :
15 :     stream=fopen("data4.txt", "w");
16 :     fprintf(stream, "%s %d %d %d \n", name, kor, eng, total);
17 :     // fprintf(stdout, "%s %d %d %d \n", name, kor, eng, total);
18 :     fclose(stream);
19 :
20 :     return 0;
21 : }
```

09, 12 — 키보드로부터 데이터를 입력
16 — 파일(data4.txt)에 출력
17 — 모니터에 출력

::: 실행 결과 ▶

1. 이름 입력 : 홍길동
2. 국어 점수, 영어 점수 입력 : 90 80
계속하려면 아무 키나 누르십시오 . . .

📄 data4.txt —— 파일 data4.txt에 입력된 내용이 저장되어 있는지 확인할 것

Chapter 03
콘솔 입출력과 파일 입출력

9행과 12행에서 fscanf( ) 함수에 stdin을 사용하여 키보드로부터 데이터를 입력받습니다. 16행에서 키보드로부터 입력받은 데이터를 생성된 stream을 통해 파일 data4.txt에 출력합니다. fprintf( ) 함수의 첫 번째 인자 stream을 제외하면 printf( ) 함수와 동일한 기능을 합니다. 파일 data4.txt를 확인하면 키보드로부터 입력받은 데이터가 저장되어 있습니다.

17행에서 주석으로 처리되어 있는 fprintf( ) 함수의 첫 번째 인자에 stdout을 사용합니다. 이것은 모니터에 데이터를 출력하라는 의미이므로 주석을 제거하고 실행하면 파일 data4.txt에 저장된 내용을 모니터로 확인할 수 있습니다.

다음 예제는 앞의 예제에서 만든 파일 data4.txt의 내용을 파일 data5.txt로 복사하는 코드입니다. fscanf( ) 함수의 인자로 파일 스트림을 사용하여 파일로부터 데이터를 입력받아 파일에 데이터를 출력합니다.

예제 | 3-8

```
01 : #include <stdio.h>
02 : int main(void)
03 : {
04 :     FILE* stream1;
05 :     FILE* stream2;
06 :
07 :     char name[10]=" ";
08 :     int kor=0, eng=0, total=0;
09 :
10 :     stream1=fopen("data4.txt", "r");
11 :     stream2=fopen("data5.txt", "w");
12 :
13 :     fscanf(stream1, "%s %d %d %d \n", name, &kor, &eng, &total);      ── 파일(data4.txt)로부터 입력
14 :     fprintf(stream2, "%s %d %d %d \n", name, kor, eng, total);        ── 파일(data5.txt)에 출력
15 :     // fprintf(stdout, "%s %d %d %d \n", name, kor, eng, total);      ── 모니터에 출력
16 :
17 :     fclose(stream1);
18 :     fclose(stream2);
19 :
20 :     return 0;
21 : }
```

::: 실행 결과 ▶

📄 data5.txt ── 파일 data4.txt의 내용이 파일 data5.txt에 잘 복사되었는지 확인할 것

13행에서 fscanf( ) 함수의 첫 번째 인자에 stream1을 사용해서 파일 data4.txt로부터 데이터를 입력받습니다. 데이터를 입력받을 때 데이터는 %s %d %d %d에 맞춰서 입력받습니다. 14행에서 fscanf( ) 함수를 통해서 입력받은 파일 data4.txt의 내용을 fprintf( ) 함수를 통해 파일 data5.txt에 출력합니다. 15행에서 주석을 제거해서 실행하면 파일 data5.txt의 내용을 모니터에서 확인할 수 있습니다. 파일 data4.txt의 내용이 파일 data5.txt에 잘 복사되었는지 확인해 봅시다.

3.4.5 feof( ) 함수 – 파일의 끝을 확인한다

여러분이 만약 파일에 있는 내용을 모두 입력받아야 하는 프로그램을 작성한다고 가정한다면 파일의 끝이 어디인지를 알아야 합니다. 즉, 파일로부터 내용을 계속해서 입력받다가 파일의 끝을 만나면 입력 과정을 종료하는 프로그램을 작성할 때 파일의 끝을 검사하는 것이 가장 먼저 해야 할 일입니다. 지금까지 우리는 파일의 끝을 검사하는 다양한 함수들을 배웠습니다. 표 3-13은 파일의 끝을 반환하는 대표적인 함수들을 정리한 것입니다.

표 3-13 파일의 끝을 반환하는 함수

함수	파일의 끝에서 반환하는 값
fgetc( )	EOF(-1)
fgets( )	NULL(0)
fscanf( )	EOF(-1)

fgetc( ), fgets( ), fscanf( ) 함수들은 파일로부터 데이터를 입력받아 파일의 끝을 도달하면 EOF 또는 NULL을 반환하여 입력을 종료합니다. 다음 예와 같이 주로 반복문 내에서 함수의 반환값이 EOF 또는 NULL이 아닐 때까지 파일로부터 데이터를 입력받습니다.

/*   fgetc( ) 함수를 이용한 파일 끝 검사   */
...
int input;
while(input != EOF)   // EOF를 이용하여 파일의 끝을 검사
{
        input=fgetc(stream1);
        fputc(input, stream2);
}
...

/*   fgets( ) 함수를 이용한 파일 끝 검사   */
...
char buffer[50];
char* string;
while(string != NULL)   // NULL을 이용하여 파일열의 끝을 검사
{
        string=fgets(buffer, sizeof(buffer), stream1);
        fputs(buffer, stream2);
}
...

/*   fscanf( ) 함수를 이용한 파일 끝 검사   */
...
int input;
while(input != EOF)   // EOF를 이용하여 파일의 끝을 검사
{
        input=fscanf(stream1, %s %d %d %d ₩n", &kor, &eng, &total);
        fprintf(stream2,"%s %d %d %d ₩n", name, kor, eng, total);
}
...

그러나 이들 예를 보면 약간의 문제가 있습니다. 파일의 끝을 검사하는 방법이 함수마다 다르

며 파일의 끝을 확인하기 위해 EOF인지 NULL인지 기억하기 어렵습니다. 또한 반환 자료형이 무엇인지 확인할 수 없는 노릇입니다.

이런 문제를 해결하기 위해 feof( ) 함수가 사용됩니다. 표 3-14는 feof( ) 함수의 원형을 정리한 것이며 파일의 끝에 도달했는지 아닌지를 확인합니다. 파일의 끝에 도달한 경우는 0이 아닌 값을 반환하고 그렇지 않은 경우는 0을 반환합니다.

표 3-14 feof( ) 함수

함수의 원형	설명
#include <stdio.h> int feof(FILE* stream);	파일의 끝에 도달했는지 아닌지를 검사 파일의 끝에 도달 : 0이 아닌 값 반환 파일의 끝에 도달하지 못한 경우 : 0 변환

다음 예제를 가지고 feof( ) 함수를 적용해 보겠습니다. 파일의 끝에 도달하지 않은 경우 계속해서 파일 data1.txt에서 데이터를 입력받고 파일 data2.txt에 출력하는 예제입니다. 프로그램 실행 후에 파일 data1.txt와 파일 data2.txt를 비교해 보기 바랍니다.

예제 3-9

```
01 : #include <stdio.h>
02 : int main(void)
03 : {
04 :     FILE* stream1;
05 :     FILE* stream2;
06 :     char buffer[50];
07 :
08 :     stream1=fopen("data1.txt", "r");
09 :     stream2=fopen("data2.txt", "w");
10 :
11 :     while(!feof(stream1))          — while(feof(stream)==0)
12 :     {                                파일의 끝이 아닌 경우
13 :         fgets(buffer, sizeof(buffer), stream1);
14 :         fputs(buffer, stream2);
15 :     }
16 :
```

```
17 :    fclose(stream1);
18 :    fclose(stream2);
19 :
20 :    return 0;
21 : }
```

11행에서 파일 data1.txt가 현재 파일의 끝이 아니라면 반복문을 수행합니다. feof( ) 함수는 파일의 끝을 나타내는 함수이므로 !feof(stream1)의 의미는 파일 data1.txt가 현재 파일의 끝이 아니라면을 의미합니다. 주석으로 처리되어 있는 'feof(stream1)==0'의 의미와 같습니다.

3.4.6 fflush( ) 함수 - 버퍼를 비운다

fflush( ) 함수는 버퍼를 비우는 함수입니다. 표 3-15는 fflush( ) 함수의 원형을 정리한 것입니다. 이 함수를 사용하려면 헤더 파일 stdio.h를 인클루드해야 합니다.

표 3-15 fflush( ) 함수

함수의 원형	설명
#include <stdio.h> int fflush(FILE* stream);	버퍼를 비움 실패 : EOF 반환

스트림을 사용하는 입출력 함수들은 버퍼를 공유하면서 문제를 빈번히 일으킵니다. 어떤 문제가 있는지는 다음 예제를 실행해 보며 알아보겠습니다. 주석 처리된 10행을 해제하면 어떤 차이가 있는지 확인해 보겠습니다.

예제 | 3-10

```
01 : #include <stdio.h>
02 : int main(void)
03 : {
04 :    int age;
05 :    char name[20];
06 :
```

```
07 :    printf("나이를 입력 : ");
08 :    scanf("%d", &age);
09 :
10 :    // fflush(stdin);      // 입력 버퍼를 비운다.
11 :
12 :    printf("이름을 입력 : ");
13 :    fgets(name, sizeof(name), stdin);
14 :
15 :    printf("%d \n", age);
16 :    printf("%s \n", name);
17 :
18 :    return 0;
19 : }
```

::: 실행 결과 ▶

나이를 입력 : 21
이름을 입력 : 21
계속하려면 아무 키나 누르십시오 . . .

예제는 나이와 이름을 출력하는 간단한 프로그램입니다. 그렇지만 실행 결과가 이상합니다. 나이를 입력하면 이름을 입력하기 전에 결과가 출력되고 있습니다. 이런 문제가 발생하는 이유는 scanf( ) 함수가 나이를 입력받은 후 버퍼에 남겨진 개행 문자(\n)가 다음에 호출되는 fgets( ) 함수의 데이터로 받아들여지기 때문입니다.

이런 현상은 문자나 문자열을 입력하는 함수들이 개행 문자를 하나의 데이터로 가져가기 때문입니다. 결과적으로 문자열을 입력할 기회를 놓치게 됩니다.

fflush( ) 함수의 필요성

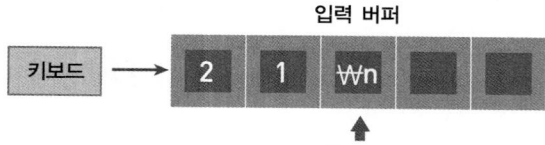

이런 문제를 해결하기 위해서 스트림 버퍼를 비워 주는 함수를 사용하여 버퍼에 남아 있는 불필요한 데이터를 삭제해야 합니다. 이때 fflush( ) 함수를 사용합니다. 이 함수에서 인자로 전달받는 stdin은 입력 버퍼를 의미합니다. 즉, fflush(stdin)는 입력 버퍼를 비우라는 의미입니다. **10행**의 주석을 제거하고 fflush(stdin)을 실행하면 정상적인 결과가 출력됩니다.

3.4.7 fread( ) 함수와 fwrite( ) 함수 - 바이너리 파일 입출력 함수

파일은 텍스트 파일과 바이너리 파일로 유형이 나누어진다고 했습니다. 지금까지 학습한 함수들은 텍스트 모드에서 동작합니다. 계속해서 바이너리 파일의 파일 입출력을 지원하는 함수들을 다루어 보겠습니다. 이들에는 fread( ) 함수와 fwrite( ) 함수가 있습니다. 이들 함수를 사용하려면 헤더 파일 stdio.h를 인클루드해야 합니다. 함수의 원형은 각각 표 3-16과 표 3-17에 정리하였습니다.

 텍스트 파일 입출력 함수는 텍스트를 숫자로 변환하는 과정과 몇몇 제어 문자도 숫자로 변환하는 과정이 필요합니다. 그러나 바이너리 파일 입출력 함수는 변환 과정이 필요 없기 때문에 텍스트 모드의 입출력에 비해 속도가 매우 빠릅니다. 따라서 데이터의 양이 매우 많은 경우에는 입출력 속도에 영향을 줄 수 있어서 바이너리 모드로 수행하는 것이 좋습니다.

표 3-16 fread( ) 함수

함수의 원형	설명
#include ⟨stdio.h⟩ size_t fread (void* buffer, size_t size, size_t count, FILE* stream);	파일로부터 바이너리 데이터를 받아 버퍼에 입력 성공 : count(반복 횟수) 반환 실패 : count보다 작은 값 반환

· **buffer** : 파일로부터 입력받은 데이터를 저장하는 버퍼를 가리키는 포인터
· **size** : 한 번에 입력받을 데이터의 바이트 크기
· **count** : 반복 횟수
· **stream** : 파일 입력 스트림

fread( ) 함수는 파일 입력 스트림 stream이 가리키는 파일로부터 size 크기만큼의 바이트를 buffer가 가리키는 영역으로 count가 지정한 횟수만큼 입력받습니다. size의 크기를 하나의 데이터 블록이라고 할 때 반환값은 입력받은 횟수 즉, 블록의 개수입니다.

표 3-17 fwrite( ) 함수

함수의 원형	설명
#include <stdio.h> size_t fwrite(const void* buffer, size_t size, size_t count, FILE* stream);	버퍼에 저장된 데이터를 파일에 출력 성공 : count(반복 횟수) 반환 실패 : count보다 작은 값 반환

· **buffer** : 출력 데이터를 저장하는 버퍼를 가리키는 포인터
· **size** : 한 번에 출력할 데이터의 바이트 크기
· **count** : 반복 횟수
· **stream** : 파일 출력 스트림

fwrite( ) 함수는 파일 출력 스트림 stream이 가리키는 파일 내부에 buffer가 저장하고 있는 데이터를 size 크기로 count가 지정한 횟수만큼 출력합니다. fread( ) 함수와 마찬가지로 size의 크기를 하나의 데이터 블록이라고 할 때 반환값은 출력한 횟수, 즉 블록의 개수입니다.

앞의 표에서 알아본 fread( ) 함수와 fwrite( ) 함수는 한꺼번에 많은 데이터를 입출력해야 할 때 탁월한 성능을 발휘합니다. 주목할 점은 buffer가 void* (void형 포인터)형이라는 점입니다. 어떤 유형의 buffer를 사용할지 자유롭게 선택할 수 있다는 의미입니다.

fread( ) 함수와 fwrite( ) 함수의 반환형은 size_t입니다. size_t는 헤더 파일 stdio.h를 열어 보면 unsigned int나 unsigned long으로 정의되어 있습니다. ANSI C 표준에서는 C 프로그램이 윈도우즈 운영체제나 UNIX 운영체제 환경 사이에서도 잘 동작하도록 입출력 데이터의 기본 크기를 컴파일러가 실행되는 시스템에서 지원하는 최댓값으로 정의하고 있습니다.

다음 예제를 가지고 바이너리 파일의 입출력을 알아보겠습니다.

예제 | 3-11

```
01 : #include <stdio.h>
02 : int main(void)
03 : {
04 :     int buffer1[5]={0xff, 0x56, 0x78, 0xfa, 0xf1};
05 :     int buffer2[5];
```

```
06 :
07 :    FILE* stream;
08 :    stream=fopen("student.dat", "wb");          ── 바이너리 모드, 쓰기 모드
09 :    fwrite(buffer1, sizeof(int), 5, stream);
10 :    fclose(stream);
11 :
12 :    stream=fopen("student.dat", "rb");          ── 바이너리 모드, 읽기 모드
13 :    fread(buffer2, sizeof(int), 5, stream);
14 :    printf("%x %x %x %x %x \n", buffer2[0], buffer2[1], buffer2[2],
                                    buffer2[3], buffer2[4]);
15 :    fclose(stream);
16 :
17 :    return 0;
18 : }
```

::: 실행 결과 ▶

ff 56 78 fa f1
계속하려면 아무 키나 누르십시오 . . .

9행에서 buffer1에 저장된 데이터를 int(4Byte) 크기만큼 다섯 개 읽어서 파일 student.dat에 출력합니다. 13행에서 파일 student.dat로부터 데이터를 int(4Byte) 크기만큼 다섯 개 입력받아 buffer2에 저장합니다. 14행에서 buffer2에 저장된 데이터를 출력합니다.

예제를 하나 더 보겠습니다. 구조체에 저장된 데이터를 바이너리 파일로 입출력하는 예제입니다.

예제 | 3-12

```
01 : #include <stdio.h>
02 :
03 : struct score
04 : {
05 :     char name[20];
06 :     double kor, eng, total;
07 : };
```

```
08 :   typedef struct score STUDENT;
09 :
10 :   int main(void)
11 :   {
12 :       STUDENT s, ss;
13 :       FILE* stream;
14 :
15 :       printf("1. 이름 입력 : ");
16 :       fscanf(stdin,"%s", s.name);
17 :
18 :       printf("2. 국어 점수, 영어 점수 입력 : ");
19 :       fscanf(stdin,"%lf %lf", &s.kor, &s.eng);
20 :       s.total=s.kor + s.eng;
21 :
22 :       stream=fopen("student.dat", "wb");         ── 바이너리 모드, 쓰기 모드
23 :       fwrite(&s, sizeof(s),1,stream);            ── 파일(student.dat)에 출력
24 :       fclose(stream);
25 :
26 :       stream=fopen("student.dat", "rb");         ── 바이너리 모드, 읽기 모드
27 :       fread(&ss, sizeof(s), 1, stream);          ── 파일(stduent.dat)로부터 입력
28 :       fprintf(stdout, "%s %.2lf %.2lf %.2lf \n", ss.name, ss.kor, ss.eng,
                                                              ss.total);
29 :       fclose(stream);
30 :
31 :       return 0;
32 :   }
```

::: 실행 결과 ▶

1. 이름 입력 : 홍길동
2. 국어 점수, 영어 점수 입력 : 90 80
홍길동 90.00 80.00 170.00
계속하려면 아무 키나 누르십시오 . . .

📄 student.dat

홍길동   微微微微微微微微   V@   @S@   ?@ ──── 파일 student.dat의 내용

23행에서 구조체 변수 s에 저장된 데이터를 파일 student.dat에 출력합니다. 27행에서 파일 student.dat로 데이터를 입력받아 구조체 변수 ss에 저장합니다. 이처럼 구조체에 저장된 데이터를 통째로 바이너리 형태로 읽어 들일 수 있습니다. 28행에서 구조체 변수 ss에 저장된 데이터를 모니터에 텍스트 형태로 출력합니다. 앞의 파일 student.dat의 내용을 메모장으로 열어 보면 대부분 알 수 없는 문자 형태로 저장되어 있습니다. 그 이유는 우리가 fopen( ) 함수를 이용하여 파일을 쓰기 모드, 읽기 모드로 할 때 바이너리 모드 b로 파일 입출력을 했기 때문입니다.

확장자 EXE, BIN, DAT 등과 같은 파일을 메모장과 같은 텍스트 편집기 위에서 실행해 보면 알 수 없는 문자로 가득 찬 화면을 종종 보면서 궁금해집니다. 이젠 그 궁금증이 풀립니다. 이러한 파일들은 대부분 바이너리 형태로 작성되어 있기 때문입니다.

3.4.8 fseek( ) 함수와 ftell( ) 함수 - 랜덤 접근 함수

지금까지 공부한 파일 입출력 함수들은 파일의 처음부터 끝까지 모두 순차적으로 데이터를 입력받거나 출력합니다. 그러나 우리가 원하는 데이터가 파일의 중간 중간에 흩어져 있다면 순차적 접근 방법은 데이터를 찾는데 많은 시간을 낭비하게 됩니다. 원하는 데이터가 끝에 있는데 처음부터 데이터를 읽는다면 많은 시간을 보내게 되고 이런 경우 최악이 될 수 있습니다.

만약 사용자가 원하는 데이터가 있는 곳으로 파일 포인터를 옮긴 다음에 이후부터 원하는 크기만큼 데이터를 읽을 수 있다면 파일의 크기가 커지더라도 입출력 시간을 낭비하는 것을 줄일 수 있습니다. 이와 같은 기능을 갖는 함수가 fseek( ) 함수와 ftell( ) 함수입니다.

먼저 fseek( ) 함수를 살펴보겠습니다. 표 3-18은 fseek( ) 함수의 원형을 정리하고 있으며 이 함수를 사용하려면 헤더 파일 stdio.h를 인클루드해야 합니다.

표 3-18 fseek( ) 함수

함수의 원형	설명
#include <stdio.h> int fseek(FILE* stream, long offset, int start);	start부터 offset까지 스트림을 이동시킴 성공 : 0 반환 실패 : 0이 아닌 값 반환

fseek( ) 함수의 첫 번째 인자 stream은 파일의 현재 위치를 나타내는 파일 포인터이고, 두 번째 인자 offset은 이동할 바이트 크기입니다. 세 번째 인자 start는 파일 포인터의 시작 위치로 표 3-19와 같이 세 개의 값 중 하나를 갖습니다

표 3-19 fseek( ) 함수의 세 번째 인자 start의 의미

기호 상수	값	설명
SEEK_SET	0	파일의 시작 위치
SEEK_CUR	1	파일의 현재 위치
SEEK_END	2	파일의 끝 위치

fseek( ) 함수의 인자 start부터 offset까지 파일 포인터 stream을 임의의 위치로 옮길 수 있다는 의미는 원하는 데이터에 직접 접근이 가능하다는 의미입니다.

다음 예제는 fseek( ) 함수의 인자 start와 offset을 이용하여 파일 포인터 stream의 위치를 이동시키는 코드입니다.

예제 | 3-13

```
01 : #include <stdio.h>
02 : int main(void)
03 : {
04 :     FILE* stream;
05 :     stream=fopen("seek.txt", "w");        ─── 쓰기 모드
06 :     fputs("ABCDEFGHIJ", stream);
07 :     fclose(stream);
08 :
09 :     stream=fopen("seek.txt", "r");        ─── 읽기 모드
10 :
11 :     fseek(stream, 0, SEEK_SET);
12 :     fprintf(stdout, "%c \n", fgetc(stream));   ─── A 출력
13 :
14 :     fseek(stream, 2, SEEK_SET);
15 :     fprintf(stdout, "%c \n", fgetc(stream));   ─── C 출력
```

```
16 :
17 :     fseek(stream, -1, SEEK_END);
18 :     fprintf(stdout, "%c \n", fgetc(stream));  ──── J 출력
19 :
20 :     fseek(stream, -2, SEEK_CUR);
21 :     fprintf(stdout, "%c \n", fgetc(stream));  ──── I 출력
22 :     fclose(stream);
23 :
24 :     return 0;
25 : }
```

::: 실행 결과 ▶

A
C
J
I
계속하려면 아무 키나 누르십시오 . . .

다음 그림처럼 **11행**과 **12행**에서 fseek(stream, 0, SEEK_SET)는 파일의 시작 위치에서 0바이트만큼 파일 포인터 stream을 이동시키고 저장된 문자 A를 출력합니다.

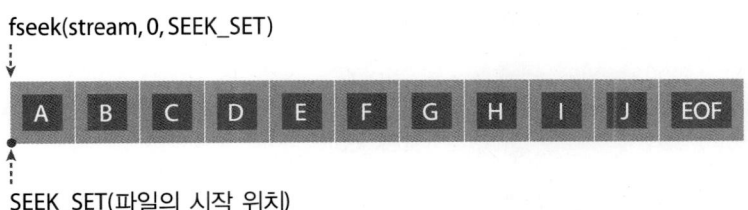

다음 그림처럼 **14행**과 **15행**에서 fseek(stream, 2, SEEK_SET)는 파일의 시작 위치에서 2바이트만큼 파일 포인터 stream을 이동시키고 저장된 문자 C를 출력합니다.

fseek(stream, 2, SEEK_SET)

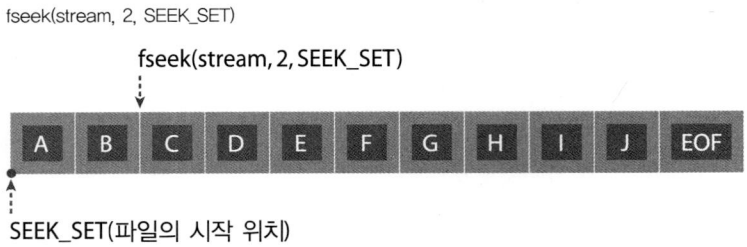

SEEK_SET(파일의 시작 위치)

다음 그림처럼 **17행**과 **18행**에서 fseek(stream, -1, SEEK_END)는 파일의 끝 위치에서 -1바이트만큼 파일 포인터 stream을 이동시키고 저장된 문자 J를 출력합니다.

fseek(stream, -1, SEEK_END)

SEEK_END(파일의 끝 위치)

17행과 18행에서 수행된 파일 포인터의 현재 위치(SEEK_CUR)는 J를 가리키고 있을 것 같지만 그렇지 않습니다. 왜냐하면 18행 출력문이 실행되면서 파일의 현재 위치가 오른쪽으로 하나 증가하여 이동하게 됩니다. 18행이 실행되지 않으면 파일의 현재 위치는 증가하지 않습니다. 따라서 다음 그림처럼 **20행**에서 파일의 현재 위치 SEEK_CUR는 EOF를 가리키게 됩니다.

SEEK_CUR의 위치

SEEK_END(파일의 끝 위치)

20행에서 fseek(stream, -2, SEEK_CUR)는 다음 그림과 같이 파일의 현재 위치(EOF를 가리키고 있음)에서 -2바이트만큼 파일 포인터 stream을 이동시키고 저장된 문자 I를 출력합니다.

fseek(stream, -2, SEEK_CUR)

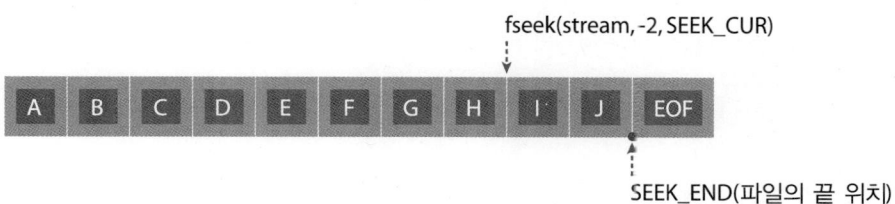

지금까지 우리는 랜덤 접근 함수인 fseek( )를 공부했습니다. 이제 마지막으로 ftell( ) 함수에 대해서 알아보겠습니다. 표 3-20은 ftell( ) 함수의 원형을 정리한 것이며 이 함수를 사용하려면 헤더 파일 stdio.h를 인클루드해야 합니다.

표 3-20 ftell( ) 함수

함수의 원형	설명
#include <stdio.h> long ftell(FILE* stream);	파일 포인터 stream의 위치를 확인 성공 : 파일 포인터의 위치 반환 실패 : EOF 반환

ftell( ) 함수는 파일 포인터의 위치를 얻어 옵니다. 파일 포인터 stream을 이동시키다 보면 현재 위치가 파일의 시작부터 얼마나 떨어져 있는지 알아야 할 때가 있습니다. 이때 ftell( ) 함수는 파일의 시작 위치부터 파일 포인터 stream의 현재 위치까지의 거리를 long형으로 반환합니다.

다음 예제를 가지고 ftell( ) 함수를 이해해 보겠습니다. fseek( ) 함수를 통해 파일 포인터 stream을 움직이고 ftell( ) 함수를 통해 파일 포인터 stream이 파일의 시작부터 얼마나 떨어져 있는지를 출력하는 예제입니다.

예제 3-14

```
01 : #include <stdio.h>
02 : int main(void)
```

```
03 :   {
04 :       FILE* stream;
05 :       long distance;
06 :
07 :       stream=fopen("ftell.txt", "w");         ──────  쓰기 모드
08 :       fputs("ABCDEFGHIJ", stream);
09 :       fclose(stream);
10 :
11 :       stream=fopen("ftell.txt", "r");         ──────  읽기 모드
12 :
13 :       fseek(stream, -8, SEEK_END);
14 :       fprintf(stdout, "%c \n", fgetc(stream));  ──────  C 출력
15 :
16 :       distance=ftell(stream);
17 :       printf("거리 : %ld \n", distance);      ──────  거리 3
18 :       fclose(stream);
19 :
20 :       return 0;
21 :   }
```

::: 실행 결과 ▶

C
거리 : 3
계속하려면 아무 키나 누르십시오 . . .

13행과 **14행**에서 fseek( ) 함수를 통해 파일 포인터 stream의 위치를 변경하고 저장된 문자를 출력합니다. **16행**에서 ftell( ) 함수를 통해 파일 포인터 stream의 위치가 파일의 시작부터 얼마나 떨어져 있는지 거리를 알아내고 출력합니다. 거리가 3이 출력된 이유는 14행의 출력문이 수행되면 파일의 현재 위치 SEEK_CUR가 오른쪽으로 하나 증가하게 되기 때문입니다. 이미 언급한 내용입니다.

예제를 하나 더 살펴봅시다. fseek( ) 함수와 ftell( ) 함수를 이용해서 파일의 크기를 측정하는 코드입니다. 앞 예제에서 만들어진 파일 ftell.txt을 대상으로 하겠습니다.

예제 | 3-15

```
01 :  #include <stdio.h>
02 :  int main(void)
03 :  {
04 :      FILE* stream=fopen("ftell.txt", "rb");
05 :      fseek(stream, 0, SEEK_END);
06 :      printf("ftell.txt 파일의 크기 : %d바이트\n", ftell(stream));
07 :      fclose(stream);
08 :
09 :      return 0;
10 :  }
```

::: 실행 결과 ▶

ftell.txt 파일의 크기 : 10바이트
계속하려면 아무 키나 누르십시오 . . .

4행에서 파일 ftell.txt를 바이너리 모드로 열고 있습니다. 텍스트 모드에서 ftell( ) 함수의 반환값이 일정하지 않을 수 있기 때문입니다. 5행에서 fseek( ) 함수를 이용해서 파일 위치 지시자를 파일의 끝으로 옮긴 다음 그 값을 ftell( ) 함수로 읽어서 출력합니다. ftell( ) 함수의 반환값은 현재 파일 위치 지시자가 가리키는 위치가 시작 지점으로부터 몇 바이트나 떨어져 있는가를 나타내기 때문에 이 값이 파일의 크기를 가리키게 됩니다.

랜덤 접근 함수인 fseek( )와 ftell( ) 외에도 rewind( ) 함수가 있습니다. rewind( ) 함수는 파일의 현재 위치를 시작 위치로 한번에 이동시키는 함수로 원형은 다음과 같고 사용 방법도 어렵지 않으므로 참고하기 바랍니다.

```
void rewind(FILE* stream);
```

연/습/문/제/
Exercise

1 프로그램상에서 파일 99.txt를 만들어서 구구단을 저장하는 프로그램을 작성하세요. 단, fprintf( ) 함수를 이용해야 합니다.

2 연습 문제 1번을 이번엔 fputc( ) 함수만 사용해서 구현해 보세요. 1번의 답과 비교하여 어떤 방법이 더 효율적인지 비교해 보세요.

3 파일 source.txt의 내용을 파일 dest.txt에 복사하는 프로그램을 만들어 보세요. 단, 5바이트마다 내용을 거꾸로 뒤집어 보세요. 예를 들어 파일 source.txt의 내용이 12345abcdefgh라면 프로그램 실행 후에 파일 dest.txt의 내용은 54321edcbahgf가 되어야 합니다. 문자열의 끝에는 종료 문자(\0)가 들어가는 점을 이용하세요.

4 다음은 파일의 내용입니다. 파일의 내용을 읽어서 각 학생들의 총점을 새로운 파일에 출력하는 프로그램을 작성하세요.

score.txt

1. 박지성 90.2 90.1 88.8
2. 이청용 89.1 88.5 90.2
3. 박주영 92.1 87.1 90.1

4. 기성용 85.3 86.2 95.1
5. 구자철 88.2 86.3 91.1
6. 지소연 98.2 90.1 93.5
7. 전가을 93.3 95.5 91.2

5 4번 문제에서 번호를 입력하면 이름과 총점이 검색될 수 있도록 프로그램을 수정하세요.

6 4번 문제에서 사용된 score.txt의 파일의 크기를 구하는 프로그램을 작성하세요. fseek( ) 함수와 ftell( ) 함수를 이용하면 됩니다.

7 키보드로부터 학번, 이름, 중간고사 점수, 기말고사 점수, 출석 점수를 입력받아 학점을 계산하는 프로그램을 작성하세요. 단, 다음과 같은 형태로 파일에 저장하는 프로그램을 작성하세요.

학번	이름	중간고사	기말고사	출석	과제	총점	학점
20102310	홍길동	40	40	10	10	100	A+
20102311	우뢰매	35	35	8	8	86	B+
...	...	...	...	...	...	...	...
...	...	...	...	...	...	...	...

공부한 내용 떠올리기

- 스트림, 버퍼, 버퍼링이 무엇인지
- 콘솔 표준 입출력 함수와 콘솔 비표준 입출력 함수
- 파일을 이용한 입출력 과정
- 표준 파일 입출력 함수

열혈강의ⓒ언어본색

제4장

동적 메모리 할당과 가변 인자

Part 3 | 제4장

4.1 동적 메모리 할당 **4.2** 동적 메모리 할당 함수, 해제 함수 그리고 가변 인자

Chapter 04
동적 메모리 할당과 가변 인자

 프로그램에서 사용되는 메모리에는 정적 메모리와 동적 메모리가 있습니다. 스택 영역, 데이터 영역 같은 정적 메모리는 메모리가 언제 할당되고 해제될지 그리고 요구되는 메모리의 크기가 컴파일할 때 결정되는 메모리입니다. 그러나 정적 메모리는 프로그램 실행 시간(런타임) 중에 메모리의 크기를 변경하는 것이 불가능합니다. 이러한 문제점을 해결하기 위해 힙 영역 같은 동적 메모리가 요구됩니다. 따라서 이번 장에서는 힙 영역에 메모리를 할당하고 해제하는 동적 메모리 할당 함수와 해제 함수를 함께 공부해 보겠습니다.

4.1 동적 메모리 할당

4.1.1 프로세스의 메모리 공간

실행 중인 프로그램(C 프로그램)을 프로세스라고 부르는데, 프로세스의 메모리 공간은 다음 그림과 같이 코드(Code) 영역, 스택(Stack) 영역, 데이터(Data) 영역, 힙(Heap) 영역으로 크게 네 부분으로 나누어져 있습니다.

프로세스의 메모리 구조

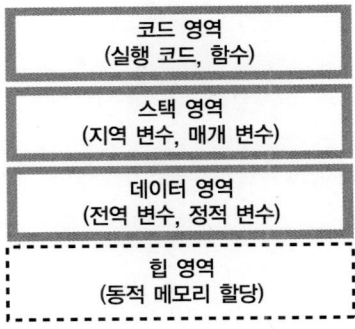

- **코드 영역** 프로그램 실행 코드 또는 함수들이 저장되는 영역입니다.
- **스택 영역** 함수 호출에 의한 매개변수와 지역 변수 그리고 함수, 반복문, 조건문 등의 중괄호(블록) 내부에 정의된 변수들이 저장되는 영역으로 잠깐 사용되고 메모리에서 소멸시킬 데이터가 저장되는 영역입니다.
- **데이터 영역** 전역 변수와 정적 변수들이 저장되는 영역으로 프로그램이 종료될 때까지 유지되어야 하는 데이터가 저장되는 영역입니다.
- **힙 영역** 프로그램이 실행되는 동안에 프로그래머가 동적으로 메모리를 할당할 수 있는 영역입니다. 즉, 프로그래머가 마음대로 사용할 수 있는 영역입니다.

다음 예제를 가지고 각 변수들이 어떤 영역에 저장되어 있는지 확인해 보겠습니다.

예제 4-1

```
01 : #include <stdio.h>
02 :
03 : int a=10;                                       ── 전역 변수 a 선언
04 :
05 : int main(void)
06 : {
07 :     int num1=10, num2=20;                       ── 지역 변수 num1, num2 선언
08 :     static int s=20;                            ── 정적 변수 s 선언
09 :
10 :     printf("데이터 출력 : %d %d %d %d \n", a, num1, num2, s);
11 :     printf("코드 영역 : %x %x \n", main, printf);   ── 함수 이름
12 :     printf("스택 영역 : %x %x \n", &num1, &num2);   ── 지역 변수
13 :     printf("데이터 영역 : %x %x \n", &a, &s);       ── 전역 변수, 정적 변수
14 :
15 :     return 0;
16 : }
```

::: 실행 결과 ▶

데이터 출력 : 10 10 20 20
코드 영역 : 411140 1025abb0
스택 영역 : 12ff60 12ff54
데이터 영역 : 417000 417004
계속하려면 아무 키나 누르십시오 . . .

3행에서 전역 변수 a를 선언합니다. a는 데이터 영역에 저장됩니다. 7행에서 지역 변수 num1, num2를 선언합니다. num1과 num2는 스택 영역에 저장됩니다. 8행에서 정적 변수 s를 선언합니다. s는 데이터 영역에 저장됩니다. 11행에서 함수의 이름을 출력하고 있습니다. 함수의 이름은 코드 영역에 나타냅니다. 12행에서 지역 변수의 주소를 출력하고 있습니다. 지역 변수는 스택 영역에 나타냅니다. 13행에서 전역 변수, 정적 변수의 주소를 출력하고 있습니다. 이들은 데이터 영역에 나타냅니다.

이 책은 Windows XP 운영체제에서 실행 결과를 얻었습니다. 그러나 만약 다른 운영체제 기반의 사용자라면 실행 결과가 이 책과 다를 수 있습니다. 그러나 printf( ) 함수의 출력 결과를 보면 각각 다른 메모리 영역이다는 정도는 알 수 있습니다.

앞의 예제에서는 코드 영역, 스택 영역, 데이터 영역에 저장된 변수들의 주소를 살펴보았습니다. 각기 주소의 영역이 다르다는 것을 알 수 있습니다. 이중에서 우리가 사용하지 않은 영역은 힙 영역입니다. 그렇다면 힙 영역은 어떤 영역일까요? 프로그래머가 동적으로 메모리를 할당할 수 있는 영역입니다. 그럼 어떤 이유로 힙 영역에 동적 메모리 할당이 필요한 것일까? 다음 절에서 자세히 알아보겠습니다.

4.1.2 동적 메모리 할당의 필요성

동적 메모리 할당은 컴파일 중이 아닌 런타임 중 즉, 실행 시간에 이루어지는데 프로그래머가 동적 메모리 할당을 요구해서 동적 메모리 할당이 이루어지면 힙 영역에 메모리가 할당됩니다. 이렇게 힙 영역에 할당된 동적 메모리는 일반 변수가 아닌 포인터를 통해 접근할 수 있습니다.

동적 메모리 할당은 큐, 스택, 연결 리스트, 이진 트리와 같은 자료 구조를 표현할 때 사용됩니다.

그렇다면 동적 메모리 할당이 필요한 이유는 무엇일까요? 그 이유는 배열을 사용하는 경우 문제점을 발견할 수 있는데 이 문제점으로 인해 동적 메모리 할당이 필요합니다.

배열은 메모리를 할당하게 되면 배열이 선언된 함수나 프로그램이 종료될 때까지 그 영역을 해제할 수 없습니다. 즉, 고정된 메모리를 할당받게 되는데 이때 배열이 갖는 단점은 크게 세 가지입니다.

① 선언된 배열 요소의 수가 사용된 요소 수보다 많은 경우 메모리의 낭비 발생

```
int array[5];                          // 선언된 배열 요소 수 : 5개(20Byte)
array[0]=10, array[1]=20, array[2]=30; // 사용된 배열 요소 수 : 3개(12Byte)
```

② 선언된 배열 요소의 수가 사용된 요소의 수보다 적은 경우 메모리의 부족 에러 발생

```
int array[2];                          // 선언된 배열 요소 수 : 2개(8Byte)
array[0]=10, array[1]=20, array[2]=30; // 사용된 배열 요소 수 : 3개(12Byte)
```

③ 배열 선언 시 배열 길이에 변수를 설정한 경우 에러 발생(상수를 사용해야 함)

```
int a=5;
int array[a];         // 배열 선언 시 변수 a를 배열 길이로 사용
```

```
void init(int a)
{
    int array [a];    // 배열 선언 시 함수의 인자(지역 변수) a를 배열 길이로 사용
```

그렇다면 배열의 요소를 변수로 사용해도 되는 경우는 어떤 경우일까요? 배열을 선언한 후입니다. 즉, 배열의 선언이 끝난 후 배열의 요소 값을 바꾸기 위한 변수는 사용해도 좋습니다. 예

를 들면 다음과 같이 반복문에서 사용되는 배열의 요소 i 값은 변수입니다. i 값은 배열의 선언 이후에 사용되는 변수이기 때문에 정상입니다.

```
int main(void)
{
    int array[5]=0;
    int i=0;
    for(i=0; i<5; i++)
    {
        array[i]=1;          // 배열 이름 array가 선언된 후, 변수 i 사용(정상)
    }
}
```

세 가지 문제를 하나로 종합해 보면 프로그래머가 필요한 메모리 크기를 예측할 수 없다는 것입니다. 이러한 문제를 해결할 때 동적 메모리 할당이 사용됩니다. 그리고 동적 메모리 할당을 지원하는 영역이 바로 힙 영역입니다. 힙 영역에 동적 메모리 할당을 하면 필요한 시점에 필요한 크기만큼 메모리를 할당할 수 있고 할당받은 메모리의 시작 주소를 포인터로 저장할 수 있는 장점이 있습니다.

C 언어는 힙 영역에 동적 메모리를 할당하기 위해 메모리 할당 함수와 메모리 해제 함수를 제공합니다. 일반적으로 사용하는 메모리 할당 함수와 메모리 해제 함수의 원형은 표 4-1과 같습니다.

표 4-1 동적 메모리 할당 함수와 해제 함수

종류	함수	성공	실패
메모리 할당 함수	#include <stdlib.h> void* malloc(size_t size)	할당된 메모리의 시작 주소 반환	NULL 반환
메모리 할당 함수	#include <stdlib.h> void* calloc(size_t num, size_t size)	할당된 메모리의 시작 주소 반환	NULL 반환
메모리 할당 함수	#include <stdlib.h> void* realloc(void* p, size_t size)	재할당된 메모리의 시작 주소 반환	NULL 반환
메모리 해제 함수	#include <stdlib.h> void free(void* p)	할당된 메모리 해제	

동적 메모리 할당 함수와 해제 함수는 헤더 파일 stdlib.h에 선언되어 있습니다. C 프로그램에서는 런타임 시 힙 영역에 동적 메모리를 할당하기 위해 malloc( ), calloc( ), realloc( ) 함수들을 사용하고, 할당된 메모리를 해제하기 위해 free( ) 함수를 사용합니다. 이제부터 하나씩 살펴보겠습니다.

4.2 동적 메모리 할당 함수, 해제 함수 그리고 가변 인자

동적 메모리 할당 함수들 malloc( ), calloc( ), realloc( )와 동적 메모리 해제 함수 free( )에 대해서 살펴보기로 하겠습니다.

4.2.1 malloc( ) 함수와 free( ) 함수

힙 영역에 동적 메모리를 할당하고 해제하기 위해 주로 사용하는 함수가 malloc( ) 함수와 free( ) 함수입니다. 다음은 malloc( ) 함수와 free( ) 함수의 원형입니다.

```
#include <stdlib.h>
void* malloc(size_t size);      // 동적 메모리 할당 함수
void free(void* p);             // 동적 메모리 해제 함수
```

malloc( ) 함수는 호출 성공 시 메모리의 시작 주소를 반환하고 호출 실패(할당할 메모리 공간이 없는 경우) 시 NULL을 반환합니다. free( ) 함수는 malloc( ) 함수를 통해 동적 메모리가 할당된 공간을 해제합니다.

동적 메모리 할당 함수 malloc( )은 입력 형태가 size_t size이며 출력 형태는 void*입니다. malloc( ) 함수의 입력 형태에서 사용된 size_t는 typedef로 재정의해서 만들어진 사용자 정의 자료형입니다. size_t는 unsigned int나 unsigned long형으로 선언되어 있습니다. 따라서 size_t size는 unsigned int size 또는 unsigned long size와 같은 표현입니다. 즉, malloc( ) 함수를 호출할 때 입력 인자로 0보다 큰 정수를 입력합니다. 예를 들어, malloc(4)와 같이 호출한다면 다음 그림과 같이 힙 영역에 4바이트 동적 메모리를 할당하겠다는 의미입니다.

malloc(4) 함수를 이용한 동적 메모리 할당

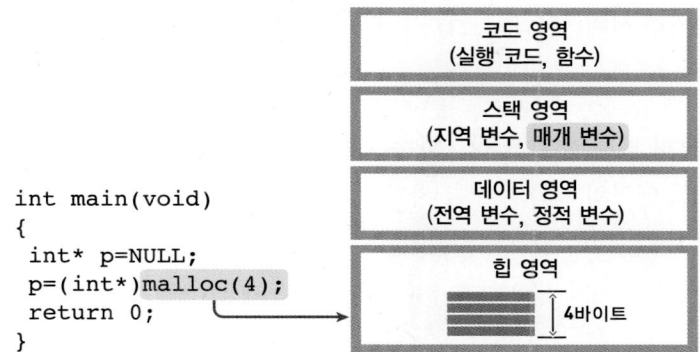

다음으로 malloc( ) 함수의 출력 형태는 void*으로 void형 포인터입니다. malloc( ) 함수는 힙 영역에 동적 메모리를 할당한 후 할당된 메모리의 시작 주소를 반환하는데 void형의 주소입니다. 다시 말해서 malloc( ) 함수는 주소를 반환할 때 반환되는 주소 값은 어떤 자료형의 주소인지 결정하지 못합니다. 예를 들어, malloc(4)와 같이 동적 메모리를 할당했다면, 4바이트 메모리 할당 후에 주소를 반환할 때 char형 4바이트인지 int형 4바이트인지 결정하지 못합니다. 따라서 malloc( ) 함수는 그냥 void형 주소를 반환하고, 프로그래머가 필요한 자료형으로 알아서 형변환해서 사용하라고 합니다.

할당된 메모리의 시작 주소 형변환(int*)

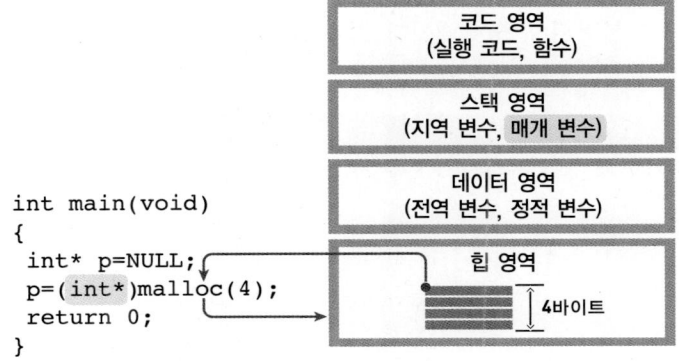

그림에서 malloc(4)를 통해 4바이트 크기를 힙 영역에 할당한 후 할당된 메모리 공간의 시작 주소를 밑줄 친 (int*)주소로 형변환합니다. 그런 다음 p에 (int*)으로 형변환된 malloc(4)의 시작 주소를 저장합니다.

다음 그림에서 동적 메모리 해제 함수 free( ) 함수는 힙 영역에 할당된 동적 메모리를 해제합니다. 포인터 변수 p가 힙 영역의 시작 주소를 가지고 있기 때문에 free(p)는 p에 저장된 시작 주소의 힙 영역을 해제하라는 의미입니다. malloc( ) 함수를 통해서 할당된 동적 메모리를 해제하지 않으면 그만큼의 메모리가 낭비하게 되는데 이런 문제를 해결해 주는 함수가 바로 free( ) 함수입니다.

free( ) 함수을 이용한 동적 메모리 해제

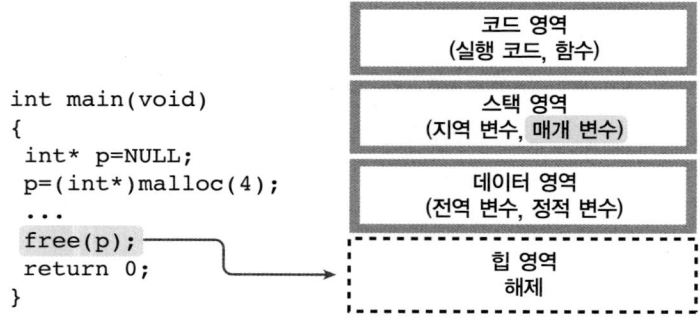

이제 malloc( ) 함수와 free( ) 함수의 기능을 확인할 차례입니다. 다음 예제는 힙 영역에 4바이트 동적 메모리를 할당한 후 할당된 공간에 데이터를 저장하고 이를 해제하는 코드입니다.

예제 | 4-2

```
01 : #include <stdio.h>
02 : #include <stdlib.h>
03 : int main(void)
04 : {
05 :     int* p=NULL;
06 :     p=(int*)malloc(4);          힙 영역에 4바이트 동적 메모리 할당
07 :
08 :     if(p==NULL)
```

```
09 :        printf("힙 영역에 동적 메모리 할당 실패 \n");
10 :
11 :    *p=10;
12 :    printf("주소 : %x \n", p);
13 :    printf("값 : %d \n", *p);
14 :
15 :    free(p);                                    ─ 할당된 동적 메모리 해제
16 :    p=NULL;
17 :
18 :    return 0;
19 : }
```

::: 실행 결과 ▶

주소 : 393288
값 : 10
계속하려면 아무 키나 누르십시오 . . .

2행에서는 malloc( ) 함수와 free( ) 함수를 사용하기 위해서 헤더 파일 stdlib.h를 인클루드합니다.

다음 그림처럼 6행에서는 힙 영역에 4바이트 동적 메모리를 할당하고, 할당된 동적 메모리의 시작 주소를 (int*)으로 형변환하여 포인터 변수 p에 저장합니다.

동적 메모리 할당

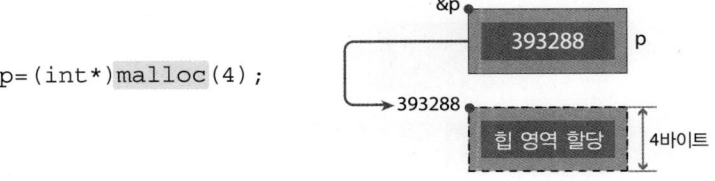

6행 : 힙 영역에 동적 메모리를 할당

8행에서 만약 p에 저장된 값이 NULL이라면 즉, 동적 메모리를 할당할 공간이 없으면 메모리 할당에 실패했음을 알립니다.

다음 그림처럼 11행에서 동적 메모리가 할당된 영역에 데이터 10을 저장합니다.

할당된 동적 메모리에 데이터 저장

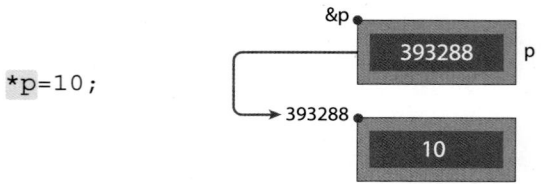

11행 : 할당된 동적 메모리에 데이터 10을 저장

12행과 13행에서 p에 저장된 주소를 출력하고, * 연산자를 이용하여 동적 메모리 할당 영역에 저장된 데이터를 출력합니다.

다음 그림처럼 15행에서 포인터 변수 p를 이용하여 할당된 동적 메모리를 해제하고 있습니다. 16행에서 포인터 변수 p를 NULL로 초기화하고 있습니다. p는 free( ) 함수로 해제되었지만 포인터 변수이기 때문에 NULL로 초기화하는 것이 좋습니다.

동적 메모리 해제

15행 ~ 16행 : 할당된 동적 메모리를 해제

다음 예제를 하나 더 살펴보겠습니다.

예제 4-3

```
01 : #include <stdio.h>
02 : #include <stdlib.h>
03 : int main(void)
04 : {
05 :     char* p1=(char*)malloc(2);
06 :     int* p2=(int*)malloc(8);
07 :
08 :     p1[0]='A';                                  *(p1+0)='A';
09 :     p1[1]='B';                                  *(p1+1)='B';
10 :
11 :     p2[0]=10;                                   *(p2+0)=10;
12 :     p2[1]=20;                                   *(p2+1)=20;
13 :
14 :     printf("주소 : %x %x %x %x \n", &p1[0], &p1[1], &p2[0], &p2[1]);
15 :     printf("값 : %d %d %d %d \n", p1[0], p1[1], p2[0], p2[1]);
16 :
17 :     free(p1);
18 :     p1=NULL;
19 :
20 :     free(p2);
21 :     p2=NULL;
22 :
23 :     return 0;
24 : }
```

::: 실행 결과 ▶

주소 : 393288 393289 3932b8 3932bc
값 : 65 66 10 20
계속하려면 아무 키나 누르십시오 . . .

5행에서 힙 영역에 2바이트 동적 메모리를 할당하고, 할당된 동적 메모리의 시작 주소를 (char*)으로 형변환하여 포인터 변수 p1에 저장합니다. **6행**에서도 힙 영역에 8바이트 동적 메모리를 할당하고, 할당된 동적 메모리의 시작 주소를 (int*)으로 형변환하여 포인터 변수 p2에 저장합니다.

8행과 9행에서 char형 포인터 p1을 이용하여 배열 공간 p1[0]에 문자 A를, p1[1]에 문자 B를 저장합니다. 주석으로 처리된 부분은 같은 표현입니다. 11행과 12행에서 int형 포인터 p2를 이용하여 배열 공간 p2[0]에 10을, p2[1]에 20을 저장합니다.

17행과 18행에서 포인터 변수 p1을 이용하여 할당된 동적 메모리를 해제하고 p1에 NULL을 가리키게 합니다. 마찬가지로 20행과 21행에서 포인터 변수 p2을 이용하여 할당된 동적 메모리를 해제하고 p2에 NULL을 가리키게 합니다.

4.2.2 calloc( ) 함수와 free( ) 함수

calloc( ) 함수는 malloc( ) 함수와 같은 기능을 합니다. 즉, 힙 영역에 동적 메모리를 할당하는 것이 가능하며, 사용하는 방법만 약간 다릅니다. 다음은 calloc( ) 함수와 free( ) 함수의 원형입니다.

```c
#include <stdlib.h>
void* calloc(size_t num, size_t size);    // 동적 메모리 할당 함수
void free(void* p);                        // 동적 메모리 해제 함수
```

다음은 16바이트 동적 메모리를 할당하는 calloc( ) 함수와 malloc( ) 함수의 예입니다. 자세히 보면 함수의 인자 수에 차이가 있습니다. calloc( ) 함수의 입력 인자는 두 개, malloc( ) 함수의 입력 인자는 한 개입니다. calloc( ) 함수는 num * size만큼의 크기를 할당합니다.

calloc( ) 함수와 malloc( ) 함수의 비교

int* p1=calloc(4, 4); ⟶ 함수의 입력 인자 2개

==

int* p2=malloc(16); ⟶ 함수의 입력 인자 1개

예제를 가지고 좀 더 명확히 이해해 보기로 하겠습니다.

Chapter 04
동적 메모리 할당과 가변 인자

예제 | 4-4

```
01 :    #include <stdio.h>
02 :    #include <stdlib.h>
03 :    int main(void)
04 :    {
05 :        int i=0;
06 :        int* p=(int*)calloc(sizeof(int), sizeof(int));
07 :
08 :        if(p==NULL)
09 :            printf("힙 영역에 동적 메모리 할당 실패 \n");
10 :
11 :        for(i=0; i<4; i++)
12 :        {
13 :            p[i]=i;                              *(p+i)=i;
14 :            printf("주소 : %x \n", &p[i]);
15 :            printf("값 : %d \n", p[i]);
16 :        }
17 :
18 :        free(p);
19 :        p=NULL;
20 :
21 :        return 0;
22 :    }
```

::: 실행 결과 ▶

주소 : 393288
값 : 0
주소 : 39328c
값 : 1
주소 : 393290
값 : 2
주소 : 393294
값 : 3
계속하려면 아무 키나 누르십시오 . . .

6행에서 calloc( ) 함수를 이용하여 동적 메모리를 할당합니다. calloc( ) 함수의 인자를 보면 sizeof(int), sizeof(int) 두 개가 있습니다. sizeof(int)는 4이므로 6행은 (int*)calloc(4,4)와 같이 됩니다. 이것의 의미는 4 * 4 즉, 16바이트 동적 메모리를 힙 영역에 할당하라는 의미입니다. malloc( ) 함수와 다르게 calloc( ) 함수는 함수의 인자를 두 개 사용하여 동적 메모리 할당을 수행합니다.

다음 예제는 calloc( ) 함수와 malloc( ) 함수의 또 다른 차이를 설명해 줍니다.

예제 | 4-5

```
01 : #include <stdio.h>
02 : #include <stdlib.h>
03 : int main(void)
04 : {
05 :     int* p1=(int*)calloc(1, sizeof(int));
06 :     int* p2=(int*)malloc(4);
07 :
08 :     printf("p1 값 : %d \n", *p1);
09 :     printf("p2 값 : %d \n", *p2);
10 :
11 :     free(p1);
12 :     p1=NULL;
13 :
14 :     free(p2);
15 :     p2=NULL;
16 :
17 :     return 0;
18 : }
```

::: 실행 결과 ▶

p1 값 : 0
p2 값 : -842150451
계속하려면 아무 키나 누르십시오 . . .

5행과 6행에서 p1은 calloc( ) 함수를 통해 반환된 주소를 저장하고 있고, p2는 malloc( ) 함수를 통해 반환된 주소를 저장하고 있습니다. 8행과 9행에서 p1은 calloc( ) 함수를 이용했기 때문에 동적 메모리로 할당된 영역을 자동적으로 0으로 초기화합니다. 그러나 p2는 malloc( ) 함수를 이용했기 때문에 동적 메모리로 할당된 영역을 초기화하지 않습니다. 따라서 *p1은 자동적으로 0이 초기화되어 0이 출력되고, *p2는 별도로 초기화를 해야 하기 때문에 쓰레기 값이 출력됩니다.

calloc( ) 함수는 할당된 동적 메모리를 자동적으로 0으로 초기화합니다. 이런 초기화가 편리하기도 하지만 시간 낭비를 유발할 수도 있습니다.

4.2.3 realloc( ) 함수와 free( ) 함수

malloc( ) 함수와 calloc( ) 함수는 동적 메모리를 할당한 후에 메모리의 크기를 변경하지 못하는 단점이 있습니다. 이러한 문제를 realloc( ) 함수가 해결해 줍니다. realloc( ) 함수는 동적 메모리로 할당되어 있는 영역에서 size만큼 재할당해 줍니다. 그런 다음 재할당된 메모리의 시작 주소를 반환합니다. 다음이 realloc( ) 함수와 free( ) 함수의 원형입니다.

```
#include <stdlib.h>
void* realloc(void* p, size_t size);        // 동적 메모리 재할당 함수
void free(void* p)                          // 동적 메모리 해제 함수
```

realloc( ) 함수에서 첫 번째 인자 void*형 p는 이미 할당되어 있는 동적 메모리의 시작 주소를 저장하고 있습니다. 두 번째 함수 인자 size는 재할당할 크기입니다. 즉, realloc( ) 함수의 의미는 p가 참조하고 있는 동적 메모리의 크기를 size만큼 재할당하라는 의미입니다.

다음 예제는 힙 영역에 8바이트 동적 메모리를 할당한 후에 realloc( ) 함수를 이용하여 16바이트로 재할당하는 코드입니다.

예제 | 4-6

```
01 :  #include <stdio.h>
02 :  #include <stdlib.h>
03 :  int main(void)
04 :  {
05 :      int i=0;
06 :
07 :      int* p=(int*)malloc(sizeof(int)*2);      ─── 8바이트 동적 메모리 할당
08 :      p[0]=10;
09 :      p[1]=20;
10 :
11 :      p=(int*)realloc(p, sizeof(int)*4);       ─── 16바이트 재할당
12 :      p[2]=30;                                      (이전보다 8Byte만큼 확장됨)
13 :      p[3]=40;
14 :
15 :      for(i=0; i<4; i++)
16 :          printf("p[%d] : %d \n", i, p[i]);
17 :
18 :      free(p);
19 :      p=NULL;
20 :
21 :      return 0;
22 :  }
```

::: 실행 결과 ▶

p[0] : 10
p[1] : 20
p[2] : 30
p[3] : 40
계속하려면 아무 키나 누르십시오 . . .

7행에서 malloc( ) 함수를 이용하여 힙 영역에 8바이트 동적 메모리를 할당합니다. **8행**과 **9행**에서 p[0]에 10을 저장하고 p[1]에 20을 저장해서 8바이트 동적 메모리에 데이터를 저장합니다.

동적 메모리 할당과 데이터 저장

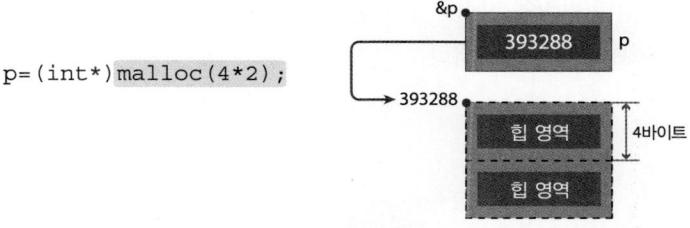

7행 : 힙 영역에 동적 메모리를 할당

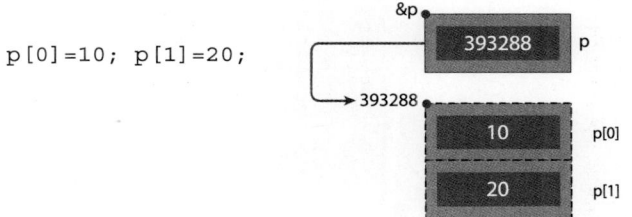

8행 ~ 9행 : 동적 메모리에 데이터를 저장

다음 그림처럼 **11행**에서는 realloc( ) 함수를 이용해서 기존의 8바이트를 16바이트로 재할당합니다. 이전보다 8바이트만큼 메모리가 확장되었습니다.

동적 메모리 재할당

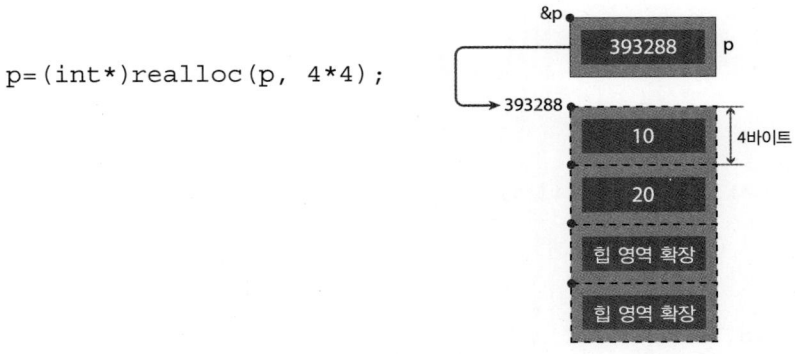

11행 : 동적 메모리를 재할당

다음 그림처럼 **12행**과 **13행**에서 기존의 8바이트에서 8바이트만큼 더 확장하였으므로(총16바이트로 재할당) 이전의 데이터(p[0]에 저장된 10과 p[1]에 저장된 20)들은 그대로 남아 있습니다. 그리고 p[2]에 30, p[3]에 40이 저장됩니다.

힙 영역에 데이터 저장

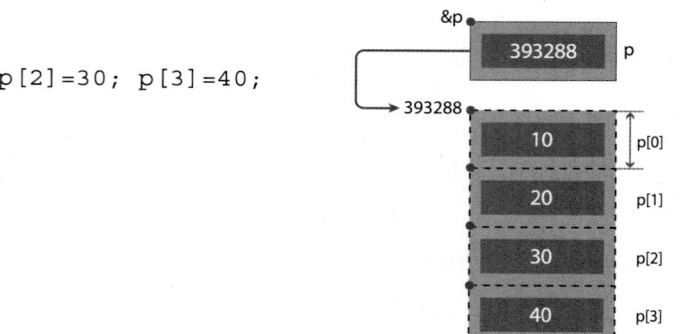

12행 ~ 13행 : 동적 메모리에 데이터를 저장

다음 예제는 힙 영역에 8바이트 동적 메모리를 할당한 후에 realloc( ) 함수를 이용하여 4바이트로 재할당하는 코드입니다.

예제 | 4-7

```
01 : #include <stdio.h>
02 : #include <stdlib.h>
03 : int main(void)
04 : {
05 :     int i=0;
06 :
07 :     int* p=(int*) malloc(sizeof(int)*2);     ──── 8바이트 동적 메모리 할당
08 :     p[0]=10;
09 :     p[1]=20;
10 :
11 :     p=(int*) realloc(p, sizeof(int)*1);      ──── 4바이트로 재할당(이전보다 4바이트만큼 축소됨)
12 :     p[0]=30;
13 :
14 :     for(i=0; i<2; i++)
```

```
15 :        printf("p[%d] : %d \n", i, p[i]);
16 :
17 :    free(p);
18 :    p=NULL;
19 :
20 :    return 0;
21 : }
```

::: 실행 결과 ▶

p[0]: 30
p[1]: -33686019
계속하려면 아무 키나 누르십시오 . . .

7행에서 malloc( ) 함수를 이용하여 힙 영역에 8바이트 동적 메모리를 할당합니다. **8행과 9행**에서 p[0]에 10을 저장하고 p[1]에 20을 저장해서 8바이트 동적 메모리에 데이터를 저장합니다.

동적 메모리 할당과 데이터 저장

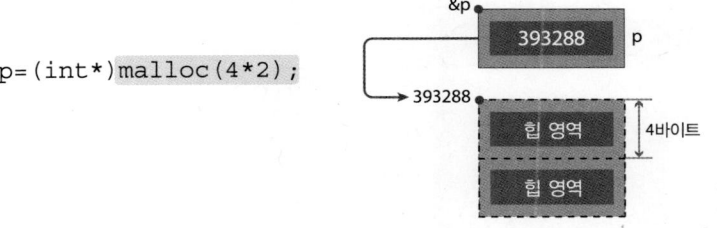

7행 : 힙 영역에 동적 메모리를 할당

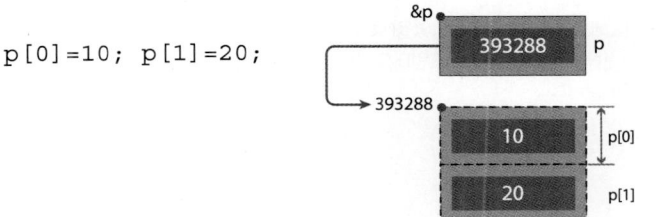

8행 ~ 9행 : 동적 메모리에 데이터를 저장

다음 그림처럼 **11행**에서는 realloc( ) 함수를 이용해서 기존의 8바이트를 4바이트로 재할당합니다. 이전보다 4바이트만큼 메모리가 축소되었습니다.

동적 메모리 재할당

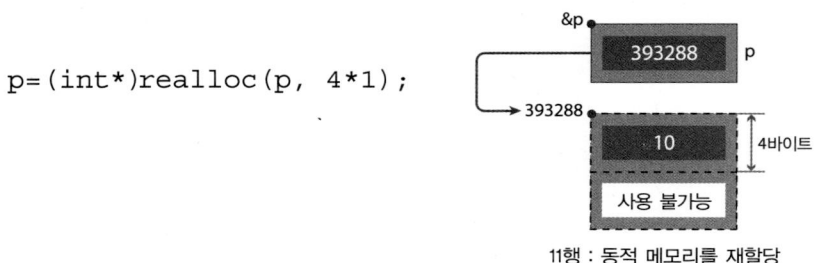

11행 : 동적 메모리를 재할당

다음 그림처럼 **12행**에서는 기존의 8바이트가 4바이트로 축소되어서 p[1]은 사용할 수 없게 되고 p[0]에만 데이터를 저장할 수 있습니다. 실행 결과를 보면 p[1]이 쓰레기 값이 출력되는지 짐작할 수 있습니다.

힙 영역에 데이터 저장

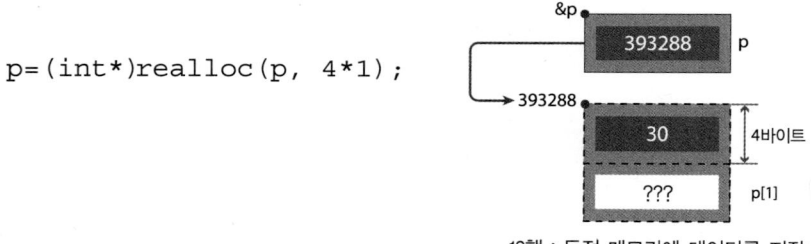

12행 : 동적 메모리에 데이터를 저장

 free( ) 함수의 인자는 malloc( ), calloc( ), realloc( ) 함수들의 호출 결과를 저장하는 포인터 변수입니다. free( ) 함수는 동적 메모리를 할당받은 영역을 해제합니다. 해제할 때 동적 메모리의 특정 영역만을 해제할 수는 없습니다. 만약 유효하지 않은 포인터를 사용해서 해제하게 되면 런타임 시에 메모리 문제가 발생하므로 주의해야 합니다.

이제 정리를 할 차례입니다. C 프로그램에서 사용되는 메모리 영역에는 코드 영역, 스택 영역,

데이터 영역, 힙 영역이 있습니다. 코드 영역, 스택 영역, 데이터 영역은 메모리가 언제 할당되고 해제될지 그리고 얼마나 할당되는지에 대한 크기를 컴파일 중에 결정되는 메모리 영역입니다. 컴파일 중에 결정되기 때문에 메모리 관리를 컴파일러가 책임집니다.

반면에 동적 메모리 할당에 사용되는 힙 영역은 메모리가 언제 할당되고 해제될지 그리고 얼마나 할당되는지에 대한 크기를 런타임 중에 결정되는 메모리 영역입니다. 따라서 프로그래머가 메모리 관리를 책임집니다. 왜 우리가 malloc( ), calloc( ), realloc( ) 함수들을 배워야 하는가? 바로 힙 영역에 메모리를 할당하고 해제하기 위해서라는 것을 숙지하기 바랍니다.

표 4-2 메모리 영역의 특징

특징	코드 영역, 스택 영역, 데이터 영역	힙 영역
메모리 할당	컴파일 중에	런타임 중에
메모리 해제	자동	free( ) 함수
메모리 관리	컴파일러	프로그래머

4.2.4 가변 인자

가변 인자는 함수 인자 수를 고정하지 않고 함수를 호출할 수 있는 방법입니다. 다음 예제와 같이 인자의 수를 바꾸면서 호출할 수 있습니다.

예제 4-8

```
01 : #include <stdio.h>
02 :
03 : void add(int num, ...);                  ── 가변 인자 함수 선언
04 :
05 : int main(void)
06 : {
07 :     int a=10, b=20, c=30;
08 :
09 :     add(1, a);                           ── 가변 인자 함수 호출 1
10 :     add(2, a, b);                        ── 가변 인자 함수 호출 2
11 :     add(3, a, b, c);                     ── 가변 인자 함수 호출 3
12 :     return 0;
```

```
13 :    }
14 :
15 :    void add(int num, ...)          ─── 가변 인자 함수 정의
16 :    {
17 :        int* p=NULL;
18 :        p=&num+1;
19 :
20 :        if(num==1)
21 :            printf("%d \n", p[0]);          ─── 10 출력
22 :        else if(num==2)
23 :            printf("%d \n", p[0]+p[1]);     ─── 30 출력
24 :        else
25 :            printf("%d \n", p[0]+p[1]+p[2]); ─── 60 출력
26 :    }
```

::: 실행 결과 ▶

```
10
30
60
계속하려면 아무 키나 누르십시오 . . .
```

3행에서 가변 인자 함수 add( ) 함수를 선언합니다. 이 함수의 인자에는 int num과 …이 있습니다. num은 인자의 수를 저장하는 변수입니다. 즉, num의 값에 따라서 인자의 수를 알 수 있습니다. …은 add( ) 함수가 가변 인자(인자가 여러 개로 바뀔 수 있음)임을 알립니다.

9행에서 가변 인자 함수 add( )를 1과 a(10저장)로 호출합니다. 1은 인자의 수가 한 개임을 알리는 역할을 하므로 15행 num으로 복사되고, a에 저장된 10은 &num+1 주소에 복사됩니다.

9행의 add(1, a) 함수의 호출

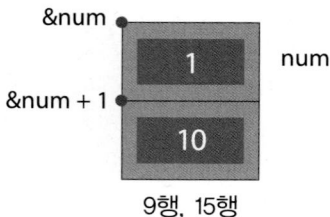

10행에서 add( ) 함수를 2와 a(10저장), b(20저장)로 호출합니다. 2는 인자의 수가 두 개임을 알리는 역할을 하므로 15행 num으로 복사되고, a, b에 저장된 10, 20은 &num+1, &num+2 주소에 각각 복사됩니다.

10행의 add(1, a, b) 함수의 호출

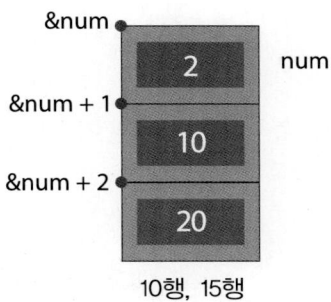

10행, 15행

11행에서 add( ) 함수를 3과 a(10저장), b(20저장), c(30저장)로 호출합니다. 3은 인자의 수가 세 개임을 알리는 역할을 하므로 15행 num으로 복사되고, a, b, c에 저장된 10, 20, 30은 &num+1, &num+2, &num+3 주소에 각각 복사됩니다.

11행의 add(3, a, b, c) 함수의 수행

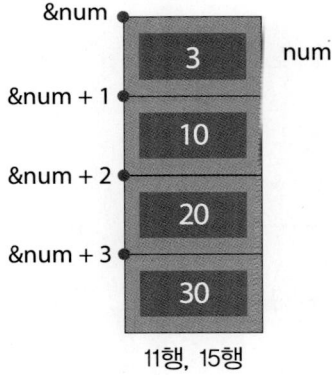

11행, 15행

15행에서 9행, 10행, 11행에 의한 함수 전달 인자의 변화에 따라 num은 인자의 수 정보를 저장하며, num을 통해 인자의 수를 분석할 수 있습니다. 여기서 주목할 것은 num의 메모리 공간이 생성되면 num의 메모리 공간 이후부터 함수의 인자 전달에 따른 순서대로 메모리 공간이 연속적으로 생성되기 때문에 num의 주소와 크기를 알면 모든 인자의 주소를 알 수 있습니다.

17행에서 주소를 저장하는 포인터 변수 p를 선언합니다. **18행**에서 포인터 변수 p에 주소 &num+1을 저장합니다. num 메모리 공간 이후부터 실제 함수 인자의 데이터를 저장하고 있기 때문에 'p=&num+1'의 의미는 &num(num의 주소)에서 +1(4바이트를 더한 주소)만큼 이동한 주소를 p에 저장하라는 의미입니다.

20행과 **21행**은 만약 num이 1인 경우 즉, 9행이 실행된 경우이며, 10이 출력됩니다.

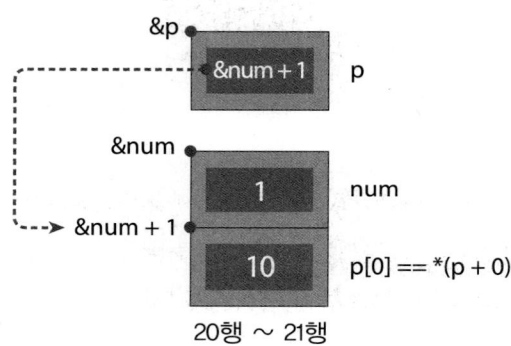

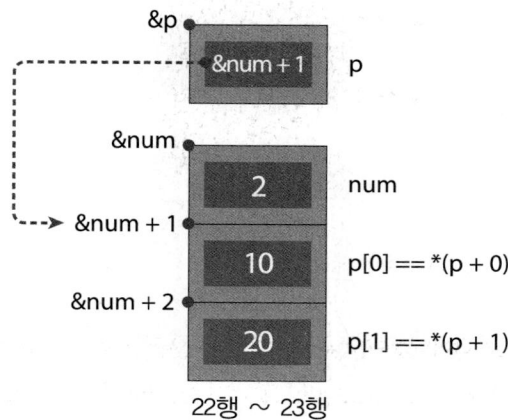

22행과 **23행**은 만약 num이 2인 경우 즉, 10행이 실행된 경우이며, 30이 출력됩니다.

24행과 25행은 만약 num이 3인 경우 즉, 11행이 실행된 경우이며, 60이 출력됩니다.

num==3인 경우

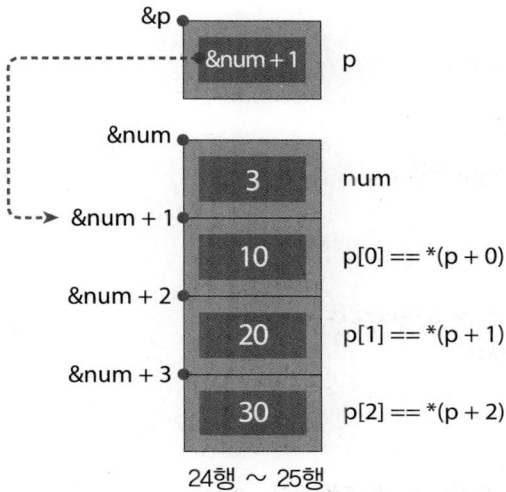

24행 ~ 25행

다음 예제는 가변 인자를 통해 동적 메모리를 할당하는 코드입니다. 앞의 예제를 이해했다면 이번 예제는 결과를 확인하는 것에 지나지 않습니다.

예제 | 4-9

```
01 : #include <stdio.h>
02 : #include <stdlib.h>
03 :
04 : int* allocate(int num, ...);
05 :
06 : int main(void)
07 : {
08 :     int a=4, b=8;
09 :     int* p1=NULL;
10 :
11 :     p1=allocate(1, a);
12 :     p1[0]=10;
13 :     printf("4바이트 힙 영역에 저장된 값 : %d \n", p1[0]);
14 :
```

```
15 :        free(p1);
16 :        p1=NULL;
17 :        return 0;
18 :    }
19 :
20 : int* allocate(int num, ...)
21 :    {
22 :        int* p=&num+1;
23 :        static int* heap1=NULL;
24 :
25 :        if(num==1)
26 :        {
27 :            heap1=(int*) malloc(p[0]);
28 :            return heap1;
29 :        }
30 :        else
31 :        {
32 :            printf("인자의 개수는 1개 이하입니다. \n");
33 :            return NULL;
34 :        }
35 :    }
```

::: 실행 결과 ▶

4바이트 힙 영역에 저장된 값 : 10
계속하려면 아무 키나 누르십시오 . . .

예제를 분석할 때 다음과 같은 사항에 주안점을 두어서 그림을 그려 가며 분석해 보고 답을 채워 보기 바랍니다.

- **4행**에서 왜 함수의 출력 형태를 int*(int형 포인터)로 선언했고, 가변 인자로 선언했을까?
- **11행**에서 allocate( ) 함수가 반환하는 데이터를 포인터 변수 p1이 저장하고 있을까?
- **15행과 16행**에서 malloc( ) 함수가 보이지 않는데 free(p1)과 p1=NULL을 수행할까?

- 22행에서 p는 &num+1의 주소를 저장하고 있을까?
- 23행에서 포인터 변수 heap1은 왜 정적 변수로 선언했을까?
- 27행에서 왜 malloc( ) 함수의 위치가 allocate( ) 함수 내에서 사용되었을까?
- 28행에서 포인터 변수 heap1이 어디로 반환되고 있을까?

 공부한 내용 떠올리기

⇨ 프로세스의 메모리 공간인 코드 영역, 스택 영역, 데이터 영역, 힙 영역

⇨ 동적 메모리 할당의 필요성

⇨ 동적 메모리 할당 함수들 malloc( ), calloc( ), realloc( )

⇨ 동적 메모리 해제 함수 free( )

⇨ 함수의 가변 인자

연/습/문/제/
Exercise

1 다음 프로그램을 실행했을 때 메모리 공간의 데이터 영역과 스택 영역에 할당되는 변수들의 값을 그림으로 표현하세요.

```c
/*   ex8-1.c   */
#include <stdio.h>

char ch='c';
int in=5;

int main( )
{
    int i=3;
    func1(i, 5);
    return 0;
}

int func1(int i, int j)
{
    char c='a';
    func2(c);
}

int func2(char c)
{
    int k=3;
}
```

2 다음 프로그램을 실행하면 원하는 결과를 출력하지 않습니다. malloc( ) 함수를 사용해서 잘못된 부분을 수정하세요.

```
/*  ex8-2.c  */
#include <stdio.h>

void allocate(int i);

void main( )
{
    int i;
    printf("필요한 메모리 공간 : ");
    scanf("%d", &i);
    allocate(i);
}

void allocate(int i)
{
    int a[i];
    printf("%d의 공간을 할당하였습니다. \n", i);
}
```

::: 실행 결과 ▶

필요한 메모리 공간 : 5
5의 공간을 할당하였습니다.
계속하려면 아무 키나 누르십시오 . . .

3 다음은 malloc( ) 함수를 사용하여 메모리 공간을 동적으로 할당하는 것을 의미하는 프로그램입니다. 이 프로그램을 calloc( ) 함수를 사용하여 다시 작성하세요.

```
/*  ex8-3.c  */
#include <stdio.h>
#include <stdlib.h>
void main( )
```

```c
{
    int i, j;
    int* ip=NULL;
    char* cp=NULL;
    float* fp=NULL;

    printf("필요한 메모리 공간 : ");
    scanf("%d", &i);
    printf("저장 데이터 유형 (1)int, (2)char, (3)float : ");
    scanf("%d", &j);

    if(j==1){
        ip=(int*) malloc(i*sizeof(int));
        printf("메모리 시작 주소 : %d \n", ip);
        printf("할당된 전체 메모리 공간 : %d바이트\n", i*sizeof(int));
    }
    else if(j==2){
        cp=(char*) malloc(i*sizeof(char));
        printf("메모리 시작 주소 : %d \n", cp);
        printf("할당된 전체 메모리 공간 : %d바이트\n", i*sizeof(char));

    }
    else if(j==3){
        fp=(float*) malloc(i*sizeof(float));
        printf("메모리 시작 주소 : %d \n", fp);
        printf("할당된 전체 메모리 공간 : %d바이트\n", i*sizeof(float));
    }
    else
        printf("잘못된 입력 \n");
}
```

::: 실행 결과 ▶

필요한 메모리 공간 : 3
저장 데이터 유형 (1)int, (2)char, (3)float: 2
메모리 시작 주소 : 4391152
할당된 전체 메모리 공간 : 3바이트
계속하려면 아무 키나 누르십시오 . . .

제 5 장

전처리기와 파일 분할 컴파일

철수는 가족과 함께 여행을 떠났습니다. 산 넘고 바다 건너 이곳저곳을 여행하며 하루를 정말 재미있게 보내고 있습니다. 저녁 먹을 시간이 되어서 아버지는 밥을 지으시고 어머니는 밥상을 차리고 계십니다. 배가 많이 고픈 철수는 밥상을 차리지 말고 그냥 대충 먹자고 합니다. 그러자 어머니는 철수에게 한마디 하십니다. "밥상을 차려서 먹어야 그게 식사 예의지!"

Part 3 | 제5장

5.1 전처리기　**5.2** 매크로　**5.3** 조건부 컴파일　**5.4** 파일 분할 컴파일

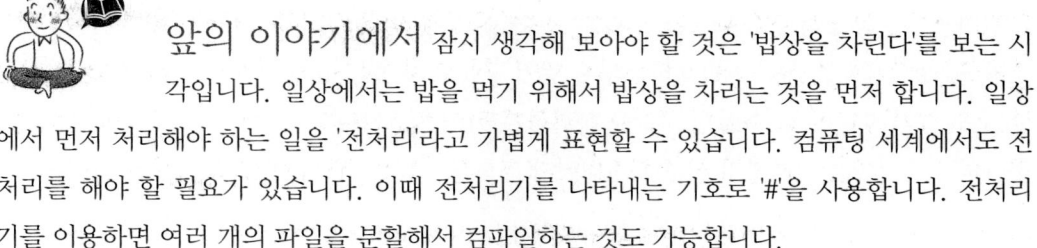

앞의 이야기에서 잠시 생각해 보아야 할 것은 '밥상을 차린다'를 보는 시각입니다. 일상에서는 밥을 먹기 위해서 밥상을 차리는 것을 먼저 합니다. 일상에서 먼저 처리해야 하는 일을 '전처리'라고 가볍게 표현할 수 있습니다. 컴퓨팅 세계에서도 전처리를 해야 할 필요가 있습니다. 이때 전처리기를 나타내는 기호로 '#'을 사용합니다. 전처리기를 이용하면 여러 개의 파일을 분할해서 컴파일하는 것도 가능합니다.

5.1 전처리기

다음 과정을 보면 컴파일 전에 전처리가 있습니다. 프로그래머가 작성한 소스 파일을 컴파일하기 전에 먼저 처리해야 하는 일(전처리)이 있는 것으로 해석할 수 있습니다.

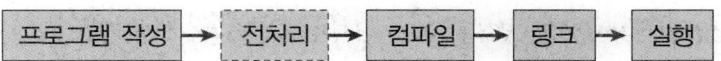

이처럼 컴파일 전에 처리해야 하는 일을 전처리라고 하고 전처리를 수행하는 장치를 전처리기라고 합니다. 그리고 다음 예와 같이 # 문자로 시작하는 문장을 가리켜 전처리기 지시자라고 합니다. 대표적으로 헤더 파일을 인클루드하는 전처리기 지시자 #include과 매크로 상수를 정의하는 전처리기 지시자 #define이 있습니다.

```
#include <stdio.h>
#define MAX 100
int main(void)
{
    int a=MAX;
    printf("%d %d \n", a, MAX);
```

```
        return 0;
}
```

C 언어에서는 문장의 끝을 나타내기 위해 세미콜론(';')을 붙여 주어야 합니다. 세미콜론을 붙여 주지 않으면 컴파일 에러가 발생하는데 C 언어 구문의 특성상 한 줄에 둘 이상의 구문을 작성할 수도 있기 때문에 둘 이상의 구문을 분리하기 위해 필요합니다. 그러나 전처리기는 한 줄에 하나의 지시자만을 사용하기 때문에 전처리기 지시자 뒤에는 세미콜론을 붙이지 않습니다.

전처리기 지시자의 특징을 간단히 정리하면,

① 전처리기 지시자는 # 문자로 시작한다.
② 전처리기 지시자 뒤에는 세미콜론(;)을 사용하지 않는다.

전처리기는 보통 헤더 파일을 인클루드하거나, 소스 파일 내부의 특정 문자열을 상수 또는 문자로 치환하거나, 조건에 따라서 코드의 일부를 컴파일하거나 컴파일하지 못하게 하는 선택 기능을 제공합니다. 전처리기 지시자는 # 문자로 시작하기 때문에 쉽게 식별이 가능합니다. 전처리기 지시자의 종류를 정리하면 표 5-1과 같습니다.

표 5-1 전처리기 지시자

전처리기 지시자	설명
#include	헤더 파일을 인클루드하는 기능
#define	매크로를 정의하는 기능
#undef	이미 정의된 매크로를 해제하는 기능
#if, #elif, #else, #endif	조건에 따라 컴파일하는 기능
#ifdef	매크로가 정의된 경우에 컴파일하는 기능
#ifndef	매크로가 정의되지 않은 경우에 컴파일하는 기능

5.2 매크로

#define으로 시작되는 전처리 문장을 매크로라고 하며 매크로는 크게 두 가지로 나누어집니다. 첫째로 매크로 상수가 있고, 둘째로 매크로 함수가 있습니다. 매크로 상수와 매크로 함수에 대해서 상세히 알아보겠습니다.

5.2.1 매크로 상수

다음은 #define 전처리기 지시자를 이용하여 매크로 상수를 정의하고 있습니다.

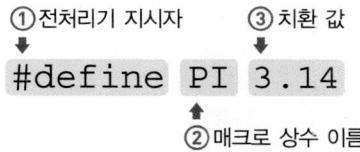

- **전처리기 지시자**   매크로 상수를 선언하기 위해서 #define를 지정
- **매크로 상수 이름**   매크로 상수의 이름을 지정
- **치환값**   매크로 상수에 치환되는 값을 지정

매크로 상수를 정의하면 전처리기는 소스 파일에서 3.14를 PI로 인식합니다. 즉, 소스 코드에서 존재하는 3.14를 PI로 치환하고, 이후 컴파일러에게 전달합니다.

다음 예제는 원의 반지름을 입력하면 원의 넓이(3.14*반지름*반지름)와 원의 둘레(2*3.14*반지름)를 계산하여 출력하는 프로그램입니다. 먼저 매크로를 사용하지 않은 코드를 보겠습니다.

예제 | 5-1

```
01 : #include <stdio.h>
02 : int main(void)
03 : {
04 :     double area, circum, radius;
05 :
06 :     fputs("반지름을 입력하세요 : ", stdout);
```

```
07 :     scanf("%lf", &radius);
08 :
09 :     area=3.14 * radius * radius;
10 :     circum=2 * 3.14 * radius;
11 :
12 :     printf("원의 넓이 : %lf \n", area);
13 :     printf("원의 둘레 : %lf \n", circum);
14 :
15 :     return 0;
16 : }
```

다음 예제는 매크로를 사용한 코드입니다.

예제 5-2

```
01 : #include <stdio.h>
02 :
03 : #define PI 3.14                        ─── 전처리기 지시자
04 :
05 : int main(void)
06 : {
07 :     double area, circum, radius;
08 :
09 :     fputs("반지름을 입력하세요 : ", stdout);
10 :     scanf("%lf", &radius);
11 :
12 :     area=PI * radius * radius;
13 :     circum=2 * PI * radius;
14 :
15 :     printf("원의 넓이 : %lf \n", area);
16 :     printf("원의 둘레 : %lf \n", circum);
17 :
18 :     return 0;
19 : }
```

Chapter 05
전처리기와 파일 분할 컴파일

::: 실행 결과 ▶

반지름을 입력하세요 : 5
원의 넓이 : 78.500000
원의 둘레 : 31.400000
계속하려면 아무 키나 누르십시오 . . .

3행에서 전처리기 지시자 #define을 사용하여 3.14를 PI로 치환하는 매크로를 설정합니다. 12행과 13행에서 3.14를 PI로 치환합니다. 원주율의 값으로 3.14를 직접 입력하는 대신 PI라는 이름의 매크로를 이용하여 연산을 수행하고 있습니다. PI가 마치 상수처럼 이용되고 있는 것을 확인할 수 있습니다. 이를 매크로 상수라고 합니다.

앞의 두 예제를 비교해 봅시다. 3.14나 PI나 별로 복잡하지 않은데 왜 굳이 매크로를 사용해야 할까요? 만약 계산의 정밀도를 높이기 위해 원주율로 3.14 대신에 3.1415926535를 사용하기로 했다고 가정해 보겠습니다. 3.14가 등장하는 부분마다 손으로 직접 치환을 해야 하는 문제가 있습니다. 그러나 매크로 상수를 사용하면 매크로 선언 부분을 한 줄만 고치면 됩니다.

매크로 상수에는 정수형 상수뿐만 아니라 실수형 상수, 문자열 상수도 정의할 수 있고, 함수 이름이나 자료형도 매크로 상수를 정의해 두고 사용할 수 있습니다. 다음 예제를 가지고 자세히 알아보겠습니다.

예제 | 5-3

```
01 : #include <stdio.h>
02 :
03 : #define MAX 100                      정수형 매크로 상수
04 : #define PI 3.14                      실수형 매크로 상수
05 : #define STRING "Hello C"             문자열 매크로 상수
06 : #define OUTPUT printf                함수 이름 매크로 상수
07 : #define DATA int                     자료형 매크로 상수
08 :
09 : int main(void)
10 : {
11 :     DATA a=3;
```

```
12 :     OUTPUT("%d, %lf, %s, %d \n", MAX, PI, STRING, a);
13 :
14 :     return 0;
15 : }
```

::: 실행 결과 ▶

100, 3.140000, Hello C, 3
계속하려면 아무 키나 누르십시오 . . .

3행에서 정수형 매크로 상수 MAX를 정의합니다. 정수형 데이터 100을 MAX로 치환합니다. 4행에서 실수형 매크로 상수 PI를 정의합니다. 실수형 3.14를 PI로 치환합니다. 5행에서 문자열 매크로 상수 STRING을 정의합니다. 문자열 데이터 'Hello C'를 STRING으로 치환합니다. 6행에서 함수 이름 매크로 상수 OUTPUT을 정의합니다. 함수 이름 printf를 OUTPUT으로 치환합니다. 7행에서 자료형 매크로 상수 DATA를 정의합니다. 자료형 int를 DATA로 치환합니다.

매크로를 이용해서 상수를 나타내는 방법은 이 외에도 여러 장점이 있습니다. 첫째로 프로그램을 쉽게 수정할 수 있고, 둘째로 한눈에 파악하기 어려운 숫자들 대신에 직관적인 의미를 갖는 이름으로 바꿀 수 있습니다. 셋째로 변수와 달리 추가적인 메모리 공간을 요구하지 않고, 마지막으로 코드에 등장하는 상수들을 한곳에 모아서 관리할 수 있습니다.

5.2.2 매크로 해제

#undef는 #define과는 반대 역할을 수행하는 전처리기 지시자입니다. 전처리기 지시자 #undef는 기존 매크로의 정의를 해제하고 이후부터 치환을 중지합니다. 다음은 매크로 해제를 위해 전처리기 지시자 #undef를 사용하는 방법을 나타내고 있습니다.

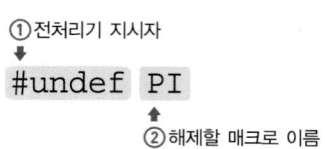

- **전처리기 지시자** 매크로의 선언을 해제하기 위해서 #undef를 지정
- **해제할 매크로 이름** 해제할 매크로 이름을 지정(미리 정의된 매크로 상수 이름)

보통 매크로는 한 번 정의하면 프로젝트 전체에서 일관되게 사용합니다. 그래서 #undef를 사용하는 경우는 흔하지 않습니다. 그러나 기존 매크로를 다시 정의하고 싶을 때 #undef를 이용해서 매크로를 해제하고서 재정의하는 것이 가능합니다. 예제를 가지고 사용 방법을 알아보겠습니다.

예제 | 5-4

```
01 : #include <stdio.h>
02 :
03 : #define MAX 100              ─ 정수형 매크로 상수
04 : #define PI 3.14              ─ 실수형 매크로 상수
05 :
06 : int main(void)
07 : {
08 :     int a=3;
09 :     printf("변경 전 : %d, %lf \n", MAX, PI);
10 :
11 :     #undef MAX               ┐
12 :     #undef PI                ┘ 매크로 해제
13 :
14 :     #define MAX 1000         ┐
15 :     #define PI 3.141592      ┘ 매크로 상수 재정의
16 :     printf("변경 후 : %d, %lf \n", MAX, PI);
17 :
18 :     return 0;
19 : }
```

::: 실행 결과 ▶

변경 전 : 100, 3.140000
변경 후 : 1000, 3.141592
계속하려면 아무 키나 누르십시오 . . .

3행과 4행에서 정수형 매크로 상수 MAX와 실수형 매크로 상수 PI를 정의합니다. 11행과 12행에서 기존에 정의한 정수형 매크로 MAX와 실수형 매크로 PI를 해제합니다. 14행과 15행에서 정수형 매크로 상수 MAX와 실수형 매크로 상수 PI를 재정의합니다.

5.2.3 매크로 함수

매크로 함수는 함수처럼 인자를 설정할 수 있는 매크로를 의미합니다. 매크로 함수라고 부르지만 단순히 치환하기만 하므로 실제로 함수는 아닙니다. 다음은 매크로 함수를 정의하는 방법을 나타내고 있습니다.

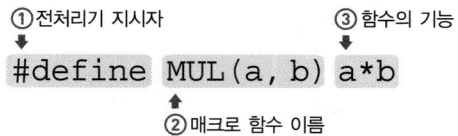

- **전처리기 지시자** 매크로 함수를 선언하기 위해서 #define을 지정
- **매크로 함수 이름** 사용될 매크로 함수의 이름을 지정
- **함수의 기능** 매크로 함수 이름에 치환되는 함수의 기능

보통의 매크로 선언에 비해 매크로 함수 이름에 괄호와 함께 인자 목록이 주어져 있다는 점이 다릅니다. 함수 선언과 비슷하지만 매크로 함수는 인자의 자료형을 신경 쓰지 않습니다. 즉, 자료형의 독립성을 보장합니다. 이와 같이 선언한 매크로 함수는 다음과 같이 자료형의 독립성을 보장하며 치환됩니다.

```
MUL(3, 4)            ⇒ 3 * 4
MUL(3.14, 5.5)       ⇒ 3.14 * 5.5
MUL('A', 3)          ⇒ 'A' * 3
```

다음 예제는 매크로 함수를 정의하고 활용하는 코드입니다. 보통 함수와 비교해 어떤 점이 다른지 생각해 봅시다.

Chapter 05 전처리기와 파일 분할 컴파일

예제 | 5-5

```
01 : #include <stdio.h>
02 :
03 : #define MUL(x, y) x*y                         ── 매크로 함수 정의
04 :
05 : int main(void)
06 : {
07 :     int a, b;
08 :     double c, d;
09 :
10 :     printf("두 개의 정수를 입력하세요 : ");
11 :     scanf("%d %d", &a, &b);
12 :     printf("%d * %d = %d \n", a, b, MUL(a, b));
13 :
14 :     printf("두 개의 실수를 입력하세요 : ");     ── 매크로 함수 호출
15 :     scanf("%lf %lf", &c, &d);
16 :     printf("%lf * %lf = %lf \n", c, d, MUL(c, d));
17 :
18 :     return 0;
19 : }
```

::: 실행 결과 ▶

두 개의 정수를 입력하세요 : 5 6
5 * 6 = 30
두 개의 실수를 입력하세요 : 5.5 6.6
5.500000 * 6.600000 = 36.300000
계속하려면 아무 키나 누르십시오 . . .

3행에서 매크로 함수를 MUL(x, y)를 정의하고 있습니다. 12행에서 매크로 함수 MUL(a, b)를 호출하고 있습니다. MUL(a, b)는 전처리기에 의해 a * b로 치환됩니다. 16행에서 매크로 함수 MUL(c, d)를 호출하고 있습니다. MUL(c, d)는 전처리기에 의해 c * d로 치환됩니다.

매크로 함수는 실제 함수와 거의 같은 형태의 호출 방법을 가지고 있습니다. 그러나 이는 컴파일 이전에 전처리기에 의해 단순히 치환되는 것이므로 어떠한 자료형의 변수를 인자로 전달하

더라도 잘 동작합니다. 만약 일반 함수를 통해 앞서와 같은 프로그램을 구현하려면 int형 인자를 가지는 함수, double형을 인자를 가지는 함수를 개별적으로 만들어야 합니다.

매크로 함수의 장점과 단점을 정리해 보고 넘어가겠습니다.

매크로 함수의 장점은

- 함수의 인자에 대한 자료형의 독립성을 보장합니다.
- 일반 함수의 몸체 부분이 매크로 함수의 치환 문장으로 대신하기 때문에 속도가 빠릅니다.

이와 반대로 매크로 함수의 단점은

- 매크로 함수 내부에서 자기 자신을 호출할 수가 없습니다.
- 한 줄이나 두 줄 정도의 간단한 내용만 매크로 함수로 정의해야 합니다.

매크로 함수를 제대로 정의해서 사용하려면 보통 함수에 비해 상당히 많은 점을 고려해야 합니다. 다음 예제를 가지고 매크로 함수가 갖는 문제점과 해결책을 알아보도록 합시다. 다음 예제는 사용자로부터 두 개의 정수 a와 b를 입력받아 (a+1)*(b+1)을 계산하는 프로그램으로 매크로 함수와 일반 함수를 비교하고 있습니다.

예제 | 5-6

```
01 : #include <stdio.h>
02 :
03 : #define MUL(x, y) x*y                    ─── 매크로 함수
04 : int mul(x, y);                           ─── 일반 함수 선언
05 :
06 : int main(void)
07 : {
08 :     int a, b;
09 :
10 :     printf("두 개의 정수를 입력하세요 : ");
11 :     scanf("%d %d", &a, &b);
12 :
13 :     printf("매크로 함수 호출 결과 : %d \n", MUL(a+1, b+1));   ─── 매크로 함수 호출
```

```
14 :        printf("일반 함수 호출 결과 : %d \n", mul(a+1, b+1));     ─── 일반 함수 호출
15 :
16 :        return 0;
17 : }
18 :
19 : int mul(x, y)     ─── 일반 함수의 정의
20 : {
21 :        return x*y;
22 : }
```

::: 실행 결과 ▶

두 개의 정수를 입력하세요 : 3 4
매크로 함수 호출 결과 : 8
일반 함수 호출 결과 : 20
계속하려면 아무 키나 누르십시오 . . .

3행과 4행에서 두 수의 곱을 구하는 함수를 매크로 함수와 일반 함수로 선언하고 있습니다. 13행에서 매크로 함수를 호출합니다. 매크로 함수의 호출 결과는 8입니다. 매크로 함수의 결과는 a+1*b+1이 수행된 결과입니다. 곱셈의 우선순위가 덧셈보다 높아서 a+1*b+1의 결과는 a+b+1의 값을 구한 것과 같습니다. 왜 이런 문제점이 발생하는 것일까요? 매크로 함수는 a+1과 b+1을 x와 y의 위치에 단순히 치환하기 때문입니다.

```
#define MUL(x, y) x*y
MUL(a+1, b+1)        // 단순 치환, a+1*b+1
```

19행에서 일반 함수를 호출합니다. 일반 함수의 호출 결과는 정상적으로 20입니다. 일반 함수의 결과는 (a+1)*(b+1)이 수행된 결과입니다. 매크로 함수와 달리 우리의 의도대로 결과가 출력되고 있습니다.

다음 예는 앞 예제 13행의 문제를 해결하기 위해 치환 목록의 인자에 괄호를 사용한 코드입니다. 우리의 의도대로 결과가 출력되었는지 확인해 보기 바랍니다.

```
#define MUL(x, y)  ((x)*(y))
MUL(a+1, b+1)           // 의도한 결과, ((a+1)*(b+1))
```

5.2.4 # 연산자와 ## 연산자

매크로 함수를 만들 때 종종 사용되는 기능 중에 하나가 바로 전처리기 연산자인 #와 ##입니다. 이들 연산자는 매크로 함수를 정의할 때에만 사용됩니다. #은 매크로 함수의 인자를 문자열로 바꾸어 주는 연산자입니다. 간단한 예제를 하나 살펴보겠습니다.

예제 | 5-7

```
01 : #include <stdio.h>
02 :
03 : #define OUTPUT1(a) a          ── 매크로 함수 정의
04 : #define OUTPUT2(a) #a
05 :
06 : int main(void)
07 : {
08 :     printf("%d \n", OUTPUT1(1234));   ── 10진수 1234
09 :     printf("%s \n", OUTPUT2(1234));   ── 문자열 1234
10 :
11 :     return 0;
12 : }
```

::: 실행 결과 ▶

1234
1234
계속하려면 아무 키나 누르십시오 . . .

3행과 4행에서 매크로 함수를 정의하고 있습니다. 8행에서 %d로 OUTPUT1 매크로 함수를 호출합니다. 결과는 10진수 1234를 출력합니다. 9행에서 %s로 OUTPUT2 매크로 함수를 호출합니다. 결과는 문자열 1234를 출력합니다. 이렇게 매크로 함수의 인자를 문자열로 치환하고 싶을 때 # 연산자를 사용합니다.

연산자에 관한 또 다른 예제를 살펴보겠습니다.

예제 | 5-8

```
01 : #include <stdio.h>
02 :
03 : #define OUTPUT1(a, b) a+b
04 : #define OUTPUT2(a, b) #a "+" #b
05 :
06 : int main(void)
07 : {
08 :     printf("%d \n", OUTPUT1(11, 22));
09 :     printf("%s \n", OUTPUT2(11, 22));
10 :
11 :     return 0;
12 : }
```

- 03, 04행: 매크로 함수 정의
- 08행: 10진수 덧셈 연산
- 09행: 문자열 합치기

::: 실행 결과 ▶

```
33
11+22
계속하려면 아무 키나 누르십시오 . . .
```

3행과 4행에서 매크로 함수를 정의하고 있습니다. 8행에서 %d로 OUTPUT1 매크로 함수를 호출합니다. 결과는 10진수 33을 출력합니다. 9행에서 %s로 OUTPUT2 매크로 함수를 호출합니다. 결과는 문자열 11+22를 출력합니다. 8행과 9행의 차이를 통해서 # 연산자의 역할을 잘 이해할 수 있습니다.

다음으로 ## 연산자는 토큰 결합 연산자라고 하는데 매크로 함수 안에서 토큰을 결합하는 기능을 수행합니다. 프로그래밍 언어에서 토큰(Token)이란 문법 분석의 단위를 의미합니다. 이렇게 토큰을 분석하는 프로그램을 파서(Parser)라고 하는데 컴파일러에 포함되어 있습니다. 파서는 코드의 문법을 해석하기 위해 코드를 숫자, 콤마, 연산자, 식별자 등의 토큰 단위로 분리하고 의미를 파악합니다.

 C 언어에서 토큰의 의미는 컴파일러가 인식하는 문자나 문자열의 최소 단위를 말합니다. 예를 들어 'int num = x + y;'라는 코드가 있다고 가정할 때 이 코드를 토큰 단위로 나누어 보면 int, num, =, x, +, y, ;과 같이 총 7개의 토큰을 가집니다.

다음 예제를 가지고 ## 연산자를 이해해 보겠습니다.

예제 | 5-9

```
01 : #include <stdio.h>
02 :
03 : #define OUTPUT(a, b, c) a ## b ## c          ─── 매크로 함수 정의
04 :
05 : int main(void)
06 : {
07 :     int a=3;
08 :
09 :     printf("%d \n", a);
10 :     printf("%d \n", OUTPUT(a, = , 5));        ─── 매크로 함수 호출
11 :     printf("%d \n", a);
12 :
13 :     return 0;
14 : }
```

::: 실행 결과 ▶

```
3
5
5
계속하려면 아무 키나 누르십시오 . . .
```

3행에서 토큰을 결합하는 매크로 함수를 정의하고 있습니다. **10행**에서 토큰 결합자 OUTPUT 매크로 함수를 호출합니다. 결과는 5를 출력합니다. 토큰 3개를 결합하면 a=5와 같기 때문에, 변수 a에는 5가 저장됩니다.

 ##은 변수나 함수의 이름을 동적으로 작성하는 용도로 사용할 수 있고, 윈도우 프로그래밍(Win32API, MFC)의 헤더 파일이나 소스 코드 내부에 ## 연산자를 이용하여 보다 간결한 코드 작성을 가능하게 합니다.

5.2.5 미리 정의된 매크로

C 언어에는 기본적으로 정의되어 있는 매크로들이 있습니다. 이것은 개발자의 편의를 위해 미리 정의되어 있는 매크로입니다. 몇 가지를 소개하도록 하겠습니다.

표 5-2 미리 정의된 매크로

미리 정의된 매크로	설명
__FILE__	현재 소스 코드의 파일 이름을 나타내는 매크로, %s 사용
__LINE__	현재 위치의 소스 코드의 행 번호를 나타내는 매크로, %d 사용
__DATE__	현재 소스 코드의 컴파일 날짜를 나타내는 매크로, %s 사용
__TIME__	현재 소스 코드의 컴파일 시간을 나타내는 매크로, %s 사용

다음 예제는 미리 정의된 매크로를 단순히 출력하는 코드입니다. 출력 서식을 주의 깊게 관찰하면서 실행 결과를 확인하기 바랍니다.

예제 | 5-10

```
01 : #include <stdio.h>
02 : int main(void)
03 : {
04 :     printf("파일 이름 : %s \n", __FILE__);
05 :     printf("행 번호 : %d \n", __LINE__);
06 :     printf("컴파일 날짜 : %s \n", __DATE__);
07 :     printf("컴파일 시간 : %s \n", __TIME__);
08 :
09 :     return 0;
10 : }
```

::: 실행 결과 ▶

파일 이름 : c:₩Part3-ch05₩src₩5-10.c
행 번호 : 5
컴파일 날짜 : Sep 14 2010
컴파일 시간 : 23:17:36
계속하려면 아무 키나 누르십시오 . . .

다음 예제는 미리 정의되어 있는 매크로를 활용하는 코드입니다.

예제 | 5-11

```
01 :  #include <stdio.h>
02 :  int main(void)
03 :  {
04 :      double num1, num2, result;
05 :      printf("실수 두 개를 입력하세요 : ");
06 :      scanf("%lf %lf", &num1, &num2);
07 :      result=num1 / num2;
08 :  
09 :      if(result>0)
10 :      {
11 :          printf("%lf \n", result);
12 :          printf("컴파일 날짜 : %s \n", __DATE__);
13 :          printf("컴파일 시간 : %s \n", __TIME__);
14 :          printf("파일 이름 : %s \n", __FILE__);
15 :      }
16 :      else
17 :      {
18 :          printf("오류 발생 \n");
19 :          printf("행 번호 : %d \n", __LINE__);
20 :      }
21 :      return 0;
22 :  }
```

::: 실행 결과 ▶

실수 두 개를 입력하세요 : 0.0 -1
오류 발생
행 번호 : 19
계속하려면 아무 키나 누르십시오 . . .

앞의 예제는 나눗셈 연산을 이용해서 실행 과정에서 발생할 수 있는 오류(16행~20행)를 나타내고 있습니다. 실수형 나눗셈을 통해서 나눗셈 결과가 0보다 크지 않은 경우 오류가 발생합니다. 만약 오류가 발생하면 오류 위치를 가리키는 행 번호가 출력됩니다.

5.3 조건부 컴파일

C 언어는 다양한 운영체제에서 사용되었기 때문에 각 운영체제가 제공하는 표준 함수나 그 동작이 조금씩 다를 수 있습니다. 같은 운영체계를 사용한다 하더라도 사용하는 컴파일러와 라이브러리에 따라서 일부 함수가 없는 경우도 있을 수 있습니다. 이런 경우 소스 코드를 따로 작성하게 되면 나중에 유지 보수가 상당히 어려워집니다.

이러한 문제점을 해결하기 위해 존재하는 것이 바로 조건부 컴파일입니다. 전처리기가 제공하는 또 다른 유용한 기능이 바로 조건부 컴파일입니다. 이것의 기능은 특정 조건에 만족할 때만 코드가 컴파일되게 합니다. 조건부 컴파일은 주로 매크로 상수의 존재 유무 또는 매크로 상수 값을 검사하여 수행합니다. 조건에 따라 특정 코드를 컴파일하도록 만들 수 있어서 보다 이식성 있는 코드를 개발하는 데 도움이 됩니다.

조건부 컴파일에 사용되는 전처리기 지시자는 #if, #elif, #else, #endif, #ifdef, #ifndef 등이 있습니다. 지금부터 하나씩 살펴보겠습니다.

5.3.1 #if~#endif

조건부 컴파일에 사용되는 전처리기 지시자 중에 가장 기본이 되는 것이 #if~#endif 문입니다. 기본 형식은 다음과 같습니다.

```
        ② 조건식
          ↓
     ┌─ #if(CODE==1)
  ① 전처리기   result=num1 / num2;                    ─┐
     지시자    printf(" 나눗셈 결과  : %lf \n", result);  ├─ ③ 컴파일 문장
     └─ #endif                                        ─┘
```

- **전처리 지시자** 조건부 컴파일을 수행할 문장을 #if와 #endif로 묶음
- **조건식** 컴파일을 수행하기 위한 조건을 지정
- **컴파일 문장** 조건식이 참일 때 컴파일해야 하는 문장을 삽입

조건에 만족하는지를 검사하여 컴파일해야 할 문장을 #if~#endif로 묶어 줍니다. #if 문의 조건식에는 매크로 상수를 비교하는 산술 연산자, 관계 연산자, 논리 연산자 등을 사용할 수 있습니다.

#if~#endif 문에 대한 예제를 가지고 이해해 보겠습니다.

예제 | 5-12

```
01 : #include <stdio.h>
02 :
03 : #define CODE 2
04 :
05 : int main(void)
06 : {
07 :     double num1=0, num2=0, result=0;
08 :
09 :     printf("실수 두 개를 입력하세요 : ");
10 :     scanf("%lf %lf", &num1, &num2);
11 :
12 :     #if(CODE==1)
13 :         result=num1 / num2;
14 :         printf("나눗셈 결과 : %lf \n", result);
15 :     #endif
16 :
17 :     #if(CODE==2)
```

```
18 :        result=num1 + num2;
19 :        printf("덧셈 결과 : %lf \n", result);
20 :    #endif
21 :
22 :    #if(CODE==3)
23 :        result=num1 * num2;
24 :        printf("곱셈 결과 : %lf \n", result);
25 :    #endif
26 :
27 :    #if(CODE==4)
28 :        result=num1 - num2;
29 :        printf("뺄셈 결과 : %lf \n", result);
30 :    #endif
31 :
32 :    return 0;
33 : }
```

::: 실행 결과 ▶

실수 두 개를 입력하세요 : 3.1 2.1
덧셈 결과 : 5.200000
계속하려면 아무 키나 누르십시오 . . .

3행에서 매크로 상수 CODE를 2로 정의합니다. 3행에서 매크로 상수 CODE가 2로 설정되어 있기 때문에 **17행**부터 **20행**까지만 컴파일이 됩니다. **15행, 20행, 25행, 30행**에서 사용된 #endif는 조건부 컴파일 구간이 끝났음을 알리는 전처리기 지시자입니다. 3행의 매크로 상수 값을 1, 3, 또는 4로 변경하면서 실행 결과를 확인해 보기를 바랍니다.

5.3.2 #if~#else~#endif

조건부 컴파일에 사용되는 전처리기 지시자 중 #if~#else~#endif 문에 대하여 알아보겠습니다. 기본 형식은 다음과 같습니다.

```
              ② 조건식
               ↓
       ┌ #if(CODE==1)
       │   result=num1 / num2;                    ┐
       │   printf("나눗셈 결과 : %lf \n", result);  │ ③ 컴파일 문장 1
① 전처리기 │                                         ┘
   지시자  ├ #else
       │   result=num1 * num2;                    ┐
       │   printf("덧셈 결과 : %lf \n", result);    │ ④ 컴파일 문장 2
       │                                         ┘
       └ #endif
```

- **전처리 지시자**   조건부 컴파일을 수행할 문장을 #if, #else, #endif로 묶음
- **조건식**   컴파일을 수행하기 위한 조건을 지정
- **컴파일 문장 1**   조건식이 참일 때 컴파일해야 하는 문장을 삽입
- **컴파일 문장 2**   조건식이 참이 아닌 경우에 컴파일해야 하는 문장을 삽입

조건을 만족하는지 아닌지를 검사하여 컴파일해야 할 문장을 #if~#else~#endif로 묶어 줍니다. 조건식을 판별해서 그 결과가 참이면 #if 문 하위의 문장을 컴파일하고, 그렇지 않은 그밖의 경우는 #else 문 하위의 문장을 컴파일러에게 컴파일하도록 지시합니다.

#if~#else~#endif 문에 대한 예제를 가지고 이해해 보겠습니다.

예제 | 5-13

```
01 : #include <stdio.h>
02 :
03 : #define CODE 3
04 :
05 : int main(void)
06 : {
07 :
08 :     #if(CODE==1)                        ─── 실수의 나눗셈 연산
09 :         double num1=0.0, num2=0.0, result=0.0;
10 :         printf("실수 두 개를 입력하세요 : ");
11 :         scanf("%lf %lf", &num1, &num2);
12 :         result=num1 / num2;
13 :         printf("나눗셈 결과 : %lf \n", result);
```

```
14 :
15 :     #else                                        ── 정수의 덧셈 연산
16 :         int num1=0, num2=0, result=0;
17 :         printf("정수 두 개를 입력하세요 : ");
18 :         scanf("%d %d", &num1, &num2);
19 :         result=num1 + num2;
20 :         printf("덧셈 결과 : %d \n", result);
21 :     #endif
22 :
23 :     return 0;
24 : }
```

::: 실행 결과 ▶

정수 두 개를 입력하세요 : 3 5
덧셈 결과 : 8
계속하려면 아무 키나 누르십시오 . . .

3행에서 매크로 상수 CODE를 3으로 정의합니다. 3행에서 매크로 상수 CODE가 3으로 설정되어 있기 때문에 15행부터 21행까지만 컴파일이 됩니다. 3행의 매크로 상수 값을 1, 2 또는 4로 변경하면서 실행 결과를 확인해 보기를 바랍니다.

#if~#else와 if~else
조건부 컴파일 전처리기 지시자 #if~#else는 조건문의 if~else의 기능과 유사합니다. #if~#else는 조건식의 결과에 따라 컴파일을 수행하는 것이고, if~else는 조건식의 결과에 따라 포함된 문장을 실행하는 것입니다.

5.3.3 #if~#elif~#else #endif

이번에는 조건부 컴파일에 사용되는 전처리기 지시자 중 #if~#elif~#else~#endif 문에 대하여 알아보겠습니다. 기본 형식은 다음과 같습니다.

```
                    ② 조건식
                      ↓
            ┌ #if (CODE<0)
            │   result=num1 / num2;   ④ 컴파일 문장 1
            │ #elif (CODE==1)  ← ③ 조건식
 ① 전처리기 ─┤   result=num1 * num2;   ⑤ 컴파일 문장 2
   지시자   │ #else
            │   result=num1 - num2;   ⑥ 컴파일 문장 3
            └ #endif
```

- **전처리 지시자** 조건부 컴파일을 수행할 문장을 #if, #elif, else, #endif로 묶음
- **조건식 1** 컴파일을 수행하기 위한 조건을 지정
- **조건식 2** 조건식 1이 참이 아닌 경우 내에서 컴파일을 수행하기 위한 조건을 지정
- **컴파일 문장 1** 조건식1이 참일 때 컴파일해야 하는 문장을 삽입
- **컴파일 문장 2** 조건식1이 참이 아닌 경우 내에서 조건식 2가 참일 때 컴파일해야 하는 문장을 삽입
- **컴파일 문장 3** 조건식1, 조건식2 모두 거짓인 경우 컴파일해야 하는 문장을 삽입

조건에 만족하는지 아닌지를 검사하여 컴파일해야 할 문장을 #if~#elif~#else~#endif로 묶어 줍니다. #elif는 조건문의 else if와 같으며 하나 이상의 #elif를 사용하는 것이 가능합니다.

다음 예제를 가지고 #if~#elif~#else~#endif 문의 역할을 알아보겠습니다.

예제 5-14

```c
01 : #include <stdio.h>
02 :
03 : #define CODE 3
04 :
05 : int main(void)
06 : {
07 :     double num1=3.3, num2=1.1;
08 :     double result=0.0;
09 :
10 :     #if(CODE<0)
11 :         result=num1 + num2;
```

```
12 :        printf("덧셈 결과 : %lf \n", result);
13 :
14 :    #elif(CODE==1)
15 :        result=num1 / num2;
16 :        printf("나눗셈 결과 : %lf \n", result);
17 :
18 :    #elif(CODE==2)
19 :        result=num1 * num2;
20 :        printf("곱셈 결과 : %lf \n", result);
21 :
22 :    #elif(CODE==3)
23 :        result=num1 - num2;
24 :        printf("뺄셈 결과 : %lf \n", result);
25 :
26 :    #else
27 :        printf("프로그램 종료 \n");
28 :
29 :    #endif
30 :
31 :    return 0;
32 : }
```

::: 실행 결과 ▶

뺄셈 결과 : 2.200000
계속하려면 아무 키나 누르십시오 . . .

3행에서 매크로 상수 CODE를 3으로 정의합니다. 3행에서 매크로 상수 CODE가 3으로 설정되어 있기 때문에 22행부터 24행까지만 컴파일이 됩니다. 3행의 매크로 상수 값을 1, 2 또는 4로 변경하면서 실행 결과를 확인해 보기를 바랍니다.

5.3.4 #ifdef~#endif와 #ifndef~#endif

마지막으로 조건부 컴파일에 사용되는 전처리기 지시자 중 #ifdef~#endif 문과 #ifndef~#endif 문에 대하여 알아보겠습니다.

먼저 #ifdef~#endif 문의 기본 형식은 다음과 같습니다. #ifdef는 'if defined'라는 문장을 줄여서 만든 것으로 #ifdef 지시자 뒤에 지정한 매크로 이름이 선언되어 있으면 컴파일을 수행합니다.

```
             ② 매크로 이름
                ↓
         ┌ #ifdef ADD
① 전처리기 │   result=num1 + num2;
   지시자  │   printf("덧셈 결과 : %lf \n", result);   ③ 컴파일 문장
         └ #endif
```

- **전처리기 지시자** 조건부 컴파일을 수행할 문장을 #ifdef와 #endif로 묶음
- **매크로 이름** 매크로가 존재하는지를 판단할 매크로 이름을 지정
- **컴파일 문장** 선언된 매크로가 있는 경우에 컴파일해야 할 문장을 삽입

#ifdef~#endif는 #if~#endif와 매우 유사한 형태로 #if는 매크로 상수가 참이냐 거짓이냐를 판단하여 컴파일이 됩니다. 그러나 #ifdef는 매크로가 정의되어 있느냐만을 판단하기 때문에 매크로 상수의 값에 의미를 두지 않습니다.

다음 예제를 가지고 과연 그런지 확인해 보겠습니다.

예제 | 5-15

```
01 : #include <stdio.h>
02 :
03 : #define ADD
04 : #define MUL
05 :
06 : int main(void)
07 : {
08 :     double num1=3.3, num2=1.1;
09 :     double result=0.0;
10 :
11 :     #ifdef ADD
12 :         result=num1 + num2;
13 :         printf("ADD(덧셈) 결과 : %lf \n", result);
14 :     #endif
```

```
15 :
16 :
17 :    #ifdef MUL
18 :        result=num1 * num2;
19 :        printf("MUL(곱셈) 결과 : %lf \n", result);
20 :    #endif
21 :
22 :    return 0;
23 : }
```

::: 실행 결과 ▶

ADD(덧셈) 결과 : 4.400000
MUL(곱셈) 결과 : 3.630000
계속하려면 아무 키나 누르십시오 . . .

3행과 4행에서 매크로 이름 ADD와 MUL을 선언합니다. 매크로 상수를 정의하지 않아도 에러가 아닙니다. 11행부터 14행까지에서 매크로 이름 ADD가 있으면 컴파일이 되는 영역입니다. 17행부터 20행까지에서 매크로 이름 MUL이 있으면 컴파일이 되는 영역입니다.

다음으로 #ifndef~#endif 문에 대해서 살펴보겠습니다. 기본 형식은 다음과 같습니다. #ifndef는 'if not defined'라는 문장을 줄여서 만든 것으로 #ifndef 지시자 뒤에 지정한 매크로 이름이 선언되어 있지 않으면 컴파일을 수행합니다.

```
                        ② 매크로 이름
                             ↓
                        #ifndef ADD
    ① 전처리기          result=num1 + num2;
       지시자            printf("덧셈 결과 : %lf \n", result);   ③ 컴파일 문장
                        #endif
```

- **전처리기 지시자** 조건부 컴파일을 수행할 문장을 #ifndef와 #endif로 묶음
- **매크로 이름** 매크로가 존재하는지를 판단할 매크로 이름을 지정
- **컴파일 문장** 선언된 매크로가 없는 경우에 컴파일해야 할 문장을 삽입

#ifdef는 해당 매크로가 선언되어 있어야만 컴파일을 하고, #ifndef는 해당 매크로가 선언되어 있지 않으면 컴파일을 하는 차이점이 있습니다.

다음 예제를 가지고 ifndef의 의미를 확인해 보겠습니다.

예제 | 5-16

```
01 : #include <stdio.h>
02 :
03 : #ifndef ADD
04 :     #define ADD
05 : #endif
06 :
07 : #ifndef MUL
08 :     #define MUL
09 : #endif
10 :
11 : int main(void)
12 : {
13 :     double num1=3.3, num2=1.1;
14 :     double result=0.0;
15 :
16 :     #ifdef ADD
17 :         result=num1 + num2;
18 :         printf("ADD(덧셈) 결과 : %lf \n", result);
19 :     #endif
20 :
21 :
22 :     #ifdef MUL
23 :         result=num1 * num2;
24 :         printf("MUL(곱셈) 결과 : %lf \n", result);
25 :     #endif
26 :
27 :     return 0;
28 : }
```

::: 실행 결과 ▶

ADD(덧셈) 결과 : 4.400000
MUL(곱셈) 결과 : 3.630000
계속하려면 아무 키나 누르십시오 . . .

3행부터 5행까지에서 만약 매크로 ADD가 없으면 매크로 ADD를 정의합니다. 7행부터 9행까지에서 만약 매크로 MUL이 없으면 매크로 MUL을 정의합니다. 16행부터 19행까지에서 ADD가 있으면 컴파일을 수행합니다. 22행부터 25행까지에서 MUL이 있으면 컴파일을 수행합니다.

#ifndef의 기능이 주로 사용되는 곳을 정리해 보면, 여러 개의 소스 파일을 가진 프로그램을 작성하다 보면 같은 헤더 파일을 인클루드하는 경우가 발생하는데, 그럴 때마다 전처리기가 소스 코드에 헤더 파일을 인클루드하면 오류의 원인이 됩니다. 따라서 #ifndef 기능을 사용하면 이러한 문제를 해소할 수 있습니다. 5.4.4에서 자세히 다룹니다.

한 가지 특이한 연산자가 있는데, 바로 defined 연산자입니다. 이 연산자는 매크로의 존재 여부를 판단하는 데에 사용됩니다. 즉, #if defined(MACRO)는 #ifdef MACRO와 같은 구문입니다. 그러나 이 연산자는 논리 연산자 &&와 ||를 이용하여 다른 조건들과 함께 사용할 수 있다는 차이점이 있습니다.

5.4 파일 분할 컴파일

이제까지 작성한 예제들은 기능의 크기에 상관 없이 오직 하나의 소스 파일만을 컴파일하여 실행 결과를 보았습니다. 하나의 소스 파일로 프로그램을 개발하다 보면 프로그램의 내용이 복잡해지며 관리가 쉽지 않은 문제점이 있습니다. 이러한 경우들은 소스 파일을 여러 개로 분할하여 프로그램을 개발하는 것이 좋습니다.

파일이 여러 개로 분할된 프로그램을 실행할 때 필요한 것이 파일 분할 컴파일입니다. 이렇게 했을 때 좋은 점은 다음과 같습니다.

- 프로그램의 생산성이 높아집니다.
- 파일 단위로 에러를 수정할 수 있습니다.
- 기능의 응집도가 높아져 유지 보수가 용이합니다.

5.4.1 파일 분할

이제부터 파일 분할을 해보겠습니다. 먼저 다음 코드를 이용해서 파일을 나누어 보겠습니다.

예제 | 5-17

```
01 : #include <stdio.h>
02 :
03 : int a=6, b=3;          ──── 전역 변수 a와 b를 선언
04 :
05 : int main(void)
06 : {
07 :     int result=0;
08 :     result=a+b;
09 :     printf("덧셈 결과 : %d \n", result);
10 :
11 :     return 0;
12 : }
```

예제는 전역 변수 a와 b에 대해 덧셈 연산을 수행합니다. 다음처럼 파일 5-17.c를 파일 5-17-1.c와 5-17-2.c로 분할하겠습니다.

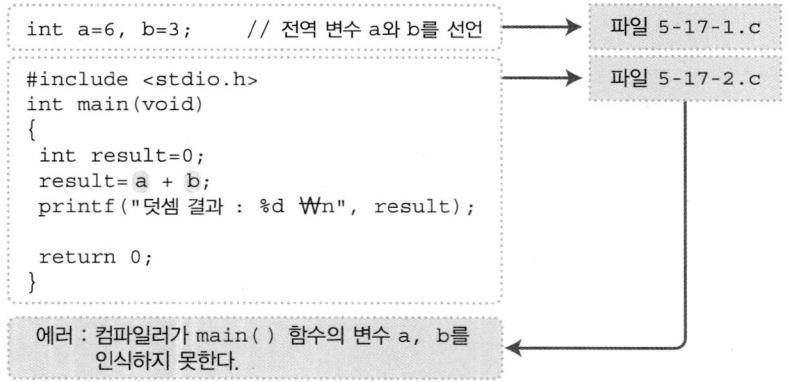

파일 5-17-1.c와 5-17-2.c를 컴파일하면 에러가 발생합니다. 파일 5-17-1.c는 문제가 없지

Chapter 05
전처리기와 파일 분할 컴파일

만, 파일 5-17-2.c는 에러가 발생합니다. 그 이유는 main( ) 함수에 사용된 'result = a + b'에서 컴파일러는 변수 a 와 b를 인식하지 못하기 때문입니다.

이 문제를 해결할 때 필요한 것이 바로 extern 키워드입니다. Part1의 함수에서 이미 우리는 extern 키워드에 대해서 공부했습니다. 다음은 문제를 해결한 완전한 코드입니다.

```
int a=6, b=3;        // 전역 변수 a와 b를 선언
```
→ 파일 5-17-1.c

```
#include <stdio.h>
extern int a, b;
int main(void)
{
 int result=0;
 result=a + b;
 printf(":덧셈 결과 %d \n", result);

 return 0;
}
```
→ 파일 5-17-2.c

정상 : 컴파일러가 main( ) 함수의 변수 a, b를 인식한다.

파일 5-17-2.c의 main( ) 함수를 살펴보면 'extern int a, b'가 추가로 선언되어 있습니다. 이렇게 선언되면 외부에 int형 변수 a와 b가 이미 있으니 참조하라는 의미가 됩니다. 따라서 컴파일러가 main( ) 함수 내부에 사용된 변수 a와 b를 정상적으로 인식합니다.

또 다른 예제를 가지고 파일을 분할해 보겠습니다.

예제 | 5-18

```
01 : #include <stdio.h>
02 :
03 : int num1=10, num2=20;                     ——— 전역 변수 선언
04 :
05 : void add(num1, num2)                      ——— 함수 정의
06 : {
07 :    printf("덧셈 연산 : %d \n", num1 + num2);
08 : }
09 :
```

```
10 :    int main(void)
11 :    {
12 :        add(num1, num2);                    ── 함수 호출
13 :
14 :        return 0;
15 :    }
```

다음처럼 파일 5-18.c를 파일 5-18-1.c와 5-18-2.c로 분할해 보겠습니다.

```
int num1=10, num2=20;
void add(num1, num2)
{
    printf("덧셈 연산 : %d \n", num1 + num2);
}
```
→ 파일 5-18-1.c

```
#include <stdio.h>
int main(void)
{
    add(num1, num2);
    return 0;
}
```
→ 파일 5-18-2.c

에러 : 컴파일러가 main( ) 함수의 add( ) 함수와
       변수 num1, num2를 인식하지 못한다.

파일 5-18-1.c와 5-18-2.c를 컴파일하면 에러가 발생합니다. 파일 5-18-1.c는 문제가 없지만, 파일 5-18-2.c는 에러가 발생합니다. 그 이유는 main( ) 함수에 사용된 'add(num1, num2)'에서 컴파일러는 add( ) 함수와 변수 num1, num2를 인식하지 못하기 때문입니다. 다음은 extern 키워드를 이용하여 문제를 해결한 완전한 코드입니다.

```
int num1=10, num2=20;
void add(num1, num2)
{
 printf("덧셈 연산 : %d \n", num1 + num2);
}
```
→ 파일 5-18-1.c

```
#include <stdio.h>
extern int num1, num2;
extern void add(int num1, int num2);
int main(void)
{
 add(num1, num2);
 return 0;
}
```
→ 파일 5-18-2.c

정상 : 컴파일러가 main( ) 함수의 add( ) 함수와 변수 num1, num2를 인식한다.

파일 5-18-2.c의 main( ) 함수를 살펴보면 'extern int num1, num2'와 'extern void add(int num1, int num2)'가 추가로 선언되어 있습니다. 이들의 의미는 외부에 void형 함수 add( )의 정의와 외부에 변수 num1, num2가 있으니 참조하라는 의미가 됩니다. 따라서 컴파일러가 main( ) 함수 내부에 사용된 함수 add( )와 변수 num1, num2를 정상적으로 인식합니다.

참고로 함수의 경우에 extern 키워드를 생략할 수 있습니다. 즉, 'extern void add(int num1, int num2)'를 'void add(int num1, int num2)'로 표현해도 컴파일 에러가 발생하지 않습니다.

5.4.2 접근 금지 static 키워드

extern 키워드는 외부의 변수나 함수를 참조할 수 있게 합니다. 그러나 시스템 프로그램과 관련된 매우 중요한 변수나 함수를 extern 키워드로 참조하도록 한다면 문제가 발생할 수 있습니다. 이런 문제를 보완하기 위해서 외부의 변수를 extern 키워드를 통해 참조할 수 없도록 하는 방법이 있는데 그것이 바로 static 키워드를 사용하는 것입니다.

파일 5-19-1.c에서는 static 전역 변수와 static 함수를 선언하고 파일 5-19-2.c에서는 extern 키워드를 통해 파일 5-19-1.c의 static 전역 변수와 static 함수를 참조합니다.

예제 5-19-1

```
01 : static int num1=10, num2=20;         ── 정적 전역 변수 선언
02 :
03 : static void add(num1, num2)          ── 정적 함수 선언
04 : {
05 :     printf("덧셈 연산 : %d \n", num1 + num2);
06 : }
```

1행에서 static 키워드를 사용하여 int형 변수 num1, num2를 선언하고 동시에 10과 20으로 초기화합니다. 3행부터 6행까지에서 static 키워드를 사용하여 덧셈 연산을 수행하는 add( ) 함수를 정의하고 있습니다.

static 키워드가 사용된 변수와 함수는 외부에서 extern 키워드로 접근할 수 없도록 합니다.

예제 5-19-2

```
01 : #include <stdio.h>
02 :
03 : extern int num1, num2;
04 : extern void add(int num1, int num2);
05 :
06 : int main(void)
07 : {
08 :     add(num1, num2);
09 :
10 :     return 0;
11 : }
```

::: 실행 결과 ▶

...

링크하고있습니다...
5-19-2.obj : error LNK2019: _add 외부 기호(참조 위치: _main 함수)에서 확인하지 못했습니다.
5-19-2.obj : error LNK2001: _num1 외부 기호를 확인할 수 없습니다.
5-19-2.obj : error LNK2001: _num2 외부 기호를 확인할 수 없습니다.
...

3행과 4행에서 extern 키워드를 이용하여 외부에 선언된 변수와 함수를 참조합니다. 실행해 보면 에러가 발생하는데 대부분 static 키워드로 작성된 변수와 함수를 extern 키워드로 참조하지 못하고 있습니다.

이처럼 static 키워드를 이용하면 변수나 함수를 외부에서 참조할 수 없게 막는 역할을 수행할 수 있습니다.

5.4.3 #include를 이용한 사용자 헤더 파일 만들기

지금까지 우리가 사용한 C 컴파일러는 확장자가 C인 파일만을 컴파일했었습니다. 이제부터는 확장자 H를 갖는 헤더 파일에 대하여 알아보겠습니다. 헤더 파일은 전처리기 지시자인 #include에 의해서 .c 파일 내부에 인클루드됩니다. 이렇게 하기 위해 다음과 같이 두 가지 방법이 사용됩니다.

① #include <표준 라이브러리>
   예) #include <stdio.h>, #include <string.h>, #include <stdlib.h>

② #include "사용자 정의 라이브러리"
   예) #include "myheader.h" : 상대 경로(현재 소스 코드가 있는 디렉터리에서 찾음)
   예) #include "D:₩mylib₩myheader.h" : 절대 경로(설정된 경로에서 찾음)

첫 번째로 헤더 파일을 < >로 묶는 경우는 컴파일러가 제공하는 표준 라이브러리 헤더 파일이 모여 있는 경로에서 표준 라이브러리를 찾아 소스 코드에 인클루드하라는 의미입니다. #include <stdio.h>, #include <string.h>, #include <stdlib.h>와 같이 표준 라이브러리 헤더 파일을 인클루드합니다.

참고로 Visual C++은 환경 변수로 '인클루드 경로'와 '라이브러리 경로'를 가지고 있습니다.

- **인클루드 경로**
  표준 라이브러리의 헤더 파일(*.h)들이 모여 있는 디렉터리입니다.
  - Visual studio 6.0인 경우 C:₩Program Files₩Microsoft Visual Studio₩VC98₩Include

- Visual studio 9.0인 경우(Visual C++ 2008 Express Edition 포함) C:₩Program Files₩Microsoft Visual Studio 9.0₩VC₩include

○ **라이브러리 경로**

표준 라이브러리 파일(*.lib)들이 모여 있는 디렉터리입니다.

- Visual studio 6.0인 경우 C:₩Program Files₩Microsoft Visual Studio₩VC98₩Lib
- Visual studio 9.0인 경우(Visual C++ 2008 Express Edition 포함) C:₩Program Files₩Microsoft Visual Studio 9.0₩VC₩Lib

두 번째로 헤더 파일을 " "로 묶는 경우는 사용자가 만든 라이브러리로 즉, 필요에 의해서 별도로 만든 사용자 정의 라이브러리를 찾아 소스 코드에 인클루드하라는 의미입니다. #include "myheader.h"인 경우에는 상대 경로로 현재 소스 파일이 있는 디렉터리에서 헤더 파일을 찾으라는 의미이고, #include "D:₩mylib₩myheader.h"인 경우에는 절대 경로로 현재 소스 파일을 D:₩mylib 디렉터리 내에서 헤더 파일을 찾으라는 의미입니다.

```
#include <myheader.h>
```
사용자 정의 헤더 파일을 인클루드 경로에서 찾으라는 의미입니다. 사용자 정의 헤더 파일을 인클루드 경로에 저장하는 경우도 있습니다.

```
#include "/Cproject/myheder.h"
```
사용자 정의 파일을 UNIX/리눅스 운영체제의 절대 경로에서 찾으라는 의미입니다.

이처럼 개발자가 필요에 의해서 직접 만든 헤더 파일을 사용자 정의 헤더라고 합니다. 이제부터 #include를 이용해서 별도의 사용자 정의 라이브러리를 .h 파일로 만들고, .c 파일 내부에 인클루드해서 컴파일하는 방법을 알아보겠습니다.

다음 예제는 반지름이 3인 원의 둘레와 원의 넓이를 출력하는 코드입니다.

예제 5-20

```
01 : #include <stdio.h>
02 :
03 : #define PI 3.14
04 : double circle(int radius);        ── 원의 둘레 함수 선언(2 파이 r)
05 : double area(int radius);          ── 원의 넓이 함수 선언(파이 r 제곱)
06 :
07 : int main(void)
08 : {
09 :     printf("반지름 3의 원의 둘레 : %lf \n", circle(3));
10 :     printf("반지름 3의 원의 넓이 : %lf \n", area(3));
11 :     return 0;
12 : }
13 :
14 : double circle(int radius)         ── 원의 둘레 정의
15 : {
16 :     double result=2 * PI * radius;
17 :     return result;
18 : }
19 :
20 : double area(int radius)           ── 원의 넓이 정의
21 : {
22 :     double result=PI * radius * radius;
23 :     return result;
24 : }
```

::: 실행 결과 ▶

반지름 3 의 원의 둘레 : 18.840000
반지름 3 의 원의 넓이 : 28.260000
계속하려면 아무 키나 누르십시오 . . .

파일 5-20.c를 파일 5-20-1.c와 5-20-2.c로 분할해 코겠습니다.

예제 5-20-1

```
01 :
02 : #define PI 3.14
03 : double circle(int radius)          ── 원의 둘레 정의
04 : {
05 :     double result=2 * PI * radius;
06 :     return result;
07 : }
08 :
09 : double area(int radius)             ── 원의 넓이 정의
10 : {
11 :     double result=PI * radius * radius;
12 :     return result;
13 : }
```

예제 5-20-2

```
01 :
02 : #include <stdio.h>
03 :
04 : extern double circle(int radius);   ── extern은 생략 가능 == void circle(int radius);
05 : extern double area(int radius);     ── extern은 생략 가능 == void area(int radius);
06 :
07 : int main(void)
08 : {
09 :     printf("반지름 3의 원의 둘레 : %lf \n", circle(3));
10 :     printf("반지름 3의 원의 넓이 : %lf \n", area(3));
11 :
12 :     return 0;
13 : }
```

::: 실행 결과 ▶

반지름 3의 원의 둘레 : 18.840000
반지름 3의 원의 넓이 : 28.260000
계속하려면 아무 키나 누르십시오 . . .

예제 5-20-1.c에는 함수의 정의부가 있습니다. 예제 5-20-2.c에는 함수의 선언과 main( ) 함수의 영역입니다. 예제 5-20-2.c에서는 extern 키워드를 통해 함수가 외부에 있음을 참조합니다. 이전에도 언급했지만 함수를 외부 참조할 때는 extern 키워드를 생략하는 것이 가능합니다. 함수 자체에 extern의 의미가 있기 때문입니다. 예제 5-20-2.c의 **4행**과 **5행**에서 extern 키워드를 사용한 함수의 선언부가 있습니다. 이것의 의미는 circle( ) 함수와 area( ) 함수의 정의를 외부에서 참조한다는 의미가 됩니다.

만약 4행, 5행과 같이 함수 외부 참조 부분의 크기가 커지거나 circle( ) 함수와 area( ) 함수가 너무도 중요한 함수라서 다른 프로그램에서도 이 함수를 호출해서 쓰고 싶다면 어떻게 해야 할까요? 이럴 때 필요한 것이 바로 헤더 파일입니다. 결국, 헤더 파일에 들어가야 하는 내용은 다음과 같이 예제 5-20-2.c의 4행과 5행의 내용처럼 됩니다.

```
// 헤더 파일에 들어갈 내용
extern void circle(int radius);
extern void area(int radius);
```

다음 예제는 예제 5-20-1.c과 5-20-2.c를 사용자 정의 헤더 파일을 사용해서 재구성한 코드입니다. 확인해 봅시다. 헤더 파일을 만드는 방법은 예제 뒤에 참고 부분에 있으므로 확인하기 바랍니다.

| 예제 | 5-21 | (importance.h, importance.c, main.c) |

```
/* importance.h */
01 : extern double circle(int radius);      ── 원의 둘레 함수 선언(2 파이 r)
02 : extern double area(int radius);        ── 원의 넓이 함수 선언(파이 r 제곱)

/* importance.c */
01 : #define PI 3.14
02 : double circle(int radius)              ── 원의 둘레 정의
03 : {
04 :     double result=2 * PI * radius;
05 :     return result;
06 : }
07 :
08 : double area(int radius)                ── 원의 넓이 정의
```

```
09 :     {
10 :         double result=PI * radius * radius;
11 :         return result;
12 :     }

/*  main.c  */
01 : #include <stdio.h>
02 : #include "importance.h"
03 :
04 : int main(void)
05 : {
06 :     printf("반지름 3의 원의 둘레 : %lf \n", circle(3));
07 :     printf("반지름 3의 원의 넓이 : %lf \n", area(3));
08 :
09 :     return 0;
10 : }
```

파일 main.c의 **2행**에서 사용자 정의 헤더 파일 #include "importance.h"를 선언합니다. 파일 importance.h에는 circle( ) 함수와 area( ) 함수의 정의를 참조하게 함수 선언을 합니다. 필요한 함수의 선언을 파일 importance.h에 작성해 놓았기 때문에 우리는 별도로 파일 importance.c에 접근할 필요 없이 함수의 정의가 수행됩니다.

이처럼 사용자 정의 헤더 파일에 자주 사용되는 함수의 선언, 구조체의 선언, 자료형의 재정의 등을 포함시켜 놓으면 코드의 크기도 줄어들고 관리가 쉬워지는 장점이 있습니다. 즉, 한 줄의 #include "사용자정의헤더.h" 문으로 자주 사용하는 선언 코드들을 대체할 수 있습니다.

 헤더 파일을 생성하기 위해서 다음 그림처럼 솔루션 탐색기에서 [헤더 파일]을 선택하고 마우스 오른쪽 버튼을 클릭해서 나온 바로 가기 메뉴에서 [추가 ⇒ 새 항목]을 선택합니다.

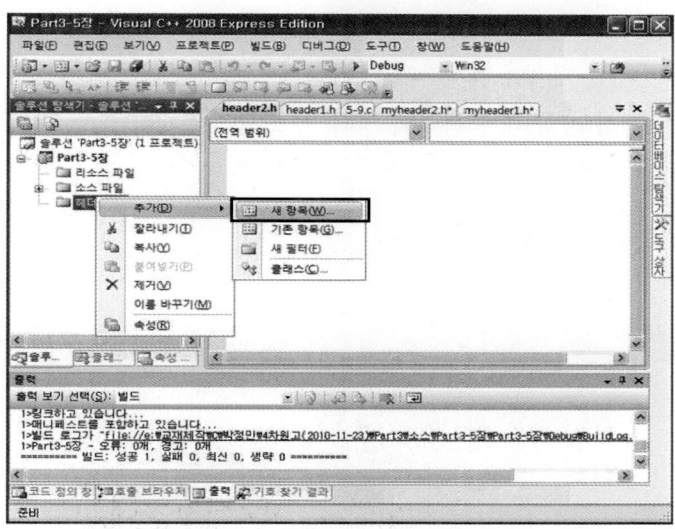

다음 그림처럼 헤더 파일을 선택하고 그 다음에 확장자·H를 가진 파일명을 입력하여 [추가] 단추를 누릅니다.

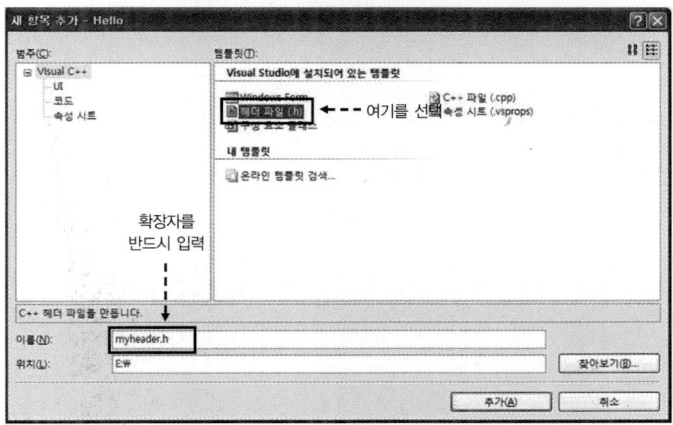

5.4.4 #ifndef를 이용한 헤더 파일의 중복 문제 방지

우리는 이제까지 사용자 정의 라이브러리를 만들면서 #include를 통해 헤더 파일을 소스 코드에 인클루드했습니다. 이럴 때 주의 사항은 소스 파일에 같은 헤더 파일을 여러 번 인클루드하지 않도록 해야 합니다.

열혈강의 *C 언어 본색*
Part 3

여러 개의 소스 파일을 가진 프로그램을 작성하다 보면 같은 헤더 파일을 중복해서 인클루드하는 경우가 발생하는데, 이럴 때마다 전처리기가 소스 코드에 헤더 파일을 인클루드하면 에러의 원인이 됩니다. 특히, 헤더 파일 내에 함수의 정의, 구조체, typedef 또는 매크로가 정의되어 있는 경우 에러가 발생하는데 #ifndef를 이용하면 이러한 문제를 해소할 수 있습니다.

정상적인 예제를 하나 확인해 보겠습니다.

예제 | 5-22 (myheader1.h, myheader2.h, mymain.c)

```
/*  myheader1.h  */
01 :    {
02 :        printf("Hello C \n");

/*  myheader2.h  */
01 :
02 :        return 0;
03 :    }

/*  mymain.c  */
01 : #include <stdio.h>
02 : int main(void)
03 : #include "myheader1.h"
04 : #include "myheader2.h"
```

::: 실행 결과 ▶

Hello C
계속하려면 아무 키나 누르십시오 . . .

파일 mymain.c의 **3행**과 **4행**에서 main( ) 함수에 인클루드되어야 할 코드의 일부분이 파일 myheader1.h와 myheader2.h에 인클루드되어 있습니다. 따라서 전처리 후에 다음처럼 수행됩니다.

Chapter 05
전처리기와 파일 분할 컴파일

```
#include <stdio.h>
int main(void)
#include "myheader1.h"
#include "myheader2.h"
```
전처리 후 →
```
#include <stdio.h>
int main(void)
{
 printf("Hello C \n");
 return 0;
}
```

다음 예제는 헤더 파일이 중복해서 인클루드된 비정상적인 경우입니다.

예제 | 5-23　　　　　　　　　　　　　　　　　　　　　　　(header1.h, header2.h, error_main.c)

```
/* header1.h */
01 :
02 : {
03 :     printf("Hello C \n");

/* header2.h */
01 :
02 : #include "header1.h"
03 :     return 0;
04 : }

/* error_main.c */
01 : #include <stdio.h>
02 : int main(void)
03 : #include "header1.h"
04 : #include "header2.h"     ── 에러 : 헤더 파일 중복 문제 발생
```

파일 error_main.c의 내용을 보면 파일 header1.h와 header2.h가 인클루드되어 있습니다. 자세히 보면 잘못된 코드가 컴파일되고 있습니다. 이 문제는 바로 헤더 파일의 중복 문제 때문에 발생합니다. 헤더 파일이 다른 헤더 파일을 인클루드할 수 있기 때문에 특정 상황에서 예제처럼 같은 기능을 하는 헤더 파일을 다시 인클루드하는 문제를 일으킬 수 있습니다. 코드는 간단하지만 대단위 프로젝트에서는 헤더 파일의 중복 문제를 찾기란 쉽지 않습니다.

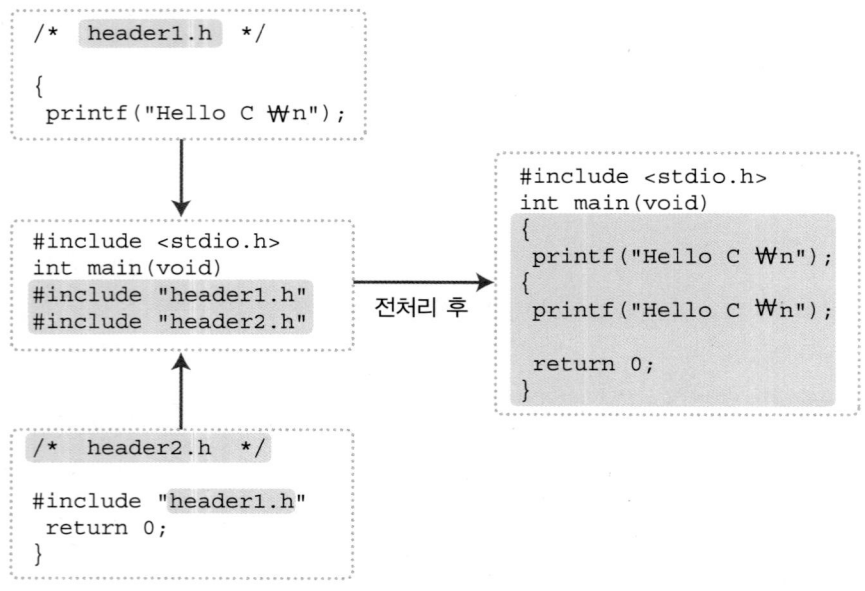

앞에서 발생한 헤더 파일의 중복 문제를 해결하기 위해서 #ifndef~#endif를 이용하여 코드를 수정해 보겠습니다.

예제 | 5-24　　　　　　　　　　　　　　　　　　　　(header1.h, header2.h, error_main.c)

```
/* header1.h */
01 :
02 : #ifndef HEADER_H
03 :     #define HEADER_H
04 :     {
05 :         printf("Hello C \n");
06 : #endif

/* header2.h */
01 :
02 : #include "header1.h"
03 :
04 :     return 0;
05 : }

/* error_main.c */
```

```
01 : #include <stdio.h>
02 : int main(void)
03 : #include "header1.h"
04 : #include "header2.h"
```

::: 실행 결과 ▶

Hello C
계속하려면 아무 키나 누르십시오 . . .

파일 header1.h에서 헤더 파일의 시작과 끝에 #ifndef와 #define, #endif가 삽입되었습니다. **2행**에서는 #ifndef HEADER_H의 의미는 HEADER_H가 이미 정의되어 있지 않았는지를 판단하는 것입니다. 만약 HEADER_H가 정의되어 있지 않았다면 **3행**의 #define HEADER_H가 수행되어 매크로 심볼 HEADER_H를 정의합니다. 그런 다음 파일 header1.h의 **4행**과 **5행**을 수행합니다. 만약 HEADER_H가 정의되어 있다면 **6행** #endif를 수행하고 조건부 컴파일을 끝냅니다.

파일 header2.h에서 **2행**에는 #include "header1.h"가 인클루드되어 있습니다. 파일 header1.h에는 헤더 파일의 시작과 끝에 #ifndef, #define, #endif 세 문장이 추가되어 있습니다. 그러나 파일 header2.h의 기준에서는 HEADER_H가 header1.h에 이미 정의되었기 때문에 파일 header2.h의 2행 #include "header1.h"는 컴파일되지 않습니다. 이처럼 #ifndef를 이용하면 매크로 심볼 HEADER_H의 정의 여부를 통해 헤더 파일의 중복을 확인할 수 있습니다.

결론적으로, 헤더 파일의 시작과 끝에 #ifndef, #define, #endif 세 문장을 추가하면 헤더 파일의 중복 문제를 자동으로 해결할 수 있습니다. 따라서 이런 문장을 헤더 파일마다 모두 넣어 주는 것이 좋습니다. 예제에서 사용된 HEADER_H와 같은 매크로 심볼들은 헤더 파일의 이름을 따서 만듭니다.

지금 당장 인클루드 경로 "C:\Program Files\Microsoft Visual Studio 9.0\VC\include" 에 가서 헤더 파일 stdio.h를 열어보면 헤더 파일의 중복 문제를 해결하기 위해 #ifndef, #define, #endif와 같은 전처리 지시자가 자주 사용되고 있음을 알 수 있습니다.

연/습/문/제/ Exercise

1 사칙연산 프로그램을 구성하는 +, -, *, / 함수의 선언을 myheader.h로 구성하고 함수의 정의 부분은 myfunc.c로 그리고 main( ) 함수에서 사칙연산 함수들을 호출해서 결과를 확인하는 파일 main.c를 작성하세요..

2 다음 실행 결과를 보고 매크로 ADD( ) 함수가 정의된 프로그램을 작성하세요.

::: 실행 결과 ▶

x + y는 10 입니다.
계속하려면 아무 키나 누르십시오 . . .

3 다음 실행 결과를 보고 국어, 영어, 수학, 점수를 입력받아서 평균과 학점을 출력하는 프로그램을 작성하세요. 단, 프로그램의 구성은 score.h, score.c, main.c로 구성하세요.

::: 실행 결과 ▶

국어, 영어, 수학 점수를 입력하세요 : 95 85 92
평균 : 90.66 학점 : A
계속하려면 아무 키나 누르십시오 . . .

4 다음 코드를 보고 파일 main.c를 완성하세요.

```
/* point.h */
struct point                        // 구조체 선언
{
    int x;
    int y;
};

typedef struct point POINT;         // struct point를 POINT로 재정의
extern int add(int a, int b);       // extern 생략 가능
extern int subtract(int a, int b);  // extern 생략 가능
```

```
/* point.c */
int add(int a, int b)
{
    return a+b;
}

int subtract(int a, int b)
{
    return a-b;
}
```

 공부한 내용 떠올리기

⇨ 전처리기의 의미

⇨ 전처리기 지시자의 종류

⇨ 매크로를 사용하는 방법

⇨ 조건부 컴파일

⇨ 파일 분할 컴파일

열혈강의 *C* 언어 본색
Part 3

열철강의 C 언어 본색

1 ASCII 코드

10진수 (Decimal)	16진수 (Hexadecimal)	ASCII 값	이름
0	00	NUL	Null
1	01	SOH	Start of Header
2	02	SOT	Start of Text
3	03	ETX	End of Text
4	04	EOT	End of Transmission
5	05	ENQ	Enquiry
6	06	ACK	Acknowledge
7	07	BEL	Bell
8	08	BS	Backspace
9	09	HT	Horizontal Tabulation
10	0A	LF	Line Feed
11	0B	VT	Vertical Tabulation
12	0C	FF	Form Feed
13	0D	CR	Carriage Return
14	0E	SO	Shift Out
15	0F	SI	Shift In
16	10	DLE	Data Link Escape
17	11	DC1	Device Control 1(XON)
18	12	DC2	Device Control 2
19	13	DC3	Device Control 3(XOFF)
20	14	DC4	Device Control 4
21	15	NAK	Negative Acknowledge
22	16	SYN	Synchronous Idle
23	17	ETB	End of Transmission Block
24	18	CAN	Cancel

10진수 (Decimal)	16진수 (Hexadecimal)	ASCII 값	이름
25	19	EM	End of Medium
26	1A	SUB	Substitute
27	1B	ESC	Escape
28	1C	FS	File Separator
29	1D	GS	Group Separator
30	1E	RS	Record Separator
31	1F	US	Unit Separator
32	20	Space	Space
33	21	!	Exclamation Mark
34	22	"	Quotes
35	23	#	Hash
36	24	$	Dollar
37	25	%	Percent
38	26	&	Ampersand
39	27	'	Apostrophe
40	28	(	Open Bracket
41	29	)	Close Bracket
42	2A	*	Asterisk
43	2B	+	Plus
44	2C	,	Comma
45	2D	-	Dash
46	2E	.	Full Stop
47	2F	/	Slash
48	30	0	Zero
49	31	1	One
50	32	2	Two
51	33	3	Three

10진수 (Decimal)	16진수 (Hexadecimal)	ASCII 값	이름
52	34	4	Four
53	35	5	Five
54	36	6	Six
55	37	7	Seven
56	38	8	Eight
57	39	9	Nine
58	3A	:	Colon
59	3B	;	Semi-colon
60	3C	〈	Less than
61	3D	=	Equals
62	3E	〉	Greater than
63	3F	?	Question Mark
64	40	@	At
65	41	A	Uppercase A
66	42	B	Uppercase B
67	43	C	Uppercase C
68	44	D	Uppercase D
69	45	E	Uppercase E
70	46	F	Uppercase F
71	47	G	Uppercase G
72	48	H	Uppercase H
73	49	I	Uppercase I
74	4A	J	Uppercase J
75	4B	K	Uppercase K
76	4C	L	Uppercase L
77	4D	M	Uppercase M
78	4E	N	Uppercase N

10진수 (Decimal)	16진수 (Hexadecimal)	ASCII 값	이름
79	4F	O	Uppercase O
80	50	P	Uppercase P
81	51	Q	Uppercase Q
82	52	R	Uppercase R
83	53	S	Uppercase S
84	54	T	Uppercase T
85	55	U	Uppercase U
86	56	V	Uppercase V
87	57	W	Uppercase W
88	58	X	Uppercase X
89	59	Y	Uppercase Y
90	5A	Z	Uppercase Z
91	5B	[	Open Square Bracket
92	5C	\	Backslash
93	5D	]	Close Square Bracket
94	5E	^	Caret / Hat
95	5F	_	Underscore
96	60	`	Grave Accent
97	61	a	Lowercase a
98	62	b	Lowercase b
99	63	c	Lowercase c
100	64	d	Lowercase d
101	65	e	Lowercase e
102	66	f	Lowercase f
103	67	g	Lowercase g
104	68	h	Lowercase h
105	69	i	Lowercase i

10진수 (Decimal)	16진수 (Hexadecimal)	ASCII 값	이름
106	6A	j	Lowercase j
107	6B	k	Lowercase k
108	6C	l	Lowercase l
109	6D	m	Lowercase m
110	6E	n	Lowercase n
111	6F	o	Lowercase o
112	70	p	Lowercase p
113	71	q	Lowercase q
114	72	r	Lowercase r
115	73	s	Lowercase s
116	74	t	Lowercase t
117	75	u	Lowercase u
118	76	v	Lowercase v
119	77	w	Lowercase w
20	78	x	Lowercase x
121	79	y	Lowercase y
122	7A	z	Lowercase z
123	7B	{	Open Brace
124	7C	|	Pipe
125	7D	}	Close Brace
126	7E	~	Tilde
127	7F	DEL	Delete

2 Visual C++ 2008 Express Edition 설치 및 활용

마이크로소프트사는 학생에게 무료로 일부 소프트웨어를 배포하기도 합니다. Visual C++ 2008 Express Edition은 무료로 내려 받을 수 있는 소프트웨어입니다. 단, 한 달 이상 사용하는 경우 아이디와 암호를 이용해서 등록키를 제공받고 이를 입력하면 계속해서 사용할 수 있습니다. 지금부터 Visual C++ 2008 Express Edition을 설치하는 방법을 살펴보겠습니다.

먼저 Microsoft DreamSpark 홈페이지(http://www.dreamspark.com)로 이동합니다.

그런 다음 [Visual C++ 2008 Express Edition]을 선택합니다.

그러면 나오는 다음 화면에서 계정을 등록하기 위해 [Sign In] 단추를 선택합니다.

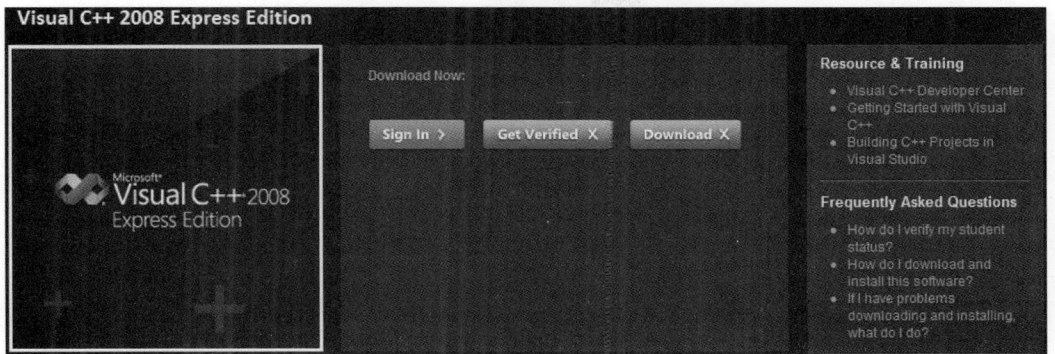

계속해서 화면에서 [Sign up] 단추를 누릅니다.

계정을 등록하기 위해 [Yes, use my e-mail address]를 선택하고서 [Continue] 단추를 누릅니다.

빈칸에 정보를 입력하고서 [Continue] 단추를 누릅니다.

계속해서 빈칸에 정보를 입력하고 [Continue] 단추를 누릅니다.

등록한 이메일 주소를 빈칸에 입력하고서 [I Accept] 단추를 누릅니다.

계정이 만들어진 것을 확인하고 [Continue] 단추를 누릅니다.

등록한 이메일 주소를 확인하기 위해 [Send email] 단추를 누른 후에 여러분의 이메일 주소로 'Verify the email address for your Windows Live ID'라는 제목의 이메일을 받았는지 확인합니다.

APPENDIX

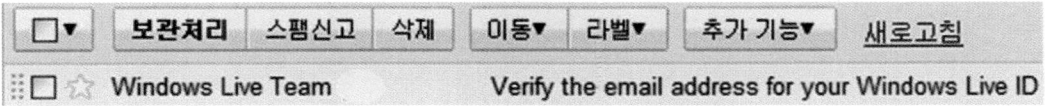

등록된 이메일 주소를 확인하면 다음과 같은 화면을 볼 수 있습니다. 이메일 내용을 확인하기 위해서 메일을 열어 봅니다.

이메일 내용에서 다음과 같은 링크 주소를 찾아 클릭하거나 복사해서 인터넷 주소창에 붙여 넣어 실행합니다.

다음 화면에서 오른쪽 중앙에 [로그인] 단추를 누르고 암호를 입력합니다.

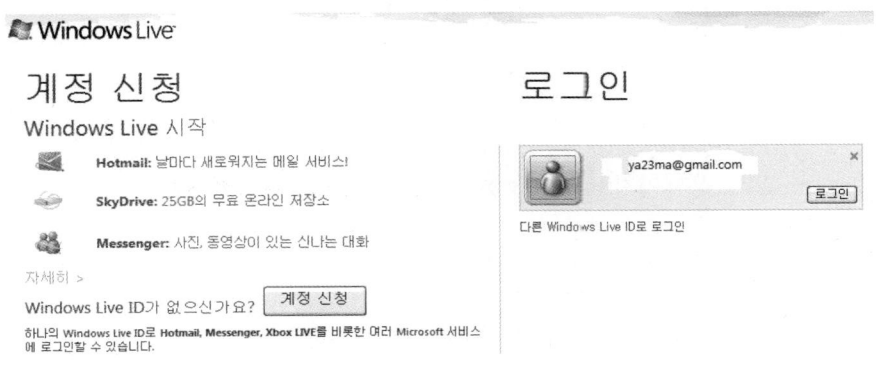

로그인을 완료하면 다음과 같은 화면에서 [확인] 단추를 누릅니다.

메일 주소 확인 완료

회원님의 Windows Live ID로 사용하는 메일 주소 ya23ma@gmail.com (가) 확인되었습니다.

확인을 완료하면 다음과 같이 계정 정보와 암호 재설정 정보를 확인할 수 있습니다. 여기까지 완료되었으면 여러분의 아이디와 암호가 제대로 등록된 것입니다.

계정 개요

계정 정보

Windows Live ID:	ya23ma@gmail.com	변경
고유 ID:	000340019AE94BCB	
이름:	지정되지 않음	추가
등록:	2010년 12월 11일	
국가/지역:	대한민국	변경
생년월일:	1975년 12월 28일	변경
암호:	******	변경

암호 재설정 정보

암호 재설정이 필요할 때 알림을 어디로 받을지 알려 주세요. 이 정보는 이 계정이 회원님 소유임을 확인하는 데에도 사용됩니다.

메일:	추가		
	ya23ma@gmail.com	확인 완료	제거
휴대폰:	추가		
신뢰할 수 있는 PC:	추가		
질문:	Mother's birthplace	변경	

다시 Microsoft DreamSpark 홈페이지(http://www.dreamspark.com)로 이동합니다.

다음 화면에서 [Visual C++ 2008 Express Edition]을 선택합니다.

계정을 등록하기 위해서 [Sign In]을 선택합니다.

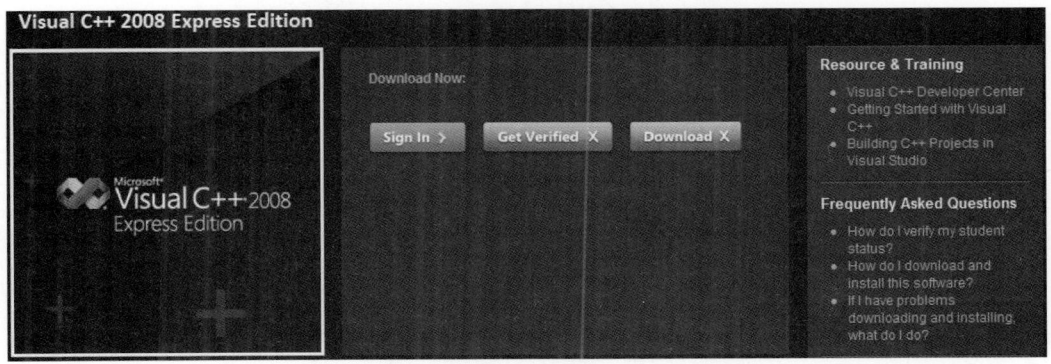

다음 화면에서 오른쪽 중앙에 [Sign in]을 선택한 후에 암호를 입력합니다.

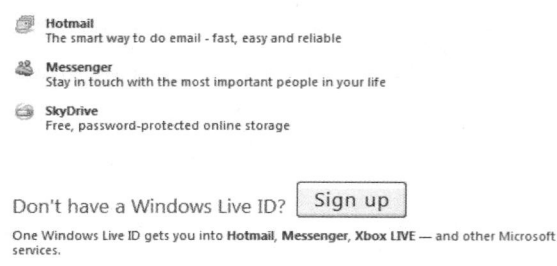
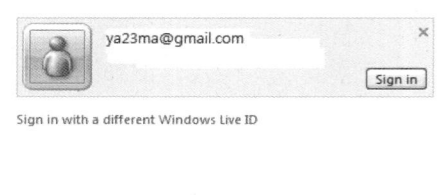

다음 화면에서 [한국어]와 [Web]을 선택하고 [Download] 단추를 누릅니다.

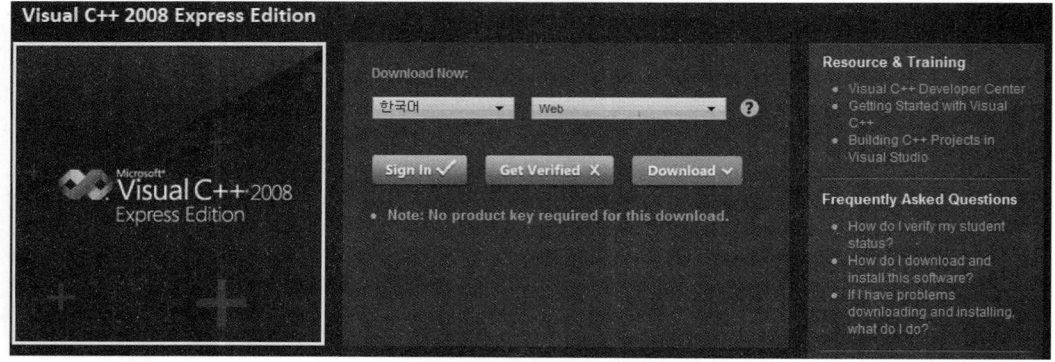

파일을 내려 받는 [열기 선택] 대화 상자에서 [파일 저장] 단추를 누릅니다.

파일 내려 받기가 끝나고 저장된 파일을 실행하면 다음과 같은 화면이 나옵니다. [다음] 단추를 누릅니다.

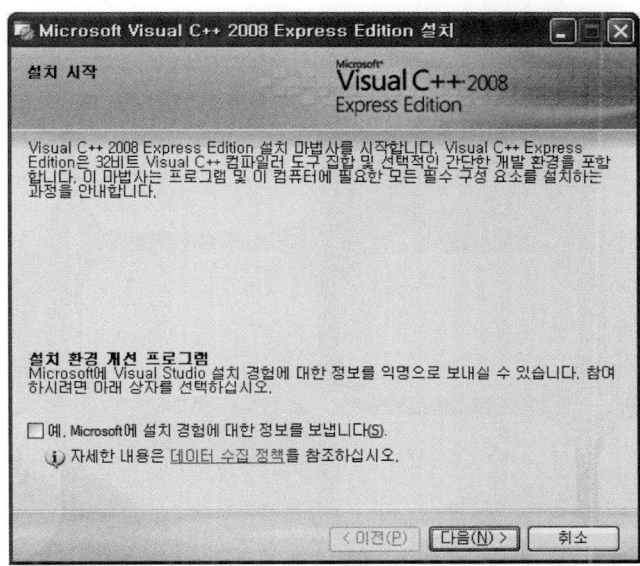

[동의함]을 선택하고 [다음] 단추를 누릅니다.

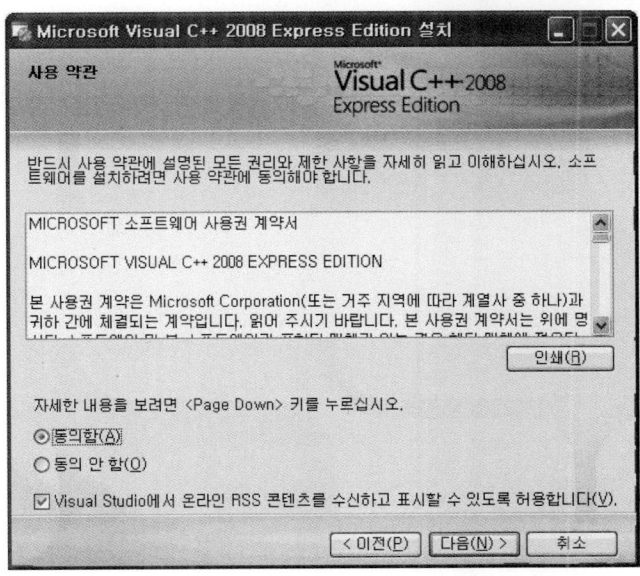

[설치 옵션] 대화 상자에서 확인란을 모두 선택 해제하고 [다음] 단추를 누릅니다.

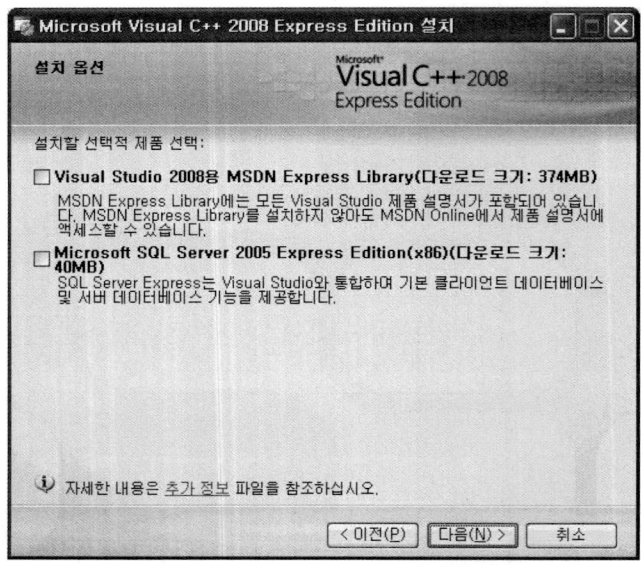

다음 화면에서 [설치] 단추를 누릅니다.

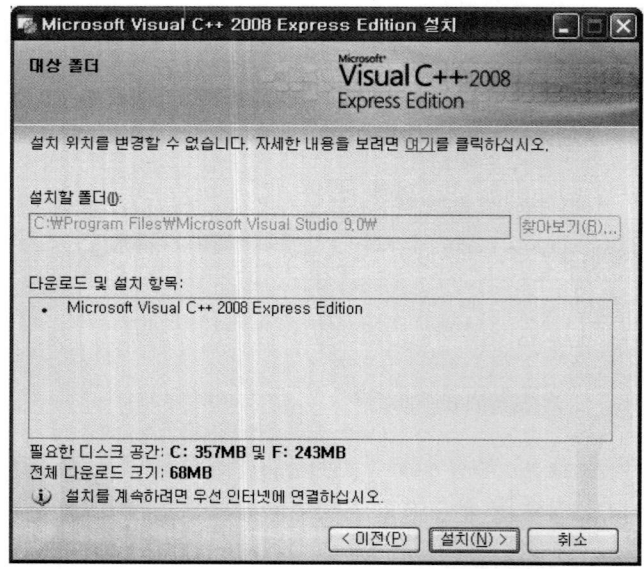

[다운로드 및 설치 진행률] 대화 상자에서 설치가 완료될 때까지 기다립니다.

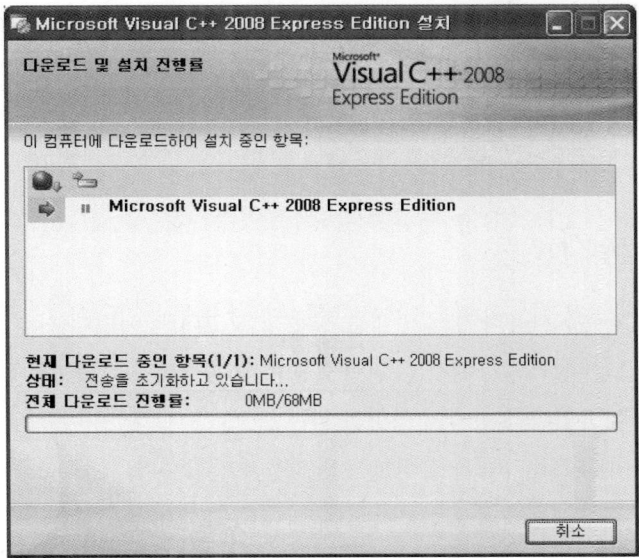

설치가 완료되면 다음과 같은 화면을 볼 수 있습니다. [끝내기] 단추를 누릅니다.

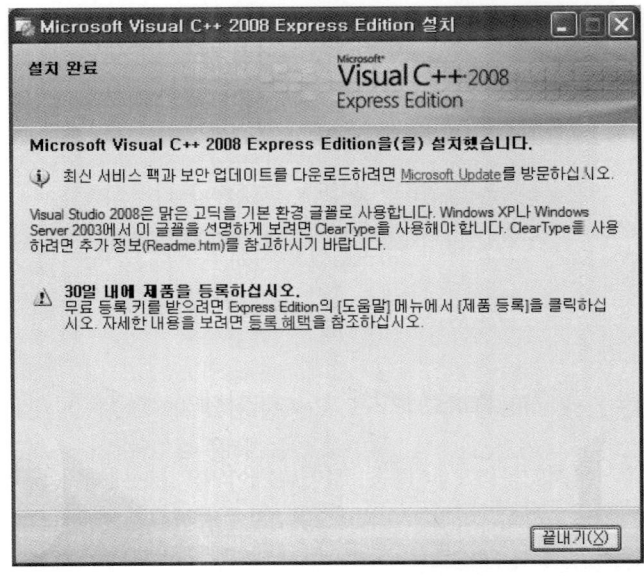

이후부터는 Part 1 1장의 Visual C++ 사용 방법을 참고하면 됩니다. Visual C++ 2008 Express Edition은 30일 사용이 지나면 '등록키'를 입력해야 합니다. 이전에 등록한 아이디와 암호를 통해 이메일로 받을 수 있으므로 잘 기억해 두기 바랍니다.

3 리눅스에서 C 언어 공부하기

지금까지 윈도우즈 환경에서 Visual C++을 사용하여 C 언어를 공부해 보았다면 이번에는 리눅스 환경에서 C 언어를 공부해 보겠습니다. 리눅스에서 C 언어를 공부하려면 소스 코드를 작성하는 vi 에디터가 필요합니다. 또한, 컴파일러와 링커의 역할을 하는 GCC 프로그램이 필요합니다. 부록 3에서는 vi와 gcc를 이용하여 C 프로그램을 작성하는 방법을 소개합니다.

3.1 리눅스란 무엇인가

리눅스(Linux)는 윈도우즈처럼 사용자가 컴퓨터를 사용할 수 있도록 지원하는 운영체제입니다. 우리가 컴퓨터를 통해 웹 서핑, 멀티미디어 활용, 문서 작성과 같은 작업을 할 때 운영체제는 키보드, 모니터 등을 제어할 수 있도록 해줍니다. 윈도우즈와 마찬가지로 리눅스에서도 다양한 작업을 할 수 있습니다. 더욱이 리눅스는 무료이며 성능 또한 좋습니다.

리눅스는 1991년 핀란드 헬싱키 대학의 대학원생이였던 리누스 토발즈(Linus Benedict Torvalds)가 만든 커널 기반의 운영체제입니다. 이후 많은 프로그래머가 업그레이드에 참여해서 현재의 리눅스가 되었습니다.

3.2 vi 에디터

vi 에디터(Editor)는 리눅스 환경에서 가장 많이 쓰이는 문서 편집기입니다. 우리가 윈도우즈 환경에서 프로그램을 작성하기 위해 Visual C++에 내장된 텍스트 에디터를 사용했다면 리눅스에서는 vi 에디터를 주로 사용합니다.

대부분의 리눅스 초보자는 vi 에디터를 어려워해서 리눅스 기반에서 프로그램을 작성하는 것을 포기하곤 합니다. 그러나 vi 에디터는 그 역사와 사용자수를 보아 알 수 있듯이 많은 장점을 가진 유용한 프로그램입니다. vi 에디터는 많은 기능들이 내장되어 있어서 그 기능을 모두 사용하려면 많은 경험과 노력이 필요합니다. 여기서는 사용법만을 간단하게 소개하도록 하겠습니다.

vi는 명령 모드와 편집 모드 두 가지 모드로 동작합니다. vi를 시작하면 처음에는 명령 모드로 동작합니다. 명령 모드에서는 텍스트 입력을 할 수 없습니다. 편집 모드에서만 내용을 넣거나 수정할 수 있습니다. ⎡I⎦ 키를 누르면 편집 모드로 들어갑니다. 다시 ⎡Esc⎦ 키를 누르면 명령 모드로 되돌아옵니다. 명령 모드에서는 단축키를 통해 복사하기, 삭제하기, 붙여넣기 등 다양한 작업을 할 수 있습니다. vi 에디터의 핵심은 명령 모드에 있다고 하겠습니다. 다음은 몇 가지 명령 모드를 간단하게 정리한 것입니다.

명령어	설명
v	블록 지정하기
y	복사하기
yy	한 줄 복사하기
p	붙여넣기
u	편집 되돌리기
d	삭제하기
dd	한 줄 삭제하기
i	커서 위치에서 입력 모드로 전환하기
a	커서 다음 위치에서 입력 모드로 전환하기

3.3 GCC

GCC(GNU Compiler Collection)는 GNU Compiler Collection의 약자로 GNU라는 단체에서 만든 컴파일러 모음입니다. GCC에는 C 언어 컴파일러뿐 아니라 어셈블러, 링커 등이 포함되어 있습니다. Visual C++에서는 컴파일러와 링커가 포함되어 있어서 간단한 조작만으로 컴파일과 링크를 할 수 있지만 리눅스 환경에서는 vi 에디터로 코드를 작성하고 gcc로 컴파일과 링크를 해야 합니다.

작성한 코드를 컴파일하거나 링크하기 위해서 터미널에서 gcc 명령어를 입력합니다. 다음은 간단한 gcc 명령어들입니다.

- **gcc -o [실행 파일 이름] [소스 파일 이름 …]**   소스 파일을 이용하여 실행 파일을 만듭니다.
- **gcc -c [소스 파일 이름]**   소스 파일을 이용하여 오브젝트 파일을 만듭니다.
- **gcc -o [실행 파일 이름] [오브젝트 파일 이름 …]**   오브젝트 파일로 실행 파일을 만듭니다.
- **. / [실행 파일 이름]**   작성한 실행 파일을 실행해 줍니다.

3.4 Hello World! 출력하기

이번에는 지금까지 배운 내용을 바탕으로 Hello World!를 출력하는 프로그램을 작성해 보겠습니다. gcc 컴파일러는 리눅스를 설치하면 대부분 포함되어 있기 때문에 Visual C++처럼 별도로 설치할 필요는 없습니다.

리눅스는 원래 텍스트 기반 운영체제입니다. 그래픽 기반 운영체제인 윈도우즈 운영체제보다 사용하기 불편한 단점을 보완하기 위해서 리눅스를 그래픽 기반처럼 만든 것을 X-윈도우라고 합니다.

다음 화면은 리눅스의 X-윈도우상에서 터미널 프로그램을 실행한 화면입니다.

터미널에서 다음과 같이 'vi'와 작성한 파일 이름(helloworld.c)을 입력합니다.

다음 화면은 vi 에디터가 실행된 화면입니다. 이 화면에서 편집 모드로 전환하기 위해서 'i'를 입력합니다.

편집 모드에서 다음과 같이 코드를 입력합니다.

이전 화면에서 코드 입력이 끝나면 [Esc] 키를 선택해서 편집 모드로 되돌아온 후에 ':wq'를 입력하고 [Enter] 키를 누릅니다.

```
1 #include <stdio.h>
2
3 int main(void)
4 {
5     printf("hello World!\n");
6     return 0;
7 }
```

터미널에서 파일이 잘 작성되었는지 확인하기 위해 다음과 같이 입력합니다.

입력 : [user@localhost ~]$ ls

입력이 완료되면 다음 화면처럼 helloworld.c를 확인할 수 있습니다.

```
[user@localhost ~]$ ls
helloworld.c
[user@localhost ~]$
```

그런 다음 gcc 컴파일러를 이용해서 실행 파일을 만들어 봅시다. 다음과 같이 입력합니다.

입력 : [user@localhost ~]$ gcc -o helloworld helloworld.c

gcc -o 뒤에 helloworld는 만들어질 실행 파일 이름이고, helloworld.c는 소스 파일 이름입니다. 그리고 -o는 실행 파일의 이름을 만들 때 사용하는 옵션입니다.

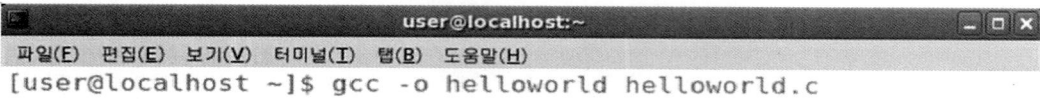

실행 파일이 잘 만들어졌는지 확인하기 위해 다음과 같이 입력합니다.

입력 : [user@localhost ~]$ ls

입력이 완료되면 실행 파일 helloworld가 만들어진 것을 확인할 수 있습니다.

```
[user@localhost ~]$ ls
helloworld    helloworld.c
```

이제 마지막으로 작성한 C 프로그램을 실행하기 위해서 다음과 같이 입력합니다.

입력 : [user@localhost ~]$ ./ helloworld

.(점)은 현재 디렉토리를 나타내고, ./은 현재 디렉토리에 만들어진 실행 파일을 나타냅니다. 그래서 ./ helloworld는 현재 디렉토리에 만들어진 helloworld를 실행하게 해줍니다.

```
[user@localhost ~]$ ./helloworld
hello World!
```

열혈강의 C 언어 본색

기타

10진수	115
16진수	115
1차원 배열	277
1차원 배열의 주소	287
2진수	115
2차원 배열	300
2차원 배열의 시작 주소	312
2차원 배열의 주소	310
3차원 배열	308

서식 문자

%%	39
%c	39, 50
%d	39, 49
%e	39, 50
%E	39
%f	39, 49
%g	39
%G	39
%i	39
%le	50
%lf	39, 50
%o	39, 49
%s	39, 50
%u	39, 50
%x	39, 49

연산자

-	96
--	104
%	96
%=	99
*	96
*=	99
/	96
/=	99
+	96
++	104
+=	99
=	94
-=	99
==	108
!	111
!=	108
#	666
##	666
&	69, 119, 310
&&	110
*	292, 318
:	112
?	112
^	121
|	120
||	110
~	122
<	108
<<	124
<=	108
>	108
>=	108
>>	124

특수 문자

₩'	36
₩"	36
₩₩	36
₩a	36
₩b	36
₩f	36
₩n	36
₩r	36
₩t	36
₩v	36

ㄱ

가변 인자	643
값에 의한 호출	437, 518
강제 형변환	161
결합 방향	128
고정 소수점	149
공용체	526
관계 연산자	94, 108
관계 연산자의 종류	108
구조체	473
구조체 변수	475
구조체 정의	474
구조체 포인터 변수	506
구조체와 배열	492
구조체와 포인터	499
구조체와 함수	517
구조체의 멤버 변수	492
기계어	6

ㄴ

내림차순	180
널 문자	412
논리 연산자	94, 110
논리적 주소	93

ㄷ

다차원 배열	299
다차원 포인터	340
대입 연산자	94
데이터	61
데이터 영역	258
데이터(Data) 영역	623

ㄹ

라이브러리 경로	688
레지스터 변수	256
로더	10, 19
로딩	19
리터럴 상수	78
링커	9
링크	18

ㅁ

매크로 상수	657
매크로 함수	662

메모리 관련 표준 함수	570	실수형 상수	79	증감 연산자	94, 104
멤버 변수에 접근	477	심볼릭 상수	83	지역 변수	243
문자 배열	410				
문자 상수	80	**ㅇ**		**ㅊ**	
문자열	412, 419	언더플로우	145	출력 버퍼	579
문자열 상수	82	연산자	93	출력 서식 문자	39
문자형	153	연산자 우선순위	128		
물리적 주소	93	연산자의 종류	94	**ㅋ**	
미리 정의된 매크로	669	열거형	529	컴파일러	6
		예약어	68	코드 영역	258, 623
ㅂ		오름차순	180	콘솔	577
바이너리 파일	585	오버플로우	145	콘솔 비표준 입출력 함수	583
바이너리 파일 입출력 함수	607	외부 변수	254	콘솔 입출력	580
바이트	114	외부 참조 구조체	509	콘솔 표준 입출력 함수	580
배열	277	유니코드	546		
배열 포인터	397, 408, 445	인클루드 경로	687	**ㅌ**	
배열의 시작 주소	289	입력 버퍼	579	텍스트 파일	585
버퍼	579	입력 서식 문자	49	특수 문자	36
버퍼링	580				
변수	59	**ㅈ**		**ㅍ**	
복합 대입 연산자	94, 99	자기 참조 구조체	509	파일 분할	682
부동 소수점	149	자동 형변환	157	파일 분할 컴파일	681
비트	114	재귀 함수	259	파일 열기 모드	587
비트 논리 연산자	94	재귀 호출	259	파일 입출력	584
비트 연산자	114, 118	전역 변수	248	파일 입출력 모드	589
비트 이동 연산자	94	전처리기	30, 655	파일 입출력 스트림	579
		정수형	136, 139	파일 접근 모드	588
ㅅ		정수형 변수	60	파일의 경로	587
사용자 헤더 파일	687	정수형 상수	78	패딩(Padding)	517
산술 연산자	94, 96	정적 변수	251, 449	포인터	329, 419
상수	77	조건 연산자	94, 112	포인터 배열	404, 408
서식 문자	38, 49	조건문	202	포인터 변수	331
세미콜론	33	조건부 컴파일	671	포인터 변수의 상수화	426
수학 관련 표준 함수	564	주석	28	포인터와 1차원 배열	371
스택 영역	258, 623	주소에 의한 호출	440, 520	포인터와 2차원 배열	388
스트림	577	주소의 가감산	351, 380	표준 입력 스트림	577
시간 관련 표준 함수	570	중첩 구조체	485	표준 입출력 함수	593
시작 주소	69, 91	중첩 for 문	187	표준 출력 스트림	577
실수형	136, 147	중첩 if~else 문	207	표준 파일 입출력 함수	593
실수형 변수	60	중첩 while 문	177	프로세스	623

ㅎ

함수	227
함수 이름	358
함수 적용 방법	235
함수 포인터	358
함수의 반환형	522
함수의 시작 주소	359
함수의 인자	518
함수의 파일 열기 모드	589
함수의 형태	233
헤더 파일	30
힙 영역	258, 623

A

acos( ) 함수	566
ANSI	68
ASCII	153
asin( ) 함수	566
atan( ) 함수	566
atof( ) 함수	562
atoi( ) 함수	562
atol( ) 함수	562

B

break	177, 215, 219

C

calloc( ) 함수	634
ceil( ) 함수	564
char	139
CHAR_MAX	140
CHAR_MIN	140
clock( ) 함수	570
conio.h	583
const	83
continue	219
cos( ) 함수	566
cosh( ) 함수	566
ctime( ) 함수	570
ctype.h	557, 563

D

__DATE__	669
DBL_MAX	148
DBL_MIN	148
default	215
#define	85, 657
do~while 문	192
double	147, 150

E

else if 문	207
enum	530
EOF(End Of File)	544
exp( ) 함수	565

F

fabs( ) 함수	564
fclose( ) 함수	590
feof( ) 함수	602
fflush( ) 함수	605
fgetc( ) 함수	593, 594
fgets( ) 함수	593, 597
FILE 구조체	586
__FILE__	669
filename	587
float	147
floor( ) 함수	564
FLT_MAX	148
FLT_MIN	148
fopen( ) 함수	587
for 무한 루프	185
for 문	180
fprintf( ) 함수	593, 599
fputc( ) 함수	593, 594
fputs( ) 함수	593, 597
fread( ) 함수	607
free( ) 함수	628
fscanf( ) 함수	593, 599
fseek( ) 함수	611
ftell( ) 함수	611, 615
fwrite( ) 함수	607, 608

G

getch( ) 함수	583
getchar( ) 함수	581
getche( ) 함수	583
gets( ) 함수	541, 581

I

if 문	203
#if~#elif~#else #endif	675
#if~#else~#endif	673
#if~#endif	671
if~else 문	206
#ifdef~#endif	677
#ifndef	693
#ifndef~#endif	679
#include	687
include	30
int	139, 144
INT_MAX	140
INT_MIN	140
isalnum( ) 함수	557
isalpha( ) 함수	557
isdigit( ) 함수	557
islower( ) 함수	557
isspace( ) 함수	557
isupper( ) 함수	557
isxdigit( ) 함수	557

K

kbhit( ) 함수	583

L

LDBL_MAX	148
LDBL_MIN	148
limits.h	140
__LINE__	669

localtime( ) 함수	570	
log( ) 함수	565	
log10( ) 함수	565	
long	139	
long double	147	
LONG_MAX	140	
LONG_MIN	140	

M

main( ) 함수	31
main( ) 함수에 인자	454
malloc( ) 함수	628
math.h	564
memcmp( ) 함수	570
memcpy( ) 함수	570
memmove( ) 함수	570
memory.h	570
memset( ) 함수	570
mode	587

N

NULL 포인터	331

P

pow( ) 함수	564
printf( ) 함수	25, 35, 581
putch( ) 함수	583
putchar( ) 함수	581
puts( ) 함수	541, 581

R

rand( ) 함수	567
RAND_MAX	570
realloc( ) 함수	637
return	33, 263
rewind( ) 함수	617

S

scanf( ) 함수	25, 47, 581
SEEK_CUR	612
SEEK_END	612
SEEK_SET	612
short	139
SHRT_MAX	140
SHRT_MIN	140
signed char	142
signed int	142
signed long	142
signed short	142
sin( ) 함수	566
sinh( ) 함수	566
sizeof 연산자	136
sprintf( ) 함수	558
sqrt( ) 함수	564
srand( ) 함수	567
sscanf( ) 함수	558
static	251, 449, 685
stderr	578
stdin	578
stdio.h	30, 541
stdlib.h	562
stdout	578
strcat( ) 함수	549
strchr( ) 함수	554
strcmp( ) 함수	552
strcpy( ) 함수	547
string.h	545
strlen( ) 함수	545
strlwr( ) 함수	555
strncat( ) 함수	549
strncmp( ) 함수	552
strncpy( ) 함수	547
strstr( ) 함수	554
strtok( ) 함수	560
struct	474
strupr( ) 함수	555
switch~case 문	213

T

tan( ) 함수	566
tanh( ) 함수	566
time( ) 함수	570
time.h	570
__TIME__	669
toascii( ) 함수	563
tolower( ) 함수	563
toupper( ) 함수	563
typedef	163, 489

U

UCHAR_MAX	143
UINT_MAX	143
ULONG_MAX	143
#undef	660
unsigned	141
unsigned char	142
unsigned int	142
unsigned long	142
unsigned short	142
USHRT_MAX	143

V

void형 포인터	460

W

while 무한 루프	176
while 문	172